SENS ET FORMES DE L'ÉCONOMIE MONÉTAIRE

ALAIN BALAT

SENS ET FORMES DE L'ÉCONOMIE MONÉTAIRE

Le langage de la monnaie

FLAMMARION, ÉDITEUR
26, rue Racine, Paris

AVERTISSEMENT

Comme toute science sociale l'économie s'enferme nécessairement dans des formations conceptuelles ; celles-ci lui donnent un corps fait de catégories dont le sens, la fonction et la nature sont familiers à ceux qui les observent et les pratiquent. Ce corps s'intègre dans une série évolutive dont les espèces s'appuient les unes sur les autres. Il s'ensuit qu'il y a valablement une archéologie de l'économie et que les formes contemporaines de cette discipline plongent leurs racines dans des couches successives de formes intermédiaires progressivement améliorées, mais toujours inachevées. Or ces formations conceptuelles, qui ont leur vie propre, accusent une dérive par rapport à la réalité dont elles prétendent faire l'analyse.

Il pouvait être instructif d'explorer l'économie au-delà de l'univers de cohérence rationnelle, systématique et sémantique, dans lequel ces formations se sont, d'années en années, enfermées à force de proliférer en s'autoréfléchissant. C'est ce que nous avons tenté : voir ce qu'il y avait derrière les formes coutumières de la science économique, derrière son vocabulaire, ses conventions, ses règles, pour ne pas dire ses lois. Non sans risque d'être mal entendu.

Un ouvrage classique d'économie est en effet normalement appréhendé en raccourci grâce au relais des concepts traditionnels. Les mots et les phrases véhiculent des idées sous-jacentes que chacun possède dans ses bagages (par expérience, lecture, enseignement). Des blocs entiers de sens et de relations sont entraînés, suggérés par les expressions et formules dont l'économie s'est spécifiquement revêtue. Même si chacun interprète souvent mal les notations de la littérature économique, il croit y retrouver, à sa plus grande satisfaction, les jalons et les tracés d'un domaine défriché, classé, interprété par les grands ténors de la spécialité. Il préfère tellement apprendre ce qu'il sait déjà! Dans ce livre rien de semblable. Nous proposons de nouveaux itinéraires, de nouvelles formes, à partir cependant d'éléments premiers que chacun devrait aisément reconnaître, bien qu'ils ne soient plus intégrés et combinés dans les concepts et systèmes qui lui sont familiers.

Au surplus, quand l'ordre social est en cause et que son évolution ou sa mutation exigerait un large consensus, il n'est guère possible de transposer en institutions, en procédures et en usages des interprétations inhabituelles. L'illusion serait assurément impardonnable de croire que l'on puisse créer de toutes pièces des systèmes économiques nouveaux, à plus forte raison en s'appuyant sur des méthodes contestataires.

Pourtant fallait-il renoncer à décaper l'objet économique de cette sorte de rouille faite de l'usure des idées reçues ? Non! car rien d'autre ne semblait valable. Avant tout, éviter les redites de l'économie traditionnelle et momifiée, qu'elle soit de l'Ouest ou de l'Est. Ces redites qui n'ont même pas l'excuse d'être comprises toujours pour ce qu'elles sont ou pour ce qu'elles veulent être. L'expérience quotidienne démontre sans fin les failles et défaillances du sens dans les langages et en conséquence les difficultés d'assurer les communications sociales. Tant de choses différentes passent dans les mêmes mots et concepts! Il eût donc été vain de s'accrocher au familier, si la rigueur lui fait défaut. Quant au langage mathématique, formalisé et contracté dans une symbolique sèche, sans séduction, il a beau être de plus en plus utilisé, sa prétention opératoire ne peut mener bien loin, lorsque résidu ultime du déterminé, il cherche à s'appliquer à la liberté croissante de l'avenir.

En outre, ni la fragilité des idées aventurées sur des chemins peu fréquentés, ni la faible probabilité de leur mise en œuvre ne sauraient affaiblir l'intention de les voir survivre. Bien au contraire. Au demeurant, rien n'est plus précaire que les théories et les politiques réputées les mieux assises. Ni le parti pris dogmatique de leur enseignement, ni la foi nécessaire pour leur exécution ne doivent faire illusion ; en cette matière sociale, complexe et obscure, les solutions n'ont de chances de survivre, ou même de naître qu'en aveuglant quelque temps l'intelligence. En réalité, les interprétations de l'objet économique ne peuvent être que des essais, des orientations, des jeux. Comme des nuées, les formations sociales développent, superposent des figures mouvantes. Les moins fragiles et les plus riches de sens ne sont pas les plus évidentes. L'économie, autant que tous les autres phénomènes sociaux, est faite de leurres dont nul ne peut dire s'ils ont des maîtres. Il ne faut pas beaucoup d'expérience ou d'attention pour s'apercevoir que les façades des groupes sont pires que celles des hommes : plus nécessaires encore, mais aussi plus fallacieuses. Qu'il y ait tout de même à l'échelle d'un homme le besoin de rechercher des structures de connaissance et d'action plus frustes et moins décevantes pour son micro-univers ne supprime pas la précarité fondamentale des conclusions qui parviendront peut-être à le satisfaire. Du moins se sera-t-il donné les moyens d'échapper au mirage de certitudes économiques objectivement impossibles.

***

Ce qui nous a poussé impérieusement aux développements consacrés à l'objet économique, ce sont les impasses de la spéculation et de l'expérience économiques. De quelque côté que nous nous tournions, nous butions sur les mêmes obstacles, surtout si nous cherchions un comportement capable de concilier l'efficacité productive et l'atténuation immédiate des inégalités soi-disant irréductibles.

Faut-il espérer que le progrès technique et la hausse du niveau de production puissent, en déversant un trop-plein de richesses, compenser la faiblesse naturelle des couches sociales ou des individus les moins doués et les moins dotés ? Faut-il adopter en conséquence la logique de l'économie du monopole ou de la compétition, la rigueur des comportements d'agressivité et de sélectivité, puisque, conformément à l'image et aux idéaux du capitalisme, ces types d'action produisent les meilleurs rendements individuels et même sociaux ?

Acceptera-t-on au contraire la solution révolutionnaire qui détruit d'abord et entasse pêle-mêle la richesse et la misère pour les brûler ensemble, mettant l'avenir trop souvent aux enchères du hasard ?

Supporter le *diktat* de l'ordre économique ou créer le désordre ? Ainsi posée, l'alternative ne conduit pas à un dilemme insoluble. Il est certain qu'au XXe siècle la balance n'est pas égale : la pesanteur de l'acquis considérable de nos civilisations oriente vers l'optimisation de l'efficacité des structures actuelles plutôt que vers leur destruction.

Pourtant s'il se révélait, à force de fouiller leur genèse, que, pour être efficaces, ces structures devraient et pourraient être redressées, remises dans leur ordre naturel, sans toucher à l'intégrité, à la liberté, aux avoirs essentiels de chaque individu, sans contrarier mœurs et usages naturels, serait-ce de l'utopie que de vouloir le faire et de dire comment ?

Depuis des années, c'est en vain qu'on s'interroge. Pourquoi le phénomène monétaire, négligé, ignoré même par les progressistes, n'est-il jamais retenu dans les doctrines et les politiques du conservatisme que comme la contrainte légitime de l'ordre, la limite proche qui stoppe les réformes ? Les uns espèrent tourner l'obstacle en s'épuisant à construire des théories et à exprimer des visions que le système de la monnaie ne peut pas tolérer et ne pourrait que rejeter. Les autres exaltent le système pour mieux s'y soumettre.

Mais si, inadmissible tabou des uns et des autres, le système de la monnaie n'était en fin de compte qu'un langage dont les hommes, ayant perdu la clef originelle, laisseraient échapper le sens véritable, comment le savoir si l'on n'y pénètre pas, si l'on ne le saisit pas dans l'exercice de sa fonction signifiante ?

Tel est l'enjeu de ce livre : en un mot, tenter de situer la monnaie comme l'expression de l'économie tout entière, la cause essentielle de ses vices propres, la voie majeure de sa réforme.

***

Mieux que les économistes paralysés par les conventions et les traditions d'une discipline devenue assez formelle, les sociologues, libres d'attaches doctrinales et de responsabilités de gestion, face à l'immensité de leur science en friche, pressentent les ambiguïtés des théories et politiques économiques. Surplombant les quelques relations visibles et connues, relevant les traces de multiples autres, habituellement invisibles et méconnues, ils interprètent le corpus de l'économie comme un discours mythologique, sorte de langage aux règles difficiles et dissimulées. Le sens de ce langage mystérieux pourrait venir au chercheur minutieux qui accumulerait les données sur les relations, souvent inattendues, repérées entre les états humains et sociaux dont les représentations, tantôt claires tantôt obscures, forment les principales figures du discours. Alors, derrière les fausses significations affichées par les débats publics, derrière les litanies doctrinales captant indéfiniment la disponibilité des spécialistes, derrière le creusement sur place de voies d'application qui mènent toujours aux mêmes impasses, derrière les tabous et les silences protégeant d'immenses zones inexplorées, le savant décèlerait les phases et les phrases d'un rituel grâce auquel le corps social assure instinctivement sa sauvegarde. Car il est constant que les idées enseignées et appliquées chassent novations et discordances, objectivement porteuses de désordre et de régression, sous l'illusion des intentions individuelles, séduisantes et généreuses.

Ce n'est pas d'aujourd'hui d'ailleurs que les hommes le savent. La vie sociale a ses rigueurs, ses conventions, ses règles de jeu toujours décevantes, trompeuses et hypocrites, cruelles même à l'esprit individuel, qui cependant ne peut les attaquer sans ruser à son tour, ou sans tomber inutilement dans le piège de la naïveté, ou encore sans risquer de déchaîner des débordements terriblement destructeurs. Aussi bien est-on surpris de voir ces non-initiés que sont les sociologues découvrir soudain que la science économique se met, dans l'intérêt bien compris des peuples, au service dévoué et efficace des représentations dominantes reflétant l'organisation sociale en vigueur.

Si la vie sociale exige que toujours se reconstituent des rituels de sauvegarde et de cohésion, il n'est sans doute pas de pire situation que les combats de mythes, plus nocifs et plus durables encore que ceux des idéologies ; ils font des hommes les victimes de l'absurde. Aussi, plutôt que de faire renaître d'autres mythes opposés et agressifs, il vaudrait mieux que l'on s'efforce de rendre moins opaques, plus tolérants, plus adéquats et plus évolutifs ceux qui, aujourd'hui, commandent nos actions et limitent nos pensées. Si la foi est nécessaire pour que nous agissions et que nous agissions bien, ne peut-on appliquer celle-ci, non pas à la figure du mythe, mais à la nécessité de la médiation du lien mythique pour valider socialement nos actes et nos pensées? Ne pas croire au mythe, mais croire tout de même à son intercession, et à cet effet lui assurer les moyens d'une équation socialc suffisante.

***

Chacun habille ses sentiments et motive ses actes, à l'aide d'idées regroupées en systèmes personnels de portée plus ou moins grande. Comme celle d'hier et d'aujourd'hui, la réalité de demain sera faite de la cohabitation de ces systèmes, qui malgré la diversité des apparences ont tant de points communs quand on les regarde de près. Tout au long de la rédaction de ce livre, nous avons perçu combien était fragile le tracé formel de toutes les représentations personnelles que les hommes se font des ordres économique et social, qu'ils croient observer ou qu'ils souhaitent voir se réaliser. Ainsi en est-il du système exposé dans ce livre, d'autant plus qu'il voudrait adhérer à tout l'espace économique et l'enraciner en même temps dans un plan plus général. La pensée individuelle verse naturellement dans l'utopie pour ne pas s'écarter de sa logique, de sa morale et de son esthétique. Mais tous les systèmes en sont là, le réel en disloque constamment l'harmonie pour y construire ses arrangements. Notre réconfort, c'est qu'à travers toutes les formes précaires et séduisantes dont la raison pare les projets de chacun, se manifeste, malgré les contradictions et les incompatibilités, une même aspiration irrésistible vers la santé et la prospérité de tout le genre humain. Les détours divergents des analyses, théories et doctrines se rejoignent sur une même signification latente qui échappe à nos égoïsmes.

Aussi bien, pour mieux éprouver ou simplement pressentir la vérité commune, chacun continuera paradoxalement de voir les choses à sa manière et vaguera dans le parc de ses figures intimes. Nous aimerons que l'on nous invite à visiter ces clos et décors individuels ; qu'ils soient banals ou étranges, ils nous surprendront sans cesse, parce qu'ils ne seront pas les nôtres. De toute façon, les figures réelles de la société naîtront d'elles-mêmes en démentant tous les projets, sans pour autant les désavouer. Mais ce qui est sûr, c'est que d'instinct, par-delà les méandres des pensées vagabondes, les hommes seront toujours, dans leurs intentions et leurs actes, ramenés à la solidarité d'un destin commun et mystérieux.

Vincennes, 1968-1972.

INTRODUCTION

LA PROBLÉMATIQUE ÉCONOMIQUE.

Le développement de l'humanité a pris racine, forme et direction dans la loi universelle de l'évolution. La prolifération des structures sociales enferme le mouvement culminant, tâtonnant et progressif des forces qui sous-tendent le monde. L'économie a fini par admettre cet enveloppement des hommes par une création en marche. L'ouvrage de Jacques Astruy, *Le scandale du développement*, témoigne que cette discipline, après s'être dégagée du subjectivisme marginaliste et individuel, est désormais en mesure de prendre par rapport à l'homme le recul nécessaire pour le traiter en objet et tenter sans trop le déformer de reconnaître la place qu'il occupe dans l'espace et le temps. Que le développement économique qui bouleverse depuis un bon siècle la figure de la terre soit qualifié, suivant le cas, de « démarrage », de « décollage » ou même « d'explosion », au niveau des communautés nationales tour à tour affectées par la métamorphose, il faut prendre conscience que nos sociétés sont brutalement happées par un processus de transformation irréversible. L'homme change de physionomie. Sa vie, son action, sa mort, son destin s'ordonnent selon une vision nouvelle, où il figure non plus comme fin, mais comme relais, étape, agent dans la montée d'une organisation supérieure de l'univers. Au niveau déjà atteint, une mutation se dessine dans la signification qu'il convient de donner aux rapports entre les hommes et la nature : celle-ci apparaît toujours modelée par ceux-là ; mais la complémentarité qui en résulte n'est plus interprétée comme mettant la nature au service des besoins de l'homme. La solidarité qui les unit est plutôt celle d'une œuvre collective dont les hommes véhiculent la conscience. A partir de cette mutation, la problématique économique est profondément modifiée, déjà méconnaissable.

Jusqu'à présent, les économistes ont recherché la spécificité de leur discipline dans la lutte contre la rareté, celle-ci étant appréciée par rapport aux besoins humains. Le thème de la rareté, fondement du problème économique, formait le ressort de la logique des choix, s'offrait en cible à toutes les visées. Or aujourd'hui la rareté réelle est potentiellement vaincue. Toutefois d'importantes séquelles subsistent. Une conscience encore balbutiante et des méthodes imparfaites d'organisation ont créé des poches de rareté objective, apparemment irréductibles. Les hommes en société se sont enlisés dans des représentations et figurations que les nécessités d'une lutte séculaire pour la vie ont imposées à leurs habitudes, à leurs schémas de compréhension, à leurs institutions. La rareté se survit telle une fidélité absurde envers un maître disparu. De phénomène naturel elle tend à devenir l'artifice qui emprisonne l'homme obstinément attaché aux catégories de son enfance et de ses épreuves. Dans son célèbre ouvrage, *L'ère de l'opulence*, J. K. Galbraith a dénoncé cette déviation tragique qui, pour l'y briser, précipite dans les formes survivantes du passé une énergie humaine décuplée par les progrès de la science et de la technique. La problématique du rare ne veut pas renoncer à sa souveraineté; elle tend à se transférer au niveau des représentations ou des concepts d'analyse. Cette transposition dans la théorie amplifie la futilité des raretés subjectives, raffinées et superflues des peuples civilisés, tandis qu'elle consolide la honte des raretés objectives et vitales, encore distribuées à certaines catégories d'hommes et de peuples.

Il faut donc dissiper ce mirage conceptuel et découvrir le sol réel du présent pour y lire les nouveaux thèmes de l'économie. Une fois la rareté évacuée vers les marges, l'*organisation* devient le thème fondamental comme dans les autres sciences sociales. L'analyse doit se soumettre aux directives de la synthèse, la logique des choix accepter les contraintes d'une cohérence supérieure. La liberté de l'homme, qui trouve si vite ses limites naturelles, est donnée comme une composante du déterminisme de l'espèce, tout en préparant à un niveau supérieur la liberté d'une création encore indéfinie. L'individu s'abstrait dans le nombre, trouve sa qualité dans le groupe.

Parallèlement, la vision de l'avenir ne peut plus se satisfaire de la palette des figurations traditionnelles. L'homme tente vainement d'imposer le « bout de lui-même », ses rêves, ses sourds appels intérieurs, comme le lieu ou le signe d'un monde idéal où il verrait s'épanouir ses facultés supérieures après s'être libéré du travail, des contraintes de la nature et même de la mort. Toutes les représentations idéales des religions, des idéologies, de la société libre, de « l'état stationnaire », de la concurrence parfaite, de l'optimum de bien-être, fondées sur la projection sublimée des désirs et aspirations que l'homme ressent directement en lui-même, n'ont jamais apporté qu'une illusion supplémentaire dans le jeu des motivations. L'avenir ne peut s'affirmer que dans une création collective, non par des représentations individuelles.

LA CONFUSION DES FAITS ET DES REPRÉSENTATIONS ÉCONOMIQUES.

Dans le milieu réel où se dégage le phénomène économique observable, il faut constater que faits et opinions s'accumulent, s'enchevêtrent dans une confusion croissante. Il n'est pas facile de démêler de tels nœuds d'incohérence, ni d'y déchiffrer les constantes d'une organisation en marche. Avec l'aide des économistes, les hommes ont déjà résolu des problèmes cruciaux. Mais les solutions qu'ils ont apportées ont créé, chaque fois, des problèmes plus complexes encore et non moins cruciaux :

— La famine n'a été vaincue que par la pléthore des produits de base, cette graisse superflue finissant par gripper dramatiquement les mécanismes de l'économie ;

— Le mur de la monnaie métallique, qui arrêtait la progression des échanges, a été franchi au prix du déversement d'un flot démesuré et incontrôlable, issu de la création trop facile des moyens de paiement.

— Les crises économiques ont disparu grâce aux politiques d'armement, aux guerres et à la solidarité financière internationale instituée au profit des monnaies des nations dominantes. Celles-ci assurent la régulation et la croissance de leurs économies par le déséquilibre, l'instabilité ou l'exploitation des pays dont le système monétaire et par conséquent le rythme économique reposent sur des réserves de change constituées de plein gré dans la monnaie des nations les plus puissantes.

— Enfin, des progrès énormes ont été réalisés en ce qui concerne les niveaux de vie, les conditions du travail, l'organisation de la sécurité collective ou individuelle. L'économie a été grossièrement ordonnée selon une croissance régulière, grâce à la prévision, à la planification, aux interventions conscientes des États qui ont largement accru leurs pouvoirs. De leur côté, les économistes, regroupant leurs analyses, ont tout de même réussi, après bien des erreurs et échecs, à dégager des règles de comportement, des processus, des institutions relativement efficaces. Mais ces mêmes progrès ont éloigné l'homme de son milieu naturel. Son adaptation est devenue plus délicate en même temps que plus précise. Les chutes ou retards de certains sont d'autant plus douloureux que la mécanique sociale s'est compliquée et a abandonné le berceau de ses origines, le milieu nourricier. Le risque s'est considérablement accru d'une instabilité explosive, d'un blocage généralisé, de gaspillages irrémédiables, d'erreurs dramatiques par l'ampleur de leurs conséquences, enfin d'usures profondes génératrices de déchets susceptibles d'empoisonner durablement l'appareil social.

Devant les problèmes qui s'embrouillent et les solutions qui se dérobent, la raison se trouble. A la misère physique, à la misère matérielle, pratiquement chassées de l'Occident, et qui plus est, scientifiquement et théoriquement soumises à la merci de la volonté humaine sur toute la surface de la terre, s'est substituée une sorte de misère morale. L'incertitude et le drame se sont déplacés du niveau physiologique à celui des représentations sociales. Le désordre et la confusion des esprits entraînent une inaptitude croissante à organiser les rapports entre les hommes en fonction des progrès de la connaissance et à l'échelle de la planète. Les solutions sont à portée, mais l'humanité semble incapable de les mettre en œuvre ; avec un verbalisme accru, elle se fige dans l'expectative et dans les reports de générations, parce que, selon les mœurs et les idées courantes, l'homme ne peut pas s'adapter pendant la durée de sa vie individuelle aux bouleversements qui désormais affectent en permanence les sociétés humaines.

S'accommodant de son désordre et de sa rigidité, l'humanité croit y reconnaître sa nature profonde, sinon la raison de ses progrès dans l'équilibre. Issues de pensées divergentes, d'intérêts opposés et de passions en conflit, les représentations s'accumulent, inconciliables. Elles inspirent des actions discordantes. Le substrat social prend la forme d'un agglomérat d'agents multiples, inarticulés : leurs poids sont statistiquement équivalents à la base ; mais ils peuvent aussi se grouper fragmentairement en systèmes inégaux, cohérents au-dedans, quoique incompatibles au-dehors. Ce fond d'incohérence conserve le minimum d'équilibre et de stabilité nécessaire à la survie des hommes grâce à la neutralisation mutuelle des forces antagonistes, et aux limitations que les pouvoirs des sujets s'imposent entre eux.

LES GRANDS COURANTS D'IDÉES.

Depuis la découverte des mouvements désordonnés de l'activité économique et des forces antagonistes qui en limitent l'amplitude, la recherche économique contemporaine paraît atteindre un de ses « bouts » et rencontrer une des dimensions fondamentales de la nature sociale, en quelque sorte le sol des phénomènes économiques. Mais cette vision chaotique de la toile de fond n'a pas toujours été interprétée de la même manière. Les uns ont dévié l'analyse vers l'égalisation abstraite des décisions et actes élémentaires tant au point de vue quantitatif que qualitatif : l'incohérence statistique des actions individuelles, concurrentes et passivement efficaces, est le meilleur gage de la régularité des fonctions globales et de l'équilibre économique des sociétés. D'autres en revanche, plus volontiers écoutés, ont tenu compte de fortes inégalités concrètement observables qui résultent d'agrégations, spontanées ou non, de forces soumises à des cohérences organisées par des centres dotés de pouvoirs inégaux. Selon ce courant d'opinions, les conflits actifs d'intérêts, les affrontements de puissances entraînent des ruptures et des dissymétries. Après constitution de groupes intermédiaires multipliant les dimensions et formation de coalitions accroissant les puissances, les déséquilibres trouveraient une heureuse issue dans la victoire des sujets les plus forts, c'est-à-dire les plus aptes, les mieux organisés, les mieux équipés. Par voie de conséquence, les formules et les combinaisons les plus utiles à l'intérêt de tous les hommes se propageraient dans la société tout en restant exposées à la contestation et à la concurrence.

Ces deux interprétations, non inconciliables, sont à la base *des grandes théories libérales* qui, depuis un siècle, occupent la scène de la connaissance économique. D'un côté, les théories de la concurrence atomique et de l'équilibre général ont recherché les lois de la statique économique dans la sommation des forces élémentaires concurrentes, autocontenues et d'intensité équivalente. De l'autre, les théories de l'innovation et de la domination, exploitant les conséquences de la découverte de la concurrence moléculaire, voient dans l'instauration de tensions sectorielles, dans la propagation de rapports inégaux de forces, dans la dialectique des conflits, aussi bien l'explication des troubles de l'équilibre que le moteur de la croissance. Les théories des jeux de stratégie associent les relations statistiques ordonnées selon les lois du hasard à la conscience des effets de domination dans le cadre de luttes organisées entre les sujets pour la conquête de gains aux dépens de l'acquis ou des espérances des adversaires. Enfin, les théories américaines de la neutralisation des forces économiques excessives grâce à la compensation des pouvoirs observent que le développement même de la puissance engendre l'opposition d'une puissance équivalente qui lui sert de contrepoids. La montée des groupes suscite la constitution de groupes adverses. Au total les théoriciens libéraux n'ont pas voulu aller au-delà du désordre de base vers lequel toutes les observations et les analyses du phénomène économique ont convergé.

Une telle vision justifie une passivité fondamentale face à certaines « lois » ou situations économiques. Après l'ordre naturel de la concurrence et de l'intérêt personnel, c'est maintenant la dynamique microcosmique des oppositions et des inégalités, associée à un équilibre macrocosmique de croissance, qui nous est offerte comme type idéal d'une économie moderne. Selon cette conception, les rapports humains se réduisent à des oppositions de forces dont la tension donne une consistance au réseau des échanges. Les mécanismes nécessaires s'érigent comme résultante de dynamismes contraires, qui se limitent mutuellement pour ne pas se détruire. Peu à peu, par le jeu des accumulations et de concentrations ou de coalitions sectorielles, des ruptures d'équilibre se produisent, se propagent, se généralisent, en instaurant de nouveaux modes de production et d'échanges. A quoi bon s'élever contre un tel processus, dès lors qu'il s'agit de la voie, trébuchante, désespérante aussi de lenteur et d'échecs, mais réellement observée, de l'évolution des sociétés. D'ailleurs l'évolution de l'univers, aux échelons antérieurs de la formation de la matière, de la vie cellulaire et des êtres vivants organisés, ne s'est-elle pas comportée de la même manière tâtonnante et sélective ? Les difficultés rencontrées par les hommes pour équilibrer une économie progressive ne sauraient trouver de solution acceptable que par des discussions ou dialogues entre parties et finalement des arbitrages prononcés par une autorité supérieure. L'observation épuiserait la technique nécessaire à l'économiste. La politique économique fixerait aisément sa doctrine : jauger les forces en présence, le cas échéant les susciter, s'il doit en résulter un meilleur équilibre ; faciliter et mesurer les affrontements, rechercher les points d'accord ; accélérer les processus de concentration et de groupement, contrecarrer les forces abusives, armer les faibles et guider les forts, épauler les activités de pointe.

Mais les analyses libérales et leurs implications politiques se révèlent décevantes à plus d'un titre. En premier lieu un système assis sur un équilibre de forces associé à des ruptures sectorielles de processus se propageant au travers des zones de plus faible résistance présente un degré d'inertie considérable. Les pouvoirs ont tendance à coaguler leur tension, à pétrifier tout l'équilibre. Les hommes cherchent avant tout le maintien de la sécurité, dès lors qu'ils ont tissé autour d'eux un réseau d'habitudes. Même les plus médiocrement dotés trouvent leur intérêt et un petit avantage au maintien d'une situation d'équilibre, collectivement défavorable, dès lors qu'elle n'est pas individuellement intolérable. On comprend qu'ils préfèrent protéger leur misère plutôt que d'être écrasés par le progrès des autres ou de faire les frais d'avantages que recueilleront seulement leurs enfants, et encore l'héritage de ceux-ci n'est-il pas assuré. Le dialogue se dérobe en outre à la volonté des promoteurs d'une politique économique fondée sur la conciliation empirique des intérêts. Car les conditions offertes aux parties en présence sont trop inégales. La partie défavorisée ne veut pas accepter le principe d'une discussion ouverte dans un tel rapport de forces. La concertation recherchée n'aboutit qu'à la résignation des faibles et au renforcement des puissants dont l'action est fortement encouragée et valorisée par la doctrine de la domination. Enfin et surtout, en postulant le désordre primitif des activités élémentaires ou des cohérences partielles ainsi que la dissymétrie des influences, la science économique moderne s'enferme dans une impasse. Puisque l'équilibre ne peut se réaliser que par des neutralisations et limitations réciproques, par des oppositions et tensions mutuellement contenues, par la paralysie organisée de forces savamment dosées, l'immobilisme devient la garantie de la conservation des valeurs, de la sécurité des hommes, du respect des droits de chacun sur des patrimoines diversement acquis. La confrontation collective d'intérêts posés comme naturellement contradictoires bloque la croissance dans le même temps où elle parfait l'équilibre. Le dynamisme de l'ascension ne peut s'amorcer à nouveau que par un retour à un déséquilibre douloureusement destructeur, fondé sur l'émergence de forces nouvelles, issues de phénomènes d'accumulation, de convergence. Ces forces accentuent les inégalités, instituent leur domination et finalement imposent, aux dépens de certains partenaires, leurs objectifs et leurs méthodes, dans le cadre d'un nouvel équilibre.

A la suite de cette contradiction fondamentale qui lézarde l'édifice doctrinal de la pensée libérale, la science économique a été contrainte d'admettre que la prospérité ou la primauté des uns s'édifient sur la misère ou le sacrifice des autres. Elle a élaboré des couples de concepts qui se disputent la même substance. Cette dualité des contraires s'observe dans le domaine des oppositions entre agents : État et individus — consommateurs et entrepreneurs. Elle est spécifique des alternatives socio-économiques : salaires et profits — revenus du travail et revenus du capital — coûts et plus-value — consommation et investissement — croissance du produit et stabilité des prix — plein emploi et équilibre monétaire — normes de croissance et normes de répartition — productivité et équité — mobilité des facteurs économiques et rigidité des impératifs sociaux.

Par construction, l'économie moderne s'est ainsi enfermée dans un système tel que les forces dont on voudrait assurer la concertation sont, de l'aveu même de ceux qui prétendent les conjuguer, des intérêts ou des volontés fondamentalement antagonistes. Outre que poser le problème de la sorte rend pratiquement impossible la solution cherchée, il faut regretter qu'en adaptant les institutions à ces conflits réputés inhérents à la nature humaine, les sociétés occidentales ne les créent, ne les consolident ou ne les avivent, gênant ainsi dans une large mesure la poussée évolutive du monde. En France, le gouvernement et son opposition s'accordent pour reconnaître que l'expansion économique devrait se perpétuer dans la stabilité monétaire et le plein emploi, que la croissance devrait s'accompagner d'une répartition plus égale des fruits de l'expansion. Mais en même temps chacun est parfaitement conscient que ces exigences sont contradictoires ; personne au fond ne croit qu'elles puissent se concilier, si ce n'est par l'abandon d'au moins l'une d'entre elles. Dès lors, la seule voie que les experts jugent raisonnable est de maximiser l'une de ces exigences, dans le cadre de contraintes minimales fixées pour les autres. Mais leur conclusion présuppose des conflits d'intérêts, un choix délicat, arbitraire s'il n'est pas intéressé, et finalement des sacrifices consentis par quelques-uns ou imposés à beaucoup. La construction de l'économie sur un terrain d'opposition prépare un avenir sombre. La voie tâtonnante des contradictions sélectives finit toujours par mener quelque part, et par aboutir à quelque chose de mieux. Mais à quel prix !

Faut-il vraiment tenir pour définitif l'existence d'un sol incohérent de l'économie, où des forces multiples et inégales s'exerceraient selon des projets contraires dont les conflits devraient être résolus par la conciliation ou la contrainte ? N'existe-t-il pas derrière ce bouillonnement informe, un plan encore plus profond, un sous-sol en formation d'après un projet général informulé, une technique encore diffuse créant un appel pour un rassemblement organique ? S'il en était ainsi, les forces élémentaires, aujourd'hui dispersées et désorientées, devraient normalement s'ordonner suivant cet appel contenu en chacune, si du moins le milieu devenait plus favorable à l'orientation et au déplacement de ces forces dans le sens de leur pesanteur, vers leur horizon naturel. Chaque force aurait ainsi vocation à participer à la formalisation d'une structure privilégiée, où elle trouverait la plénitude de son expression.

K. Marx a donné une première présentation d'un ordre sous-jacent en décrivant l'évolution des sociétés comme celle d'une structure au sein de laquelle les institutions et les représentations culturelles se coordonneraient étroitement sur des rapports, des modes et même des instruments de production. En posant que l'histoire se déroule selon un sens irréversible, Marx abandonne l'idée des forces chaotiques formant le sol définitif des phénomènes. Il dégage au contraire la notion d'une organisation en marche, dont il montre le processus, esquisse la finalité et désigne les agents, ces derniers constituant la classe ouvrière, dotée par lui du privilège d'enfermer seule la force évolutive.

Un siècle s'est écoulé. Après avoir joué le rôle d'un ferment exceptionnellement fécond de la pensée économique, ayant en outre largement influencé les courants d'opinion, les formes d'organisation des échanges et les institutions actuellement observables dans toutes les sociétés humaines, le système économique de Marx est dépassé par l'histoire. Prototype original d'une méthode féconde, il est désormais hors du temps et du milieu présents, même si de nombreuses pièces du modèle et catégories du schéma sont reprises dans la représentation des thèmes économiques et sociologiques modernes. Le marxisme n'est plus qu'un rameau divergent de l'évolution de la pensée humaine ; il s'est enkysté dans un monde moderne dont il ne saisit plus le sens et la poussée. Capables encore de remarquables adaptations sélectives aux conditions du milieu, de perfectionnements de détail et de résultats fragmentaires surprenants, les marxistes et leur organisation n'en restent pas moins condamnés à subir la loi inflexible de l'évolution et à être progressivement expulsés sur les franges de l'univers. Comment peut-on être marxiste de nos jours ? Par tradition, par noblesse de cœur, par révolte, mais non plus par raison. Le marxisme a eu son heure, où il fut à l'avant-garde. Il demeure une composante essentielle de la pensée moderne. Il s'y est intégré, fondu. Les marxistes attachés encore au système n'ont pu garder aujourd'hui pour eux-mêmes que les mots, les formes vides ; le code écrit depuis des décennies n'exprime plus que la nostalgie d'une vision dont le monde s'éloigne à jamais. Finalement, les marxistes systématiques font figure, en Occident du moins, de forces perdues.

L'extraordinaire vitalité du marxisme contemporain n'est cependant pas expliquée totalement par l'aveuglement, la fidélité ou la séquelle. Il est enraciné dans les valeurs actuelles. Car d'abord en éthique, la grandeur humaine et la puissance des implications sociales, politiques et psychologiques de l'œuvre de K. Marx justifient qu'on l'actualise toujours et que les hardiesses les plus étranges de la pensée contemporaine y trouvent leur annonce : ainsi le structuralisme. Mais surtout à l'échelle de la planète le marxisme s'est constitué comme le mythe du monde du sous-développement. Ce mythe traduit le retard d'évolution et exprime les espoirs de rattrapage et de compétition. Il rend compte aussi de l'impuissance des nations industralisées à maîtriser l'organisation du monde. Le marxisme est l'équilibre d'attente, la solution routinière et éprouvée, où sur les trois quarts de la planète pourraient se réfugier les plus hautes espérances des hommes qui n'ont pu encore entrevoir comment le XXe siècle allait inscrire dans toutes les sociétés les promesses qu'ont fait naître les triomphes intellectuels, méthodologiques et techniques des recherches spéculatives ou appliquées.

Aujourd'hui, d'autres éclairages apparaissent qui recherchent un ordre naturel en gestation permanente derrière l'apparence des déséquilibres et des conflits irréductibles. Après avoir cru échapper aux diktats d'une nature cruelle, après avoir imaginé qu'il lui appartenait de domestiquer pour lui-même une nature providentielle, l'homme s'aperçoit qu'il est noué en elle, avec elle et pour elle en une étreinte prodigieusement féconde. La cybernétique et le structuralisme apportent à cet égard des perspectives qui donnent le vertige.

La cybernétique a interprété les comportements individuels et leurs œuvres comme le résultat d'une multiplicité d'actions et de rétro-actions dont les sens cumulés peuvent renforcer ou contrarier les lignes de force de l'équilibre et du progrès. Ces principes d'action et de rétro-action régleraient comme une mécanique les relations des forces qui, à différents niveaux, structurent le monde. Les activités seraient génératrices de mouvements inverses, de compensations partielles ou globales, immédiates, non simultanées ou différées, et dans ce dernier cas généralement permutantes, du fait de la superposition des niveaux de compensation. Grâce à ces inversions et compensations, les forces réaliseraient des progrès structuraux dans le sens du principe de « la moindre action » qui en économie, sous l'expression de *la règle du moindre coût*, inspire les comportements, des plus simples aux plus complexes.

La cybernétique rend compte, mieux que toute autre démarche, d'un chaos apparent masquant ou préparant des ordres naturels profonds. Le terme difficile qui qualifie cette nouvelle discipline, détourne souvent l'attention vers une science des machines et de la pensée asservie, objet par lequel cette nouvelle forme de prise de conscience du monde humain a voulu concrétiser son expression et rechercher ses objectifs d'application. La cybernétique ne prétend, il est vrai, qu'à clarifier la pensée, à retrouver et à parfaire les organismes et les organisations spontanées, reconstituant par l'analyse et par une « réflexion forcenée » (Aurel David) les conditions d'un meilleur fonctionnement et d'une meilleure adéquation aux finalités. Mais en associant, selon l'expression du docteur Ernest Huant, l'*automaticité*, la *finalité* et la *liberté*, pour faire de cette liaison « la caractéristique essentiellement constitutive, nécessaire et suffisante, de toute organisation vivante », la cybernétique apporte la clef d'une représentation féconde du sous-sol des phénomènes. Car elle repose manifestement sur la vision la plus large. Elle définit les conditions de l'existence et de la finalité du monde, même si elle exclut cette finalité de son champ propre. Elle prend au plus haut degré la signification de l'auto-genèse et de l'auto-régulation des structures, logeant l'infini dans une succession jamais achevée de mécanismes finis s'intégrant les uns dans les autres. La progression mécanique s'auto-équilibre avec des écarts plus ou moins durables, autour du maximum de liberté et d'efficacité dont chaque structure est capable sans compromettre la liberté et l'efficacité des autres ; elle accroît la puissance d'une certaine force en quoi semblent se résoudre, à la fin des fins, toute substance et toute pensée.

A mesure que cette force s'enveloppe sur elle-même dans des formes plus complexes, son efficacité croît avec sa liberté, alors que les formes supérieures prennent appui et même se nourrissent des structures qui leur sont inférieures dans la montée de l'organisation. L'élasticité de cette liberté à la recherche de l'efficacité conduit à des oppositions de forces de niveau semblable d'organisation. Le flux déchaînera un reflux d'autant plus violent qu'il aura été plus tendu, du moins tant que les forces, semblables et engagées dans des structures concurrentes, demeurent aveugles faute de ne connaître d'autre avenir qu'elles-mêmes. Dès lors la perspective de la réduction des conflits, non pas par l'écrasement du plus faible, ni par la duperie, ni par le dialogue, mais par *l'apparition d'une finalité supérieure* s'impose comme le moyen nécessaire de l'harmonie des forces. Il ne s'agit pas bien entendu de n'importe quelle finalité, accessible à n'importe quel moment. L'ultime finalité reliant fonctionnellement une structure à une autre, plus large, ne s'imagine ni ne s'octroie ; elle se révèle par elle-même comme la détermination nécessaire impliquée par l'extériorisation des qualités les plus hautes intégrées dans la propre nature de la structure. Lorsque est atteint un certain état d'information et de relation, une structure englobante, plus libre et plus efficace, se dessine et se projette au-delà des conflits, des mutilations, des fluctuations et des tâtonnements, qui paraissaient bloquer l'organisation et le fonctionnement des forces en présence, bridées par leurs enveloppes primitives, inadéquates. La formation et la survie de l'être nouveau apportent une finalité certaine, qui réconcilie les forces, éléments et ensembles combinés, en les orientant dans la même direction. La vision même de leur finalité place les structures de base au plus haut degré de leur liberté et de leur efficacité. Alors seulement elles s'installent d'emblée chacune au plus haut niveau de leurs capacités et se nouent ensemble dans le développement d'une puissance nouvelle, multipliée par la convergence des axes de choix.

Mais des délais incommensurables, des myriades de tâtonnements patients et forcenés préparent généralement, dans la nature, le mûrissement d'une percée derrière le mur des structures acquises, ainsi que le dévoilement d'un nouvel horizon, substituant un ordre supérieur au chaos des volontés épuisées par leur compression réciproque. Le développement d'une information, ni faussée ni incertaine, est assurément un moyen de hâter la réalisation de l'harmonie des visées, en donnant conscience du modèle annoncé par les relations déjà amorcées.

Parallèlement à la cybernétique, *l'ouverture structuraliste* a considérablement plastifié les phénomènes naturels et sociaux. Elle a accru leur épaisseur avec leur élasticité, en superposant et en combinant les structures comme si elles se signifiaient les unes les autres, en sorte qu'après avoir fait le tour du réel et exploré son fond le plus profond, on ne trouverait jamais que des signes de signes. Les progrès de l'univers se feraient dès lors, sur tous les plans et à tous les niveaux, par une immense enflure qui, une fois réduite, n'offrirait qu'un résidu sans déterminisme et sans liberté, sans efficacité, sans forme, sans signification et sans expression. Les divers structuralismes mettent en évidence cette fantasmagorie des structures, qui les fait se doubler, se représenter en chaîne selon des processus qui, en dissimulant leur déterminisme, font croire, pour qui s'en tient aux phénomènes, ou bien que le signe perçu est la réalité directe, ou bien que celle-ci est seulement ce que le signe représente. Or la recherche structuraliste a précisément montré que les structures signifiantes sont elles-mêmes des structures signifiées distinctes des structures à signifier. Toute structure signifiée n'est-elle pas à son tour une structure signifiante ? Ce qui conduit naturellement à les penser toutes deux en coordination comme si le signe et le signifié étaient indéfiniment en rapport d'échanges.

Dans la conscience de l'homme, le signe se généralise. Toutes les perceptions, toutes les structures appréhendées ou exprimées deviennent des signes réciproques, indéfiniment combinables pour se représenter. La mise en jeu de la conscience humaine a eu des effets vertigineux sur les duplications représentatives et sur le développement des boursouflures structurelles. Grâce à elle, la matière est perçue comme le signe d'une force, l'objet comme le signe de relations, la forme comme le signe d'une structure, le concept comme le signe d'un objet, le nom comme le signe d'un concept, l'institution comme le signe de rapports sociaux inter-humains, le prix comme le signe de la valeur, le bien comme le signe du travail, la monnaie comme le signe du bien. Le signe porte toujours en lui-même sa réversibilité, c'est-à-dire la possibilité de se faire représenter par son signifié. Mais surtout la conscience humaine ouvre la voie à la multiplication infinie des structures par les répercussions de son pouvoir auto-réfléchissant : en elle et par elle, tout signe devient signe de lui-même et s'institue le signe fugace ou durable de tel autre signe.

La plupart de ces significations en chaîne, issues du pouvoir créateur de la conscience humaine, ont un caractère individuel qui en fait la multitude et la singularité. Mais en s'enfermant dans des systèmes finis, dans des relations stables communes à plusieurs consciences individuelles dans une même société, elles forment des *langages*, c'est-à-dire des systèmes d'informations collectives et de communications entre sujets et consciences, systèmes régis par des codes de signification du signe et par des processus de production et d'insertion des signes en représentation des phénomènes à signifier. Ces langages qui sont multiples génèrent des structures stables à partir d'autres structures en les réfléchissant. Mais la superposition des niveaux de représentation crée à tout moment des distorsions et des interférences de signification. Les structures s'auto-réfléchissant en un cercle fermé, il s'ensuit des représentations transitoires et une représentation finale qui ne s'épousent pas mais qui se déterminent en une chaîne de déformations réciproques.

Ainsi se manifeste une expansion continue des structures par le pouvoir qu'elles ont de se générer elles-mêmes dans la conscience des hommes en suscitant d'abord le signe de leur absence, lequel appartient à d'autres structures. Un signe est donc toujours à la fois la représentation de lui-même dans sa structure et son système propre et celle de l'absence d'un autre signe pris à son tour dans sa structure et son système propre. A mesure que s'accroissent et s'empilent les structures signifiantes, la reproduction de la structure absente est de moins en moins la même. Mais son signe passe pour la figurer exactement, bien qu'il subisse des lois structurelles particulières et distinctes. Celles-ci peuvent l'éloigner ou le rapprocher de l'évolution que supporte la structure signifiée. Le problème fondamental de la signification revient donc à faire en sorte que la structure du signifiant et ses processus d'évolution rejoignent le plus fidèlement les traits du signifié, sa structure et son évolution. Pour rétablir une vérité de signification il faut respecter un sens irréversible dans l'ordre de la représentation — celui qui va des structures antérieures plus stables aux structures nouvelles utilisées comme signes des premières — et veiller à ce qu'à chaque niveau de représentation le système d'information ne puisse être déformé par des phénomènes inhérents à sa structure propre. Ainsi verrons-nous en économie le bien signifier le travail et réciproquement, la monnaie signifier à la fois le bien et le travail et être signifiée elle-même par l'un et par l'autre, le crédit signifier la monnaie, le bien et le travail, tout en prenant les trois pour signe, enfin des formes de crédit entrer en significations réciproques avec d'autres formes de crédits, avec la monnaie, avec le bien et avec le travail. La clef de la validité des représentations économiques réside dans la mise en harmonie des structures du signe et du signifié, ce dernier donnant sa loi et non l'inverse. Les chances de l'inadéquation sont décuplées par la multiplicité et la genèse permanente des représentations sociales ; la concordance des structures, sur la base de la meilleure expression de chacune au sein des ensembles qu'elles constituent, s'avère extrêmement difficile à réaliser ; le besoin d'harmonisation n'en est que plus impérieux. En réduisant la figuration des relations sociales à des systèmes de signes qui se signifient eux-mêmes et représentent aussi leur structure d'ensemble tout en signifiant d'autres structures, le structuralisme s'attaque de front à cette tâche. Il ouvre ainsi une voie royale : celle de la reconstruction rationnelle de ces relations et de la clarification de l'information qui en émane. Car pourquoi ne pas choisir les systèmes d'information les plus fidèles et les plus favorables à l'orientation optimale des forces, à leur plus grande différenciation, à leur plus grande liberté, à leur plus grande efficacité pour exprimer sans redondance, dans le langage social le plus large et le plus intelligible, les signes de toutes les forces qui s'échangent et peuvent s'échanger dans toute la nature? Une telle reconstruction n'est arbitraire ni incertaine ; car une fois la structure signifiée reconnue, il suffira de construire le signe à sa mesure, comme si l'homme se chargeait, à une échelle massive, de faire appliquer une variété gigantesque de « la loi de la prégnance des bonnes formes » que les *gestaltistes* ont observée dans les processus humains et inconscients de la perception. Selon cette loi les structures seraient portées à réaliser leur équilibre au niveau le plus haut de leurs capacités ou de leurs potentialités et dans la plus grande efficacité de leurs mouvements.

La structure impliquée dans le structuralisme n'est donc pas seulement la forme organisée en un tout et des parties, soumise à des processus de transformation et d'auto-réglage (J. Piaget) ni le simple système de relations internes et externes qui la définit généralement, mais plus précisément une *combinaison de structures associées selon des rapports de signification*, c'est-à-dire formant un système de signes en position signifiante, conformément à la définition donnée par François Wahl dans « *Qu'est-ce que le structuralisme ?* ».

Mais le structuralisme institué en tant que doctrine contemporaine est encore plus étroitement spécifié dans l'opinion par le rôle informateur attribué aux inconscients individuels ou collectifs, qui donneraient aux structures apparentes leurs significations profondes. Il passe ainsi pour mettre en relief l'incompatibilité entre ce déterminisme des formes inconscientes et la liberté conçue justement comme un attribut de la conscience. L'homme ne serait plus qu'en apparence le maître de sa pensée, de sa langue, de ses actes, de ses institutions et de ses créations, puisque ce qu'il dit, ce qu'il pense et ce qu'il fait pourraient avoir en profondeur des significations qu'il ignore. Il ne pourrait découvrir ce sens caché, s'il le découvre jamais, qu'au prix d'un immense effort d'inventaire et de réflexion, soit que d'innombrables superpositions dans le temps et dans l'espace s'avèrent nécessaires pour rétablir l'ordre dissimulé des structures apparentes, soit qu'il faille piéger l'inconscient informateur dans les failles ou les défaillances de la conscience. Il est vrai que le structuralisme sape ainsi profondément le libre arbitre et la volonté de l'homme, mais pourquoi ne pas considérer que le sens second, celui de l'apparence, acquiert précisément, par la médiation de la conscience, une réalité supérieure à celle du sens premier sous-jacent, si l'action et le modèle conscients sont plus forts et plus riches que les relations masquées? D'ailleurs le structuralisme a pris naissance dans les sciences humaines, c'est-à-dire dans celles qui s'enracinent dans les structures biologiques et, en l'espèce, mentales de l'homme. Or, ce dernier paraît achevé dans ses capacités. Au niveau des espèces vivantes, la sélection n'a jamais permis que de maximiser le taux de réalisation de ces capacités. Dès lors, au travers de toutes les représentations de l'homme (sa langue, ses coutumes et ses expressions littéraires), le structuralisme ne pouvait que retrouver les frontières des capacités de l'homme ainsi que l'ordre et la manière selon lesquels celles-ci sont mises en œuvre. En revanche dans le domaine des sciences sociales, la construction structuraliste peut s'abstraire des déterminismes de la machine humaine, car l'œuvre de celle-ci, éclairée par le champ de la conscience, entre dans le faisceau de la liberté que l'homme a conquise. Pour limitée qu'elle demeure par rapport aux contraintes universelles, cette liberté oblige l'homme, d'une part à réaliser des œuvres conformes aux structures les plus efficaces suggérées par les phénomènes de la nature, d'autre part à y ajuster correctement les représentations et les systèmes d'information qu'il est capable, lui seul parmi les êtres vivants, d'instituer consciemment. Le problème du structuralisme social est moins de retrouver l'inconscient des sociétés, des comportements ou des expressions collectives que d'éviter la dénaturation des œuvres humaines et la déformation des représentations que s'en donne la société. A l'inverse de celui de l'homme, l'inconscient des sociétés ne peut en effet reposer seulement sur des structures antérieures d'enracinement. La société poursuit sa route en générant constamment des structures nouvelles, qui sont sa fructification. Au lieu de servir de fondement selon un dessin certain que l'on pourrait dévoiler comme le subconscient individuel, l'inconscient collectif se profile toujours en avant avec une configuration hypothétique et insaisissable. Il est l'état du projet informulé, et sans doute impossible à formuler, vers lequel tendent l'espèce humaine et la vie en général. La raison et la conscience humaines ont moins à découvrir ce projet mystérieux, qui fuit toujours en avant, qu'à ordonner les proliférations structurelles pour qu'elles s'emboîtent et se coordonnent au mieux de leurs êtres respectifs, c'est-à-dire en respectant leur intégrité, en exploitant au maximum leur capacité, en recherchant la pleine efficacité et l'économie des forces, compte tenu de leur hiérarchie, de leur interdépendance et de leur filiation.

BUTS ET PLAN DE L'OUVRAGE.

L'économie n'échappera pas au renouvellement des concepts et des méthodes, dont les courants modernes d'idées sont porteurs. Les sciences humaines et sociales qui l'environnent lui communiqueront progressivement leur technique et leur esprit, ainsi que les résultats de leurs investigations. Science-carrefour, l'économie, déjà largement pénétrée par les modèles mathématiques qui l'orientent vers une formalisation sans concession, sera favorablement équilibrée par ces apports originaux. Vieillie dans les idées séculaires du libéralisme et du marxisme, elle ne sortira de ses impasses qu'en s'ouvrant sans réticences aux constructions entièrement nouvelles, dont le cybernétique et le structuralisme lui offrent des modèles. Malgré la contradiction apparente, les positions cybernétiques, prônant l'automatisme naturel des forces structurées, seront associées aux implications structuralistes relatives à la reconstruction rationnelle des relations engagées dans des systèmes de représentation. Car il s'agit de retrouver la conception et d'imposer l'exercice d'un meilleur *ordre naturel* dans lequel les hommes se soumettraient librement à une nouvelle mécanique économique, édifiée et réglée selon les lois de la raison.

Préoccupé de rejoindre cet ordre naturel, nous voudrions contribuer au renouvellement ou du moins au rajeunissement des thèmes par une étude analytique des *formes* et du *sens* de l'économie. Cette étude sera orientée sur la reconstruction des mécanismes, en fonction des significations que les structures se donnent elles-mêmes dans le *langage social qu'est la monnaie*. Celle-ci sera privilégiée et maintenue au cœur même de l'analyse, alors qu'elle est trop souvent considérée comme une fonction annexe et laissée à la compétence exclusive de quelques spécialistes très savants. Première des composantes spécifiques de l'économie, elle doit être aussi la première à perdre son mystère et son caractère de chasse gardée. Il faut la dévoiler pour découvrir en son sein les vrais rouages de l'économie, faute de quoi aucune réforme profonde ne sera possible dans le domaine social, qui ne soit aussitôt légitimement combattue au nom de la défense de l'intégrité de tout l'appareil économique et de la sauvegarde de son efficacité. L'orthodoxie monétaire, fondée sur une tradition jalouse, tissée de privilèges et de secrets, est un frein bien connu au progrès économique. Mais l'orthodoxie économique s'oppose à son tour au progrès social, en faisant prévaloir la nécessité d'augmenter le revenu avant d'en modifier la répartition, autrement dit en différant indéfiniment, au nom de la raison économique, la conciliation de l'efficacité et de la justice. La monnaie, rétablie dans sa vraie nature et sa vraie fonction, est la clé d'une solution moins désespérante. Car elle est le moyen de la convergence immédiate de la meilleure production et de la meilleure répartition.

Pour le montrer, on va tenter de définir un *objet économique* coextensif à tout le champ économique intérieur, fortement structuré, ordonnant les composants principaux d'un ensemble organisé : la matière ou le corps (la monnaie), la structure ou l'architecture (les fonctions économiques), les forces et les pouvoirs (les agents économiques). Cette approche *structurale* est propre à faire rentrer tous les phénomènes économiques dans un ensemble cohérent. Nous souhaitons disposer, par ce moyen, d'un système de références et de normes qui permettent de clarifier l'analyse économique et de répondre, autant que possible sans équivoque, aux problèmes généraux que pose le fonctionnement des sociétés humaines dans l'ordre économique.

Le point central de l'étude est une *théorie monétaire* qui tend à montrer par quelle voie la monnaie exprime des structures réelles et comment sa propre structure agit insidieusement sur les formes et les forces réelles lorsqu'elle n'est pas rigoureusement transparente, c'est-à-dire lorsque son émission, sa circulation et son retrait ne sont pas calqués sur le dessin, le sens, le rythme et l'ordre des structures réelles. Le fil logique de cette théorie conduit à la *formulation d'un nouveau système monétaire à partir d'une réforme de l'émission des signes de la monnaie.* Ce système paraît s'intégrer dans l'évolution des mécanismes économiques comme la suite nécessaire de la ligne d'évolution des systèmes antérieurs. Toutefois, avant d'aborder l'histoire et les modalités théoriques (deuxième partie), puis les répercussions concrètes (troisième partie) de la conception monétaire impliquée par la considération d'un objet économique structurellement défini, il est nécessaire de préciser le sens de ce dernier et d'indiquer les principales lignes de son devenir depuis que les économistes de l'époque classique en ont tracé l'ébauche (première partie).

PREMIÈRE PARTIE

L'OBJET ÉCONOMIQUE

QU'EST-CE QUE L'OBJET ÉCONOMIQUE?

Dans la langue française le terme d'objet est suffisamment neutre, vague et extensif, pour exprimer occasionnellement un concept précis à l'intérieur de son domaine habituel, à condition de le définir dans cet emploi avec clarté. En l'occurrence le recours à ce terme n'est pas fortuit. Dans son sens le plus commun, il évoque en effet une forme matérialisée, organisée pour l'accomplissement d'une fonction et éventuellement animée d'un mouvement. Pour éviter toute équivoque dans l'esprit du lecteur, la notion d'objet ainsi entendue doit être explicitée d'une manière formelle. Les acceptions traditionnelles du mot dans le discours sont totalement écartées : celles qui lui font exprimer soit le but poursuivi, soit le contenu d'une science ou d'une discipline. Dans l'acception retenue, l'objet est la représentation qu'une conscience se donne d'un phénomène concret ou abstrait. Il possède les attributs essentiels que cette conscience accorde à l'existence du monde extérieur fini qu'elle perçoit : une forme, une matière, un contenu, un mouvement, une situation, une destination. La conscience se représente mieux les idées lorsqu'elle leur reconnaît les mêmes attributs que ceux de l'existence extérieure. D'où l'extension du concept d'objet à la représentation de systèmes d'idées en corrélation et en interaction. En complément des processus d'abstraction, le recours à la notion d'objet témoigne donc de la volonté de restituer à la représentation consciente individuelle et à l'expression collective des systèmes d'idées une plénitude naturelle, structurelle et fonctionnelle, capable de susciter l'insertion de ceux-ci dans la réalité des pratiques et des institutions.

L'objet peut être concret ou abstrait, direct, représentatif ou imaginaire. Celui de cet ouvrage est abstrait et représentatif : il combine des concepts et des liaisons humaines ou sociales, sur le modèle de l'objet social concret correspondant, en l'espèce les institutions et mécanismes réels de la société. Au-delà de son apparence, un tel objet est spécifié par des séries de relations, internes et externes, appelées communément structures.

Dans toutes les disciplines, la notion de *structure* envahit le tableau représentatif des connaissances humaines. Mais la structure n'est qu'un mot piège, vide de signification, c'est-à-dire apte à les recevoir toutes, à moins de la concevoir dans l'unité d'un système interdisciplinaire englobant, dans un tout cohérent, l'ensemble des savoirs. Dans cette conception, une structure unique, puissant facteur de synthèse, traverse les différents plans et niveaux d'analyse, où l'homme a dû, pour le maîtriser, enfermer son avoir intellectuel. Cet « être de la structure », selon les termes de Jean Piaget, est insaisissable dans sa forme totale, mais se révèle partiellement par son processus d'action, la structuration. Il s'exprime en représentations fractionnées et variées, spécifiques dans leurs formes organiques et les lois de leur comportement, mais fonctionnellement interdépendantes. La discontinuité et le cloisonnement, imposés à l'homme ou qu'il s'est imposés pour approfondir ses connaissances, ne doivent pas compromettre la manifestation constante de cette interdépendance fondée sur l'existence probable d'un système unique et commun. Notre objet économique se situe dans cette perspective d'une spécialité, étroitement commandée par l'influence d'une structure ouverte et polyvalente, sous-jacente et englobante.

L'objet doit être distingué du modèle dont les théories économiques offrent de multiples exemples : modèle de circuit comme celui de Quesnay ; modèle de formation de prix comme celui de Walras ; modèle de formation de revenus comme celui de Keynes. Ces modèles expriment, privilégient et formalisent chacun un groupement fonctionnel au sein du champ économique. Ils isolent un mécanisme particulier de l'économie, un type de relations et renoncent à rendre compte de la totalité du phénomène. Mais ils prétendent généralement expliquer les ressorts fondamentaux et traduire les forces qui produisent les effets décisifs. Ils tendent souvent à une expression mathématique qui resserre encore leurs limites. Ayant négligé des pans entiers de la réalité dont ils souhaitent pourtant interpréter l'essentiel, les auteurs de modèles s'exposent à l'erreur immédiate, définitive et irréversible. Les modèles sont toutefois des outils d'analyse précieux et efficaces, dont les conclusions ont de surcroît favorisé la formation de l'objet économique. Les structures partielles du champ, enregistrées grâce à eux, ont été en effet progressivement intégrées dans le patrimoine conceptuel de la pensée économique, en s'incorporant chaque fois dans des synthèses plus larges, plus intelligibles et plus justes de la réalité. Dans l'histoire des théories économiques, l'un des modèles les plus élaborés, les plus riches, demeurera celui que Keynes a présenté dans sa « Théorie Générale » où il combine des données et des variables indépendantes ou dépendantes. Mais les modèles ne sont qu'une fenêtre ouverte sur l'objet économique. Celui-ci doit embrasser la totalité du champ économique et être en mesure de contenir, dans un ordre cohérent et hiérarchique, toutes les relations et toutes les forces qui parcourent ce champ.

Pour fixer les coordonnées de l'objet économique, nous proposons de le spécifier au triple point de vue de sa nature économique, de la méthode utilisée pour le déterminer, de l'objectif poursuivi par sa mise en jeu. En acceptant les risques d'un engagement que l'esprit scientifique refuse en général, nous serons amené à prendre parti dans les trois grands débats que les économistes ne sont pas sur le point de clore : quelles sont les limites de l'économique? Quelle est la valeur des concepts économiques? Quelle finalité faut-il donner à la discipline économique?

I. — SPÉCIFICITÉ DE L'ÉCONOMIE.

Parmi les ensembles de liaisons significatives ordonnées, il existe un type de faisceaux de concepts qui représente l'ordre économique. Celui-ci est donc pour nous un découpage structurel de la réalité sociale, parmi une multitude d'autres. Il est déterminé par deux critères spécifiques. Le premier, fonctionnel, est subjectif en ce qu'il implique une disposition, un comportement, une situation particulière des sujets humains et sociaux par rapport au monde qui leur est extérieur, un certain intérêt que la conscience individuelle ou collective trouve aux choses et aux êtres. Il s'ensuit un certain type de relation des hommes aux choses et des hommes entre eux, un certain mode d'organisation. Le second marque ce qui est inhérent à la nature de l'économie. Il exprime le signe extérieur formel de la spécificité économique. Il en définit les contours et le contenu objectifs.

A) *Critère de la fonction.*

L'économique qualifie une catégorie de fonctions que les milieux naturel et humain assument à l'égard d'un sujet. Mais l'optique change suivant l'échelle du sujet impliqué. La fonction économique ne sera donc pas définie de façon identique suivant que le sujet est une composante de l'humanité (un individu — un groupe) ou l'humanité elle-même prise dans son ensemble comme conscience du monde. Le point de vue du sujet partiel diffère de celui du sujet total.

1) *Par sujet partiel*, il faut entendre un homme pris individuellement ou un groupe organisé tels le ménage, l'entreprise, la collectivité publique, la nation. Pour un tel sujet, la fonction économique, c'est le monde extérieur (choses et hommes) vu, selon un certain ordre, dans la perspective de la satisfaction des besoins. Par généralisation de ce point de vue, ressortissent de la fonction économique toutes les formes et tous les rapports relatifs aux hommes et aux choses, tous les objets et liaisons extérieurs aux sujets ou considérés comme tels, constitués en systèmes cohérents grâce auxquels l'ensemble des sujets et chaque sujet en particulier se proposent de satisfaire leurs besoins, selon un ordre conscient. Cette définition est centrée sur la satisfaction ordonnée et consciente des besoins des sujets. Puisqu'elle délimite un ensemble de moyens extérieurs au sujet, perçus, conçus ou organisés pour obtenir cette satisfaction dans les meilleures conditions, sont exclus de l'économique les besoins qui peuvent être directement, immédiatement ou inconsciemment satisfaits par le sujet lui-même. La notion fondamentale de *coût* se déduit des trois conditions de délai, de facteur médiat et de conscience. Dans cette perspective, la fonction économique est nécessairement onéreuse, même si le travail élémentaire fait défaut. La notion *d'utilité* se déduit à son tour de celle de besoin, puisqu'elle exprime le point de vue du sujet sur la relation qu'il discerne entre les éléments du monde extérieur et ses propres besoins. Celle de *choix* enfin est inhérente au concept d'ordre. Chaque sujet doit évidemment choisir ses satisfactions et classer les utilités selon la manière dont il ordonne ses besoins. Mais en outre, tout arrangement du monde extérieur dans la conscience du sujet implique un ordre des représentations, qui nécessite des choix.

2) *Le point de vue de sujet total* porte d'emblée le problème au plus haut niveau macroscopique : celui de l'humanité. La fonction économique se présente alors comme un système de mécanismes et de méthodes, par lequel l'univers poursuit son évolution et modèle de nouvelles formes et liaisons. Ce système est fondé sur l'appréciation de la valeur de ces formes et liaisons au regard du sens de l'évolution et sur les conséquences que les sociétés humaines, détentrices aujourd'hui de la force de pointe de la poussée évolutive, en tirent pour l'aménagement du monde, sous forme d'actions individuelles (travail) ou collectives (entreprises-administrations). L'ap-

préciation de la valeur se réalise par le jugement des hommes isolés ou en groupe. Ce jugement est un acte global, résultant de multiples choix individuels ou se déterminant directement par le choix d'un macrosujet. Le point de vue sujet total intègre les points de vue du sujet partiel. En effet, par les jugements portés à l'occasion de la satisfaction de leurs besoins et des dispositions prises pour accroître cette satisfaction, les sujets partiels assurent les moyens de la fonction globale. L'optique du sujet total fait apparaître la notion de *valeur*. Alors que coût et utilité reposent sur des estimations conçues par les sujets composants selon une micro-échelle de mesure et de choix que chacun d'entre eux définit en fonction de ses expériences, la valeur se constate à une macro-échelle comme signe objectif du degré de validité des biens, des services et des organismes, eu égard au niveau atteint par l'évolution sociale.

Le dispositif économique est donc un processus d'organisation évolutive fondé sur la *synthèse* de séries, constamment ordonnées et valorisées, de décisions prises par les sujets humains, individuels ou en groupe, concernant le monde extérieur. La synthèse peut être mécanique ou consciente ; dans ce dernier cas elle est effectuée par un macrosujet. Cette idée centrale de synthèse d'actes subjectifs fait que la qualification économique des faits et des choses se juge essentiellement par une propriété attachée à un processus global : celle de participer, d'une manière quelconque, à un aménagement du monde procédant par des choix subjectifs coordonnés entre eux par un système général de mesure des valeurs de tous les éléments engagés dans le processus.

Le critère synthétique de la *cohérence de choix valorisés* doit être substitué à celui de la rareté qui a longtemps qualifié la spécificité économique. Le critère de la rareté avait, à l'inverse de celui de la cohérence, une portée analytique en ce sens que la rareté est un attribut, non plus d'un processus global, mais de certaines formes ou liaisons participantes. Il y a des biens rares, des services rares. En outre, les raretés sont relatives aux sujets qui les éprouvent. C'est donc un critère fuyant, incertain, qui conduit à des déterminations variables du domaine de l'économie suivant l'optique où l'on se place. Certes dans le passé les hommes ont pu juger, à bon droit semble-t-il, que toutes les parties étant rares, le tout pouvait se caractériser par la rareté : une seule face était visible ; la rareté a donc imprégné la notion d'économie. Aujourd'hui la rareté n'est plus généralisable à tous les faits de l'ordre économique. Les phénomènes d'abondance posent des problèmes économiques aussi dramatiques que la pénurie. Le mouvement même du processus économique fait osciller l'état des biens et services de la rareté à l'abondance. A mesure que l'humanité élève le niveau de l'organisation collective, les ajustements gagnent en précision ; dans la démarche économique, le plus et le moins deviennent également possibles par rapport à la valeur d'équilibre. On pourrait aussi bien définir l'économie par l'administration des ressources abondantes, puisque certains ont voulu y voir celle des ressources rares. La rareté n'est plus au centre de l'économie. Elle entretient seulement une relation avec elle, en ce sens que la rareté d'un bien est l'insuffisance de ce bien, en quantité et en qualité, par rapport aux besoins à satisfaire. Ce qui donc fait entrer la rareté dans le champ économique c'est la privation des sujets économiques. Ainsi la rareté a un aspect économique certain, mais tous les faits économiques ne sont pas des expressions de la rareté. Or il est devenu d'opinion courante de dire que pour être économiques les biens doivent être rares. Aussi bien certains responsables n'hésitent pas à organiser la rareté pour maintenir la valeur économique de certaines situations. Une telle attitude, condamnée moralement, n'est pas jugée socialement défavorable. L'aberration sociale et économique des raretés artificiellement maintenues ne serait plus dissimulée sous le fallacieux argument de la spécificité économique, si nos consciences avaient pu se débarrasser, au profit de la notion d'organisation évolutive, du thème de la rareté comme source du fait économique.

L'extension abusive du concept de rareté à toutes les composantes du champ économique et l'exploitation qui en est faite au nom d'un certain ordre de société humaine, sont d'autant plus scandaleuses qu'elles dissimulent ou dévalorisent les raretés essentielles qui caractérisent les composantes les plus précieuses du champ économique. Car il y a dans l'objet économique des raretés majeures à partir desquelles s'ordonnent les besoins, les utilités et les satisfactions : *le temps et les aptitudes des hommes*. La rareté des agents producteurs, la limitation de leurs moyens biologiques, de leurs connaissances accumulées et du temps dont ils disposent, commandent toutes les autres raretés et limitations. Ces raretés majeures doivent être d'abord réduites pour surmonter les autres qui en découlent. Elles débordent largement le champ économique et le surplombent. Celui-ci n'est à cet égard qu'une composante d'un ensemble bien plus vaste dans lequel des forces se tendent et se coordonnent en vue d'une création continue. Celle-ci avance précisément en réduisant progressivement les raretés primordiales appréciées selon une hiérarchie à laquelle les consciences et les jugements individuels n'ont pas accès. La lutte contre ces raretés se hisse au niveau de la réalisation des combinaisons les plus improbables dont l'homme est devenu le moyen décisif au sein d'un univers où les forces naturelles accusent par ailleurs un désordre croissant. La rareté s'élève ainsi au-dessus de l'ordre économique et s'affirme comme un attribut des formes les plus évoluées de la nature, dans son effort de restructuration d'un univers dont la structure antérieure semble se dissoudre dans les manifestations de ce que les physiciens et philosophes modernes appellent l'augmentation de l'entropie, c'est-à-dire la dégradation de l'énergie.

B) *Critère de la nature.*

Pour prendre consistance, l'objet économique a besoin d'une matière première dans laquelle il pourra se mouler. En l'absence d'un support et d'un moyen d'expression donnant corps aux liaisons et concepts qui le constituent fonctionnellement, il n'y aurait pas d'objet. Ce matériau, abstrait lui-même, qui sert de signe extérieur à la fonction économique, est *la monnaie*. Ce concept, pris ici dans son sens le plus large, désigne en effet un système numérique, parfaitement fongible et homogène, purement abstrait, qui permet la représentation, selon un code approprié, de toutes les formes, de tous les processus et liaisons qui occupent le champ économique, et de tous les agents qui l'animent. Ainsi grâce à la monnaie chaque élément économique est immédiatement identifié et doté d'une dimension spécifique permettant de lui donner ou de lui reconnaître, quantitativement et même qualitativement, une place déterminée dans l'ensemble du dispositif. La structure globale comme les structures composantes deviennent alors cohérentes, quantifiables à tous les niveaux et qualitativement significatives grâce au jeu de multiples combinaisons monétaires. L'objet économique peut ainsi se formuler comme un système symbolique lié et fermé, quoique doté d'une extension potentielle indéfinie, comme un réseau de communications et d'informations matérialisées par des nombres dotés de signification. Dès lors que par la monnaie chaque élément, qui pénètre dans le champ économique, est doté d'un indice distinctif, d'un signe qui lui est propre, la possibilité est indéfiniment offerte de représenter, avec la plus grande précision, le jeu des fonctions économiques.

Par l'intermédiaire de la monnaie, les agents économiques peuvent maîtriser, ou créer autour d'eux, une portion de champ, formant leur *horizon économique*, car ils interviennent en modulant les liaisons et les formes monétaires selon un *code* d'usage collectif dont chacun tend à reconnaître directement les règles et qui est susceptible d'enrichissement, de déformation et de perfectionnement spontanés.

Les règles du code peuvent être volontairement et brutalement changées par des décisions collectives. Elles peuvent aussi varier insidieusement. Tous les agents doivent être correctement informés des changements intervenus, de telle sorte qu'à l'émission des signaux monétaires corresponde toujours une réception dotée de la même capacité de mesures et que la signification de l'information monétaire soit identique à l'entrée et à la sortie. L'équilibre des forces concrètes, dont l'objet économique est la représentation, ne peut être maintenu qu'au prix de cette constante harmonisation : tâche très difficile, en raison du glissement constant du code par suite des variations erratiques des flux monétaires.

L'expression monétaire est capitale pour caractériser le fait économique. La monnaie est d'abord le corps matériel de l'objet économique car elle le fait comme les particules de matière font les objets physiques ou la matière vivante fait les êtres ou encore la chair fait les hommes. Pour accéder au sens nu des formes économiques, il est nécessaire en quelque sorte de fracturer leur carapace monétaire. L'étude de la monnaie permet de faire l'anatomie de l'objet économique. Mais pour accéder à sa physiologie, il faut regarder au-dedans. Ensuite, les fonctions économiques ne peuvent pas s'exprimer valablement en dehors du système monétaire qui assure la cohésion et la cohérence de l'objet. Les biens et prestations réels, les comportements et actions des sujets, leurs prévisions et décisions ne peuvent être intégrés au phénomène économique que s'ils y trouvent une place logique. Or, précisément, le fait d'avoir une expression monétaire garantit l'appartenance à la cohérence fonctionnelle de l'objet économique. En conséquence, *toute forme ou liaison qui n'aurait pas d'expression monétaire significative ne saurait, selon nous, entrer dans l'objet économique.*

De plus, l'étude du phénomène économique à partir de son apparence monétaire découpe l'objet économique, au premier stade de l'analyse, dans les limites du cadre national. Car la monnaie à spécificité nationale, qui exprime aujourd'hui les processus d'échange, fait de l'objet économique un champ structurellement clos ; les liaisons monétaires se lovent sur les frontières nationales. Précisons cependant qu'en toute hypothèse il faudra faire intervenir d'autres formes monétaires de caractère spécifiquement international pour que la communication puisse s'établir entre les objets nationaux. Quelles que soient la forme et la structure des signes monétaires à usage international, ils poseront, comme les monnaies nationales, mais distinctement d'elles, des problèmes d'adéquation représentative aux phénomènes qu'ils doivent exprimer et exécuter, mais cette fois à l'extérieur des frontières des objets nationaux.

C) *Définition de l'objet économique.*

Finalement une définition de *l'objet économique*, tenant compte des divers points de vue envisagés, peut être proposée : Expression monétaire d'un processus d'organisation évolutive de l'univers, fondé sur la synthèse appréciative et sélective, mécanique ou volontaire, de séries consciemment ordonnées et valorisées de perceptions, de décisions et d'actions relatives au monde extérieur, émanant des sujets humains, mus, individuellement ou en groupes, par le désir ou la volonté de satisfaire leurs besoins.

Cet objet, déterminé par sa fonction et son moyen d'expression, que représente-t-il réellement, quelle est sa valeur, et comment peut-il apparaître dans le champ de la connaissance? Ces questions relèvent du problème général des méthodes dans les sciences sociales.

II. — LES MÉTHODES.

Le débat essentiel de la connaissance a été bien posé par Jean Ullmo : « contre l'école idéaliste qui dirait : nous inventons le réel, contre l'école réaliste qui dirait : nous subissons le réel, l'analyse de la pensée scientifique nous répond : nous choisissons le réel ». L'objet visé ne saurait être en effet la simple transcription d'une pure observation. L'enchevêtrement des liaisons et des formes est poussé à un tel degré et notre perception du réel est si fragmentaire, que tenter de reproduire purement et simplement les fractions de ce réel directement perçues conduirait à la plus totale confusion. Il ne saurait non plus être question de déduire des postulats et principes d'une logique économique à priori, encore moins de la logique mathématique, les termes successifs d'un ordre économique pur, dès lors qu'un tel objet formel n'exprimerait guère les rapports et comportements du monde réel. Les diverses tentatives d'application de la méthode déductive intégrale ont abouti à des simplifications abusives, à une caricature outrancièrement déformante et à des erreurs grossières d'interprétation du réel, alors que la rigueur du raisonnement restait sans défaut. C'est donc *un objet construit* d'après la réalité et toujours rapporté à celle-ci que nous retiendrons. Ce principe suppose : d'abord, une reconstitution fondée sur le maximum d'extension et de compréhension du champ de visée délimitant le modèle à reproduire, de façon à diminuer préventivement la probabilité de déformations et d'inexactitudes ; ensuite, la révision, la remise en question de cet objet pour réduire, à postériori, les déformations et inexactitudes acquises. Ces caractères sont ceux d'une méthode *dialectique*, confrontant le réel et ses représentations.

1) *La représentation du réel.*

La représentation du réel sera, en premier lieu, *sélective*. Car parmi l'enchevêtrement des liaisons et la superposition des formes qui s'offrent à la perception et à l'entendement direct de l'homme, il convient de faire émerger un objet structuré, homogène, fait de relations orientées, d'ensembles hiérarchisés, de couches d'uniformité, un objet doté de mouvements articulés, coordonnant des permanences, des régularités et des variables, un objet significatif enfin, distinguant des causes et des effets, recélant des niveaux d'influence et des zones d'équilibre ou de disparité. Une telle entreprise comporte des difficultés sérieuses.

a) L'objet ne peut jamais recouvrir le champ total de la connaissance nécessaire, même considérée du seul point de vue économique. Comme toutes les totalités que ce champ s'incorpore, la totalité économique est en effet ouverte ; son émergence est progressive et illimitée. Pourtant la conscience humaine, même aidée des moyens matériels qui augmentent sa capacité de vision, ne peut jamais en appréhender qu'une partie, au prix d'un effort continuel pour filtrer et étendre les représentations, pour prévenir les déviations. Car c'est une servitude inhérente à la nature et à la fonction de son esprit que l'homme doit subir pour accéder à la connaissance : il est obligé de circonscrire, de délimiter, de fermer ses perceptions du monde extérieur, pour en saisir des significations ordonnées à ses besoins ; ses moyens physiologiques de perception lui imposent également un cadre prédéterminé par les processus de l'appareil sensoriel. Le risque évident de sclérose et de malformations consécutives à la limitation naturelle des facultés d'observation et de compréhension de l'homme exige beaucoup de vigilance pour maintenir ouverte une connaissance nécessairement bornée.

b) Les régularités et les uniformités qui apparaissent au niveau macrocosmique ne sont que des apparences souvent épisodiques. L'illusion provient d'un effet d'échelle et d'un jugement formulé dans le temps microcosmique. En fait, à l'inverse des objets physiques dont les régularités et les permanences dépendent des mouvements aléatoires de particules élémentaires, la réalité économique, comme toutes les réalités sociales, est naturellement instable, parce que les éléments microcosmiques, qui fondent les résultats et indices d'ensemble, sont des êtres doués de raison et dotés d'un espace de liberté infiniment plus grand que les particules de la matière ; les mouvements aléatoires font place à des cohérences variables et évolutives qui entraînent une génération permanente de forces inégales défiant toute loi, même celle du hasard.

c) S'agissant d'une connaissance portant sur la capacité, les projets, les moyens, les résultats d'hommes et de groupes d'hommes, l'élaboration de l'objet économique sera doublement imparfaite, incomplète et mouvante, du fait non seulement des moyens limités de la connaissance humaine mais aussi des caractéristiques mêmes de la réalité sociale. Les hommes modifient en effet constamment leurs comportements, leurs règles, leurs opinions. Toujours se manifestent des actions qui ébranlent l'inertie des liaisons établies. La réalité sociale est également le domaine par excellence où les voies et méthodes de la connaissance déforment sensiblement celle-ci, le plus souvent à long terme mais quelquefois à court terme. L'imperfection des mesures, l'utilisation de l'homme ou du groupe comme champ d'observation, avec les erreurs, les fraudes, les dissimulations, que les sujets observés ont intérêt à commettre, assurent la fausseté naturelle de l'information économique.

La représentation sera, en second lieu, *extensive*. Malgré les limitations sémantiques et morphologiques de l'objet économique lui-même, tel qu'il vient d'être défini dans sa fonction et sa nature, les connaissances mises en œuvre ne sauraient se circonscrire aux faits et choses qu'il enferme. En effet, l'émergence de l'objet en tant que forme structurée, sa mise en place dans le champ de la connaissance, bref sa représentation progressive, nécessitent un appel incessant à l'ensemble des techniques et méthodes que les hommes utilisent pour assurer les liaisons sociales, attaquer le monde extérieur, défendre ou améliorer leurs existences. Il conviendra d'intégrer les règles de jeu que les hommes s'imposent, de jauger la portée des institutions qui à des degrés divers interfèrent dans le faisceau des relations économiques. D'une façon générale, il faudra tenir compte de tous les processus extra-économiques susceptibles d'influencer directement les objets ou les sujets qui, en traversant l'espace économique, créent les liaisons et formes dont nous recherchons la synthèse sous le nom d'objet économique. C'est dire que celui-ci devrait être le point de convergence d'une pluralité indéfinie d'analyses et de recoupements effectués à tous les niveaux et dans toutes les branches du savoir.

2) *Contestation de l'objet.*

Toutes ces raisons font que les représentations économiques, qu'elles s'intitulent théories, doctrines ou politiques, sont des constructions fragiles et essentiellement relatives. N'étant jamais vraies absolument, on attend surtout d'elles qu'elles soient *efficaces*. Pour notre part, conscient de cette relativité profonde, nous nous efforcerons, sur ce sol chancelant, mouvant et variable, d'éprouver les degrés de régularité et d'uniformité qui dans des conditions d'espace et de temps déterminées paraissent donner une permanence structurelle et une constance d'effets à l'objet économique. Celui-ci sera une manière de faire le point, d'établir un relais en vue d'une orientation et finalement de l'élaboration future d'un autre objet, prolongeant et développant le premier sans le copier. A chaque étape et tout au long du parcours, le réel et ses représentations se modèlent mutuellement. Dans le cadre de cette dialectique, l'objet doit être contesté aussitôt qu'il est posé. Car silhouette grossière, dessinée d'après des forces qui se combinent et perpétuellement se dosent en s'efforçant de s'exclure, cet objet, à facettes changeantes, n'est qu'un miroir déformant où la connaissance humaine se plaît à se contempler elle-même comme une œuvre figée, retouchée, fardée, où l'esthétique pérennise certaines formes stylisées, mais dépourvues de vie sinon de sens, et finalement inappropriées au monde réel. Aussi bien cet objet restera-t-il une hypothèse toujours en cours de révision.

Cette étape sur une route sans fin s'efforce de dégager une certaine forme d'objectivité. Celle-ci ne va cependant pas au-delà d'un effort pour appliquer une analyse raisonnable aux phénomènes économiques avec le souci de rester engagé dans les problèmes du monde contemporain. L'objet économique sera donc délibérément construit après un choix préalable qui consiste à donner un objectif social à l'étude économique. Pas question dans ces conditions de poursuivre un objectif purement « scientifique », au sens du moins où l'entendent les économistes d'aujourd'hui qui, sans prendre parti sur la valeur des formes d'organisation et de comportement, voudraient limiter leur discipline à l'analyse rigoureuse des données de l'observation économique.

III. — LES OBJECTIFS.

Par la considération de l'objectif s'ouvre le domaine de la déformation idéologique. Il ne manque pas d'économistes pour affirmer que, consciente ou non, celle-ci est indissociable du problème économique. Même le parti pris de l'observation purement scientifique des faits économiques ne sauverait pas, en cette matière, les analyses apparemment les plus rigoureuses des méfaits d'une idéologie sous-jacente. La déformation idéologique se manifeste doublement. D'abord, l'étude économique est le fait d'hommes soumis aux influences de leur éducation, de leur milieu et de leur expérience personnelle. Ensuite, elle se présente elle-même avec un objectif propre ; autrement dit, l'objet économique est élaboré dans un but déterminé. Le doctrinaire, le théoricien, le praticien, le politicien poursuivent une certaine fin, ou tout au moins agissent avec une intention. L'objectif est le plus souvent limité à quelques améliorations des mécanismes, mais il peut arriver qu'étendu et multiplié en une chaîne dont les éléments prennent appui les uns sur les autres, il vise au passage de profonds bouleversements de structures.

Les buts poursuivis ont changé suivant les époques, avec les préoccupations dominantes des sociétés industrielles. Les classiques voulaient développer la production, accroître la masse des richesses. Les néoclassiques semblent avoir recherché l'optimum des répartitions. Leur parti pris, ou illusion, de science pure les exposait à subir de façon exclusive les contraintes de méthodes et d'analyses fondées sur la formalisation hâtive de certaines observations ou sur l'adoption pure et simple de théories relatives au monde matériel. La connaissance ou l'action de l'homme sur lui-même n'ont pu être intégrées. Dès lors, mécanismes et « réifications » ont forgé un objet économique rigide, relativement simple et homogène, mais dont la rigueur apparente cache une pauvreté foncière. L'homme lui-même est intégralement jaugé, au niveau économique, selon une loi de la valeur qui veut régler souverainement tous les processus et tous les comportements. A l'inverse, les théoriciens des inégalités motrices et des disparités dynamiques risquent de se voir solliciter pour justifier des abus dans la distribution des pouvoirs ainsi que le maintien, voire l'accroissement des déséquilibres sociaux. Eux-mêmes ont largement admis des conflits, qu'ils entendent dégager pour les mieux endiguer et maîtriser, ou pour les dialoguer selon une dialectique qu'ils estiment créatrice. Ils ne craignent pas dès lors de protéger et même de susciter des pouvoirs inégaux en vue de l'accélération des rythmes et de l'extension des formes progressives de l'économie. Les keynésiens ont, dans le même temps, systématisé des principes de politique économique autour de concepts créés en vue d'interventions thérapeutiques, constituant ainsi un arsenal de mesures politiques dont le choix et les combinaisons sont liés empiriquement à une situation d'opportunité. Quant aux marxistes enfin, attentifs à déceler chez les économistes bourgeois, derrière les styles neutres et les méthodes les plus scientifiquement rigoureuses, le souci obsédant de défendre le capital et les nantis, ils ne laissent pas de s'affirmer eux-mêmes comme les accoucheurs d'un monde nouveau, qui doit s'ériger par l'intermédiaire d'une classe sociale historiquement privilégiée. A tous égards, il semble donc préférable d'afficher, sans équivoque et d'entrée de jeu, les intentions qui orientent le travail entrepris. Celui-ci ne se veut pas une spéculation gratuite sur les thèmes traditionnels de l'économie, mais un point d'appui pour une compréhension active et générale du monde actuel et le cas échéant un instrument pour des interventions précises.

Préalablement à toute investigation, avant même d'entreprendre l'élaboration de l'objet économique, il a fallu choisir une situation de l'homme par rapport au monde, lui définir un mouvement par référence à l'évolution universelle. Car le sens achevé de l'objet économique, la formulation de ses rythmes, l'efficacité de ses liaisons, la coordination de ses mouvements, la signification de ses fonctions, l'harmonisation de sa croissance dépendent essentiellement de la manière dont on pose l'homme par rapport aux choses soumises à son empire, qui l'asservissent en même temps.

La figure de l'homme ou la représentation sublimée de ses vertus et de ses capacités ne sont pas acceptables comme finalité du monde. Même la perspective passive d'un homme désaliéné, d'un homme libéré est vaine. Les formules actives sont encore plus illusoires : aspiration à tel achèvement de l'homme ou espérance confuse d'un quelconque idéal dont le règne s'instaurerait à la fin des fins sur la Terre, que son essence soit matérielle comme le bien-être, morale comme la justice ou l'équité, ou spirituelle comme la libération des âmes. Pourquoi poursuivre en vain la réalisation d'un idéal posé de telle manière qu'il demeure toujours hors de portée ? Pourquoi par exemple opposer une égalité inaccessible, fondée sur un idéal de justice, à une efficacité qui exigerait l'écrasement des faibles ? Pourquoi s'enfermer dans un équilibre, irritant et constamment contrarié, entre ces deux impossibilités ? Même exaltés au niveau de l'inspiration spirituelle, la charité, le bonheur, la justice, l'amour même, ces grands sentiments de l'homme ne sauraient s'élever au plan de la finalité. Ils demeurent des motivations, des élans profonds qui justifient des actes individuels ou collectifs, dans la vie quotidienne. Ils sont à l'échelle humaine et à l'arrière-plan de l'action, où ils forment la meilleure part mais non pas la plus importante d'un ensemble de facteurs d'incitations. Le problème qui se pose à leur sujet n'est pas celui de leur triomphe ou de leur achèvement mais plus simplement celui de leur protection, au sein de l'ensemble des tendances contraires de la nature humaine. Ces valeurs de sauvegarde ne peuvent, en dehors de l'utopie, apparaître comme le bout d'une visée. Poser comme une fin cet homme dont l'idéalisation est une erreur, contribue à bloquer l' activité évolutive de l'humanité, à limiter la pensée individuelle et à obscurcir la compréhension des choses. La figure de l'homme, faisant écran comme un mirage, immobilise l'ordre en construction et enferme la vision du monde dans un cercle de reflets.

La finalité de la discipline économique doit se placer bien plus haut, par-delà l'homme et sur un terrain plus stable, qui échappe au jeu perpétuel, limité, variable et divergent des motivations humaines. L'homme doit descendre du piédestal pour servir d'escalier. Ce transfert de finalité gage le seul espoir que nous conservions, après tant d'échecs, de voir ces motivations s'ordonner enfin d'elles-mêmes, s'articuler et se compléter autour d'un principe dominant qui résolve les contradictions, conjugue les forces, et mobilise utilement l'énergie humaine. On parle quelquefois du socialisme comme d'une grande espérance humaine. Mais il n'a pas d'image vraie. Il est un inconnu de l'avenir. Gardons le terme sans ses représentations. Nous marchons vers le socialisme à condition de ne rien mettre dans le mot de ce que l'homme se représente aujourd'hui comme la plus grande satisfaction de ses besoins et de ses désirs, ou comme la réalisation finale de ses aspirations profondes.

Pourtant, même la pensée économique la plus rigoureuse, la plus « scientifique » n'a pu échapper à la promesse ou à l'espérance d'une idéalisation de l'homme. Ainsi François Perroux a privilégié la recherche de « l'épanouissement de tout l'homme en chaque homme ». Mais pourquoi aspirer encore à une économie sans contrainte et sans rareté comme figure du monde nouveau appelé à sanctionner tous les progrès ? L'auteur de *l'Économie du XXe siècle* dégage la communauté de vision, de perspective, unissant les théories économiques qui s'opposent le plus par l'analyse du présent et des moyens de le comprendre ou de le maîtriser. L'objectif final de l'économique s'exprimerait toujours par l'évacuation de la rareté et de la contrainte, du moins chez « tous les économistes d'Occident qui valent et qui importent », que ceux-ci se placent en société terminale (état stationnaire de Stuart Mill ou communisme final de Marx) ou en société optimale (équilibre général de Walras). Il n'est pas contestable que, pour se réaliser, l'épanouissement de l'homme a besoin de la fin des contraintes et des raretés *différentielles* qui opposent les hommes entre eux et amplifient les coûts naturels de la machine humaine. Car, pesant exagérément sur les positions relatives de chaque homme au sein des communautés, contraintes et raretés sont le signe que toutes les forces qui ont pris la figure de l'homme ne sont pas en mesure de fonctionner au plus haut degré de leur capacité. Mais d'une part, l'avènement de la liberté et de l'abondance serait-il suffisant pour parachever l'épanouissement de l'homme ? D'autre part, cet épanouissement exige-t-il la fin de toutes les contraintes et de toutes les raretés ? Nous ne le pensons pas. Sans contraintes et sans raretés, l'aventure de l'homme serait achevée. Ce serait sans doute le moment de son affaissement. Une telle perspective est impensable. L'épanouissement de l'homme postule, plus encore que la fin des contraintes et des raretés, la perception d'une finalité qui dépasse les sociétés humaines. Mais précisément par la saisie d'un futur et d'un objectif hors de l'espèce, ce dépassement transférera au plan supérieur du nouvel horizon qui se découvrira alors, les raretés et les contraintes, non seulement sans les détruire, mais en les renforçant et en leur donnant peut-être la dimension de l'infini.

Négligeant les hypothèses, rêves et utopies que l'homme peut vainement multiplier pour imaginer l'avenir, nous reprenons donc le thème de l'organisation en marche vers une destination qui est hors de la portée des moyens naturels de la perception. La finalité est au niveau de l'incommensurable et de l'inimaginable. Elle n'en est pas moins réelle, violemment présente, qui précipite, à un rythme bientôt vertigineux, le mouvement des sociétés et entraîne les hommes dans une gigantesque course de relais dont le but se dérobe à l'infini. Si nous n'avons pas conscience du tableau futur, du moins pouvons-nous percevoir la machine qui le dessine et surtout la perfectionner de façon qu'elle soit toujours plus efficace et mieux adaptée. Il faut faire en sorte qu'elle fonctionne dans des conditions optimales, c'est-à-dire qu'elle obtienne le maximum de résultats pour un minimum de coûts. A l'échelle de l'objet économique qui précisément se veut la représentation de cette machine, l'optimum consiste en un maximum de croissance, de diversifications et d'enrichissements individuels. Car le minimum de coût au niveau global s'interprète comme un maximum de satisfactions au niveau des individus. Nous rejoignons ainsi une des préoccupations traditionnelles qui fondent les normes économiques : assurer aux individus un maximum de bien-être, développer leur personnalité, leur originalité dans la consommation et dans la production. Mais ce qui est habituellement l'expression d'une finalité devient la condition nécessaire d'un objet plus vaste. La lutte contre les frustrations, les privations, les gaspillages et les souffrances des hommes, la recherche de l'accomplissement de l'homme selon ses aspirations les plus nobles et l'encouragement des facultés et sensations individuelles entrent non plus comme but mais comme moyens de l'entreprise. La culture des spécificités et originalités individuelles, fondement de l'accroissement des échanges, devient la condition de la prospérité et du progrès de l'ensemble humain. Également, les grandes valeurs humaines de liberté et d'égalité, si souvent invoquées de nos jours à l'horizon du progrès social, valent surtout comme conditions fondamentales de l'organisation optimale des sociétés humaines.

Ainsi l'égalité des hommes, reconnue dans les domaines juridique et politique, n'est pas établie en matière économique. Elle n'a en tout cas nullement le caractère d'un droit sacré, protégé par les lois. Le droit au travail, affirmé par la constitution, est loin d'épuiser le contenu de l'égalité économique. Pourtant celle-ci progresse, sinon en droit du moins en fait, alors même que l'égalité juridique et l'égalité politique sont sans cesse remises en question dans la pratique sociale. Finalement, sur le terrain des faits un même degré d'égalité, commun aux ordres juridique, politique et économique, tend à s'instaurer, conforme au niveau d'évolution des sociétés. Pour nous, cette égalité se fonde non pas sur un idéal de justice, mais sur *l'équivalence des hommes à l'échelle biologique*. Elle vaut comme moyenne caractérisant des espaces individuels. Il suffit de scruter ces espaces et surtout de descendre à notre échelle pour observer d'importantes différences, dont il faut tenir compte : l'âge, le sexe, les caractères et qualités qui différencient les individus, prennent également un sens dans le cadre de l'objet économique global. Mais les zones entre lesquelles s'établit l'égalité théorique des hommes ont une valeur absolue ; elles délimitent les capacités humaines. Elles enferment des unités humaines qui sont mesurables par des nombres égaux. Une tâche essentielle consiste à déterminer la nature de ces zones et à les mesurer. Par l'espace qu'elles occupent, elles constituent la plage d'égalité moyenne, substrat des rapports humains et donc de notre objet économique. C'est sur ce fonds découpé en zones égales que s'exprime en termes inégaux le dessin propre de l'objet. Car l'inégalité s'évade de l'individu pour organiser et mouvoir les groupes. Elle n'abdique devant l'évidence de l'égalité biologique des hommes que pour s'instaurer à un niveau supérieur dans l'évolution des relations humaines. Si l'égalité se situe en profondeur et se manifeste en inertie dans le dispositif, l'inégalité en revanche est un phénomène de surface et de mouvement, essentiel cependant, car elle apporte la signification et la croissance dans la limite de l'égalité substantielle. Elle est le motif esthétique et chargé de sens, apparaissant sur un gros œuvre fait du cumul de forces potentiellement égales. L'inégalité s'institue ainsi comme une modulation de formes sur un support d'unités équivalentes. Il ne s'agit donc pas de proposer, de postuler, de prévoir ou de promouvoir l'égalisation des conditions humaines. Ce serait un contre-sens. L'évolution conduit au contraire d'une égalité fruste vers une différenciation complexe, source d'inégalités croissantes. Le développement logique du monde construit l'inégalité sur l'égalité. Celle-ci appartient cependant au domaine des droits fondamentaux ; même en matière économique, elle doit être parmi les valeurs sacrées. La condition absolue d'une telle conception des rapports de l'égalité et de l'inégalité est évidemment que celle-ci soit voulue, acceptée et recherchée librement et non pas subie ou tolérée. L'inégalité est une valeur contractuelle qui doit pousser sur l'égalité sans l'étouffer. C'est dire que nous devons rejeter bien des formes actuelles où elle signe la servitude, survivance d'un proche passé où certains hommes pouvaient légalement en exploiter d'autres. De ce point de vue, notre intention est de construire un objet exprimant, dans le statut ou la situation économique des individus, des écarts à la fois tolérables et nécessaires par rapport à une assise numérique rigoureusement égalitaire. Cela revient à concilier l'égalité et l'inégalité en mettant chacune de ces relations à sa place, en coordination, non en concurrence. Ordonner l'inégalité par rapport à l'égalité sous-jacente la décharge du poids affectif de l'injustice et la porte au niveau d'une valeur supérieure. Nous verrons par exemple qu'en économie la valeur monétaire des biens et des services se dessine, selon des structures éminemment inégales et mouvantes, sur un substrat stable où le travail se découpe en parties strictement égales par unité de temps et par unité d'homme, quel que soit son rendement.

Le concept de liberté pourrait donner lieu à un débat analogue. Nous conclurions aussi à l'obligation de concilier la liberté et la contrainte. Mais cette conclusion est déjà évidente. Le classement de la liberté par rapport à la contrainte fondamentale appartient de longue date aux certitudes de la pensée occidentale ; la complémentarité de ces contraires n'est guère contestée. En Occident, la liberté fait d'autant moins problème que dans la conscience de la grande majorité des citoyens elle paraît définitivement et fortement protégée au sein du faible espace qui doit rester le sien, celui de l'individu.

Somme toute, liberté, égalité et bien-être peuvent servir de fins à l'échelle individuelle. Mais à l'échelle globale ces concepts prennent une valeur secondaire. Ils cèdent devant une finalité supérieure, dont bien souvent ils paraissent contredire les voies, alors qu'ils peuvent s'y subordonner sans se renier. La liberté de chaque homme n'est que le lubrifiant de la contrainte, le « jeu » qui permet aux rouages de fonctionner sans raideur. Quant à l'égalité, elle est la division d'un ensemble en parties aliquotes qui ouvrent le champ des proportions et des mesures, les carrés d'un quadrillage sur lequel l'inégalité dessine l'objet du monde. Enfin, le bien-être exprime la qualité et l'intégrité de l'élément, qui assurent la santé, l'esthétique et les performances de l'ensemble. Il témoigne de la pleine occupation de l'espace minime alloué à chaque individu pour que le tout se réalise.

Rejeter liberté, égalité et bien-être dans les préoccupations du microcosme, adopter pour le macrocosme la finalité d'une organisation optimale et indéterminée : de telles positions devraient permettre aussi de résoudre, en quelque sorte « par-dessus le marché », des problèmes jusque-là réputés insolubles au niveau de l'individu. De même que la liberté individuelle a trouvé réalisation et protection dans l'organisation plus complexe des nations, le problème de l'égalité des hommes et celui de la satisfaction de leurs besoins disparaîtront lorsque le monde dans son ensemble aura su s'organiser et se personnaliser lui-même. L'égalité, aujourd'hui si lointaine et si idéale, s'imposera d'elle-même pour le meilleur accomplissement de tous les hommes engagés dans la réalisation d'un projet collectif encore dans les limbes. Le bien-être de chacun ne sera plus négligé quand il apparaîtra évident qu'il commande la santé de l'être social.

Pour exprimer des objectifs microcosmiques il est des concepts qui paraissent moins conciliables que l'égalité, la liberté et le bien-être avec cette manière de poser la finalité macrocosmique. Par exemple, la montée des loisirs apparaît à certains économistes et sociologues comme une tendance profonde de l'évolution. Le mythe du loisir envahit la conception sociologique du futur. L'homme réaliserait sa libération en substituant progressivement le loisir au travail. C'est encore poser en termes contradictoires deux compartiments qui pourtant ne s'excluent pas mais demeurent indéfiniment complémentaires. Si le loisir est l'occupation du temps de l'homme par la négation du travail ou plutôt s'il est simplement la substitution d'une activité d'intérêt individuel ou domestique à une activité sociale, on fait fausse route en se le donnant pour objectif. L'avenir nous conduit vers un renforcement du travail, à tous égards, en qualité comme en quantité. Il y a cependant un équilibre travail-loisir à conserver, qui est d'ordre biologique. Le loisir accompagne le travail. Mais il n'est pas son concurrent. Il demeure une servitude de l'existence sociale, car il est l'intervalle nécessaire qui périodiquement relaie, soutient et renforce la succession des temps de travail. Le loisir se glisse dans les interstices du travail comme le sommeil dans ceux de la vie. Si les exigences de sommeil croissent avec les paliers d'évolution des êtres vivants, il est possible que les besoins de loisirs s'accroissent aussi, avec les stades de l'organisation sociale. Mais cette montée des loisirs ne saurait se faire aux dépens du travail, de même que le sommeil ne s'est pas développé contre la vie cellulaire. Les loisirs évoluent avec les formes du travail mais toujours en symbiose ; ils sont une condition de l'efficacité de ce dernier, non un objectif social.

Ces quelques exemples illustrent comment, par référence à une finalité supérieure, encore obscure il est vrai, les objectifs traditionnellement donnés à l'évolution de l'organisation sociale devraient s'ordonner dans une hiérarchie, se limiter à certains niveaux et se réduire à des aspects partiels d'un même édifice qui les englobent tous. Pour ne pas tomber dans un contre-sens d'interprétation des comportements, des mutations et des croissances, il faut viser l'ordre total, non des compartiments aux limites fonctionnelles étroites. Notre objectif est finalement le suivant : grâce à la méthode sélective dans la reconstruction du réel et avec la perspective de l'accomplissement progressif d'une organisation supérieure, élaborer un objet économique qui soit représentatif des forces modelant la réalité et susceptible de servir de « mannequin » pour moduler ces forces d'une manière optimale.

IV. — L'OBJET ÉCONOMIQUE : ORDRE LATENT DE LA NATURE.

Au total, l'objet économique est un moyen d'exposer, par voie d'analogie avec les structures apparentes les plus communes, un ordre spécialisé de phénomènes. Il est contestable aussitôt que formulé, mais ses figurations auront d'autant plus l'apparence de la vérité qu'il se sera édifié à la convergence de tous les autres phénomènes et sur l'assise du processus évolutif majeur. Sa validité relative dépendra de la dimension des phénomènes intégrés et de la cohérence du dispositif logique reliant tous les facteurs. L'objet économique se fonde sur la conviction, certes acquise à priori, qu'il existe à tout moment un ordre latent meilleur que tout autre, en ce qu'il rend compte au mieux de l'être de la structure économique et sociale, épanouit à l'optimum les composantes diverses et valorise au maximum le processus évolutif général. Entre l'utopie et le réalisme arbitraire ou opportuniste, il suppose que puisse être introduite, dans une science et une technique humaines, cette prodigieuse méthode des mouvements auto-entretenus, auto-corrigés et capables d'engendrer les conditions et formes de leur progrès, dont nous parlait le docteur J. L. Lévy dans un article de presse (*le Monde* du 10-7-1968 : régulations et structures) ; par une telle méthode, en empruntant les « couloirs de l'évolution », la nature a forgé les remarquables systèmes de la vie et ses principes régulateurs, fascinants de précision et d'efficacité, permettant de « faire du stable avec de l'instable ».

Toutes les formes et tous les processus retenus au sein de l'objet économique ne sont pas observables ni même quelquefois transposables dans une réalité rigide, rétive et curieusement fidèle aux voies les plus biaisées. Mais même s'il ne peut prétendre faire modifier des institutions monumentales, l'objet économique sera du moins un modèle de traduction et d'interprétation des phénomènes réels, les décodant, les signifiant et servant de référence, sinon de normes, pour apprécier leurs dimensions et juger de leurs progrès. Il faut souligner tout particulièrement l'intérêt que revêt la transposition fictive des mécanismes réels en des mécanismes calculés normalisés. Car il est bien évident que la plupart des découpages et des processus découlant de la présente étude ne sont pas, en l'état actuel des choses, directement applicables au réel. Mais les possibilités offertes par l'informatique ouvrent sans doute un champ illimité à la transposition structurelle, à l'interprétation des données observées et des résultats concrets, par référence au fonctionnement d'une « maquette » qui utiliserait, en les remodelant, les éléments réels (en l'espèce le travail potentiel) choisis comme unité et source des phénomènes. L'objet économique ainsi conçu se lit dès aujourd'hui en filigrane dans la confrontation des théories modernes de l'économie. Il est le lieu de leur rencontre et de leur compatibilité.

LE DEVENIR DE L'OBJET ÉCONOMIQUE

Si nous pouvons accéder à un objet économique cohérent et entier, c'est au prix des multiples visées opérées par des générations d'économistes, des mercantilistes jusqu'aux représentants de nombreuses écoles modernes, c'est grâce aux courants d'interprétation ainsi diversifiés, au découpage illimité des plans d'analyse. Mais notre intention n'est pas de suivre la succession des théories et des doctrines, elle est de montrer l'évolution de la pensée économique autour de quelques problèmes clés.

Les efforts, les contradictions, les progrès de la discipline économique, les escarmouches des théoriciens, les critiques réciproques d'écoles concurrentes ont peu à peu extrait de la gangue du milieu environnant les propriétés spécifiques et les structures stables que nous pouvons aujourd'hui reconnaître à l'objet économique. Celui-ci n'a cependant ni lieu ni date de naissance, mais nous en appréhendons l'embryon à partir du moment où les premiers théoriciens spécialisés lui attribuent des caractères suffisants pour qu'il puisse être traité de façon autonome. Il paraît difficile de remonter à cet égard au-delà des mercantilistes du XVIe siècle. La vision que l'on peut avoir de l'objet à cette époque est confuse : une sorte de nébuleuse d'images conceptuelles logiquement peu cohérentes. Par la suite, à partir de l'observation des phénomènes changeants la différenciation progressive a porté sur les trois principaux points de détermination de l'objet :

— *les pouvoirs et les forces.* Les sujets ou agents économiques ont progressivement émergé dans le champ économique, tandis que s'affirmaient des différences considérables dans les niveaux d'organisation et les degrés d'influence ;

— *l'ordre.* La différenciation des circuits de base, qui se sont révélés multiples, a permis de dégager une structure complexe du processus production–répartition–consommation, qui forme la logique interne de l'objet ;

— *la matière.* Ont été peu à peu précisées les relations entre catégories réelles et monétaires. Du coup les effets purement monétaires ont pu être appréciés et localisés.

FORMATION DES CATÉGORIES DISTINCTIVES DE SUJETS ÉCONOMIQUES (1).

Les sujets environnent, inspirent le champ économique mais n'en sont pas la substance. Actifs, ils le gouvernent, le modèlent, le modulent ; passifs, ils subissent son influence. Chacun admet aujourd'hui l'interaction des sujets et de l'objet économique. Mais les caractéristiques que l'on reconnaît aux sujets économiques n'ont émergé qu'avec lenteur. Tout d'abord les sujets sont apparus comme des entités triviales : les paysans, les travailleurs, les marchands, les propriétaires fonciers, les entrepreneurs. Ils correspondaient à des classes, à des catégories grossièrement caractérisées. Ensuite s'affirme le fond commun : l'*homo in abstracto*, l'*homo œconomicus* et sa logique des choix fondée sur la sensation des plaisirs et des peines. A ce stade, le sujet se comporte comme une mécanique passive. Les sujets composés, telle l'entreprise, sont présentés comme une clé de répartitions intersujets. Ce ne sont pas encore de nouveaux sujets organisés et

(1) Pour désigner les sources des flux économiques et les titulaires de pouvoirs les économistes écrivent plus volontiers agents que sujets. Les sens des deux termes ne se recouvrent pas entièrement. Le premier met en relief un compartiment créateur de structures, le second considère l'individu ou le groupe comme assujettis aux structures et comportements économiques ; le sujet est, en effet, celui qui met en œuvre et auquel s'appliquent les lois de l'économie. La théorie économique moderne en privilégiant le côté actif des forces et des pouvoirs, la comptabilité nationale en appliquant la dénomination d'agent à l'une de ses principales catégories ont diminué l'usage de la notion de sujet. Celle-ci était mieux adaptée à la conception classique d'une économie dominée par des mécanismes. Dans cet ouvrage, les deux termes sont utilisés, mais sujet est souvent préféré, parce que, plus général, il souligne la subjectivité des êtres conscients de leur nature et de leurs comportements, par opposition au caractère objectif du champ économique où s'insèrent leurs perceptions, décisions et actes.

fonctionnant comme tels. Enfin, les sujets deviennent actifs et créateurs de structures ; ils apparaissent dans leur complexité, leur hétérogénéité, leur inégalité : inégalité du pouvoir des hommes ; différentes compositions des sujets collectifs (États, collectivités, entreprises) ; ceux-ci se comportent comme des centres de décisions autonomes, distincts des sujets composants.

Mais l'évolution du concept a, en réalité, offert deux types d'approche qui ont toujours coexisté et font à notre sens la distinction fondamentale à retenir pour l'analyse du sujet économique. Celui-ci peut, en effet, être conçu comme un centre de décision. Point d'origine des forces qui structurent et modèlent le champ, agent moteur, synthétique et global, des processus qui traversent l'objet économique, il en est aussi l'objectif et la finalité. Cette modalité de sujet présente cohérence et autonomie. Elle est définie par les qualités spécifiques et naturelles qui s'attachent à la notion de sujet. Mais le sujet peut aussi apparaître comme la personnification de fonctions. Il est alors le reflet d'un comportement analytique du champ économique. Son intérêt est de permettre l'expression numérique et dynamique, en quelque sorte vivante, des catégories fonctionnelles. La personnification par le concept de sujet est un moyen d'insuffler du pouvoir et des forces à certaines abstractions, fondamentales pour la compréhension de l'objet économique, mais qui ne trouvent leur cohérence et leur signification que dans le champ lui-même. Après s'être développées indépendamment l'une de l'autre, ces deux conceptions du sujet naturel et du sujet fonctionnel tendent de nos jours à se regrouper en une troisième, plus réaliste. La théorie du sujet réel, en classant et ordonnant les différents compartiments observés, met en relief aussi bien l'unité du rôle et des modes d'action des sujets que la diversité des fonctions représentées dans le champ économique. Elle ouvre la voie à une meilleure étude de l'État, sujet global recouvrant tous les autres.

I. LE SUJET NATUREL.

Le sujet économique s'est développé parallèlement à la montée des sciences de l'homme. Longtemps le sujet économique naturel n'avait effleuré le champ économique que sous l'apparence des princes. Pour eux, les mercantilistes ont élaboré des recettes destinées à accroître la prospérité de leurs domaines nationaux. Au service du prince, l'économiste recherchait la manière dont, compte tenu de la situation de son maître et des avantages naturels dont celui-ci avait la disposition, il fallait mener une politique capable d'assurer sa richesse et sa puissance par rapport à celles des autres princes : l'Espagnol en conservant son métal précieux, l'Anglais en monopolisant le commerce des mers, le Français en développant une industrie. Le champ économique était alors asservi à l'intérêt d'un sujet qui, il est vrai, synthétisait et personnifiait un complexe national.

A la fin du XVIIIe siècle l'individualisme triomphant fait rentrer les princes dans le rang. Le champ économique trouve dans l'homme individuel sa finalité mais non pas l'organisation de ses moyens ni la responsabilité de ses formes. Sa structure est en effet dominée par l'emprise de l'ordre naturel (Physiocrates) ou par des mécanismes généraux et automatiques réglant avec bonheur, dans les marchés, les termes de l'échange (« La main invisible » des classiques anglais). Déjà les classiques anglais annoncent l'*homo œconomicus* en affirmant que les actions individuelles, multipliées et groupées dans les marchés, forment spontanément un équilibre assurant aux participants le maximum de satisfactions. Le sujet individuel, multiple et reproductible, produit les éléments de force et de pouvoir, qui, en s'associant et en se combinant, font émerger l'objet économique. Mais l'ordre structurel semble s'établir encore selon un dessin global providentiel.

Dans la seconde moitié du XIXe siècle, les marginalistes et théoriciens de la valeur subjective font primer les comportements individuels sur l'ordre naturel extra-humain. Désormais les comportements individuels ne se bornent plus à participer de l'ordre naturel, ou à s'y insérer en s'épanouissant. Ils créent eux-mêmes, en se cumulant, l'ordre économique. Le besoin individuel envahit l'horizon économique ; combiné avec la loi psychologique de saturation progressive, il fonde l'analyse marginaliste de la valeur. Les mouvements de l'économie et l'ordre global des préférences résultent de choix individuels portant sur l'utilité des biens par rapport aux sujets qui se prononcent. Les échelles individuelles, en se cumulant, en se soldant, en s'opposant, dessinent les structures du champ. Mais cet *homo œconomicus* est élaboré comme une abstraction ; il ne retient que le comportement rationnel fondé sur le moindre coût, avec une finalité réduite à la recherche de l'intérêt personnel (maximum de satisfactions) ; cette recherche est activée par la rareté, atténuée par l'abondance. Le calcul de l'*homo œconomicus* s'arrête au point d'équilibre des plaisirs et des peines (Jevons). Cette psychologie fait du premier sujet spécifiquement économique un modèle passif, aux réactions automatiques et uniformes. Une définition célèbre de Veblen le compare à un « globule » qui subirait les flux contraires des plaisirs et des peines, et s'orienterait suivant la puissance respective de ces flux. S'il existe des effets actifs, ils résultent du concours massif de comportements individuels. L'addition de micro-systèmes agissant selon les mêmes processus permet de représenter le champ économique comme l'application de micro-forces individuelles soumises à la loi des grands nombres.

Avec les néomarginalistes, se dépouillant de son origine hédonistique, l'*homo œconomicus* se formalise en une théorie micro-décisionnelle ; le voilà fondé sur le calcul économique et « la pure logique des choix ». Recherchant un bien-être subjectif, concédant un minimum de coûts, tout sujet est supposé maximiser ses satisfactions selon une échelle personnelle de préférences. Les néomarginalistes mettent à jour un appareil applicable quelles que soient la finalité, les motivations, les valeurs dominantes, les données du milieu. Ils démontrent que l'optimum du bien-être tend à se réaliser lorsque, dans les plans subjectifs qui confrontent et combinent les différents emplois, s'égalisent les utilités marginales (chez les consommateurs) ou les coûts des produits marginaux (chez les producteurs) ; les facteurs se combinent alors dans les mêmes proportions que leurs prix et sont en principe rémunérés suivant leur productivité marginale. Les économistes contemporains encore partisans convaincus de la théorie du calcul économique (cf. R. Barre) font remarquer qu'elle peut s'adapter à toutes les formes de la réalité sociale grâce à des théories-relais (motivations, système de valeurs, philosophie, données). Partis d'un type de comportement humain directement observable, les marginalistes, procédant par formalisation et axiomatisation, ont ainsi découvert un appareil mathématique d'analyse que certains économistes, comme Keynes, abandonnant le support originel des sujets individuels, n'ont pas hésité à appliquer à des quantités globales. Les sujets ont dès lors été pratiquement évacués de la théorie du calcul économique, devenue essentiellement aujourd'hui la théorie abstraite des décisions économiques rationnelles.

Les sujets ont resurgi par d'autres filières. On connaît la distinction d'André Marchal entre les individus ultrarationnels, infrarationnels et rationnels. Les comportements irrationnels sont désormais admis autant, sinon plus, que les comportements rationnels. Le rôle actif du sujet économique est également mis en relief par opposition à la passivité postulée de l'*homo œconomicus*. Surtout l'uniformité, l'égalité ou l'équivalence des sujets, qui fondaient l'application de la loi des grands nombres, sont formellement rejetées et remplacées par la conscience d'une hétérogénéité fondamentale. F. Perroux s'est fait le porte-parole convaincant de cette nouvelle conception du sujet. D'une part, les sujets de même niveau d'organisation manifestent des capacités, des forces ou des pouvoirs inégaux, des desseins opposés ; ils sont dominants ou dominés. D'autre part, sujets élémentaires, les individus s'agglomèrent en sujets complexes, que les théoriciens continuent de considérer comme des micro-unités : les ménages parmi les consommateurs, les firmes parmi les producteurs. En fait il s'agit déjà de combinaisons de sujets dont la formation accroît les disparités et les déséquilibres. Ces complexes tendent à s'assimiler aux sujets élémentaires en raison, soit d'une cohésion entraînant l'unité des décisions et des comportements, soit d'une organisation traditionnelle qui a poli les formes et les processus d'action collective. Les théories de la firme illustrent l'accession de sujets complexes au niveau de déterminants principaux. D'autres sujets complexes présentent une structure plus lâche et plus composite. A ces formes sont associés cependant des comportements et décisions suffisamment spécifiques pour les distinguer des sujets individuels. L'on doit spécialement à F. Perroux l'analyse des comportements et des décisions prises par les macro-unités ; elle est irréductible à celle des comportements et décisions des micro-unités. Ces macro-sujets font prévaloir leurs desseins contre, ou du moins par-dessus les décisions des micro-sujets qui les composent. Par la conciliation, l'anticipation, plus sûrement la contrainte, le macro-sujet impose un plan dominant, fixe des règles du jeu. Les macro-sujets forment entre eux une structure hiérarchisée. Leurs pouvoirs s'emboîtent les uns dans les autres : ainsi l'État, les collectivités, les syndicats, les groupements professionnels.

Les économistes d'aujourd'hui tiennent compte de l'hétérogénéité des sujets, de leurs groupements selon des combinaisons variées. Ils savent que leurs actions sont extrêmement dépendantes de capacités inégales et d'une information incertaine, incomplète, sur l'environnement et les actes des autres sujets. Ils ont pu dès lors constituer un appareil mathématique mieux adapté que celui des néomarginalistes à l'analyse des comportements des sujets. Ainsi Von Neumann et Morgenstern ont élaboré la théorie des jeux de stratégie, qui permet de faire intervenir dans le calcul économique rationnel les effets des coalitions et des informations, réduites ou nulles, concernant les comportements et les moyens des autres sujets, ainsi que des marges d'aléas ou des zones alternatives. Cependant en raison de ses contraintes mathématiques, cette voie devait rapidement trouver une limite semblable à celle que rencontre le marginalisme. Se schématisant à l'extrême, le sujet naturel s'évade, disparaît dans l'abstraction.

II. LE SUJET FONCTIONNEL.

Le sujet fonctionnel résulte de l'éclatement du champ et du sujet naturel en catégories fonctionnelles. Ce ne sont plus les caractères généraux du sujet qui émergent, mais les facteurs particuliers permettant de les différencier suivant leur attache avec les fonctions globales du champ économique. Ainsi se distinguent : les demandeurs et les offreurs, les vendeurs et les acheteurs, les consommateurs, les investisseurs et les épargnants, les entrepreneurs, les travailleurs, les prêteurs. Aux considérations économiques se mêlent des préoccupations sociologiques qui tiennent compte de l'existence des classes sociales : les propriétaires, les fermiers, les paysans, les salariés, les rentiers. Les catégories peuvent se multiplier en fonction de divers critères : nature de l'emploi, mode et niveau des rémunérations, statuts, privilèges. Le sujet fonctionnel démembre l'unité du sujet naturel, n'en retenant que l'aspect permettant d'expliquer le sens des mécanismes économiques. Jamais considéré isolément, il est toujours associé aux sujets du même groupe et ses effets n'ont un sens que par leur masse. Il est apparu tôt dans les doctrines et théories économiques, car les auteurs puisent dans le milieu social les catégories nominales permettant d'actualiser leur analyse. Mais l'évolution de la pensée économique ne révèle pas nécessairement un progrès dans les contours ou le relief du sujet fonctionnel, puisqu'il n'est qu'une personnification d'une fonction globale et à ce titre subit le degré d'abstraction au niveau duquel l'objet économique a été conçu. Or l'abstraction est un phénomène constant, sinon même croissant, de la recherche économique.

Le mercantilisme, axé sur la monnaie et la balance commerciale, est dominé, comme l'indique son nom, par le comportement des marchands, à une époque où se développe le capitalisme commercial et financier caractérisé par l'accumulation et la productivité de l'argent. Comme l'observe G.-G. Granger, « le prototype du fait économique est l'entreprise commerciale, individuelle, de sorte que les catégories sous lesquelles il sera pensé seront les catégories comptables du négociant ».

Les physiocrates ont puisé dans l'organisation économique et sociale d'une France agricole les catégories fonctionnelles entre lesquelles se distribue le produit de la terre : la classe « souveraine ou distributive » des propriétaires perçoit le produit net, l'échange contre des biens et des services, et fournit des avances à la terre ; la classe « active » des fermiers met la terre en valeur et produit la richesse ; la classe « stérile ou stipendiée » des artisans, commerçants et autres professionnels divers, se contente de prélever une part du produit en proposant des services.

Les classiques anglais ont fondé leur analyse sur les trois classes des propriétaires, des travailleurs, des capitalistes, chacune concrétisant un facteur de production. En France, J.-B. Say distinguait à la même époque les catégories de sujets suivant sa conception additive des facteurs de production : les industrieux (entrepreneurs, savants, ouvriers), apporteurs de travail, tirent profit de leurs capacités ; les épargnants prêtent leur capital ; les propriétaires louent leurs terres.

Conformément à sa conception de l'activité humaine, Marx s'est borné à distinguer deux types de sujets fonctionnels : le travailleur et le non-travailleur. Le premier, source unique des produits réels, correspond à la classe des salariés. Le second, qualifié de capitaliste, est le bénéficiaire de la plus-value. Marx s'efforce d'enfermer dans cette catégorie tous les groupes sociaux de son temps, autres que les salariés : les entrepreneurs, les commerçants, les propriétaires fonciers, les prêteurs de capitaux.

Dès le XIXe siècle, face à l'exaltation marxiste du travailleur, se développe la théorie de l'entrepreneur, clé de voûte de l'édifice économique. L'origine lointaine en est chez J.-B. Say pour qui l'entrepreneur est un industrieux, apporteur de capacités personnelles, comme le salarié. Mais à l'encontre de ce dernier, il ne loue pas son travail, il le risque dans la production. Puis Walras et les marginalistes privilégient la fonction d'entreprise. L'entrepreneur devient le pivot des mécanismes de marché. Toutes les liaisons passent par lui. Les réactions qui assurent l'équilibre général sont interprétées par lui. C'est à travers lui que les facteurs se combinent, que les prix s'établissent. Le champ économique est tissé par l'entrepreneur. Placé au centre du système, l'entrepreneur s'abstrait dans la position d'un observateur offrant aux facteurs une structure d'accueil, l'entreprise. La théorie de la productivité marginale des facteurs suppose, dans l'hypothèse de concurrence parfaite, que la valeur du produit s'épuise dans les allocations aux facteurs. Dans une pareille conception, le profit, rémunération de l'entrepreneur, s'annule donc tendanciellement. Il n'existe plus dans la position d'équilibre, lorsque la fonction d'entreprise est assurée dans des conditions optimales et que, lieu géométrique des réactions économiques, l'entrepreneur s'est dématérialisé en un réceptacle conscient du comportement économique des autres sujets. Ne pouvant naître que frictionnellement, conjoncturellement, anormalement, le profit cependant se manifeste en fait fréquemment dans la réalité parce que celle-ci n'est jamais la norme à laquelle se réfère le théoricien de l'équilibre général.

Mais la conception walrassienne sacrifiait l'entrepreneur alors même qu'elle faisait reposer sur la structure de l'entreprise le tracé et le fonctionnement du système. L'organe s'éclipsait dans la fonction. Alors pour expliquer le profit réel dont bénéficie l'entrepreneur et qui est son mobile fondamental, il fallut renoncer à cet escamotage. A cet effet, la recherche a emprunté deux directions : intégration, dans la théorie, de l'imperfection des conditions de l'équilibre des marchés et de l'ajustement des offres et des demandes ; c'est le profit pur, résiduel, à la limite profit non gagné : profits de monopole, institutionnels, de situation. Plus récemment additivité réelle aux facteurs de production ; le profit rémunère un service particulier distinct des autres activités productives (point de vue statique) ou se présente comme le fruit et la récompense d'une combinaison nouvelle (point de vue dynamique) ; c'est le profit fonctionnel dont l'allocation à des individus peut obéir à des processus institutionnels. Il a amorcé une troisième voie, qui conduit au profit réel, expression de l'augmentation périodique du capital réel.

A) *Entrepreneur demandeur de services et profit pur résiduel.*

Dans la conception la plus pure du profit, l'entrepreneur demande des services mais n'en fournit pas lui-même.

1° *L'entrepreneur privilégié.* Au pire, ce profit pur, obtenu après déduction des diverses contributions factorielles de la personne (travail) ou des biens (capitaux réels ou financiers) de l'entrepreneur, a été considéré comme non gagné. C'est le profit de nature institutionnelle, provenant de positions monopolistiques ; les avantages qui lui sont attachés sont dévolus à une minorité de possédants. Cette théorie a été soutenue par les institutionnalistes américains : Veblen, Hobson. L'entrepreneur (l'homme d'affaires, le businessman) est considéré plus ou moins comme un exploiteur tout comme dans la théorie marxiste.

2° *L'entrepreneur indifférent.* Dans la conception la plus orthodoxe des néomarginalistes, le profit tire son origine du caractère idéal du schéma concurrentiel. En effet dans la réalité, les ajustements, décrits par la théorie de façon statique, ou bien ne se réalisent que tardivement, ou bien ne peuvent se manifester par suite du mouvement, voire d'obstacles institutionnels. Le profit s'institue alors dans la mesure d'écarts inhérents à la rupture constante d'un équilibre inaccessible. L'entrepreneur est le bénéficiaire ou la victime irresponsable de l'imperfection des lois du monde économique. Les théoriciens ont dégagé deux variantes de cette conception dynamique et imprévisionnelle du profit : *a*) Le profit frictionnel apparaît chez J. B. Clark, Robinson et Chamberlain comme le résultat de la manifestation d'obstacles (mouvements ou barrières institutionnelles) à la réalisation d'un état concurrentiel. *b*) Le profit pur d'incertitude de Knight et de son disciple Weston résulte de l'élimination de toutes les autres composantes du profit brut, imputables à telle ou telle cause déterminable : soit le coût d'un service productif, soit une rente, soit un risque prévisible. Il est alors l'ultime résidu, la part de l'imprévu, celle du hasard qui déjoue les calculs des entrepreneurs : leurs erreurs globales dans une conjoncture fluctuante font naître des écarts variables par rapport aux résultats attendus. Ce profit rigoureusement filtré est irréductible, car toute prévision est nécessairement imparfaite, en raison de la complexité des phénomènes économiques et des processus de connaissance, en raison aussi de la psychologie humaine qui commande des préjugés, des modes, des emballements dans les anticipations collectives.

Au niveau des théories de l'incertitude apparaît cependant une liaison moins passive entre le profit et l'entrepreneur. Ce dernier tend à devenir fonctionnellement celui qui assure de façon privilégiée la compensation des risques non pris en charge par une organisation collective (assurances ou concentration). Par sa fonction, sa place sur le marché, il est celui qui se spécialise dans la réduction de l'incertitude. Ce qui est irréductible lui revient en charge propre. Le profit résiduel, issu de l'incertitude, mène à la conception de l'entrepreneur responsable dont la valeur dépend de sa rareté et de son rôle spécifique.

B) *Entrepreneur productif et profit fonctionnel.*

Les néoclassiques retrouvent le concept de l'entrepreneur productif suggéré par J.-B. Say. Nullement un simple loueur de services, l'entrepreneur joue un rôle actif dans la formation de la valeur. Par sa contribution il accroît la valeur du produit et cette contribution s'exprime dans le profit.

Associant tradition classique et théories marginalistes, Alfred Marshall intègre le profit, distingué du salaire et de l'intérêt, dans la catégorie des facteurs dont l'addition fait la valeur du produit. Pour lui, le concept courant de profit, appliqué au revenu de l'entrepreneur, est hétérogène. Il en exclut, pour les rattacher aux facteurs traditionnels, l'intérêt du capital et le salaire de direction qui rémunère l'aptitude à employer les capitaux. Le reliquat, sous forme de bénéfice net, serait la rémunération d'un quatrième facteur, l'organisation. Celle-ci implique chez le responsable l'acceptation des risques ainsi que des capacités peu communes de coordination.

Mais c'est surtout Joseph A. Schumpeter qui par sa théorie de l'innovation a rapporté à l'entrepreneur une part essentielle du produit en imputant les progrès quantitatifs et qualitatifs de ce dernier aux combinaisons nouvelles dont l'entrepreneur est, selon lui, le maître d'œuvre (produits nouveaux, méthodes nouvelles, débouchés nouveaux, nouvelles sources de matières premières, changements d'organisation). Le profit schumpétérien a un caractère instable, transitoire. Il tend à se limiter au premier bénéfice introduit par les combinaisons nouvelles à leur début. Ne pouvant se fonder sur l'innovation, le renouvellement annuel de ce bénéfice devient une rente de monopole. Le profit schumpétérien est donc moins un revenu par lui-même qu'un gain de capital. Il traduit une seule fois l'apport de valeur, ajouté au produit réel par l'activité créatrice de l'entrepreneur. A ce titre, il est d'ailleurs susceptible d'un partage dévolutif suivant des critères institutionnels. Il peut échoir non seulement à l'entrepreneur mais aussi se redistribuer entre différents agents : les capitalistes, les salariés, l'État.

C) *Entrepreneur dominant et profit de conquête.*

A partir de l'analyse de Schumpeter, François Perroux a ouvert une voie nouvelle. Il dédouble le profit en surplus de l'entreprise (addition) et en rémunération de la création et de l'autorité ou du pouvoir (prélèvement). Le profit apparaît en dedans du produit, instrument d'un dessin nouveau déformant la substance de la valeur, qui en son absence serait structurée suivant les principes de la théorie de la productivité marginale. Il est aussi une surimposition : soit un revenu de la contrainte par prélèvement, soit un revenu de la création par addition globale, normalement sujet à redistribution, à raison de la part contributive des facteurs à la création ou à l'apport de produits nouveaux. Mais au stade de l'attribution, il est en fait soumis à la contrainte des facteurs institutionnels, qui imposent certains canaux et certaines proportions dans la répartition.

L'entrepreneur n'est plus à proprement parler responsable d'un profit qui serait né, comme chez Schumpeter, de sa fonction d'entreprise ou d'innovation. Car F. Perroux rattache plutôt le profit à des catégories-objet, la création et l'autorité, attributs qui se retrouvent dans toutes sortes de sujets, même si l'entrepreneur peut souvent les revendiquer. Par une analyse incidente, F. Perroux constate cependant que le chef d'entreprise a su se rattacher une grosse part de la création, à laquelle il contribue mais seulement à titre d'apporteur de travail ou de prêteur de capitaux. En régime capitaliste, le chef d'entreprise reçoit « délégation d'autorité pour apprécier et évaluer les contributions et les attributions ». Par son entremise, la répartition des revenus se fixe au point où « résistances et concessions des parties se balancent » : zone aux limites imprécises, où l'équilibre naît de l'antagonisme entre des parties tendant à revendiquer chacune pour elle-même le produit total, plutôt que d'un mécanisme rigoureux d'imputation aux facteurs avec répartition d'après le principe de la productivité marginale. Chez F. Perroux, il est clair que l'entrepreneur s'efface en tant que catégorie économique fonctionnelle, pour faire place au concept de détenteur de l'autorité, même tout simplement du pouvoir. C'est la théorie de l'entrepreneur dominant qui conquiert le profit sur les autres et sur la nature. Concept très large, qui déborde les catégories fonctionnelles et devient un caractère du comportement humain en général : « Est-il nécessaire de dire que les créateurs capables d'autorité ne forment pas un groupe professionnel ou social ? Ils se recrutent parmi les ingénieurs, les directeurs généraux, les directeurs, les fonctionnaires, les propriétaires des moyens de produire, les propriétaires exploitants dans l'agriculture, les fermiers, les cadres, etc., parmi les sous-préfets à la ville ou aux champs. »

D) *Entrepreneur identifié à la firme et profit d'entreprise.*

Dégageant ce qui était impliqué dans la dissociation que F. Perroux a introduite au niveau des revenus des sujets en détachant le profit de son traditionnel créateur et bénéficiaire (l'entrepreneur), les conceptions les plus actuelles imputent le profit à l'entreprise, agent institutionnel, sujet intermédiaire distinct désormais de l'entrepreneur. Ce nouvel agent, la firme, consacre la promotion d'un sujet fonctionnel au rang de sujet naturel, du second degré. Il est soumis électivement aux formalisations du comportement économique. Mais s'agissant d'un sujet élaboré à une fin économique, la rationalité et l'efficacité de ce comportement s'en trouvent, du moins en théorie, considérablement renforcées. L'insuffisance fréquente des résultats obtenus cependant par cet agent provient de ce que, sujet secondaire, il ne peut se manifester que par le truchement des sujets primaires, finalement responsables du mauvais exercice de la rationalité dans les plans et les calculs.

L'entrepreneur se consolide lui-même comme sujet primaire soumis à des constantes générales de comportement, en se diversifiant en entrepreneurs individuels, en directeurs et cadres supérieurs dont les motivations, les actes et les plans prennent appui sur une profonde assise d'analyses psychologiques et sociologiques. Mais l'apparition et la définition de l'entreprise comme sujet intermédiaire distinct des sujets qui la composent ou qui l'animent conduit à subordonner l'entrepreneur à la firme. Comme l'indiquent Joan Robinson, Jean Marchal et Claude Jessua (*Coûts sociaux et coûts privés*), l'entrepreneur peut « s'identifier » à son entreprise. Cette identification signifie que « la firme est devenue une entité qui transcende tous les êtres qu'elle réunit (les actionnaires et le personnel)... Elle exige et obtient l'attachement inconditionnel des hommes qui agissent et qui parlent en son nom, se réalisant ainsi par elle et pour elle ». Une partie de la rémunération de l'entrepreneur considéré comme responsable de la gestion de la firme peut, selon l'opinion de Claude Jessua, s'interpréter comme une « prime d'identification » (boni ou actions) qui s'impute sur le profit, revenu de l'entreprise.

La notion d'identification d'un sujet traditionnel à un sujet spécialisé de rang supérieur, mais ayant des attributs réduits, paraît susceptible de développements intéressants. A partir du moment où l'on a pu dégager un sujet intermédiaire distinct des sujets humains et plus fort qu'eux, il n'y a pas de raison que les processus d'identification se limitent au personnel dirigeant et qu'ils n'atteignent pas aussi tous les sujets consacrant leur vie professionnelle à la firme. A ce titre, il serait justifié que « les primes d'identification » viennent sanctionner chez tous les membres de l'entreprise leur participation à l'œuvre commune.

Le profit, revenu de la firme, peut alors se voir assigner une fonction dans la gestion du nouveau sujet secondaire : apporter aux participants la prime de leur fidélité et de leur non-indifférence. C'est la cote d'amour, le fruit de la confiance, récompensant ceux qui ont mis à la disposition de la firme soit leur argent ou leur capital (les actionnaires, les commanditaires) soit leur temps d'activité et leur travail (le personnel). Toutefois, l'entreprise ne peut se priver en totalité de son revenu au bénéfice de ceux qui la soutiennent de leur argent ou de leur travail. De plus en plus elle en conserve la plus grande part sous son pouvoir direct (autofinancement). Il est en effet le moyen de sa « survie » (Cl. Jessua) et de sa croissance. En vérité le profit est la seule véritable ressource fondant l'activité du nouveau sujet économique, institué et formalisé à un niveau intermédiaire du champ économique. C'est en consommant le profit monétaire, en le distribuant comme en l'investissant que l'entreprise génère et renouvelle ses tissus, poursuit sa croissance.

Ainsi le profit, apparu d'abord comme un indésirable, un parasite, un vice du système économique, a pris peu à peu consistance et signification, à mesure que la firme elle-même émergeait dans le champ économique. En signifiant la firme, son pouvoir et ses espérances, le profit tend à exprimer le dynamisme et le progrès de l'organisation universelle. Toutefois à cause des fameuses « économies et déséconomies externes », à cause des coûts sociaux qui échappent à l'horizon des firmes, le profit dans sa totalité ne peut être mesuré ou imputé que par un calcul global, avec la participation de tous les niveaux d'organisation. Cl. Jessua a souligné la nature ambivalente du profit.

Mais il est plus qu'ambivalent, au vrai polyvalent, multiforme. En lui vient se représenter l'efficacité du concours de toutes les forces et de tous les pouvoirs qui s'associent pour progresser. Il exprime le surplus réel qu'il double sans s'y identifier ainsi que la part contributive de chaque entreprise dans la formation de ce surplus. En tant que forme monétaire, il sert à l'entreprise pour assurer son pouvoir, développer ses moyens. Il signifie la participation de chaque facteur à la prospérité de la firme et apprécie leurs qualités relatives. En se désintégrant pour partie, il se distribue selon des règles où généralement l'équité et la rationalité ne jouent guère plus de rôle que la contrainte, le caprice et le détournement. Au total, Protée de la civilisation industrielle, le profit est l'enjeu, le signe, le résultat, le label, le stimulant, la prime de la croissance. Et il faut le penser bien au-delà de l'entrepreneur qui ne saurait le monopoliser ni dans sa formation ni dans sa distribution. Il dépasse même chaque firme et l'ensemble des firmes : sa formation et ses effets ne peuvent être définis, calculés qu'au niveau de l'objet économique tout entier.

Les théories de la fonction d'entreprise comme pôle irradiant, centre névralgique du champ économique, responsable de l'équilibre des flux de production, répartition, consommation, prennent l'entreprise dans sa fonction brute qui équivaut à la production. Elles laissent presque hors du champ les consommateurs, sujets passifs et inorganisés. Plus que sujets, les consommateurs sont objets d'observation. Au vrai, une fois l'entrepreneur pris dans le collimateur, il est malaisé de se dégager de la structure de la firme, pour laquelle les consommateurs ne sont que des objectifs.

Toutefois, grâce à son découpage macroscopique du revenu global en consommation et épargne-investissement, grâce aussi à l'institution de relations entre revenus et comportements psychologiques généraux (propension à consommer, à épargner et à investir, préférence pour la liquidité), le courant keynésien a réhabilité la fonction de consommation, en lui donnant dans son champ conceptuel une influence déterminante. La propension à consommer, stable et indépendante, est en définitive la variable la plus authentiquement autonome à l'égard des autres termes du système de Keynes. Celui-ci a fait éclater la fonction d'entreprise en plusieurs départements d'activité (consommation intermédiaire, investissement, épargne) conformes à son schéma général. Il s'est ainsi appuyé sur des catégories économiques et des comportements sociologiques nouveaux qui étaient nécessaires pour sortir de l'impasse de la firme et de l'équilibre walrassien. Parmi ces catégories et ces comportements renouvelés, Keynes privilégie l'investissement et l'incitation à investir. L'investisseur prend apparemment et formellement la position clé du champ économique. Mais il demeure en fait sous la dépendance mécanique des décisions des consommateurs promus au rang de sujets-moteur agissant par effet de masse. L'investisseur détermine son programme et par là le niveau de l'activité globale et de l'emploi d'après le coût des avances monétaires utilisées et d'après la demande prévisionnelle qu'il suppute conformément à l'opinion qu'il se fait des besoins des consommateurs. La demande réelle, expression directe ou indirecte de la consommation, l'oblige à modifier ultérieurement ses plans, sous la pression de pertes subies ou de gains imprévus.

Par son analyse abstraite, Keynes a seulement ouvert la voie à un approfondissement de la fonction de consommation et du comportement du sujet en tant que consommateur. Les théories psychologiques se sont développées en partie contre l'abstraction mécanique de la fonction de consommation keynésienne. Dans cette orientation, le consommateur tend à se substituer au producteur comme assise du champ économique. Le consommateur figure l'énergie, la source génératrice dont dépend l'amplitude du champ. Il maxime l'utilité de ses consommations sur une série de périodes, en répartissant sur plusieurs années une partie de ses dépenses, pour obtenir une régularité de services en fonction de sa courbe de vie et d'activité.

Dans ses tout derniers développements, le concept de consommateur prend un relief analogue à celui de producteur. En effet, les études économiques ont dégagé un cycle du consommateur au niveau de chaque sujet, en fonction de la succession des âges, des besoins qui leur sont attachés, et surtout un jeu de discordances et de concordances entre le producteur et le consommateur ; pour chaque individu, les périodes d'activité rémunérée, où la consommation se coordonne directement avec la production, sont à peine supérieures à la moitié de la durée de la vie humaine. La valeur fournie par chaque producteur élémentaire doit en moyenne être beaucoup plus élevée que sa consommation pour couvrir les besoins des personnes que l'âge rend inactives. De plus la présence de handicapés physiques ou de nombreux individus socialement inadaptés accroît les effectifs des économiquement faibles dont les besoins minimaux ne sont pas couverts. Par-delà le minimum vital de consommation qui dans de nombreux pays n'est même pas atteint, les progrès de la civilisation ont défini, à un degré supérieur, des minima sociaux variables suivant les pays et en tout cas constamment croissants. Or la structure de la consommation effective dépend moins de ses niveaux potentiels que d'une certaine distribution des pouvoirs d'achat, elle-même déterminée pour l'essentiel par des structures et tendances de production très différentes. Dans ces conditions, comment s'étonner qu'en tout pays l'économie reste, à des degrés divers, en état permanent de sous-consommation, dont pâtissent d'importantes couches de la population ? Pour maintenir son équilibre de débouchés, la production est obligée de se mouler sur la structure du pouvoir d'achat qu'elle a induite, de surproduire pour la demande solvable, et même de la solliciter par des procédés publicitaires lorsque par suite d'une tendance normale à la saturation elle s'alanguit. Pendant ce temps des besoins humains minimaux, pour lesquels techniquement et économiquement l'offre serait disponible, ne peuvent pas être couverts faute de pouvoirs d'achat.

Cette analyse des conditions de la consommation est insuffisamment exprimée par les thèmes économiques les plus fréquents en Occident, bien que Keynes ait lui-même tant insisté sur les méfaits de la sous-consommation. Ces thèmes sont en effet dominés par des préoccupations d'efficacité productive. Or les problèmes de la production et de la consommation exigeraient d'être traités conjointement. *Car l'espèce humaine s'accomplit aussi bien en consommant qu'en produisant.* De plus les structures de la production ne peuvent s'achever que par des débouchés naturels de consommation offrant une structure conforme aux flux des produits proposés.

Il faut prospecter sur les franges de la doctrine économique pour voir traiter de façon approfondie l'incidence considérable de la structure des besoins solvables des consommateurs comparée à celle de la production. En soulignant *l'unité de la « socio-économie »* et la nécessité de faire correspondre un concept de « consommativité » à celui de productivité, trop exclusivement offert à nos vœux et à nos ambitions par « l'économie frénétique », Pierre Vinot a montré les répercussions économiques de l'insuffisance d'analyse du comportement et des besoins des consommateurs pris en masse. On oublie trop souvent en effet : à l'échelle individuelle, les variations des besoins en fonction de l'âge et de l'activité ; à l'échelle collective, la défaillance permanente ou occasionnelle de la consommation effective par rapport à sa potentialité, du fait de l'insolvabilité de trop nombreux besoins. Malheureusement P. Vinot a négligé le rôle que jouent la monnaie et sa structure propre dans l'accommodation des structures de production aux structures de consommation.

Comme celle de l'entrepreneur, la théorie du consommateur conduit à l'impasse de la micro-structure ; la première avait échoué sur la firme et sur l'exaltation de certaines qualités d'organisation du monde humain, la seconde s'enlise dans les profondeurs insondables du comportement individuel. Au total, bien qu'il ait toujours gardé un aspect dépouillé du fait qu'il représentait une fonction particulière du mécanisme économique, le sujet fonctionnel s'est progressivement détaché du caractère sociologique et historique des catégories qui le caractérisaient plus ou moins dans le monde réel. Travailleurs, capitalistes, rentiers, entrepreneurs, consommateurs ont fait place dans une optique purement fonctionnelle à des concepts plus abstraits et plus universels, de moins en moins rattachés à un type de sujet : apporteur de travail ou de capital, détenteur d'autorité, titulaire de revenus, demandeur de biens et de services. Les forces qui dynamisent l'objet économique deviennent anonymes ; le sujet est évacué des fonctions analytiques ; celles-ci admettent une représentation purement abstraite. L'investissement, la consommation, l'épargne accèdent directement à la qualité de groupements mobiles, efficients, perturbateurs ou stabilisateurs, et, malgré leur nature abstraite, se voient dotés des caractères d'activité, de responsabilité, de résistance qui en font l'analogue des facteurs, sinon de véritables sujets. Ceux-ci, pendant ce temps, trouvent leur plénitude hors du champ économique dans la notion de sujet réel, qui recentre les comportements humains dans l'axe de leur complexité et de la totalité de leurs relations.

III. LE SUJET RÉEL.

La science contemporaine a compris que la représentation du monde économique ne pouvait s'élaborer de manière correcte qu'à la condition de poser le sujet dans sa réalité et sa totalité, d'en retrouver les composantes et les relations internes et externes, enfin de le classer dans une série ordonnée selon des critères appropriés. Les recherches menées dans plusieurs directions conduisent à la notion de sujet complet, en qui tout vient peser : la spécification catégorielle des sujets (J. Marchal) ; l'ordre inter-sujets (F. Perroux et les théoriciens de la macro-économie) ; l'environnement et les institutions comme cristallisation des pouvoirs dans le temps (morphologie sociologique) ; l'approfondissement de l'arrière-plan du sujet (psychologie et sociologie) ; l'évolution propre du sujet, son cycle s'ordonnant selon des courbes d'existence biologique, physique ou économique. Tout se passe comme si les vrais sujets, dépouillés dans le champ économique de leurs attributs et diversités par l'abstraction mathématique et concurrencés par la personnification de catégories fonctionnelles, cherchaient à retrouver dans des analyses multidisciplinaires extérieures au champ la définition exacte de leurs ressorts, de leurs dimensions et de leurs relations. L'approche du sujet réel a notamment dégagé trois importantes composantes des manifestations subjectives, que les analyses plus abstraites de la décision (sujet naturel) ou de la fonction (sujet fonctionnel) avaient omises ou négligées : le comportement et la notion de groupe ; le comportement du groupe des travailleurs salariés ; la notion de pouvoir.

1) *Le comportement et la notion de groupe.*

Le comportement (structure décisionnelle dans un milieu structurel donné) réassocie l'acte décisionnel du sujet et sa fonction. Il spécifie le sujet en lui conservant sa nature fondamentale d'élément moteur. C'est le thème du sujet naturel qui décide dans un milieu particularisé par les fonctions qu'il exerce. Le cadre fonctionnel abstrait est dépassé, chaque sujet replacé dans son rôle économique et social, dans ses objectifs et ses moyens. A la limite, chaque comportement est distinct et s'exprime par d'innombrables paramètres. Bien entendu il faudrait saisir le seul comportement économique. Cependant s'il est économique par ses objectifs, il est commandé par toutes les forces qui font la personnalité du sujet. Les comportements à visée économique utilisent toutes sortes de voies qui ne sont pas nécessairement économiques elles-mêmes, par exemple l'influence politique, les relations sociales, la création d'institutions, l'élaboration de règlements.

L'école française, sous l'impulsion de Jean Marchal, a dégagé des comportements concrets qui délimitent les unités de décision dont les relations et confrontations font l'économie, ses équilibres, son évolution. Avec les comportements dont elle est l'essence, la dynamique s'impose dès lors comme la première dimension de l'économie. J. Marchal s'attache aux procédés par lesquels les différents individus s'insèrent dans l'objet économique, pour obtenir une part du revenu national (vente de travaux à forfait sous le nom de salariat, entreprise industrielle ou commerciale, exploitation agricole, prêt de monnaie ou de bien réel, transfert), procédés que certains sujets peuvent cumuler. Il définit le profit comme un « revenu de violents », ce revenu de l'entrepreneur étant conquis de haute lutte sur le salarié, le fournisseur, le client, le consommateur, contre l'État, contre les banques.

Des apports diversifiés ont prolongé la recherche ouverte par J. Marchal, notamment les travaux d'A. Nicolaï et J. P. Mockers. Celui-ci distingue les comportements de mutation et de fonctionnement, d'organisation et d'emplois de revenus. Bien qu'il soit conscient de l'impossibilité actuelle de les déterminer de façon opérationnelle, J. P. Mockers estime qu'il faudrait s'attacher à définir les comportements d'après leurs effets sur les principales variables de l'économie : prix, production, revenus, investissements. Tous les faits économiques sont l'œuvre de comportements multiples, différenciés et combinés, qu'il serait fastidieux de classer et d'énumérer ici.

Les comportements ne seraient pas d'un grand intérêt pour la théorie et pour la conduite de l'économie, s'ils n'étaient pas regroupés suivant des catégories de sujets où leur homogénéité définit des décisions cumulées de même sens, ayant un même effet sur les structures de l'objet économique. Les groupes de sujets se caractérisent non seulement par des comportements homogènes, mais aussi par des conditions économiques semblables. Pour les sujets d'un même groupe les données de la décision sont similaires. Par exemple : même fonction, même activité, même branche, même taille, même technique, même situation juridique, même position dans le processus de production, même mode usuel de fixation des prix. Selon J. P. Mockers, cette homogénéité structurelle des conditions de la décision du sujet définit une « situation collective ». Les groupes sont nés dans l'économie en même temps que les comportements. C'est encore J. Marchal qui en a été en France l'initiateur en dégageant, à partir des comportements de recherche de revenus, cinq groupes de sujets : les salariés (ouvriers — salariés non manuels — cadres), les titulaires de profits (entrepreneurs individuels de l'industrie et du commerce — sociétés privées et nationalisées — administrateurs de sociétés — membres des professions libérales), les exploitants agricoles, les prêteurs et les bénéficiaires de transferts. Au-delà de la doctrine, la comptabilité nationale, par ses comptes différenciés d'agents, donne un développement remarquable à la décomposition de l'objet économique en groupes de comportements homogènes, dont les grilles de ressources et d'emplois structurent et animent le tissu économique.

2) *Le comportement des groupes de travailleurs.*

A l'exception éclatante de Marx, les économistes avaient longtemps considéré les travailleurs avec indifférence. Simples facteurs de la production, réduits à la dignité d'un paramètre, les apporteurs de travail étaient écrasés par le super-sujet, l'entrepreneur, qui les combinait, dans ses projets, avec les biens matériels. L'approche concrète des groupes et des comportements a obligé depuis peu les économistes à leur accorder plus d'attention.

Mais est-ce là une des caractéristiques les plus stables du capitalisme ? Il n'a jamais pu accorder aux salariés qu'une place restreinte en dépit de leur importance numérique et du rôle prédominant qu'ils assument dans la production élémentaire. C'est que malgré leurs combats revendicatifs et les résultats que ces luttes syndicales paraissent avoir obtenus, en matière de salaires, horaires et conditions du travail, les salariés restent des instruments passifs de la production ; l'initiative et l'organisation leur échappent. Ils ne participent même pas à la formation consciente du produit. Ils se contentent de se protéger des effets d'une mauvaise organisation ou des erreurs de gestion et d'essayer de tirer parti des succès d'une œuvre dont ils ne sont que le moyen matériel. J. P. Mockers a souligné cette infériorité congénitale des salariés : « groupe-reflet » qui manifeste un « comportement-reflet ». Les revendications des salariés ne sont formulées généralement et en tout cas ne peuvent être satisfaites que dans les secteurs en expansion. Le salarié poursuit la richesse, il ne la suscite pas. Même dans la fonction de consommation de masse qu'il assume, l'initiative naît hors de lui. Ses choix sont commandés, pour l'essentiel, par l'éventail de produits offerts qu'il subit et par les influences qui l'environnent, émanant des cercles les plus riches de la production : modèles bourgeois de consommation — créations de modes. « Il faut donc ramener à leur juste valeur les conquêtes ouvrières ou les possibilités de pression par l'intermédiaire du pouvoir politique. Les premières n'ont pu aboutir que lorsque l'accroissement de la richesse et l'intérêt de la production les rendaient inévitables. Les secondes n'aboutissent qu'en apparence, à moins qu'elles ne soient favorables au progrès du système économique. De toute façon, conquêtes et pressions réunies ne vont jamais à l'encontre des intérêts capitalistes en général mais tout au plus de certains entrepreneurs individuels (nationalisations) ou de certains sous-groupes d'entrepreneurs. »

Jugement significatif sévère. Mais il faut bien reconnaître que le salarié même syndiqué joue généralement le jeu de la structure capitaliste. Il lutte pour le salaire, l'horaire, les conditions de travail. Il préfère négocier, entreprise par entreprise, secteur par secteur. Quand on lui propose des structures de participation, il les refuse, comme ses patrons, même si ses motivations sont sans doute opposées. Peut-être a-t-il conscience que malgré son importance numérique, dont l'effet est d'ailleurs affaibli par la diversité des situations salariales, l'organisation, le fonctionnement et l'évolution de l'économie lui échappent ainsi que la richesse et les pouvoirs de la société. Dès lors il sait qu'il ne peut être que la victime du processus de désintégration de structures capitalistes qu'il déclencherait, sans pouvoir en contrôler les voies, les étapes et les objectifs. Sans doute ne trouverait-on jamais au sein du groupe des salariés une majorité consciente disposée à assumer les risques d'une destruction des structures économiques actuelles, sachant qu'aucune solution nouvelle, réaliste, n'est proposée à l'horizon immédiat et que l'aptitude à l'organisation n'est pas le fort des travailleurs.

3) *La notion de pouvoir.*

La différenciation et l'approfondissement du sujet ne pouvaient manquer de rencontrer le pouvoir par-delà la décision où se manifeste le comportement. Mais la notion de pouvoir est l'une des plus difficiles à appréhender. Le pouvoir est une nébuleuse de concepts où les économistes, peu enclins à l'affronter, avancent en tâtonnant. C'est que le pouvoir touche à tous les problèmes des sociétés. Il est au centre de toutes les études relatives à l'action des sujets, à leur situation, à la formation, à la répartition du produit, à sa croissance et surtout, par-delà l'économie, à l'ensemble des relations subjectives, quelle qu'en soit la nature.

Longtemps le pouvoir s'est mal engagé dans la discipline économique : ou bien les lois économiques ne lui laissaient qu'une place réduite, ou bien selon une opinion répandue, excessivement simplificatrice, sa confiscation par de petits groupes « ploutocratiques » ne faisait aucun doute. Le pouvoir, en effet, s'articulait sur la théorie économique selon des voies étroites et formelles : celle de la formation du prix dans le monopole bilatéral, où le pouvoir s'impose, selon certains (J. Marchal), pour fixer les prix là où la théorie mathématique des courbes d'offre et de demande n'est en mesure que de dessiner les limites d'une zone d'indétermination — celle aussi des systèmes où le pouvoir est un critère majeur de l'organisation structurelle (centralisation ou décentralisation des pouvoirs).

Pour J. Lhomme « le pouvoir est une force en puissance ; la force est un pouvoir en acte » (*Pouvoir et société économique*). *Lato sensu*, le pouvoir est donc une capacité d'action du sujet. Cette capacité peut prendre appui sur la seule personnalité du sujet en tant que personne humaine (pouvoir personnel), sur des attributs attachés aux sujets par leurs fonctions dans un dispositif institutionnel (pouvoir structurel), sur des moyens matériels où l'argent tient la plus grande part (pouvoir doté). Cette première acception cependant, guère significative pour l'analyse économique, ne porte en elle aucune différenciation de pouvoir, alors qu'il est naturel d'attacher au concept une très forte dissymétrie, que J. Lhomme qualifie d'« influence nette ». Il faut s'attendre à ce que cette influence porte aussi bien sur des choses que sur des sujets. Nous ne retiendrons ici que le pouvoir des hommes sur les hommes. Pour être plus subtil et moins absolu, il n'en réserve pas moins une situation dissymétrique qui se traduit d'un côté par une domination, de l'autre par une subordination. Peut-être ne faut-il pas, comme le fait J. Lhomme, attacher une trop grande importance à la conscience que les sujets ont de leur position et de leur capacité de dominer les autres. Au demeurant, il est malaisé d'apprécier le degré de conscience puisque l'exercice du pouvoir par les plus forts est souvent instinctif. Avec J. Lhomme refuserons-nous aux États-Unis d'exercer un certain pouvoir sur le monde, parce que l'économie de ce pays est simplement dominante alors que l'Angleterre du XIXe siècle aurait exercé un véritable pouvoir en organisant consciemment sa domination sur l'univers par son commerce et par ses capitaux financiers ? Il nous semble plutôt que les États-Unis manifestent aussi un pouvoir international dès lors qu'ils enserrent les autres nations de relations dominantes. Il serait au surplus aventureux de croire que leurs dirigeants n'en aient pas conscience.

Plus on descend dans la précision dissymétrique du concept, plus on constate qu'il couvre une dualité fondamentale. A notre sens, celle-ci devrait inspirer toute recherche, quel que soit le secteur où sont étudiées les relations du pouvoir (politique, économique, sociale) ou les groupes détenteurs (nations, entreprises, groupements intermédiaires, famille, individus). Il s'agit de la coexistence d'un pouvoir de droit et d'un pouvoir de fait.

Parce qu'ils impliquent l'inégalité entre les sujets, les pouvoirs tendent à s'institutionnaliser, donc à s'enfermer dans des règles qui les particularisent. Ces règles organisent les pouvoirs de façon à en fonctionnaliser l'exercice dans l'intérêt des groupes et des individus. Elles démembrent les pouvoirs, les hiérarchisent, les endiguent, les centralisent, les superposent, même les émiettent, de façon à créer une structure efficace, où les contraintes et subordinations ont un caractère opératoire, ne portant pas atteinte aux droits fondamentaux de la personne humaine. C'est le pouvoir de droit qui s'exerce dans la clarté, avec le consentement direct ou indirect des assujettis et s'accompagne d'un arsenal de moyens juridiques protecteurs. Ce pouvoir peut être coutumier, réglementaire ou contractuel.

Mais en face de ce pouvoir formel qui souvent se prend au piège de son apparence, renaît toujours un pouvoir de fait, vivant, qui tend à sortir du lit de l'organisation. Il s'écoule souterrainement, affectionne la clandestinité. Il se glisse dans les failles des appareils institutionnels, parfois complète leur domaine ou pallie leurs insuffisances mais aussi peut les pourrir ou les détourner. La recherche de la réalité du pouvoir est l'étude la plus intéressante sur les relations entre les sujets et les groupes. Mais elle est difficile et risquée. Car le pouvoir se dissimule et se pare de formes anodines ou frustes.

En économie, où les forces suivent un dessin profond, structuré autour de la production et d'une organisation évolutive, le pouvoir réel a particulièrement miné le terrain réglementaire et contractuel du pouvoir de droit. C'est là que le plus gros reste à faire pour déceler une structure sous-jacente dissymétrique où se manifestent, apparemment dans le désordre : les technocrates, les groupes de pression, les pouvoirs professionnels, le pouvoir syndical, le pouvoir bancaire. Les citations produites par J. Lhomme sont significatives à cet égard. P. Bleton : « L'industrie appartient à tant de monde qu'elle n'appartient à personne, sinon à elle-même. Tout au plus dans certains cas, peut-on dire qu'elle appartient aux industriels. La conséquence est que très généralement elle se commande toute seule. » Pantaléoni : « C'est l'indétermination de ce qui est réellement force qui rend acceptable un régime contractuel. » Dans son analyse de la société américaine, Adolf A. Berle a illustré la « conscience » des sociétés, où gîte en fin de compte un pouvoir supérieur au pouvoir institué et qui inspire les détenteurs du pouvoir réel. « En pratique, les sociétés institutionnelles sont guidées par de petites oligarchies qui se perpétuent d'elles-mêmes. Celles-ci sont à leur tour issues de l'opinion collective d'une petite fraction des États-Unis et elles sont jugées par lui, c'est-à-dire par sa communauté financière et commerciale... Le contrôle réel qui guide ou limite leur action sociale ou économique est la conception philosophique réelle, quoique imprécise et tacite, des hommes qui composent ces conseils d'administration. »

Difficile à situer, à jauger, le pouvoir économique évolue. D'après J. P. Mockers, F. Sellier estime que malgré le nivellement des revenus, les capitaux, c'est-à-dire la richesse, se concentrent de plus en plus, accroissant la dissymétrie des pouvoirs. Des études de J. P. Mockers il ressort que la croissance économique est liée à certaines modalités du pouvoir économique, d'ailleurs en communication constante avec le pouvoir politique par l'intermédiaire des groupes de pression : la puissance des firmes, modulée par leur concentration et par leur stratégie, s'exerce à l'égard des fournisseurs, des clients et des concurrents en vue de l'expansion de la production et de la croissance des profits. Mais tout cela est encore bien flou.

Au vrai il y a toujours comme une sorte d'hésitation au seuil des phénomènes du pouvoir. Outre l'ombre, le secret et le travestissement que les pouvoirs adoptent pour mieux se faire supporter, un problème d'éthique demeure sous-jacent. Le pouvoir de l'homme sur l'homme est condamné. Lorsqu'il n'est pas institutionnalisé il ne peut agir qu'en fraude. Or la fraude se dénonce à la vindicte publique. Il est plus astucieux de la supprimer en la légitimant. Nous pensons aux pouvoirs excessifs que l'argent et surtout le capital accumulé donnent à certains sujets, qu'ils en soient propriétaires ou que leur fonction leur ouvre le droit d'en user ou d'en abuser. Il ne fait aucun doute que le pouvoir monétaire, condition fondamentale, sinon source, du pouvoir économique, s'exerce selon des modalités hautement dissymétriques, qui se dissimulent sous des processus coutumiers d'émission, profitant aux groupes dominants au détriment des groupes dominés, puisque la répartition monétaire est, en économie, l'instrument essentiel de la domination. Cette répartition est prédéterminée par la structure de la richesse acquise, appropriée ou détenue. Ce préalable monétaire structurellement déformant fait la partie belle aux banques et aux entreprises, sous la couverture complice de l'État. Il sape à la base les louables tentatives d'institutionnaliser le pouvoir économique de fait, comme par exemple celle de François Bloch-Lainé. Elles sont assurément très convaincantes les raisons pour lesquelles celui-ci souhaite qu'au lieu d'être élus par le personnel ou désignés par les actionnaires, les directeurs, gouvernants des entreprises, soient choisis selon un système de cooptation contrôlé, les dirigeants se délivrant ainsi un « permis de diriger » attribué dans des conditions sévères. Toutefois, il n'est pas possible d'adhérer à de telles propositions tant que n'est pas levé le préalable monétaire qui condense et polarise la richesse toujours du même côté. Une ligne institutionnelle de distinction entre les cooptés dominants et les travailleurs dominés perpétuerait un partage inégal. On ne peut élever au rang d'une institution une telle disparité, même si elle est en partie consacrée par la coutume. La même hypothèque pèse sur la participation des salariés à la gestion et au profit de l'entreprise, d'où dépend l'accession du travailleur à la dignité économique. Institutionnalisons d'abord correctement les phénomènes monétaires : alors et alors seulement cooptation et participation deviendront des solutions naturelles.

IV. L'ÉTAT.

L'État princier est progressivement devenu un État social. Par une lente transformation, avec des retours en arrière et de brusques poussées, l'État-sujet, réagissant comme une micro-structure ou se mettant au service d'une ou plusieurs micro-structures, s'est transformé en un État-cadre, s'intégrant dans la macro-structure sociale et se diffusant en reflets plus ou moins atténués dans les micro-structures individuelles des sujets qu'il englobe. Dans le domaine économique, l'État a pris progressivement conscience de l'objet économique avec lequel il devrait en fin de compte faire corps. Cette évolution lui a valu d'être appelé, dans l'ordre et tour à tour : hostile, indifférent, intéressé, gendarme, protecteur, providentiel, interventionniste, dirigiste, planificateur, régulateur, faustien.

Lorsque l'État était un prince, il a plus ou moins réagi aux questions économiques avec le caractère, les passions, les intérêts d'un individu particulier : hostile, si la vision et l'entourage du prince excluaient les problèmes de l'intendance et si le pouvoir prenait ombrage de la richesse ostentatoire des financiers et des négociants. Indifférent, lorsque la prospérité économique et l'ordre social s'associaient dans un équilibre naturel. Intéressé, lorsque le prince avait lui-même l'esprit mercantile ou que de grands commis appliquaient leur talent et leur passion à gérer la fortune publique comme s'il s'agissait de leurs propres deniers.

Lorsque la doctrine économique a perçu, contre et par-delà le prince, l'existence d'un État plus abstrait, elle s'est efforcée de limiter le pouvoir qu'elle lui concédait dans le domaine industriel et commercial. Ainsi s'est fondé le libéralisme classique. L'ordre naturel des physiocrates condamnait en principe l'intervention étatique : c'était la règle du laisser-faire et du laisser-passer. Car l'objectif était de laisser s'exercer toutes les libertés dans le respect absolu du droit de propriété, puisque la finalité naturelle, se manifestant par le concours des intérêts personnels, devait apporter le maximum de satisfactions à chacun et à tous, à condition de n'être pas contrariée. Le souverain se voyait précisément assigner seulement le devoir de « punir, par le ministère de magistrats, le petit nombre de gens qui attentaient à la propriété d'autrui ». Avec la révolution française, a prévalu en droit privé le principe de la liberté du commerce et celui de la non-immixtion de l'État dans les affaires économiques. Il n'en était pas moins demandé aux autorités d'assurer la police de façon que la libre concurrence puisse s'exercer correctement, que les fraudes, les pratiques déloyales, la spéculation et les coalitions soient réprimées. Sur ces bases, au cours du XIXe siècle, s'est élaborée la doctrine libérale de l'État. P. Leroy-Beaulieu a attaché son nom à la formulation et à la diffusion de cette doctrine. Dans son ouvrage *Économie libérale et Économie dirigée*, Gaëtan Pirou en donne les traits essentiels. L'État doit assurer la sécurité de la nation sur les plans extérieur et intérieur, la représentation dans les relations internationales et veiller au maintien de l'ordre public. Il se charge de la satisfaction des besoins communs auxquels les individus ne pourraient pas subvenir, par exemple mesures d'hygiène ou de salubrité. Il doit « sauvegarder les intérêts permanents de la nation contre l'imprévoyance ou la carence des intérêts présents » (forêts, chasse, pêche, fixation des dunes, assèchement des marais, observatoires, stations météorologiques, missions scientifiques, musées, bibliothèques, monuments historiques). La réalisation des routes et des ponts lui incombe ainsi que leur entretien. Il participe à la construction des chemins de fer sans en assurer l'exploitation, qui paraît moins coûteuse, plus ponctuelle et moins sujette aux accidents lorsqu'elle est placée sous responsabilité privée. L'État ne doit pas monopoliser l'enseignement ; lorsque ce dernier est un service public, il doit être gratuit en règle générale. Le libéralisme condamne l'entreprise publique en invoquant l'absence d'intérêt personnel, de compétence, de souplesse, d'indépendance. L'État règle l'exercice du Droit sans le créer. Il ne doit pas intervenir dans la détermination des prix ni surtout les taxer. Enfin en matière sociale la protection des faibles par l'État ne doit pas s'étendre au-delà des sujets faibles par nature : l'enfant, la jeune fille, l'aliéné.

En ces temps où l'individu s'affirmait comme le centre de l'univers, où la personne humaine se libérait des contraintes naturelles et du système politique des castes, l'État, empreint du souvenir d'un passé cruel et des abus de la caste dirigeante, n'a pas trouvé chez les socialistes des juges plus indulgents que ne l'étaient les libéraux. Certes J.-J. Rousseau pensait que l'État, providence universelle, pouvait instituer un ordre social plus conforme à ses vœux, en réalisant progressivement l'égalité entre les individus. Certes Fichte passe pour avoir jeté les bases de la planification moderne en proposant que l'État affecte les individus aux tâches sociales et contrôle les transactions. Mais le rôle de l'État est temporaire. C'est la thèse du dépérissement de l'État qui prévaut au terme de la vision de ces deux philosophes. Lorsque l'individu aura atteint la perfection dans l'ordre moral ou lorsque l'abondance aura remplacé les privations dans l'ordre matériel, l'État deviendra inutile. Marx plus tard reprit le même thème.

Or chez les libéraux et chez les socialistes, sans doute à leur corps défendant, souvent en réaction contre les doctrines et les systèmes, notre époque allait révéler la nécessité de la croissance rapide de l'emprise étatique dans le domaine économique, au point qu'aujourd'hui l'État est devenu le chemin obligatoire de la réalisation des objectifs tant des doctrinaires que des réalistes.

En présence des crises du capitalisme libéral, sous l'aiguillon des revendications politiques, sous la pression des premiers syndicats de salariés, les interventions étatiques ont débuté à la fin du XIXe siècle en faveur des couches économiquement faibles, parmi les travailleurs, les épargnants, les consommateurs. L'État s'est borné à réglementer, à sanctionner, en donnant à sa fonction de police le maximum d'extension compatible avec le maintien de l'initiative privée. Ainsi intervint-il dans les relations du travail, dans le régime des sociétés, dans le fonctionnement des transports et des assurances, dans la sauvegarde de l'ordre public, dans l'exercice de certaines professions. Parallèlement, des économistes classiques comme Von Wieser prenaient conscience d'une fonction spécifique de l'État dans les analyses de la valeur subjective ; support de l'utilité sociale, il ne cherche pas, contrairement aux autres sujets, à rendre maximale une satisfaction individuelle.

Au XXe siècle, l'État doit donner plus encore. La grande crise de 1929, le chômage massif et persistant, l'impasse où ont conduit les mécanismes capitalistes libéraux, ruinés sous le poids de leur propre fonctionnement, les expériences socialistes russes, la seconde guerre mondiale, ont poussé l'État au premier plan après que, grâce à une lutte syndicale incessante, les travailleurs ont obtenu pour eux-mêmes la reconnaissance de certains droits essentiels. Précédée par l'étatisme des communistes russes, des fascistes italiens et des nazis allemands, la France a été gagnée à son tour à l'interventionnisme global par la force des choses. Sous la pression de la pénurie, de la destruction et de la désorganisation et pour partie sous l'influence de l'exemple allemand, le gouvernement de Vichy a mis en place un régime d'encadrement dirigiste de l'économie qui devait laisser des traces structurelles profondes : organisation professionnelle de la production, blocage et taxation des prix, contrôle des banques et du marché financier. A la libération, les nationalisations ont mis entre les mains de l'État une grande partie des moyens productifs des secteurs clés. La planification enfin a, de façon irréversible, donné progressivement à l'État la responsabilité de concevoir d'avance et de faire appliquer les structures futures de l'objet économique national.

Au point actuel de cette évolution, l'État n'est pas encore parvenu à s'identifier à l'échelle supérieure de l'objet économique, où sa place naturelle se trouve cependant marquée. Il demeure encore un sujet partiel que beaucoup s'emploient à opposer aux autres sujets et il est significatif que la comptabilité nationale n'ait pas été en mesure de figurer le rôle de l'État au niveau de la structure totale ; elle se borne à traduire purement et simplement les opérations que l'État accomplit en tant que juridiquement et patrimonialement il se distingue des autres agents. En doctrine aussi, il règne encore beaucoup d'incertitude sur la manière d'analyser les manifestations économiques de l'État. Les théories présentées ne sont pas satisfaisantes. L'aperçu qu'en donne Suzanne de Brunhoff, dans *Capitalisme financier public*, rend compte des raisons de cette insuffisance.

Une première tendance, celle de l'interprétation normative et purement économique du produit public, cherche à rendre ce produit homogène avec la production privée de façon à réaliser un budget optimum, c'est-à-dire des dépenses publiques associées et ajustées à la meilleure satisfaction de l'ensemble des besoins publics et privés. Pour obtenir ce résultat, les partisans de cette approche sont conduits, comme Mursgrave, à souhaiter l'application des mécanismes des marchés aux besoins sociaux. Il serait facile de montrer l'irréalisme de cette conception, qui étend le modèle de l'entreprise à celui de l'État et applique l'analyse subjective de la valeur à l'étude de l'organisation et des comportements collectifs. Constatons seulement avec Alain Wolfelsperger que les auteurs de ces thèses sont tellement conscients de cette impuissance, qu'ils introduisent en toute connaissance de cause des conditions irréalisables, lorsqu'ils entreprennent soit de transposer aux processus de gestion publique les principes et les méthodes de l'affectation optimale des ressources selon le critère de Pareto (ne pas défavoriser un membre de la communauté), soit de juger des impôts comme s'ils étaient les prix des biens publics. Les conditions posées sont, par exemple : la révélation par les individus de leurs préférences entre les biens publics et les biens privés, ou celle du montant de l'impôt qu'ils acceptent de payer comme prix des biens publics, révélations nécessaires au fonctionnement des marchés, mais de toute évidence irréalisables.

En revanche chez les théoriciens de la politique économique comme J. Tinbergen, l'État devient le régulateur et le stratège de l'économie. Il se présente comme une volonté externe surclassant les désirs, les besoins et les intentions des autres sujets. Pour réduire les tensions sociales, mais souvent au risque de les accroître, il prend des macro-décisions dans le cadre d'une organisation qui peut être conçue, mise en place et utilisée selon des structures d'efficacité variable. Mais surgit alors dans l'analyse une difficulté irréductible : l'État, arbitre, ne peut que tomber dans l'arbitraire lorsqu'il prétend incarner la rationalité économique suprême du groupe.

Dans un ouvrage d'enseignement supérieur *Les biens collectifs*, Alain Wolfelsperger vient d'exposer avec clarté trois versions significatives du sujet-État, entre lesquelles se partage la théorie économique moderne. Les deux plus classiques parmi ces versions correspondent aux modèles respectifs de Mursgrave et de Tinbergen, dont on vient de parler. La troisième, originale, mais encore dans les limbes, tendrait, sous le nom de théorie institutionnelle, à prévaloir dans les opinions contemporaines, en raison de ses prolongements et de sa position intermédiaire qui lui donne une valeur synthétique et surtout réaliste.

Alors que les deux premières cherchent chacune à abstraire un facteur permanent capable d'assurer la cohésion sociale, d'une part l'échange, d'autre part la contrainte, la nouvelle théorie privilégie les institutions réelles, replace l'État dans les formes concrètes du pouvoir et les manifestations des comportements sociaux, qui sur tous les plans imbriquent étroitement l'échange, la contrainte et même le don. Pour la théorie de l'échange, l'État n'était qu'une « métaphore », une abstraction commode, représentative du « cumul » des comportements et des intérêts individuels. Pour la théorie de la contrainte, il se manifestait comme un système de valeur indépendant des échelles individuelles et d'une qualité très supérieure au point de les surclasser. Dans la thèse institutionnelle, l'État devient un pouvoir réel et variable dont la dimension, l'extension et l'efficacité ne peuvent être appréciés que par l'analyse des situations concrètes et principalement des institutions qui diffèrent beaucoup dans l'espace et dans le temps. Cette thèse réaliste correspond, s'agissant de l'État, à la montée du sujet réel qui, avons-nous vu, se manifeste, dans l'étude des pouvoirs et des forces du champ économique, en réaction contre les processus d'abstraction, jugés responsables d'une homogénéisation abusive des comportements humains et sociaux.

Selon ces différentes versions de l'État-sujet, le point de vue social s'incorpore de façon très inégale dans les consciences individuelles. Il se nie dans la version la plus libérale en se décomposant en une multiplicité d'intérêts individuels. Dans la version la plus socialisante, il se postule comme un second volet, indépendant et naturel, de la conscience humaine. Enfin selon la version intermédiaire, il s'intègre avec le point de vue égoïste de l'intérêt personnel dans une démarche plus vaste, régie par une pesée globale des avantages et des désavantages. Les actes désintéressés et altruistes auraient alors leurs prix et leurs profits, s'ajoutant aux coûts et aux bénéfices attachés aux seuls comportements égoïstes. Il suffit d'étendre aux dimensions sociales de temps et d'espace l'horizon de ces calculs individuels pour que les composantes collectives de la valeur prennent un nouveau poids. Ces processus d'intégration et de perception des valeurs sociales à l'intérieur des consciences humaines, avec l'aide des institutions qui joueraient le rôle de révélateurs, préparent sans nul doute l'avènement d'un ordre des préférences individuelles, reflétant l'ordre des préférences collectives. A terme, les individus assumeraient alors eux-mêmes et en eux-mêmes, de concert, la fonction sociale en y adaptant leurs intérêts personnels, harmonisés de façon naturelle par la vision d'un modèle commun de bien-être et d'efficacité.

En somme, après l'avoir longtemps méconnu, l'État devra progressivement s'intégrer dans l'objet économique pour y imposer son ordre. Ou plutôt il absorbera cet ordre en lui-même. L'État tend à devenir l'expression la plus haute de cet ordre et il est curieux qu'à mesure de la montée de l'ordre et de l'accroissement de la complexité des structures, l'État étende et approfondisse son emprise alors même que son action se fait moins pesante, plus transparente. C'est que l'État se coule de plus en plus parfaitement dans le moule structurel, tandis que ce modèle devient plus délicat.

LA DIFFÉRENCIATION DES TYPES DE STRUCTURES

Dans son ouvrage *Méthodologie économique*, G.-G. Granger fait clairement apparaître l'objet économique comme une forme structurelle, progressivement constituée au fil des théories successives. De son remarquable exposé nous retiendrons : *a*) la manière dont des formes structurelles se dégagent par réduction axiomatique d'une phénoménologie expérimentale en relation avec les modes de réduction qui se sont imposés à l'égard du monde physique. G.-G. Granger a recherché les archétypes de l'objet économique, en pratiquant ce qu'il appelle une analyse spectrale ; *b*) le processus évolutif qui consiste à intégrer dans un ensemble toujours plus large le phénomène empirique, chaque ensemble devenant un rouage d'un ensemble supérieur ; *c*) la notion d'objet métamorphique, continuellement remanié par l'intervention même du processus de connaissance. Il se crée ainsi des phénoménologies secondaires, abstraites et emmêlées, qui réagissent sur la phénoménologie de l'expérience en s'y intégrant.

G.-G. Granger a aussi décrit trois types d'équilibre (opposition, fusion, accumulation) et évoqué la montée du temps dans la prise de conscience des phénomènes économiques. Il a enfin imputé les progrès de l'analyse à l'abandon des formes représentatives parfaites ou idéales et à la prise en considération des anomalies. Mais cet auteur est resté au seuil de l'analyse structurelle, n'ayant pas cherché à définir les formes précises que pourrait revêtir l'objet économique. Il n'a donné à sa représentation de contenu ni qualitatif ni quantitatif, s'il a déterminé les voies et modèles qu'emprunte le processus de représentation. Il s'est surtout attaché à deux caractères : l'équilibre et le temps, soit deux concepts globaux qui ont trait, non pas à la composition interne de l'objet ni à sa fonction, mais à son état général par référence au mouvement et à un ordre intérieur quelconque. Par-delà ces travaux, nous essaierons de rechercher « la ligne mélodique » de l'objet, quelles que soient les métamorphoses historiques de ce dernier.

Les économistes ont conçu le champ économique selon une certaine structure de base. Cet ordre architectural est le cadre général où ils coordonnent leurs observations et leurs explications. Les éléments, sujets et objets, y trouvent un classement en catégories significatives ainsi que l'enchaînement nécessaire à l'intelligence des causes et des effets. Ces structures, qui font le style original de l'analyse du champ économique, se ramènent à quelques grands types dans lesquels se classent les grands courants de la pensée économique. Nous les examinerons dans un ordre historique de complexité croissante : 1° Les structures additives ; 2° Les structures soustractives ; 3° Les structures comparatives ; 4° Les structures circulaires ; 5° Les structures temporelles ; 6° Les structures structurantes ; 7° Les structures génératrices et englobantes ; 8° Les structures dialectiques ; 9° Les structures de représentation et de substitution.

LES STRUCTURES ADDITIVES.

Les valeurs qui se forment sur le champ économique résultent d'une addition. Prix et revenus totalisent d'autres prix et revenus. Le macrocosme est la somme des microcosmes. Le champ dessine un carrefour où s'entrecroisent des additions. Une seule grille le partage, qui s'applique simultanément à la production et à la consommation. Le produit et sa valeur ont les mêmes composants que les revenus. Le prix est l'élément structural. Le champ économique se résume en une constellation de prix, eux-mêmes groupements de prix, les revenus des sujets se déterminant à leur tour comme prix des facteurs de production. Le schéma simplifié de cette conception a la forme d'un tableau carré dont les *colonnes* expriment les composants et la valeur des produits, les *lignes* la structure et le volume des revenus.

Les structures additives, particulièrement adaptées à la représentation statique de l'économie, peuvent rendre compte, à un instant donné, selon une grille simple et rigoureuse, de la situation de l'ensemble des facteurs et produits. Elles enferment les forces du champ dans une synthèse précise dont la formalisation ne fait apppel qu'à des procédés mathématiques élémentaires ; elles présentent un équilibre stable et immédiat. Production, répartition, consommation évoluent ensemble, élément par élément, en sorte que l'équilibre est constant, même dans le mouvement. Tout produit trouve dans ses composants propres les moyens de sa consommation. Il n'y a pas de place dans le schéma pour les non-producteurs, cependant bénéficiaires de revenus. C'est le règne des égalités multiples : Production et Consommation, Offre et Demande, Épargne et Investissement, Utilité, Productivité et Coûts Marginaux, Valeur des biens d'investissements et Total de leur contribution dans la valeur des biens de consommation produits. La structure additive a trouvé son expression la plus générale, la plus simple et la plus intelligible dans la loi des débouchés de J.-B. Say (1), sa formalisation la plus féconde étant le tableau carré, qui a inspiré la méthode de Léontieff et certains tableaux de comptabilité nationale (échanges interindustriels). S'il se produit quelques distorsions, elles sont jugées négligeables et de caractère marginal ; l'équilibre se rétablit automatiquement. De plus le déséquilibre n'a qu'un caractère faiblement oscillatoire autour d'une position normale, qui prévaut dans tous les cas. Dans cette conception la dynamique a un sens restreint ; elle revêt essentiellement une forme vibratoire.

La prééminence de l'équilibre fait cependant de ce système d'analyse un champ ouvert dont les dimensions sont illimitées, tout accroissement d'une de ces dimensions trouvant immédiatement, en contrepartie, dans les autres composantes les données d'un équilibre définitif. Aucune catégorie ne devrait normalement se développer aux dépens d'une autre. Inaptes à fonder la dynamique, les structures additives présentent donc l'inconvénient d'être sans butoir. L'objet n'est pas verrouillé et ne peut l'être.

Le premier grand classique anglais, Adam Smith, dont les références structurelles demeurent floues et indifférenciées comme il en est souvent à l'origine des créations évolutives, a ébauché la théorie de la représentation du champ économique par le moyen d'une addition des valeurs. La production de marchandises, choisie comme objet de son étude, se constitue et s'absorbe entièrement par le travail dont le prix est le salaire, par le capital dont il appelle profit le revenu, enfin par le sol dont le propriétaire est rémunéré grâce à la rente. Toutefois, A. Smith, qui a fait du travail le fondement de la valeur, s'est écarté de la structure additive pure et simple dans son analyse de l'évolution de l'activité économique. Il a amorcé une conception différentielle, en proposant la croissance de la rente et du profit aux dépens du salaire.

En revanche, J.-B. Say a systématisé la conception additive en formulant la loi des débouchés qui exprime l'égalité permanente de la production et de la consommation, en soutenant que tout revenu est nécessairement fondé sur un apport à la production. Il a enrichi l'analyse de A. Smith en uniformisant la valeur des composants sous

(1) « Un produit créé est un débouché ouvert. »

le nom de prix des services productifs et en classant de manière plus complète ces services productifs, dont le total donne la valeur de la production : — le salaire de l'industrieux, du savant ou de l'ouvrier ; — l'intérêt du capital prêté qui forme le revenu de l'épargnant ; — la rente des terres louées, qui forme le revenu du propriétaire ; — le profit de l'entrepreneur, lié au risque qu'il prend en apportant son travail, son industrie, à l'entreprise qu'il dirige.

Par la suite, l'objet découpé par les théoriciens de l'équilibre général (Walras), quoique fondé sur l'analyse microcosmique, s'articule également sur une même grille qui définit simultanément les réseaux de la production, de la répartition et de la consommation. Dans ses dimensions globales, cet objet se présente comme une accumulation de micro-objets porteurs de structures : les prix. En relation d'interdépendance par l'intermédiaire des divers marchés où ils se forment, les prix sont déterminés à partir de fonctions qui expriment les offres et les demandes. Le prix est à la fois le coût et la valeur d'un bien consommable et une combinaison de revenus ou prix des facteurs. La notion de prix porte en elle-même toutes les liaisons de l'objet économique ; elle assure à la fois la relation entre tous les prix, la liaison avec la monnaie, entre produits, entre agents considérés comme facteurs. Cette approche condamne l'objet à rester statique. Elle ne peut conduire qu'à l'équilibre immédiat, permanent, où l'objet trouve les conditions de son fonctionnement. Le déséquilibre peut être imaginé, mais avec un caractère fractionnel ou frictionnel. L'objet n'existe qu'en position d'équilibre.

Précisons bien que chez les néo-classiques les structures additives se manifestent à tous les degrés de l'analyse. En étendant l'analyse marginale aux constituants de leur objet économique : biens de consommation, biens de production et facteurs, les néo-classiques ont en effet enrichi la structure additive d'un processus d'égalisation unitaire qui permet de multiplier à l'infini les variantes du champ économique par des combinaisons fonctionnelles d'unités réelles (produits ou facteurs). Les notions d'utilité, de productivité, de coût et de désutilité marginaux, qui s'égalisent au niveau de la dernière unité du bien ou service considéré, font pénétrer l'équilibre tendanciel au sein de la plus petite parcelle de l'élément économique. Qu'une seule variation du nombre des doses de l'un des biens ou services se produise et tout le plan des valeurs auquel le sujet se réfère est modifié en bloc et en détail.

Toutes les valeurs s'enchaînent. Les biens de consommation alignent leur valeur sur celle de la dernière dose, la moins utile, de chacun de ces biens. La valeur de ceux-ci entraîne à son tour la valeur des biens de production, posée comme égale au total de la valeur anticipée des biens de consommation qu'ils permettent de produire. Mais les biens de production sont eux-mêmes une combinaison des facteurs de production (capital, travail) dont les valeurs respectives doivent être cohérentes avec la valeur des biens de production et avec celle des biens de consommation qui en sont issus. Le tout s'intègre dans la même addition. On démontre alors que l'optimum économique est réalisé lorsque la valeur reconnue à l'unité de facteur est égale à sa productivité marginale, c'est-à-dire à la valeur des biens produits par cette unité de facteur dans son emploi le moins productif, celui qui produit la valeur la plus faible.

L'additivité structurelle se manifeste dans une autre et très importante analyse néo-classique : celle du capital et du revenu. Le champ d'observation économique, tant réel que monétaire, peut être partagé en deux grandeurs globales, le capital et le revenu, le stock et le flux ; ces deux grandeurs se soutiennent, se renforcent. Cette *summa divisio* de l'objet économique a été adoptée au niveau global par les marginalistes. On doit à Böhm-Bawerk de l'école de Vienne et à Irving Fischer, puis aux néo-marginalistes (Hayek) l'élaboration progressive d'une théorie qui fait du capital à la fois une source de revenu et une part de revenu non consommée quoique consommable comme tous les biens, s'augmentant par additions cumulatives, après amortissement pour maintien du capital existant. Le revenu est défini comme un flux de biens et de services qui découlent d'un capital. Ce dernier est un stock de biens existants à un moment donné, mais il ne peut provenir à son tour que d'un revenu, le travail étant en cette circonstance le revenu du capital humain. Les deux concepts s'enchaînent dans une sorte de définition circulaire, dont le diamètre peut croître ou décroître suivant le sens d'une additivité algébrique qui les nourrit ou les appauvrit. Car revenu et capital sont deux grandeurs étroitement complémentaires, dépendant des décisions des sujets économiques, qui, en modifiant leurs consommations ou, d'une façon plus générale, leurs emplois, agissent simultanément sur les flux et sur la valeur des stocks.

LES STRUCTURES SOUSTRACTIVES.

On peut concevoir le champ économique comme une intégration de structures différentes. Chacune d'entre elles s'emboîte, comme une forme gigogne, dans un élément structurel de rang supérieur. Les catégories économiques se déduisent alors les unes des autres par éliminations successives. Production, répartition, consommation divergent dans leur structure interne, tout en se modelant dans des dimensions imposées par la succession obligée des actes du processus économique.

La production donne la dimension extrême, l'enveloppe globale du champ. Ce peut être la production agricole (Physiocrates), le travail (Marx) ou la production brute (comptabilité nationale). A partir et à l'intérieur de cette production, s'opère la répartition selon une grille particulière où entrent en jeu des facteurs économiques, institutionnels ou sociaux. La distribution, selon des critères fixes, d'un produit social enfermé dans une enveloppe déterminée et limitative laisse une marge résiduelle variable, érigée en catégorie dynamique ou stratégique (le profit). Entre la structure de l'offre globale et celle de la demande globale, qui tendaient à s'identifier l'une à l'autre dans la conception additive de l'équilibre général, se développe, du fait des phénomènes de répartition, une série de mutations catégorielles qui créent les conditions d'une différence de dimension et de qualité entre les deux structures : cette distorsion, résultant d'une évolution autonome, entretient déséquilibre et instabilité. Bref, la répartition s'étage ; des clés différentes s'appliquent aux niveaux successifs. La répartition primaire tend à suivre les facteurs productifs, mais des éléments institutionnels tempèrent largement la forme de distribution qui résulterait de la seule contribution économique des différents facteurs. Cette première répartition réserve une part importante du produit à la reproduction de celui-ci. Le reste, appelé produit net ou plus-value, fait l'objet d'un partage dans des conditions généralement peu équitables. Des répartitions secondaires affectent les parties attribuées aux premiers bénéficiaires. Cette redistribution s'effectue par l'intermédiaire de macro-sujets : groupes, sociétés, État avec des motivations diverses. Mais les intérêts généraux et sociaux tendent à prendre une importance croissante. Alors que les structures additives utilisaient les prix comme matériaux de base, l'élément fondamental des structures soustractives est la fraction de revenu, puisque c'est ce dernier qui tantôt se partage suivant diverses clés de répartition et tantôt, inversement, se combine pour former l'objet économique. De plus, contrairement aux précédentes qui ménageaient au champ économique une extension indéfinie, elles imposent d'emblée des limites précises. C'est à l'intérieur de ces limites que le jeu économique développe ses variantes catégorielles. L'équilibre y est dès lors conceptuellement moins stable, chaque catégorie cherchant à se développer aux dépens des autres et déclenchant de ce fait des réactions de défense. En faisant se succéder deux séries de répartitions, primaires et secondaires, la conception soustractive se reflète généralement dans l'analyse sociologique sous la forme d'une distinction fondamentale entre les classes productives, correspondant à la répartition primaire, et les classes réputées non productives (malgré les services rendus), bénéficiant des répartitions secondaires.

A la différence de la précédente, la structure soustractive ne conduit pas à poser des grandes égalités catégorielles. La relation d'inclusion y est dominante ; ce qui suppose l'existence de niveaux différents. Dans cette conception, le phénomène économique n'est plus ponctuel et instantané mais linéaire et successif. L'accomplissement du processus de production-répartition-consommation, supposé immédiat et en quelque sorte replié sur lui-même dans la conception additive, devient un itinéraire et prend de l'épaisseur ; les délais et écarts s'instaurent comme des faits normaux et ouvrent une voie naturelle à des troubles divers. La dynamique trouve là un champ propice. Elle se manifeste selon des processus cumulatifs d'équilibre instable, non plus selon des mouvements oscillatoires autour d'une position d'équilibre. Si, en effet, certaines catégories sont soumises, comme le prévoit cette conception, à des facteurs permanents d'accroissement ou d'affaiblissement (cf. loi des rendements décroissants chez Ricardo, loi de Malthus (1), loi de l'accumulation capitaliste chez Marx), l'évolution conduit progressivement l'objet économique dans une impasse : soit à un état de rupture (Marx), soit à un état stationnaire (Ricardo, Stuart Mill). Le système de la structure soustractive se prête à la représentation du mouvement interne du champ. Du moins l'amorce-t-elle. Par la notion de produit net, elle ouvre la voie aux structures circulaires modernes des cycles et circuits, dont l'accomplissement laisse à chaque tour un résidu, représentatif de la croissance.

On sait que le promoteur des structures soustractives a été le chef de file des Physiocrates, le docteur Quesnay, qui a donné au champ économique les dimensions du produit de la terre, seul facteur capable à ses yeux de faire apport de nouveaux biens en addition nette. Le produit de la terre est obtenu par le fermier avec l'aide du capital fourni par le propriétaire. Après avoir déduit la part de produit nécessaire à sa reproduction (entretien du personnel, semailles, alimentation du bétail), le fermier dispose d'un produit net qu'il doit céder au propriétaire sous forme de fermage ; les propriétaires à leur tour échangent une fraction de leur part contre les services de la classe « stérile » (industriels, gens de maisons, professions libérales).

Adam Smith ayant donné au champ économique la dimension plus étendue du travail de l'homme, Ricardo développa le thème d'un partage interne. Le produit, limité par la production naturelle et l'in-

(1) La population croît en progression géométrique, la production (les subsistances) en progression arithmétique seulement.

dustrie humaine, se distribue tout d'abord suivant les facteurs primaires de production. Chaque catégorie fonde son prélèvement sur des propriétés précises et pour des objectifs définis : la rente est perçue par le propriétaire du sol pour prix de la rareté des terres fertiles ; le salaire revient au travailleur pour couvrir le coût de sa subsistance ; le profit, en tant que catégorie résiduelle, épuise le reste du produit, rend variable la rémunération du capital et stimule l'activité des industries susceptibles d'accroître le produit global. De plus les lois d'évolution à effet cumulatif affectent les principales catégories de revenus d'une croissance irréversible qui finit par absorber la marge résiduelle : il s'ensuit une redistribution du produit. La loi des rendements décroissants et celle de Malthus se conjuguent pour augmenter la valeur du produit du sol, ainsi que le coût des subsistances des travailleurs. Rente et salaire manifestent ainsi une croissance continue. Toutefois la croissance du salaire n'est qu'apparente car elle est liée au coût des subsistances qui croît dans les mêmes proportions. C'est finalement la rente qui en poids réel comprime le profit. La disparition de ce dernier met fin à l'activité et à la croissance de l'économie qui entre dans l'état stationnaire.

Marx devait donner aux structures soustractives un dessin plus significatif, qui en fait sans doute l'expression la plus achevée de ce type d'organisation du champ économique, en le dégageant de toute confusion avec les autres formes structurelles. Marx a accentué la distorsion entre les lois de la production et les règles de la distribution capitaliste. Le travail seul délimite sans ambiguïté l'extension du champ : il définit l'importance et la valeur du produit. Mais la répartition de ce produit obéit à un processus où les préoccupations économiques sont dominées par des positions et nécessités sociologiques. Selon Marx, le travailleur reçoit sous forme de salaire la valeur exacte de la force de travail qu'il représente. Pour la théorie marxiste, cette valeur est égale au temps de travail normalement nécessaire à sa production, c'est-à-dire indispensable à la subsistance et à la reproduction du travailleur. La différence entre ce salaire arrêté à hauteur du coût des subsistances et la totalité de la valeur du produit du travail (valeur en quantité de travail incorporé) représente la plus-value, qui est ainsi par construction une catégorie résiduelle dont le capitaliste-entrepreneur peut disposer. Ce partage de la valeur-travail en salaire et plus-value, première étape de la répartition, est suivi d'une distribution secondaire qui répartit la plus-value entre tous ceux qui apportent à la production capitaliste un concours autre que le travail. Chaque part rémunère une fonction capitaliste : bénéfice de l'entrepreneur, intérêt du prêteur, rente foncière du propriétaire, gain du commerçant. Plus encore que chez Ricardo, la perspective évolutive dynamise dans le long terme les processus de répartition, les déséquilibrant au point d'en rendre le fonctionnement impossible. Mais au lieu d'un blocage progressif de la croissance, Marx voit dans cette évolution une marche irréversible vers un point de rupture entraînant une révolution sociale. Les lois d'accumulation et de concentration capitalistes décrivent une augmentation du capital constant (biens de production) aux dépens du capital variable, qui est la valeur de la force de travail génératrice de la plus-value. Dans ces conditions le taux du profit diminue tendanciellement. Parallèlement le chômage technologique s'accroît ; avec la baisse des salaires réels consécutive à la baisse du coût des subsistances, il contribue à la paupérisation du prolétariat dont la masse s'accroît des petits capitalistes disqualifiés par les processus de concentration.

L'application de l'analyse soustractive au capital et au revenu fait que, contrairement à ce qui se manifeste dans les structures additives, ces deux valeurs ne varient pas ensemble dans le même sens ni les mêmes proportions, et manifestent des tendances antagonistes. Cette conséquence est explicitée par la distinction marxiste entre capital constant, et capital variable. Seul le capital variable (coût de la main-d'œuvre) produit un revenu, c'est-à-dire une addition aux biens existants sous forme de la plus-value. Mais celle-ci rémunère le capital constant, c'est-à-dire les biens de production. Or sous le jeu de facteurs divers, le capital constant, non productif par lui-même de revenus, augmente constamment sa part dans la composition du capital. Donc son taux de rémunération sous forme de profit fléchit parallèlement, puisque des unités de capital, qui augmentent en nombre, doivent se partager une quantité de plus-value décroissante, stable ou faiblement croissante.

Une interprétation soustractive s'attache aussi à la distinction keynésienne entre consommation et épargne. Cette distinction s'intègre dans une grandeur déterminée, le revenu global, dont elle représente le partage. Le revenu ne s'accroît pas par addition directe à la consommation ou à l'épargne. La consommation est réputée s'établir selon une fonction constante. C'est la modification du revenu qui détermine le niveau de l'épargne. Autrement dit la consommation et l'épargne se déduisent du revenu dont elles épuisent les parties.

A l'époque contemporaine, les structures soustractives jouent un rôle considérable dans la présentation de l'objet économique. Elles donnent des articulations internes de celui-ci l'interprétation dominante ; car elles s'arriment solidement à la représentation économique, aussi bien doctrinale qu'opérationnelle. En doctrine, l'analyse de la répartition s'opère en partageant par des actes successifs une masse de production, selon un processus que J. Lecaillon a regroupé en deux étapes : la répartition primaire, la répartition finale. La répartition primaire est celle des revenus directement liés à la production : frais de personnel, charges financières, impôts indirects, résultats bruts d'exploitation. La répartition finale est celle qui procède par la voie de transferts fiscaux et sociaux et remanie la répartition primaire. En réalité, cette répartition finale n'épuise pas le partage du produit, car elle s'arrête lorsque les différents agents économiques ont reçu ce qui constitue leur revenu disponible. Mais précisément, on décrit comme terme final le revenu disponible des administrations et des institutions financières ainsi que l'épargne brute des sociétés. Or derrière l'écran du revenu de l'agent collectif, il y a nécessairement une répartition plus profonde qui impute ou affecte à des agents individuels la part du produit que l'analyse contemporaine a laissée à l'administration ou à l'entreprise. J. Lecaillon reconnaît d'ailleurs que dans la part des revenus consommés par les administrations on peut déceler une redistribution par le jeu des prestations rendues aux individus sous forme de services divers gratuits ou d'équipements collectifs. Mais l'épargne brute des entreprises devrait également être rapportée à ceux qui en sont les véritables titulaires et généralement les bénéficiaires, c'est-à-dire aux agents individuels dont la réunion constitue précisément l'unité collective où se forme cette épargne.

Dans la comptabilité nationale, les structures soustractives concrétisent l'objet économique en une succession ordonnée et significative de comptes qui s'enchaînent par leurs soldes : la répartition de ces soldes dégage des flux structurels, qui forment les étages de l'objet. Rappelons-en le schéma. Le compte de production dégage la valeur ajoutée. Le compte d'exploitation répartit cette valeur ajoutée entre les grandes catégories de facteurs : le travail (salaire), les intérêts sociaux (charges sociales) et généraux (impôts indirects), les capitaux financiers (intérêts) et le capital réel existant (amortissements). Le solde du compte d'exploitation, sous le nom de revenu d'exploitation, est partagé, dans le cadre du compte d'affectation, entre l'État et les actionnaires. Le reliquat du compte d'affectation, l'épargne des sociétés, concourt, dans le compte du capital, au financement de l'investissement. Le dernier solde qui se forme, celui du compte de capital, a un caractère financier ; contrairement aux autres, il s'annule par le « cumul » de tous les comptes d'agents ; il définit pour chaque agent ou chaque catégorie d'agents une capacité ou un besoin de financement, dont les répercussions sur les circuits de monnaie et créances sont analysées dans les comptes financiers. Ainsi s'établit un processus de traitement, de répartition et d'emploi d'une masse de production donnée. Il conduit de la valeur ajoutée au solde financier terminal. La valeur ajoutée est définie comme un produit net, égal à l'excès des biens et services produits sur ceux qui ont été consommés dans la période pour les produire (consommation intermédiaire). Le solde financier terminal subit lui-même une analyse suivant les catégories d'actifs (encaisse monétaire et créances) servant aux agents pour la conservation de cet ultime reliquat de leur revenu.

Essentiellement porteur de classifications statiques, le mode d'analyse qui procède par élimination successive des blocs structuraux composant l'ensemble-production, n'a pas par lui-même de valeur explicative ; le processus, comptable et formel, ne commande pas non plus une évolution majeure de l'objet économique. C'est que la structure soustractive n'est riche d'implications significatives et dynamiques que dans la mesure où sa dimension de départ, qui est la plus grande, place au niveau de l'enveloppe globale de l'objet économique une limite contraignante donnée à priori et parfaitement verrouillée. Or, l'enflure monétaire incoercible qui, du fait des méthodes modernes d'émission de monnaie, caractérise les économies contemporaines rend manifeste l'absence de verrou susceptible de contenir l'objet économique dans une forme aux contours et à la dimension définis, au sein de laquelle les structures s'inscriraient et s'emboîteraient selon un ordre certain et sans déformation.

Nos comptables nationaux ont cependant tenté de replacer l'analyse de l'économie dans des conditions qui permettent à nouveau d'appliquer le mode soustractif à la représentation des structures fondamentales de l'objet économique et de son mouvement. Se fondant sur l'observation d'une économie largement ouverte aux échanges internationaux, Raymond Courbis décompose le champ principal de l'économie française en deux secteurs : le secteur exposé à la concurrence internationale et le secteur abrité de cette même concurrence. Le premier est verrouillé de façon irréfragable par des prix directeurs qui, fixés au niveau international, s'imposent à l'économie nationale. Le chiffre d'affaires de ce secteur, ainsi délimité à priori et dont la valeur est exogène, joue d'ailleurs lui-même un rôle de pilote à l'égard du secteur abrité, où se développent des processus cumulatifs à la hausse ou à la baisse, à la suite des mouvements internationaux de prix. La valeur globale du secteur exposée (les prix de vente) est imposée par les prix de la concurrence internationale ; au sein de cette valeur primaire, donnant la dimension maximale du secteur, les rapports structuraux internes dépendent du niveau des coûts. Car une fois déduits, ceux-ci laissent une marge variable pour l'investissement et le profit. On conçoit aisément que si les coûts sont trop élevés, la marge devienne insuffisante, nulle ou négative, tarissant ainsi la production attaquée, à laquelle se substitue l'importation. En économie ouverte, et pour les économies dominées comme celle de notre pays, le jeu du secteur exposé, ainsi analysé, permet de tenter, non sans illusion, une explication de la propagation des mouvements généraux des prix, et en particulier de l'inflation, sans faire intervenir les phénomènes monétaires, du moins comme ressort essentiel de la hausse.

LES STRUCTURES COMPARATIVES.

Présenté suivant plusieurs modes structurels ou mesuré à des moments différents, ou encore considéré dans les représentations variées que s'en font les sujets, un même phénomène économique est susceptible de plusieurs versions. La superposition de celles-ci apporte des informations sur le sens et l'intensité des mouvements ainsi que sur la nature des causes et des effets. La comparaison des structures met en valeur la notion d'écart, dont les modulations rendent l'emploi de cette méthode significatif. La comparaison peut être d'ordre logique, temporel, psychologique.

Dans l'ordre logique, le revenu national peut être appréhendé non seulement par nature de revenus composants, mais aussi par nature de produits, même par nature de dépenses. De même l'égalité keynésienne de l'épargne et de l'investissement repose sur deux analyses différentes d'un même concept. On peut rapprocher aussi des concepts qui, sans être de même grandeur, présentent cependant une même structure. C'est le cas chaque fois que sont étudiés les écarts entre un rapport de valeurs ou grandeurs posées ou comme idéales ou comme normales et le rapport des valeurs ou grandeurs effectives correspondantes. La référence à une norme d'équilibre minimal ou optimal permet de qualifier les structures dans le degré et le sens du déséquilibre. Le taux de l'intérêt peut ainsi être comparé au taux naturel (Wicksell) ou à l'efficacité marginale du capital (Keynes). Des effets cumulatifs d'expansion et de compression de l'investissement s'en déduisent par l'intermédiaire des motivations des entrepreneurs ; l'investissement se développe jusqu'à ce que le taux de l'intérêt égalise la productivité marginale du capital. Il est possible également de mettre en parallèle le taux effectif de croissance non seulement avec un taux normal de croissance, correspondant à l'équilibre projeté par les entrepreneurs, mais encore avec un taux naturel ou idéal, correspondant à la capacité des forces disponibles objectivement estimées (Harrod). Les disparités constatées ouvrent la voie à une explication des fluctuations par des effets d'accumulation provenant d'écarts déséquilibrants.

D'usage courant, les comparaisons d'ordre temporel consistent à considérer l'état d'un concept ou d'une structure à des moments différents. Pour suivre le sens et l'intensité d'une évolution, l'intérêt de la méthode est considérable. C'est l'appareil d'analyse élémentaire qui dégage la voie la plus sûre de la dynamique, puisqu'elle apporte le constat d'un mouvement. Grâce aux comparaisons temporelles, s'établit un système fondamental d'observation du champ économique considéré dans son ensemble comme une succession d'images instantanées. La dynamique de Keynes, qualifiée souvent de statique comparative, offre un exemple d'application de cette méthode : elle consiste à faire succéder des états d'équilibre variables.

Les comparaisons d'ordre psychologique interviennent lorsqu'un, plusieurs ou tous les éléments confrontés portent sur des représentations de grandeurs ou valeurs économiques anticipées par le sujet. Cette méthode qui a pris de nos jours une grande importance permet de montrer comment les plans des sujets s'insèrent dans le champ économique et de mesurer l'influence respective des diverses catégories auxquelles appartiennent ces sujets. Les anticipations plus ou moins élastiques par rapport à certains phénomènes permettent d'épouser, d'interpréter sans contrainte le cheminement, souvent déroutant à vrai dire, des flux fondamentaux. Ainsi Hicks a mesuré par des indices simples l'élasticité des anticipations de prix, c'est-à-dire la manière dont les sujets réagissent à une variation de prix en projetant celle-ci dans l'avenir, en extrapolant la tendance. De même la projection de l'objet économique dans le plan individuel de perception psychologique met en évidence l'existence de délais dans la prise de conscience des distorsions entre les prévisions et les résultats : d'où des retards dans les réactions. Par cette voie, l'approche dynamique était amenée à distinguer une structure de l'objet économique dans le court terme différente de celle qui s'affirmait dans le long terme (Alfred Marshall). La projection psychologique permet la représentation du champ économique selon la forme dialectique de la confrontation de la prévision et des résultats. Les visions, d'abord parcellaires et subjectives de l'objet *ex-ante*, puis globales et objectives de l'objet *ex-post*, font apparaître des séries causales, nées de comportements semblables ou d'attitudes complémentaires, ainsi que des cumuls d'obstacles provenant de plans inconciliables. Cette exploration ouvre à l'infini des perspectives de liaisons et dégage la possibilité d'une adaptation de l'objet économique, finalement représenté, à toutes les modalités qui s'inscrivent dans les projections individuelles. Elle permet de repérer, de classer, de relier librement les forces du champ économique. Elle a été la voie du progrès décisif accompli depuis le début du siècle.

Ces diverses méthodes comparatives, combinées entre elles, sont devenues un mode dominant pour l'introduction du mouvement dans la représentation du champ économique. C'est aux Suédois que l'on doit l'organisation structurelle en tableaux superposés dans le temps et l'espace. Son utilisation comme outil d'analyse et de représentation de l'objet économique s'est révélée extrêmement féconde. Après Wicksell et Myrdal qui ont superposé pour les comparer des formes similaires ou équivalentes dans l'espace (taux) ou dans le temps (*ex-ante* et *ex-post*), Lindhal a défini une structure du temps des sujets économiques en le décomposant en plans successifs d'optimisation de niveaux variables, qui se rectifient en prévisions grâce à un réajustement permanent dicté par les résultats au fur et à mesure que le sujet en prend conscience.

Mais Keynes devait se révéler le maître de la méthode comparative. Sa vision économique repose sur l'examen d'un même phénomène sous différents angles, à différents moments. En liaison avec son procédé fondamental de statique comparative, Keynes modèle progressivement son analyse. Sa théorie s'élabore à partir de concepts, divergents lors des anticipations subjectives, qui s'égalisent ensuite et nécessairement *ex-post* dans des résultats objectifs. Les entrepreneurs déterminent leur politique d'emploi d'après ce qu'en termes keynésiens on appelle la « demande effective » c'est-à-dire l'ensemble des recettes que les entrepreneurs estiment devoir et pouvoir encaisser dans la conjoncture économique du moment pour couvrir coût et bénéfice normal. C'est là une demande prévisionnelle et variable, qui peut correspondre aux niveaux les plus divers d'activité et d'emploi. Si la demande, c'est-à-dire le chiffre d'affaires de production, se réalise selon les prévisions, l'économie est en équilibre ; mais par rapport au plein emploi celui-ci peut être un sous-équilibre. Si en revanche la demande est supérieure ou inférieure aux prévisions, l'écart révèle, pour les entrepreneurs qui avaient anticipé cette demande, un bénéfice imprévu ou une perte, et par conséquent une modification apparente de la productivité du capital. Alors un autre facteur comparatif intervient : le rapprochement de la productivité marginale du capital et du taux de l'intérêt. L'écart peut, selon son sens, inciter ou décourager les investissements ; il entraîne, conformément à d'autres éléments de la théorie keynésienne, des effets cumulatifs de revenu global et par conséquent la détermination de la demande effective à des niveaux variables d'équilibre. Keynes compare aussi revenu global et dépense globale qui peuvent présenter un écart, dû au phénomène de thésaurisation ; cet écart lui permet d'expliquer pourquoi l'économie change de niveau et s'oriente plus naturellement vers des niveaux décroissants. Le principe de l'égalité de l'épargne et de l'investissement est un autre exemple de deux approches logiques différentes d'un même concept. Il s'agit de deux grandeurs parallèles portant sur le même objet puisque toute l'épargne finance tous les investissements. Pour Keynes, l'épargne et l'investissement sont rigoureusement égaux *ex-post*, quoiqu'ils puissent différer beaucoup *ex-ante*, si l'on considère les anticipations des sujets à leur égard. C'est précisément l'écart entre l'épargne spontanée (liée à la fonction de consommation et au revenu *ex-ante*) et l'investissement (lié aux calculs des entrepreneurs en fonction du taux de l'intérêt et de l'efficacité marginale du capital) qui détermine, pour se combler, les variations de la dimension des revenus ainsi que celles du niveau d'activité et d'emploi : l'investissement est l'élément moteur et l'épargne le reflet de ce dernier. Si *ex-ante* l'épargne tend à excéder l'investissement désiré par les entreprises, l'écart sera résorbé *ex-post* grâce à la diminution du revenu. Inversement, si l'investissement est supérieur à l'épargne consommée, il se créera par nécessité logique un supplément d'épargne, correspondant à l'excès d'investissement : il sera donné par l'augmentation du revenu. Enfin, Keynes a utilisé la méthode comparative pour essayer de résoudre le problème de l'inflation dans une économie de guerre. Son fameux « *gap* inflationniste » n'est que l'écart entre la demande globale et celle qui serait compatible avec l'offre globale.

A l'époque contemporaine, une application originale de la méthode des structures comparatives a permis à Jean Fourastié de formuler d'après un schéma de l'Australien Colin Clark (1940) une interprétation séduisante de la forme de l'objet économique et de son évolution. Il ne s'agit plus de superposer des formes représentant un même objet, observé à des points de vue ou à des temps différents. L'analyse comparative pénètre cette fois au cœur même de l'objet économique. Celui-ci est divisé en grands compartiments, dont les propriétés respectives sont définies par référence aux mêmes critères. Ces compartiments se caractérisent comparativement les uns aux autres. L'objet économique apparaît comme formé de secteurs qui s'ordonnent les uns par rapport aux autres selon des échelles quantitatives et qualitatives. Faisant du progrès technique le principe du classement des secteurs, J. Fourastié distingue : 1° Le secteur primaire (produits agricoles principalement) : progrès technique moyen ; productivité croissant lentement ; demande de consommation relativement saturée ; prix réels à croissance lente. 2° Le secteur secondaire (produits manufacturés) : progrès technique intense ; productivité fortement croissante ; demande de consommation forte mais avec plafond ; prix réels fortement décroissants. 3° Le secteur tertiaire (services du commerce, de l'administration, des professions libérales, artisanat) : progrès technique faible ; productivité faiblement croissante ; demande de consommation particulièrement avide dans sa croissance et sans plafond prévisible ; prix réels stables. Cette structure, où les qualités respectives des grands départements composant l'objet économique sont comparées entre elles, a permis à J. Fourastié de proposer une explication convaincante des troubles économiques et sociaux qui se manifestent dans le long terme. Car ces évolutions divergentes ont fait que de forts désajustements sectoriels s'instituent entre les besoins en main-d'œuvre très évolutifs et l'offre de travail, relativement rigide en raison des habitudes, qualifications professionnelles et genres de vie. Ainsi le secteur primaire occupait 80 % des travailleurs vers 1800. Il ne représente plus aujourd'hui que 25 à 10 % suivant les pays, dans les économies développées. Les secteurs secondaires et tertiaires au contraire comptaient seulement pour 10 % chacun en 1800. De nos jours, avec 35 à 45 %, le secteur secondaire a atteint son plafond de stabilisation et selon J. Fourastié, devrait progressivement décroître dans l'avenir pour revenir en l'an 2000 à son niveau initial de 10 %. A cette date en revanche le secteur tertiaire, dont la croissance est constante, devrait atteindre 80 %, contre 40 à 50 % aujourd'hui.

Les analyses structurelles du champ économique et même des autres champs corrélatifs (technologique, démographique, biologique, psychologique, sociologique...) se multiplient à l'époque contemporaine. Elles font apparaître des proportions, des relations stables ou variant selon des processus eux-mêmes stables, tant pour appréhender des comportements prévisibles que pour expliquer équilibre et croissance. Un domaine illimité est ouvert ainsi à l'application des méthodes comparatives. Si le champ économique s'analyse comme un complexe, comme une combinaison de structures, la recherche sera fondée à choisir comme objectifs de mettre de l'ordre dans les phénomènes et de saisir les clés de leur fonctionnement. Dans sa démarche elle établira comment les structures se correspondent, s'opposent, s'échangent, se représentent, se signifient et aussi se déforment, se substituent, se masquent les unes les autres. L'intégration structurale qui met les structures en rapport de sens ou d'efficacité commence par les comparer.

L'expression mathématique de l'économie est naturellement le reflet de cette démarche. Processus d'enchaînement, clés de transformation, voies de passage d'un état à un autre, les relations mathématiques du champ économique, équation ou inéquation, s'apparentent en effet aux structures comparatives, dont elles expriment l'essence. Les mises en équation des catégories et des paramètres de l'objet économique se multiplient de nos jours, substituant la contrainte logique, claire et irrécusable de la raison formelle aux incertitudes, complexités et confusions du réel. Si elles souffrent généralement du défaut de contenir leurs résultats dans des prémisses arbitrairement choisies, elles n'en sont pas moins devenues, précisément par leur rigidité, un excellent moyen d'exposer, de clarifier, d'expliquer des phénomènes, intuitivement déjà connus. Fonctions et opérations mathématiques d'une part, égalités comptables d'autre part, se sont progressivement alourdies et allongées, tout en se combinant entre elles. La fonction explique une évolution ; l'opération révèle une structure interne ; l'égalité comptable ferme et canalise les implications des mouvements du tout et de ses composantes. L'époque contemporaine apporte une floraison de formules qu'il serait fastidieux et déconcertant d'énumérer. A force de se particulariser, elles finissent au demeurant par compromettre sérieusement la qualité et l'efficacité du langage mathématique.

LES STRUCTURES CIRCULAIRES.

La connaissance humaine a pris en compte les structures de l'univers et de la matière suivant des formes circulaires qui ont figuré les bornes successives de la découverte. Les couches supérieures de l'univers se courbent, enveloppant l'espace du savoir humain ; les structures sensibles de l'expérience s'y insèrent comme des sections polymorphes d'une courbure générale. Au niveau des particules, l'analyse de la matière révèle l'unité profonde d'un système de structures circulaires homogènes, masquées par la diversité de leurs combinaisons. Dans le temps, les phénomènes reviennent à leur point de départ, à leur état primaire, sans toutefois coïncider entièrement avec leurs formes originelles, l'existence d'écarts revêtant une importance considérable pour orienter l'évolution. La mort et l'amortissement sont des phases universelles de l'existence des êtres et des choses. Elles succèdent, sans exception, aux phases de formation avec des durées extrêmement variables, les deux séries de phases s'enchaînant selon des processus cycliques pour aboutir à des constructions plus élaborées et plus actives. Quant au retour dans l'espace, il est lié à l'impossibilité des choses et des êtres de déborder des zones d'extensions diverses qui constituent leur milieu fonctionnel, où ils trouvent les conditions de leur formation et de leur existence, ainsi que les moyens et les buts de leurs relations.

En présence de cette universalité il était naturel que l'économie se conçoive à son tour comme un complexe de formes rondes, si l'on admet avec G.-G. Granger que les découvertes sensorielles ou axiomatisées du monde concret se réfléchissent dans la manière dont les hommes se représentent les structures abstraites du monde social. Face aux différents types de structures qui l'ont précédé, le mode circulaire se place à un rang supérieur du simple fait qu'il peut intégrer les autres modes. Il apporte en un seul système les qualités et avantages des autres. Addition et soustraction, mouvement et stabilité, ouverture et verrouillage, croissance et équilibre, uniformité et spécificité, s'expriment à la fois dans les processus d'aller et retour. Bâti sur le même modèle que le précédent, chaque tour n'est jamais cependant tout à fait le même, ni qualitativement ni quantitativement.

Les structures circulaires présentent beaucoup d'avantages. Elles permettent une prolifération de formes par dédoublement et emboîtement successifs, dans la cohérence et la stabilité maintenues. Car le cercle fixe toujours le niveau de l'expansion ; il marque des frontières à l'intérieur et à l'abri desquelles le fonctionnement se poursuit. Maintenant les mobiles sur des trajectoires prédéterminées, le mouvement circulaire s'intègre dans l'espace économique sans le déformer. Les dispositifs récurrents d'autoréglage, assurant l'évolution sans compromettre la stabilité, s'en inspirent. Exprimant les détours par lesquels des éléments abandonnent leur point d'origine ou de référence pour y revenir après avoir subi des transformations, les itinéraires courbes et réfléchis permettent un perfectionnement progressif sans modifier l'origine et l'objectif. Les formes circulaires rendent compte de l'existence d'écarts dynamiques et de structures évolutives, le retour des flux ménageant toujours des espaces d'incertitude ou de liberté, des écarts d'ajustement dans lesquels s'inséreront des facteurs de changement et de progrès. Par nature, elles sont compatibles avec le phénomène de l'échange, élément logique de l'objet économique, puisque comme cet échange elles sont l'expression d'un aller et d'un retour. Elles montrent enfin comment un processus se nourrit de sa propre avance, de sa propre production ; en équilibre de combustion interne, les structures replient sur elles-mêmes des sections de plus en plus longues pour servir d'appui, de stabilisateur, de tremplin, de source d'énergie.

Les structures circulaires sont entrées dans l'analyse économique avec discrétion. Il a fallu attendre le développement de la dynamique pour qu'elles acquièrent du poids et de la crédibilité. Il est vrai que la circularité était implicite dans deux grands thèmes de Marx : la valeur-travail et le crédit. Pour Marx en effet, la valeur des produits de la force de travail est déterminée par le « temps de travail socialement nécessaire » pour obtenir ces produits. Mais la valeur de la force de travail elle-même, c'est-à-dire du travailleur, est donnée par le temps de travail nécessaire pour produire les biens qui assurent sa croissance, son fonctionnement, son entretien, sa reproduction. Donc le produit tire sa valeur de la participation de la force de travail à sa formation, tandis que la force de travail tire sa valeur de la participation du produit à sa formation. Ce raisonnement circulaire enferme le phénomène de la valeur économique dans un système cohérent et évolutif quoique abstrait de toute réalité. Marx a aussi rendu compte d'une manière expressive de la circularité du système du crédit et de sa prolifération. Le mode circulaire de fonctionnement du crédit est un fait évident d'observation, qui ne nécessite pas pour le dégager un effort particulier de recherche ou d'abstraction. Selon S. de Brunhoff, Marx a décrit le système du crédit comme un ensemble de circuits différents et complémentaires. Chaque créance possède son circuit propre de formation et d'annulation par remboursement. Mais dans le système bancaire, compartiment spécial du système du crédit, les circuits particuliers de créances se coordonnent avec la circulation monétaire lorsque ces créances servent de moyens de règlement dans les transactions. De plus, les créances se comportent sur le marché des capitaux comme des marchandises négociables. Le système financier peut se développer ainsi théoriquement à l'infini, en se nourrissant de sa propre substance. Si l'on ajoute que les banques peuvent créer des actifs à partir de leur propre création monétaire on imagine aisément l'accumulation de structures rondes que cela implique.

Les deux pôles de la représentation circulaire ont été le cycle et le circuit. Le premier, lié à l'évolution fluctuante des forces économiques, à la discontinuité du courant qui passe dans le corps de l'objet et à la répartition régulière de certaines manifestations en phases alternées d'expansion et de retrait, constitue à lui seul un thème d'approche de tous les phénomènes économiques. Une longue période de l'histoire de la pensée économique (aujourd'hui révolue) a été dominée par les tentatives faites pour analyser les formes et mécanismes du cycle économique. Si cette approche a perdu de son importance, sans doute faut-il en rechercher les raisons dans l'atténuation des caractères de l'alternance, dans la souplesse des flux, notamment lors des phases de transition moins abruptes que naguère, surtout dans une certaine aptitude acquise par les hommes pour modifier les flux et leurs phases.

Le second a fait l'objet d'applications célèbres en doctrine et en politique économique, les théoriciens du circuit ne prétendant pas toutefois atteindre le cœur du phénomène économique en proposant leur schéma. Il y a eu tout d'abord la fameuse économie de circuit chez Schumpeter, qui décrit sous ce terme une économie fermée, mécanique, végétative, fonctionnant sous la seule impulsion de sa propre inertie. Les éléments monétaires (qui font le progrès) sont exclus de cette économie-là. Le circuit se présente chez Schumpeter comme une suite de contrepoints qui lui permet, par comparaison et opposition, de faire ressortir les lignes fondamentales de l'objet qu'il a conçu en le centrant, nous l'avons dit, sur l'entrepreneur innovateur.

Les autres applications du circuit relèvent du domaine monétaire. Outre les circuits monétaires du crédit fondés sur la nature même des créances, un type de circuit élaboré et imposé résulte de la volonté de l'État d'enfermer systématiquement l'émission monétaire dans un cercle rigoureux tel que les flux de création soient aussitôt, ou dans un délai très bref, mutés en reflux d'annulation. Il s'agit pour l'État de défendre, parallèlement aux conditions de l'émission, les voies quasi simultanées de la récupération et d'empêcher que des fuites ne se produisent dans le parcours. A ce jeu, la monnaie n'a pas la possibilité de se consolider en une masse libre modifiant, sous l'influence des forces latentes de l'objet économique, les paramètres et dimensions du champ. La théorie du circuit a été exposée en France par G. Pirou dans son ouvrage, *Économie libérale et Économie dirigée*, d'après l'expérience allemande de préfinancement de l'activité économique (1933-1935) puis du réarmement (1935-1939). Les revenus distribués excédaient les biens offerts à la consommation, parce qu'ils correspondaient soit à la production de biens d'équipement soit à la fabrication d'armements. Pour éviter qu'ils ne créent dans ces conditions une situation inflationniste, l'État allemand a freiné la demande de consommation, bloqué les prix, retardé ses paiements, et s'est arrangé pour drainer l'excédent du revenu disponible par le moyen de l'emprunt et de l'impôt. Appliquée en France après l'armistice de 1940, la politique du circuit demeure, aujourd'hui encore, sous-jacente aux interventions monétaires de l'État. Elle est devenue un comportement routinier de l'État en matière économique et financière : pouvoir récupérer, d'un côté, les signes monétaires que l'on doit introduire, de l'autre, pour soutenir, stimuler, infléchir, retoucher, ou modeler l'activité économique.

De nos jours le phénomène économique a trouvé dans la forme circulaire un achèvement de sa représentation ; en particulier, l'analyse soustractive des répartitions successives s'intègre dans des spirales de croissance. Jean Denizet applique de manière spécifique à la monnaie la notion de circuit. Il lui paraît que ce type de structures monétaires présente l'avantage de rappeler le caractère circulaire de l'échange économique le plus fondamental : la distribution du revenu liée à l'élaboration du produit, puis le rachat du produit par la dépense du revenu. Le courant de revenu s'alimente ainsi à lui-même et reste constant tant qu'il n'y a pas perte (par thésaurisation) ou injection (par le crédit bancaire).

Par-delà le circuit proprement monétaire, voilà donc le cercle placé au cœur de la logique du système économique. Aujourd'hui tous les économistes reconnaissent, même s'ils ne l'explicitent pas, les structures courbes et fermées de l'objet économique. Une expression particulièrement forte de cette conception se trouve chez un auteur contemporain, Bernard Schmitt, pour lequel les circuits de création et de circulation monétaires se coordonnent avec les circuits de production et de consommation de biens. A notre avis, en emboîtant les circuits de biens dans un circuit de monnaie plus large, comme le cycle de l'oxygène dans la circulation sanguine, Bernard Schmitt a formulé une bonne intégration de la monnaie et ouvert la voie à une représentation cohérente de l'objet économique.

Cette évolution historique, évoquée sommairement, revêt un sens. Un des avantages de la représentation circulaire des phénomènes est en effet de faire comprendre pourquoi la plupart de ceux-ci sont à la fois des facteurs et des conséquences, des prémisses et des suites, des conditions et des résultats, des origines et des objectifs, des moyens et des buts. Les phénomènes, nés en chaque point du circuit, s'y réincorporent pour déterminer le même point. La signification des structures circulaires n'est cependant pas la même suivant la position des points du circuit, choisis comme référence de stabilité à laquelle on rapporte tout le reste, ou suivant l'origine prise pour ordonner la hiérarchie des structures. A cet égard, la science économique a souvent changé d'optique. Le problème est alors de rechercher l'assise-mère qui détermine le tout en s'intégrant sa production et en s'auto-entretenant. Tous les phénomènes qui en sortent lui reviennent pour la renforcer.

L'histoire de la pensée économique peut être considérée comme l'exploration tâtonnante du circuit, une lente découverte de la structure circulaire du phénomène économique. Au fur et à mesure, cette prise de conscience a mis en lumière de puissants relais, tels l'entreprise ou l'État considérés eux-mêmes, à tort, comme des bornes ou des fins. Or, il faut avoir fait le tour complet et embrasser, dans sa totalité, la structure pour retrouver l'ordre qui préside au mouvement économique des groupes humains, le travail étant l'assise-mère.

LES STRUCTURES TEMPORELLES.

Le temps est la dimension du mouvement. Une période de temps est l'intervalle qui sépare deux positions, deux états successifs d'une même structure spatiale. Il y a évidemment une infinité de temps, de périodes de temps possibles. Sur un phénomène on peut plaquer des périodes de temps qui lui sont extérieures et conventionnelles. Ainsi le temps physique est la représentation d'un mouvement en termes d'une structure conventionnelle choisie comme unité de mouvement. Celle-ci est un écart qui sépare deux états structurels résultant du mouvement choisi pour référence. Ces deux états peuvent être identiques : c'est le cas lorsque le mouvement est circulaire. Par exemple l'année est un écart entre la même position de la terre au cours de son mouvement autour du soleil. Le temps physique est fondé sur un mouvement dont le rythme est constant à l'échelle humaine. Les intervalles conventionnels de mesure des temps qui en résultent (l'année, le mois, le jour, l'heure) peuvent être considérés comme invariables et servir de base à un système général de mesure. Mais nonobstant ce temps conventionnel, le mouvement s'exprime de façon significative par le temps propre, écart spécifique qui existe entre deux modifications successives, voire entre deux seuils de conscience d'une modification d'un élément donné d'une structure. Cet écart définit une unité de période qui peut être exprimée à son tour en temps physique conventionnel.

Après un long enlisement, entrecoupé seulement des analyses historiques de longues périodes (List et Marx), la théorie économique n'a d'abord intégré le temps que pour suivre le mouvement interne des fonctions, la succession des flux de courte période. C'est le temps physique, l'année, le mois, la semaine, le jour, qui est pris comme structure d'intervalle et de délai pour découper les flux de production, de consommation, d'investissement et d'épargne. Certains de ces délais avaient incontestablement une signification économique propre parce qu'ils étaient effectivement attachés aux comportements des agents économiques : période budgétaire et comptable d'une entreprise ou de l'État (année), période d'emploi du revenu chez le consommateur (année, mois, jour), période de gain chez le travailleur (quinzaine, jour, heure). De même dans la lignée keynésienne, les délais de réaction aux évolutions de revenus, de prix, ou de la demande, exprimés en période de temps conventionnel, sont intervenus assez tôt pour expliquer le changement de comportement des individus à l'égard de la formation des flux et de leurs fluctuations.

C'est seulement à partir du moment où les économistes ont entrepris de dégager les temps propres des éléments ou catégories de structure et de comportement que la dynamique s'est spécifiquement intégrée dans les formes de la théorie économique. J. P. Mockers, auquel nous empruntons la description des périodes structurelles qui va suivre, voit en A. Marshall l'initiateur de la structure temporelle économique, lorsqu'il a défini la courte période comme celle où l'équipement des firmes ne change pas, les longues périodes se caractérisant en revanche par une variation de cet équipement. C'était déjà « l'idée que la persistance inchangée d'un élément important de l'unité économique considérée définit une certaine période propre à cette unité ». Systématisant la notion de période structurelle comme une durée pendant laquelle un élément fondamental de l'unité économique étudiée peut être considéré comme stable, J. P. Mockers distingue des longues et des moyennes périodes, les premières caractérisées par l'homogénéité de la technique de production, les secondes par l'homogénéité du comportement des groupes dominants.

La longue période correspond à des systèmes qui embrassent le développement, le perfectionnement et les innombrables implications sociales d'une grande découverte historique touchant la technique de production. Allant bien au-delà du progrès technique qui se poursuit de façon continue et endogène, cette novation technique, de caractère révolutionnaire, apporte par rapport à la période précédente un changement fondamental dans les rapports profonds de l'homme

	Technique de production	Système	Groupe dominant
— 600000 à — 150000	Outils de pierre maniés directement.	Cueillette.	L'auteur ne le définit pas (peut-être les femmes ?)
— 150000 à — 5000	Outils emmanchés et propulsés.	Chasse et pêche.	Hommes vigoureux et habiles.
— 5000 à + 1200	Agriculture et élevage.	Système agricole.	Propriétaires.
XIIIe à XVIIIe s.	Navire et monnaie.	Système commercial.	Marchands.
1750 à 1940	Machine thermique.	Système industriel.	Industriels.
à partir de 1940 .	Technique de l'organisation (Plan).	Système planifié.	État.

avec la nature. Elle entraîne l'apparition d'un nouveau groupe dominant qui entre en concurrence, sans toutefois les supplanter totalement, avec les anciens groupes dominants dont d'ailleurs il est issu. J. P. Mockers distingue ainsi les périodes suivantes *(Voir tableau cidessus.)*

La moyenne période correspond à des régimes. Elle est déterminée par le comportement de mutation des groupes dominants qui, au fur et à mesure de l'évolution des stratifications et comportements de tous les groupes et des situations dans lesquels ils se trouvent, finissent, lorsqu'un seuil est atteint, par prendre conscience d'un changement intervenu dans les structures majeures. Ils font alors modifier, par l'institution ou la décision publique, le cadre juridique dans lequel s'exerce le comportement de tous, modification qui affecte durablement ces comportements, sans toucher cependant à la technique de production et par conséquent au système. Exemples, d'après J. P. Mockers, de changements de cadre ayant ouvert des moyennes périodes : la loi Le Chapelier de 1791 (liberté du commerce), le traité franco-anglais de 1860 (libre échange), le protectionnisme de Méline (1881), le malthusianisme de l'entre-deux guerres, le Marché Commun.

Exploitant jusqu'au bout la détermination des temps propres des forces économiques, J. P. Mockers est conduit à envisager, pour expliquer et prévoir l'évolution des formes économiques, la différenciation des périodes temporelles au niveau des comportements des groupes. Ainsi faudrait-il définir des périodes de comportement homogène pour chaque groupe et sous-groupe, pendant lesquelles les variables motrices resteraient stables. Mais cet émiettement du temps entraîne des analyses d'une extrême complexité, impossibles pour le moment.

LES STRUCTURES STRUCTURANTES.

On franchit un seuil important lorsqu'on conçoit l'objet économique comme un corps structurel sous tension, intégrant des niveaux successifs de cohérence. Chacun de ces niveaux est l'effet de forces émanant des structures des niveaux inférieurs qu'il englobe. Le cœur de ces couches superposées recèle la décision des sujets, relative à leurs revenus et à leurs dépenses. Celle-ci dépend des revenus et dépenses qu'elle va déterminer, en même temps que de bien d'autres facteurs. Les décisions cumulées créent une structure de revenus et une structure de dépenses. Ces structures décisionnelles se stratifient selon plusieurs types au niveau des groupes, ensembles de sujets placés dans une « situation collective » semblable et animés de comportements homogènes ; la décision du groupe fournit une grille de transformation des ressources en emplois. Les niveaux de production, de prix et de croissance sont finalement la conséquence d'une série de décisions étagées, combinées, regroupées dans des enveloppes successives de comportements collectifs. Les comportements agissent sur tous les plans (y compris les influences politiques), le résultat se traduisant par une certaine structure de la demande et une certaine structure de l'offre.

Un comportement collectif est un phénomène structurel, une dynamique ; il est indissociable d'une structure qu'il crée ou à laquelle il s'applique. Mais aussi il est lui-même déterminé par une structure décisionnelle. Celle-ci est la combinaison d'un nombre de sujets et d'une structure décisionnelle-type correspondant à la moyenne de comportement du groupe. Donc l'effet structurel du comportement peut varier suivant les effectifs et les décisions prises par les sujets agrégés. Ayant un poids très différencié, les comportements individuels entrent dans un ordre hiérarchisé qu'il faut dégager et reconstituer pour rendre compte des forces qui modèlent l'objet économique et ses rythmes. Tâche difficile, arbitraire, mais nécessaire.

Les comportements des groupes les plus structurants ont été sélectionnés par les théoriciens. Pour illustrer cette hiérarchisation nous citerons la thèse de J. P. Mockers consacrée aux structures dynamiques. L'auteur part de ce qu'il appelle « l'interconcept de répartition » qui, pour lui, couronne l'émergence de l'analyse structurale représentée par les théories de J. Marchal et de J. Akerman. « L'interconcept de répartition » fait la synthèse des structures décisionnelles des groupes et de leur évolution. Les comportements agissent à la fois sur les stratifications structurelles et sur les flux qui eux-mêmes dépendent de celles-ci. Lorsque sujets et groupes ont pris conscience, une fois franchi un certain seuil, des modifications que l'évolution des décisions et des effectifs introduit dans les stratifications et les flux, ils modifient eux-mêmes leurs comportements, ce qui fait évoluer à nouveau plus profondément les stratifications et les flux. La structure décisionnelle des comportements se modifie ainsi par rétroaction ; elle est le moteur de son évolution. Des comportements fondamentaux donnent les clés qualitatives et quantitatives des évolutions qui changent les résultats de la répartition des revenus. Même le progrès technique, puissant facteur d'évolution des structures économiques, est engendré par les comportements des groupes dominants : l'État et les entrepreneurs.

Ceux-ci sont, suivant le mot de J. Robinson, tenus « d'accommoder l'accumulation » du capital par des innovations et des perfectionnements, faute de quoi la hausse des salaires et la baisse du profit compromettraient l'organisation, le fonctionnement, la croissance de l'objet économique. Parmi tous les comportements de groupes économiques, J. P. Mockers privilégie ce qu'il appelle des comportements créateurs d'évolution : d'une part, les variations, de la demande de chaque bien par chaque groupe en fonction des variations, essentiellement des revenus, accessoirement des prix ; d'autre part, les anticipations et décisions d'investissements des entrepreneurs et de l'État. Pour lui, la régularité de l'évolution économique « dépend à peu près uniquement de la capacité des divers groupes d'entrepreneurs à effectuer des prévisions correctes ». Il importe en effet que la structure de la production résultant des investissements corresponde à la structure de la demande de biens liée au comportement des groupes auxquels des revenus auront été distribués à l'occasion de ces investissements, sinon de fortes fluctuations compromettraient la croissance.

A voir le modèle structurel pourtant très simplifié de J. P. Mockers, on comprend déjà l'extrême complexité des facteurs qui vont déterminer les comportements et réaliser les ajustements ou désajustements de l'offre et de la demande. Ainsi le comportement d'investissement dépend, en première analyse, dans un seul secteur, du stock de capital, du taux de variation de la demande de produits prévue par les entrepreneurs pour la période suivante (taux qui dépend lui-même du taux d'accroissement annuel des ventes au cours des années antérieures et de certains éléments politiques et économiques tels que se les représentent les entrepreneurs), de la mesure dans laquelle les entrepreneurs décident d'accroître la capacité du secteur pour une prévision donnée de la demande (mesure qui dépend elle-même du taux d'utilisation de la capacité de production au moment où est prise la décision d'investir, de l'accès aux moyens de financement, des besoins en main-d'œuvre nouvelle entraînés par l'investissement nouveau, de la mesure enfin dans laquelle les entrepreneurs décident de répondre à l'accroissement de la demande par une hausse des prix). Pour expliquer le fonctionnement de l'objet économique et l'évolution des flux et des structures, il faudrait multiplier ces équations de comportement pour tous les groupes d'entrepreneurs et leur associer bien d'autres types de comportements. Très raisonnablement J. P. Mockers a renoncé à mettre son modèle en formules mathématiques opératoires. Mais en recommandant une longue application d'une analyse concrète dégageant progressivement des typologies d'évolution des comportements et des structures, il croit situer la base d'une bonne méthode d'explication de l'évolution économique dans la triple distinction entre les données (l'état du système au début de la période), les variables résultats (indices mesurant l'évolution des structures et des flux) et les variables déterminantes (les comportements).

Toutefois, par-delà l'impasse opératoire décelée par J. P. Mockers, n'y a-t-il pas dans cette méthode, à laquelle l'auteur semble réduire toute l'approche structurale de ces dernières années en économie, une impasse plus profonde, qui tient à la méconnaissance des structures monétaires dont le poids et le dessin sont les premiers pourtant à déterminer les formes de l'objet économique, par conséquent à expliquer son évolution ? Les comportements économiques sont assujettis, dans une large mesure, à la figure prédéterminée des flux monétaires. Ceux-ci sont régis par un moule coutumier ou institutionnel, dont les mailles étroites enferment les comportements dans des itinéraires rigides qui commandent la production, la croissance, la répartition finale des revenus.

LES STRUCTURES GÉNÉRATRICES ET GÉNÉRALISANTES.

A force de scruter les structures, les forces qui les dynamisent, les évolutions qui les découpent en périodes, on sera tenté de dépasser l'économie et de casser l'objet économique. Le problème ? Dénicher, derrière les reflets structuraux de cet objet, les vrais processus et les vrais agents qui déterminent les relations et les catégories dont seuls les résultats ou plutôt les figures transitoires se figent dans des comportements et structures économiques. A celles-ci s'accroche une immutabilité préjudiciable à l'intelligence des phénomènes. La tentation ? Rejeter ces relations et catégories dans les formes du passé comme le temps écoulé d'une évolution sans fin et faire appel, au-delà des débris de l'économie, à de nouvelles relations et catégories rendant plus directement compte des genèses en cours et les favorisant. Ainsi une nouvelle science peut supplanter l'économie politique, remodelant sa matière, l'associant à un contenu jusqu'alors extérieur à son domaine et créant des formes inédites. Elle peut aussi avoir l'ambition de faire sortir l'analyse des impasses où nous ont conduit des théories construites à partir d'une réalité sociale périmée, ou en voie de l'être, celle du XIXe siècle, dominée par les problèmes de l'accumulation du capital et de l'inégalité des répartitions de revenus. En somme à l'économie politique, triomphante au siècle dernier (avec Marx), devrait être substituée une discipline plus généralisante embrassant l'origine et le renouvellement des forces qui animent l'organisation sociale. Cette science tisserait, au cœur d'un nouveau découpage des catégories d'hommes et de richesses, des relations signifiant de manière élective la genèse et le futur du monde moderne, dont la poussée est actuellement bloquée, ou du moins contenue, inutilement par la calotte ossifiée des lois économiques. Il s'agit de rendre celles-ci transparentes en rétablissant le réseau des lois fondamentales qui les englobent et les déterminent.

Est-ce une mésaventure que cette destruction de la science économique ? L'avenir le dira, du moins convenait-il de présenter cette thèse qui va plus loin que la nôtre, limitée à suivre la formation d'un objet économique encore imparfait. Par-delà ce dernier, elle tend en effet à dessiner le profil, plus vaste et plus dynamique, d'un objet nouveau, « technologique ». C'est par la technologie politique que le promoteur de ce nouvel horizon, Serge Moscovici, entend qualifier la science à laquelle il voudrait voir confier le soin de développer l'organisation des rapports de l'homme et de la nature. Dans son ouvrage *Essai sur l'histoire humaine de la nature*, Serge Moscovici dégage l'homme et ses comportements des catégories secondaires (classes sociales, agents économiques) créées par les processus socio-économiques de l'organisation et du contrôle politiques, de l'appropriation des richesses et de la division du travail. Il les replace dans un ensemble plus large, suivant des catégories primaires qui, faisant éclater les classifications usuelles, dénotent plus qu'un simple rapport des hommes entre eux, puisqu'elles rendent compte des rapports variables et réciproques des hommes et d'une nature dont ils sont à la fois les assujettis, les participants et les créateurs. Cette analyse suppose l'existence d'ordres humains qui donnent à la nature la physionomie changeante que l'homme se représente au cours des siècles. Ainsi se formulent des *états de nature* dans lesquels les forces humaines et non humaines se combinent selon des arrangements fonctionnels successifs. Les hommes et autres facteurs naturels se regroupent dans des *catégories naturelles* à base de travail et de technique (le chasseur-cueilleur, l'agriculteur, l'artisan, l'ingénieur, le scientifique).

Cette perception de *l'ordre naturel* est profondément dynamique. L'interaction du travail et du milieu est le centre du tableau. La structure du travail constitue des ensembles hommes-outils et machines, autour desquels s'agrègent les savoirs qui servent de modèle conceptuel à la représentation que l'homme se fait de la nature. Les forces productives observées sont articulées, non pas sur la production des objets, mais sur la capacité, l'action de se reproduire et de s'innover. L'ensemble des relations homme-matière est bâtie à partir d'une fonction centrale : la création des formes du travail et leur reproduction parmi les hommes, dans les formes matérielles et dans le temps. C'est ce que S. Moscovici appelle, d'une part l'invention naturelle : « méthodes par lesquelles l'homme ajoute des habiletés, des connaissances, des réflexes à ceux qui existaient déjà, forçant les phénomènes du monde matériel à interférer entre eux et avec son organisme », d'autre part la reproduction naturelle qui conserve et transmet les dispositifs de travail, c'est-à-dire la structure de la relation entre l'homme et la nature. Aussi bien S. Moscovici peut-il souligner : « l'homme s'affirme sujet de la nature en utilisant ses forces et ses talents à engendrer d'autres talents, des habiletés, des savoirs et non pas en les appliquant simplement à produire ». Les états de nature sont en évolution continue : le travail, s'extériorisant, communique ses attributs et son mode d'action et de reproduction à la matière elle-même. Les processus par lesquels s'élaborent et se transforment les états de nature successifs sont eux-mêmes soumis à une évolution majeure. Ainsi sont apparues successivement : la sélection naturelle qui conserve et développe dans les espèces les caractères les mieux adaptés à leur milieu naturel ; la division naturelle qui, en créant de nouvelles formes de travail, modifie les catégories humaines et leurs liens avec la nature ; la progression naturelle où la science et la technique se confrontent, s'associent, s'échangent, interagissent pour modeler l'univers. Enfin, une histoire discontinue illimitée se découpe dans l'évolution des ordres naturels ; cette histoire est marquée par la hiérarchisation des catégories naturelles, les changements de prédominance et les reclassements structurels fondés sur des renversements des positions de travail.

Par-delà les états les plus primitifs de la cueillette, de la chasse et de l'agriculture, Serge Moscovici distingue essentiellement trois états successifs :

1. — L'état de nature *organique*, où le travail artisanal et artistique modèle la matière prise comme substance, « matière première ». L'habileté de l'homme est prolongée par l'outil conçu suivant le modèle d'action du corps humain. La catégorie naturelle dominante est celle des artisans et adeptes des arts.

2. — L'état de nature *mécanique* à partir du XVIe siècle, où le travail instrumental s'associe à la matière conçue comme une force, une source d'énergie. La dextérité et le travail de l'homme passent à la machine détachée du corps humain. L'univers se quantifie en termes dimensionnels de mouvement, volume, étendue. Hommes, machines, environnement terrestre ou céleste s'interprètent comme des mécanismes soumis à des lois objectives, tendant à la constitution d'un équilibre stable. La catégorie naturelle dominante est celle des ingénieurs et adeptes des techniques.

3. — Nous sommes entrés depuis peu dans l'état de nature *cybernétique* qui applique le travail régulateur et inventif à la matière perçue comme une structure. L'homme sait qu'il est capable de recréer de la matière, de réaménager le monde, d'instituer de nouvelles formes et forces de travail, de communiquer à des systèmes matériels, en les amplifiant, les capacités techniques du corps humain, et sa propre aptitude à créer la nature et à la reproduire. L'homme lui-même peut se consacrer au seul travail d'invention. La catégorie naturelle dominante est celle des scientifiques.

L'analyse des phases par lesquelles un état de nature passe à un autre état de nature est méthodologiquement intéressante pour la compréhension du jeu des structures dynamiques. Le passage d'un état de nature à un autre s'accompagne de l'accession d'une catégorie naturelle nouvelle à une position dominante dans l'arrangement homme-nature ; la structure de la nouvelle représentation de la nature dans les idées et les formes de l'époque entre en concordance avec les caractères de cette catégorie naturelle, qui apparaît ainsi créatrice d'un nouvel état de nature. Les catégories naturelles se créent, sans solution de continuité, par division d'une autre catégorie naturelle précédemment dominante ; la disjonction se fait sur le critère de l'apparition éclatante de nouvelles formes de travail qui existaient déjà au sein de groupes limités et qui ont ainsi longuement mûri, en marge de la catégorie naturelle principale, sous la forme de « quasi ressources » (inventions non exploitées et non systématiquement reproduites). Lorsque les conditions du milieu deviennent favorables, la nouvelle catégorie, se développant dans toutes les directions, surclasse finalement l'ancienne catégorie dominante dont elle est issue, et même se l'annexe, se la subordonne dans la nouvelle représentation de l'homme et de la nature. Ainsi l'artisan devient le subordonné de l'ingénieur, plus tard l'ingénieur du scientifique. La nouvelle invention de travail n'est souvent que la transposition dans un contexte différent, sur un nouveau terrain, plus efficace et plus large, d'un schéma structurel incorporé dans le travail traditionnel. « L'artisan est la version transfigurée d'un secteur de l'activité agricole, l'ingénieur est la forme neuve d'une fraction de travail artisanal, tout comme l'agriculteur néolithique, la femme pour être plus précis, était une variante révolutionnaire du chasseur et cueilleur primitif. » Le changement d'état de nature se fait insensiblement, sans prévision possible. « Messagers en chair et en os, séparés de leur contexte, métiers et talents, circulent, s'associent ou se dissocient jusqu'à se reconstituer un nouveau discours, s'unir dans un nouveau code. » Mais S. Moscovici pense que dans l'état cybernétique actuel l'homme peut consciemment organiser la découverte et la création du travail, dès lors que les facultés de l'espèce humaine, désormais matérialisées dans des machines automatiques et électroniques, ont une existence indépendante sous une forme non humaine. L'ordre naturel lui-même pourra être dirigé systématiquement par le gouvernement des hommes, se confondant avec le gouvernement de la nature.

Diverses implications de cette théorie ont trait au domaine habituel de l'économie politique :

— Les disciplines (sciences, arts, techniques et philosophies) dont on étudiait généralement l'essor, le développement et les méthodes de façon autonome, chacune constituant un mode de connaissance ou d'action élaboré selon une évolution historique propre, sont regroupées, centrées autour du travail, de sa création, de sa répartition, de ses formes connexes projetées dans la matière et dans l'esprit.

— Le travail naturel, exclu des catégories économiques, est distingué du travail social, facteur de production. Le domaine social s'intègre dans un domaine naturel qui le surplombe et lui donne son sens profond. L'homme participe de deux sujets, dont la vision et l'action sont différentes. Social, il est agent de production et de répartition, propriétaire et consommateur. Naturel, il est créateur et reproducteur de forces productives. Le travail se partage entre les deux systèmes. Dans son acception sociale, attribut individuel, il crée des objets et se consomme avec ceux-ci ; l'homme consacre son activité, son temps, son énergie à une œuvre sociale de production destinée à satisfaire les besoins de l'homme consommateur. Ce travail social s'échange, se loue (la force de travail), se vend (le produit) et s'incorpore dans le capital où il s'accumule ; quantifié, il se débite en salaires proportionnels au temps passé. Dans son acception naturelle, le travail, attribut collectif, ne s'échange pas, ne se consomme pas, n'a pas de prix. C'est un talent, une habileté, un savoir-faire, une faculté socialement inusable, pouvant être considérés comme des services productifs de la nature. Ce travail naturel peut se concrétiser dans la machine non humaine aussi bien que dans le corps humain. Bien qu'il puisse être transitoirement approprié à travers le volume des biens qu'il permet de produire, il échappe tôt ou tard à qui voudrait le capter et se présente comme un don de la nature. « Les réflexes, les postures, les dextérités, les informations qui entrent dans notre activité quotidienne, se conservent depuis des millénaires et se renouvellent à chaque génération, sont instamment présents dans nos productions. Comme l'eau, l'air ou la lumière, ils sont distribués partout. La station debout, la loi d'Archimède, l'alphabet, le jugement qui discrimine une couleur d'une autre, ainsi que des milliers de micro-opérations qui s'ajoutent à notre organisme font partie du fonds inépuisable de notre nature. »

— Le rôle moteur de l'accumulation capitaliste est contesté. Si la formation de surplus permet de rendre compte des divisions sociales (maîtres et esclaves — artisans et agriculteurs — capitalistes et salariés), elle se révèle incapable d'expliquer la genèse de la croissance réelle, fondée sur le progrès des connaissances et l'extension de leur diffusion, sur la multiplicité, la généralisation et le perfectionnement des formes de travail qui modèlent la nature. La véritable source des changements du milieu humain et non humain, la vraie raison de l'augmentation des capacités se trouvent dans les modifications des rapports de l'homme et de la nature, représentés par des formes de connaissances, de technique et de travail et non dans des rapports sociaux tels que l'accumulation capitaliste ou la division du travail.

— Les antagonismes sociaux s'atténuent. En réassociant la nature, l'homme, la production matérielle et l'histoire pour expliquer la genèse des états sociaux et le perfectionnement des forces productives, le nouvel agencement des catégories humaines estompe et chasse les divisions traditionnelles dont se nourrissent les antagonismes et les conflits sociaux : travail-loisirs ; travailleurs-capitalistes ; manuels-intellectuels ; connaissance technique-culture générale.

— Les inégalités sont réduites. Le problème des inégalités sociales se généralise et se hiérarchise en ouvrant des solutions à la plus essentielle des trois inégalités, devenue enfin consciente : l'inégalité des talents et des connaissances, qui couronne et commande l'inégalité des fortunes et celle des capacités biologiques des corps humains.

— Une nouvelle science, la technologie politique, généralise l'économie politique, en prenant en compte les fameuses « économies externes » qui échappent à l'expression monétaire et au calcul économique fondé sur les lois de l'échange et de la valeur. Discipline heuristique, la technologie politique aura essentiellement pour objet les processus d'invention et de reproduction du travail, des talents et des facultés.

En conceptualisant un *objet naturel* autour des forces productives, source des progrès du monde et des hommes, il semble en effet que l'on puisse sortir de l'impasse où l'objet économique traditionnel s'est engagé du fait qu'il s'articule exclusivement sur des catégories antagonistes, formalisées comme reflet de la réalité, sans intégrer les forces sous-tendant la croissance. Mais l'objet économique sera-t-il absorbé par cet objet naturel ? Il garde en tout état de cause sa spécificité et son utilité, même s'il est englobé dans un objet plus vaste rendant compte de la plupart des changements essentiels se manifestant en son sein. Les deux objets doivent être articulés, coordonnés. Il ne serait pas sans intérêt que l'objet économique puisse se présenter, au moins en partie, comme la traduction, selon le code monétaire, des formes et des pouvoirs de l'objet naturel. Celui-ci devrait intégrer alors plus de phénomènes que l'objet de S. Moscovici n'en évoque. A force de vouloir porter l'accent sur les genèses, l'auteur semble en effet oublier les formes horizontales de l'organisation et du fonctionnement et notamment de la répartition, qui sont indissociables des genèses. Ainsi que l'observe A. Touraine à propos de ce nouveau saint-simonisme que poursuit S. Moscovici, « son orientation manifeste est beaucoup plus de retrouver le rôle moteur de la connaissance que de rechercher son enracinement social ». Mais celui-ci ne progresset-il pas dans le même temps et dans la même mesure que le moteur? Les formes nouvelles des luttes des classes rejoignent le terrain de la création économique.

L'approfondissement d'un objet économique s'insérant dans un objet naturel plus vaste, lié par les forces productives, pourrait conduire à des analyses nouvelles. Le travail, activité consciente de l'organisme humain orientée vers des objectifs extérieurs, suppose en effet un certain arrangement de structures articulées de façon simple :

— *Un appareil* consommateur et transformateur d'énergie, constituant un équipement adéquat pour produire des forces humaines (intellectuelles ou manuelles) à partir de forces consommées, tirées du milieu (biens et services de consommation). L'appareil (le corps humain) fonctionne en circuit fermé biologiquement, socialement : il s'autorégularise, s'auto-équipe, s'autoreproduit, s'auto-entretient, puisqu'il consomme ce qu'il produit ; une autoconsommation permanente se réalise à l'échelle sociale, l'ensemble des sujets d'une société consommant l'ensemble de ce qu'ils ont produit.

— Des *programmes* de connaissance ou d'action contenus dans les organes nerveux du corps humain, qu'ils aient été produits en même temps que celui-ci et, héréditairement transmis, lui soient attachés de façon innée ou qu'ils se transmettent d'un appareil à un autre par la voie de l'enseignement et de l'apprentissage, ou encore qu'ils soient produits par l'appareil lui-même.

— Des *processus* de création et de modification des programmes ainsi que des processus et méthodes de reproduction. Créations et modes de reproduction peuvent s'appliquer à des programmes qui ne seront pas intégrés dans l'appareil humain et mis en œuvre par lui. Ils peuvent servir à faire d'autres appareils, d'une nature non humaine, outil ou machine. Toute une catégorie de programmes est de surcroît élaborée en vue d'être mise en œuvre par des appareils non humains, ou par des systèmes hommes-machines.

— Enfin une *mise en œuvre* des programmes par l'appareil humain. C'est cette dernière opération — orientée sur la production de biens et services — que l'on a coutume d'appeler travail en économie, en la prenant d'ailleurs dans son aspect quantitatif et synthétique : temps d'exécution (tous programmes réunis), plus ou moins valorisé par appareil humain individuel, d'après les résultats estimés et anticipés de la production directement ou indirectement consommable : la valeur attribuée sous forme de salaires au temps passé par chaque l'appareil humain tend à se proportionner au taux de sa participation (quantitative et qualitative) à l'œuvre commune qui aboutit aux biens et services ayant une valeur de consommation.

A partir de ce schéma du travail humain, on peut généraliser ses catégories en observant que le travail n'est que la forme humaine de l'activité créatrice des forces universelles, cette activité se dissociant en quatre phases : réalisation d'appareils ; réalisation de programmes ; reproduction des appareils et des programmes ; mise en œuvre des programmes par les appareils (production). Jusqu'à l'homme, cette activité génératrice des formes de ce monde n'était pas consciente : les appareils n'étaient pas aptes à réaliser eux-mêmes ou à recevoir après coup des programmes autres que ceux qui étaient intimement incorporés dans leur nature et déterminés à jamais par leurs organes et leurs situations, ou qui pouvaient être appris selon les règles d'un programme lui-même inné. Ces appareils non humains, inertes ou vivants, étaient encore moins capables de fabriquer d'autres appareils, en dehors des voies immuables de leur reproduction naturelle selon les lois de la matière ou de la vie. Chez l'homme lui-même, la réflexion scientifique a longtemps négligé les modes de réalisation des appareils et des programmes, et leurs reproductions. Dans la meilleure hypothèse, l'économie politique s'est en effet intéressée à une partie seulement des processus de création : fabrication des appareils non humains (outils et machines) ; conditions de fonctionnement de l'appareil humain (consommation) ; mise en œuvre des programmes par les appareils humains (travail) et non humains (équipement). S'agissant du travail, elle a su distinguer depuis Marx : la location de l'appareil humain (la force de travail) et les flux de forces émis par l'appareil humain (le travail quantifié par le temps et valorisé par ses œuvres). Encore faut-il préciser que l'économie effleure seulement ces processus, laissant à la technologie et à la biologie l'essentiel de l'étude, d'une part des modes de fabrication des appareils non humains, d'autre part du mode de fonctionnement de l'appareil humain.

Face à l'économie politique coupée de ses racines, de ses prolongements et de la cohérence d'un processus global, la science amorcée par S. Moscovici doit restituer à l'activité créatrice la totalité de son domaine, de façon à déceler ses lois. Que, pour en prendre conscience et les inclure dans les thèmes de l'économie, soient donc dégagées les conditions de la conception des appareils et des programmes (invention) ainsi que leurs modes de transmission parmi les hommes (reproduction)! Plutôt que d'être rejetée, l'économie politique devrait intégrer les phases d'activité créatrice que S. Moscovici situe à juste titre aujourd'hui en dehors du champ de la valeur et de l'échange, du fait qu'elles n'entrent pas directement ou indirectement dans les catégories marchandes. En particulier la valeur des programmes pourrait être prise en compte de manière forfaitaire à titre de capacités. Ce n'est que dans leurs effets sur les biens et services produits, effets déterminés par le processus économique lui-même, que les valeurs attribuées aux programmes seraient consolidées, différenciées et le cas échéant réparties. Illustrons notre propos par une référence à l'informatique. Lorsque des informaticiens réalisent des « softwares » qui sont des programmes pour les calculateurs électroniques, ils répartissent sur les temps d'utilisation des ordinateurs le coût de ces programmes, essentiellement les salaires payés pendant les recherches et études de mise au point ; ce coût dépend du temps passé, de la qualification des hommes et aussi du succès marchand attendu de l'utilisation des « softwares » dans la production. Or sur le plan global, les programmes en tous genres conçus et utilisés par les hommes, dans la production en particulier, ont un coût révélé par les salaires de ceux qui en sont les porteurs et les exécutants, héritiers légitimes du travail millénaire de création accompli par l'espèce humaine. Mais pour parfaire ce schéma d'intégration économique de la créativité humaine, il faut que les salaires soient systématiquement établis au-dessus d'un plancher suffisamment haut pour couvrir l'activité naturelle du travail humain, qui se manifeste, en tous lieux et en tous genres, de façon homogène grâce à l'acquis que des siècles d'efforts ont accumulé et qui pour chaque homme est assurément un don social. Par-delà ce coût social uniforme, programmes et appareils présentent des différences de valeur en fonction de la qualification de l'exécutant, du degré de sa participation créatrice au renouvellement ou à l'extension des programmes stockés, de la contribution apportée au processus de reproduction, enfin de la quantité et de la qualité des biens et services que l'application du travail permet d'obtenir. Pour se traduire dans le langage monétaire, cette valeur différentielle devrait, en fonction de critères appropriés, être répartie par des compléments de salaires attribués selon des règles spécifiques codifiant la qualité des phénomènes de production.

LES STRUCTURES DIALECTIQUES.

La pensée dialectise une forme, une structure, un concept lorsqu'elle les confronte sans cesse avec la réalité de l'expérience, lorsqu'elle les situe dans la visée de totalités, dans leur devenir et leurs figures changeantes, sans admettre jamais leur achèvement, lorsqu'elle place en eux-mêmes le moteur et le sens de leur évolution, lorsqu'elle accepte leurs conflits et contradictions internes comme source et tremplin de leur progrès et qu'elle résout les antagonismes en complémentarités, édifiant de nouveaux paliers sur les débris des formes contestées. La dialectique ne se laisse pas enfermer dans une définition simple, tant la notion est riche, irradiante, lourde de connotations. Il serait très insuffisant de la réduire à la dynamisation de la pensée, car au-delà du simple mouvement, elle doit être qualifiée dans son résultat et surtout sa méthode : complémentarité des contraires, médiation des conflits par leur dépassement, ouverture constante de processus, retour incessant à la totalité, parti pris de généralisation, d'élargissement, de genèse. Elle intègre des dialogues fondamentaux : théorie/expérience, concret/abstrait, sujet/objet, formel/informel. Jamais aucune description ou définition ne pourra la saisir toute entière. Mais c'est tout naturel pour un concept qui doit rendre compte de l'inaptitude de la pensée à rejoindre totalement la réalité et de l'impossibilité pour le monde en mouvement de se recouvrir lui-même de son image fidèle.

Le risque d'équivoque est certain devant l'exubérance des significations insuffisamment accessibles, impliquées dans la dialectique. Le malaise se développe vite, face aux perspectives de confusion, d'arbitraire, qui entourent sa démarche. Le modèle structurel qu'elle fait naître est toujours menacé de se relâcher, de s'affadir, de s'embrouiller dans l'infinité des possibles. La singularité des interprétations et leur multiplication favorisent la formation de méandres et de nuées dans l'analyse des faits. Au nom de la dialectique, les choix les plus originaux, les plus aventureux, les plus détournés parviennent à se justifier. Grâce à elle, les lectures renouvelées d'un même phénomène n'auront jamais de fin. Surtout, elle s'offre comme le théâtre où l'esprit peut jouer sur le monde, en l'habillant tour à tour des oripeaux les plus divers, en plaçant sur les relations banales de la vie les masques conventionnels d'un corso littéraire et philosophique.

D'abord courant philosophique parmi d'autres, la dialectique a, au XXe siècle, déferlé sur le champ de la connaissance au point de se soumettre l'ensemble des sciences, y compris la physique, les mathématiques et la logique. Les deux dernières reposent sur des axiomatisations, désormais considérées comme des moments d'un processus dialectique ; ces règles mathématiques et logiques dérivent en effet, et selon une histoire imprévisible, « des lois existentielles des objets usuels » (J. L. Destouches, cité par P. Foulquié). Mais pour leur part, en raison de leurs attaches spécifiquement mentales, les sciences humaines n'ont pu paradoxalement consacrer le triomphe absolu de la dialectique, qui demeure simplement l'une de leurs conceptions parmi d'autres. C'est que, par sa fugacité et sa relativité, la dialectique vient contredire, dans un domaine où les objets étudiés sont naturellement mouvants et relatifs, l'intention fondamentale de l'homme, qui est de fixer, cristalliser, pérenniser les objets pour les saisir, les dominer, les maîtriser, les imposer. Stabilité et « réification » sont indispensables pour connaître et agir. Mais tous les dialecticiens ont-ils bien vu qu'ils pourraient avoir le dernier mot, en faisant de la formalisation le compromis, nécessaire et provisoire, de la pensée et de l'action, l'étape de l'inachevé, la maturation d'un antagonisme fructueux ?

Parmi les sciences humaines, l'économie a été la plus rebelle à la dialectique, qui paraissait en meilleure position dans l'histoire et la géographie. Toute une économie a pu même montrer son efficacité opératoire sur des points de vue antidialectiques : isolement d'un univers économique spécifique et abstrait ; érection de « l'économicité » en valeur absolue, comme l'esthétique, l'équité, la vérité ou l'amour ; croyance en des lois économiques immuables.

Longtemps, la dialectique économique a été affichée comme la manifestation incongrue de l'hérésie marxiste. Intruse, elle perturbait le champ de rationalité et passait pour fausser dangereusement l'ordonnance et la rigueur de l'économie. De fait pour Marx, celle-ci s'intègre dans une histoire en devenir, les formes modernes de l'économie marchande prenant dans l'actualité une place prépondérante. Mais le capitalisme triomphant est miné par des contradictions dialectiques : concurrence main-d'œuvre/machines, disparition du profit du fait même de l'excès des gains, impossibilité pour les salariés de consommer plus qu'une part constamment décroissante de leur propre production, caractère social du travail et appropriation privée des moyens de production. Ces contradictions dessinent l'axe du processus d'évolution : le développement des forces productives, engendré par l'efficacité même du capitalisme, est finalement compromis par une inadaptation rapidement croissante des modes de production capitalistes. Une nouvelle figure historique de l'économie se prépare comme solution nécessaire des conflits du capitalisme. Elle sera obtenue grâce à la prise du pouvoir par un prolétariat prenant conscience de l'immensité de sa force face à une bourgeoisie évanescente et abusive, sécrétant elle-même les conditions de sa perte. Mais qu'est-ce qui a donc joué aux marxistes le mauvais tour de les laisser s'engluer depuis un siècle dans des prophéties qui ne paraissent pas s'inscrire dans les faits ? C'est là en effet que l'esprit dialectique a dévié, dans son obstination à vouloir que de tels processus se réalisent à tout prix. Il est vrai que des espérances humaines et des volontés concrètes se sont désespérément accrochées aux séductions de la terre promise, ou tout simplement aux promesses et aux joies du combat. Faute de mieux, elles ont bien été obligées de croire aux itinéraires qui leur étaient proposés. De là à juger que si la nature et l'histoire se rebellaient, il fallait les dompter et leur imposer la dialectique marxiste, la distance était courte. Voici donc la dialectique trahie dans sa pensée puisqu'elle s'enferme dans un schéma rigide et faux, mais non pas dans son action puisqu'elle prétend faire l'histoire selon son horizon : équivoque de plus.

Jusqu'à nos jours, l'apparentement marxiste devait paralyser l'économie dialectique au point d'en faire l'antithèse de la science économique. Mais la sociologie contemporaine a surmonté l'interdit, soit qu'elle intègre l'économie comme un moment, bientôt achevé, de l'histoire des hommes, soit qu'elle généralise la démarche économique en l'appliquant à la création d'une société nouvelle. La sociologie paraît vouloir guider l'économie vers l'accomplissement d'une vocation sociale immanente, dont elle l'aiderait à prendre conscience. Traduit dans la langue sociologique, l'objet économique est projeté, transmuté dans des structures mouvantes, constamment rebrassées, remodelées. Doté de cette nouvelle dimension, il dévore alors le champ entier des sciences de l'homme, s'ouvrant à l'histoire, à la géographie et la psychologie. Une bonne illustration de cette transfiguration apparaît dans l'ouvrage de Fernand Dumont, *La dialectique de l'objet économique*. L'auteur y cisèle une structure particulièrement forte et dynamique. S'il n'a pas exploré en profondeur l'objet économique, du moins en a-t-il montré l'avènement, les mutations et les aspirations, en le situant au cœur de la genèse du monde social.

Une lecture attentive de *La dialectique de l'objet économique* permet de discerner la répétition indéfinie d'un module de composition de la structure dialectique. Cet élément caractéristique et répétitif de l'édifice est un couple, antagoniste et complémentaire, qui se développe et se multiplie par dissociation. Chaque couple génère des couples de texture similaire, par partition en son sein, au niveau des deux pôles. Ces paires de concepts, elles-mêmes associées, imbriquées, hiérarchisées, fourmillent littéralement : sujet/objet ; pensée/action ; signification/praxis ; norme/objet ; sujet singulier/sujet universel ; vécu/système ; compréhension/explication ; idée directrice/faits ; significations/mécanismes ; ensemble historique/modèle économique ; stratégies et rapports sociaux/catégories économiques ; fins/moyens ; esprit/technique ; tendance/produit ; travail/machine ; comportement privé/comportement public ; valeurs personnelles/normes sociales ; corps humain/utopies. Ces paires sont homothétiques ; leurs pôles présentent la même dissymétrie, chacun reposant sur l'infinie reproduction du même fondement : l'un des pôles est toujours représentatif de l'homme en ce qu'il a d'irréductible, d'original, l'autre du monde en ce qu'il est un résultat, une construction, une étape. Le premier se mire dans le second sans s'épuiser, le second se ferme sur le premier sans jamais s'achever. Source des finalités, le pôle subjectif garde toujours la priorité et figure la force créatrice. Le pôle objectif représente les perpétuelles et vaines tentatives d'une œuvre extérieure toujours plus riche, toujours plus considérable, toujours plus efficace, pour s'émanciper de son créateur, se fermer sur elle-même, se donner sa propre fin et imposer en retour sa loi au pôle subjectif des finalités. Ainsi entre les deux pôles un dialogue s'instaure, emporté dans des périodes d'échanges, enveloppé dans des zones d'interaction : chaque pôle déteint sur l'autre ; l'objet devient norme et la norme objet, l'acte pensée et la pensée acte. La démarche dialectique fondamentale est que le sujet humain donneur de fins, titulaire de l'activité normative, se connaît et se réalise, en dialoguant, en s'échangeant en une chaîne illimitée de va-et-vient avec le produit de sa pensée et de son action. Comme médiation du rapport dialectique apparaît le compromis qui suspend provisoirement la réciprocité, permettant ainsi au monde de prendre forme et existence concrète pour la durée nécessaire à la poursuite du processus : ainsi technique et idéologie sont des compromis qui arrêtent le mouvement pour le renforcer. Les couples ordonnés et hiérarchisés sont eux-mêmes réunis en un vaste circuit de réciprocité. Les différenciations qui se font dans chaque couple trouvent écho par généralisation de leurs conséquences à l'ensemble du circuit. La constance répétitive du processus dialectique incite F. Dumont à annoncer la naissance de nouvelles configurations sociales, un peu comme des mathématiciens avaient pu déterminer par le calcul l'emplacement de planètes invisibles. Ainsi l'objet économique apparaît-il comme un gigantesque « mécano », fait de pièces à deux trous emboîtées les unes dans les autres, dont les lignes architecturales se découvrent et se renouvellent au fur et à mesure de son édification. Né comme une nécessité de la dialectique entre l'homme et le monde, l'objet économique est aussi une aspiration à une configuration nouvelle de l'organisation sociale, selon les voies qu'il a ouvertes et les méthodes qu'il a dégagées. Il est, de ce fait, extensif et ambitieux. Les axes historiques de l'avènement et du prolongement de l'objet économique s'insèrent, pour y prendre appui et argument, pour s'y tailler un domaine, dans l'espace et le temps des totalités naturelles : le corps de l'homme, les sociétés humaines, la culture, les idéologies, les utopies.

L'objet économique, son histoire et son espace, son mode de pensée et ses formes d'action sont advenus par différenciation dialectique au sein de la société traditionnelle, définie comme un syncrétisme quasi total, à caractère mythique et symbolique, de l'homme et du monde naturel. Cette société était enserrée dans une culture globale, cohérente, porteuse d'ordre et de régulation, où toutes les activités, tous les événements recevaient d'autorité un moule et une teinture, présentés comme une révélation extérieure au couple homme-monde. Cette transcendance culturelle confinait l'économie dans la stabilité de quelques biens capables de satisfaire les besoins fondamentaux au sein de la famille, autour d'outils élémentaires mal dissociés de l'effort musculaire de l'homme, parmi une division du travail dominée par des clivages culturels. La monnaie se bornait presque à symboliser des réservoirs de valeur. Un monde spécifiquement économique s'est démarqué de ce syncrétisme par des séries de processus similaires, dialectiquement coordonnés, formant l'ensemble, historiquement défini, de l'économie marchande, au double plan de la pensée et de l'action.

Côté pensée économique, sont nés des formes et modes typiques de connaissance. S'érigeant en mécanismes et en modèles face aux phases concrètes de l'ensemble historique qui lui est dialectiquement opposé, la science économique s'est progressivement conceptualisée comme un angle particulier de saisie du monde, axé sur le critère de la valeur. Elle se fonde sur « l'énoncé d'une intention spécifique » sur « un mode de relation sujet-monde » associant utilité et rareté, tendant à égaliser valeur et coût. A la suite de F. Perroux, F. Dumont paraît cependant vouloir enfermer l'économicité dans des critères plus précis, qui risquent d'en limiter la portée : évaluation des biens concrets par référence à une échelle de préférence en termes d'emplois et de services ; calculs faits à la marge, compte tenu de tous les biens et de tous les emplois ; valeur des biens de production dérivée de celle de leurs produits. L'évolution de ce nouvel objet de connaissance est conçue en tout cas comme un affrontement entre les sujets et l'histoire, entre les intentions du sujet et leurs correspondances catégorielles dans le monde objectif de l'histoire. Tantôt, chez les marginalistes, les stratégies des agents font les catégories réelles des revenus et des prix, tantôt chez les classiques, chez Keynes et chez Marx, ce sont les catégories de l'histoire économique qui déterminent le comportement des agents. Cherchant toujours à se fermer sur elle-même, l'axiomatique économique n'en est pas moins obligée d'évoluer selon les voies tracées par son dialogue avec l'histoire et le vécu. Témoin les modifications du concept fondamental d'équilibre. Témoin l'extension à l'économie de notions essentiellement historiques comme le temps ou géographiques comme l'espace, d'abord incorporés sous forme de coûts, puis érigés en concepts économiques spécifiques de plus en plus déterminants : passage de l'équilibre strict au cycle puis à la croissance temporelle et à l'intégration spatiale, enfin au développement et à l'aménagement du territoire. Cette dernière étape montre la volonté du sujet humain de reprendre, avec l'appui d'autres sciences comme l'histoire et la géographie, la maîtrise des normes d'organisation d'un objet économique un moment laissé à sa propre régulation.

Côté action économique (*praxis*), l'intentionalité spécifique définit un mode de comportement, une conduite qui vise à augmenter le rendement d'un travail ou d'une ressource et d'en diminuer le coût. L'action économique se concrétise autour des besoins de consommation et des techniques de production. Tant pour le besoin que pour le travail, un échange dialectique unit les tendances de l'homme aux biens qu'il produit. Le désir s'exacerbe et s'étend par la multiplication des biens tandis que l'esprit se forge, se structure grâce à l'intelligibilité du monde de la machine et des procédés. Parallèlement, les objets créés par le travail de l'homme, biens de consommation et procédés technologiques, cherchent à s'imposer comme finalités, comme normes. Mais il ne peuvent qu'échouer dans cette tentative, car les tendances (désirs et esprit) débordent toujours les objets qu'elles ont fait naître pour se révéler. Le nouveau monde économique objectif ne peut d'ailleurs se subordonner qu'une partie du sujet, et pour une catégorie de normes seulement. Le reste s'évade dans un univers infini de significations que de toute façon, en raison même de son activité normative, le sujet sécrète constamment contre la conjoncture des événements ou face à la concurrence des autres sujets. Chacun tente de rétablir, pour son compte, l'unité et la cohérence du sens, comblant les failles et les fuites que l'action critique de la science et de l'expérience introduit dans le faisceau des traditions.

De la production à la consommation, du besoin au travail, du bien à la machine, les détours se multiplient et s'allongent. Alors surgissent les aléas de l'ajustement, de la cohérence et du progrès, les risques de rupture, de désordre et de régression. C'est sur la décision humaine que de plus en plus reposent les jonctions entre les secteurs qui s'étirent au point de perdre le contact. Elle réunifie ce qui se divise toujours plus profondément. Par suite des circonstances mêmes de sa formation, l'objet économique incorpore cependant une forte inégalité des situations et des pouvoirs des sujets. Il privilégie certaines catégories d'individus pour l'activité normative, la liberté de décisions, l'accès aux valeurs. Entrepreneurs et techniciens semblent avoir le monopole, les uns de la signification de l'objet économique, les autres de son intelligibilité, les uns de ses finalités, les autres de ses mécanismes.

Ainsi nous accédons à une société technologique, où les biens vont se multiplier à l'infini, sur la base d'une représentation frénétique des désirs excités par l'extension considérable de la production. En dehors de l'objet économique dominé par les contraintes de la *praxis* et par les exigences de la norme d'intelligibilité, le monde subjectif et privé du consommateur libère, avec une exubérance croissante, des faisceaux de significations. En revanche, l'activité technique commande les comportements fonctionnels au sein de l'objet économique, requiert l'efficacité et fait prévaloir la productivité sur le bien-être. La machine distribue les rôles, réduisant l'espace du travail à une mécanique d'adaptation aux tâches. La finalité est évacuée dans les bureaux d'études. Cette réduction de l'action à son dépouillement fonctionnel avec resserrement du sens, laisse un vide de plus en plus vivement ressenti. Les tentatives sociales, pourtant multipliées, d'organisation des loisirs, d'attachement affectif à l'entreprise ne parviennent pas à le combler. Enfin la monnaie a réussi à s'abstraire pour figurer la rareté dans sa transparence ; « elle exprime la jonction parfaite entre l'évaluation des biens, leur conservation et leur échange » ; à la frontière de l'objet économique dont elle est le signe tangible, elle réussit la gageure de faire encore symboliquement écho aux valeurs expulsées car « lieu abstrait d'un monde de biens » elle est aussi par irradiation, « l'évanescence des valeurs livrées aux aventures de la vie privée », en devenant le symbole du prestige et de la primauté de rang. Qui plus est, l'objet économique projette la valeur dont il est porteur sur tout l'horizon de l'homme. « L'économicité » se pose en norme majeure, voire souveraine et prétend régler en sa faveur l'échelle des préférences portant sur les valeurs.

Selon l'une de ses constantes les plus répandues, la dialectique a l'ambition de dévoiler les formes de l'avenir par la lecture du passé et du présent. *La dialectique de l'objet économique* n'échappe pas à cette tentation. Le nouveau monde économique recélerait en lui des insuffisances et des aspirations qui fonderaient la généralisation d'un monde social dont il serait l'archétype. A la lisière du tricot inachevé de l'histoire, le sociologue recherche en conséquence les bouts de fils en suspens et leur fait accomplir en pointillé les nœuds des points répétitifs de la trame générale dont, du point de vue dialectique, il sont nécessairement l'amorce. En l'occurrence les fils libres paraissent singulièrement embrouillés. Mais F. Dumont a tenu à y voir l'annonce d'ouvertures fondamentales. Au monde objectif, intelligible et efficace de l'économie, devrait correspondre une conscience collective, une totalité subjective, alors que face à la montée compacte de l'objet économique la subjectivité semble encore se dissoudre en une infinité de clos individuels. Or la logique du système dialectique veut que s'établisse un nouveau rapport, antagoniste et complémentaire, entre l'objet économique et une conscience collective posant des normes au même niveau de généralité. Le sociologue décèle déjà des signes de la réalisation de cette totalité subjective dans des formes ébauchées par l'événement, en prolongement des processus d'instauration de l'objet économique : la socialisation des techniques et la généralisation des conduites économiques, l'extension de l'information, l'élargissement de l'espace des décisions et de leurs conséquences, les normes et l'appareil collectif de la planification, la prise de conscience de l'apparition de macro-sujets à responsabilité collective, comme l'entreprise ou la nation. En particulier, la monnaie « foyer d'une adhésion » fait figure de norme collective. De la conscience collective et de ses manifestations, les hommes ont d'ailleurs la nostalgie. Il ne restait plus à F. Dumont qu'à tracer le pointillé de l'histoire sociale future. L'extension de « l'économicité » au-delà du marché et du calcul monétaire débouche sur la réconciliation des tendances du sujet et des formes historiques de l'objet économique, grâce à l'avènement d'un produit nouveau de caractère collectif, au carrefour des valeurs : *la participation globale*. Celle-ci viendrait en quelque sorte prendre une place naturelle, celle qui lui est dévolue par la convergence même de tous les processus qui ont fait l'objet économique ou en ont résulté. Encore dépourvue de contenu historique, la participation trouverait le lieu de sa formulation progressive dans le dialogue des utopies, des idéologies et traditions historiques comme le christianisme et le socialisme. Mais d'ores et déjà, elle est analysée comme un bien économique, ayant un coût, répondant à un besoin pressant.

Voilà donc un objet économique à haute prétention. A travers lui F. Dumont tente de faire passer le courant principal de l'histoire et l'annonce de l'avenir. L'objet a les qualités et les défauts de ses dimensions mêmes. Opérant une originale réduction des formes et structures qui sont présumées donner une charpente à la démarche de l'esprit, il nous emporte dans un saisissant raccourci de l'évolution sociale. Mais l'habileté du montage suscite des doutes sur sa validité. L'auteur nous incite d'ailleurs à les accueillir comme étant le propre même de l'histoire dialectique, toujours renouvelée. Le passé est en effet susceptible d'une multiplication de lectures. Ce sont les événements et les espérances du présent qui en remontant l'épaisseur de l'histoire cherchent une image, se forgent un passé respectable et crédible, se créent une explication séduisante, en somme se composent un pedigree. A chaque idéologie, à chaque utopie, à chaque programme sa généalogie faite en battant le rappel de l'histoire tout entière.

Faire de la participation le fruit que l'objet économique serait en train de nourrir en son sein, la concevoir comme la convergence des processus de généralisation, le faisceau des axes de socialisation, l'instituer en réconciliation des divergences, recentrer en elle le courant de spécialisation et de différenciation d'où est née la spécificité de l'objet économique, n'est-ce pas une gageure ou du moins un rêve de l'actualité ? L'on n'ose pas espérer, hélas, que l'avenir accouche d'une participation qui serait la réconciliation de l'individu et de la collectivité. Dans l'univers infini des possibles, l'avenir se décidera toujours pour l'imprévisible. Plutôt que de se rassembler, le monde des valeurs ne va-t-il pas se disperser dans des enveloppes de plus en plus disjointes, dans des activités et des normes de plus en plus autonomes et irréductibles ? En particulier pourquoi au lieu de s'affadir en se généralisant et de se discréditer en prétendant vouloir tout régenter, « l'économicité » ne gagnerait-elle pas, en s'épurant, en se limitant, un surcroît de valeur, un poids social considérable ? Elle ne perdrait rien de son rôle ni de sa présence en laissant le champ libre à l'essor distinct des autres univers de la pensée et de l'action. La participation globale, sous le signe de « l'économicité », transposée en rationalité, n'a pas plus de chances de se réaliser qu'une désaffection croissante de l'esprit à l'égard des mécanismes de la pensée économique et des engagements de la *praxis*.

Dans son ensemble l'avenir social sera toujours de plus en plus aléatoire, parmi la gamme infinie des combinaisons possibles, dont la richesse et la variété s'accroissent sans cesse. La pluralisme s'étend sur l'univers des hommes, à mesure que s'assurent et se stabilisent les objets de leur environnement. Plus les interprétations portant sur les configurations sociales seront ambitieuses dans leur dessein et dans leur portée, plus elles couvriront l'histoire, plus leur domaine sera étendu et plus il y aura de chances qu'elles soient irréalistes. Pour avoir un sens scientifique, une consistance précise et pour justifier des prévisions crédibles, l'objet économique, même dialectique, doit être, non seulement ramené à sa texture élémentaire, mais encore maintenu dans des frontières certaines, qui n'excèdent pas le champ naturel de son élément le plus tangible, la monnaie.

LES STRUCTURES DE REPRÉSENTATION ET DE SUBSTITUTION.

Les analyses spectrales et archéologiques des concepts et des fonctions économiques constituent le dernier état des progrès de l'approfondissement structurel du champ économique. Derrière les données premières de l'observation, elles recherchent un fonds structurel stable que masque l'apparence événementielle. En fait, des séries complexes de superposition peuvent se développer, dont les rapports sont noués par des lois de composition donnant la clé des formes courantes observables dans le réel. Cette épaisseur structurelle, dégagée par l'exploration profonde des concepts et des mécanismes, mesure et explique les phénomènes aplatis ou écrasés qu'offre de prime abord le tableau des réalités. Une telle approche par le sous-sol historique ou relationnel des organes et des fonctions, substrat des faits matériels, psychologiques et sociaux contemporains, éclaire la transformation des structures, clé des évolutions de tous ordres.

Les processus mis en relief permutent les éléments ou substituent à l'un des facteurs d'un système un compartiment relevant d'un autre système. Ainsi les structures s'entrecroisent, s'entrepénètrent, généralement selon des principes d'équivalence ; derrière l'apparence des détours et des délais, elles créent les conditions d'une puissance plus précise, plus intense, plus rapide, obtenue à un moindre coût. La conscience humaine donne à ces phénomènes de l'évolution naturelle la dimension supplémentaire de la signification. Dès lors les structures qui s'associent, se complètent ou se remplacent peuvent être perçues dans leurs relations de composition. Les unes deviennent représentatives des autres ; le relais de l'intervention humaine multiplie intentionnellement et activement les formes représentatives, alors que ce foisonnement de structures ne laisse pas de suivre inconsciemment les règles générales de l'évolution. Les processus de substitution distribuent nécessairement les structures en une partie stable et une partie mutante ou variable selon que la substitution est discontinue ou continue. La représentation conduit de son côté à distinguer une structure signifiée et une structure signifiante. La structure signifiée est celle dont les lois et la dimension se trouvent obscurcies et souvent déformées par l'accumulation des sécrétions structurelles où l'homme s'efforce de déceler les signes de la représentation, signes nécessaires pour reconnaître le sol sur lequel s'édifient les formes sociales englobant, prolongeant et maîtrisant celles de la matière.

La radiographie du champ découvre un sens irréversible universel dans la stratification structurelle. D'un côté, ce sens puise son origine dans les couches profondes larges, éprouvées, enracinées dans la matière et la nature humaine : l'équilibre stable de cette assise se nourrit du temps et d'une œuvre lentement consolidée. De l'autre côté, le sens se dirige vers les formes capricieuses, tâtonnantes et hésitantes où l'humanité cherche sa voie dans le déséquilibre. Ce serait se méprendre et saper une bonne partie de l'édifice social que d'inverser ce sens et de prétendre assurer un ordre durable et efficace en lui donnant comme assise ces formes secondes, mesures superficielles et simples signes du niveau d'organisation atteint par l'ascension des formes de l'univers.

Porteur de telles analyses, le structuralisme contemporain a revigoré les sciences humaines; mais il a longtemps évité les rivages de l'économie où la structure est conçue, tantôt comme la simple expression de ce qui est relativement stable, tantôt comme une homogénéité d'encadrement ou de résultats, spécifiée par des rapports ou des relations identifiables. Pourtant, sans acte de baptême, la conversion structuraliste a déjà abordé en fait l'économie, en dehors des voies de la doctrine et de la pratique économique instituées, qui restent attachées à une économie plate, à structure plane.

Se situant apparemment dans la filiation marxiste, les derniers perfectionnements de la dynamique globale (J. P. Mockers-S. Moscovici) recherchent derrière certains changements de moyens techniques (inventions, progrès techniques fondamentaux) l'origine d'enchaînements où l'on voit des catégories naturelles conquérir progressivement, pour les supplanter, les catégories économiques, professionnelles, sociales, affaiblies par l'effacement des moyens techniques qui les avaient générées. Cette dynamique fait ressortir un ordre irréversible qui va toujours dans le sens d'une détermination du tout par le type de moyens de production.

Un économiste financier, que nous mentionnerons souvent dans la suite de cet ouvrage, est allé très loin dans la voie structurale sans qu'il s'associe peut-être lui-même aux thèmes structuralistes. C'est Jacques Rueff dont l'ouvrage, l'*Ordre social* (1948), est truffé d'analyses et de superpositions structurelles, rassemblées en une interprétation générale de l'objet économique glissant constamment dans une dévaluation et une déformation de sa représentation. J. Rueff a défini un objet économique cohérent en utilisant des concepts généraux (l'échange, la valeur et le patrimoine) dont il a, en termes comptables, dissocié des composantes sujettes à variation, à substitution, à permutation et à dissimulation dans un cadre dimensionnel rigide et relativement stable ; au bout du compte celui-ci aussi est tenu, pour représenter son contenu, de s'aligner sur l'évolution des œuvres des forces qui le composent. La rigidité dans la représentation fait cependant que le cadre se met souvent en discordance avec le tableau réel, par des retards d'ajustement, par la cristallisation de situations acquises ou par le rôle sclérosant de l'État. Grâce à l'échange, l'économie tient le processus fondamental qui, en maintenant les équivalences, croise les structures, en permute les éléments et substitue à parité les compartiments de systèmes. Chez J. Rueff les valeurs sont dissociées en un élément interchangeable (le contenu) et en un cadre relationnel permanent (le réceptacle) qui les relie aux sujets de façon assez rigide. Ce cadre doit bien entendu tôt ou tard épouser la mesure exacte des éléments qu'il contient sauf à donner insidieusement à des fausses valeurs l'apparence du vrai et à des valeurs disparues le masque de la présence.

Les dissociations structurelles auxquelles procède J. Rueff s'inspirent toujours d'un même principe : substitution de contenus affectant un même réceptacle ou, par permutation, plusieurs réceptacles. Ce principe est tiré de l'analyse du droit de propriété et du droit de créance. Le droit de propriété est la faculté de jouir et de disposer d'une chose. Il établit un lien visible entre le titulaire du droit et cette chose ; il constitue « un *récipient à valeur*, de volume bien déterminé, susceptible d'être rempli, au gré de son titulaire et à concurrence de son volume, de toutes richesses offertes sur le marché ou plus exactement de la valeur que représente la propriété de ces richesses ». Le droit de créance est plus complexe puisqu'il recouvre une double dissociation structurelle. En tant que droit de propriété plein d'une richesse présente, il se dissocie en un récipient et un contenu ; celui-ci, la valeur de la créance, est un objet financier susceptible d'être échangé sur un marché. En tant que droit vide d'une richesse future (celle qui fait l'objet de la créance), il se dissocie d'un second contenu : la valeur qui, dans l'actif du débiteur, constitue la contrepartie de sa dette. « Telles ces boîtes magiques que les enfants empilent les unes dans les autres », le droit de créance est rempli d'une créance, laquelle est un droit à échéance sur une valeur détenue ailleurs que chez le créancier. Ce principe contenant-contenu, dissociant les droits des valeurs sur lesquelles ils s'exercent, s'applique différemment suivant plusieurs cas de figures :

1) Par rapport aux échangistes sur un marché. Le contenant (droit de propriété) des échangistes, qui sont tous apporteurs, soit de biens réels, soit de créances, soit de monnaie, est réputé rigide. L'échange va entraîner, non seulement la substitution des contenus, mais aussi leurs variations en termes réels. Pour que les quantités offertes et les quantités demandées puissent s'égaliser, la théorie des prix montre que ceux-ci doivent varier, en sorte qu'après échange, la richesse, en termes de quantités, sera plus ou moins tassée dans des contenants de volume inchangé.

2) Par rapport à la gestion du patrimoine d'une personne. Étendant le concept du droit de propriété à l'ensemble d'un patrimoine, J. Rueff fait appel à la notion comptable de bilan par actif et passif. Il saisit ainsi l'universalité des droits qu'est le patrimoine juridique, où les actifs, constitués par les droits de propriété et de créance du titulaire, se réfléchissent au passif en droits propres et en droits des tiers (ces derniers au titre du financement par emprunts). Le bilan représente un réceptacle relativement rigide, dont le contenu peut, en variant, créer deux sortes d'écarts : entre la valeur comptable des actifs et leur valeur réelle ; entre la valeur des actifs et la valeur des droits propres du titulaire. L'ajustement des valeurs des actifs et des valeurs des droits propres se fait (ou ne se fait pas) au moment des inventaires. A ce moment le contenant devrait se mettre au niveau du contenu. Entretemps de faux droits ont été engendrés à concurrence de l'écart défa-

vorable. Les composantes du passif, droits propres du titulaire du patrimoine et droits des tiers, présentent des rigidités différentes. Les droits des tiers fondés sur des obligations financières fixes ne doivent pas normalement être atteints. S'ils l'étaient, il se produirait aussitôt une faillite qui répartirait le capital entre les créanciers. Ce capital constitue la partie fixe des droits propres, la plus rigide ; il est publié et légalement protégé ; il garantit la véracité des droits des tiers ; tant qu'il existe, ceux-ci pourront toujours saisir sa valeur, à condition qu'il n'ait pas lui-même perdu sa vérité. L'autre partie des droits propres, variable, est directement sensibilisée aux variations de l'actif. Si l'ajustement du contenant (la dimension du bilan) sur le contenu (la richesse) ne se fait pas par l'intermédiaire de cette catégorie mobile des droits propres (réserves du passif), la valeur peut clandestinement s'évacuer du patrimoine, les droits des tiers et le capital n'étant plus qu'une façade trompeuse.

3) Par rapport à l'équilibre général des échanges. J. Rueff utilise la forme d'une balance des comptes qui sert à exprimer la manière dont, dans l'échange des biens contre de la monnaie, les droits qui se vident de richesses non monétaires (biens, services et créances) s'ajustent avec les droits qui se remplissent de ces mêmes richesses. L'équilibre est réalisé lorsque les volumes contenus par ces deux catégories de droits sont égaux. Mais ils peuvent ne pas l'être d'emblée, ce qui est le cas général. L'ajustement se fait alors par des mouvements de prix.

4) Par rapport à la formation de la valeur du produit. J. Rueff énonce que la valeur du produit est la somme des valeurs des services composants, y compris les services de l'entrepreneur, qui par construction comblent la différence entre la valeur du produit et celle des capitaux et des services du travail qui y ont été incorporés. Au terme du processus de production, le produit doit totalement remplir un volume égal à celui de l'ensemble des droits où étaient contenues les richesses dont il est fait, autrement dit tous les droits de propriété vidés des richesses correspondant aux services qui ont fait le produit doivent pouvoir retrouver en ce produit, ou plutôt en sa valeur monétaire, un contenu égal à leur volume de contenant. Si la production a été déficitaire (revenu négatif de l'entrepreneur), le contenu (produit) sera inférieur au réceptacle (droits des producteurs). Il y aura apparition de faux droits par maintien d'actifs au bilan pendant une certaine période. Lorsque la situation sera apurée, elle affectera par dévaluation et suivant son importance, d'abord les droits propres de l'entrepreneur, puis les droits des tiers.

Telles sont les principales figures structurelles de la « théorie des droits » de J. Rueff. Au total, l'ordre social est fondé sur le respect de l'appropriation des richesses conformément à leurs valeurs déterminées à tout moment par les lois du marché. Cet ordre est assuré tant que la structure des droits de propriété et de créance, qui s'exercent sur ces valeurs, est conforme à celles-ci, qui évoluent sans cesse. Le principe régulateur fondamental consistera à rétablir les équilibres par réduction des écarts entre les valeurs et les droits. L'État est le principal responsable des écarts irréductibles, car il est seul en mesure d'en créer qui ne pourront se réduire d'eux-mêmes par la dévaluation du patrimoine. Le patrimoine public étant insaisissable et inaliénable, l'État pourra, sans risquer la faillite, qui rétablit habituellement la vérité des droits, imposer à ses créanciers des fausses valeurs auxquelles il donnera l'apparence de vrais droits (émission de monnaie). Il contaminera ainsi, par le moyen d'une monnaie faussée, l'ensemble de droits de tous les sujets de la communauté. En effet, la monnaie est elle-même appropriée et représente un droit sur une créance (à l'actif d'une banque), laquelle est un droit sur une autre valeur (dans l'actif d'un débiteur) qui, si l'État est le débiteur, peut se déprécier clandestinement de façon durable. Ainsi la monnaie et les valeurs (richesses en tous genres) s'enchaînent dans des rapports structuraux juridiques et comptables, relativement rigides ; ceux-ci peuvent masquer l'évolution divergente des valeurs successivement emboîtées dans les droits des personnes en relations contractuelles. Cette représentation structurelle du champ économique fait donc apparaître des droits représentatifs qui encadrent des valeurs mouvantes dans un contexte animé par un jeu de réflexions, de substitutions et de permutations génératrices de discordances.

De notre point de vue, la théorie des droits de J. Rueff est extrêmement importante. Nous aurons l'occasion d'y revenir dans ses implications monétaires. L'œuvre de J. Rueff porte en effet une immense qualité — qui fait d'ailleurs sa difficulté et qui résulte d'une profonde connaissance des mécanismes financiers, monétaires et comptables : l'auteur a pris un large champ par rapport aux concepts traditionnels de la discipline économique enseignée dans les universités et appliquée par les institutions bancaires, administratives et économiques, où les analyses se sont édifiées sur des couches conceptuelles anciennes, à peine rénovées par Keynes. Les schémas et formules qui imprègnent les conceptions contemporaines ont fini par perdre pied par rapport au sol de la réalité ; ils déroulent des structures fictives au sein de la représentation conventionnelle où la science de l'économie s'est finalement enfermée. J. Rueff, économiste exceptionnel, a su échapper à cette scholastique. Il aura seulement manqué à son dessin structurel d'intégrer les processus profonds de formation de la valeur, puisque l'auteur est parti des valeurs appropriées. Plaçant l'ordre social dans le principe de la concordance entre la valeur des richesses et les droits qui les approprient, il a négligé d'analyser la manière dont ces valeurs sont appropriées. Or les déformations structurelles, mises en évidences par J. Rueff seulement dans les échanges et l'évolution ultérieure des valeurs appropriées, ont déjà vicié la concordance des richesses et des valeurs qui les produisent, au niveau élémentaire de l'incorporation des services du travail. Les schémas relativement statiques de l'équilibre et de l'échange doivent être complétés par ceux des processus d'évolution et de production où déjà se clivent, s'imbriquent et se substituent les structures réelles et plusieurs systèmes de répartition.

L'OBJET ÉCONOMIQUE, RÉSULTAT DE L'INTÉGRATION DES TYPES STRUCTURAUX.

Au terme de cette montée des formes et des processus, la connaissance accède à un objet économique fait de structures complexes, où se retrouvent tous les types et catégories successivement découverts. Les structures additives en donnent des découpes instantanées. Les formes soustractives le décomposent en niveaux d'analyses, s'imbriquant les uns dans les autres. Le tout est enfermé dans des orbites circulaires, constamment génératrices de nouveaux anneaux. Des dispositifs d'enchaînement assurent les inter-relations et les transformations sectorielles, tandis que la succession des versions comparatives de tout ou partie des constituants, que ces versions soient anticipées, juxtaposées, mises en concordance ou intégrées, permet une accommodation progressive à la réalité. Mais la dynamique de cet objet ne peut être rendue par les seules images spatiales de ces structures représentatives, fussent-elles enchaînées dans des confrontations et des successions de formes selon les processus suggérés par les méthodes comparatives. Des processus spécifiquement dynamiques projetés en termes spatiaux sur des plans diachroniques doivent animer l'objet et donner la forme de ses évolutions. C'est pourquoi l'objet doit toujours être saisi complémentairement dans la quatrième dimension, où se dégagent des structures temporelles d'une extrême diversité que l'on s'efforce de réduire à des repères communs. A la source profonde de la dynamique, les forces qui font la cohésion spatiale, l'équilibre et le mouvement, ne peuvent être révélées qu'au travers des structures décisionnelles des sujets, des groupes, et de leurs combinaisons en strates ; ces appareils décisionnels sont eux-mêmes structurants, car sur leur hétérogénéité s'établissent les lignes d'un équilibre unique et spécifique, tandis que leurs modifications tracent les chemins de l'évolution. Ces forces trouvent hors du champ économique, dans des structures génératrices, la capacité de leur renouvellement, de leur reproduction, de leur extension et de leur perfectionnement. L'objet ne peut les ignorer. Il doit intégrer dans sa représentation, avec son mode d'emploi, la clef de leurs mutations. Ainsi s'affirme une véritable genèse non pas seulement de l'objet, mais des forces qui le dessinent. Toujours tentées de se dissocier des sujets dont elles émanent et qui leur assignent des finalités, ces forces créent un monde objectif, tyrannique, inerte, pesant, inadéquat à un réel dont les mouvements sont stupéfiants de rapidité et de diversité. Aussi pour comprendre le présent, les hommes sont-ils constamment tenus de refaire l'histoire du même passé, livrant sans fin l'objet de leur savoir et de leur action à des enchaînements dialectiques, ouverts et toujours renouvelés. Enfin la représentation dynamique de l'objet doit surmonter l'écueil le plus grave. Les structures de substitution et de pure représentation entourent d'une sécrétion continue les formes primitives. Celles-ci se dissimulent ainsi sous des nuées, où l'homme s'efforce, non sans peine, de repérer les signes d'une attache et d'un relief, qui ne soient pas de faux-semblants.

LA PROBLÉMATIQUE MONÉTAIRE

LE PROBLÈME.

Puisque la monnaie concrétise la forme de l'objet économique, il est naturel que les étapes successives de la formation de celui-ci ne puissent bien se formuler qu'au travers des différentes conceptions de la monnaie. Si l'on voulait résumer brièvement l'évolution monétaire, on serait tenté de la ramener à l'histoire de l'intégration de la monnaie au niveau des éléments les plus primaires du champ économique, ou encore à l'histoire de la très lente reconnaissance de la monnaie à la fois comme pure et unique expression des structures réelles qui sous-tendent l'objet économique et comme un facteur privilégié de la détermination de chacun des éléments et groupes d'éléments dont la combinaison crée les structures réelles.

La monnaie a été, de tout temps, un thème majeur de la recherche économique bien qu'elle n'ait jamais été considérée comme une partie noble de cette discipline. Est-ce sa technicité qui déroutait? Son ésotérisme qui en faisait une chasse gardée des financiers? Son extrême fugacité qui effaçait les tracés structurels? Elle a pâti de l'étiquette de l'usurier, du comptable, de l'intendant, du banquier. Dans le corps économique, la monnaie a finalement, d'instinct, figuré les entrailles plutôt que le sang dont certains ont voulu lui attribuer analytiquement les fonctions. Et pourtant, comme apparence des phénomènes économiques, comme donnée immédiate de l'observation de l'objet économique naissant, elle a constitué le fond des thèses mercantilistes, qui ouvrent l'analyse systématique et amorcent une prise de conscience de la spécificité du fait économique. Plus tard elle passe à l'arrière-plan, l'interprétation des phénomènes ayant mis en évidence l'existence d'une nature économique profonde, complexe, riche, hétérogène. Aujourd'hui, la monnaie tend à reconquérir les premiers rôles. Car l'approfondissement du champ économique n'a jamais fait découvrir valablement et sûrement que des formes monétaires, seules perceptibles et intelligibles.

Les économistes se sont rapidement mis d'accord, à des nuances près, sur la nature apparente et les fonctions de la monnaie : à dire vrai, cette unanimité n'est pas anormale lorsqu'il s'agit de s'entendre sur des faits d'observation. Cependant et non sans quelques discussions dues aux retards de réaction et de compréhension, les théories ont évolué de la conception de la monnaie-marchandise à celle de la monnaie-signe ; car la nature propre de l'instrument monétaire a changé effectivement depuis que le papier-monnaie et la ligne d'écriture comptable ont remplacé le métal précieux. De plus, les fonctions de la monnaie sont assez diverses pour que les économistes aient pu se distinguer entre eux par l'intérêt particulier qu'ils attachaient à telle ou telle de ces fonctions. Leurs analyses ont souffert d'avoir négligé l'une ou plusieurs d'entre elles, ou de n'avoir pu les concilier.

Par contre, les économistes ont ardemment débattu et continuent volontiers de débattre des relations structurelles de la monnaie. Car la monnaie, étant nécessairement coextensive à l'objet économique dans sa totalité, toutes les conceptions de l'économie s'y reflètent par la force des choses. En particulier, la monnaie a largement participé aux théories économiques fondamentales. La problématique monétaire a ainsi évolué sur quatre voies parallèles et corrélatives, chacune prenant appui sur les progrès conceptuels réalisés dans les autres :

— l'expression par la monnaie des structures de l'objet économique ;
— la structure propre de la monnaie ;
— l'articulation de la monnaie sur le champ économique ;
— le degré d'influence des facteurs ou variables monétaires sur les structures de l'objet et, à l'inverse, le degré d'influence des grandeurs réelles sur la monnaie.

L'évolution de ces piliers de l'analyse monétaire a conduit de l'expression des structures du prix des choses à celle, complémentaire, des structures du revenu des agents ; de la monnaie-marchandise à la monnaie-signe ; de la monnaie abstraite et sans consistance à la monnaie fortement et spécifiquement structurée ; de la monnaie juxtaposée après coup sur le champ économique à la monnaie intégrée ; de la monnaie agissant globalement sur le niveau général des prix à la monnaie contribuant en détail à la formation des revenus. En bref, d'abord considérée comme une échelle de graduation simplement appliquée à la mesure de dimensions et de paramètres économiques formés en dehors d'elle, la monnaie est progressivement devenue la composante élémentaire de l'objet et l'expression exclusive de la formalisation économique.

Paradoxalement, les premiers économistes de l'Occident qui présentèrent une doctrine dotée d'une certaine cohérence, les mercantilistes, ne purent pas dégager une théorie monétaire, bien qu'ils aient fait de l'approvisionnement de la nation en or et en argent l'objectif même de leur recherche. Mais faire de la monnaie le symbole et la quintessence de la richesse empêchait le développement même de la problématique monétaire. Car cette conception niait la monnaie en tant que telle, l'assimilant à un terme privilégié de l'échange dans une économie de troc, c'est-à-dire à la plus recherchée de toutes les marchandises. Il faut attendre l'époque classique, dont la doctrine s'est progressivement formalisée de la fin du XVIIIe siècle au début du XXe, pour rencontrer les premières vues synthétiques sur les relations structurelles de la monnaie, dessinant un objet économique consistant.

L'OBJET ÉCONOMIQUE CLASSIQUE.

Les classiques ont bien distingué le concept de monnaie en l'opposant au réel. Mais ils en ont fait un concept structurellement vide. Au demeurant, la monnaie avait matériellement l'apparence d'une marchandise ; elle ne se distinguait donc pas du réel, du point de vue de sa structure. Mais cette structure n'était pas monétaire à proprement parler, n'importe quelle marchandise pouvant en théorie servir de monnaie. Les formes fiduciaires jouant le rôle de monnaie n'étaient que le signe de cette monnaie-marchandise qu'elles dédoublaient et représentaient. Les classiques ont donc simplement reconnu en propre à la marchandise (ou à son signe) qui circulait comme monnaie, la fonction spécifique d'intermédiaire de l'échange : mais un intermédiaire conceptuellement inconsistant, un ectoplasme, appelé à s'effacer une fois l'échange accompli en termes réels. Or les classiques ont négligé les délais et les écarts de clôture des cycles réels d'échanges. Se plaçant dans un temps indéterminé, ils ont postulé, avec la loi de Say, que les produits s'échangeant contre des produits, chacun créait son propre débouché, ce qui entraînait nécessairement le maintien constant d'un équilibre de plein-emploi. Ils n'ont vu dans l'échange monétaire qu'une décontraction du troc. La monnaie a été conçue comme un simple voile, à l'égard des structures économiques et de la détermination d'un équilibre qui apparaissait comme la résultante automatique du jeu des forces réelles. Les phénomènes économiques étudiés (production, circulation, consommation, prix relatifs) sont, dans l'optique classique, considérés comme déterminés directement et complètement par les facteurs réels.

La vision classique de l'objet économique, en termes réels, est limitée pour l'essentiel à l'explication de la valeur des choses. Sa forme s'ordonne principalement sur un découpage catégoriel en objets comparés entre eux et susceptibles d'être offerts ou demandés et mesurés par des prix. Les sujets restent des sujets. Ils font l'analyse des choses mais ne sont pas intégrés dans les formes de l'objet où seulement apparaissent les résultats de leur action en termes de facteurs dotés de prix comme les choses. Ils sont le champ où se manifestent les forces concrétisées par des facteurs et leurs combinaisons. Leur rôle se borne à observer, à choisir, à décider. Acteurs, hôtes, géniteurs, ils ne sont pas représentés eux-mêmes dans le champ ou dans leur œuvre.

Exclue du plan de formation de la valeur des choses, la monnaie se détermine cependant sur un second plan, distinct du premier. La théorie monétaire est bâtie sur un modèle semblable à la théorie économique d'ensemble en ce sens qu'elle est dominée elle aussi par le problème de la détermination de la valeur. En tant qu'objet catégoriel, fût-il vide de structure, s'ajoutant à tous les autres objets dotés d'une valeur économique, la monnaie a en effet elle-même une valeur. Mais, conformément à la thèse de la monnaie reflétant seulement l'échange réel, sa valeur globale est généralement conçue comme égale à la valeur globale de tous les autres biens. En outre, selon la loi de l'offre et de la demande, qui au cas d'espèce a été généralement préférée à celle de la valeur égale au coût de production, même par les adeptes de cette dernière loi, la valeur de la monnaie s'établit au point de rencontre de la courbe de la demande monétaire déterminée par les besoins en monnaie de l'économie réelle et de celle de l'offre de matière monétaire, d'abord limitée au métal précieux, puis dédoublée et représentée par le crédit. Cette offre est essentiellement régie par les coûts d'extraction du métal. L'accent était particulièrement mis sur les variations de l'offre, la demande étant supposée infiniment plus régulière et plus inerte. La valeur de la monnaie, résultant de la confrontation de l'offre et de la demande, ne pouvait au mieux qu'exprimer un concept de quantité puisque la monnaie se voulait l'étalon de mesure de la valeur et, par conséquent, se posait comme un système dont l'unité, définie par un rapport fixe avec un poids donné de métal, était nécessairement invariable. Dès lors toute variation de l'offre ou le cas échéant de la demande de monnaie se traduisait par le mouvement d'une quantité d'unités monétaires.

Cette conception des déterminations réelles et monétaires impliquant juxtaposition d'une théorie économique et d'une théorie monétaire est appelée communément la dichotomie classique. L'analyse de l'économie réelle et celle des variables monétaires se déroulent sur deux plans différents. Les facteurs agissant sur un plan sont sans effet à l'égard des phénomènes sur l'autre plan. Il n'y a pas d'intercommunication au niveau des analyses respectives. On parle à cet égard de postulat d'homogénéité. Une fois les équilibres réalisés dans chaque plan et seulement à ce moment-là, dans un second stade, une relation globale unique intervient qui réunit, sans les restreindre ou les amplifier réellement et sans les déformer, les résultats obtenus de part et d'autre. Tout se passe comme si après avoir définitivement négocié entre eux les actes d'échange et arrêté tous les paramètres, notamment les rapports réels de prix, les sujets contractants recherchaient la monnaie nécessaire à l'exécution des contrats. La dimension apparente des prix varierait alors suivant que l'ensemble des sujets trouve plus ou moins d'unités monétaires dans le champ. La relation globale et à posteriori est définie par la théorie quantitative selon laquelle la quantité de monnaie fixe seulement le niveau général, ou moyen, des prix et donne les prix absolus sans toucher aux prix relatifs, ni même, sauf exception, au volume des transactions. La monnaie réintégrée après coup dans l'analyse économique ne peut plus modifier la structure ni la dimension globale mais elle donne en quelque sorte l'échelle de représentation. Cette propriété s'appuie sur le postulat de neutralité : tous les prix relatifs varient proportionnellement au mouvement monétaire quantitatif global. Il n'y a pas non plus de changement dans la quantité de facteurs ou de produits ; le secteur réel est donc insensible au changement de niveau monétaire. La forme monétaire « préfabriquée » est appliquée à posteriori à l'objet économique : elle lui donne son échelle de mesure, mais respecte intégralement ses proportions internes ainsi que son volume global également prédéterminés en termes réels.

Structure de l'objet en forme d'analyses des biens faites en termes de prix, loi des débouchés, équilibre de plein emploi, monnaie-marchandise et aussi monnaie-voile, dichotomie, postulats d'homogénéité et de neutralité, théorie quantitative de la détermination monétaire du niveau général des prix : tels sont les titres-choc des conceptions que les grands classiques anglais, J. B. Say, puis les néo-classiques théoriciens de l'analyse de la valeur, ont partagés, aux variantes près, en matière monétaire. La transparence du temps passé masque cependant l'épaisseur de ce bloc conceptuel dont certaines formes n'ont trouvé qu'assez tardivement leur expression la plus durable, leur achèvement ou leur suite naturelle.

Ainsi, la dichotomie s'est formalisée dans la loi de l'équilibre général de Walras suivant laquelle à toute offre de biens s'égalise nécessairement une demande de monnaie et vice versa. Dans la série des équations à *n* prix inconnus qui définissent l'équilibre général des marchandises échangées sur l'ensemble des marchés, il suffit, pour déterminer les prix d'équilibre de toutes les marchandises, de résoudre *n-1* inconnues, la nième marchandise (ou plus généralement le $n^{ième}$ bien) étant choisie comme monnaie et son prix étant représenté par le chiffre 1.

Ensuite, c'est Fischer qui, en 1911, a donné de la théorie quantitative l'expression la plus célèbre : $MV + M'V' = PT$. A cette équation générale des transactions, peu contestable en elle-même, il a attribué la signification particulière et univoque d'une variation du niveau des prix (P) consécutive et proportionnelle aux variations de la quantité de monnaie en circulation (M), l'inversion du lien causal étant exclue. Pour cela, il assure que P est un terme absolument passif dans l'équation et dépend des autres termes sans avoir lui-même d'action sur ceux-ci. De plus les transactions réelles (T) ne sont pas affectées par les mouvements monétaires. Comme les classiques qui l'ont précédé, Fischer postule d'autre part que toutes les capacités, naturelles et techniques, de ressources et de développement sont exploitées sans restriction lorsque se réalise l'équilibre réel ; notamment la réalisation du plein emploi n'est jamais mise en cause. Enfin, le rapport M'/M du total des dépôts scripturaux (M') et de la quantité de monnaie (M) est déclaré constant de même que la vitesse de circulation de la monnaie V (« taux de récupération de la monnaie dans sa fonction de contrepartie des échanges ») et la vitesse de circulation des dépôts V'. Dès lors le niveau général des prix P ne peut varier que proportionnellement à la quantité de monnaie.

En résumé, aux quatre grands problèmes posés par les relations structurelles de la monnaie et de l'objet économique, les théories classiques ont dans leur ensemble et sur deux siècles (XVIIIe et XIXe siècles) répondu sans équivoque : 1° La monnaie exprime des structures de prix, les sujets n'étant eux-mêmes pris en compte que comme facteurs de production (travail, argent, terre, capital réel) dotés de prix comme leurs produits. 2° Elle n'a pas de structure propre, car, conçue comme un voile, elle ne peut adopter que celle du bien qui la concrétise ou l'ensemble des biens dont elle est la mesure. 3° Les déterminations réelles et monétaires étant dichotomiques, la monnaie s'articule en bloc sur le champ économique réel pour donner sa dimension apparente, sans toucher aux valeurs relatives. 4° Sous l'empire de la théorie quantitative, le nombre variable d'unités monétaires de valeur fixe détermine le niveau général des prix, sans modifier les grandeurs réelles. A l'inverse, celles-ci, en faisant varier la demande ou l'offre de monnaie commandent la quantité d'espèces monétaires en circulation et donc indirectement les prix absolus qui dépendent du rapport de l'offre et de la demande de monnaie.

A l'encontre de l'architecture classique de l'objet économique, les économistes ont très lentement mûri les formes nouvelles qui, aujourd'hui se substituent en tous points aux positions affirmées au XIXe siècle. Le retournement de celles-ci s'est effectué dans un ordre successif et d'une manière plus ou moins complète suivant le cas. L'enchaînement des réactions constituant la mutation qui s'étale sur toute la première moitié du XXe siècle a son origine jusque chez les classiques eux-mêmes, alors que ces derniers n'avaient pas encore trouvé les plus fortes expressions de leurs grandes théories. Mais déjà dès le XIXe siècle, Marx avait renouvelé l'analyse monétaire. Bien que nourri de la pensée classique, il a formulé sur la monnaie des idées originales qui, en raison de sa personnalité, continuent d'avoir un grand écho et rejoignent au surplus certaines positions modernes.

L'OBJET ÉCONOMIQUE MARXIEN.

Les thèses de Marx sur la monnaie ont été analysées en 1936 par Henry Delpech (*Annales du Droit et des Sciences Économiques*) comme l'affirmation d'une position antiquantitativiste et en 1967 par Suzanne de Brunhoff (*Revue économique*) qui y a noté l'amorce d'une structure monétaire spécifique. Il ressort de ces études que Marx, entraîné par son système personnel de pensée, s'est éloigné des positions classiques essentiellement sur trois points : il a défini une structure monétaire autre que celle d'un reflet, la monnaie en tant que telle n'étant plus inconsistante ; il a rejeté la théorie quantitative ; il a reconnu l'existence d'une monnaie de crédit distincte de la monnaie métallique, mais obéissant aux mêmes lois de circulation.

D'abord, la monnaie est conçue par Marx comme une marchandise qui n'est pas comme les autres. Elle est dotée ès qualités de la propriété d'être « l'équivalent général ». Cette marchandise devenue monnaie, en l'espèce l'or, donne à cette dernière une valeur qui, selon la loi marxienne, est déterminée par le temps de travail social cristallisé en elle. Cette valeur varie suivant les conditions de la production. Contrairement à la thèse classique qui articulait la monnaie sur la valeur de tous les biens, de sorte que sa valeur unitaire réelle était l'inverse du niveau général des prix des biens, Marx lui donne ainsi une valeur réelle autonome. Mais il pense qu'en circulant, la monnaie perd sa valeur propre, « se démonétise » et peut ainsi devenir le reflet de la valeur des marchandises et des transactions réelles. Le fait que toute la monnaie ne circule pas en même temps permet à Marx de concilier sa thèse de la valeur propre avec la fonction représentative assumée par la monnaie à l'égard des valeurs réelles des biens. Aux fonctions de mesure de valeur et de moyen de circulation, il ajoute celle de réserve de valeur. La circulation prend donc dans le stock monétaire seulement ce qui est nécessaire aux transactions. La monnaie s'accumule sous forme de « trésors » qui « servent ainsi de canaux de distribution et de dérivation de l'argent circulant, en sorte qu'il ne circule jamais à titre de numéraire que le quantum d'argent déterminé par les besoins immédiats de la circulation ». L'argent thésaurisé régularise les flux monétaires. Il donne à la circulation élasticité et souplesse et fait échapper l'instrument de l'échange à l'influence directe de la production d'or. Dans ces conditions, il n'y a pas d'objection à ce que la monnaie puisse en même temps avoir une valeur propre variable (la valeur-travail) déterminée intrinsèquement et refléter simplement la valeur des biens. Il suffit que la monnaie circulante se proportionne à cette valeur, compte tenu de sa propre valeur. La monnaie peut ainsi signifier la valeur sans la déformer.

Dès lors, Marx a été conduit à prendre une position formellement antiquantitativiste : « Étant donné le prix total des marchandises et la vitesse moyenne de leurs métamorphoses, la quantité de monnaie en circulation dépend de sa propre valeur. » Adoptant l'opinion de Tooke et de Fullarton contre celle de Ricardo, il précise : « Les prix ne sont pas élevés ou bas parce qu'il circule plus ou moins d'or mais il circule plus ou moins d'or parce que les prix sont bas ou élevés. » On ne peut pas rejeter plus nettement la théorie quantitative. Cependant, dans le cas du papier-monnaie inconvertible, Marx ne peut soutenir sa thèse de la prédétermination de la valeur de la monnaie et doit admettre des mouvements quantitatifs qui entraînent des mouvements de prix.

Marx enfin a écrit des phrases admirables sur le crédit : « Tout dans ce système de crédit se dédouble et se détriple et se mue en simple fantasmagorie. » L'assimilant à la monnaie, sans le confondre avec elle, il lui donne une structure parallèle. Le crédit peut se substituer à la monnaie. Comme la monnaie métallique, la monnaie de crédit s'ajuste aux besoins de la circulation grâce aux réserves d'encaisse.

Grâce à l'unité de sa construction logique et à la profondeur de ses observations, nonobstant l'évidence de la contrainte quantitative de la monnaie-marchandise, Marx anticipe sur la recherche de ceux qui, à l'époque moderne de l'émission monétaire dégagée de sa subordination au métal, fondent l'élasticité de la circulation directement sur les lois du calcul économique et s'efforcent de justifier l'adaptation spontanée de la monnaie aux paramètres de prix et de revenus. La voie du futur monétaire entrouverte par Marx était cependant prématurée ; elle devait s'enliser, sans être relayée, dans les incertitudes, les erreurs et le dogmatisme de la valeur-travail.

En somme, devant le problème de coordination posé par la représentation classique de l'objet économique, qui a juxtaposé le secteur réel et le secteur monétaire sans faire apparaître leurs relations réciproques autrement que par l'équivalence globale et formelle de l'équation quantitative, devant le déséquilibre et l'hétérogénéité résultant de ce rapprochement grossier, Marx a choisi de sacrifier encore plus le nominal monétaire au réel. Il a recherché une meilleure cohérence de l'ensemble en assurant le triomphe des déterminations réelles. Contre les classiques qui laissaient ces déterminations subir un ajustement monétaire global susceptible de changer le niveau de l'échelle de représentation, Marx a ramené toutes les dimensions de l'objet, y compris la monnaie, c'est-à-dire la dimension corporelle, aux déterminations réelles exprimées par la valeur-travail. Le niveau même de l'échelle de représentation était intégré dans les rapports internes des valeurs réelles, puisque, grâce aux réserves de thésaurisation, seule la demande monétaire, c'est-à-dire les besoins des échanges en termes réels, déterminerait ce niveau. Pour Marx, « en lui-même, le prix n'est que l'expression monétaire de la valeur ». Le « prix de production » effectif de chaque marchandise oscille autour de ce prix naturel. Marx ajoute : « Si chaque produit en détail n'est pas vendu à sa valeur vraie, en revanche le prix total de tous les produits se proportionne à la vraie valeur totale .» Dès lors le prix absolu est l'expression globale des prix relatifs. Marx chassait ainsi toute influence monétaire sur les structures de l'objet. Le nominal s'absorbait dans le réel. Ce n'était pas la bonne voie. Dans celle-ci Marx n'a eu de postérité que lui-même, indéfiniment d'ailleurs.

Les classiques devaient être remis en cause plus efficacement et plus totalement par une voie inverse de celle suivie par Marx. Au lieu d'être consolidé et directement monétisé comme dans la thèse marxienne, le réel allait être progressivement chassé des formes spécifiquement économiques par les appareils théoriques qui devaient se révéler les plus fructueux en Occident. L'objet économique se caractérise depuis par une invasion du monétaire aux dépens du réel ; les formes économiques se sont « nominalisées ». Leur expression monétaire est le phénomène naturel, seul accessible à notre observation et à notre analyse, à notre jugement, à notre comportement, à notre action dans le domaine économique.

LE DÉMANTÈLEMENT DE L'OBJET ÉCONOMIQUE CLASSIQUE.

Dans l'évolution des idées sur le problème monétaire, l'observation des faits a souvent joué un rôle décisif pour la remise en cause des théories classiques. C'est Wicksell qui constate que les mouvements de prix sont associés à des mouvements de taux de l'intérêt de même sens, alors que les classiques les considéraient de sens inverse ; ils décidaient en effet que la raréfaction du métal entraînait la hausse du taux de l'intérêt et la baisse des prix et que l'afflux du métal au contraire associait la baisse des taux de l'intérêt et la hausse des prix ; Wicksell observe qu'à la fin du XIXe siècle la baisse des prix se concilie avec une baisse du taux de l'intérêt. C'est Keynes qui, devant la persistance du chômage qui sévit en Angleterre durant les années 1935, démontre qu'un équilibre nominal n'exclut pas de profonds déséquilibres réels et notamment le sous-emploi. C'est Aftalion qui, observant les phénomènes d'inflation galopante en Europe centrale après la guerre de 1914-1918 et l'ampleur des mouvements de prix liés dans tous les pays européens à l'instabilité des cours du change, est amené à privilégier l'influence des prévisions et des facteurs psychologiques sur l'évolution de la monnaie et des prix.

L'analyse des faits monétaires et la remise en cause des thèses classiques ont été facilitées par le grossissement dont l'observation des phénomènes de l'espèce a bénéficié grâce au nouveau système monétaire institué après la première guerre mondiale. La fin des monnaies métalliques a entraîné la domination de la monnaie de crédit. Dès lors les phénomènes monétaires n'étaient plus enfermés dans les limites plus ou moins plastiques de l'étalon métallique ; ils ont évolué avec une ampleur et une rapidité telles que des liaisons, des rapports, jusque-là dissimulés par la rigueur des contraintes métalliques et la lenteur du mécanisme d'ajustement, ont atteint une proportion qui les rendait visibles à l'observateur. En outre, l'origine même de la monnaie de crédit, son mécanisme d'émission ainsi que la facilité de sa reproduction et de sa multiplication ont fait prévaloir, en ce qui concerne la quantité de signes émis, aussi bien l'immense capacité laissée à l'État de régler l'émission à sa guise et à son profit, s'il le désire, que l'extrême dépendance du système à l'égard des besoins de monnaie. Certains économistes, sensibilisés par cette mutation du système monétaire qu'ils pressentaient sans l'admettre encore totalement, ont porté une attention particulière à la signification du crédit dans l'économie moderne, aussi bien comme source monétaire que comme facteur d'évolution des structures réelles. Hawtrey (1911) a remarquablement intégré le crédit dans l'analyse monétaire, en observant qu'il est porteur de pouvoirs d'achat comme la monnaie métallique, celle-ci ayant en plus la propriété de le freiner et de le régulariser. Schumpeter (1912) l'a même exalté comme condition préalable de toute évolution. Intervenant dans un milieu où tous les pouvoirs d'achat sont déjà liés par les combinaisons en place qui font l'équilibre des circuits, l'entrepreneur, porteur d'innovation, ne peut se procurer les moyens de production nécessaires pour réaliser ses combinaisons novatrices que par les pouvoirs d'achat additionnels issus du crédit.

Le véritable démantèlement de l'objet classique résulte de la conjonction des attaques antiquantitativistes, de la structuration des encaisses et de la monétisation de l'objet économique.

1) *Attaques antiquantitativistes et analyse en termes de revenus.*

Les théories antiquantitativistes reposent sur l'idée que les prix dépendent de mouvements de revenus plutôt que de la quantité de monnaie. Celle-ci agit non pas directement sur les prix mais sur les revenus qui par leur pouvoir d'achat déterminent le niveau des prix. Il arrive plus souvent encore qu'inversement, les revenus, modifiés sous l'action des facteurs réels et réagissant directement sur les prix, entraînent des mouvements quantitatifs de monnaie.

Le fait majeur derrière ces analyses, c'est que la représentation classique du sujet économique est abandonnée. Le sujet passif, sensible au jeu des plaisirs et des peines, dont le jugement énonçait la valeur des choses déterminée à travers lui par des lois quantitatives (offre et demande), n'est plus. Les forces jusqu'alors définies, appréciées, composées et exprimées dans la classe des objets, seront désormais étudiées par catégories appartenant à la classe des sujets actifs. Au lieu d'être essentiellement qualifiés par des prix, les nouveaux groupements seront mesurés par des revenus. Cette approche nouvelle par les revenus ne devait pas en fin de compte, fort heureusement, se substituer à l'approche par les prix, mais la compléter au sein d'une analyse coordonnée. Pour ceux qui en furent les initiateurs contre les théoriciens des prix, elle ouvrait la voie à des liaisons qualitatives entre la monnaie et le secteur réel, ainsi qu'à de multiples distorsions sectorielles dans l'évolution de ces liaisons. Les variations de revenus comme facteur du mouvement sont devenues un thème essentiel de la théorie économique moderne.

Plus et mieux que tout autre, Aftalion (1927) a mis en avant l'action des revenus sur les prix, pour critiquer la théorie quantitative, déjà contestée en France par Nogaro (1906). A la suite de Wieser, et comme la plupart des représentants de l'école autrichienne (Schumpeter),

Aftalion considère que la valeur de la monnaie doit être appréciée à travers la dimension du revenu. L'augmentation de celui-ci entraîne selon la théorie marginaliste une diminution de la valeur de l'unité finale de monnaie-revenu : d'où une tendance des sujets à céder la monnaie plus facilement. Il s'ensuit une augmentation des dépenses et une hausse des prix. S'appuyant sur l'analyse des effets du change, Aftalion a montré que la hausse des cours des devises étrangères entraîne l'augmentation des revenus liés au développement des exportations. Il a surtout insisté sur l'influence des phénomènes de comportement capables de modifier profondément jugements et prévisions, d'entraîner des déviations collectives intenses de même sens. Il assure, non sans apparence de raison, qu'à partir d'un certain seuil de hausse, des effets psychologiques activent les mouvements joints de prix et de revenus. Influencés par des prévisions de plus en plus excessives, les agents économiques réagissent à un déséquilibre du marché des changes en accélérant la dépréciation monétaire, car ils se débarrassent de plus en plus vite de la monnaie, si par exemple leur expérience les a conduits à constater que la hausse des devises entraîne l'ascension des prix.

2) *La structuration des encaisses et la liquidité.*

La deuxième voie de contestation du système classique passe par les travaux sur les encaisses. Combattant la conception de la monnaie-voile, reflet inconsistant des biens réels, elle a progressivement fait émerger la structure spécifique de la monnaie. Cette approche directe d'une dimension monétaire dotée peu à peu d'un relief et d'un environnement propres a été rendue possible par la mutation intervenue dans la deuxième moitié du XIXe siècle en ce qui concerne l'analyse de la valeur. Au cours des années 1870, les créateurs des écoles de l'utilité finale (Jevons, Walras et Menger) avaient en effet complètement renversé l'origine et le fondement de la valeur. L'excluant du coût de production objectif dégagé par les classiques anglais et par Marx, ils avaient placé sa détermination dans un jugement subjectif portant sur l'utilité des biens par rapport aux besoins. On sait que la valeur s'était ainsi réfugiée et avait en quelque sorte trouvé son sanctuaire dans la dernière dose de chaque bien offert ou demandé, appréciée différemment par chaque sujet suivant les positions de ce bien et de ce sujet dans l'ensemble des coordonnées économiques. C'était l'utilité marginale, fonction de l'intensité des besoins et désirs subjectifs et du degré de rareté des biens. Le bien cessait d'être caractérisé essentiellement par les conditions de production. Au lieu de l'offre, c'était cette fois la demande qui devenait le facteur fondamental. Celle-ci modelait la valeur sur un champ simplement délimité par une offre plus ou moins élastique.

La notion de demande monétaire, ainsi qualifiée puisque toute demande dans nos économies d'échange s'exprime en monnaie, est très centrée sur le sujet économique dont elle prolonge et exprime les besoins. Elle est cependant coextensive à l'ensemble du champ économique. Car tout acte d'échange exprime d'une part une offre et une demande de biens, d'autre part une demande et une offre de monnaie. Ainsi on peut essayer de saisir le même acte d'échange par l'une quelconque de ces quatre identités et notamment par l'offre ou la demande de monnaie. Abordée par la voie monétaire, la structure de l'objet économique est en quelque sorte retournée sans être déformée. Les mêmes ressorts, les mêmes liaisons, simplement inversés, rendent compte strictement des mêmes comportements et des mêmes complexes d'organisation. Toutefois en portant son attention sur l'offre et la demande de monnaie et par conséquent sur l'envers des phénomènes économiques, on accède à un système numérique structuré qui présente l'avantage d'être homogène, sensible, commandé individuellement par les comportements de chaque sujet. Ce système permet en outre l'intégration et la formalisation de comportements quantifiés, qualitativement différenciés. Les forces, les comportements et les biens réels s'interprètent par les stocks et flux de monnaie, les encaisses et revenus monétaires. Cette traduction se fait élément par élément, puisque chaque pièce de l'objet économique présente une face monétaire. Chaque flux réel est rigoureusement doublé par un flux de monnaie. Chaque force réelle et chaque comportement trouvent leurs marques dans un mouvement d'éléments monétaires. Grâce aux constructions centrées sur les mouvements de monnaie, les synthèses de l'objet économique offrent moins de difficultés. La formalisation des structures s'avère possible avec une certaine rigueur. Il est également bon de noter que les structures financières ou patrimoniales peuvent, grâce à leur rapport avec la monnaie, s'insérer plus naturellement dans un ensemble économique dont elles sont un secteur fondamental, et souvent oublié.

Les notions d'offre et de demande de monnaie se centrent sur celle d'encaisse. Car celle-ci est le groupement structurel qui est demandé ou recherché par le sujet comme un bien utile et rare, doté d'une valeur subjective. Mais l'encaisse en tant que bien demandé n'est apparue que tardivement dans la pensée économique. Elle a eu beaucoup de mal à prendre les contours structurels qu'on lui connaît aujourd'hui. Pendant longtemps, les théories de l'utilité marginale et de la demande monétaire n'ont donné lieu qu'à une nouvelle présentation des thèses classiques, où la monnaie demeurait sans consistance.

« L'encaisse désirée », expression dont Walras est l'inventeur, n'était pour lui qu'une représentation monétaire de valeurs réelles. Sous l'apparence d'une demande de monnaie, c'était une demande indirecte de biens, non la demande d'une monnaie considérée elle-même comme un bien spécifique. De même, dans la première moitié du xxe siècle, l'école de Cambridge (Marshall 1893, Pigou 1918, Robertson 1922), qui a mis en équation la fraction (K) du revenu conservée sous forme d'encaisse monétaire, n'a pu se dispenser d'analyser celle-ci en termes réels (par exemple une quantité de blé récolté, fraction du revenu réel).

L'Autrichien Ludwig Mises (1911) a tenté d'appliquer directement à la monnaie l'analyse de l'utilité finale de la valeur subjective, en la considérant comme un bien, qui n'entre cependant ni dans la catégorie des biens de consommation ni dans celle des biens de production. Mais cette utilité subjective propre, il est obligé de la rechercher dans un lointain passé, lorsque la valeur de la monnaie s'identifiait à celle de la matière dont elle était faite. Il lui fallait bien reconnaître que, contrairement aux autres, le bien-monnaie trouvait désormais dans sa valeur objective, c'est-à-dire dans son pouvoir d'achat, la source de sa valeur subjective. La valeur objective de tout bien est liée au rapport entre la quantité offerte et les besoins individuels tels qu'ils se cumulent dans la demande. Ainsi le pouvoir d'achat, valeur objective de la monnaie, varie suivant les mouvements de l'offre (stock monétaire) ou de la demande (encaisse désirée). Mises a bien vu l'effet d'encaisse (demande ou offre de monnaie) sur l'activité et les prix : si le stock est supérieur aux encaisses désirées, les agents achètent et font monter les prix pour ramener les encaisses effectives au niveau désiré. Mais le pouvoir d'achat de Mises, défini comme la possibilité d'obtenir en échange d'une quantité déterminée de monnaie une quantité déterminée d'autres biens, est une notion réelle. D'ailleurs le prix de la monnaie est la quantité de ces biens obtenus en échange. Il n'est pas aisé de distinguer la monnaie du revenu si on réduit au pouvoir d'achat réel les propriétés qu'on veut lui reconnaître. Le détour de l'encaisse ne conduit alors lui-même qu'à du revenu en attente. Ainsi Mises, comme Wieser en 1909, n'a pu disjoindre l'utilité de la monnaie de celle de l'unité du revenu. Vouloir accéder à la valeur de la monnaie, en tant que bien spécifique, par l'utilité de sa fonction d'échange, par son pouvoir d'achat, c'est monter l'appareil marginaliste sur un terrain qui se dérobe à la moindre analyse. Une fois dissipée l'apparence de sa propriété d'intermédiaire, qui porte en elle-même sa propre négation structurelle, on ne peut se trouver qu'en face des biens réels eux-mêmes. C'est finalement l'utilité de ceux-ci que Mises découvre derrière son analyse du pouvoir d'achat et du revenu.

Pour qu'à travers les encaisses, la monnaie puisse acquérir une valeur propre, intrinsèque, susceptible d'une véritable analyse subjective, il fallait attendre que fût définie une qualité spécifique, dont elle serait au plus haut degré la manifestation. Cette qualité doit satisfaire des besoins déterminés, hautement différenciés par sujet, présenter enfin un intérêt humain et social, élevé, capable de justifier l'extraordinaire demande, impérieuse, générale, dont la monnaie est l'objet.

En fait c'est la découverte de la *liquidité* qui a permis de sortir de l'impasse où menait la conception de la monnaie désirée pour son pouvoir d'achat. D'après Émile James, ce serait Greidanus, économiste néerlandais, qui parmi les premiers, peut-être même avant Keynes, aurait, vers 1932, compris que l'essence de la monnaie réside dans sa liquidité, c'est-à-dire, toujours selon É. James, dans la propriété de conférer à son détenteur un pouvoir de choix (la monnaie « porteuse de choix » de M. Falise). D'ordinaire, c'est à Keynes que l'on fait remonter, sinon l'invention de la liquidité, du moins son introduction comme déterminant des comportements et formes économiques. Dès son *Traité de la monnaie* (1930), Keynes fait, au moins implicitement, de la liquidité l'objet de l'un des choix par lesquels les comportements des sujets déterminent les principales grandeurs économiques (en l'espèce le niveau des prix des biens d'investissements nouveaux) : au sein de son épargne le sujet doit décider de la part qu'il conservera sous forme liquide (Keynes écrit aussi : « thésaurisée ») et de celle qu'il emploiera sous forme de prêt ou de capital réel (ou « investie »). La liquidité tend ainsi à apparaître comme le mobile de la thésaurisation. Chez Keynes, la liquidité était surtout un critère qui déterminait un partage, capital il est vrai, entre les formes monétaires et financières de l'épargne. Il développera sa conception dans la *Théorie Générale* (1936) en faisant de la préférence pour la liquidité une des clefs du comportement économique des agents. Reprise par Hicks dès 1935 comme une alternative au profit dans les arbitrages des sujets entre monnaie détenue et titre de créance, la liquidité est associée au risque du futur, car elle sert de garantie contre l'incertitude. Peu à peu, en Angleterre surtout, la liquidité a pris du relief, au point de caractériser une problématique monétaire étendue à tout le champ économique comme dans le rapport Radcliffe (1959).

Les Anglais répugnent à définir de façon formelle les termes qu'ils emploient ; aussi peut-on mettre beaucoup de choses derrière la liquidité. A la lettre du terme, il semble que la liquidité soit « la possibilité pour un bien de servir à tout moment de moyen de paiement pour n'importe quoi » (James). Mais un tel avantage est réductible à un facteur premier qui fonde, en dernière analyse, l'utilité exorbitante de la monnaie : est-ce le temps ou l'indétermination, c'est-à-dire la liberté ? Aujourd'hui par-delà la couverture des risques de Hicks et la préférence pour le service immédiat de Keynes, qui paraissaient limiter l'utilité de la monnaie-liquidité à l'actualisation du futur et à un gain temporel, on recherche derrière le concept la représentation d'un gain réel où la considération temporelle n'est pas essentielle : la monnaie tire de sa liquidité le privilège de donner au sujet détenteur la possibilité du choix entre plusieurs emplois, donc entre plusieurs utilités et entre la satisfaction de plusieurs besoins ; cette propriété d'ouverture de choix est au demeurant plus large que la représentation économique du temps par la dimension monétaire. La monnaie ne compense pas seulement les effets du temps, elle ne donne pas seulement les moyens d'une anticipation efficace, elle est aussi la voie des répartitions économiques, le corps dans lequel se moulent et se véhiculent les décisions de répartition.

La liquidité, quel que soit son sens précis, a permis de reconnaître dans l'encaisse un véritable bien, abstrait certes mais capable d'être demandé ou offert pour lui-même, non pas un bien intermédiaire mais un bien qui a une permanence et une utilité spécifique telles que sa demande surpasse en moyenne celle des autres biens. L'encaisse-bien a une valeur qui pour chaque sujet dépend de sa rareté et de l'intensité des besoins. Les néomarginalistes lui ont appliqué l'analyse à la marge et surtout la théorie des choix qui met en jeu des biens susceptibles de se substituer les uns aux autres. L'encaisse monétaire s'intègre ainsi dans la série des autres biens, financiers d'abord, mais aussi réels classés dans l'ordre de la liquidité, dont elle représente le niveau le plus élevé. Tout en ayant une valeur propre l'encaisse dépend ainsi de la valeur relative des autres biens, plus particulièrement de ceux dont elle est le plus proche par nature ou fonction et qui lui sont substituables à des degrés divers, suivant la dose de liquidité qu'ils comportent et les compensations que les sujets peuvent obtenir en échange de l'affaiblissement de cette liquidité. Ainsi se précise la possibilité de relier la monnaie à toutes les autres formes d'actifs possédés par les agents économiques et de déterminer les rapports qui s'établissent entre elle et l'ensemble de ces formes. En effet, la monnaie dégage sa structure en s'intégrant de proche en proche dans des structures plus larges. Le réseau financier se développe à son tour comme le produit de l'élasticité et de l'autogenèse monétaire, la monnaie ayant la propriété de multiplier de nouvelles structures en se projetant dans le temps.

L'encaisse condense et reproduit toutes les catégories de flux dont l'architecture globale sous-tend l'objet économique. Des compartiments distincts, correspondant à des flux différents, peuvent s'y dessiner du moins dans l'analyse théorique. La division de l'encaisse a certes un caractère artificiel, surtout lorsqu'elle a pour objet de faire apparaître des encaisses distinctes comme si le sujet les considérait comme telles. C'est ce qu'on a pu reprocher aux analyses keynésiennes des encaisses de transaction, de précaution et de spéculation, parce qu'elles se fondaient sur des motivations et des comportements différents du sujet, qui obligeraient ce dernier à faire effectivement trois parts dans son encaisse. Par la suite, sans partager effectivement l'encaisse, il a paru qu'il n'était pas artificiel d'y déceler des catégories distinctes de flux qui coordonnent les encaisses les unes aux autres et à l'économie tout entière. L'avantage de l'approche par les encaisses subjectives nominales, à condition de ne pas les réduire aussitôt aux encaisses réelles, est de mettre en évidence des flux monétaires plus larges et plus diversifiés que les flux de revenus. Car les besoins de monnaie ne sont pas déterminés seulement par les opérations réelles d'échange, mais aussi par les transactions financières. Les encaisses s'alimentent par les revenus, les emprunts et la création monétaire. Elles s'écoulent par les achats, les prêts et les remboursements monétaires.

Enfin, les encaisses ont permis de s'enfoncer profondément dans l'analyse du comportement du sujet et de définir à ce niveau une structure économique axée sur le patrimoine et ses projections temporelles. Les travaux de Milton Friedman et de Lydall, reflétés dans les récents ouvrages d'économistes français sur les flux monétaires, manifestent aujourd'hui le stade atteint par la voie des encaisses, que l'on pourrait d'une façon plus significative appeler la voie de la structure monétaire découpée, ordonnée à partir des sujets. Ainsi parmi les variables dont dépend la demande de monnaie, Friedman inclut la valeur du patrimoine, y compris le capital humain, et la répartition de ce patrimoine entre ses différentes formes : monnaie, obligations, actions, biens matériels, capacité productive des êtres humains. La monnaie est désormais intégrée parfaitement comme compartiment structurel, localement bien défini, du champ économique. Elle entre comme un facteur fondamental des déterminations réelles au niveau des combinaisons les plus élémentaires, c'est-à-dire des décisions prises par les sujets.

Toutefois les théories des encaisses n'ont pas réussi à définir complètement les structures monétaires. Elles ont essentiellement mis l'accent sur certains types de relations structurelles qui spécifient la monnaie : relations avec les biens ou catégories de biens, relations avec les patrimoines individualisés. Mais d'autres relations demeurent mal dessinées : particulièrement la structure interne de la monnaie. Le fait de lui avoir reconnu la propriété fondamentale de la liquidité ne suffit pas à la caractériser dans ses composantes et son temps propre.

Aussi bien, le triomphe total de la monnaie de crédit a naturellement conduit certains économistes à rechercher la structure de la monnaie parmi les formes du crédit. Ils ont conclu que la monnaie était par nature une dette bancaire. Prise à la lettre de son apparence, la monnaie serait devenue une dette pratiquement dégagée de l'obligation d'être remboursée, puisque l'engagement bancaire sert lui-même de moyen de règlement, et qu'il n'y a plus lieu en conséquence de réclamer à la banque un remboursement qu'elle pourrait faire en donnant exactement les mêmes instruments de paiement. La monnaie a d'autre part un cycle d'existence parfaitement connu, celui de la créance bancaire née en même temps qu'elle.

Ces diverses observations sur la structure intrinsèque de la monnaie, dans ses relations fonctionnelles comme dans les formes qu'elle revêt ne sont pas suffisamment coordonnées. Les liaisons nécessaires entre les différentes phases d'analyse n'ont pas fait l'objet d'études systématiques. Chaque théoricien s'est retranché dans l'approfondissement d'un aspect structurel particulier. La monnaie apparaît tantôt comme une dette financière, tantôt comme un pouvoir d'achat c'est-à-dire comme une créance sur les biens, tantôt comme un actif financier. Il faudra attendre l'époque contemporaine pour que des économistes s'efforcent d'ordonner les structures propres de la monnaie en un tout coordonné avec les fonctions monétaires.

3) *Représentation nominale de l'objet économique selon ses dimensions et ses indices monétaires* (monétisation de l'économie).

La troisième voie, et la plus spectaculaire, du combat contre les thèses classiques a atteint ces dernières au cœur et dans la plus grande dimension de leur dispositif. La division dichotomique a été remplacée par une représentation unitaire du phénomène économique sous une forme exclusivement monétaire. Au lieu de rechercher d'abord les lois de détermination réelle et d'y rapporter ensuite l'échelle monétaire, le nouveau courant affiche son intention d'analyser directement le champ économique, tel qu'il se présente à l'observateur, sous sa forme monétaire. L'attention se centre sur la manière dont s'ajustent entre eux les flux et les grandeurs monétaires. Ces formes monétaires de perception immédiate sont des valeurs brutes quantifiables, agrégeables selon des groupements naturels.

Parmi les formes monétaires, les classiques privilégiaient les prix, partaient de ceux-ci pour calculer les autres grandeurs économiques. Mais le prix est une structure mathémathique secondaire, le quotient d'une grandeur monétaire par une quantité réelle. Or de ces deux termes, les classiques ont d'emblée donné la primauté à celui qui leur paraissait primitif, substantiel et causal : la quantité. Ils ont en effet considéré le prix non comme le quotient d'une grandeur monétaire (combinaison de revenus) par une quantité de biens, mais comme un taux d'échange entre une quantité de biens et une quantité de monnaie, permettant au surplus d'égaliser par ses variations l'offre et la demande de biens. La recherche du fond de toutes les théories classiques ne peut conduire qu'à des grandeurs quantitatives, tant du côté réel que du côté monétaire. Dès lors les éléments qualitatifs spontanés dont les grandeurs monétaires sont chargées se sont trouvés sacrifiés, car exclus du domaine de la recherche. En conséquence logique, le système classique s'intéresse peu aux sujets, source et fondement des éléments qualitatifs, et ne perçoit pas les revenus avec leurs différentes découpes.

En adoptant comme structure primaire, observée directement, les grandeurs monétaires et leurs combinaisons, les modernes ont donné à leur analyse une assise stable et dimensionnelle. Ils avaient ainsi la garantie que la poursuite de leurs travaux, aussi abstraits et lents qu'ils fussent, s'intégreraient dans le champ naturel des concepts économiques élémentaires bruts et associeraient intimement la quantité et la qualité. Ils sauvegardaient leur possibilité de recourir à l'observation des grandeurs monétaires pour vérifier et redresser leurs schémas. Contrairement aux classiques, les modernes ont pu alors rechercher l'essence de l'économie et de la valeur dans le qualitatif (l'action du sujet) et intégrer ce dernier dans les structures spécifiques de l'objet économique.

Parallèlement, voilà les grandeurs monétaires saisies dans leur mouvement sur une période donnée, autrement dit en termes de flux, tandis que les formulations classiques mettaient volontiers en jeu des quantités existant à un instant donné, c'est-à-dire des stocks. Or, ceux-ci sont des réserves de forme tangible où se confondent des éléments issus indistinctement de toutes les origines et destinées indifféremment à tous les emplois. Les flux en revanche dessinent, mesurent, analysent les origines et les affectations ; ils peuvent, en dévoilant leur trace, représenter des forces et des structures, fixer les comportements.

Du coup la monnaie était brutalement placée au cœur de l'analyse économique comme donnée première. Le voile devenait substance de l'étude. Un ordre économique nouveau se dessinait progressivement. Une multitude d'analyses devenaient possibles. Il s'agissait de rechercher, de classer, d'ordonner les grandeurs monétaires caractéristiques, de les relier entre elles, de déterminer les ressorts qui meuvent l'ensemble, de spécifier les comportements. D'où la mise au point de fonctions à coefficient stable permettant d'asseoir une politique monétaire sur des prévisions. Grâce aux qualités de cohérence et d'homogénéité de l'expression monétaire, on allait pouvoir construire des modèles, reproduire des ensembles structurés, vérifier les données et les résultats par voie statistique.

Il y a évidemment diverses manières de poser les combinaisons de grandeurs ou flux monétaires. La découpe des formes monétaires dans le champ a pu varier suivant les écoles. Mais des tendances fondamentales se sont affirmées autour de certaines formes jugées plus efficaces ou plus représentatives. L'opinion est aujourd'hui familiarisée avec ces structures ; leur adoption précoce par les Anglo-Saxons explique leur développement considérable à la suite de l'expansion idéologique nord-américaine consécutive à la dernière guerre mondiale. Il faut cependant noter que si dans un premier stade les grandeurs monétaires se sont ordonnées de façon à représenter un équilibre, un mouvement plus récent tend à les ajuster en termes de croissance.

Les théories modernes des grandeurs et flux monétaires sont nées modestement à la fin du XIXe siècle. La première manifestation de ce qui allait devenir une révolution dans la conception globale de l'objet économique est apparue en Suède comme une substitution de la notion d'*équilibre monétaire* à celle d'équilibre général. Wicksell (1898) en fut le génial initiateur et Myrdal (1931) a plus rigoureusement formulé la nouvelle approche, en se faisant l'interprète critique de la pensée wicksellienne.

Mais tout d'abord que faut-il entendre par équilibre monétaire? Les inventeurs suédois y ont vu « l'état où il n'existe pas de tendance à une déviation cumulative ». A l'inverse de l'équilibre général classique, stable parce que toutes les forces naturelles tendaient vers sa réalisation, l'équilibre monétaire est instable : les forces agissent dans le sens de sa rupture. La déviation cumulative est un processus défini par Wicksell et ses successeurs, tel qu'un écart prévisionnel entre le taux effectif de l'intérêt et son taux naturel (ou productivité du capital) détermine des déséquilibres persistants de prix à la hausse ou à la baisse. Dans le cas, par exemple, où les entrepreneurs estiment que le taux de productivité du capital sera supérieur au taux de l'intérêt, la perspective des profits résultant de cet écart entraîne un accroissement des investissements. Cette demande accrue sur le marché des biens de production provoque la hausse de leurs prix, l'augmentation des revenus des agents producteurs et, par les achats de ceux-ci, la hausse des prix des biens de consommation. Une réserve toutefois : une augmentation de la production se produirait sans hausse s'il y avait sous-activité ou si les facteurs de production conservaient une certaine élasticité. Sous cette réserve, les perspectives de profits se réalisent et les anticipations se consolident, même si la hausse des prix des biens de production tend à réduire ces profits, car du moment que les prix des biens de consommation s'ajustent eux-mêmes en hausse, la marge de profit se trouve toujours reconstituée. Le processus de hausse des prix se nourrit de lui-même par le maintien de cette marge.

Après sa première mise en forme suédoise qui plaçait la condition essentielle de sa réalisation dans l'égalité de l'épargne et de l'investissement, l'équilibre monétaire devait, grâce aux travaux de plusieurs économistes, être assis finalement sur une définition à la fois plus large et plus solide, mais apparemment moins riche et qui ressemble à un truisme. É. James indique qu'il y a équilibre monétaire chaque fois que l'offre et la demande de monnaie sont égales et qu'il n'y a ni inflation ni déflation. L'équilibre monétaire s'est épuré en quelque sorte des éléments d'hétérogénéité qui subsistaient dans la formule suédoise, où affleuraient constamment des grandeurs réelles exprimées en termes monétaires (l'offre de biens) équilibrant des revenus purement monétaires (la demande de biens). L'équilibre monétaire pur, au sens contemporain, met en relation seulement la demande et l'offre de monnaie. É. James précise que l'équilibre monétaire serait réalisé dans le cas où les flux nouveaux de monnaie active compenseraient exactement la thésaurisation et la destruction de monnaie. La notion d'équilibre monétaire est devenue un vaste partage primaire de la sphère économique qu'exprime la formule de Koopmans $C + I + \Delta L = C + S + \Delta M$, où C = consommation et dépenses de consommation ; S = épargne ; I = dépenses d'investissements ; L = constitution d'encaisses liquides par les particuliers (thésaurisation et déthésaurisation) ; M = flux d'émission nette de monnaie. Conformément à la prise de position de Myrdal lui-même sur la valeur représentative de l'équilibre monétaire, cette formule reste un simple instrument grâce auquel les faits observés peuvent être analysés. D'une part la formule de Koopmans peut en effet servir de point de départ et d'appui aux analyses de recherche sur les causes et les conséquences des variations de chacune des grandeurs représentées. D'autre part elle définit le cadre de l'équilibre global le plus large, au sein duquel peuvent encore se manifester d'autres équilibres, qui apparaissent dès lors comme des cas particuliers de situations d'équilibre monétaire : ainsi, l'équilibre des revenus ($C + S = C + I$) et l'équilibre des échanges extérieurs.

Toutefois, on continue plus couramment d'exprimer l'équilibre monétaire dans une formulation keynésienne qui, comme celle des Suédois, s'appuie sur l'égalisation du *revenu-produit* (somme des quantités physiques multipliées par les prix) et du *revenu-monnaie* (rémunération versée en monnaie aux services producteurs). Le premier dépend, rappelle J. Denizet, de la main-d'œuvre et de sa qualification ainsi que de l'efficacité des outillages ; il peut être compromis par les grèves, les guerres, les cataclysmes qui réduisent la production physique. Le second dépend de la thésaurisation, de la déthésaurisation et de la création monétaire. La stabilité des prix ne sera maintenue, dit-on aujourd'hui volontiers, que si le revenu-produit et le revenu-monnaie varient ensemble.

Enfin plus récemment, dans *Mécanismes et politique monétaires* André Chaîneau, utilisant une variante de la formule de Koopmans ($C + I = C + P + \Delta$ M-L, où P représente les placements directs et indirects) ainsi que la formule quantitativiste ($MV = PQ$), montre que l'équilibre monétaire doit satisfaire à la fois les besoins de crédits pour l'économie et les besoins d'encaisses monétaires. Il est atteint, en régime permanent, lorsque la variation de la masse monétaire compense seulement la variation de la thésaurisation et, en régime de croissance, lorsque les taux de croissance de la masse monétaire et du revenu réel global sont égaux, la vitesse de la monnaie restant stable.

L'équilibre monétaire ayant été défini dans ses représentations conceptuelles successives, il convient de revenir au couple initiateur Wicksell-Myrdal, en raison des apports considérables que leur doit la théorie économique du fait des implications qu'ils ont eux-mêmes su reconnaître dans la notion d'équilibre monétaire, attestant ainsi l'exceptionnel intérêt de cette nouvelle approche de la recherche économique. D'autres implications devaient ensuite être dégagées notamment par l'autrichien Hayek (1931) après son compatriote Mises (1912), par l'anglais Keynes, par l'école hollandaise, par l'école suédoise elle-même enfin. Mais l'essentiel de l'enrichissement théorique que devait donner le concept d'équilibre monétaire a été défini dans ses grandes lignes par les deux grands économistes suédois. Ceux-ci ont tracé en effet des voies profondes dans quatre domaines de l'analyse économique : — la représentation de l'objet économique ; — le calcul économique des agents générateurs de structures ; — la dynamique ; — la politique monétaire.

La mutation dans la représentation de l'objet économique est sans doute leur titre principal. Wicksell a appliqué un raisonnement direct sur des données monétaires, faisant de la monnaie une catégorie active au sein des phénomènes économiques et fondant sur son rôle d'intermédiaire la probabilité d'écarts ou de tendances permanentes au déséquilibre entre l'offre et la demande de biens, que les classiques postulaient égales (loi des débouchés). L'offre de biens et leur demande, que les variations de prix égalisaient automatiquement chez les classiques, ne sont plus en effet nécessairement égales, en raison du chaînon intermédiaire fortement déterminant que constituent par rapport à l'échange direct de marchandises la demande et l'offre de monnaie contre des biens. L'analyse macrocosmique a été stimulée par la représentation directe de grandeurs monétaires globales. L'ébauche structurelle tracée par les Suédois a lancé dans le débat économique deux thèmes dominants : d'une part, la distinction et l'ajustement séparé des marchés de biens de consommation et des biens de production ; d'autre part, l'équilibre de l'épargne et de l'investissement, centre de gravité, moteur et stabilisateur de l'objet économique.

En matière de comportement, la responsabilité de l'équilibre et du développement de l'économie est rapportée aux décisions et à l'action des entrepreneurs dont le champ d'action, l'horizon et les objectifs déterminent ainsi la forme et l'importance des grandeurs économiques. Plus particulièrement le profit défini comme un écart, d'abord anormal, c'est-à-dire hors de l'équilibre (Wicksell), puis normal, c'est-à-dire dans l'équilibre (Myrdal) est posé comme la motivation générale de l'entrepreneur dans la fonction d'investissement assurée par cette catégorie d'agents.

Wicksell et surtout Myrdal ont amorcé l'analyse dynamique en apportant : le premier, le concept de processus cumulatif, le second, l'approfondissement de la notion d'anticipation et la mise au point du fameux instrument d'analyse qui fait encore les délices de beaucoup de théoriciens : les positions *ex-ante* et *ex-post*, dont l'enchaînement permet d'expliquer et de contrôler un mouvement. Après avoir repéré des déséquilibres, tendanciels ou prévisionnels, *ex-ante*, l'économiste s'attache à déterminer par quels moyens s'est réalisé l'ajustement final exprimé par l'équilibre *ex-post*. Myrdal a ainsi ouvert un champ d'analyse qui se construit comme une projection, dans les consciences subjectives, des phénomènes économiques objectivement réalisés. Cette projection entrelace constamment l'anticipation du futur et l'alignement sur le passé. Dès lors l'écart entre les prévisions et les résultats se place au premier plan de l'analyse dynamique.

Enfin l'œuvre des Suédois définit à la fois les possibilités et les limites de la politique monétaire conjoncturelle. Pour Wicksell, le système bancaire était seul armé pour modifier une conjoncture évolutive défavorable, même s'il ne le faisait pas en pratique. Car les déséquilibres stables résultant de l'inégalité des taux effectifs et naturels de l'intérêt ne pouvaient être redressés, selon lui, que si le premier taux s'ajustait exactement sur le second. Or les taux fixés par les banques sont, en leur qualité de taux directeurs du marché, les déterminants de l'intérêt effectif. Il est donc dans le pouvoir de celles-ci de réaliser cet ajustement d'équilibre et de mettre fin aux déviations cumulatives. Myrdal a posé d'une façon plus large et plus explicite le problème de la politique monétaire, en recherchant les limites rencontrées lorsqu'on prétend considérer l'équilibre monétaire comme une norme d'action. A cet égard, selon lui, non seulement l'équilibre monétaire n'exige pas, comme le pensait Wicksell, la stabilité des prix. Mais encore il arrive qu'il ne puisse être assuré sans inflation ou sans chômage. Dès lors Myrdal doit admettre que la politique économique puisse sacrifier cet équilibre à la réalisation d'objectifs socialement plus satisfaisants : la stabilité des salaires et des prix par exemple.

Après cet effondrement ou mieux ce pourrissement des positions classiques, provoqué par des années de réflexion et d'enchaînement de pensée chez les économistes de toutes nationalités, qui ont ainsi créé des secteurs cloisonnés de renouvellement théorique, il fallait une figure de proue pour occuper le terrain bouleversé, balayer les vestiges classiques, recentrer l'analyse et installer un nouveau dispositif. Ce fut Keynes.

L'OBJET ÉCONOMIQUE KEYNÉSIEN.

1936 : *Théorie générale de l'emploi, de l'intérêt et de la monnaie*, date historique qui marque ce qu'on a appelé la révolution keynésienne, en laquelle a été reconnue universellement l'émergence d'un nouvel objet économique. On doit à Keynes d'avoir rassemblé et exploité les résultats épars des renouvellements théoriques partiels en apportant une explication qui englobe à peu près tous les aspects de la théorie économique et se pose comme une nouvelle réponse aux questions soulevées à la fois par les économistes antérieurs et par l'évolution même des faits économiques. L'économiste anglais, ayant eu accès aux résultats des recherches de l'école de Cambridge auquel il s'incorpore, de l'école autrichienne et de l'école suédoise, a réuni les fils d'une critique de plusieurs générations. Il a regroupé les trois filières d'attaque : l'analyse monétaire du revenu substituée à l'analyse monétaire des prix (école autrichienne), la recherche de la structure de la monnaie à travers les encaisses (école anglaise), l'équilibre monétaire (école suédoise). Il n'ignorait certainement pas non plus les derniers travaux de l'école marginaliste américaine, dont un éminent représentant, J. M. Clark, avait déjà perçu (1934) l'un des ressorts essentiels que Keynes allait appliquer à l'objet économique pour en expliquer la dimension et l'ampleur mouvantes : la fonction de consommation ; un excès d'épargne, non compensé par l'investissement, entraîne une moindre production et donc un moindre revenu, par suite de la diminution de la « demande effective », celle-ci étant alors inférieure à celle qui aurait permis l'équilibre au niveau de l'emploi de toutes les capacités productives. Particulièrement informé des structures financières du crédit et marqué sans doute fortement par le mythe de l'entrepreneur qui culminait dans les idées dominantes de son temps et de sa classe, Keynes a forgé une synthèse en intégrant des voies diverses.

Il a donné une interprétation fortement structurée du nouvel objet économique, en le concevant à la fois simple et cohérent, mathématique mais réaliste. Son modèle et ses conclusions se sont, en de nombreux points, révélés capables de résoudre des difficultés majeures dont souffraient cruellement les États les plus riches et d'apporter pour l'avenir des réponses à des évolutions jugées dangereuses. Replaçant la représentation des phénomènes économiques dans un mouvement et dans un ordre qui lui paraissaient plus conformes à la vérité des attitudes et des situations de son temps, ne craignant pas non plus les affirmations paradoxales qu'il déduisait du reclassement des grandeurs et des forces, Keynes a incontestablement débloqué une science qui s'enlisait dans l'inefficacité.

En plus de son œuvre architecturale, Keynes a lui-même, semble-t-il, directement apporté des éléments théoriques nouveaux qui lui ont précisément donné les chaînons manquants pour réaliser sous forme synthétique un nouvel objet économique. On s'accorde à lui reconnaître plus particulièrement l'introduction de la thésaurisation, de la liquidité, de l'équilibre de sous-emploi et de la méthodologie des fonctions qui est une façon de tenir compte de l'influence des comportements à l'égard des grandeurs monétaires et de lier celles-ci les unes aux autres pour constituer un tout cohérent. Encore faudrait-il préciser que ces notions n'étaient pas absolument nouvelles dans la théorie économique. Mais elles avaient été utilisées, sauf peut-être la liquidité, dans des conditions et avec un sens très différents. Notamment, l'équilibre walrasien s'était exprimé par des séries de fonctions mathématiques reliant les offres et les demandes aux prix pratiqués sur les différents marchés. On restait dans le domaine de la pure abstraction. Keynes applique au contraire ses fonctions à des grandeurs monétaires susceptibles de mesures directes. Par rapport à ces grandeurs nominales aux limites indéfinies et instables, la fonction devient un élément qualitatif et stable très important par où les forces réelles affleurent dans le champ, alors que les rapports de prix ne sont plus désormais considérés comme donnant de ces forces une mesure fidèle.

L'objet économique défini par Keynes s'exprime en quelques structures simples et globales. Le tout repose sur des relations, liées entre elles, qui enchaînent le revenu, l'épargne et l'investissement (1er volet) ; l'investissement, le taux de l'intérêt, l'émission monétaire et les encaisses (2e volet). Sur ces enchaînements s'insèrent, à chaque niveau, des forces réelles (les fonctions psychologiques qui formalisent des comportements économiques). Indépendamment des relations internes à la structure, ces forces réelles peuvent modifier les grandeurs monétaires enchaînées. Telles sont les trois fameuses variables indépendantes : la fonction de consommation, qui s'exprime dans la propension à consommer (ou dans son complément : la propension à épargner) et qui agit sur le partage entre la consommation et l'épargne ; l'estimation du rendement futur des capitaux, qui s'exprime dans l'efficacité marginale du capital et qui agit sur l'investissement ; la préférence pour la liquidité, qui s'exprime dans le taux de l'intérêt en contribuant à le déterminer. Il s'ensuit que l'équilibre de l'objet économique est toujours remis en question par le jeu de forces autonomes.

Dans le premier volet de la thèse keynésienne, le revenu global (sous le nom de « demande effective ») est déterminé par le calcul des entrepreneurs portant sur le montant des investissements (demande des biens de production) qu'ils peuvent effectuer, compte tenu de leurs jugements et de leurs prévisions sur l'évolution du marché et par conséquent de la demande des consommateurs. Mais lorsqu'il s'est réalisé, le revenu global peut s'établir à un niveau supérieur ou inférieur à celui correspondant aux prévisions des entrepreneurs : ce qui, pour ces derniers, se traduit soit par des super-bénéfices, soit par des pertes ou des profits moindres, les incitant à augmenter ou à réduire leurs activités en modifiant leurs projets d'investissements. Le nouveau revenu anticipé (demande effective) variera corrélativement. Keynes démontre ainsi la possibilité de plusieurs niveaux d'équilibre entre l'offre et la demande globales, axés sur l'entrepreneur, générateur de structures. L'équilibre de plein emploi, considéré comme naturel par les classiques, n'est plus qu'un cas particulier exceptionnel. Keynes a montré, par une fonction de consommation, qu'à mesure de la croissance du revenu la consommation ne croît elle-même que dans une moindre proportion, d'où il suit une augmentation de l'épargne. Si les entrepreneurs n'ajustent pas leurs investissements à cette épargne supplémentaire, s'ils ne compensent pas la moindre croissance de la demande de consommation par une demande accrue de biens de production, le revenu global se réduit, d'abord en résultats, puis en prévisions, avec des effets cumulatifs résultant de l'enchaînement réciproque des prévisions et des résultats. En outre, la relation keynésienne fait du revenu une fonction de l'investissement dans la mesure où tout accroissement de celui-ci entraîne un accroissement proportionnel du revenu, selon un coefficient K, le multiplicateur, qui est l'inverse de la proportion à épargner. Mais le revenu (consommation + investissement) est également fonction de l'importance de la fraction d'épargne que les agents ne veulent pas placer, la thésaurisation ; celle-ci s'analyse en une réduction directe de la demande de consommation qui n'est pas compensée par une augmentation de l'investissement.

Le second volet de l'objet keynésien fait intervenir la monnaie-liquidité, dotée d'une valeur propre, dans la formation des décisions génératrices des structures globales, alors que dans le premier volet, celui du revenu, de la consommation, de l'épargne et de l'investissement, on pourrait, malgré le caractère monétaire de ces grandeurs, faire abstraction de la monnaie en tant que forme dotée d'une structure spécifique. Cette observation doit être faite, car il semble que l'héritage keynésien ait surtout retenu le premier volet.

Le rôle actif de la monnaie-liquidité à l'égard des grandeurs monétaires de l'investissement et du revenu se manifeste par l'intermédiaire du taux de l'intérêt, point-charnière de la théorie monétaire et de la théorie de la production. Les entrepreneurs ajustent, en effet, leurs projets d'investissement d'après leurs perspectives de profit, qui dépendent de l'écart entre le taux d'efficacité marginale du capital (1) (ou taux exprimant en fonction du coût de l'investissement le revenu attendu de cet investissement) et le taux de l'intérêt des capitaux empruntés. L'incitation à investir sera d'autant plus forte que cet écart sera grand. Il ne peut y avoir d'ailleurs investissement que si le taux d'intérêt est inférieur ou égal au taux d'efficacité marginale. Le taux d'intérêt, prime payée selon Keynes aux prêteurs pour leur faire renoncer aux avantages de la liquidité que leur procurait la détention de la monnaie, est lui-même déterminé par deux facteurs pro-

(1) Le taux d'efficacité marginale du capital est d'après Keynes le taux d'escompte qui, appliqué à la série d'annuités constituée par le total des annuités de revenus attendus d'une unité supplémentaire de capital pendant son existence entière, rend la valeur actuelle de ces annuités égale au prix d'offre ou coût de production de ce capital. Plus est grand l'écart entre le total des produits attendus d'un investissement et son coût (l'écart est une fonction directe du montant de l'annuité de revenu et de la durée de l'investissement productif), plus le taux qui égalise les deux valeurs doit être élevé.

prement monétaires, indépendants l'un de l'autre : la demande et l'offre de monnaie. D'une part, la demande de monnaie, qui exprime la préférence du public pour la liquidité et commande la constitution des encaisses, dépend pour partie du produit national dans la mesure où cette demande est liée aux motifs de transactions et de précaution et pour partie du taux de l'intérêt lui-même dans la mesure où elle est liée au motif de spéculation. D'autre part, l'offre de monnaie en quantité est fixée par les autorités monétaires.

Lorsque Keynes considère la monnaie dans l'optique du pouvoir d'achat (et non plus de la liquidité) il fait état de sa valeur et indique que les variations de celle-ci agissent sur le revenu, non par l'intermédiaire du taux de l'intérêt, mais par celui de l'efficacité marginale du capital qui se trouve stimulé par l'attente d'une baisse de la valeur de la monnaie (hausse des prix). Parallèlement, par son modèle d'explication, Keynes donne une autre formulation de la théorie moderne de l'évolution des prix en fonction de la monnaie, déjà exposée par ses contemporains, à savoir pour l'essentiel que la variation de la quantité de monnaie agit sur les niveaux d'activités et d'emplois tant que des capacités inutilisées demeurent disponibles. Quand le plein emploi est atteint, ces variations modifient directement le niveau des prix.

De sa théorie Keynes a tiré des principes et des recettes de politique économique. Il juge l'intervention de l'État nécessaire, car il ne pense pas que les variables indépendantes affectant les grandeurs représentées dans son modèle agissent naturellement de façon concertée pour établir un équilibre dans de bonnes conditions. A l'encontre des classiques qu'il accuse de s'être trop exclusivement attachés à la répartition des ressources aux dépens des problèmes relatifs à la variation de leur volume, Keynes a étudié électivement les facteurs, les conditions ou les forces qui gouvernent l'utilisation effective des ressources disponibles, recherchant comment se forment les niveaux de la production, de l'activité et de l'emploi de la main-d'œuvre, ainsi que le revenu global par rapport à la capacité productive (population active, richesses naturelles et capital accumulé). Dès lors, il peut donner un objectif fondamental à l'action de l'État : rétablir l'équilibre de plein emploi et à cet effet soutenir la demande globale dans la limite de la capacité de ressources disponibles.

La structure de l'objet keynésien, le mode d'insertion des forces et les itinéraires ouverts au cheminement de ces forces conduisent l'auteur à coordonner les interventions sur les deux plans de la production et de la monnaie. A l'égard de la production, puisque le revenu est un multiple de l'investissement selon un coefficient inverse de la propension à épargner, l'État doit prendre deux séries de mesures :

inciter à la consommation, tout en évitant de détruire le capital ou même de ralentir sa croissance ; compenser l'effet dépressif de l'augmentation relative de la fraction épargnée des revenus monétaires par une augmentation de la dépense publique orientée de préférence sur de grands travaux, financés par des emprunts. La dépense doit être affectée autant que possible à des opérations utiles, même si en dernière analyse mieux vaudrait utiliser la main-d'œuvre en chômage à des travaux inutiles que la laisser sans emploi.

A l'égard de la monnaie, l'État doit s'engager dans une voie autoritaire, de façon à la soumettre à des objectifs et contraintes économiques au lieu de lui faire confiance pour régler les mécanismes. Tant que le plafond des ressources disponibles n'est pas atteint, le prix de la liquidité c'est-à-dire le taux de l'intérêt sera maintenu à sa plus basse valeur possible, sans descendre cependant au-dessous du plancher de 2 % (prix de l'utilité spécifique de la liquidité-pouvoir de choix), de façon à stimuler l'incitation à investir, laquelle dans les calculs prévisionnels des entrepreneurs résulte de l'écart entre l'efficacité marginale du capital et l'intérêt des emprunts. Pour Keynes, le taux de l'intérêt fixe le seuil que l'efficacité marginale d'un type de capital est obligé d'atteindre pour que ce capital puisse faire l'objet d'une production nouvelle. Plus ce seuil sera bas et plus le processus d'investissement se développera jusqu'à ce que le capital ne soit plus rare. Pour faire baisser le taux de l'intérêt, Keynes compte moins sur la politique bancaire des crédits que sur l'augmentation de la masse monétaire décidée par les autorités dans la proportion voulue. Pour combattre la thésaurisation du public et obliger les détenteurs à prêter la monnaie aux investisseurs, Keynes avait énoncé le principe de la monnaie fondante : la monnaie conservée serait taxée.

Bien qu'il ait eu le grand mérite de rechercher d'abord les moyens d'exploiter la totalité des ressources et des forces disponibles et de former ainsi le revenu global dans la plénitude de la capacité du champ économique, Keynes n'a pas entièrement négligé la répartition de la production et des richesses. Soucieux d'associer développement et plein emploi, Keynes ne pouvait pas ne pas partager l'opinion libérale selon laquelle une trop grande volonté d'égalité systématique dans le revenu et les fortunes briserait les ressorts de la production et paralyserait l'entreprise en empêchant les agents de prendre des risques. Il pensait même qu'il pouvait être bon d'encourager le désir de lucre s'il évitait des penchants plus dangereux. « Il vaut mieux, disait-il, que l'homme exerce son despotisme sur son compte en banque que sur ses concitoyens. » Toutefois, il n'a pas cru, à juste titre, que l'efficacité de ces ressorts exigeât des écarts importants de fortunes et de revenus, en faveur des hommes les plus doués en intelligence, en caractère et en capacité professionnelle. « Des taux beaucoup plus bas seraient tout aussi efficaces dès l'instant que les joueurs y seraient habitués ».

De plus, privilégiant d'une manière absolue le rétablissement du plein emploi qu'il jugeait compromis par l'esprit d'épargne et la forte propension à épargner des classes riches, Keynes est parti en guerre contre les rentiers et a préconisé des redistributions de revenus au profit des classes pauvres disposant d'une marge insatisfaite de consommation, de façon à créer une demande solvable susceptible d'accroître le revenu global. Keynes pensait à des mesures fiscales : impôts sur les successions surtout, l'inégalité des fortunes acquises par héritages lui paraissant particulièrement injustifiée ; mais aussi taxation directe des gros revenus, car l'excès de disproportion dans la répartition est plutôt nuisible pour assurer le plein emploi.

Ainsi s'est constitué le corps de doctrine dirigiste imputable à la théorie keynésienne. Il faut ajouter cependant que Keynes était très nuancé dans ses conceptions. Il ne croyait qu'aux solutions graduelles et aux évolutions lentes, lorsque la nature humaine lui paraissait en jeu. Partisan de l'extension des fonctions de l'État pour ajuster la propension à consommer (ou corrélativement à épargner) et l'incitation à investir, Keynes demeurait le défenseur des vertus de l'individualisme : rendement, liberté, variété. Il rejetait le socialisme d'État, acceptait la gestion privée des moyens de production et proposait une assez large socialisation de l'investissement, sans exclure dans ce domaine la coopération de l'État et du secteur privé. Il écrivait de l'État : « s'il est capable de déterminer le volume global des ressources consacrées à l'augmentation des moyens de production et le taux de base de la rémunération allouée à leurs détenteurs, il aura accompli tout le nécessaire ». Keynes définissait ainsi la voie médiane par laquelle dans le monde occidental, l'État s'efforce d'organiser, dans la ligne même de la vision keynésienne, l'objet économique désormais formalisé dans des comptabilités nationales.

Par rapport aux quatre points-clés de la problématique monétaire l'objet keynésien se définit, en résumé, aux antipodes de l'objet classique :

1° Les revenus supplantent les prix dans la représentation que donne la monnaie de l'objet économique ; les sujets sont devenus actifs grâce aux fonctions psychologiques (propensions et préférences), aux prévisions des entrepreneurs, au rôle des autorités monétaires ; aux limites certaines du plein emploi succède la recherche aléatoire d'une impossible adhérence de l'activité à la capacité de production (ressources disponibles) ; 2° Avec la liquidité, la monnaie se donne l'esquisse d'une structure propre, faisant d'elle un bien activement recherché pour lui-même ; 3° Elle s'articule sur le champ économique non plus par juxtaposition mais par intégration, devenant un compartiment bien défini de l'objet (le bien le plus liquide) et exprimant en outre, sous forme de grandeurs monétaires, l'ensemble de l'objet économique qui se trouve ainsi littéralement monétisé ; 4° Le quantitativisme survit en se modifiant ; la monnaie a une influence considérable sur les grandeurs et les comportements, mais ses mouvements quantitatifs agissent sur les revenus avant d'atteindre par leur intermédiaire le niveau général des prix en situation de plein emploi ; par le biais de son prix, le taux de l'intérêt, la monnaie est un facteur stratégique de l'ordre et du volume de l'objet économique ; le taux de l'intérêt contribue en effet pour une grande part à fixer le niveau de l'investissement et de l'activité à travers les décisions de l'entrepreneur. Enfin, la quantité de monnaie est elle-même très dépendante de l'action consciente des autorités.

Tel est l'essentiel de l'œuvre de Keynes dont l'appareil théorique a profondément marqué la pensée et la pratique économiques modernes. L'incorporation de certains concepts keynésiens relatifs aux grandeurs ou flux monétaires dans les structures comptables de l'activité nationale définies par l'Organisation des Nations Unies a renforcé assurément l'influence et la renommée de leur créateur. La matérialisation d'une théorie dans des comptes nationaux, dont l'intérêt, en raison des méthodes comparatives dans l'espace et dans le temps, dépend dans une très large mesure de leur durée, donne évidemment à cette théorie une portée et une permanence jamais atteintes jusque-là. Le flot keynésien a été entraîné au surplus par une vulgarisation mondiale à la mesure de l'influence anglo-saxonne ; l'idéologie conquérante des initiateurs s'associait, pour accroître la rapidité des diffusions, au désir des peuples de prendre des consignes auprès de la puissance américaine. Les institutions internationales ont également contribué à leur acclimatation sur tous les continents. Il faut bien reconnaître d'ailleurs que pour éviter les maux consécutifs au chômage et à la sous-activité qui avaient sévi avant la dernière guerre mondiale, les instruments définis ou inspirés par Keynes ont obtenu quelques succès indéniables.

LE DÉPÉRISSEMENT DE L'OBJET ÉCONOMIQUE KEYNÉSIEN.

De l'essaimage keynésien est issue une postérité multiple et variée. Trois orientations principales s'y dessinent, souvent étroitement imbriquées : la déviation du système ; sa défense, son illustration et son prolongement ; sa contestation.

A) *Déviation.*

Les travaux de J. Denizet ont clairement montré en France comment Keynes avait été trahi par ses propres disciples. Après la mort du grand homme, ils ont chassé les phénomènes monétaires des premières applications de la théorie et de ses formes les plus largement vulgarisées. Cette déviation a été favorisée par la dichotomie méthodologique de la formulation keynésienne elle-même : le compartiment des flux de revenus et de production était assurément le plus aisé à observer par voie statistique et à transcrire dans un langage comptable et prévisionnel. C'est d'ailleurs la prédominance des statisticiens et des praticiens dans l'exploitation des thèmes de la Théorie Générale qui expliquerait cette simplification excessive de la pensée keynésienne et l'exclusion du volet monétaire, seuls les revenus et leurs composants étant pris en considération. Les phénomènes monétaires ont été progressivement réintroduits dans l'analyse d'inspiration keynésienne à partir de 1951 (Samuelson, Gurley et Shaw, Tobin), le Federal Reserve Board ayant réagi aux États-Unis contre les excès de la politique budgétaire et obtenu une liberté de manœuvre et de décision permettant l'application d'une politique monétaire plus souple. L'œuvre d'économistes qui, comme Friedman ou Don Patinkin, rejettent l'étiquette de keynésiens et recherchent plutôt une paternité néoclassique, n'est pas étrangère à ce redressement doctrinal chez les keynésiens de bonne obédience.

Mais en matière d'économie appliquée, comme le remarque J. Denizet, les comptabilités nationales sont encore profondément marquées par l'approche « amonétaire ». L'appareil comptable utilisé et notamment les tableaux de Léontieff ne se prêtent pas à la traduction des phénomènes monétaires liés aux mouvements des quantités réelles. Le système français lui-même qui fait sa part aux flux financiers, au moins sous forme différentielle, contient une nouvelle grande dichotomie. Les flux de revenus ne sont coordonnés aux flux financiers que par l'ajustement des analyses, menées séparément, de leurs ultimes soldes respectifs, au niveau de chaque catégorie d'agents.

B) *Défense, illustration et prolongement.*

Le deuxième courant est celui de l'extension, de l'approfondissement et de l'enrichissement de l'objet keynésien. Les recherches entreprises autour et au-delà de ce merveilleux tremplin ont été fécondes. Mais il faudrait refaire toute l'histoire des théories économiques depuis la parution de la *Théorie Générale* pour en saisir la richesse et la variété. D'après les spécialistes (A. Barrère — É. James), les principaux types de prolongement de la synthèse keynésienne se placent sous quatre titres : les perfectionnements segmentaires — le volet du long terme — la départementalisation — la généralisation.

Les perfectionnements segmentaires ont porté : 1° sur le problème de l'égalité de l'épargne et de l'investissement, restitué à ses origines, l'école suédoise, attachée à distinguer un écart *ex-ante* se résolvant en une égalité *ex-post* ; 2° sur les fonctions de consommation, d'investissement et de liquidité dont les relations ont été approfondies et précisées ; 3° sur le processus d'évolution, en particulier sur le rôle du multiplicateur, qui a été associé à l'accélérateur ou coefficient du capital (capital/produit de ce capital) pour rendre compte des phases du cycle économique.

Pour décrire le mécanisme des phénomènes de croissance et expliquer les troubles et défaillances du développement, Harrod (1948) et Domar (1947) ont transposé dans le long terme l'analyse keynésienne de l'écart déséquilibrant entre l'épargne et l'investissement. Pour que la croissance devienne équilibrée, il faut que le revenu s'élève non seulement comme les entrepreneurs l'avaient prévu dans leur calcul mais aussi dans la même proportion que la capacité de production (plein emploi de la main-d'œuvre compte tenu des progrès techniques).

Certains économistes se sont appliqués à miniaturiser le système keynésien caractérisé par des relations et termes globaux. Selon une orientation particulièrement prisée des économistes français, J. Marchal et J. Lecaillon, spécialistes des études de secteurs et de l'action des groupes, recommandent vivement l'analyse sectorielle qui décompose les flux keynésiens en compartiments, suffisamment restreints pour devenir homogènes et cohérents. Cette décontraction des concepts globaux donne beaucoup d'importance aux désajustements et aux délais qui se manifestent à tous les stades de formation des flux monétaires et de leurs équilibres successifs. Lorsque cette analyse sectorielle affecte les sujets et non plus les objets, elle fait ressortir l'action des groupes sociaux sur les flux, notamment sur les rémunérations qu'ils veulent obtenir. Il se révèle alors que beaucoup de ratios, de comportements, apparemment automatiques ou que l'on croyait fondés sur une loi générale de la nature humaine ou sociale, dépendent en réalité de rapports de forces susceptibles d'être profondément modifiés ; l'équilibre est à tout moment remis en jeu par l'évolution des structures, les initiatives et les associations de sujets.

Surtout, à la lumière de l'évolution des problèmes d'économie appliquée, dominée par les conséquences de la seconde guerre mondiale et notamment par l'inflation rebelle qu'elle a déclenchée, la

Théorie Générale est apparue à son tour, aux yeux des économistes contemporains, comme un cas particulier d'une théorie plus générale dont François Perroux dans un article célèbre (1950) s'est attaché à définir les contours. Fidèle aux théories néoclassiques, il leur a donné le pas sur l'interprétation keynésienne, considérée comme plus spéciale. Celle-ci subissait ainsi le sort que Keynes avait réservé à l'équilibre classique de plein emploi, considéré par lui comme le cas-limite des équilibres, normalement de sous-emploi, formés chaque année par le jeu des prévisions des entrepreneurs.

L'égalité de l'épargne et de l'investissement n'est ainsi qu'un cas particulier d'un équilibre monétaire où s'égalisent l'offre de monnaie (épargne nette et création de crédit) et la demande de monnaie (investissement net et thésaurisation). Chacune de ces composantes donne lieu à des déterminations qui leur sont propres. Le taux de l'intérêt n'est lui-même qu'un facteur parmi d'autres agissant sur ces quatre variables. Il est d'ailleurs lui-même déterminé par la confrontation de l'offre et de la demande de monnaie. Sir Dennis Robertson (1940) a attaché son nom à la théorie de fonds prêtables : les quatre déterminants du taux de l'intérêt (préférence du temps — productivité marginale du capital — politique d'émission des banques — préférence pour la liquidité) recouvrent les quatre catégories d'offre et de demande monétaires incluses dans l'équilibre monétaire (consommation — investissement — monnaie nouvelle — thésaurisation).

Mais c'est surtout la généralisation de l'équilibre dans le temps qui conduit François Perroux à faire du modèle keynésien une partie d'un modèle plus général, celui qui exprime la croissance harmonisée. Keynes a montré comment on pouvait réaliser le plein emploi et ajuster ainsi l'activité et le revenu à la capacité des forces de travail de la période. Ce modèle doit se prolonger par la recherche des facteurs qui permettent, non plus de résorber l'écart activité-capacité, mais de développer cette capacité. François Perroux définit ainsi un état progressif de l'économie, c'est-à-dire un accroissement du produit réel moyen par habitant obtenu par une croissance de ressources plus que proportionnelle à la croissance de la population et par une gestion plus économique et plus rationnelle. Cela signifie que l'action d'ajustement ou de stimulation doit aussi être structurelle. Elle tendra à augmenter la productivité, à déterminer un investissement sélectif et ordonné, équilibré en tous points, correctement orienté et rationnellement utilisé, enfin à répartir judicieusement l'emploi. Elle doit viser à développer les forces de croissance. Ainsi s'ouvre la voie d'une dynamique de l'encadrement et de l'environnement, commandant les progrès essentiels du dispositif économique. Dans la perspective de la croissance harmonisée, les flux ne peuvent s'ajuster à l'évolution générale des structures que par l'intermédiaire d'écarts permanents et de déséquilibres temporaires. Pour que tout marche bien, il suffit que ces troubles de croissance, nécessaires et féconds, soient tolérables et n'entraînent pas de distorsions socialement insupportables ni des blocages de croissance.

C) *Contestation.*

Bien qu'études et approfondissements se soient généralement dispersés sur des aspects différents de la *Théorie Générale*, depuis les trente ans qui ont suivi sa publication, la multiplication même de ces nouveaux éclairages, la découverte d'implications que Keynes n'avait pas envisagées, l'évolution rapide et considérable des données, ont fini par créer, ces dernières années, un climat général de contestation à l'égard des thèses keynésiennes. La mise en cause des relations, des comportements et des processus partiels, a insensiblement conduit au rejet du système dans son ensemble, c'est-à-dire des grandes lignes de la synthèse keynésienne et des méthodes d'économie appliquée qu'il était légitime d'en déduire. Le modèle keynésien, convaincu de fausse rigueur, s'est dissous déjà dans le passé comme un moment, capital il est vrai, de l'histoire des doctrines économiques. Il n'en reste plus grand-chose de cohérent aujourd'hui, même si l'influence de Keynes imprègne et paralyse dans la forme la représentation économique. Derrière un vocabulaire keynésien répandu à profusion, le sens et les relations exprimées çà et là reflètent un objet latent bien différent de la vision de l'illustre économiste anglais.

Pour bien situer les principaux points de la contestation qui a défait l'objet keynésien et dégagé les matériaux d'une nouvelle construction, il faut rappeler les positions essentielles du keynésisme du point de vue monétaire : déchéance de l'épargne ; action causale de la monnaie ; manifestation des facteurs monétaires à travers les comportements d'encaisse ; ajustement des équilibres à partir d'écarts de taux ; taux de l'intérêt, vecteur de l'influence monétaire sur les phénomènes économiques ; équilibre monétaire ; enfin délimitation externe de l'objet par la capacité des forces productives. En évolution, recherche des moyens d'ajuster la croissance effective sur la croissance de cette capacité. Cependant l'objet keynésien n'est pas construit en termes directs de capacité mais en conditions d'ajustement à cette capacité, qu'elle soit fixe ou croissante.

En premier lieu, pour rendre compte des phénomènes de croissance, l'épargne a été réhabilitée, débarrassée de l'équivoque de la thésaurisation en s'affirmant comme une condition formelle du développement.

Mais il faut évidemment que les richesses non consommées soient investies dans les différents secteurs de production d'une façon complète, utile, selon une échelle et dans des proportions appropriées aux besoins et à la hiérarchie de ces besoins. Dans la mesure où la qualité des investissements dépend de la structure de leur financement, se pose un problème de qualité de circuit et d'emploi de l'épargne. La structure de celle-ci peut être plus ou moins favorable à la formation des investissements. Ces derniers doivent être eux-mêmes bien orientés, car le surinvestissement générateur de gaspillage est sans doute un grave péril pour nos économies, bien qu'il passe au travers des grosses mailles du système keynésien. Dans un exposé récent, J. Denizet, s'appuyant sur des conclusions de Kuznetz, rappelle que les taux élevés d'investissement ont perdu de leur intérêt pour stimuler la croissance ou l'expliquer. Plus qu'à la quantité d'investissements, il est devenu essentiel de s'attacher aujourd'hui à l'amélioration qualitative de l'investissement, à la productivité de la main-d'œuvre, à la mise au point et à la diffusion des méthodes de production et de la technologie, aux perfectionnements des modèles de comportements sociaux, ainsi qu'aux techniques de gestion.

Ensuite, le monde contemporain a réagi fortement contre le quantitativisme monétaire de Keynes et surtout de ses disciples, qui, prétendant utiliser la monnaie comme instrument-clef de la politique économique, croyaient possible de donner du tonus à l'économie par une politique d'argent à bon marché quand elle défaillait ou en revanche de freiner ses emballements par des restrictions monétaires, la variation du taux de l'intérêt entraînant selon le processus keynésien des mouvements d'investissements et corrélativement de revenus.

De nombreux ouvrages ont été écrits sur les insuffisances de la politique monétaire inspirée des thèmes keynésiens-wickselliens, fondée sur les mouvements du taux de l'intérêt consécutifs aux variations volontaires de l'offre de liquidités. Les déceptions sont nées des échecs de cette politique après la seconde guerre mondiale. La monnaie et les prix ont échappé alors à l'ordre que les responsables de l'émission voulaient leur imposer. Il n'est pas rare que l'activité, la monnaie et les prix aient réagi à contresens de l'objectif recherché. Aussi la conviction s'est-elle établie de façon explicite chez la plupart des économistes que les tendances réelles sont prédominantes et entraînent la dimension monétaire, du moins dans le cadre du système monétaire actuel qui laisse jouer les forces et dégage la monnaie à leur demande. Le dessin et l'ampleur de l'émission sont largement préétablis par des formes proto-monétaires, directement dépendantes des facteurs réels. Ces formes (créances) engendrent la monnaie au rythme spontané des transactions échues et de la liquidation des contrats. La norme de la stabilité du produit et des prix dans le plein emploi fait place, en exaltant encore plus le plein emploi, à celle de la croissance à long terme et de l'expansion à court terme, fût-ce au prix d'une inflation. Au mieux, la nouvelle norme tolère une hausse de prix ainsi qu'une surliquidité de l'économie. Dans cette optique, « la croissance secrète les liquidités qui lui sont nécessaires et engendre au besoin les institutions chargées de les créer et de les répartir » (A. Bienaymé).

Sans revenir à la théorie de la maîtrise des flux par l'émission monétaire, certains économistes pensent cependant que la régulation de l'offre de monnaie permet d'imposer des contraintes qui peuvent orienter l'économie dans un sens voulu par les autorités de l'État. Mais c'est rechercher là un effet de limite et la question demeure entière de savoir si les amputations dues à une fermeture monétaire drastique ne compensent pas l'avantage de l'endiguement des courants. Il est certain par exemple que la restriction des crédits bancaires entraîne du chômage. C'est précisément sur ce dernier que l'on compte pour freiner l'emballement des prix. Il y a volonté d'agir sur la formation des décisions économiques en bridant sévèrement l'émission monétaire et en réduisant les liquidités. Mais on renonce par là même au plein emploi. Un grave problème d'objectifs se trouve posé. Cette forme réactionnaire de l'interprétation de la hiérarchie des objectifs a pu prévaloir dans l'opinion de certains experts. Elle n'en est pas moins contraire aux tendances les plus sûres de l'évolution en cours.

Ont été également mises en cause les relations dont, dans le système keynésien, le taux de l'intérêt était le centre et qui faisaient de lui la charnière-clé des processus, la variable stratégique de l'objet économique. D'une part, les faits n'ont pas confirmé que le taux de l'intérêt dépendait essentiellement de la politique des banques et des autorités monétaires, ni qu'en particulier il serait indépendant de l'épargne et de l'investissement, de la propension à consommer ou de l'incitation à investir et de l'efficacité marginale du capital. D'autre part, le rôle du taux de l'intérêt à l'égard de l'investissement a été fortement minimisé depuis quelques années par les économistes. Selon J. Denizet citant les conclusions d'une étude des Américains Meyer et Kuh, la décision d'investir dépendrait, aux États-Unis, de la position de liquidité, du profit net, des variations du chiffre d'affaires, des dépenses d'amortissement, de l'âge de l'équipement, de la capacité installée. Le taux de l'intérêt n'a pu être retenu comme facteur de la décision. J. Denizet rappelle d'ailleurs que le taux de l'intérêt ne peut avoir une très grande importance, dès lors que les ressources affectées à l'investissement sont apportées, pour 60 à 70 %, par l'autofinancement. Il en ressort que le taux d'intérêt jouerait surtout comme une contrainte « dans le mécanisme optimisant l'affectation d'un montant de capital rare à différents usages ». Ce qui compte le plus, pour l'efficacité de cette fonction, c'est moins un taux d'intérêt bas qu'un taux unifié et stable.

D'une manière générale, les objectifs visant la modification de taux qui ont la forme de relations mathématiques entre des grandeurs brutes elles-mêmes mesurables (taux de l'intérêt, taux de croissance) ne devraient pas masquer l'action directe sur ces grandeurs dont ils dérivent et qui sont les véritables objectifs des politiques économiques. Ainsi, du point de vue monétaire, il est plus important de fixer directement la quantité de monnaie que de la faire découler d'un certain niveau du taux de l'intérêt. Car d'une part, il n'est pas évident que la quantité de monnaie soit suffisamment sensible au taux de l'intérêt. D'autre part, la dimension monétaire entraîne avec elle, dans un enchaînement rigoureux et à sa mesure fidèle, des combinaisons de forces. Elle doit donc être fixée elle-même dans une structure quantitative et qualitative correspondant à l'évolution prévisible du champ économique. Elle est indissociable de la capacité de ce dernier. Ainsi se trouve introduite la notion d'un *verrou monétaire* évitant les glissements d'échelle. Un certain nombre d'économistes s'attachent aujourd'hui à rechercher des formules reliant le revenu prévisionnel aux quantités de monnaie et d'actifs financiers qui permettraient de l'atteindre. Milton Friedman aux États-Unis, Maurice Allais et Jean Denizet en France ont particulièrement marqué cette tendance.

D) *Les vestiges incontestés.*

Toutefois, deux traits fondamentaux de l'objet keynésien ont échappé à la contestation : l'équilibre monétaire et l'exclusion de la représentation monétaire des capacités. Car malgré les nouveaux objectifs tracés, notamment par François Perroux en matière de développement des capacités, il n'a pas été possible de substituer à l'équilibre monétaire un meilleur instrument d'analyse ni de concevoir un type de représentation monétaire du champ économique, incluant les capacités, tout en restant suffisamment doté de cohésion, d'expansion, d'homogénéité et d'efficacité opératoire. Nous retrouverons donc ces vestiges encore intacts parmi les formes latentes de l'objet économique virtuel qui, à l'époque contemporaine, pourrait s'édifier à partir des débris rénovés de l'objet keynésien, si l'on faisait le point de l'état où sont parvenues aujourd'hui, dans leurs implications monétaires, les théories économiques du monde occidental.

L'OBJET ÉCONOMIQUE CONTEMPORAIN LATENT.

L'objet économique contemporain, consécutif au démantèlement de l'objet keynésien est dans les limbes de sa genèse. Il est encore pensé dans son imprécision et dans ses alternatives. Mais son sens est d'ores et déjà certain, et ses traits latents proposent de nouvelles réponses aux quatre problèmes fondamentaux qui nous ont permis de caractériser de manière spécifique les conceptions antérieures de l'objet économique : l'expression par la monnaie des structures de l'objet économique ; la structure monétaire propre ; l'articulation de la monnaie sur le champ économique ; le degré d'influence réciproque de la monnaie et des grandeurs ou forces réelles.

A) *Le sens contemporain de la problématique monétaire.*

Les doctrines économiques ont toujours reflété les difficultés, les drames, les obstacles qui gênent l'ascension de l'organisation sociale ; elles ont été l'une des principales voies que les groupes humains ont empruntées pour les surmonter. Car s'il n'est peut-être pas vrai que les économistes aient toujours exprimé les désirs exclusifs de leur classe sociale, généralement privilégiée, comme on leur en a fait le reproche, du moins se sont-ils à peu près constamment orientés vers la recherche plus ou moins consciente d'une réponse aux interrogations diffuses de leur milieu et de leur époque. Certes comme le souligne A. Piettre dans son *Histoire de la pensée économique*, beaucoup d'écoles ont succombé à la tentation de l'abstraction, de la formalisation et du byzantinisme. Mais il faut moins s'attacher aux théories particulières de chaque auteur qu'à l'ensemble des théories qui s'épaulent et s'édifient dans une période et d'une période à l'autre, les unes sur les autres, les unes contre les autres, les unes grâce aux autres. Collectivement et jusque dans les aberrations où certaines d'entre elles se sont précipitées, les doctrines économiques restent toujours progressives et s'imprègnent des espoirs de l'être social en gestation.

En raison de leur technicité, les positions monétaires, plus encore que les autres compartiments de la théorie économique, se prêtent mal à la spéculation gratuite. Elles portent la marque profonde des problèmes cruciaux de leur époque et sont souvent dominées par les préoccupations et l'état d'esprit des praticiens qui ont eu des problèmes précis à résoudre et des responsabilités à prendre. Keynes doit une grande partie de son prestige à la contribution décisive qu'il a apportée dans le combat contre les crises considérées à juste titre à l'époque comme le vice suprême capitaliste. On peut dire que Keynes a défini avec bonheur les moyens qui permettent de triompher de la dépression et même d'en assurer la prévention. Il est presque inconcevable aujourd'hui qu'une crise puisse se déclencher. Grâce à lui l'économie a pu s'installer et se maintenir en état de plein emploi. Après avoir ainsi atteint la frontière de ses capacités, elle a pris conscience de son expansion nécessaire.

En peu d'années, aux fluctuations conjoncturelles et à l'horreur du repli, s'est substitué le mal de la croissance, l'inflation, qui dans beaucoup de pays, et particulièrement en France, a entraîné des situations jugées socialement intolérables et au surplus génératrices, à terme plus ou moins rapproché, d'un blocage durable de la croissance par asphyxie progressive des exportations.

En un premier stade, les économistes se sont attachés à dépouiller l'inflation de ses mystères et à mobiliser, pour la juguler, toutes les ressources de leurs techniques, à tous les niveaux réels, budgétaires, financiers et monétaires. Après des discussions difficiles sur son origine précise (augmentation des coûts ou excès de la demande, responsabilité de l'État ou des entrepreneurs) il a bien fallu constater que, de toute manière et malgré les mesures prises ou les condamnations prononcées, l'inflation montait toujours comme la marée sur les rivages, submergeant tout, touchant simultanément les ressources et les emplois, les coûts et les revenus, l'offre et la demande. Dès lors le remède n'était plus à portée. Il faut obtenir la maîtrise de tous les paramètres de l'objet économique pour entrevoir la possibilité d'un résultat : immense tâche. Pour essayer de contenir les prix, beaucoup d'économistes contemporains (*L'inflation aujourd'hui* d'André Kerever) en appellent au contrôle direct des prix, à la politique des revenus et à la planification, invoquent la discipline des agents et recherchent une prédétermination des structures de l'objet économique. A l'opposé, Jacques Rueff, selon la tradition libérale, tend à faire reposer la responsabilité de l'inflation sur le seul comportement de l'État qui fait monnayer à son profit de fausses valeurs. Voulant prélever des ressources réelles sans en offrir lui-même en contrepartie, il se place en effet en état de déficit permanent. Faute de trouver des prêteurs, il devra couvrir ce déficit par une création de monnaie excédant les besoins d'encaisse ; cette « monnaie indésirée » ne peut s'absorber que dans les hausses de prix selon un processus décrit par ailleurs.

Devant une certaine impuissance à contenir l'inflation, les experts, les gouvernements et même l'opinion se sont résignés à admettre la hausse continue des prix, à condition qu'elle demeure modérée et en tout cas n'excède pas celle qui se manifeste dans les nations partenaires. L'idée s'est d'ailleurs répandue chez les économistes que l'expansion exige une poussée des prix et une abondance de monnaie exprimée par la surliquidité de l'économie. Les récentes thèses publiées en France par les économistes universitaires tentent de démontrer que le plein emploi des facteurs de la production est incompatible avec la stabilité des prix. Les structures capitalistes sont telles qu'au surplus les hausses de prix favoriseraient ceux qui détiennent le pouvoir économique. Il n'est pas étonnant que dans ces conditions l'inflation s'entretienne comme un feu sacré aux multiples foyers. On a même présenté la théorie d'une inflation rampante qui inciterait à la croissance en raison de certains arbitrages qu'elle commande : préférences pour les biens réels et pour le développement du crédit générateur d'investissement et de consommation (Dominique Taddeï). Cette théorie relaie celle qui tendait à donner aux inflations un rôle régulateur, en ce sens qu'elles dégageaient l'épargne « forcée » nécessaire à la poursuite de la croissance, alors que les excès de consommation ou les fortes poussées salariales, qui sont à l'origine du phénomène, réduisaient les investissements et les profits en termes réels.

Le problème majeur pour chaque économie nationale est évidemment de maintenir une expansion maximale dans le long terme, sans verser dans une inflation qui placerait le pays en situation d'infériorité par rapport à ses voisins et concurrents. C'est là une route de crête extrêmement difficile, où glissades et dérives atteignent chaque pays à tour de rôle avec des effets d'entraînement. Finalement aujourd'hui on pousse et on retient. Tel est le leitmotiv de la conduite économique et monétaire des nations. De cette avance saccadée qui n'épouse pas pleinement les canaux de la croissance potentielle, se dégage l'impression d'un gaspillage diffus, d'une rupture d'élan, encore que certains économistes veuillent voir dans l'alternance des objectifs de plein emploi et de stabilité des prix, l'amorce d'une dynamique fructueuse des macro-comportements ; l'émergence de chacun de ces objectifs se fonderait sur la prise de conscience de la dégradation qu'il subit du fait de la domination de l'autre.

L'inflation, phénomène à la fois réel et monétaire parce qu'il s'exprime, d'une part dans la hausse des prix et des revenus, d'autre part dans l'augmentation de la circulation monétaire, figure toujours l'arène principale où, sous le couvert de l'analyse de ses causes et de ses effets, s'affrontent les différents courants de l'économie occidentale qui tantôt privilégient la monnaie tantôt ne s'intéressent qu'aux forces réelles, qui croient ou ne croient pas à l'action consciente et efficace des autorités, ou encore qui raisonnent soit en macro-analyses, soit en micro-comportements. Au total, concept diffus et confus mais symptomatique d'un trouble généralisé, fièvre intermittente, récurrente ou continue de l'objet économique, l'inflation hésite à s'instituer comme un mal incurable ou à se formuler comme le gage du progrès économique. Il demeure que la recherche du moyen d'ajuster, avec précision et sans déformation telle que l'inflation, le flot économique et sa représentation monétaire à la capacité totale des forces réelles, tout en ouvrant à cette capacité la voie de son plus grand développement, est le sens le plus actuel que puisse prendre la théorie monétaire.

B) *La représentation monétaire de l'objet économique.*

La structure de l'objet économique privilégiée par la représentation monétaire a évolué et s'est compliquée, passant d'une structure générale de prix à une structure générale de revenus. A l'époque contemporaine, apparaissent des structures de comportements liées à des structures de répartition, dont on recherche les mécanismes de transformation. Dans ces nouvelles formulations, la monnaie semble perdre le rôle spécifique qui avait fait d'elle la forme représentative obligée des structures de prix et de revenus. Aussi bien peut-on craindre que les théories modernes de la structure économique ne négligent la part propre de la monnaie dans la représentation que l'on se donne aujourd'hui de l'objet économique. Quoiqu'il en soit, du point de vue de la formalisation des structures nominales, c'est-à-dire monétaires, de l'objet économique, nous sommes toujours dans l'ère de l'équilibre monétaire inaugurée par Wicksell, et de la dimension keynésienne limitée à la transcription monétaire des structures anticipées ou effectives, excluant par conséquent les structures potentielles définies par les capacités réelles.

Appréhendée directement sous la forme monétaire de flux (les revenus, les coûts, les variations d'encaisses et de créances), la réalité économique entre dans le domaine comptable de l'homogénéité et des cercles parfaits. Autrement dit, *l'équilibre monétaire* est toujours assuré. Le champ économique est découpé selon des oppositions de grandeurs ou flux monétaires qui demeurent constamment égaux lorsqu'ils se concrétisent dans le champ des transactions effectives : offres et demandes globales, épargne et investissement ou mieux encore investissement associé à la thésaurisation et épargne associée à la monnaie additionnelle. Ces grandeurs, ces égalités, ces équilibres n'ont en eux-mêmes aucune signification particulière. Mais ils ont permis à ceux qui ont utilisé cette approche de montrer que l'équilibre général peut se réaliser à tous les niveaux et que l'équilibre de plein emploi ou l'ajustement effectif de l'épargne et de l'investissement anticipés sont des cas particuliers de l'équilibre monétaire. Celui-ci sert de cadre d'analyse ; il ébauche une structure simple ouvrant la voie et servant de point d'appui à des explorations plus profondes. Les théoriciens de l'équilibre monétaire cherchent à déterminer comment ces grandeurs ou flux se sont égalisées à partir de situations qui n'impliquaient pas à l'origine par elles-mêmes cette égalité. Il a fallu faire appel à des distinctions méthodologiques entre des situations *ex-ante* déséquilibrées et des situations *ex-post* équilibrées, à des anticipations incompatibles qui se soldent par la réalisation de projets compatibles et à des motivations contradictoires qui se concilient sous la contrainte des faits.

Pour exploiter ces écarts et reproduire leurs effets ou leurs itinéraires d'ajustement, la formalisation de l'équilibre monétaire place hors du champ économique l'explication des variations possibles des grandeurs ou de leurs composants. Les calculs prévisionnels assortis d'actualisation, effectués par les entrepreneurs, les marges de gains attendues, ont situé les ressorts et les structures fondamentales de l'objet économique, non dans l'objet lui-même, mais dans la représentation très partielle que certains sujets s'en font. L'objet économique des théoriciens de l'équilibre monétaire a fini par devenir une formalisation hypothétique de projets individuels, beaucoup d'économistes s'étant voués à la « littérature mathématique ». Mais la rigueur mathématique fait illusion, car en sortant du cadre des cycles, circuits et réseaux complets tirés de l'observation, on ne peut que créer des figures déductives, progressivement infidèles aux forces et structures économiques effectives.

La préoccupation majeure des théoriciens est évidemment de simplifier, de rechercher les postes-clefs de l'équilibre et les variables indépendantes qui déterminent les autres, ou encore d'enregistrer les comportements stables enchaînant les variables dépendantes. Le découpage du champ économique en grandeurs monétaires égales s'allie ainsi à des analyses de composition de ces grandeurs et à des processus d'évolution liés, soit à des écarts dans le temps entre les prévisions et les réalisations ou dans l'espace entre des prix ou des taux, soit à des engrenages de multiplication et d'accélération. Ainsi espèrent-ils obtenir un modèle opérationnel utilisable à partir d'une ou plusieurs grandeurs monétaires prises comme données. Tous ces modèles tombent sous la même critique : fruits de la spéculation des hommes, ils s'inscrivent très imparfaitement dans l'objet économique ; ils ne sauraient véritablement ni le traduire ni le guider. Il n'y a aucune commune mesure entre : d'une part, le jeu quantitatif et qualitatif des forces privilégiées par les théoriciens de l'équilibre monétaire pour expliquer les écarts et les processus d'ajustement ou de désajustement ;

d'autre part, l'influence extraordinairement complexe des combinaisons, multiples et diverses, des forces qui agissent sur les variables ou même, dans le long terme, sur les constantes, sur les grandeurs et sur les comportements. L'habillage mathématique ne doit pas tromper. Il n'est pas possible de maîtriser ainsi, en quelque sorte hors du champ économique, l'infinité d'impacts, de ressorts, de brassages, de déterminations élémentaires, ni les rapides transformations qui affectent les divers niveaux d'organisation de l'objet économique, si on laisse cet ensemble, littéralement grouillant de mouvements et chargé d'une tension considérable, s'exprimer dans un champ monétaire qui ne soit pas clos et qui n'intègre pas, dans son propre schéma, l'amorce de l'organisation même vers laquelle tendent les structures économiques observées.

Au surplus, les grandeurs monétaires, du moins celles qui expriment l'offre globale ou l'investissement, sont bien des représentations de grandeurs réelles. Malheureusement, cettc représentation est faite dans un système indéterminé et flottant, en sorte que les signes monétaires ne peuvent pas être dotés d'une signification sûre et stable. Qui plus est, les signes monétaires se répandent dans le champ sous l'influence des seules forces relayées par les formes nominales du crédit et qui n'ont de ce fait qu'un rapport assez vague avec les éléments réels. C'est un peu comme si, tombant dans le milieu monétaire, les éléments réels y prenaient une forme indéfiniment extensible ou rétractile et une structure instable, le tout variant suivant les propriétés dimensionnelles et sectorielles de ce milieu, fait uniquement de circuits et de comportements financiers. Les nouvelles théories relatives à la monnaie permettent certes de clore le champ monétaire, puisqu'elles nous proposent de fixer la quantité de monnaie et d'actifs financiers en fonction du revenu projeté et d'instituer ainsi un verrou monétaire. Mais si l'on peut déterminer la masse monétaire correspondant à ce revenu choisi d'avance, comment savoir dans quelle mesure celui-ci ne se réalise pas par une variation de prix, c'est-à-dire par un mouvement purement nominal ? Si même la variation de prix est intégrée au calcul d'après des séries statistiques passées, il n'est pas possible de déterminer exactement suivant quel rapport la majoration du revenu se répartit entre les effets réels et les effets généraux de prix.

La représentation monétaire de l'objet économique dans la théorie de l'équilibre monétaire est en défaut sur un autre point très important. Malgré l'ampleur du champ embrassé par cet équilibre, les paramètres qui définissent la *capacité des forces réelles* demeurent à l'écart de l'objet économique conçu dans les limites de l'équation d'équilibre. Autrement dit, conformément à la position des initiateurs Wickell et Keynes, le modèle de l'équilibre monétaire ne prend en considération que les forces réelles qui peuvent être admises à revêtir une forme économique c'est-à-dire monétaire, compte tenu d'un encadrement de règles et d'institutions diverses. Or il est inévitable que par suite de cet environnement structurel, certaines forces ne puissent pas trouver d'expression monétaire. C'est le cas des forces qui ne trouvent pas d'emploi économique, ou dont la communauté refuse d'admettre la valeur économique par tradition ou par intérêt. Toute la capacité des forces réelles ne se traduit donc pas d'une manière spontanée dans le champ économique.

Certes par le jeu des anticipations, la représentation admise par le modèle s'étend aussi à des forces du futur, qui peuvent être différentes de celles du passé et du présent. Le modèle supporte donc, compte tenu du temps et des hypothèses choisies, une infinité de variantes. Par des prévisions de croissance des revenus, on peut intégrer dans l'une de ces variantes la progression des forces réelles, à un taux anticipé correspondant à la croissance optimale de tous les déterminants de forces futures. Mais cette appréciation de l'évolution probable ou possible des forces réelles ne peut avoir, dans les implications de la théorie de l'équilibre monétaire, qu'un caractère extra-économique. Elle se fonde par exemple sur l'évolution calculée et projetée dans le temps de la population active et de la qualification de celle-ci, sur les progrès scientifiques et technologiques, ainsi que sur l'amélioration de l'organisation et de la gestion dont les incidences sont extrêmement hypothétiques et aléatoires. Un bilan est ainsi établi, en dehors de l'objet économique. Une série d'hypothèses est émise. Il en résulte un ou plusieurs taux de croissance servant de base à la reconstitution de l'objet dans sa structure future. Un nouvel équilibre monétaire se trouve défini qui sera anticipé, avec les conditions qui doivent permettre de le réaliser, notamment en matière monétaire et financière. Le tout est conceptuellement cristallisé, figé, suivant des hypothèses faites sur les capacités des forces réelles, capacités qui ne sont pas intégrées elles-mêmes dans les formes opérationnelles de l'objet économique. Seul le revenu, qui n'est pas une capacité, sera affecté par l'application du taux de croissance correspondant à l'hypothèse choisie. Sauf à refaire tout le chemin accompli pour la détermination des paramètres de l'objet, il n'est pas tenu compte de l'évolution des capacités, évolution qui selon toute probabilité conduit à des situations bien différentes de celles qui ont été anticipées dans les hypothèses choisies au départ.

C) *La structure monétaire propre.*

La structure propre de la monnaie est désormais bien connue dans ses modalités et ses variantes. Côté de l'offre surtout : mécanismes de création et de destruction de monnaie, réseaux et circuits financiers enchevêtrés servant d'infrastructure à la production de monnaie, péripéties et rythmes de l'existence des signes monétaires, voies diverses d'insertion, catégories d'actifs variables et substituables qui règlent la durée et le volume des signes, modes de passage d'une espèce de monnaie à une autre, évolution de ces espèces, rôle joué par les organes émetteurs, transformateurs et régulateurs, motivations des banquiers émetteurs ou de l'État meneur de jeu et maître des règles : autant de traits, d'éléments et de parties parfaitement analysés, spécifiés, maîtrisés. Côté de la demande, les comportements d'encaisses des sujets peuvent être analysés, classés, coordonnés. En considérant la monnaie comme un bien, s'intégrant dans des structures patrimoniales, les théoriciens des encaisses se sont donné le moyen d'en fixer la dimension, la qualité, la composition, relativement aux autres biens ainsi qu'aux besoins exprimés. De nos jours, la monnaie a donc pris une épaisseur structurelle considérable, dont la connaissance a été largement diffusée dans l'enseignement et même vulgarisée dans l'opinion. Mais cette structure large et complexe pose un débat sous-jacent. Est-elle entièrement maîtrisée ? L'émission et la circulation de monnaie sont-elles réglées conformément à des objectifs posés consciemment par une autorité ?

Il est naturel que cette question soit posée. A vrai dire elle n'est pas au centre de la problématique monétaire consciente. Car d'une façon générale la science économique contemporaine ne met pas en doute la maîtrise que les sociétés ont acquise sur la production de monnaie, ni la liberté dont disposent les agents de rechercher et d'obtenir les encaisses nécessaires à leurs besoins, compte tenu de leurs revenus et de leurs autres actifs. En effet, estime-t-on généralement, les autorités monétaires qui règlent la monnaie et les organismes qui la fournissent, l'État et les entreprises qui la demandent en premier, tous sont, chacun en ce qui les concerne, les maîtres des flux de monnaie. Certes leurs projets ne sont peut-être pas conciliables et bien souvent leurs comportements sont excessifs, maladroits ou volontairement orientés, pour des motifs d'ailleurs parfaitement légitimes, vers une offre ou une demande trop abondantes, défigurant ou diluant les phénomènes réels. Mais les économistes demeurent généralementg persuadés que dans les structures monétaires actuelles, des objectifs bien définis relatifs à la masse monétaire et à sa circulation, une volonté bien appliquée, une discipline bien imposée, des circuits et des réseaux bien choisis pourraient permettre de produire, sans excès ni défaut, la monnaie que veut une collectivité.

A dire vrai, cet optimisme foncier sur le contrôle humain de la machinerie monétaire repose sur un certain parti pris ; le poids et la rigidité de celle-ci sont oubliés, soit que, nonobstant l'évidence de sa structure épaisse, la monnaie persiste à être prise pour le voile léger, transparent, facile à écarter dont les classiques avaient répandu l'image, soit qu'elle se présente en simple instrument approprié à sa finalité, répondant correctement aux ordres et impulsions, souffrant seulement des maladresses et erreurs des autorités et des usagers. Pour certains économistes, régler la monnaie, c'est régir l'économie réelle et vice versa. Pour les autres, les fils monétaires se tissant au fur et à mesure et à la dimension des fils réels, il faut les régler ensemble. Mais dans la manière dont les uns et les autres jugent la structure propre de la monnaie, ils s'unissent pour en minimiser l'influence et finalement pour afficher à son égard un certain mépris.

Contre cette mise entre parenthèses de la structure propre de la monnaie quelques voix s'élèvent, infimes par le nombre mais assurément retentissantes. Jacques Rueff, ce penseur solitaire et obstiné de l'économie, retiendra spécialement notre attention. Car il a montré dans ses actions et dans ses œuvres une prodigieuse et évidente connaissance de la structure monétaire. De plus y-a-t-il en France un économiste plus libre que lui dans sa pensée et dans ses analyses des faits, moins enchaîné par les présupposés et les concepts des analyses anglo-saxonnes ? Grâce à lui surtout, le jeu moderne des substitutions de structures s'impose comme la forme originale et sous-jacente guidant l'analyse des comportements et des mécanismes monétaires. Même si notre conclusion diffère finalement de la sienne, parce que, moins sage, nous avons voulu aller plus loin que lui dans les implications des facteurs monétaires, il faut rappeler brièvement les termes d'une théorie où la structure monétaire joue les premiers rôles, une structure monétaire rebelle. Pour la dompter il faut obéir à ses lois. La théorie monétaire de J. Rueff s'exprime selon trois thèmes principaux : la notion d'encaisse désirée ; la monnaie-valeur ; la régulation monétaire.

1) *La notion d'encaisse désirée.*

Dans *l'Ordre social* J. Rueff établit le concept « d'encaisse désirée » pour montrer comment la monnaie agit sur le niveau des prix et peut engendrer l'inflation. Le mécanisme décrit rend parfaitement compte de la voie par laquelle l'excès ou l'insuffisance de signes monétaires entraîne une hausse ou une baisse générale de prix, accentuant les distorsions de prix qu'engendrent en toute hypothèse les émissions courantes de monnaie et le cours normal des échanges.

Le stock de monnaie en circulation est détenu dans les encaisses des agents économiques qui fixent ainsi par leurs décisions le montant et la composition de la monnaie nationale. Les agents alignent constamment ce stock sur le montant de l'encaisse désirée. J. Rueff montre comment l'ajustement du volume de l'encaisse effective sur celui de l'encaisse désirée se fait par des mouvements de prix. Ainsi, lorsqu'il y a un excédent de monnaie par rapport à l'encaisse désirée, la monnaie indésirée est cédée sur les divers marchés contre des biens et services dont les prix haussent en conséquence. Le niveau de l'encaisse désirée augmente du fait de la hausse des prix qui accroît le besoin d'encaisse nécessaire. Tout se passe « comme si la hausse du niveau général des prix s'était poursuivie jusqu'au moment où elle aurait absorbé, par augmentation des encaisses nécessaires, les éléments d'encaisse devenus indésirés ».

2) *La monnaie-valeur.*

La monnaie a pour fonction d'être l'intermédiaire unique des échanges, d'où elle tire celle d'être étalon unique des valeurs. Chez J. Rueff toutes les richesses sont appropriées, les sujets étant titulaires de droits sur elles. Dans les processus d'échange la monnaie vient se substituer transitoirement au contenu d'un droit préexistant, c'est-à-dire à une richesse non monétaire. L'échange sera accompli lorsque le sujet aura à nouveau rempli son droit d'une richesse non monétaire en cédant son contenu monétaire. La monnaie est donc la forme transitoire du contenu d'un droit. Mais elle n'est pas un pur signe : celui d'un droit ou du contenu antérieur de ce droit. Elle a aussi une valeur par nature, valeur qui selon J. Rueff est nécessaire à l'accomplissement de ses fonctions. En effet, par-delà son signe, c'est-à-dire l'empreinte distincte, formelle et numérique qui simplement l'habille comme l'uniforme d'un soldat, la monnaie est une richesse comme tous les biens dotés de valeur et comme les créances elles-mêmes dont elle n'est d'ailleurs, du moins dans les systèmes contemporains, qu'une espèce. Il ne suffit pas que la monnaie soit acceptée (légalement ou en fait) en échange de toutes les richesses non monétaires. Elle doit avoir aussi une valeur déterminée et fixe, obtenue par la convertibilité ou, en régime d'inconvertibilité, par le décret public qui prend l'unité monétaire comme unité de valeur. Certes la monnaie s'intègre comme le dernier terme d'une chaîne de valeurs représentatives d'autres valeurs, comme sont toutes les créances. Créance ou représentation d'une créance ou de tout autre actif, la monnaie est de toute façon une richesse qui, comme toutes les richesses, est demandée ou offerte. A tout moment, les acteurs économiques arbitrent entre les richesses monétaires et les richesses non monétaires suivant leurs besoins. Le fait que la monnaie soit une richesse, et non pas seulement un signe ou une représentation, est fondamental dans la thèse de J. Rueff.

Le rôle des organismes émetteurs est de transformer en monnaie des richesses non monétaires et réciproquement, suivant les besoins : habiller les richesses avec le signe monétaire ou au contraire les déshabiller en leur retirant le signe. Mais justement les richesses monétaires présentent par rapport aux autres richesses une particularité essentielle. Du fait qu'elles sont revêtues d'un signe spécifique, ces richesses sont jugées sur l'apparence de leur signe. Or le masque déchiré par le déshabillage résultant de la démonétisation de la richesse peut révéler l'absence d'une partie de la valeur que le signe affichait. En effet dans le secret des processus de création monétaire, ou bien l'habillage lui-même peut avoir revêtu des valeurs fausses, ou bien de vraies valeurs ont pu se dévaloriser sous le masque du signe qui fige à jamais leur apparence. Il s'ensuit que les détenteurs, soit de la monnaie qui circule, soit des créances monétisées, peuvent être titulaires de *faux droits*. Les créances monétisées, en particulier, ne sont de vraies valeurs que si les actifs, qui leur servent de gage, conservent la valeur qu'ils avaient au moment de la monétisation et que le signe monétaire a enregistrée dans son langage. Sinon, elles deviennent des valeurs fausses et donnent des faux droits à leur titulaire ou au détenteur du signe correspondant. D'une façon générale, J. Rueff considère que l'État introduit de fausses créances, par conséquent de faux droits monétaires, lorsqu'il finance un déficit permanent par la création de monnaie. Au cours de l'échange, la monnaie, bien (richesse) pris dans la série des biens, remplace donc toujours n'importe quel bien pour la valeur de ce bien. Mais pour la validité de cette substitution il faut que la valeur réelle de la richesse monétaire soit bien celle pour laquelle elle est donnée ou reçue, c'est-à-dire ne s'écarte pas de sa valeur nominale.

La monnaie correspond à la satisfaction de besoins spécifiques qui s'expriment dans le désir d'encaisse. Pour répondre à la fonction qu'elles assument en satisfaisant ces besoins, les espèces monétaires doivent posséder des qualités et des attributs dont la marque apparente est donnée par une estampille officielle. Pour des raisons de commodité fonctionnelle cette marque que J. Rueff appelle « le signe monétaire » peut, sous forme d'une créance sur un institut spécialisé, être détachée du bien qu'elle authentifie, mobilise, affecte à la fonction monétaire et que la banque émettrice conserve dans son patrimoine et retrace à l'actif de son bilan. Ainsi se trouve dégagé par J. Rueff le critère d'une bonne monnaie en même temps que le risque permanent de déformation et de trouble qui pèse sur le système. Il faut que le signe monétaire (créance sur l'organisme émetteur) détaché du bien monétaire détenu par la banque et dont il n'est que la représentation (sa valeur nominale) soit toujours en accord avec la valeur réelle du bien monétaire, telle qu'elle s'établirait sur le marché libre.

Par conséquent, selon J. Rueff, la monnaie est constituée par deux éléments associés mais non toujours matériellement recensés : le bien monétaire détenu par l'organisme émetteur et le signe (la créance sur l'organisme émetteur) qui circule. Appliquant en quelque sorte rétroactivement cette formulation aux espèces métalliques, J. Rueff peut soutenir qu'en ce cas la créance sur l'organisme émetteur circule en même temps que le gage métallique (le bien monétaire) qui est ainsi toujours appréhendé par le créancier. La nature des deux composantes de la monnaie est alors facile à préciser : le signe ne peut être qu'une créance sur l'organisme émetteur, gagée par les biens monétisés. Ceux-ci à leur tour doivent répondre à des conditions qui limitent beaucoup les catégories monétisables, servant de substance et de provision à la créance circulante (le signe) ; ils doivent conserver une valeur réelle toujours conforme à la valeur nominale exprimée par le signe et doivent se prêter au jeu des mécanismes automatiques qui assureront le maintien de cette concordance. J. Rueff estime que c'est le cas de l'or et des créances à court terme. Les créances détenues à des fins monétaires par les organismes émetteurs (créances sur l'État ou sur l'économie) sont considérées, à l'instar sans doute de toutes les créances dans la conception des richesses de J. Rueff, comme des biens dotés d'une valeur qui leur est propre, en tant qu'elles se négocient et font l'objet d'échanges. Cette valeur est variable dans la limite des variations du taux de l'intérêt (ou du taux de l'escompte).

La valeur que J. Rueff attribue à la monnaie est, faut-il le souligner, très différente de celle que les théories courantes cherchent à définir lorsqu'elles placent le fondement de cette valeur, soit dans le pouvoir d'achat, soit dans la liquidité. Ces deux qualités seraient plutôt des propriétés valorisant en lui-même le signe, qui circule sous la forme d'une créance sur la banque d'émission. Or lorsque J. Rueff affirme que la monnaie est une richesse dotée de valeur et que l'équilibre du système monétaire et par conséquent du système des prix est lié à la sauvegarde de cette valeur, il prend en considération, non pas la partie circulante de la monnaie, mais la partie immobilisée dans les patrimoines bancaires par son accession au bilan des organismes d'émission, partie que l'on appelle dans la technique bancaire « les contreparties de la masse monétaire ».

Lorsque la richesse monétisée, inscrite à l'actif de la banque, est elle-même une créance, donc un droit sur un autre patrimoine (entreprise ou État), le fondement de la valeur finale de la monnaie se trouve naturellement dans le bilan de celui qui est le débiteur de la créance monétisée. Si une distorsion se produit dans la chaîne de représentation entre le signe circulant et le premier actif qui fonde sa valeur, des ajustements individuels finissent toujours par se produire : l'un ou l'autre des patrimoines traversés par la chaîne absorbe l'écart, en le passant par pertes et profits, sans que la valeur globale de la monnaie, résultant du cumul des ensembles créances-signes, en souffre. Il en va différemment, lorsque l'État impose de façon continue la monétisation de créances sur lui-même, qui systématiquement prennent (du fait du déficit de l'État) une valeur réelle inférieure à celle des valeurs nominales. La déformation affectant les prix est irréductible et s'accélère.

3) *La régulation.*

En régime d'inconvertibilité (cas des régimes monétaires contemporains) et lorsque la monétisation des vraies créances maintient de vrais droits monétaires, l'encaisse se proportionne naturellement aux besoins, à condition que le taux d'escompte soit supérieur au taux d'équilibre du marché monétaire, tout en restant inférieur à son taux économique (taux d'équilibre des seules créances non monétaires). Dans ce cas en effet des créances sont automatiquement monétisées, lorsque par suite d'une insuffisance de monnaie le taux du marché monétaire a atteint le taux d'escompte. A l'inverse, des créances sont automatiquement démonétisées, lorsque par suite d'un excès de monnaie par rapport aux désirs d'encaisse le taux du marché monétaire descend au-dessous du taux d'escompte ; mais pour que la quantité de monnaie indésirée puisse être résorbée, il faut qu'au même moment se présentent à l'échéance des créances monétisées pour un montant équivalent. Le retour par remboursement fait disparaître les signes en excédent, si bien entendu la créance échue n'est pas renouvelée. J. Rueff estime en conséquence que l'on ne peut monétiser sans risque que des créances à court terme, la durée de 90 jours donnant un volume suffisant d'échéances quotidiennes. Il n'est pas exclu toutefois que des créances à long et moyen terme ou même perpétuelles puissent également être monétisées sans inconvénient mais seulement à concurrence du « culot incompressible de la circulation monétaire ».

Lorsqu'en revanche, toujours en régime d'inconvertibilité, le système monétaire entraîne des créations de faux droits, c'est-à-dire lorsqu'il admet l'existence de fausses créances (financement des déficits de l'État par des moyens monétaires ; éligibilité à l'escompte de bons du Trésor selon une valeur supérieure à leur valeur de marché), il n'y a pas, selon J. Rueff, de régulation possible, car l'État renouvelant ces fausses créances à leur échéance, la monnaie indésirée ne peut être reprise par le système bancaire. Tant que durera le déficit de l'État et son financement selon les mêmes procédés monétaires, une hausse continue des prix se développera, dont l'ampleur dépend du volume indésiré des fausses créances que l'État impose au système.

L'essentiel de la régulation, lorsqu'elle est possible, est de faire en sorte que la valeur réelle des créances sur l'économie et sur l'État, détenues dans le patrimoine des banques d'émission, c'est-à-dire la valeur qu'elles auraient si elles étaient librement négociées sur les marchés financiers ou monétaires, ne devienne pas inférieure à leur valeur nominale, en contrepartie de laquelle circulent les signes (créances sur l'organisme bancaire émetteur). J. Rueff pense que si la liberté des transactions financières est assurée et si le taux d'escompte est fixé à un niveau convenable, c'est-à-dire de façon à permettre le fonctionnement d'un marché monétaire, si l'État n'oblige pas de son côté les banques à monétiser des créances qui ne pourraient se négocier qu'à une valeur inférieure à celle pour laquelle les signes sont émis, la quantité de monnaie s'adaptera constamment aux besoins d'encaisse sans mouvement de prix. Dès lors en effet que les agents économiques, maîtres des encaisses, pourraient, à volonté et pour une valeur nominale toujours conforme à leur valeur financière, faire monétiser ou démonétiser des créances pour obtenir, au prix qu'elles valent, la monnaie supplémentaire ou rendre sans perte la monnaie excédentaire, l'encaisse effective ne devrait jamais s'écarter durablement de l'encaisse désirée, correspondant aux besoins objectifs de la communauté, et aucun ajustement général des prix ne serait nécessaire.

Au total, chez J. Rueff la monnaie « vivante » est porteuse de lois internes : si certaines conditions sont remplies, la quantité de monnaie en circulation s'adapte elle-même au montant des encaisses désirées. Mais ce mécanisme s'exerce dans « le silence » d'une structure profonde sous-jacente, inconsciente ; il ne se révèle pas aux spécialistes et aux profanes, qui pourtant y participent (offreurs et demandeurs de monnaie). Ceci conduit l'auteur à rejeter toute influence causale de la monnaie sur les événements économiques ou monétaires, en même temps que toute influence dominante des autorités monétaires sur la détermination de la quantité de monnaie en circulation. S'il y a finalement une détermination de cette quantité (les encaisses) par la volonté des hommes, cette volonté est collective et en quelque sorte non éligible à la conscience d'une autorité.

J. Rueff est au fond un économiste optimiste pour qui le système monétaire offre, dans les lois naturelles de sa structure inconsciente, les moyens souverains de réaliser les objectifs mêmes qui font les problèmes modernes de la monnaie : « Mettre la monnaie au service de l'économie », « permettre le plein essor de la production dans la stabilité des prix et des salaires », « mesurer la circulation intérieure aux nécessités de la production ». Il suffit que l'État ne vienne pas troubler l'ordre intérieur au système pour que ces objectifs soient assurés au mieux.

Par ses traits d'ensemble la théorie monétaire de J. Rueff comporte déjà tous les éléments d'une théorie de la signification et de la représentation, appliquée au système de la monnaie. Celui-ci tend à se décomposer en processus de substitution, de coordination et de discordance. Le signe monétaire entre simultanément dans deux systèmes de représentation : celui de la richesse non monétaire à laquelle, dans l'échange, la richesse monétaire se substitue à égalité de valeur et celui de cette même richesse monétaire dont le signe immuable peut masquer une déperdition de valeur.

Mais dans le développement que J. Rueff a donné à cette confrontation structurelle posée d'emblée comme l'articulation principale de l'objet économique, l'analyse a trop exclusivement porté sur le problème de la représentation de la structure financière par le système des signes monétaires, négligeant celui, à notre avis plus fondamental, de la représentation de la structure économique réelle par le signe monétaire associé à sa structure financière. Dans la combinaison structurelle qui fait le signe J. Rueff a montré la face qui le rattache à la forme et à la structure interne (le bien monétaire) qu'il possède en tant que signifiant. Il a fort justement établi que cette structure peut subir des failles, des défaillances, des discordances, qui la font se voiler et se déformer elle-même par rapport à ce qu'elle devrait normalement être, par rapport aussi à ce pour quoi elle est tenue par les agents économiques qui l'utilisent comme telle. Cette théorie originale et profondément vraie des discordances qui se développent et qui se régularisent (ou ne se régularisent pas) au niveau de la structure monétaire ne pourrait-elle pas se concilier avec celles, plus répandues aujourd'hui et finalement plus normatives, qui, méconnaissant l'importance et le rôle inconscient de cette structure, prétendent soit l'utiliser pour modeler l'économie réelle et lui donner des ordres, soit la négliger comme si elle n'était que le reflet de l'économie réelle?

J. Rueff lui-même indique l'entrée de la deuxième face du signe, celle de sa position représentative, là où la monnaie se substitue, comme le dit l'auteur, au contenu d'un droit préexistant. Après vidage de son contenu initial en richesse non monétaire, le signe monétaire donne à ce droit préexistant un nouveau contenu et ce faisant une représentation dans un langage social. J. Rueff est resté au seuil du système de représentation par lequel le signe monétaire signifie dans le langage de l'économie toutes les forces humaines, leurs richesses et leurs produits. Pourquoi? Sans doute parce qu'il s'est borné à noter que la monnaie se substituait au contenu d'un droit dans chaque acte d'échange, alors que, dans le fonctionnement d'une économie, c'est tout le système de signes qui se substitue, en un acte global, à la totalité du contenu des droits dont la structure complète fait l'assise (le travail) et le fer de lance (le profit) de l'économie réelle. La voie ouverte par J. Rueff appelle son prolongement naturel : rechercher, promouvoir, réaliser l'objet économique de telle sorte que la structure de l'économie et la structure de la monnaie soient placées en concordance automatique, dans les conditions optimales de l'expression et de la manifestation des forces humaines et sociales.

D) *L'entrepreneur, vecteur privilégié de la diffusion monétaire* (articulation de la monnaie sur le champ économique et mode d'insertion des flux monétaires).

Depuis Keynes, l'articulation de la monnaie sur le champ économique continue bien sûr à se poser en termes d'intégration, soit que l'équilibre monétaire ramène l'objet dans son entier à des paramètres nominaux, « le réel » étant alors exclu des formulations économiques, soit que la monnaie apparaisse comme un bien doté de valeur (liquidité ou pouvoir d'achat) et géré dans des encaisses selon des comportements patrimoniaux. La monnaie est reconnue dans sa bivalence : à la fois le tout de l'objet économique dont elle donne l'expression nominale et l'une de ses parties les plus actives, les plus stimulantes, les plus structurantes à l'égard de toutes les formes et de tous les dynamismes qui se manifestent au sein de l'objet, puisque les voies du comportement économique des sujets passent par les mouvements d'encaisses et par les flux monétaires qui en résultent.

Le mode d'action et l'influence des variations monétaires ne peuvent plus cependant être interprétés en termes globaux seulement, à la manière de Keynes, dont la thèse de l'influence déterminante de l'offre monétaire par l'intermédiaire du taux de l'intérêt n'a pas résisté à la critique, ou à celle de J. Rueff qui explique les mouvements de prix et les déformations du champ économique par l'ajustement des encaisses désirés aux encaisses effectives. Ces principes généraux d'équilibre et de concordance, souvent vrais globalement, ne rendent pas compte du rôle formateur ou destructeur des structures et du contour de l'objet, qu'assume la monnaie, porteuse de desseins, de calculs, d'ambitions, de volonté, de passions et de pouvoirs, lorsqu'elle pénètre pour la première fois dans le champ économique. C'est le problème de l'*insertion permanente*. Car le signe monétaire se renouvelle constamment dans les modes actuels d'existence de la monnaie, fondée pour l'essentiel sur des créances à court terme. Ce sont toujours les mêmes agents économiques (peu nombreux au demeurant) qui ont accès aux vagues de création et de renouvellement monétaires. Eux seuls façonnent ainsi la principale assise des formes économiques réelles, puisque par leurs décisions ils délimitent, tracent et aménagent les répartitions fondamentales qui structurent à la base les revenus, fondent les comportements et dotent ou entretiennent les pouvoirs. Les qualités spécifiques de ces agents donnent-elles des raisons de penser qu'ils accèdent au privilège monétaire précisément parce qu'ils représentent aussi, soit la fonction d'administration, soit la fonction d'entreprise, soit la fonction financière, desquelles dépendent l'ordre, l'équilibre et la dynamique économiques ? L'affirmation en est très répandue aujourd'hui. Mais nous ne pensons pas que cet optimisme soit justifié, même pas pour l'État, encore moins pour l'entreprise.

Voilà une position monétaire particulièrement enracinée, à l'image d'ailleurs des techniques d'émission de la monnaie, depuis très longtemps utilisées avec efficacité : l'acceptation, sinon l'exaltation, du rôle joué par certaines catégories de sujets comme intermédiaires obligés et juges sans appel de la répartition monétaire. C'est à eux qu'il appartient d'apprécier la valeur des prestations fournies par les premiers bénéficiaires de la monnaie introduite dans le champ. Ce sont par conséquent eux qui décident du premier découpage structurel des flux monétaires. D'abord les banques, puis surtout les entreprises, l'État aussi pour une grande part. Certes ces sujets privilégiés, agissant dans le cadre de certaines règles institutionnelles susceptibles de modifications au demeurant limitées, font leurs calculs et arrêtent leurs déterminations d'après des projections temporelles fondées objectivement sur des observations et des résultats, et d'après des supputations sur le comportement des autres sujets. Mais ces interprétations placent la formation de l'objet économique sur un terrain subjectif extrêmement instable. Les grilles de répartition et de diffusion des flux monétaires subissent en outre le prisme nécessairement déformant des appréciations individuelles ou collectives, portant sur les résultats des calculs opérés par les autres individus participant aux transactions. Les motivations des décisions, dont dépendront en définitive la dimension, la forme et le mouvement de l'objet, ne sont pas toujours claires, avouables, ou rationnelles. L'humeur et les passions y prennent une part considérable.

Dès lors que l'objet économique, selon notre conception, doit rendre compte des capacités, transcrire leur évolution ainsi que les moyens de les améliorer, faut-il laisser à une fraction insuffisamment représentative de tous les hommes ou à une superstructure étroite érigée sur les forces fondamentales le soin de décider seule quelle doit être la clef de répartition et de diffusion des signes monétaires incorporés dans le champ ? Dans cette hypothèse en effet, les critères de choix ne peuvent qu'être orientés par les manières d'être, de voir, de penser et de prévoir de ceux auxquels le système donne le privilège de la décision de première répartition monétaire. Mais comment répondre alors au problème soulevé par François Perroux, lorsqu'il a évoqué la nécessité d'assurer par priorité et au minimum la couverture des coûts de l'homme, de « tous les hommes » et de « tout l'homme » ?

E) *La relation fondamentale entre la monnaie et l'objet économique* (influences réciproques du réel et de sa représentation monétaire).

Les positions contemporaines admettent encore l'alternative entre la monnaie déterminante des néoquantitativistes et la monnaie déterminée des réalistes. C'est une résurgence, appropriée au système monétaire d'aujourd'hui, du traditionnel débat entre les théoriciens de la monnaie causale et ceux de la monnaie serve. Alors que par une évolution séculaire les facteurs monétaires se sont progressivement inscrits dans l'intimité de l'objet économique jusqu'au niveau de détermination élémentaire, le partage s'est toujours maintenu entre ceux qui prétendent que la monnaie détermine le niveau des prix ou de l'activité et ceux qui pensent qu'elle s'adapte à une échelle de prix ou d'activité, déjà formée à la hauteur des forces réelles. La politique économique est largement intéressée par le problème du choix entre la théorie qui subordonne l'évolution des prix et des revenus aux mouvements monétaires et celle qui fait découler directement ces derniers des besoins de monnaie consécutifs aux variations de prix et de revenus. Les mesures à prendre à l'égard des états d'inflation ou de chômage sont diamétralement modifiés suivant le résultat du choix.

Défenseurs de la thèse de la monnaie causale, les quantitativistes, appelés monétaristes dans l'optique de la politique économique, pensent que l'intervention directe au niveau monétaire permet de contrôler l'évolution de l'objet économique, sous condition de connaître exactement les comportements monétaires des agents et de proportionner l'ensemble des liquidités, et non pas seulement la monnaie proprement dite, aux besoins définis par la progression des revenus et les comportements d'encaisse, c'est-à-dire en définitive à la demande de monnaie. On pourrait donc, par voie centrale, émettre la quantité de monnaie juste nécessaire pour atteindre des objectifs définis, sans risquer de créer des déséquilibres. Selon J. Denizet, il serait possible pour la banque centrale d'émettre ou de faire émettre la quantité de monnaie nécessaire à la formation d'un revenu au niveau nominal souhaité et fixé d'avance, en calculant à tout moment, grâce au traitement automatisé de l'information bancaire, le comportement de thésaurisation et la demande de monnaie qui s'ensuit. Celle-ci s'ajoute à la demande de monnaie pour les transactions, qui dépend du niveau du revenu national projeté, suivant une relation que les études statistiques permettent d'établir.

Les réalistes en revanche pensent que cette fermeture du champ réel par une détermination monétaire formelle à priori est illusoire et que la monnaie en toute hypothèse se proportionne aux besoins. Les décisions des autorités monétaires ou bancaires, en tant qu'elles portent seulement sur l'émission globale de monnaie, seront sans effet et sans emprise sur la formation des structures réelles. Aussi A. Bienaymé recommande-t-il de concerter les décisions sur le plan réel pour déterminer le revenu. La quantité de monnaie devra se fixer en application de ces décisions planifiées. Il convient d'éviter que les forces réelles, qui dans l'économie de plein emploi poussent à la surliquidité, n'engendrent l'inflation par l'intermédiaire des détours de financement et des flux financiers pré-formant les flux de signes monétaires proprement dits. La Banque Centrale n'est plus en mesure, au stade de l'émission, de modifier ou de faire modifier ce que les forces réelles ont déjà modelé et déterminé au niveau des contrats, des comportements et des décisions ; la liquidité générale de l'économie s'est déjà constituée sur ces actes réels, par le jeu des engagements financiers nécessaires à leur exécution. Il faut « associer la Banque Centrale à l'ensemble des instruments de politique économique, lui donner les moyens de participer aux décisions de dépenses, et non pas juxtaposer à postériori des mesures de freinage à des projets anarchiques de croissance ». « La socialisation doit atteindre la prévision. » Pour A. Bienaymé, l'essentiel est donc de faire intervenir la Banque Centrale dans la formation des décisions pour ajuster, à ce niveau, conformément à la prévision planifiée, la monnaie future et les actes réels. En particulier, le critère de sélection des demandes de crédits ne serait plus essentiellement la solvabilité anticipée du débiteur. L'attention des banques devrait se porter sur les prix prévisionnels de vente des produits financés par leurs crédits et sur les chaînes de transactions successives qui seront financées par un même crédit initial.

La solution monétariste et globale de J. Denizet est certainement plus libérale que celle de A. Bienaymé, car à l'intérieur de la dimension extérieure de l'objet qu'elle délimite strictement, elle laisse les forces s'exprimer librement. Chez A. Bienaymé, une précontrainte s'exerce au stade le plus précoce de la formation des éléments structuraux, dans la réglementation, dans les prévisions et dans les décisions. Entre eux, c'est donc l'opposition doctrinale du libéralisme et du dirigisme qui a pris les couleurs de la traditionnelle querelle du quantitativisme et du réalisme. Mais si la première subsiste encore dans un combat incertain, la seconde n'est plus actuellement justifiée. Le monétaire ne commande pas au réel, pas plus que le réel au monétaire. Il faut se résoudre à constater que l'économie dite réelle et sa forme monétaire, la seule d'ailleurs que nous puissions observer dans le champ économique, sont très rigoureusement deux aspects de la même réalité. Que l'on agisse sur les forces réelles et la monnaie suit. Que l'on agisse sur la monnaie et les forces réelles suivent. La monnaie colle au champ économique comme le corps aux êtres vivants. Car dans ses diverses combinaisons de prix, de revenus et de stocks, elle est la seule expression possible des phénomènes réels, sur le plan économique.

Les quantitativistes qui ont analysé la monnaie comme un facteur causal déterminé hors du champ économique et les réalistes qui ont jugé que la monnaie était dépendante des forces réelles du champ ont ainsi les uns et les autres définis valablement deux faces également observables et normales des mêmes phénomènes. Chacun a parcouru la moitié du chemin d'une même analyse. Aucune des deux thèses n'est en elle-même suffisante. Si par exemple les néoquantitativistes et monétaristes ont perçu la nécessité d'imposer un verrou monétaire pour stabiliser l'objet économique, ils l'ont conçu de telle façon que pour fonctionner il doit bloquer des mécanismes essentiels et contrarier des forces précieuses. En revanche, les réalistes ont bien vu que les forces réelles modèlent toutes les formes monétaires, mais ils ont oublié que les dimensions de celles-ci restaient aléatoires parce qu'elles étaient assujetties au jeu autonome de la variable monétaire, si l'on ne prenait pas soin d'abord de verrouiller globalement le champ monétaire d'après les dimensions réelles.

COORDINATION DE LA MICRO ET DE LA MACRO-ÉCONOMIE.

La monnaie, la structure globale et les comportements des sujets, ces trois thèmes de recherche que nous venons d'examiner n'ont jamais pu s'intégrer dans une théorie qui les relie entre eux de façon satisfaisante.

D'une façon générale même, les orientations ont été telles qu'elles ont plutôt fait naître des barrières infranchissables entre ces trois types de phénomènes économiques. Le secteur de la monnaie et le secteur réel ont été en effet, *ou bien appréhendés de façon autonome et rapportés l'un à l'autre selon une relation globale*, simple et arithmétique, qui escamote l'explication du parallélisme intime de l'évolution des deux secteurs et qui ne peut rendre compte des déterminations réciproques et subtiles que la réalité permet à l'observateur de déceler, *ou bien reliés en microstructure dans les plans particuliers des sujets* conformément aux rapports observés entre les actifs, les réserves et les encaisses de chaque sujet ou catégorie de sujets ; mais les théoriciens de ces microsynthèses de la monnaie et des comportements individuels devaient nécessairement buter sur le problème de la transposition de ces comportements au niveau macroscopique.

Pour notre part, nous nous efforcerons de relier étroitement les trois thèmes au centre même de leur conception, à la base de leur formation. Ils sont rapportés au même objet économique, dont nous avons déjà dit qu'ils représentaient chacun un aspect différent. — La monnaie : le matériau. — La structure globale : l'ordre. — Les pouvoirs et les forces : la dynamique. Mais de plus, des liens puissants rattachent l'une à l'autre ces composantes de l'objet. La monnaie, en effet, n'est pas seulement le dédoublement matériel, la simple expression de la structure globale ou la matérialisation du pouvoir dans l'ordre économique ; elle est aussi un compartiment de cette structure et une composante de ces pouvoirs. Quant aux sujets, il est aisé de percevoir qu'ils modèlent la structure globale dans le matériau monétaire.

L'appareil d'analyse ne doit pas refléter le comportement micro-économique des sujets ni reproduire la décomposition catégorielle des concepts macro-économiques immédiats comme la consommation, la production, l'investissement, etc. Il doit s'insérer directement à la charnière de la micro et de la macro-économie et intégrer dans une cohérence globale le phénomène apparent des constances collectives et les différents niveaux d'énergie qui se manifestent autour et au sein des sujets.

DEUXIÈME PARTIE

LA MONNAIE

La perception immédiate que nous avons du champ économique est monétaire. Les prix expriment en monnaie la spécificité économique des biens et services réels. Le système des prix donne leurs valeurs relatives. Mais il est aussi l'instrument de la variation et de la répartition des ressources réelles, dans la mesure où les mouvements de prix modifient les quantités offertes et demandées, changent la structure de la distribution de ces ressources entre les parties prenantes. Pour certains produits qui ne peuvent être soumis au jugement des marchés, les autorités fixeront des prix dans le seul but de répartir ces produits au mieux, compte tenu de leur rareté et des besoins estimés. Cette détermination de prix n'est pas arbitraire. Elle joue le rôle d'un instrument de répartition de ressources limitées. Au surplus elle laisse à chacun la liberté de sa décision d'achat, suivant ses revenus et ses désirs. Les revenus qualifient en termes monétaires « l'économicité » des sujets, mesurent leur influence spécifique dans le champ économique. Les encaisses monétaires ouvrent aux sujets une certaine liberté pour hiérarchiser la satisfaction de leurs besoins, choisir l'objet de leurs désirs et répartir leurs revenus dans le temps à leur convenance. Les créances monétaires rendent possible l'extension indéfinie de cette liberté. Recouvrant d'un même concept nominal les diverses catégories du champ économique, la monnaie interprète ainsi des réalités bien différentes.

La monnaie est à l'évidence un *langage social*, c'est-à-dire un moyen d'expression symbolique à l'échelle moins de l'individu comme le langage courant, que du corps social dans son ensemble. Sujets et objets se découpent suivant leurs poids, leurs forces et leurs formes économiques dans la masse d'un système homogène de signes. Quelle est la nature de ce signe ? Comment s'introduit-il dans le champ économique, épouse-t-il les forces réelles dont il dessine la forme, exprime-t-il la signification et mesure-t-il le poids ou l'efficacité des formes dans un système cohérent et intelligible ?

Le problème de la monnaie n'est pas simple. Devant la diversité des manifestations monétaires, il est difficile d'échapper à une conception pluraliste. La notion semble déjouer l'emprise d'une définition univoque. Elle glisse entre les mains de qui voudrait la fixer pour la délimiter et la disséquer. C'est peut-être précisément parce qu'elle est un langage que la monnaie est par elle-même insaisissable, que les réalités sous-jacentes la voilent bien souvent au point de multiplier ses natures et ses fonctions sociales et que sa structure propre est finalement refoulée par les structures signifiées. Il est tentant de la réduire à son essence, d'éliminer, par filtrages successifs et par un effort particulier d'abstraction, les formes signifiées que le signe monétaire associe continuellement et indissolublement à sa nature propre de signifiant.

Les conceptions et définitions classiques de la monnaie se caractérisent par des incertitudes et des distinctions imposées par des apparences changeantes. Les hésitations et les alternances de la théorie font sentir combien chaque fois une part importante des phénomènes monétaires échappe aux formulations adoptées. C'est finalement à un aveu d'impuissance qu'aboutissent les tentatives de cerner le concept de monnaie. Dans les approches traditionnelles, il n'y a pas en effet d'évocation synthétique, centrée sur un principe à partir duquel tous les aspects monétaires pourraient s'ordonner et se coordonner entre eux.

La distinction classique entre unité de compte et instrument d'échange paraît irréductible. Plus récemment, l'accent a été mis, surtout par la doctrine, sur deux conceptions différentes de l'instrument d'échange : le pouvoir d'achat et la liquidité qui forment deux volets de la même réalité monétaire. Mais c'est en vain que les économistes tentent d'enfermer la monnaie dans les définitions selon sa nature (marchandise ou signe, créance ou dette) ou selon sa fonction (échange, étalon de valeur, réserve). Le concept de monnaie est *pluraliste* à un point tel que toute l'économie, ses catégories et l'objet lui-même en son entier, s'y engouffrent et lui donnent un sens. L'histoire de la monnaie comme les différentes approches théoriques du concept qui ont accompagné son évolution témoignent de son polymorphisme et de son identification formelle à l'objet économique. *Elle le représente dans la totalité de sa structure complexe, tout en s'identifiant à des formes catégorielles.* Il faudra donc se dégager des approches parcellaires qui ont entraîné des discussions sans fin autour des formes monétaires et de la valeur intrinsèque des signes pour qu'éclate le sens véritable de la monnaie, formé en bloc dans un système fortement structuré de signes.

LES FORMES MONÉTAIRES
LEUR VALEUR — LEUR ÉVOLUTION

UNITÉ DE COMPTE ET INSTRUMENT D'ÉCHANGE.

La différenciation entre l'unité de compte et l'instrument d'échange est un fait d'expérience, une donnée observable de tout temps dans les sociétés humaines.

A) *Unité de compte.*

L'unité de compte sert d'unité de mesure de la valeur des biens et services. Les prix et les revenus en sont des combinaisons. Les contrats, les obligations, les calculs économiques individuels ou collectifs, les analyses comptables de patrimoines ou d'exploitations s'expriment en unités de compte.

Concept abstrait, l'unité de compte s'intègre dans un système de numération comportant des multiples et des sous-multiples. Ce système se particularise suivant les communautés par une terminologie spécifique et par le nombre d'unités d'un même ordre nécessaire pour passer à une unité de l'ordre immédiatement supérieur. Les Babyloniens utilisaient un système sexagésimal : le sicle, la mine (60 sicles), le talent (60 mines). Le système grec combinait les numérations par six et par dix : le drachme avec ses multiples, la mine (100 drachmes) ; le talent (600 drachmes) et le double drachme ou statère avec ses multiples ; l'obole (1/6 de drachme). A Rome, le régime de compte le plus caractéristique associait les système décimal et duodécimal : l'once, l'as (12 onces), le sesterce (2 as et 1/2), le denier (10 as), l'aureus (25 deniers). Avant la Révolution, le système monétaire français était à base duodécimale et vigesimale, la livre égalait 20 sous, le sou 12 deniers. Cette numération s'est étendue à la Grande-Bretagne où elle subsistait encore jusqu'à la décision prise très récemment par ce pays d'appliquer le système décimal : le penny, le shilling (12 pence), la livre sterling (20 shillings). Les systèmes modernes de compte sont généralement décimaux : le franc et le centime, le dollar et le cent, la lire (100 centesimi), la peseta (100 centimos), le rouble (100 kopecks).

Les termes qui expriment ces unités de compte témoignent que le processus d'abstraction prend appui sur des unités réelles à forme matérielle qui ont servi de modèle concret de compte : drachme, mine, talent, livre, once sont des mesures de poids, aureus et as évoquent des métaux. Quant au sou (solidus), au denier et au franc, ils ont été à l'origine ou sont encore les noms de pièces réelles de monnaie. Sans se confondre avec l'instrument d'échange, l'unité de compte semble donc y trouver ses racines, du moins a-t-elle emprunté le mot qui la désigne à des formes fréquemment usitées dans l'échange. Cette relation étymologique étroite s'explique peut-être parce que les pratiques d'échange ont été le moyen par lequel les aptitudes humaines à l'abstraction, au dénombrement et au calcul se sont le plus communément et le plus facilement développées ou manifestées dans les premières civilisations. Plus simplement, l'usage de l'unité de compte est trop intimement lié à la préparation et aux résultats de l'échange pour n'avoir pas pris ses modèles parmi les composantes réelles les plus courantes de l'acte d'échange lui-même. Cette observation n'exclut pas qu'éventuellement l'unité de compte puisse avoir une autre origine. La filiation avec l'acte d'échange n'a pas toujours pu être établie ; tel est le cas du « chât » égyptien, unité de valeur purement abstraite et dont le lien avec une forme concrète n'est pas connu (Denizet).

Ces unités de compte, coordonnées dans un système de numération, sont généralement qualifiées d'unités monétaires. Elles entretiennent en effet un rapport étroit avec les monnaies dont elles sont une composante essentielle. Reprenant la démonstration walrasienne de la fonction arbitrale de l'unité de compte, J. Denizet, dans son ouvrage *Monnaie et financement*, rappelle que « l'expression de tous les prix en un bien choisi parmi les autres (ou en une unité abstraite) n'est pas une commodité accessoire, c'est une nécessité absolue de l'échange de plusieurs biens, due à la possibilité d'arbitrage ». En exprimant la valeur de N-1 biens par rapport au $N^{ième}$ bien (unité de compte), on assure en effet la détermination d'une seule valeur de chaque bien, quel que soit le bien contre lequel il sera échangé. Tout écart tendanciel dans les rapports particuliers d'échange se trouve réduit grâce au rapport fondamental de tous les biens à l'unité de compte, qui permet des arbitrages ramenant nécessairement la valeur de chaque bien au niveau compatible avec la vérification mathématique, dans chaque cas, du rapport fondamental. Mais la monnaie est un autre concept à la fois moins abstrait dans sa formulation et plus précis dans sa détermination fonctionnelle. L'examen de l'instrument d'échange permettra de nous en rapprocher.

B) *Le concept d'instrument d'échange.*

La notion d'instrument d'échange demande à être précisée et distinguée de concepts voisins : instrument de paiement et instrument de crédit. Il s'est trouvé des économistes pour identifier la monnaie à l'une ou l'autre de ces fonctions. Pour Hawtrey, la monnaie est « le moyen établi par la loi ou la coutume pour le paiement des dettes ». De même selon Hart, elle est la possibilité de régler une dette donnée avec certitude et sans délai. Dans *les Fondements actuels de la valeur de la monnaie*, Michel Lelart a pris appui sur ces thèses. Bien que relevant d'une conception plus juridique qu'économique, elles lui paraissent se rapprocher de la réalité monétaire. Elles correspondent en effet à une propriété non contestable de la monnaie. Celle-ci est au surplus la seule à offrir cet avantage, dès lors qu'une volonté collective lui réserve le privilège de servir d'instrument général d'extinction des dettes. Selon M. Lelart cependant, parce qu'elle renvoie à la notion de dette, elle-même obligation monétaire, la définition d'Hawtrey est finalement sans valeur et ne pénètre pas le phénomène. Aussi bien cet auteur avance-t-il, à la suite d'économistes américains (Shaw, Harris) que la monnaie est elle-même une dette : dette de l'État, dette d'un organisme bancaire « une promesse de payer, l'espoir d'être payé ». Cette conception est partagée par Bernard Schmitt : « toute monnaie moderne est un endettement bancaire ». Mais une dette tout à fait originale : « il existe d'autres dettes « économiques » ; elles ne sont pas des monnaies, car elles supposent paiement final. Au contraire la dette bancaire est une promesse non tenue et qui ne le sera jamais ». Il semble qu'en France et au CNRS en particulier se soit ainsi formée une école qui prône la formulation de la monnaie comme une « dette », d'une nature très insolite d'ailleurs, puisqu'elle ne doit jamais être remboursée. Cette définition a le mérite de calquer la réalité de l'émission moderne et de s'en tenir à des faits d'observation. Mais elle est évidemment très superficielle et très limitée car elle ne décrit qu'une apparence purement formelle, ignore les autres apparences possibles ou antérieures. Surtout elle ne rend pas compte de la signification de la monnaie ni de ses relations avec les phénomènes économiques. La « dette » saisit peut-être la vraie structure de chaque instrument monétaire concret mais elle laisse entier le problème de la structure de la monnaie en tant que catégorie économique. Pour que soit bien dégagé ce qui distingue l'instrument d'échange des instruments de paiement ou de crédit auxquels certains économistes ont à tort voulu réduire la nature de la monnaie, il faut analyser assez profondément chacun de ces concepts.

Ayant pour objet une meilleure adaptation des biens aux besoins des parties contractantes, l'acte d'échange ne peut être considéré comme accompli qu'au terme d'un cycle de durée et d'extension variables. L'acte d'échange complet exige en effet que chacune des parties en cause ait trouvé, pour satisfaire ses besoins, un bien de valeur égale, pour elle, au bien qu'elle cède. Or, l'échange ne peut pas être simultané dans tous les cas. Les prestations réciproques s'opèrent quelquefois en deux étapes formant un cycle d'échange. D'abord, les parties — ou l'une des parties seulement — peuvent contracter l'obligation de remettre un bien. Ensuite, cette obligation, généralement à terme fixe ou conditionnel, se réalise par le transfert effectif du bien. Cette pratique décompose l'acte d'échange en un contrat d'engagement déterminant la valeur d'échange et en un paiement ou règlement. Le bien donné en règlement clôt le cycle d'échange et joue le rôle d'un *instrument de paiement*.

Dans la mesure où l'une des parties seulement bénéficie d'un délai ou d'un supplément de délai pour l'exécution de sa prestation, alors que l'autre partie a fourni la sienne immédiatement à la conclusion du contrat ou dans un délai moindre, l'acte d'échange comporte *une opération de crédit*. D'une manière générale, tout écart de temps au bénéfice d'une partie entre les exécutions ou paiements réciproques définit le crédit. Celui-ci s'analyse en définitive comme un échange en cours d'exécution dans lequel les prestations déjà exécutées ne sont pas encore tenues pour équivalentes par les parties. Le crédit peut être formalisé. Il décompose alors l'acte d'échange en deux étapes, actes intermédiaires de même forme que l'acte principal : 1) l'une des parties échange son bien contre un objet témoignant de l'existence du contrat et de l'obligation de l'autre partie d'exécuter à terme ou sous condition la contre-prestation. Cet objet intermédiaire peut être appelé *instrument de crédit*. Une obligation donne lieu à création d'instrument de crédit lorsqu'elle s'appuie sur un objet matériel ou sur une formule, remis à la partie créancière et qui peut être cessible ou non à des tiers ; 2) lorsque l'obligation différée sera exécutée, l'instrument de crédit sera échangé contre le bien de contre-prestation, intervenant comme instrument de paiement à l'égard de l'obligation en cause. Selon le même processus, tout bien peut être échangé dans le temps entre deux sujets contre lui-même. Dans ce cas particulier l'opération de crédit est un *prêt*. Suivant que le bien est ou non fongible le remboursement du prêt (l'exécution par l'emprunteur de son obligation de rendre) porte sur son semblable ou sur le bien lui-même.

L'acte d'échange est par nature *bilatéral.* Il se conclut et s'exécute entre deux parties contractantes. Mais il peut mettre en cause d'autres parties s'il se relie à d'autres actes d'échange et s'intègre étroitement dans un ensemble organisé d'échanges. Il reste spécifiquement bilatéral dans le *troc* qui réalise l'échange direct d'un bien contre un autre bien. Il n'y a pas à proprement parler d'intervention d'un instrument d'échange, quoique chaque bien joue en quelque sorte ce rôle à l'égard de chacune des parties. Le crédit s'associe au troc si l'une des parties ne livre pas sa prestation dans le même temps que l'autre. Un instrument de crédit peut alors s'intercaler dans l'acte et dégager une étape intermédiaire, la livraison de la prestation différée faisant de cette dernière un instrument de paiement.

En revanche dans l'*économie monétaire*, l'acte d'échange ne se dissocie pas seulement dans le temps. Il s'étend également dans l'espace au-delà des parties contractantes. D'abord l'acte d'échange monétaire n'est jamais instantané, parce que précisément la présence d'un stade intermédiaire (monétaire) diffère toujours à l'égard de l'une des parties la réalisation de la prestation réelle à laquelle l'acte d'échange lui donne droit. Ensuite, il se répercute sur l'ensemble des autres actes d'échange de la communauté par le moyen de la monnaie intervenant comme *instrument privilégié d'échange général* doté d'un pouvoir d'achat indéterminé et d'un pouvoir de libération illimité. Cet instrument d'échange par nature est un objet spécial s'intercalant entre les prestations réelles échangées. Certains économistes l'appellent bien d'échange ; ce « bien » est en effet doté d'une utilité spécifique, qu'il tire de son emploi comme instrument d'échange spécialisé. L'objet monétaire transforme l'échange bilatéral en échange *triangulaire.* Il permet d'obtenir, en contrepartie d'un bien réel, un droit de valeur équivalente sur l'ensemble des biens réels offerts sur les divers marchés par des tiers, intéressés eux aussi à participer à la conclusion d'autres actes d'échange. Ceux-ci s'enchaînent ainsi de manière ininterrompue par l'intermédiaire de la monnaie, instrument d'échange spécifique, qui solidarise tous les actes d'échange accomplis au sein de la communauté. L'enchaînement des échanges triangulaires crée l'échange *multilatéral.*

Chaque acte d'échange, qui grâce à la monnaie met au moins trois sujets en relation, est décomposé en deux échanges partiels de même forme que l'acte principal. L'instrument monétaire assure chaque fois la contrepartie de l'exécution d'une prestation réelle et par ses propriétés rattache l'opération à toutes les variables du champ économique :

Le cycle d'échange réel triangulaire X(Z) Y est accompli seulement lorsque X et Y ont reçu chacun les biens réels, objectif terminal de l'échange pour chacun d'eux. Un tiers Z est chaque fois mis en cause.

1) X obtient de Y un bien A contre M, instrument intermédiaire qui témoigne de l'existence d'un autre cycle non fermé, mais qui se clôt précisément dès que X cède M à Y.

2) Y obtient de Z un bien B contre M.

A l'issue du cycle, X et Y ont ainsi obtenu les biens réels satisfaisant leurs besoins ou leurs désirs. Ils n'ont plus d'obligations réciproques. La monnaie, partie à l'échange, qui les avait réunis n'est plus dans leurs champs. Mais la clôture de ce cycle en ouvre simultanément un autre. La chaîne des échanges reste indéfiniment ouverte par la présence de ce *joker* par où passent, en reflet, toutes les forces du champ économique et qui s'éjecte de chaque cycle d'échange bilatéral en le fermant, pour en ouvrir un autre et ainsi de suite. Dès lors malgré un éventuel renouvellement constant de ses éléments, la monnaie ne disparaît pas elle-même dans sa forme globale, si du moins les institutions parviennent à assurer sans défaillance les règles normales de son existence.

Chaque acte partiel, étant de la même forme que l'acte principal, peut se décomposer lui-même en deux étapes : le contrat d'engagement réciproque, puis son exécution ou paiement. Si les échéances d'exécution applicables aux deux parties diffèrent au sein d'un même acte d'échange intermédiaire, il y a crédit. L'institution d'un instrument d'échange spécialisé (la monnaie) a permis le développement privilégié d'un acte d'échange particulier, toujours associé à une opération de crédit, au point que celle-ci définit la combinaison, caractérise la nature de l'acte, bien qu'il soit fondamentalement lui aussi un échange de biens entre deux parties. Il s'agit d'un *prêt de monnaie*. C'est une forme de prêt de biens fongibles. Au cours du cycle d'échange, les espèces de monnaie prêtées peuvent être remplacées par des espèces semblables et ce n'est jamais la même monnaie mais son équivalent qui est remboursé. Dans le prêt de monnaie, l'instrument spécialisé est échangé dans le temps contre lui-même, à des valeurs jugées égales par les deux parties, compte tenu de la durée du contrat. Des actes d'échange complexes peuvent associer dans un même cycle des biens réels, de la monnaie (instrument d'échange spécialisé), des instruments de crédit. Dans tous les cas un cycle d'échange entre deux parties ne peut se clore que par l'éjection de la monnaie qui ouvre nécessairement un ou plusieurs autres cycles.

Les termes d'instrument de crédit, d'instrument de paiement, d'instrument d'échange, très voisins, se recouvrent souvent. Mais instrument de crédit et instrument de paiement spécifient dans les transactions un type bien défini de relation bilatérale, tantôt le crédit accordé par un agent à un autre, tantôt le règlement d'un contrat, tandis que l'instrument spécialisé d'échange auquel s'identifie la monnaie est un concept global qui met en cause dans les transactions toutes les relations d'une économie, enchaîne, en un tout structuré, les actes bilatéraux. Certes, la monnaie peut, à l'intérieur de cette structure d'ensemble, prendre transitoirement la position fonctionnelle d'un instrument de paiement. De plus dans la mesure où elle a le pouvoir libératoire elle est toujours virtuellement instrument de paiement. La monnaie peut aussi être formulée comme la transposition du concept d'instrument de crédit au niveau global, puisqu'elle peut être interprétée comme la voie par laquelle s'exprime le *crédit réel* que chaque vendeur de biens et services consent à l'ensemble des autres sujets ; crédit qui s'annulera lorsque son détenteur l'aura à son tour cédé contre un bien ou service réel. Mais seul l'instrument d'échange est associatif. Sa fonction et sa signification ne peuvent être appréhendées qu'à partir d'un système dont il est seulement une pièce élémentaire. Au total, saisie dans son ensemble naturel et dans celui de l'échange, la monnaie, instrument spécialisé d'échange, homogénéise, solidarise les activités économiques et par des combinaisons incessantes d'actes triangulaires crée le système d'échanges, massif et multilatéral, caractérisant l'ordre économique.

C) *Origine et évolution des formes monétaires.*

L'instrument d'échange s'est concrétisé dans des formes diverses dotées des qualités appropriées à sa fonction. L'histoire monétaire témoigne que, si ces formes ont beaucoup évolué, elles ont dû satisfaire aux propriétés fondamentales de l'instrument d'échange, facteur d'homogénéité et de solidarité. En permettant de véhiculer le système numérique de la monnaie de compte, la fongibilité des espèces a assuré l'homogénéité. La solidarité, s'opérant par transferts successifs de l'instrument d'échange, n'est réalisable que si ce dernier est accepté sans restriction par les coéchangistes et se conserve apparemment sans amputation ni déformation, quelles que soient sa durée d'existence ou l'ampleur des transferts. Aussi bien l'aptitude à solidariser le système des échanges est strictement commandée par les qualités spécifiques de l'instrument dans sa fonction circulatoire : uniformité, mobilité, solidité, sécurité, popularité.

L'instrument de crédit est-il l'origine de l'instrument courant d'échange ? Ce fut l'hypothèse invérifiable de Cournot, à propos des tablettes chaldéennes décomptées en *Karü* d'orge ; elles auraient peut-être circulé comme instrument d'échange. La circulation des créances par l'intermédiaire de banques semble également avoir été associée, dès l'antiquité grecque, à la monnaie métallique. Il est certain que l'instrument de crédit a dû apparaître très tôt, car il est intimement lié à l'acte d'échange élémentaire ; et la possibilité de le transférer à un tiers pour ouvrir un nouvel échange vient immédiatement à l'esprit. Mais le problème de la garantie, de la solvabilité du débiteur, la nécessité d'instituer des règles formelles de protection et de validité des transferts n'ont pu que limiter, sauf cas exceptionnel, la mobilité et l'extension des instruments de crédit.

C'est ailleurs qu'il faut rechercher l'origine de l'instrument d'échange spécialisé susceptible de fonder la monnaie : du côté d'un objet concret, familier, mobile, reçu et recherché par tous, transmissible sans formalité, fongible, inaltérable, de valeur apparemment invariable. Grâce à un tel objet capable de réunir sur lui un consensus général de stabilité, la monnaie pouvait se créer par acte délibéré de l'autorité politique ou par simple effet du comportement des sujets. Il a suffi de lui associer le système de numération qui permet d'établir des comparaisons entre les valeurs des choses et d'homogénéiser l'échange. Dès lors l'instrument d'échange prenait les caractères de la monnaie : pouvoir d'achat sur tous les biens, pouvoir de libération à l'égard des dettes ; capable de remplacer n'importe quel terme de l'échange, n'importe quel bien ou n'importe quel moyen de paiement, il accédait à la plénitude de ses attributs.

L'unité monétaire concrète associe une unité matérielle de l'objet pris comme instrument d'échange et l'unité de compte ou le cas échéant, ce qui a été le cas au Moyen Age, un multiple, un sous-multiple de celle-ci. Elle est polymorphe, en raison des différentes natures de support qui peuvent coexister à un même moment.

Le rôle d'instrument spécialisé d'échange peut être rempli par des formes matérielles les plus diverses, dès lors que répondant à certaines conditions qui d'ailleurs ne furent pas toujours réunies (fongibilité-inaltérabilité-maniabilité) elles sont acceptées par l'ensemble des sujets, en raison soit de leur propre valeur, soit de l'usage, soit d'une contrainte étatique. Triviale est la liste des multiples apparences de la monnaie primitive : dents-défenses-plumes-fourrures-céréales - ignames - noix de coco - sucre - sel - tabac - coquillages -perles-pierres - verroterie - tissus - nattes - hachettes - armes - anneaux et barres métalliques-chaudrons. Mais les progrès de la civilisation ont imposé une évolution vers des formes monétaires spécifiques : plaques de bois ou de cuir à effigie de bétail ; lingot de métal pesé, d'abord fer, cuivre ou bronze puis métaux précieux, l'argent avant l'or ; pièces standardisées, comptées au poids, et dont le titre est garanti par le sceau d'une autorité ; billets de banque convertibles puis papier monnaie (rattachés à des systèmes de créances spécifiquement qualifiés) ; enfin lignes d'écriture numérique ou crédits de comptes bancaires, également rattachés à des systèmes de créances spécifiques. L'évolution s'est faite dans le sens de la maniabilité, de l'allègement et de l'efficacité croissantes. L'instrument d'échange s'est épuré, se dépouillant de ses parties inutiles, se réduisant au strict minimum d'énergie et de matière, donc de coût, nécessaire à sa formation et à l'exécution de sa fonction. Mais jusque dans sa forme dernière, la ligne d'écriture, et malgré la transparence et la légèreté de cette structure, les unités de compte sont, dans la monnaie concrète, associées à un corps matériel et à un système structurel de créances qui les délimite et gouverne leurs mouvements.

Aussi bien l'unité de compte en tant qu'élément d'un système de prix et de revenus et la partie matérielle de l'instrument d'échange en tant que quantité finie d'objets servant de support sont indissolublement liées l'une à l'autre au sein d'un même ensemble, la monnaie, dont l'élément est le *signe monétaire*, combinaison d'un support et de l'unité de compte. L'unité de compte n'est en elle-même qu'une division d'un système numérique abstrait et l'instrument d'échange sans marque numérique n'est qu'une unité matérielle prise simplement dans une collection d'objets. Mais associés en deux ensembles joints, et mus par les décisions des agents économiques, les unités de compte et les unités-support forment les signes expressifs d'un langage intelligible dont les rapports et les modulations, correspondant à des conditions déterminées de formation, d'existence, de circulation et de retrait, interprètent et expriment des formes sociales réelles.

Détachée de son support, l'unité de compte prolifère sans limite dans des figurations abstraites (prix, revenus) représentatives de groupements réels d'objets et de sujets. C'est le domaine de la comptabilité et de la prévision. Mais l'unité de compte ainsi maniée dans différents plans qui se développent et se superposent à l'infini n'est pas la monnaie. Au demeurant, elle tire strictement sa valeur représentative de celle de l'unité de compte associée à son support : l'unité monétaire.

De même le support, bien qu'il revête une apparence habituellement monétaire, déborde toujours largement le phénomène « montraie » qui n'apparaît que sous condition déterminée, dans le cadre d'un règlement institutionnel. Ce fait était directement observable nans le cas des monnaies métalliques : à côté du métal monnayé, on douvait toujours une quantité de métal non monnayé, potentiellement disponible pour être transformé en monnaie, et éventuellement régulariser le volume de celle-ci en fonction des besoins. Le support monétaire participe d'une structure spécifique donnée qui fait sa propre loi interne.

Qui plus est, l'association support-unité de compte, c'est-à-dire le signe monétaire lui-même, déborde à son tour le phénomène « monnaie ». Car il y a toujours de la matière monétaire morte, inerte. Le signe est alors vide de sens. Il n'est pas en position fonctionnelle ; il n'exprime rien que lui-même, c'est-à-dire la nature de son support et la division numérique. Généralement cette absence de sens provient de ce que le signe n'est pas encore ou n'est plus au pouvoir d'un sujet économique qui précisément peut seul le charger d'informations en se l'appropriant. Ainsi les monnaies de papier (ou d'écriture) dont les stocks de formules vides, conservées à titre de réserve ou de relais dans les organismes spécialisés, ne se confondent pas avec la monnaie réelle, significative. Celle-ci est nécessairement associée à des positions strictement déterminées, imposées aux ensembles supports-unités de compte (les signes) par les processus et combinaisons d'informations dont la source émettrice doit être recherchée du côté des hommes, des services et des biens.

Dans la combinaison support-unité de compte et lorsque le signe n'est pas vide de sens, la marque numérique figure l'élément spécifique, actif et significatif, apte à exprimer le sens des formations réelles. De cette marque, nous rechercherons par la suite la nature unique, le rôle et les conditions qui lui permettent de se manifester selon des groupements dotés d'une signification économique précise. Le support en revanche apparaît d'abord neutre, de nature variée. Il est en principe asservi, son rôle semblant se limiter à la concrétisation de la monnaie. Mais la symbiose est totale. La monnaie n'existerait pas sans le support organisé en système structurel, racine par où monte la sève qui module le langage numérique. La marque numérique n'est significative qu'associée à son support et placée sous le pouvoir d'un sujet. Sous cette forme et par cette relation se manifeste le signe monétaire en position fonctionnelle.

En fait, les problèmes monétaires sont largement dépendants du support qui règle globalement le volume et la durée des flux de monnaie, donc commande la stabilité, l'efficacité et la fidélité représentative des signes du langage monétaire. Car le système des signes monétaires tend à modeler sa structure propre dans le temps et dans l'espace d'après celle du support. Les sources du support étant variables et souvent plutôt abondantes, ni le blocage, ni la pléthore monétaires, dus à des contraintes propres à la nature du support ne semblaient pouvoir s'instituer. Mais pour être toujours contrôlables, les supports exigeraient un maniement approprié à leur nature. Or, des erreurs de manœuvre ou de politique ont engendré des phénomènes psychologiques directement responsables des troubles monétaires. Les délais de prise de conscience, d'adaptation n'ont pas toujours permis non plus aux supports d'épouser les besoins monétaires. Certains supports enfin, devenus dominants, ne souffraient pas de partager avec d'autres la fonction monétaire. Ils imposèrent à la monnaie leur rigidité spécifique au détriment des besoins de l'économie réelle.

La principale ligne d'évolution concerne les conditions de formation et d'existence des signes. C'est en effet le mode de genèse et d'amortissement des signes qui paraît gouverner les principales caractéristiques des systèmes monétaires qui se sont succédé. À cet égard les transformations ont surtout porté sur l'affermissement des pouvoirs de l'homme envers le volume et le débit monétaires. La contrainte rigoureuse de la structure matérielle d'un support-marchandise rare a progressivement fait place à la *convention*, de plus en plus librement choisie, portant sur des structures plastiques, à capacité d'extension illimitée et extrêmement sensibles à la volonté humaine. Au cours de cette évolution, l'unité de compte et son support, qui au début étaient conceptuellement distincts dans les signes monétaires en circulation, se sont progressivement intégrés l'un à l'autre au point aujourd'hui de se confondre dans un même concept, où ils ne sont plus discernables comme catégories monétaires concrètes.

Deux grandes catégories de support correspondant à deux grandes époques de l'histoire monétaire peuvent être distinguées : le *support-marchandise* et le *support-formule*. Par-delà le temps de leurs règnes respectifs, l'interprétation théorique a tiré de chacun d'eux des positions doctrinales qui se sont longtemps opposées, oubliant qu'elles ne se référaient pas aux mêmes formes monétaires. Il s'agit des théories de la monnaie-marchandise et de la monnaie-signe. Cette dernière a fini par s'imposer après que dans la réalité la formule eut définitivement chassé la marchandise.

Parallèlement la notion du support est devenue plus complexe. La transformation du support-marchandise en support-formule porte en effet sur l'apparence de la monnaie circulante. Elle masque une évolution plus profonde du support. Pour un même élément de monnaie, le support s'est dédoublé, au cours de cette transformation, en une *forme consignée* dans les bilans bancaires et en une *forme circulante* qui n'est que la représentation de la forme consignée. La forme circulante est une formule (billet, ligne d'écriture) formellement réputée créance sur l'organisme qui l'a émise. Cette créance possède cependant un caractère particulier : elle est remboursable à vue ; en fait le système tend simplement à imposer aux banques l'obligation de l'échanger ou de la transférer à tout moment, en toute autre forme de monnaie et à toute personne sur l'ordre de son détenteur. La forme consignée est réputée gager la formule-créance circulante. D'abord métal, elle est devenue ensuite et de plus en plus créance, vraie créance sur des agents économiques. Par conséquent, dans la situation contemporaine une même monnaie s'analyse en un *support-formule*, créance circulante, sans coûts propres (ou négligeables), qui porte l'habit monétaire, les marques extérieures du pouvoir et des attributs de la monnaie ainsi que le montant des unités de compte et en un *support-gage*, plus lourd, plus rigide, onéreux, doté de valeur, que le premier représente et qui fait la loi de la structure du système monétaire dans son ensemble.

A partir du moment où le support s'est dédoublé, l'unité de compte a perdu son autonomie par rapport au support, comme si les voies d'adaptation interne recélées par le système monétaire, qui passaient par les variations relatives des unités de compte et du support-marchandise, se transféraient sur la plasticité de la monnaie à support-formule. En bref l'unité de compte se confondait avec le support dans l'unité de signe, dans le même temps où le support se partageait en deux. Telle est l'articulation principale de l'évolution qui va de la monnaie-marchandise — où seul le métal précieux peut supporter une unité de compte autonome et instable — à la monnaie-formule (1), où le support, absorbant en l'asservissant totalement l'unité de compte, est dédoublé franc pour franc en une forme tangible et immobilisée de valeur certaine (métal ou créance) et en une représentation circulante quasi immatérielle (papier ou écriture).

PRINCIPALES ÉTAPES DE L'ÉVOLUTION DES FORMES MONÉTAIRES.

Première période : le règne du support-marchandise et l'unité de compte mutante.

1. *Les aspects théoriques.*

La monnaie, instrument d'échange, est née sur le support-marchandise. C'est un fait historique, ethnologique, linguistique, directement observable et universellement reconnu. Non pas seulement parce que dans le troc, la marchandise a été le premier instrument d'échange aux

(1) Ou monnaie-gage ou monnaie-créance suivant que l'on considère l'une ou l'autre partie du support dédoublée ou encore la forme dominante (créance) dont les lois régissent l'essentiel du système.

yeux des populations primitives, mais aussi parce que le bétail, les pièces de tissus, les peaux, le sel, le fer, le bronze, les métaux précieux ont servi de monnaie au sein des petites communautés qui développaient leurs échanges internes et surtout s'ouvraient aux liaisons extérieures. Celles-ci exigeaient un arbitrage de monnaie au profit des instruments les mieux adaptés aux besoins et à la mentalité des populations associées dans l'échange intercommunautaire. *Pecunia*, nom générique de la monnaie romaine, tirait son origine de *pecus* (bétail). *L'as libralis*, unité romaine, évoquait à la fois le bronze (*as*) et l'unité de poids (livre romaine). De même l'emploi de la *livre* et du *marc* (1/2 livre) dans les monnaies européennes du Moyen Age témoignait des échanges fondés à l'origine sur la circulation d'une marchandise pondéreuse.

Le débat est encore ouvert sur la question de savoir si l'unité de compte a précédé l'instrument d'échange, comme le pensent aujourd'hui la plupart des économistes, ou si ce fut l'inverse, comme l'ont cru certains. Cette querelle nous paraît cependant dépassée, car il ne peut y avoir à notre sens de monnaie sans valeur numérique, donc sans unité de compte, ni de monnaie sans support, donc sans instrument d'échange. Les traces que nous possédons d'unités de compte en apparence antérieures aux instruments d'échange spécialisés ne doivent pas masquer le fait fondamental que les unités de compte elles-mêmes tirent le plus souvent leur origine de procédés de troc où les marchandises étaient échangées directement contre d'autres marchandises, selon des rapports d'échange variables. Il a suffi que dans une communauté, telle marchandise apparaisse plus fréquemment que les autres dans les termes de l'échange, ou soit plus généralement appréciée pour qu'elle devienne le dénominateur commun des rapports d'échange, même dans les opérations de troc primitives. Cette promotion a dû plus particulièrement affecter des biens relativement durables, fongibles, d'usage commun ou jouissant d'une grande faveur, aptes selon l'expression de Marc Bloch à une certaine standardisation, susceptibles aussi de dénombrement et mieux encore de conditionnements variables, proportionnés aux multiples et sous-multiples de l'unité de compte. Il ne s'ensuit pas que la marchandise ainsi privilégiée devienne forcément instrument d'échange exclusif ou même habituel. Mais dans tous les actes, les marchandises troquées peuvent être évaluées en unités de cette marchandise tierce. Le support de la « monnaie » est alors l'une ou l'autre des marchandises du troc. Il n'y a cependant pas en fait monnaie au sens que nous donnons à ce mot, parce que la marchandise-support n'est pas un instrument d'échange habituel. Mais grâce à des qualités propres, les mêmes que celles qui ont fait de la marchandise tierce une unité de compte, une autre ou même plusieurs autres marchandises peuvent devenir véritablement des objets monétaires, en servant effectivement d'instrument d'échange habituel. Cette nouvelle marchandise, privilégiée comme facteur intermédiaire et dont l'unité est évaluée en unités de compte, se présente donc comme le support fonctionnel de celle-ci, alors même que l'unité de compte trouve sa source dans une autre marchandise, qui elle n'est pas un support monétaire.

Le même phénomène, qui a permis d'élever au rang d'unité de compte telle marchandise qui n'a jamais été et ne sera jamais une monnaie, peut affecter aussi une véritable monnaie, c'est-à-dire un support associé à des unités de compte. Cet événement s'est renouvelé dans l'histoire de l'ancien régime monétaire français. Tel a été le cas de la livre, du sou et du denier. Marc Bloch signale la tendance des pièces réelles de monnaie à devenir unités de compte (le « gros » de Charles VI) « Il n'est presque aucune monnaie d'usage un peu général qui n'ait tendu à se transformer à son tour en monnaie de compte. »

La transformation d'une marchandise ou d'une monnaie en unité de compte permet la multiplication théoriquement indéfinie des instruments monétaires. Il suffit que cette unité de compte prenne comme support d'autres marchandises offrant des qualités appropriées. Ainsi la voie est en principe ouverte à une adaptation de la monnaie aux besoins par le recours à plusieurs supports mais plus souvent encore par des variations du nombre d'unités de compte associées à l'unité d'un même support : *les mutations monétaires*. On peut procéder ainsi à des *affaiblissements* (1) (un même support véhicule un nombre plus élevé d'unités de compte) ou à des *renforcements* (le nombre d'unités de compte devient plus faible). L'opération était facilitée par l'absence de signes de valeur (en unités de compte) sur les supports. Les mutations commandent le bon fonctionnement d'un système monétaire à base de monnaie associant unités de compte et marchandise-support.

Mais les possibilités d'ajustement par changement de support ou variation du nombre d'unités de compte par unité de support ont été en fait soumises à des contraintes qui en ont limité l'intérêt. En effet, l'histoire monétaire montre que le rôle de support n'a pu en pratique être assuré que par un nombre de plus en plus restreint de marchandises. A partir de monnaies liées à des facteurs locaux, spécifiques de certains genres de vie, l'extension des échanges a permis de sélectionner les supports les plus adéquats à l'usage monétaire. Au sein des

---

(1) Affaiblissement signifie que la valeur de l'unité de compte en termes de support est réduite. Mais parallèlement la valeur du support en termes d'unités de compte est « surhaussée ». De même au renforcement de l'unité de compte correspond évidemment une diminution de valeur du support.

communautés pénétrées par les réseaux d'échanges intercommunautaires, des arbitrages successifs ont finalement réservé le champ monétaire à l'argent et à l'or, qui cumulaient de manière optimale les propriétés reconnues à un bon support (inaltérabilité, malléabilité, dureté, homogénéité, rareté, haute valeur) et auxquels ces qualités mêmes donnaient une audience universelle incontestée, à l'or plus qu'à l'argent d'ailleurs. Une fois la monnaie placée sous l'emprise du métal précieux, la possibilité de diversifier le support devenait illusoire. L'arbitrage vers le haut était devenu impossible. Or ce plafond était atteint à un niveau où la rareté intrinsèque du support métallique bloquait tout développement numérique qui s'appuierait sur la propre multiplication de ce support. En outre, l'évolution même de la filière du support-marchandise, fondée sur des arbitrages de valeurs, avait définitivement dévalorisé les autres supports-marchandise possibles, empêchant toute diversification vers le bas.

En ce qui concerne l'ajustement du volume monétaire par les variations du nombre d'unités de compte attribué à l'unité de support, c'est-à-dire par les mutations, il faut convenir qu'il était soumis à une procédure collective formelle, contraignante et rigide, en raison du caractère social de l'objet monétaire. L'opération résultait de décisions fondées sur un droit régalien. Aussi bien les motivations qui inspiraient les mutations étaient étrangères au phénomène monétaire ou n'allaient pas toujours dans le sens d'une meilleure adaptation de l'instrument à sa fonction. D'ailleurs, il aurait fallu que les autorités monétaires soient capables de mesurer à temps l'évolution des prix en hausse ou en baisse et perçoivent le rôle stabilisateur que les mutations pouvaient jouer si elles étaient appropriées aux changements du rapport d'échange entre les métaux précieux et les autres biens, révélés par les variations de prix. Les moyens de l'économie politique de l'époque ne permettaient pas de telles analyses ni de telles conclusions. Il aurait fallu aussi qu'en ces temps où la monnaie métallique revêtait un caractère international, les princes se concertent sur les décisions à prendre pour éviter des distorsions et préviennent ainsi le transfert des espèces, qui faisait échec à toute mesure d'assainissement monétaire prise à l'échelon national. Inutile donc de compter sur les mutations pour régler souverainement les flux monétaires d'après les besoins de l'économie.

Raisonnant dans l'absolu, des théoriciens comme Divisia ont pu montrer qu'un système monétaire entièrement métallique disposait en lui-même des moyens de stabiliser le cours du métal et les autres prix en général en raison du rôle régulateur joué par la frappe libre et par des mouvements de production métallique régis uniquement par les lois économiques. « Le public fond ou frappe les pièces selon qu'il y a intérêt, c'est-à-dire selon que le cours commercial du lingot est supérieur ou inférieur à la valeur nominale de la pièce pour un même poids d'or fin. Il en résulte que le cours se maintient constamment au niveau du prix fixe qui résulte de la définition légale de l'unité monétaire. » L'auteur constate que la production annuelle du métal est faible par rapport au stock existant et qu'au surplus, si les conditions techniques de l'extraction et la quantité de gisements restent inchangées, le taux d'accroissement du métal est approximativement égal au taux annuel d'expansion de l'économie, parce que la production du métal dépend de son coût par rapport au prix légal résultant de la définition monétaire. Si la production de métal tend à devenir excessive par rapport à la croissance générale réelle, le niveau des prix augmente avec le nombre de pièces de monnaie et donc de signes monétaires. Il s'ensuit un alourdissement du coût du métal extrait, ce qui freine sa production et la ramène à un niveau compatible avec la croissance réelle. Inversement une insuffisance d'apport de métal monétaire brise les prix en plaçant la monnaie en deçà des besoins. Le coût de production du métal se réduit, favorisant une recrudescence de l'extraction. Le taux de croissance du métal rejoint celui de l'économie générale.

Mais cette démonstration théorique fondée sur le monométallisme-or, en régime de production, de circulation et de frappe libres, exige pour se vérifier des modalités pratiques et des conditions d'environnement qui ne sont jamais réalisées en fait, même au XIXe siècle. A fortiori, aux siècles antérieurs, l'économie était assujettie à trop de contraintes étrangères à son domaine et à trop d'entraves pour que de tels mécanismes d'ajustement aient pu se manifester. Le métal disponible subissait essentiellement l'action de facteurs extérieurs et la régulation par la loi de l'offre et de la demande était hors de question. Qui plus est, la valorisation même du support, désormais limité à l'or et à l'argent, après avoir donné à la monnaie son universalité et permis ainsi le développement planétaire des échanges, a engendré les facteurs de la perte du support-marchandise et fondé les causes d'une inadaptation croissante du système à l'égard des formes évolutives de l'activité. En conquérant la primauté dans l'échelle des valeurs, le support métallique de la monnaie a maintenu dans les processus monétaires une série de troubles, du fait que la valeur élevée du métal relativement aux autres biens a faussé le comportement et dévié les motivations du secteur réel vers le secteur métallique. Le métal a bouché l'horizon et détourné les flux monétaires de leur vocation naturelle. Au firmament du champ économique, enfermant les échanges dans un cercle trop brillant, il a soumis les courants monétaires à ses lois et à l'illusion de sa richesse, tandis que l'activité, en mal de sève et de réseaux nourriciers, brisait constamment son essor sur cette barrière dorée. Et le métal précieux a bien des inconvénients, dont le cumul a fini par rendre intolérable le maintien du système monétaire utilisant le support-marchandise.

Il y a eu d'abord le cisaillage, petit métier lucratif auquel se livraient de nombreux amateurs, prélevant quelques copeaux de métal sur les pièces qui passaient entre leurs mains. Cette pratique obligeait à peser systématiquement les pièces. Il fallut attendre l'introduction, au XVIe siècle, de techniques permettant de graver une légende ou des cannelures sur la tranche de la pièce pour trouver une parade efficace à l'industrie des cisailleurs.

Aux prélèvements frauduleux des particuliers, s'ajoutait celui des princes, plus essentiel parce que légal et sans remède. Détenteurs légitimes du droit de battre monnaie, les princes achetaient le métal à des prix qu'ils n'étaient pas libres de fixer. Car la fonction monétaire était loin d'épuiser les emplois des métaux précieux, que la rareté endémique rendait de plus très sensibles aux déplacements internationaux occasionnés par les échanges et plus particulièrement par les déséquilibres des balances commerciales. Mais les cours légaux de la monnaie laissaient aux ateliers royaux, par rapport aux prix de la matière première, un excédent pour couvrir les frais de fabrication (droit de brassage) et un bénéfice considéré comme légitime (le seigneuriage). En jouant sur le poids mais surtout, plus ou moins clandestinement, sur le titre, le pouvoir royal pouvait augmenter sa marge et donc ses revenus sans rencontrer de résistances ouvertes. Les manipulations essentiellement motivées par les besoins du Trésor royal se sont d'ailleurs atténuées avec le temps. Le « domaine de la monnaie » qui fut au Moyen Age la source principale des finances des princes passera progressivement au second plan à la suite de l'institution de la taille permanente en 1445 sous Charles VII, inspiré par Jacques Cœur.

Mais les mutations restèrent fréquentes en raison des fluctuations des cours commerciaux de l'argent et de l'or qui créaient des distorsions entre le cours légal des pièces et le prix du métal. Il s'ensuivait des transferts importants d'or et d'argent d'un pays à un autre suivant les taux de monétisation en vigueur qui avaient un caractère national, alors que le cours commercial tendait à s'établir au niveau international. D'ailleurs, les monnaies nationales avaient cours effectif dans tous les pays européens, sur la base du métal qui les constituait. Si par exemple le cours légal était très supérieur au cours international du métal, un pays pouvait avoir avantage à importer des pièces étrangères acquises hors des frontières à un prix voisin de celui du métal et à les transformer en pièces nationales. L'opération laissait un bénéfice en monnaie légale et augmentait les moyens monétaires de la communauté aux dépens des pays où le cours légal était plus proche de celui du métal. Dans la situation inverse, le métal et la monnaie fuyaient à l'étranger, créant une disette monétaire préjudiciable aux échanges. D'où l'obligation où se trouvaient les autorités monétaires de défendre les stocks métalliques du pays grâce au recours fréquent à la mutation par affaiblissement qui augmentait le cours légal. Déjà la compétition entraînait par contagion une sorte de surenchère entre les nations. Ces pratiques ont culminé dans le mercantilisme, qui non seulement a voulu éviter les hémorragies de métal précieux mais encore s'est employé par diverses mesures économiques à drainer le métal des pays voisins pour maintenir activité et prospérité.

Dans son ensemble, la longue période pendant laquelle le métal précieux a servi de support à la monnaie s'est caractérisée par la rareté de la matière nécessaire aux besoins monétaires des pays européens. Dès lors, la monnaie métallique a excessivement favorisé la thésaurisation, en associant de manière trop privilégiée la fonction d'instrument de réserve à celle d'instrument d'échange. Les conditions ont été telles que l'intérêt porté à la première de ces fonctions à travers la haute valeur du métal précieux a gêné gravement l'efficacité de la seconde. Car en augmentant le nombre d'unités de compte portées par la même unité de métal, l'affaiblissement de l'unité de compte qui s'est poursuivi tout au long des siècles, a considérablement valorisé les pièces. Leur circulation s'en est trouvée fâcheusement freinée. Les percepteurs royaux avaient tendance à conserver le produit de l'impôt avant de le verser dans les caisses royales. On peut supposer que les détenteurs de monnaie métallique hésitaient à leur tour à s'en séparer, et sélectionnaient sévèrement leurs besoins et leurs dépenses. Certes, la tendance des espèces à subir l'inertie de leur valeur métallique pouvait être combattue par le décri qui les démonétisait mais l'opération n'avait à terme aucune prise sur le métal lui-même dont le prix s'élevait régulièrement. Quant aux renforcements, qui auraient pu, à l'inverse des affaiblissements, faire activer la circulation par la crainte d'une perte en monnaie de compte sur le poids d'or des pièces détenues, ils avaient de trop graves conséquences psychologiques, économiques, politiques et sociales (baisse des prix, marasme des affaires, alourdissement des effets des contrats, émeutes) pour qu'ils aient pu s'appliquer souvent, ou prendre une ampleur suffisante. De ce fait le risque d'une mesure de renforcement n'a jamais eu la crédibilité nécessaire pour dissuader les sujets d'accumuler les pièces.

2. *L'évolution du système.*

a) *le renchérissement du métal précieux* :

Les pays européens, ne produisant que fort peu de métaux précieux, étaient étroitement tributaires des courants commerciaux internationaux, des facteurs politiques intervenant dans les relations mondiales (invasions musulmanes, croisades, imperium espagnol) et des fortes variations d'approvisionnement liées à la découverte de sources productives (exploitation des mines américaines). C'était tantôt le tarissement et la disette monétaire (Moyen Age) tantôt l'afflux massif (XVIe siècle). Il n'était pas possible de se prémunir contre les mouvements quantitatifs de l'or et de l'argent qui assujettissaient la monnaie à leur évolution capricieuse et troublaient ainsi l'efficacité de la fonction d'instrument d'échange. Les mutations pouvaient remédier en principe aux effets des fluctuations des quantités de supports métalliques, mais plus aisément en cas de disette qu'en cas d'excès, le renforcement, remède possible à l'afflux indésirable du métal, étant mal jugé par l'opinion. Encore eût-il fallu aussi que les pouvoirs publics aient eu pleine conscience du rôle régulateur que les mutations pouvaient jouer, ce qui n'était pas le cas.

Aussi bien, au XVIe siècle, l'arrivée des métaux précieux de l'Amérique espagnole a porté en un siècle le niveau des prix au quintuple de sa valeur d'origine sans que les pays envahis par les espèces aient clairement perçu l'origine monétaire des bouleversements de prix et des troubles sociaux qui s'ensuivaient. Il fallut attendre le livre de Bodin (1567), passé d'ailleurs inaperçu en son temps, pour que soit formellement relevée l'influence déterminante de l'afflux de métal. La production américaine allait-elle régler à jamais le problème de l'approvisionnement régulier des pays européens en espèces métalliques? Il n'en fut rien. Alors que la population augmentait et que l'activité économique se développait, le système monétaire de l'Ancien Régime s'est caractérisé par une insuffisance croissante de moyens de paiement. Car la production de métal n'arrivait pas à suivre les besoins de l'économie. L'importance donnée par les mercantilistes à l'accaparement national du stock métallique le plus élevé possible aux dépens, le cas échéant, de pays voisins témoigne de l'ampleur du problème et de la préoccupation profonde que la crainte de manquer de monnaie faisait naître dans l'esprit des dirigeants et des professionnels. L'afflux de métal américain au XVIe siècle n'a pas pu modifier cette donnée fondamentale. Car intervenant soudain au-delà des besoins, les nouvelles pièces ont entraîné des hausses de prix, lesquelles créaient de nouveaux besoins monétaires, plus importants que les anciens. Car la fonction monétaire de la pièce transmettait aux facteurs réels du champ économique la multiplication des unités monétaires dues à la prolifération des espèces. La hausse des prix et des revenus annulait ainsi les réserves ou la marge supplémentaire d'instruments d'échange attendue d'une arrivée massive de métal précieux.

A défaut de renforcements pour éviter la hausse des prix ou la combattre, des affaiblissements permirent de s'y adapter. La valeur en francs germinal (4 gr 5 d'argent pur) de la livre, monnaie de compte française, était descendue de 120 F sous Charlemagne à 1F en 1803. Elle valait 22 F sous Philippe Auguste, 20F sous Saint Louis, 13 F sous Philipe le Bel, 9 F sous Charles V, 7 F sous Charles VI, 4 F sous François Ier, 2,5 F sous Henri IV et 1,5 F sous Louis XIV. Selon R. Sédillot, sous Louis XIV, la France disposait de 500 à 600 millions de livres en pièces métalliques, soit 20 livres à peine par habitant. La filière monétaire du support métallique n'assurait pas un approvisionnement suffisant en moyens de règlement. Jamais le métal n'arrivait à suivre les besoins qu'en sa qualité de support incontrôlable, sujet à de brusques afflux, il contribuait d'ailleurs à aggraver.

b) *les adjuvants du support-marchandise* (le billet) :

Au cours de l'ancien régime monétaire, d'autres instruments d'échange sont apparus à côté de la monnaie métallique, cherchant à y suppléer. Mais en raison précisément de l'identification de la monnaie à son support métallique de haute valeur, il n'a pas été possible d'étendre les circuits de substitution au-delà de certaines relations financières entre des professionnels spécialisés, liés les uns aux autres par des contrats et s'offrant mutuellement des services de règlements ou de garanties. Les instruments de crédit nés dans ces conditions ont bien servi d'instrument de paiement mais n'ont pu accéder au rang d'instrument général d'échange. Papiers et billets ne pouvaient être que représentatifs de créances certaines libellées en vraie monnaie. Ces créances ont pu être éteintes par des procédés de compensation. Mais elles n'ont pas vraiment circulé comme monnaie.

S'il est vrai d'autre part que des tentatives ont été faites pour créer de la monnaie de papier, ces expériences étaient vouées inéluctablement à l'échec; car, la monnaie étant matérialisée par le support métallique qui fondait sa valeur, les billets ne pouvaient être acceptés que sous forme de créance à terme certain. Les créanciers comptaient bien recouvrer les espèces métalliques à l'échéance. Or par le jeu des mutations l'unité de compte était assujettie à de fréquentes variations, en général dans le sens de l'affaiblissement. Dès lors le billet représentatif de la monnaie métallique ne pouvait prétendre à une grande extension. Car sa valeur libellée en unités de compte n'était pas garantie en monnaie réelle et variait en sens inverse de celle-ci. Lorsque la livre se détériorait (sens irréversible de l'évolution monétaire en régime de monnaie de compte), la monnaie métallique accroissait sa valeur en unités de compte tandis que le billet représentatif, libellé en un nombre fixe de ces unités, se dévalorisait par rapport au métal. Les créanciers répugnaient à accepter de tels billets comme moyens de règlement, sauf à les considérer comme simples instruments de crédit et à se les faire escompter aussitôt en bonne monnaie auprès des banquiers ou même d'usuriers qui dans l'opération se payaient des risques de mutation par affaiblissement.

Si des manœuvres habiles, instituant, un certain temps, une confiance d'ailleurs nécessairement peu fondée, ont permis cependant en période d'exception la circulation de papiers et donc la multiplication des signes monétaires, les promoteurs de ces systèmes de monnaie complémentaire ont exposé le régime à un effondrement total, car le moment devait fatalement arriver où la confiance ébranlée poussait les titulaires de créances à réclamer tous ensemble dans la panique le paiement en espèces « trébuchantes et sonnantes ». Le procédé n'a donc pu servir que d'expédient très provisoire, même si certains ont cru pouvoir dégager par là une source monétaire nouvelle. En France, sous l'Ancien Régime, l'expérience s'est effectivement soldée par un retour exclusif aux espèces métalliques, soit que la résorption des billets, succédanés des pièces, ait été voulue et préparée, soit que la multiplication inconsidérée des signes sur papier ait anéanti totalement leur valeur à la suite de l'effondrement de la confiance dans la solvabilité en monnaie métallique des débiteurs et des garants de la créance. Telles furent les émissions modérées de billets de 1701-1703 entièrement remboursées en 1704, l'émission excessive de 1704-1706 qu'il fallut quatre ans pour résorber, et surtout les billets de la banque de Law (1720), d'abord exceptionnellement libellés en écus - espèces réelles, puis en livres - monnaie de compte, dont la folle prolifération défia un moment les lois monétaires du système avant de conduire aux désordres sociaux et à la débâcle financière que l'on sait. Les conséquences des agissements de ce financier qui était sans doute en avance d'un système monétaire, se firent sentir longtemps en France, entraînant à l'égard du papier une méfiance tenace alors que, le régime monétaire changeant, la monnaie de papier allait pouvoir devenir une pièce maîtresse du nouveau système. Car la monnaie de papier avait besoin de la stabilité de l'unité de compte par rapport à la valeur de l'unité du support métallique pour s'introduire dans les usages et se développer. Il fallait que l'unité de compte, la livre ou le franc, soit toujours convertible en un même poids de métal, quel que soit son support.

c) la stabilisation métallique de l'unité de compte :

Le changement de régime monétaire se réalisa lorsqu'au XVIIIe siècle des dispositions réglementaires rattachèrent l'unité de compte à une quantité fixe de métal, dans des conditions telles que toute variation exigeait un consensus politique et ne pouvait être jugée par l'opinion que comme l'équivalent d'une faillite monétaire de l'État. C'est ce qu'on a appelé la stabilisation de la monnaie métallique, réalisée d'abord en Angleterre (1717), puis en France (1726). Le nombre d'unités monétaires est gravé sur la pièce, ce qui interdit la mutation sauf démonétisation et refonte. En ce qui concerne notre pays, Marc Bloch distingue deux étapes dans cette stabilisation : 1) *la réforme du 26 mai 1726* au terme des secousses consécutives à la débâcle du système de Law. Les pièces de monnaie sont formellement définies par une teneur métallique et une valeur monétaire (unités de compte). Le barème d'équivalence souverainement fixé devait rester invariable. Mais il n'y avait pas de pièces réelles représentant l'unité de compte (1 livre) ; le louis d'or valait 24 livres et les écus d'argent 6 livres. 2) *la loi du 17 germinal an XI* (7 Avril 1803). Le franc, unité monétaire, est représenté par une pièce réelle de 5 gr d'argent au titre de 9/10 de fin (4 gr 5 d'argent pur).

La dualité de l'unité de compte et de l'unité de support est ainsi supprimée. La monnaie devient univoque par la définition fixe de l'unité de compte en termes d'unités de support (le poids de métal). C'est une *première révolution monétaire.* Rendant en principe impossibles les mutations, sauf dévaluations, acte grave qui aurait détruit le système, comme cela devait d'ailleurs se produire au XXe siècle, la définition d'une unité monétaire légale en poids de métal reportait, en théorie, les variations du rapport d'échange métal/autres biens sur le niveau général des prix et sur le niveau d'activité. Mais l'incidence de ces variations a été largement atténuée par une autre conséquence. Car la garantie de stabilité de l'unité monétaire a permis le développement d'une nouvelle forme de monnaie, la monnaie-formule, abstraitement rattachée au métal. Cette monnaie non métallique quoique convertible a constitué une importante marge d'absorption des variations de la valeur relative du métal par rapport aux autres biens. Car la nouvelle monnaie n'était pas dans un rapport fixe avec la monnaie métallique. Si le métal affluait, l'ensemble des monnaies ne se développait pas nécessairement dans la même proportion ; l'expansion du papier ne suivait pas toujours celle des espèces. Si inversement le métal se raréfiait, les autres monnaies ne diminuaient pas forcément. Elles pouvaient même s'accroître. Toutefois si le mouvement du métal persistait dans le même sens, les répercussions sur le niveau des prix ou de l'activité devenaient plus sensibles surtout à travers les transferts internationaux de métal monétaire. Car le stock métallique des banques qui commandait les émissions de monnaie interne dépendait pour une grande part de l'état des balances des paiements. L'économie du XIXe siècle développera ainsi une monnaie nouvelle où le support-formule supplantera progressivement le support-marchandise, dont la forme la plus appréciée, l'or, se concentrera dans les caves des banques d'émission.

Deuxième période : l'unité de compte fixe et le support-formule représentatif du support-marchandise. Le billet de banque convertible.

1. Unité de compte pondérée et métal.

Paradoxalement le système du support-formule trouve ses origines dans le rattachement de l'unité de compte à un poids de métal, par conséquent dans une mesure qui paraît consacrer le triomphe du support-marchandise. Aussi bien n'émergera-t-il que lentement de l'évolution de la monnaie métallique stabilisée. Désormais, depuis la révolution monétaire du XVIIIe siècle, l'unité de compte est directement valorisée pour elle-même indépendamment de son support réel et de l'évolution de celui-ci. Le nouveau système substitue à l'unité de compte numérique abstraite, une *unité de compte pondérée par une référence métallique*. Ce dispositif interne et constant de la monnaie est très important. Grâce à sa valorisation fixe, l'unité de compte peut se détacher matériellement de son support métallique sans perdre ses propriétés monétaires d'instrument général d'échange qu'elle doit à son association avec le métal précieux. La voie est ainsi ouverte à la diversification et à la multiplication des instruments monétaires : la nouvelle unité de compte pondérée peut-être associée à un autre support, papier ou simple ligne d'écriture, qui n'a pas besoin, lui, d'avoir une valeur, puisque celle-ci est déjà contenue dans l'unité de compte. Il suffira que les nouveaux supports, choisis en raison de leur commodité à l'égard de la fonction monétaire, soient dotés du cours légal pour qu'ils accèdent au rang de monnaie et donnent ainsi à celle-ci une nouvelle apparence. En dépit de leur diversité, ces supports ont en commun d'être des formules monétaires, objets sans valeur propre (ou négligeable) concrétisant la nouvelle unité de compte pondérée : billet de banque (*monnaie de papier*) ou article d'un compte créditeur (*monnaie scripturale*). La monnaie-formule peut se reproduire et se manifester en dehors des contraintes métalliques directes. Les hommes bénéficient dans ces conditions d'une marge, d'un « matelas » régulateur pour l'adaptation de l'instrument monétaire aux besoins de l'échange. Quelle que soit en effet l'apparence de la formule la matérialisant, l'unité de compte intrinsèquement définie par un poids de métal précieux garde uniformément une même valeur. Le porteur de l'une quelconque de ces formules est indifféremment garanti sur la valeur métallique de la monnaie dont il dispose. Cette garantie porte évidemment non sur la valeur absolue de la monnaie (dépendant de l'évolution du prix du métal relativement à celui des autres biens) mais seulement sur la valeur relative de chaque espèce de monnaie par rapport aux autres, toutes représentant le même poids de métal.

Parallèlement cependant la valeur du métal, liée légalement à l'unité de compte, sera en fait maintenue à un niveau stable, du moins dans son expression nominale, par le jeu de mécanismes qui consolident l'équivalence fixée une fois pour toutes entre le cours commercial du métal et son cours monétaire arrêté par la loi. Ainsi en France pendant plus d'un siècle, de 1803 (17 germinal an XI) jusqu'aux suites de la guerre de 1914, toute dévaluation sera évitée. Car le système de la frappe libre associé à la définition de l'unité de compte par un poids de métal assure l'équilibre du cours de ce métal autour de sa valeur monétaire. Tout l'univers des prix tourne d'ailleurs autour de ce point fixe. Il s'ensuit que les mouvements généraux de prix devraient être la rançon du nouveau système. Si en effet la valeur du métal utilisé par rapport à celle des autres biens, c'est-à-dire son prix relatif, varie, la fixité de la définition métallique de l'unité de compte entraîne nécessairement un mouvement du niveau général des prix, alors que le système précédent de l'unité de compte à valeur métallique variable offrait, nous l'avons vu, la possibilité d'un autre ajustement que celui des prix. Il est vrai que selon les propositions de Divisia déjà notées, les mouvements de prix pouvaient entraîner, dans la production de métal, des mouvements compensateurs qui tendaient à maintenir les prix à un même niveau d'équilibre, à moins sans doute de facteurs perturbateurs exogènes comme les événements politiques, les changements de technique dans la production de métal, la découverte de nouveaux gisements. De fait, on distingue : de 1851 à 1871, une période de hausse des prix dont la cause est généralement attribuée à la découverte des gisements d'or de Californie et d'Australie — de 1873 à 1895, une période de baisse des prix que certains imputent au fléchissement de la production d'or et à l'abandon du métal argent comme matière monétaire par certains grands pays — à partir de 1895, à la suite de la découverte des mines d'or du Transvaal, une hausse prolongée des prix.

En cas de bimétallisme or et argent, les définitions de la valeur monétaire de ces deux métaux étant dans un rapport fixe, le jeu du monnayage en frappe libre maintient également le même rapport de valeurs dans les transactions commerciales portant sur les lingots, en réduisant les fluctuations naturelles que fait naître l'évolution différente des productions respectives. Le rééquilibre permanent par la voie de l'offre et de la demande monétaires compensant la tendance à la formation d'écarts ne peut cependant se poursuivre que si l'amplitude des fluctuations ne fait pas disparaître de la circulation monétaire le métal dont la valeur relative augmente par rapport aux définitions légales (Loi de Gresham : la mauvaise monnaie chasse la bonne).

2. *Nouvelles formes monétaires convertibles ; conditions de fonctionnement.*

L'intérêt le plus vif du système de la monnaie de compte pondérée est évidemment de créer de la monnaie non métallique qui porte en elle-même la référence métallique. Une grande possibilité d'extension monétaire est ainsi ouverte. Dès lors qu'ils représentent un certain nombre d'unités de compte toujours remboursables selon la définition légale en un poids déterminé de métal, le billet et la ligne d'écriture peuvent jouer le rôle de monnaie. Ils le jouent assurément mieux que la pièce métallique, car pour le maniement des sommes d'argent, aussi élevées fussent-elles, ils constituent des supports infiniment moins encombrants dont le coût est au surplus négligeable.

A ce stade de l'évolution monétaire, une condition catégorique doit être encore satisfaite pour que les nouvelles formes monétaires puissent se maintenir. Les usagers ne doivent pas avoir le moindre doute sur la qualité des formes de monnaie dont ils sont détenteurs, c'est-à-dire sur la solidité du droit d'obtenir à vue le poids de métal précieux, correspondant à la définition légale des unités de compte inscrites sur les supports reçus comme monnaie. Directe dans le cas du billet ou indirecte, par l'intermédiaire du billet, dans le cas de la ligne d'écriture, la *convertibilité métallique* assure donc la validité monétaire des nouveaux supports. Elle est la *face apparente* du régime monétaire qui a prévalu en France depuis la Révolution jusqu'au premier conflit mondial. D'ailleurs, et c'est là un enseignement général, la convertibilité d'un nouveau support en un support plus ancien, confirmé et familier, auquel le public attribue en fait et en droit depuis longtemps le pouvoir d'achat et le pouvoir libératoire, demeure toujours la condition nécessaire d'une augmentation des signes par diversification des supports.

La logique inhérente à la référence métallique des nouvelles formes monétaires aurait dû, dans un système idéal, amener à terme le retrait de la circulation des pièces et l'enfouissement du métal précieux dans les encaisses des banques centrales d'émission. Celles-ci eussent pu ainsi émettre sans trouble, en représentation de leurs stocks métalliques, un volume de signes monétaires de valeur sensiblement plus élevée que ces stocks, du fait que les demandes de remboursement en métal ne peuvent jamais porter que sur des quantités limitées de monnaie en raison de l'inertie des comportements et de l'utilité intrinsèque du signe monétaire sous sa nouvelle forme. Mais il a fallu attendre le XXe siècle pour que s'observe une mesure de stockage intégral de l'or monétaire. En fait elle ne s'est maintenue que dans des conditions toutes spéciales du régime international du dollar américain.

Au XIXe siècle la relation de convertibilité n'était déjà pas pure, alors qu'elle dominait la pensée et les pratiques de l'époque. Car derrière elle se profilait la *face cachée* de la monnaie, longtemps ignorée ou contestée, qui dans la période contemporaine se placera en tête des phénomènes monétaires. Les supports qui se multiplient en représentation de la monnaie métallique font eux-mêmes partie de systèmes qui n'ont rien à voir avec le métal ni avec les espèces métalliques représentées. Ces systèmes s'intègrent d'ailleurs de façon essentielle dans la fonction monétaire, alors que les relations métalliques n'étaient que circonstancielles. Conformément aux types de relations qui font la nature des signes, les systèmes dont ceux-ci participent sont, en effet, de deux sortes : ceux que le signe signifie, ceux qui font les règles d'existence du signe.

a) Le système des valeurs signifiées par la monnaie resta longtemps et même jusqu'à nos jours peu ou mal dégagé par la doctrine, en tout cas ne fut pas exploité par la pratique monétaire. Les économistes comme les institutions ont toujours prétendu traiter ces valeurs en elles-mêmes, en dehors des signes qui les expriment. La seule relation, soulignée dès l'origine, entre le secteur réel et la structure de la monnaie touche le jeu de l'escompte ; portant sur des effets de commerce (traites), celui-ci doit proportionner aux transactions le montant des émissions de billets et de monnaie de banque. Mais cette observation qu'Adam Smith lui-même avait faite au début du XIXe siècle n'a pas beaucoup de portée pour l'analyse du signe monétaire, car précisément en ces temps les nouveaux supports (billets) n'étaient pas considérés comme étant de la monnaie. Le volume de celle-ci ne présentait pas dès lors un lien logique direct avec l'activité économique.

b) Le système d'existence, création, circulation et résorption des signes ne prendra du relief que très lentement autour des réseaux et circuits financiers des créances. Pendant toute la période où le billet resta convertible en espèces métalliques et jusqu'au début du XXe siècle, les relations impliquées par le mode d'émission des supports et par les structures (créances) dont ceux-ci sont les éléments, ne parvinrent à supplanter la relation métallique, ni dans les faits, ni dans les doctrines qui faisaient autorité. Charles Rist ne voyait-il pas dans les billets convertibles un instrument de crédit bancaire, des « crédits circulants », « de simples créances payables en monnaie-étalon » (le métal), donc non pas une monnaie mais une représentation de la monnaie! La monnaie scripturale de banque apparaissait plus fréquemment encore comme un dépôt d'épargne, donc comme un prêt de monnaie.

D'ailleurs la principale controverse doctrinale qui a dominé la période de la monnaie de papier convertible, opposant la *currency school* à la *banking school*, n'a pas mis en cause la primauté de la relation métallique bien que le débat ait porté sur la régulation des billets émis en contrepartie de créances. Les partisans du *currency principle*, dont les thèses furent institutionnellement appliquées en Angleterre par l'Acte de Peel de 1844, voulaient que selon des principes définis par Ricardo les billets ne soient émis qu'en stricte contrepartie du métal (sous réserve d'une petite fraction gagée par un volant de titres publics destiné à assouplir le système). Au contraire depuis Adam Smith, ceux qui se réclamaient du *banking principle* recommandaient pour les banquiers la liberté complète d'émettre des billets en contrepartie de créances, sous réserve que les billets ne soient utilisés qu'entre commerçants (fixation d'un minimum élevé de valeur nominale pour chaque billet) et qu'ils soient convertibles à vue sans condition. Que les premiers considèrent le billet comme une véritable monnaie, que les seconds y voient une créance sur la monnaie, mais que les uns et les autres aient proposé des solutions où le métal reste toujours le régulateur ultime, voilà qui témoigne à quel point, dans l'esprit du temps, seul comptait en définitive le lien métallique.

Mal interprétée dans sa nature et dans sa fonction, la nouvelle structure financière, associant les signes monétaires dans un système distinct de celui des espèces métalliques, n'en passait pas moins pour un facteur déterminant de la régulation monétaire. Bien souvent d'ailleurs cet intérêt provenait seulement du souci de s'assurer que l'émission des signes-formules pouvait être limitée de façon naturelle par le jeu du système, de façon à ne pas compromettre la convertibilité fondamentale. Il n'était pas indifférent en effet que les signes monétaires non métalliques qui n'étaient pas la contrepartie des encaisses métalliques soient émis et récupérés selon le processus des créances. Les organismes qui les émettaient pouvaient ainsi espérer les voir revenir à échéance fixe, lors du remboursement des créances qui les gageaient. Dès lors la convertibilité des signes se trouvait en quelque sorte facilitée par leur *rétractilité* naturelle, inhérente au processus financier des créances qui en bornaient et en rythmaient l'existence. L'usage et la réglementation avaient convergé pour favoriser cette rétractilité puisque la durée des créances privées susceptibles de gager de nouveaux signes était limitée généralement à trois mois. En sélectionnant sévèrement la qualité des emprunteurs (et l'État fut souvent surtout en Angleterre le contractant favori de l'institut d'émission), les banquiers ne couraient pratiquement aucun risque. Du fait des stipulations contractuelles et grâce à la rigueur du droit cambiaire la monnaie émise restait sous l'emprise de l'organisme émetteur, lorsque l'État n'était pas lui-même directement en cause. Le lien de l'*obligation personnelle* juridiquement formalisée venait donc renforcer le lien métallique pour assurer la validité des nouveaux signes et faciliter leur pénétration progressive dans l'opinion et les usages. L'expérience malheureuse des assignats, billets gagés non pas sur des créances mais sur des biens fonciers dotés pourtant par eux-mêmes d'une grande valeur intrinsèque, montre bien que le mode structurel qui est à la base de l'émission des signes est décisif pour fixer la qualité d'une monnaie et maintenir sa convertibilité. En particulier un degré suffisant de rétractilité automatique ou discrétionnaire des signes est une condition essentielle du bon fonctionnement et du contrôle efficace du système.

Enfin le système financier qui sous-tend les supports-formules a renouvelé les conditions de la politique économique à base monétaire. Dans la période antérieure le métal fournissait le thème essentiel de cette politique, soit par les mutations soit par l'accaparement mercantiliste des pièces et des lingots. Dans le nouveau régime le métal s'est ancré définitivement au sein de l'unité de compte selon une parité fixe. Dès lors la voie des variations des poids de métal était barrée sauf à reconnaître la faillite monétaire de l'État, tandis que le libéralisme excluait l'idée que les transferts internationaux de métal puissent s'effectuer par d'autres voies que celle de l'ajustement automatique des balances des comptes. En revanche, la création des supports-formules et surtout leurs gages financiers offraient directement les moyens d'une action sur le volume monétaire d'un pays en raison de la malléabilité du système des créances. Toutefois dans le cadre du libéralisme dominant, ces moyens ont été utilisés avec circonspection et dans le souci principal de maintenir l'équilibre interne du régime monétaire, la confiance dans la monnaie et corrélativement la convertibilité métallique de nouveaux supports. Il importait surtout de limiter les émissions de monnaie de papier et de monnaie scripturale et en tout cas, de garder le contrôle de la quantité de monnaie. Les deux principales catégories de mesures ci-dessous visaient essentiellement le billet. Car la monnaie scripturale de banque n'était pas considérée elle-même comme une vraie monnaie ;

compte tenu de l'usage limité du chèque, sa convertibilité passait pour suffisamment garantie par les conditions mêmes de la gestion bancaire (souci de rentabilité — absence de goût du risque — cloisonnement des zones monétaires de chaque banque).

a) Le cadre réglementaire : monopole d'émission des billets confié à une seule banque — limitation des effets acceptés à l'escompte (3 signatures, 90 jours au plus), les effets privés devant être causés par les transactions commerciales.

b) Le coût du crédit ouvert à des fins monétaires. La variation de ce coût, exprimée par celle du taux d'escompte, augmentait ou diminuait l'émission des billets. Aussi bien les mouvements du taux de l'escompte ont été au XIXe siècle l'instrument électif de la politique monétaire et même de la politique économique. L'objectif était la défense de l'encaisse métallique et la sauvegarde de la convertibilité des billets. Encaisse et convertibilité pouvaient être menacées par un déséquilibre de la balance des paiements ou par une distribution excessive de crédits bancaires. La hausse du taux de l'escompte, qui commandait le taux de l'intérêt servi au public ou payé par lui, attirait en effet les devises étrangères à la recherche de placements rémunérateurs (donc rééquilibre des comptes extérieurs) et décourageait le crédit intérieur à cause de la hausse de son coût (donc réduction des émissions de billets et de monnaie scripturale). A l'inverse de l'Angleterre, dont l'encaisse métallique était faible et où le taux de l'escompte a été utilisé fréquemment pour la défense extérieure du stock-or, la France, qui avait tenu à accumuler une forte encaisse (4/5 du montant des billets en 1910), s'attachait à maintenir le taux le plus bas et le plus stable possible (entre 2 et 4 %), les variations étant surtout commandées par le souci de régulariser le crédit.

3. Déboires, évolution et fin de la monnaie convertible.

Compte tenu du comportement habituel des détenteurs de monnaie, les supports non métalliques ont pu être multipliés bien au-delà de la quantité de métal correspondant aux unités de compte qui leur étaient associées. Mais tout abus d'émission, en période d'instabilité politique, alors que le public perdait confiance dans la solidité de l'État, garant du cours légal, et dans la sagesse des financiers responsables, s'est traduit par trois types de désordres monétaires étroitement liés entre eux : la ruée aux guichets ; les faillites par rupture des circuits monétaires ; le cours forcé. La confiance en effet tendait à remplacer la substance métallique dans le fondement de l'acceptation des signes monétaires. Mais cette confiance portait encore sur le lien du signe avec la substance métallique et non pas seulement sur le signe lui-même ainsi qu'il en sera plus tard.

La *ruée aux guichets* fut la réaction naturelle des détenteurs de billets ou de soldes bancaires créditeurs, chaque fois que l'État chancelait (en France crises de 1805 après Trafalgar, de 1814, de 1848 et de 1870) ou lorsque les banques émettrices, trop engagées, n'étaient plus en mesure d'assurer à vue les remboursements de billets, comme cela s'est souvent passé, surtout à l'étranger, au début des grandes crises économiques.

Parallèlement, pour faire face à leurs engagements à vue, les banques devaient compter sur l'échéance de leurs prêts et ne pouvaient donc les renouveler, coupant ainsi les crédits à leurs clients, arrêtant les transactions, bloquant l'approvisionnement des trésoreries, contraignant les entreprises à la suspension des paiements, à la liquidation et à la faillite. A travers les circuits solidaires de la circulation monétaire et en raison de la chaîne des créances qui liaient les entreprises, la crise paralysait de proche en proche l'économie tout entière par rétention des moyens de paiement, lorsqu'ils étaient excédentaires par rapport aux métaux qu'ils étaient réputés représenter. En réduisant la marge de monnaie de papier et de monnaie scripturale par rapport aux lingots et pièces métalliques, la crise assainissait dramatiquement la situation et préparait finalement les voies d'une reprise ultérieure. En dehors bien entendu des crises politiques et des guerres, la France d'avant 1914, sous le régime de la convertibilité de la monnaie de papier, a pu, grâce à la prudence de ses autorités monétaires, échapper aux manifestations les plus spectaculaires et aux conséquences les plus néfastes des *crises économiques cycliques* (tous les dix ans) qui en d'autres pays marquèrent désastreusement les années 1826, 1857, 1882, 1887 et 1907. Les émissions de papier furent en effet plafonnées de telle sorte que les billets en circulation ne dépassèrent pas les espèces (en 1913, 7 milliards de pièces et 6 milliards de billets). Qui plus est, les excédents de la balance des comptes accumulaient dans les coffres de la banque de France une encaisse métallique couvrant 70 à 80 % des billets en circulation. A ces conditions, le système de la monnaie convertible fonctionna assez bien conformément aux besoins de l'économie. Celle-ci a pu prendre l'essor que l'on connaît, notamment en matière de transport et d'industrie : le système a donné les moyens d'échange nécessaires, que ce soit par l'épargne ou le crédit.

Lorsque les crises politiques ou économiques furent trop fortes pour que le crédit financier des banques d'émission puisse se rétablir avant que celles-ci ne soient mises dans l'obligation de rembourser tous les billets, les gouvernements durent décréter le *cours forcé* des billets. Tel fut le cas en France pendant les années 1848-1850 et 1870-1878. Ces mesures draconiennes, décidées sous l'empire de la nécessité, habituèrent le public à l'utilisation directe des billets comme monnaie autonome dotée du cours légal, à l'instar des espèces métalliques qu'ils ne représentaient plus mais qu'ils remplaçaient. Le public avait l'occasion de s'apercevoir que la vraie monnaie pouvait ne pas être des espèces métalliques. A partir de 1878, en France, le billet, rendu convertible après 7 ans de cours forcé, fut cependant admis légalement comme une monnaie à part entière, au même titre que le métal avec lequel il allait désormais rivaliser, car il conservait définitivement le bénéfice du cours légal (1). C'était un pas de plus vers une nouvelle transformation du concept monétaire. Cette mutation était rendue nécessaire par la croissance des besoins et elle s'instaura progressivement à la faveur de crises de confiance que les événements firent subir à l'équilibre du mécanisme en affectant plus particulièrement ce qu'on appelait la monnaie fiduciaire, c'est-à-dire les billets, forme plus directement comparable à la monnaie métallique aux yeux du public.

En revanche, l'évolution de l'autre support monétaire qu'était la ligne d'écriture se fit plus discrètement, du moins en France. On ne lui attribue pas de responsabilités particulières dans les crises de confiance qui secouèrent le système au XIXe siècle. La monnaie scripturale ne bénéficia en effet jamais ni du cours forcé ni du cours légal. Par conséquent sa convertibilité a toujours été sauvegardée par rapport aux pièces et aux billets, sauf défaillance de banques particulières. Mais lorsque une telle faillite se produisait, le système entier n'était pas détruit par cette perte affectant une zone limitée : affaire localisée et non pas encore drame national. Les principes de gestion bancaire ont permis à l'époque de prévenir toute extension de l'effondrement d'un réseau de monnaie scripturale, dû aux erreurs ou le cas échéant à la malhonnêteté des gérants d'un établissement. D'ailleurs les banques responsables surent maintenir le volume de cette monnaie dans un rapport compatible avec celui des monnaies légales et avec les besoins de l'économie grâce aux procédés d'émission essentiellement fondés sur les traites commerciales. Sous l'impulsion d'Henri Germain, fondateur du Crédit Lyonnais, elles observèrent des normes de ges-

---

(1) Associé au cours forcé, le cours légal avait été institué déjà en 1848, mais supprimé en 1850. Précisons que par le cours forcé on édicte l'inconvertibilité des billets en espèces métalliques. Par le cours légal on leur confère le pouvoir libératoire ; sous peine de sanctions pénales, ils doivent être acceptés en paiement, pour leur valeur nominale, par les caisses publiques et les particuliers.

tion excluant l'immobilisation à long terme des dépôts créditeurs à vue. Tout en restant dans des limites raisonnables, le développement de la monnaie de banque n'en fut pas moins important depuis la création du chèque en droit financier (1865), puisque en 1914 son montant (12 milliards) égalait en France le double de celui des billets en circulation.

Au total, le système de la monnaie convertible, fondé sur la définition légale de l'unité monétaire par un poids de métal devait finalement se révéler insuffisant à partir d'un certain état de l'économie, face à un certain seuil de besoins et surtout à l'égard d'une organisation plus agressive, plus extensive, plus complexe des facteurs et des forces économiques.

Sous le régime de la convertibilité, il ne fait aucun doute que le métal règle à distance la masse monétaire. Tant que le stock de métal accumulé dans le monde a été suffisant pour assurer les besoins de la circulation métallique et des encaisses des banques émettrices des deux formes supplémentaires de monnaie, tous les supports monétaires ont pu s'étager, se hiérarchiser, se commander mutuellement en se proportionnant aux besoins de l'activité, tout en demeurant dans un rapport convenable avec les stocks de métaux précieux. Les diverses convertibilités assuraient, par rapport aux fluctuations économiques, une espèce d'élasticité qui permettait des ajustements automatiques fondés sur l'inertie du stock métallique et sur le parallélisme des croissances réelles et métalliques suivant un mécanisme auto-équilibrant. Ainsi que le démontre Divisia : « Dans le système du billet convertible, le niveau des prix peut certes s'écarter, selon les modalités de la politique d'émission, du niveau qu'il aurait dans le système-or ; mais il ne peut s'établir durablement soit au-dessus soit au-dessous de celui-ci sans aboutir à un braquage dans un cas par engorgement et dans l'autre par hémorragie épuisante... Tout ce que permet le matelas de billets de banque c'est une fluctuation du niveau des prix autour de ce qu'il serait en l'absence de ce matelas. » Le thème est valable aussi pour la monnaie scripturale. Aussi bien les banques sont-elles enfermées dans leurs engagements monétaires par la double limite de la liquidité à conserver et de la rentabilité à assurer aux capitaux.

Mais sous la pression de la poussée démographique, de l'extension géographique des échanges, de l'allongement des processus de production, de la complexité croissante des structures issues de la division du travail, l'économie moderne ne pouvait supporter indéfiniment les contraintes d'un système tenu en laisse par un stock métallique inerte, assujetti ainsi aux impulsions mécaniques d'un va-et-vient désespérant : ce système était responsable d'ajustements dramatiques qui délabraient les structures et brisaient l'essor. Certes on s'habitua à cet éternel recommencement et il ne manquait pas d'économistes pour en célébrer les vertus. Mais le système ne devait pas survivre aux suites du conflit de 1914-1918 ; elles secouèrent la fatalité des mécanismes et firent éclater ce corset de métal qui limitait la croissance et engendrait des reflux dévastateurs. Un dernier reflux plus fort, plus long, né de facteurs exceptionnels a ruiné le système sans susciter trop de regrets. Avant cette crise de 1929 qui le balaya définitivement, il avait été fortement détraqué pendant la période de guerre par le cours forcé des billets dans les nations occidentales. Les hostilités avaient justifié la multiplication des instruments monétaires et porté les prix à un niveau très élevé. C'est sans doute la volonté de rétablir une situation monétaire impossible dans les nouvelles conditions de l'économie qui a causé l'effondrement. Le retour à la convertibilité-or au niveau antérieur (Angleterre) ou après dévaluation insuffisante (France) allait en effet rendre manifeste le déséquilibre qui s'était instauré, par suite de la hausse des prix et du regain d'activité, entre les besoins monétaires et le nombre d'instruments que le système pouvait sécréter sans se détruire, alors que l'assise métallique se réduisait considérablement du fait de l'abandon définitif du bimétallisme.

C'est pour avoir méconnu les contraintes de la convertibilité que la gestion monétaire de l'économie mondiale s'est mise dans une impasse. Les excès de crédits et la multiplication des instruments monétaires, sans réévaluation sensible du stock d'or, entraînèrent la réaction extrêmement brutale de 1929. Par la suite, la loi du système devait entraîner une baisse de prix insupportable qui tendait dans sa logique propre à réaliser l'ajustement en valeur du volume réel d'activité au volume nominal monétaire compatible avec le stock-or sous-évalué. Divisia a fort bien décrit les conditions du drame. « Dès le moment où dans le monde l'activité des paiements en monnaie gagée par l'or était revenue à l'ordre de grandeur de ce qu'elle était avant la guerre de 1914, le maintien durable d'un niveau des prix-or de quelque 50 % supérieur à celui de 1914 était impossible, dès lors qu'aucune modification substantielle ne s'était produite, ni dans la technique d'extraction, ni dans les débouchés du métal jaune. Déjà dès 1925, les prix des matières premières s'étaient mis à baisser. Pour le surplus, le retour au niveau commandé par l'or a été d'autant plus brutal en 1929, que jusque-là les prix et les cours de bourse avaient été grandement soufflés par le crédit et la spéculation. » Les monnaies dominantes s'écroulèrent. La livre fut dévaluée de 25 % en 1931, le dollar de 40 % en 1933, le franc le fut à plusieurs reprises, au point que celui de 1938 ne valait plus que 8,69 % de celui de germinal qui était resté stable jusqu'en

1914. Parallèlement, la convertibilité-or était supprimée. Elle ne devait plus être rétablie, sauf pour le dollar. Après la seconde guerre mondiale, et toujours à l'exception du dollar, le régime de convertibilité externe s'est limité au domaine des changes.

Ainsi prenait fin le système monétaire fondé sur la convertibilité métallique des monnaies internes et sur la définition de l'unité monétaire par un poids de métal, même si par la suite pour des raisons de convertibilité externe et dans le cadre de l'organisation monétaire internationale, une telle définition, purement théorique d'ailleurs, devait être reprise. A partir du moment où la pratique courante et générale des dévaluations a mis en évidence que pour sauver le pays d'une asphyxie économique, il fallait abandonner les sacro-saintes parités métalliques, puisque en outre il se confirmait, après des expériences de cours forcé déjà anciennes, que la monnaie inconvertible pouvait, sous certaines conditions de volume d'émission, avantageusement remplacer les espèces et les billets convertibles, une conception nouvelle de la monnaie était née, une *deuxième révolution monétaire* réalisée. La monnaie à support métallique, direct ou indirect, disparaissait au profit de la monnaie à support-formule, qui tire des circuits financiers autour desquels s'organisent son entrée et sa sortie, un équilibre propre ne devant rien au métal. Cet équilibre apparaît plus souple, plus averti et plus domestique que celui, sauvage et aveugle, de l'or. Mais il a des lois et une évolution entièrement différentes de celles qui faisaient les problèmes monétaires de l'époque classique, axés sur le support métallique.

Le régime aboli avait caractérisé le XIXe siècle où la stabilité des prix s'associait à l'expansion industrielle. Pour plusieurs générations et pour beaucoup de nos contemporains ce régime avait contribué à créer le mythe de l'âge d'or de l'économie. Ce mythe se fondait en effet surtout sur la croyance que l'équilibre et la prospérité du siècle dernier reposaient sur le jeu naturel du système monétaire de l'étalon-or, assoupli et mobilisé par les monnaies-formules convertibles. Or ce système invoqué comme assise et instrument de la prospérité, de la stabilité et de la santé économiques n'était qu'un régime monétaire *transitoire* entre celui de la monnaie-marchandise et celui de la monnaie-créance. Les principaux traits de l'évolution retracée ci-dessus sont bien ceux d'une transition entre deux formes stables de la monnaie, entre deux structures aptes chacune à servir seule d'instrument d'échange. Mais en raison du rôle déterminant de la confiance pour développer l'usage social d'un instrument d'échange, le passage d'une forme à une autre nécessite pendant un long temps leur coexistence et leur combinaison, la nouvelle forme s'appuyant sur l'ancienne pour s'imposer progressivement et devenir exclusive. Tel fut, derrière les événements monétaires du XIXe siècle, le sens des combinaisons et des substitutions qui ont mis en relation le métal et la créance monétaires. Cette interprétation permet de dégager, au sein du phénomène monétaire, la distinction fondamentale entre ce qui est circonstanciel et évolutif, la structure de la monnaie, et ce qui essentiel et permanent, l'exercice de la fonction de représentation par le signe monétaire, quel que soit le système propre où il s'intègre lui-même. Le XIXe siècle ne fut pas comme on l'a pensé quelquefois l'époque d'un système monétaire idéal dont on garderait légitimement la nostalgie, mais plutôt la phase de mutation d'un système s'adaptant aux nouvelles conditions du milieu pour mieux remplir sa fonction. Les combinaisons et les étapes de l'évolution suggèrent que l'immanence du phénomène monétaire doit se trouver dans l'acte même par lequel le signe signifie la structure de l'objet économique et les facteurs réels qui la composent, puisqu'il ne saurait être dans les structures changeantes du système des signes.

Troisième période : la monnaie à support-formule et les systèmes conventionnels d'émission.

La convertibilité-or de la monnaie est définitivement abandonnée, du moins pour l'émission et la régulation de la monnaie intérieure. Car le système monétaire international maintient des formes liées à l'ancien système monétaire fondé sur le métal : la définition des unités en poids d'or, que les accords de Bretton Woods ont imposée à toutes les monnaies des pays signataires, en réglementant de façon stricte les possibilités de modification de ces parités-or ; jusqu'en 1971, la convertibilité en or des dollars détenus par les banques centrales autres que celles des États-Unis, ce pays ayant accepté en effet d'échanger contre de l'or au prix de 35 dollars l'once les avoirs en dollars de ces banques ; la convertibilité des monnaies européennes en d'autres monnaies et particulièrement en dollars, donc indirectement en or.

L'unité de compte, simple division du système de numération, n'est plus valorisée par référence au poids d'une marchandise. L'émission monétaire échappe à la régulation par l'inertie du stock métallique, par l'amortissement des fluctuations autour d'une masse relativement stable. Ainsi, l'unité de compte a perdu sa spécificité par rapport au support-formule qui la véhicule. Sa pondération par référence à l'or ou à l'argent lui assurait jadis à l'égard du support-formule une certaine autonomie, une certaine autorité propre. Le support-formule était obligé de s'adapter, de suivre la relation que l'unité de compte entretenait avec le métal. Cette dernière contrainte maintenait les moyens monétaires dans des limites de volume assez étroites. Elle interrompait rapidement et brutalement les envolées imprudentes que favorisaient les modalités d'émission du support-formule gagé par des créances (le crédit). Mais lorsque tombe la référence métallique, unité de compte et support-formule créent une unité globale, *le signe monétaire*, dont les éléments constituants deviennent indiscernables au sein du système. La formule monétaire, associant intimement l'unité de compte et le support, devient la monnaie pure et simple : de l'unité de compte matérialisée en une pâte monétaire, en un jeu de signes disponibles pour l'édification structurelle de l'objet économique. De plus, s'étant définitivement dégagés des supports onéreux, les signes deviennent en principe disponibles, sans limitation naturelle, au gré ou à la fantaisie des décisions humaines, sauf restrictions conventionnelles imposées par des règles plus ou moins permanentes, plus ou moins inviolables. Dans la nouvelle structure du signe monétaire, l'unité de compte devient intégralement serve à l'égard du support. Dès lors que les hommes les ont formellement définies pour les opérations de l'espèce, les lois et les conditions de fonctionnement du support s'appliquent automatiquement aux unités de comptes véhiculées. En ce qui concerne les processus propres au fonctionnement du système de signes, précisons, par rapport au système précédent, que la dualité des régulations, métallique et financière, est évidemment supprimée. La relation métallique étant caduque, seule subsiste en effet la relation personnelle consécutive à l'obligation financière existant entre l'agent économique, premier utilisateur du signe, et la banque qui l'émet en acceptant une créance.

La nouvelle substance monétaire qui s'élabore autour de ces relations financières exclusivement soumises à des décisions et même à de simples engagements humains se révèle d'une plasticité étonnante. En théorie même, elle ne paraît admettre d'autres contraintes que celles de la volonté des hommes se manifestant dans les décisions de gestion ou celles de certaines règles du jeu que les sociétés définissent pour servir de cadre aux comportements individuels. A dire vrai, cette plasticité de la monnaie est potentiellement considérable, beaucoup plus forte que celle qui résulte de la souplesse des mécanismes financiers dans le système actuel où, pour l'essentiel d'ailleurs, la vie des signes monétaires adopte le cycle des créances. En effet même aujourd'hui la relation née de l'obligation financière n'est pas la seule figure satisfaisante de production des signes. La véritable loi de la régulation des signes doit être recherchée dans une règle de jeu, dans une *convention d'émission* qui a été fixée collectivement et qui peut emprunter d'autres voies que celles du circuit des créances. N'oublions pas en effet que traditionnellement, le signe monétaire n'est pas émis seulement en fonction de certaines créances privilégiées, mais aussi par exemple en contrepartie d'achats de certains biens (l'or). Qu'il y ait dans ce cas des raisons historiques de caractère monétaire évidentes ne doit pas faire oublier l'extension possible du champ des conventions monétaires. Car on pourrait émettre la monnaie en contrepartie de la valeur d'autres biens, réels ou financiers. Certains économistes n'ont-ils pas envisagé de nos jours une émission internationale sur la valeur de stocks de matières premières ? ou sur celle des grandes valeurs industrielles internationales ? Au total, la structure du système des signes est désormais celle qui résulte de la convention par laquelle les hommes ont décidé d'émettre la monnaie.

Toutefois, condition essentielle de la validité et de l'efficacité de telles conventions d'émission, il faut qu'elles permettent aux hommes d'acquérir la totale maîtrise du système de signes en vue de son application à l'information économique. Pour satisfaire cette condition les processus de genèse et d'amortissement des signes doivent s'effectuer en cercles de dimension et de vitesse déterminés très exactement par le calcul et la volonté de l'homme, de façon à donner des trains de signes de longueur et de durée appropriées aux informations réelles à décrire. Mais la rétractilité des signes, leur expansion, leur contraction ainsi que leur modulation et leur distribution doivent être commandés moins par la volonté discrétionnaire et mal informée de l'homme que par les rythmes profonds et différenciés de l'économie réelle qu'ils doivent interpréter. Or il n'est pas douteux que le circuit des créances ou celui des échanges extérieurs ne sont pas les seules formes de structures circulaires. Les circuits d'achats et de ventes ou de production et de consommation en sont d'autres, peut-être plus adéquats à la fonction monétaire.

Dans ces conditions, en créant des supports dont le coût réel est négligeable et qui sont indéfiniment reproductibles, l'homme pourrait désormais émettre autant de signes monétaires qu'il voudrait. Il dispose de nombreux moyens pour produire et modeler cette pâte monétaire en fonction des besoins. L'État pourrait même, s'il le désirait, régler directement les quantités de signes. Dans la pratique toutes ces possibilités ne sont pas utilisées. Car instruit par l'expérience de ses propres débordements, l'État préfère, sauf exception, s'en tenir aux réseaux financiers éprouvés et aux créances dont l'échéance fait refluer les signes. Il lui paraît plus sage de laisser les initiatives monétaires aux sujets les plus directement intéressés à l'échange ; l'État cependant enferme ces initiatives dans des limites assez étroites, en fixant des planchers et des plafonds à l'émission et surtout en élevant artificiellement le coût de la pâte monétaire pour en restreindre l'usage et la production (taux d'intérêt, taux d'escompte). Pourtant malgré les précautions prises, les États modernes ont du mal à maîtriser la monnaie-formule. L'inflation est le prix de la conquête monétaire réalisée en ce siècle par l'homme. Pour tout le monde, la tentation est grande en effet de produire ou de disposer en abondance de signes qui coûtent seulement le prix que lui attribuent des conventions toujours révisables.

En vérité, l'évolution du phénomène a fait de la monnaie un signe épuré de ses origines matérielles. Au stade qu'il a ainsi atteint, il est prêt à remplir avec le maximum d'efficacité sa fonction spécifique qui est d'exprimer l'essentiel et le détail des phénomènes réels. Les économistes commencent aujourd'hui seulement à prendre conscience que la monnaie intervient comme les signes d'un langage. C'est ainsi qu'émerge l'idée d'une nouvelle *summa divisio* au sein de la monnaie concrète : d'une part le signe neutre non engagé, en réserve et d'autre part le signe signifiant, en position de charge fonctionnelle par rapport aux biens et services réels, dont il a pour mission d'exprimer les volumes, les catégories et les variations. A vrai dire, ce partage du dispositif monétaire n'est pas accessible à l'observateur, car les formules monétaires ne sont pas physiquement modifiées par leur passage de la position neutre à la position signifiante ou par leur retour à la position neutre. Certes certaines situations telles que l'intégration des signes dans les encaisses des organismes d'émission peuvent laisser présumer une absence de signification. Mais l'analyse à partir de positions matérielles est insuffisante, car dans leurs structures les comptabilités actuelles ne distinguent pas les signes vides de sens et les signes engagés dans le processus économique. Il faudrait une reconstruction totale du système, en liaison avec les catégories et les mouvements réels, pour délimiter avec précision la partie active du dispositif monétaire, si du moins il existe vraiment dans les encaisses des agents économiques des signes non signifiants, ce dont nous doutons. Amorçant cette thèse, Bernard Schmitt différencie, d'une part la monnaie créée par les banques, inactive, naissante et encore non possédée, le fonds circulatoire, d'autre part la monnaie active issue, selon l'auteur, d'une deuxième création monétaire, imputable cette fois aux entreprises : en rémunérant les facteurs de production, celles-ci projettent périodiquement dans le champ les signes du fonds circulatoire et les mettent en « possession positive ». Ces signes demeurent significatifs jusqu'à ce qu'utilisés par leurs possesseurs à l'achat de biens de consommation, ils retombent inactifs dans le fonds circulatoire. Le sens de la monnaie est identifié à son pouvoir d'achat qui naît et disparaît comme les produits eux-mêmes. Selon une image expressive de B. Schmitt « la monnaie et son pouvoir d'achat sont dans la circulation comme le sang et son oxygène. Dès lors, la séparation s'impose, car il n'est pas vrai que le sang circule toujours identique à lui-même : il s'enrichit d'oxygène et s'en appauvrit successivement. De la même façon la monnaie en circulation dans le corps de la société s'enrichit du pouvoir objectif d'acheter les productions courantes, puis elle perd son pouvoir à mesure des achats finals de ces biens » (*Monnaie, salaires et profits* — avant-propos). Bien que selon notre opinion elle ait trop limité les positions signifiantes de la monnaie en suggérant l'existence d'encaisses non signifiantes mais toujours sous pouvoir des agents économiques (le fonds circulatoire), cette analyse est fondamentale, car en dégageant la notion d'une deuxième création monétaire dans le processus économique même, elle met l'accent sur la solidarité totale qui, à partir de cette mutation fonctionnelle, s'établit entre la monnaie et les biens ou services réels. Elle fait surtout apparaître qu'il existe une fonction signifiante du signe, distincte de l'expression de la propre structure du système de signes.

Dans la mesure où la monnaie est désormais indissociable d'un support totalement dégagé des contraintes métalliques, le problème monétaire essentiel est bien de faire en sorte que les conditions d'existence du support n'influent pas par elles-mêmes sur le volume de la monnaie. Pour jouer efficacement son rôle, celle-ci devrait et pourrait désormais dépendre seulement des richesses réelles échangeables. Malheureusement, la pratique monétaire n'a pas tiré les conséquences du nouveau dispositif, alors que la doctrine en amorce à peine l'étude. La situation de fait du système monétaire est encore très éloignée des conditions qui permettraient à la monnaie-signe, désormais théoriquement dégagée de ses attributs inutiles, d'interpréter convenablement le champ économique. Tandis que le support se dépouillait en perdant sa valeur naturelle propre, les mécanismes monétaires internes s'édifiaient et se consolidaient au contraire en prenant ou en maintenant comme centre d'intérêt un support fait de la multiplication des créances. Le phénomène monétaire continue en effet de chercher sa source concrète dans les processus spécifiques de formation des supports financiers de la monnaie, plus ou moins embrouillés, constamment remaniés pour faciliter l'adaptation des signes aux besoins de l'économie, évalués tant bien que mal. Plutôt que de rapporter l'émission des supports à la formation des biens réels, les hommes se sont contentés d'établir des liens étroits entre les supports financiers eux-mêmes, dont les structures, en s'emboîtant, épaulent et gouvernent la monnaie qui les couronne. Ils ont fondé les mécanismes monétaires sur des règles d'émission et de résorption des signes très éloignées des mouvements réels de l'économie, sur des combinaisons juridiques dont l'objet se limite à l'identification formelle et à la garantie des supports-créances. La production des supports est ainsi réglementée scrupuleusement comme s'ils étaient eux-mêmes des richesses. Le support, créance artificielle, est conventionnellement érigé en rareté objective, doté d'un prix élevé, celui de l'argent. La limitation qu'entraîne, selon les lois économiques, la hausse du prix de l'argent obligerait, croit-on, les hommes à n'avoir pas plus de monnaie qu'il n'est nécessaire. Cette richesse à rareté arbitraire est échangée dans le temps ; on la prête indéfiniment en veillant seulement à sa restitution ou simplement à sa conservation; on la rationne aussi, très sévèrement, quand l'artifice d'un prix trop élevé est rendu totalement inefficace par la vague d'inflation. Freins, détours, délais et interdits encombrent intentionnellement les processus qui débouchent sur la création de monnaie. Une rigueur formelle est certaine en aval et en amont du phénomène monétaire, là où se forge, s'entretient et se renouvelle la matière première de la monnaie. Mais quelle négligence et quelle indifférence au cœur du système, là où s'effectue l'interprétation de la réalité économique!

Or, étant donné l'indissociabilité de la combinaison unité de compte-support dans le concept de monnaie, toute création de supports crée de la monnaie et donc de l'information potentielle. Toute suppression de supports détruit de la monnaie et donc des moyens d'information. Certains mécanismes ajustent bien la création des supports ou leur retrait sur certains actes réels de la vie économique (traites commerciales) mais le lien est trop lâche, l'assise trop étroite, pour un signe qui, lorsqu'il est engagé, s'adapte intimement à ce qu'il interprète et lui donne la seule apparence que nous puissions appréhender de la réalité économique. Selon le cas, tout se passe comme si, dans un système matériel d'information fait d'une émission et d'une réception fondées normalement sur les seules données significatives, une puissance d'interférence apportait des compléments artificiels d'information extérieure au système ou au contraire prélevait de l'information interne. Dans la situation d'excès, les signes indésirables agissent comme des parasites qui faussent la signification des ensembles reproduits et compromettent la fidélité de la représentation. Dans le cas inverse, les prélèvements détériorent la structure des chaînes informatives. Or, chaque fois l'information étant la seule connaissance que nous ayons de la réalité, aux yeux des hommes celle-ci rejoint nécessairement son apparence. Notre régime monétaire est encore cela : un système d'information profondément troublé par des émissions parasites et transmettant automatiquement ces troubles aux facteurs réels, parce qu'il est mal construit, parce qu'il garde les références et les pratiques d'une ancienne conception monétaire, parce que l'existence des signes n'est pas accordée aux faits et états à traduire.

Ainsi en se rendant maître du support, les hommes ne remportèrent qu'une victoire à la Pyrrhus. Certes, ils ont résolu le problème théorique de la création du support et par conséquent du signe qui s'identifie à lui. Volume et débit monétaires sont désormais en principe à leur discrétion, sous réserve des conventions fixées par l'autorité et des traditions léguées par les anciens systèmes monétaires. Mais ce faisant, ils n'ont acquis la maîtrise que d'une composante de la monnaie, sa partie neutre et dépourvue de sens, sa matière de base, sa structure propre, le signe vierge. Il est d'ailleurs probable que l'homme a pu se rendre maître du support précisément parce que celui-ci n'est que la partie morte de la monnaie, sa matière mais non pas sa force vive qui lui donne forme et sens. Quant à cette partie fonctionnelle, significative, celle qui met le signe en position d'information, elle échappe autant que jamais au pouvoir conscient de l'homme et le dessin imprévu de l'économie réelle vient en tout état de cause se représenter dans les combinaisons de signes, à la grande surprise de ceux qui croient imposer leur propre vision par le biais d'une certaine modulation de l'émission des signes.

Cette « impuissance humiliante » reconnue par l'un de nos ministres des finances contemporains annonce-t-elle et justifie-t-elle une *troisième révolution monétaire*, après celle de la définition métallique de l'unité de compte, après celle de l'abandon de cette référence? Elle s'ouvrira enfin lorsque la théorie et la pratique économiques prendront conscience du potentiel d'évolution du système monétaire contemporain et lorsque ce potentiel sera intégré dans les schémas de connaissance et plans d'action. En premier lieu, après avoir adopté comme structure propre successivement celle d'un bien réel, puis celle d'une créance, c'est-à-dire d'un droit personnel, les signes monétaires peuvent être en effet organisés conventionnellement par l'homme, en forme de circuits, absolument modelables et réglés selon la dimension et le rythme voulus par l'exercice de leur fonction d'information économique. Le circuit financier traditionnel de la créance n'est qu'une des modalités possibles — et non pas nécessairement la meilleure — de tels processus monétaires conventionnels. Grâce à un contrôle approprié s'exerçant à l'entrée comme à la sortie du signe, les hommes sont en mesure dès maintenant d'acquérir la maîtrise totale du nombre de signes. En second lieu, le signe monétaire est absolument vide de sens par lui-même, mais il prend aussitôt en charge l'information disponible en lui imposant ses propres mesures. Celles-ci sont déformantes et dénaturent en premier l'information puis nécessairement à travers celle-ci la réalité, si le volume et le débit des signes ne sont pas strictement modelés d'avance sur les facteurs et les états réels que la monnaie a pour fonction de représenter. Cette révolution aura définitivement vaincu lorsque l'émission monétaire aura été directement rapportée à la création de biens et de services et lorsque la résorption des signes s'identifiera à la consommation des richesses économiques.

POUVOIR D'ACHAT ET LIQUIDITÉ.

Alors que la distinction de l'unité de compte et de l'instrument d'échange aussi bien que leur confusion sont des données primaires du phénomène monétaire, des caractéristiques de l'écorce, et qu'il suffit de les observer directement dans leurs manifestations concrètes et historiques pour en saisir l'origine, la portée et les conséquences, les notions de pouvoir d'achat et de liquidité, essence fonctionnelle de la monnaie, résultent d'une analyse plus élaborée et plus profonde du concept. Ces notions ont été dégagées par les théoriciens à la recherche de l'explication du comportement monétaire des sujets économiques et des interactions existant entre l'expression monétaire des phénomènes réels (prix et revenus) et les flux et stocks de monnaie. Attributs spécifiques de l'instrument général d'échange, pouvoir d'achat et liquidité font figure de résidu ultime auquel les économistes ont entrepris de réduire la monnaie dans sa fonction et dans sa valeur, dans son rôle social et dans l'efficacité de ce rôle aux yeux des hommes. A travers eux se sont dessinées cependant des lignes de départ différentes, des points d'appui alternatifs pour des constructions logiques du champ économique, qui s'excluent mutuellement.

Tant que la monnaie, instrument d'échange, se présentait sous la forme d'une pièce métallique dont le poids, le titre et le nombre d'unités de compte étaient assujettis, par la voie des mutations, aux décisions des princes, sa valeur ne faisait pas de problème : elle se définissait clairement par le nombre d'unités de compte que l'autorité donnait à telle pièce déterminée, à un moment donné, compte tenu du rapport d'échange existant alors, dans les conditions locales, entre le métal disponible et les autres biens. La monnaie métallique coordonnait à l'évidence en les intégrant totalement les trois fonctions monétaires : la mesure de la valeur, l'intermédiaire des échanges, la réserve de valeurs. Le métal précieux, support de l'unité de compte, servait de véhicule à la mesure-étalon et assurait la contrepartie usuelle des biens réels dans les actes d'échange. Il voyait sa valeur se maintenir sinon s'accroître avec le temps. Il constituait la matière de base des trésors, réserves de valeurs par excellence à l'époque. Il était donc simultanément l'instrument hautement privilégié de la circulation des valeurs, de leur mesure et de leur conservation. Le phénomène monétaire trouvait ainsi dans la substance métallique une remarquable unité et une grande clarté de conception.

Tout changea lorsque l'unité monétaire fut définie par un poids fixe de métal et que les supports monétaires multiplièrent leurs apparences hors des formes métalliques. Le *problème de la valeur de la monnaie* se posa et même domina le débat économique parce que par-delà la valeur nominale, désormais fixe, de l'unité monétaire, certains indices témoignaient de variations sensibles dans l'efficacité fonctionnelle de cette unité et dans la manière dont les hommes l'appréciaient. Derrière l'illusion monétaire qui maintenait constante la valeur nominale du numéraire, derrière le droit civil qui imposait l'invariabilité du montant nominal des créances, les variations réelles de la valeur de la monnaie étaient grosses d'incidences sociales. A dire vrai, dans ses trois fonctions, la monnaie, instrument de mesure de la valeur, peut être mesurée elle-même selon une échelle de valeur, c'est-à-dire placée par les hommes en des points variables de cette échelle. En tant qu'instrument de mesure de valeur, elle offre un système de division numérique dont le degré d'imperfection résultant de sa variabilité revêt plus ou moins d'importance. En tant qu'intermédiaire des échanges, elle peut être objectivement rare ou surabondante. En tant que réserve de valeur elle a été diversement appréciée par les détenteurs.

Or la valeur de la monnaie peut être appréhendée par deux voies entièrement différentes qui, ne pouvant se rejoindre, ont dévié l'analyse vers deux grandes conceptions qui mettaient en jeu chacune une certaine idée de la structure et du comportement du champ économique. Chaque fois la monnaie, disséquée, amputée, a été ramenée à l'une ou l'autre de ses fonctions de base. D'abord, la valeur de la monnaie a été surtout étudiée à travers l'instrument d'échange qui associe les fonctions de mesure de valeur et d'intermédiaire sous le concept de pouvoir d'achat. Ensuite, la prise en considération privilégiée de la fonction d'instrument de réserve a conduit au concept de la liquidité.

A) Le pouvoir d'achat.

Par-delà les formes diverses de l'instrument d'échange, beaucoup d'économistes placèrent l'essentiel du phénomène monétaire dans le droit d'acquérir des biens et services librement et de façon indéterminée, c'est-à-dire au choix et quand il plaît. C'est ce droit, sorte de créance réelle toujours échue (à vue), qui se manifeste dans le pouvoir d'achat. De façon concrète et mesurable, ce dernier s'exprime par la quantité de biens et services qu'il est possible de se procurer avec un nombre déterminé d'unités monétaires. Le pouvoir d'achat met l'accent sur les fonctions d'intermédiaire des échanges et de mesure de la valeur. Mais la troisième fonction d'instrument de réserve s'y rattache aussi directement sous l'aspect de la conservation de la valeur. Car le pouvoir d'achat implique évidemment qu'il soit toujours sauvegardé ; la stabilité du niveau général des prix est représentative du maintien du pouvoir d'achat de la monnaie. Toutefois la monnaie remplirait mal ses fonctions principales si elle était une réserve de valeur par rapport à d'autres biens. Car dans la meilleure hypothèse elle doit être stable et non pas accroître sa valeur relative propre. Or une réserve de valeur est surtout appréciée en fait par référence à sa capacité d'accroissement.

On s'est posé la question de savoir quelle était l'origine du pouvoir d'achat, son fondement, sa légitimité, la source de ses variations. Création de l'État, comme l'a cru Knapp, ou phénomène psycho-sociologique, comme on l'admet généralement aujourd'hui depuis Simiand et Aftalion. Mais ces conclusions, qui conduisent à des définitions de la nature de la monnaie, n'enseignent pas grand-chose sur son rôle, sur son importance relative dans le champ économique. Plus intéressante à cet égard est la mesure quantitative de ce pouvoir d'achat qui apparaît alors comme l'expression de la valeur de la monnaie. Le pouvoir d'achat est une fonction inversement proportionnelle du niveau général des prix. Mais ses variations affectent directement l'élément de base de la monnaie : l'unité monétaire. Le pouvoir d'achat de l'unité monétaire peut se définir comme la part de la valeur globale du champ économique qu'elle permet aux sujets d'acquérir. La qualification de pouvoir d'achat peut aussi s'appliquer à l'ensemble des moyens monétaires d'une communauté, en termes de flux ou de stocks, ainsi qu'aux moyens individuels des sujets, en termes de revenus et d'encaisses.

En théorie économique, la monnaie reçoit le pouvoir d'achat comme attribut spécifique, chaque fois qu'elle est considérée comme un droit de créance à vue sur les biens dans leur ensemble, l'expression d'un *crédit réel* dont l'échéance est à la discrétion de son détenteur dans la limite des biens offerts. La totalité des moyens monétaires d'une période représenterait une créance générale sur les richesses disponibles pour l'échange au sein du champ économique. Ces richesses seraient ainsi dédoublées en biens et services réels d'une part, en catégories monétaires (revenus et encaisses) d'autre part. Ce schéma n'a pas été contesté mais une théorie monétaire qui l'utiliserait aurait à résoudre de nombreux problèmes : établir comment s'ajusteut les catégories monétaires et les catégories réelles ; saisir et expliquer leur interaction ; voir comment et pourquoi elles s'égalisent toujonrs en valeur nominale ; dans quelle mesure la monnaie suit-elle ou précède-t-elle l'évolution réelle? Comment la créance née sur un seul bien et gagée par lui donne-t-elle pouvoir sur tous les autres biens? Sur quel processus faut-il ordonner la naissance de la créance générale et son extinction? Les techniciens de la monnaie-crédit réel et du pouvoir d'achat sont restés au seuil de ces problèmes.

Au demeurant, le pouvoir d'achat limite trop l'approche monétaire à l'étude de la cession de monnaie pour obtenir des biens (exécution de l'échange) puisque c'est au cours d'échanges « biens contre monnaie » que ce pouvoir se manifeste. Il fait appréhender la monnaie essentiellement à travers le domaine des biens. Il ne rend pas suffisamment compte du phénomène « acquisition de la monnaie pour l'échange » avec ses divers modes de mise en possession et de conservation. Or la mise en place de la monnaie détermine l'enveloppe du champ nominal au sein duquel tout le processus économique va se dérouler. On risque donc en négligeant cette mise en place de méconnaître les lois de la dimension du champ et les ressorts de ses variations.

De plus, les observateurs du pouvoir d'achat se sont trouvés tout de suite aux prises avec les variations de la valeur, en termes réels, de l'unité de compte, division abstraite d'une totalité mouvante, dont il fallait bien postuler l'équilibre pour en dégager des intervalles stables. Influencés par ces variations qui se répercutaient sur les prix proportionnellement au nombre d'unités de compte, ils ont été conduits à mettre l'accent sur l'action monétaire globale qui entraîne des mouvements généraux n'affectant pas les prix relatifs du secteur réel. Ainsi est né le concept de la monnaie-voile, simple reflet de la valeur formée exclusivement dans le secteur réel. Les variations monétaires maintiennent sans distorsion les écarts réels, selon des échelles différentes nées du rapport global de valeur existant entre la monnaie et tout le reste. L'analyse dichotomique classique a été ainsi la conséquence de la généralisation et de la systématisation du pouvoir de la monnaie sur les biens, concrétisé par l'égalité structurelle de l'échange monétaire (le bien égalant la monnaie contre laquelle il est échangé). Appliqué en revanche à des comportements individuels le pouvoir d'achat de la monnaie s'est révélé décevant : car il est éminemment variable d'un sujet à l'autre et d'un acte à l'autre. Tout le champ de la micro-analyse lui est fermé. Corrélativement, les notions de pouvoir d'achat et de monnaie-crédit réel n'ont pu s'imposer en doctrine. Elles ont servi à démontrer ou à rechercher les variations de valeur de la monnaie, sans être en mesure de les expliquer.

Dans les systèmes monétaires concrets, le lien nécessaire entre les biens réels et la monnaie, qu'évoque le concept de créance réelle est constamment mis en cause, disloqué, dénaturé par des phénomènes purement monétaires, par le jeu particulier de la monnaie, agissant, pour ainsi dire pour son propre compte, comme si elle était elle-même un bien réel, s'ajoutant aux autres biens. Sauf très rares exceptions, les spécialistes n'ont jamais cru que l'État devait ou même pouvait créer directement et arbitrairement de la monnaie. C'est donc au comportement économique des hommes qu'il fallait faire appel pour expliquer les positions monétaires dont le pouvoir d'achat pouvait ensuite seulement se déduire comme moyenne globale et abstraite d'un ensemble complexe d'actes concrets. Dès lors, l'étude du pouvoir d'achat ne pouvait rien apporter d'autre que la constatation d'une apparence, qu'un indice de tendance. L'explication fonctionnelle de la monnaie devait être recherchée ailleurs, dans une relation, plus réaliste et plus fine, du signe aux choses à travers les décisions et les comportements des sujets. Le pouvoir d'achat conduisait à un raccourci excessif de la filière de l'échange « monnaie contre bien ». Il fallait réintroduire dans le circuit le rôle primordial des sujets au niveau desquels se forgent toutes les données monétaires et réelles. L'approche de la monnaie par les sujets et par les lois de la micro-économie conduit à privilégier un autre attribut de la monnaie, la liquidité.

B) La liquidité.

Par liquidité, il faut entendre la disponibilité d'un bien, son aptitude à se transformer directement par l'échange en un quelconque autre bien sans perdre de sa valeur, son aptitude à servir de moyen de paiement. Dans la monnaie, la liquidité est portée à son maximum. Aussi peut-on définir la monnaie comme le bien qui présente la plus forte liquidité, se situant par conséquent au terme de la série ordonnée des biens de liquidité croissante. Tel est le principe de la conception de la monnaie-bien, la plus couramment adoptée. Comme on l'a déjà indiqué en première partie, il semble qu'il faille porter au crédit de Keynes l'étonnante ascension et la vitalité de cette conception qui permet d'appliquer à la monnaie les schémas d'analyse économique du secteur réel : raisonnement marginaliste — théorie des choix, avec le risque de confusion que comporte l'uniformisation de méthodes. La référence à la liquidité pourrait mener fort loin dans le paradoxe, inverser même toute la structure du champ économique, puisqu'en économie monétaire toutes les demandes et offres de biens peuvent s'interpréter comme des offres et demandes de monnaie.

Selon l'enseignement contemporain (R. Barre), la monnaie est un « bien économique » parce qu'elle est utile. Elle est demandée et correspond à un besoin. Elle est soumise au principe fondamental de la rareté et du coût. Pour E. James, la monnaie doit sa valeur au « pouvoir de choix » qu'elle apporte à son détenteur. Les économistes ont créé pour elle une catégorie spéciale de biens : les biens d'échange, inconsommables. Mais par analogie avec les biens réels, la logique de la conception de la monnaie-bien devait conduire à s'écarter des processus circulatoires pour mettre l'accent sur les stocks monétaires : les encaisses. Car si la monnaie est recherchée comme un bien, c'est essentiellement sous la forme d'encaisses qu'elle peut faire l'objet de choix fondés sur le raisonnement économique. Elle ne devient homogène à la structure des biens économiques qu'à la condition de pouvoir être considérée par chaque sujet comme un ensemble à sa mesure individuelle, caractérisé et défini dans son montant et ses rapports avec les autres biens. En revanche, même érigée en flux périodiques et dotés d'une certaine forme comme le revenu, la monnaie, intermédiaire de l'échange bilatéral, caractérisée par son pouvoir d'achat, aurait malaisément admis son intégration dans la théorie des biens. Car pris au stade de l'échange, la monnaie reste la copie des biens dont elle assure la transmission. Il eût été difficile de l'ériger elle-même en bien autonome, alors que l'encaisse présente une unité structurelle originale, qui ne prête à aucune équivoque en ce qui concerne sa réalité concrète et sa possibilité d'être l'objet direct du besoin ou du désir des hommes.

La conception de la monnaie-bien remet l'accent sur la fonction réserve de valeurs, un moment abandonnée comme conséquence de la rupture des objets monétaires avec les métaux précieux. Mais la réserve de valeurs intervient désormais dans une perspective dynamique : effet spécifique du temps dans le comportement économique. Rist et Keynes ont successivement vu dans la monnaie le moyen de lier le présent et l'avenir, les réserves monétaires permettant aux sujets économiques de réduire l'incertitude et de couvrir une part des risques du futur. Pour Rosenstein-Rodan « ... on ne peut supposer à la fois un état de prévision certaine générale et l'existence de monnaie : ces deux suppositions sont mutuellement incompatibles. La monnaie n'existe qu'autant que la prévision générale reste incertaine, elle est fonction du sentiment d'incertitude de l'individu, elle est un moyen de l'apaiser, elle est un bien qui répond au besoin de certitude ». C'est textuellement réduire la monnaie à un bien satisfaisant un besoin défini et précis du sujet économique. Ce besoin ne pouvait se réduire à la détention d'un pouvoir d'achat sur les biens. S'il est vrai que la monnaie est aussi recherchée pour son pouvoir d'achat, cette notion n'embrasse pas tout le phénomène de la monnaie-bien. Car celle-ci met l'accent sur les soldes, sur les encaisses qui sont précisément détenues pour être conservées en vue de certaines éventualités et l'encaisse se constitue aux dépens de l'achat des biens, donc en marge du pouvoir d'achat. Plutôt que dans ses emplois la monnaie doit être saisie au moment où elle est acquise par le sujet. C'est à ce stade que celui-ci considère l'utilité de la monnaie. Pour apprécier la valeur d'un bien, il faut se placer dans la perspective, dans l'état d'esprit du sujet qui l'acquiert et non dans l'optique du sujet qui le consomme effectivement. C'est pourquoi le concept de liquidité se substitue à celui de pouvoir d'achat, d'ailleurs inapte à prendre une valeur subjective. La monnaie est choisie pour sa liquidité, c'est-à-dire pour son aptitude à servir de moyen de règlement dans toutes les situations contractuelles. De nombreux auteurs contemporains considèrent que la liquidité est « l'essence de la monnaie ». La monnaie satisfait grâce à elle un besoin de sécurité et le désir de certitude. « Le porteur est sûr de pouvoir la faire accepter immédiatement en paiement » (James).

Intérêt majeur : la liquidité place la monnaie dans un système cohérent et continu où tous les biens peuvent se classer par rapport à cette qualité. La liquidité d'un bien quelconque se mesure moins à son aptitude directe à servir de moyen de paiement qu'aux conditions dans lesquelles il peut se transformer lui-même en bien apte à servir directement de moyen de paiement, c'est-à-dire en monnaie. Finalement le degré de liquidité d'un bien est apprécié par le degré de certitude qu'a le détenteur de ce bien de retrouver, à sa vente, au moins le montant des unités monétaires consacrées à son acquisition. La monnaie offre à cet égard le degré maximal de liquidité, puisqu'elle est, par nature, invariable en unités de compte, c'est-à-dire en valeur nominale. *Stricto sensu*, la liquidité caractérise les encaisses. Le prix de la monnaie-bien, l'intérêt, tend alors à s'identifier à celui de la liquidité. Keynes l'a défini comme le prix « auquel le désir de maintenir la richesse sous forme liquide se concilie avec la quantité disponible ». C'est aussi le prix de la renonciation à la liquidité compte tenu du degré de rareté des espèces. Keynes le qualifie de prime pour marquer sans doute que, dans son esprit, la valorisation s'applique moins à un objet (la monnaie) qu'à un comportement humain (la préférence pour la liquidité). Reflet de l'évolution des encaisses désirées par les sujets, la liquidité obéit à une tendance générale progressive, qui se traduit en longue période, subjectivement par l'augmentation de la préférence pour la liquidité, objectivement par la diminution de la vitesse de circulation de la monnaie. En France de 1953 à 1962 la liquidité a augmenté de 20 %.

Toutefois la liquidité est prise couramment dans un sens plus large que celui d'encaisse monétaire, puisque tous les biens sont en relation avec cette qualité. Mais jusqu'à quel degré d'importance peut-elle servir à qualifier un bien ? Sont liquides les biens aptes à jouer le rôle de substitut à la monnaie : « titres de créances proches de leur échéance qui peuvent être aisément convertis en monnaie sans pertes appréciables pour leurs détenteurs », ce qui permet de distinguer les liquidités primaires (monnaie) et les liquidités secondaires ou épargne liquide dont la composition est sujette à discussion. Mais cette liquidité *lato sensu* demeure une notion floue, plus intuitive que formelle comme beaucoup de concepts nés outre-Manche. Le fameux rapport Radcliffe sur le système monétaire, présenté au Parlement britannique en 1959, appelle l'attention sur la « liquidité générale de l'économie ». Pour améliorer celle-ci, il convient de faire en sorte que chaque sujet économique puisse trouver sans entrave les moyens financiers nécessaires à son activité : le producteur assez de pouvoirs d'achat chez ses clients pour écouler son produit ; l'investisseur, des capitaux au moindre coût (E. James). Dans ces conditions, la liquidité de l'économie déborde bien entendu les encaisses, en mettant en jeu toutes les filières par lesquelles les sujets peuvent se procurer des moyens de règlement (prélèvements sur les encaisses — revenus — emprunts de toutes catégories — cessions d'actifs).

L'intégration de la monnaie-bien dans la classification des biens ordonnés selon leur liquidité entraîne une conséquence immédiate : la monnaie s'ajoute à ces biens et devient une composante des patrimoines, un élément additionnel de la richesse. C'est d'ailleurs ce qui se traduit dans les analyses que les sujets font de leur patrimoine, sous forme de bilans ou d'inventaires. Mais si ces analyses individuelles ont une vraie signification et une utilité certaine à l'échelle de la micro-économie, tel n'est plus le cas au-delà de l'horizon subjectif. En effet cumuler tous les actifs des bilans conduirait à l'évidence à faire apparaître des redondances de richesses. En fait, le passage au plan global, dissipe immédiatement les biens (créances et monnaie) qui ne sont que représentatifs des valeurs déjà comptées sous des formes réelles. Que vaut donc le concept de monnaie-bien liquide ? Si chaque sujet peut à bon droit tenir sa monnaie présente, attendue ou prêtée comme un bien, celui-ci ne s'évanouit-il pas dès qu'on s'élève au-dessus de l'horizon individuel ? Cette disparition subite, au niveau supérieur, de la consistance, de la forme et de la signification subjective de la monnaie porte à conclure que les individus parviennent à l'appréhender comme un bien, seulement parce qu'ils la coupent de ses attaches et l'extraient conceptuellement de son ensemble naturel.

Parmi les objets composant le champ économique, la liquidité introduit une ligne de clivage qui se met en travers d'un sectionnement à la fois plus naturel, plus immédiat, plus fondamental : celui qui délimite les trois compartiments réels, monétaires et financiers (créances). En effet, la liquidité partage le champ en deux secteurs de base, aux limites d'ailleurs imprécises : d'une part le secteur liquide qui comprend la monnaie et les créances et biens réels réputés liquides, d'autre part le secteur non liquide qui recueille les autres objets. Il est possible que cette vision du champ corresponde à une caractéristique essentielle du comportement des sujets économiques et que le domaine monétaire vu du côté des encaisses s'intègre dans les relations de comportement où l'ensemble des biens liquides doivent être associés pour qu'elles se vérifient ou qu'on puisse espérer les contrôler, le cas échéant les modifier. Mais admettre la structure de la liquidité comme la première donnée du champ économique et s'engager dans l'exploitation sans retour de cette filière d'analyse, interdit de redresser le cas échéant, à la base, certaines orientations, contingentes ou historiques, qui n'ont plus de fondements actuels. Cette conception risque de conduire à une mauvaise voie d'interprétation et d'action, sinon à un blocage intellectuel. C'est pourquoi il vaut mieux reprendre l'analyse du champ dans un plan sous-jacent à la structure de la liquidité, là où les phénomènes premiers s'élaborent, avant d'être incorporés dans des figurations secondaires (la monnaie, les créances).

De plus le concept de monnaie-bien privilégie les encaisses alors que la monnaie est constamment en œuvre dans des flux. C'est sacrifier la dynamique monétaire à la formalisation des facteurs de la constitution des stocks de monnaie. C'est surtout prendre à contresens la démarche économique générale : la recherche de satisfactions réelles. C'est donc au prix d'une amputation de la réalité que le comportement des sujets peut s'interpréter comme une demande ou une offre de monnaie, alors que la constitution d'encaisses n'est qu'un ajustement intermédiaire dans le processus plus large de l'offre et de la demande de biens.

Mais considérée comme une forme seconde née du comportement subjectif de l'homme et à condition de l'observer dans des processus partiels, la monnaie-bien demeure un concept fécond, un relais nécessaire à l'explication de certains mouvements, un instrument utile à des généralisations théoriques sur les équilibres fondamentaux. Après Keynes qui sut en tirer un des facteurs essentiels des variations de l'emploi, Don Patinkin l'a habilement utilisée pour justifier les relations quantitatives globales entre les signes monétaires et le niveau des prix. Son « effet d'encaisse réelle » se fonde sur un comportement observable chez tous les sujets économiques. Ceux-ci s'attachent à proportionner leurs encaisses liquides au montant des dépenses réelles qu'ils envisagent. Les coefficients de la proportionnalité ne sont ni uniformes ni constants. Ils varient par sujets suivant la psychologie de chacun et pour un même sujet suivant la situation économique générale. Don Patinkin note que pour respecter ces proportions d'encaisse, les individus s'intéresseraient « seulement aux quantités réelles, aux prix réels (prix relatifs), aux revenus réels et aux encaisses réelles » c'est-à-dire à des valeurs dégagées de l'incidence des variations du niveau général des prix, ce qui les conduit à ajuster les valeurs nominales correspondantes, et notamment le montant de leurs encaisses nominales, en fonction du mouvement général des prix. La thèse de Don Patinkin est originale en ce qu'elle applique à la demande de biens une notion d'encaisse dégagée et habituellement observée dans le cadre de la demande de monnaie. Ce faisant, cet économiste restaure l'ordre économique normal qui dans la vision courante des sujets fait de la monnaie le moyen des objectifs réels. On sait qu'il détruit ainsi la fallacieuse dichotomie, nécessaire jusqu'alors aux thèses des quantitativistes, séparant l'offre et demande de biens, de l'offre et demande de monnaie. Désormais, la fonction économique réelle et la fonction monétaire sont reliées entre elles puisque pour Don Patinkin la demande de biens de chaque individu est sous la dépendance directe de la valeur réelle de son encaisse et par conséquent de la quantité totale de monnaie rapportée à la quantité globale de biens réels. Il y a là en outre une intéressante tentative d'intégrer dans un même concept le pouvoir d'achat et la liquidité.

Au plan global, l'effet d'encaisse réelle conduit ainsi à une voie d'intégration de la monnaie dans l'étude des phénomènes économiques généraux, à un dépassement du classique partage dichotomique, à une explication du mode d'insertion des signes monétaires sur les circuits économiques réels qu'ils représentent, enfin à une certaine détermination de ces circuits par les mouvements quantitatifs affectant les stocks de signes. Voilà un problème fondamental. Celui du mécanisme par lequel le nominal devient le réel dans l'intimité de l'étoffe du champ économique et qui convertit point par point le signe en signifié. Les théoriciens des encaisses réelles partent de l'idée que, à un moment donné, le volume de monnaie correspondant aux besoins de l'économie est déterminé par la quantité de monnaie que les détenteurs d'encaisses désirent conserver, compte tenu de leurs revenus, de leurs patrimoines, de leurs placements, de leurs dépenses. Il y a donc un volume d'encaisse désiré, apprécié en pouvoir d'achat réel. Le jeu de l'ajustement des prix et des encaisses rappelle beaucoup celui que J. Rueff a exposé dans l'*Ordre social*. Si la quantité effective de monnaie excède le total des encaisses désirées, les détenteurs se débarrassent de l'excès de monnaie en le dépensant de façon à ramener leurs encaisses au niveau souhaité. Au cours de ce cheminement dans les circuits d'échange, la monnaie chassée d'un sujet à l'autre fait monter les prix ou accroît l'activité. Finalement elle ne sera plus excédentaire, compte tenu du relèvement du niveau des prix ou de la hausse d'activité, l'un et l'autre de ces mouvements globaux entraînant une augmentation des besoins d'encaisses. Si en revanche la quantité effective de monnaie est inférieure au total des encaisses désirées, le mécanisme joue en sens inverse. Les détenteurs restreignent leurs dépenses pour conserver leurs encaisses au niveau convenable. Ils pourraient bien sûr en solliciter des banques. Mais il faut postuler une certaine rigidité, d'ailleurs normale, des conditions de l'émission. Les prix baissent ou l'activité se réduit. Dans ces conditions, les encaisses tendent à devenir suffisantes à leur niveau d'origine. L'équilibre s'établit chaque fois au niveau déterminé par l'encaisse effective, c'est-à-dire par la quantité de monnaie en circulation, tout le champ économique s'adaptant ainsi au niveau nominal des signes, grâce à la clef de comportement que constitue l'effet d'encaisse réelle.

De là il faudrait donc déduire une politique pour éviter que tout le champ économique ne soit à la merci de stocks monétaires indéterminés et ne subisse ainsi l'incidence directe des fluctuations non maîtrisées de ceux-ci. Il faudrait savoir calculer à priori le volume des signes monétaires appropriés aux besoins réels du moment, représentés par le montant des encaisses désirées. Alors seraient enfin évités les mouvements, amplifiés en hausse ou en baisse, des prix ou de l'activité, par lesquels les sujets économiques font absorber les excédents ou les déficits de monnaie. Mais tout le problème est de déterminer le niveau des encaisses désirées. La voie statistique, d'où pourrait être tirée une équation de comportement d'encaisse réelle des sujets, se présente immédiatement à l'esprit. Mais la loi d'évolution de ces comportements ne peut pas être considérée comme stable et uniforme. Elle échappe à toute possibilité raisonnable de calcul, en raison de la multiplicité des facteurs qui la commandent, eux-mêmes variables selon des lois difficiles à reconnaître. Appliquer de tels procédés à partir de résultats statistiques assortis de coefficients numériques les reliant aux facteurs-clefs de l'économie, risque, même si les calculs sont corrigés par des équations d'évolution tendancielle, d'écarter des mutations profondes qui émergent progressivement, souvent insensiblement, dans les comportements et, ce faisant, de les étouffer alors qu'elles sont souvent nécessaires à la poursuite de la croissance. De plus ces procédés détermineraient des besoins globaux d'encaisse. Mais l'évolution est sûrement différente suivant les catégories de sujets. En s'ajustant globalement aux résultats des prévisions calculées, l'émission monétaire ne correspondrait pas à la répartition des besoins.

Si, en se donnant comme fondement de la valeur de la monnaie, la liquidité a permis une conception monétaire bien plus opératoire, ni elle ni le pouvoir d'achat n'épuisent la totalité des voies de détermination de la monnaie. Témoin l'exposé original de J. Rueff (cf. première partie), analysant le phénomène monétaire à partir d'une richesse (métal ou créance) monétisée et admise à l'actif de l'organisme émetteur, en balance des signes remis aux agents économiques. Dans cette conception, la valeur de la monnaie ne repose pas sur des caractères spécifiques, puisqu'elle s'identifie à celle de la richesse dont le signe émis doit être la représentation fidèle pour que le système monétaire fonctionne correctement. J. Rueff tire ainsi parti du dédoublement du support monétaire, caractérisant depuis longtemps déjà les formes monétaires : un même élément monétaire se dissocie franc pour franc en une forme circulante simplement représentative (au total la masse monétaire) et une forme consignée (au total les contreparties de la masse monétaire) gageant la première. La valeur de la formule circulante ne peut être établie que par les biens qu'elle permet d'acquérir (le pouvoir d'achat réel) ou par le désir que l'on a de la détenir en raison du pouvoir de choix qu'elle confère aux agents économiques (la liquidité). En revanche, la partie immobilisée du support servant de gage à la partie circulante prend nécessairement sa valeur dans la richesse dont elle est faite. La valeur de la monnaie se trouve donc reportée, en dehors de sa propre spécificité, non plus comme dans le cas de la monnaie-crédit réel sur celle de tous les biens réels dont elle assure la contrepartie dans l'échange, mais sur la valeur des seuls biens (créances) qui sont le gage, la contrepartie de la formule circulante dans les formes concrètes de la monnaie contemporaine. L'approche de J. Rueff enrichit les théories des encaisses et des fonctions monétaires d'une nouvelle direction. Mais cette fois se manifeste une fonction interne de la monnaie, puisqu'il s'agit d'assurer sa propre structure, sa propre validité, sa sécurité et sa garantie.

De même que l'étude des formes de la monnaie avait établi que celle-ci pouvait revêtir plusieurs apparences de nature différente et se décomposer en éléments joints ou dissociés, de même l'observation de ses fonctions extérieures (l'utilité sociale) ou intérieures (son organisation et sa régulation), c'est-à-dire le fond structurel de la monnaie, repère à son tour des sols variables et alternatifs, qui lui donneraient des valeurs superposées et lui feraient des lois diverses dans des systèmes différents. Ce ne sont pas les mêmes théories bien sûr, qui ont privilégié tantôt le pouvoir d'achat, tantôt la liquidité, tantôt le gage d'émission, ou qui tantôt ont nié sa valeur propre, tantôt ont érigé celle-ci en ressort essentiel des comportements monétaires des sujets. Il apparaît bien que ces qualités et ces valeurs ne sont pas réductibles les unes aux autres ni réellement substituables. Elles sont nécessaires ensemble pour déterminer le phénomène monétaire. C'est précisément à travers les relations inhérentes au concept de signe que l'on peut le mieux situer les domaines respectifs de ces qualités et de ces valeurs, tout en les coordonnant les unes aux autres. Dans un signe en effet viennent nécessairement se confronter *signifié* (en l'espèce les biens) et *signifiant* (en l'espèce la monnaie). Or dans le domaine monétaire celui-ci doit normalement se scinder en *signe circulant* (en l'espèce, la marque monétaire estampillée du sceau officiel et dotée de pouvoir d'achat et de liquidité) et *support consigné* (en l'espèce, le système des créances et autres contreparties essentielles de la masse monétaire, biens dotés de valeur propre comme toute richesse réelle).

VERS LA MONNAIE-SIGNE : L'APPROCHE STRUCTURALE.

Outre les opinions contradictoires portant sur les principales manifestations spécifiques de la monnaie, instrument d'échange et unité de compte, créance réelle et bien, on pourrait observer d'autres modes d'analyse des phénomènes monétaires conduisant aussi à des positions inconciliables, à la fois séduisantes, justifiées, contestables et contestées, tant il est vrai que la notion de monnaie ne peut être enfermée dans une seule représentation formelle. Elle donne lieu à de multiples associations conceptuelles, intégrant une part plus ou moins grande du champ économique. Que l'on aborde la monnaie par sa nature (marchandises ou signe, créance réelle ou créance financière, bien ou dette), par ses supports composants (formule ou richesse), par sa fonction (étalon, instrument d'échange, réserve de valeurs et récemment, pour R. Mossé, instrument de direction stratégique de l'économie), par sa qualité spécifique (pouvoir d'achat ou liquidité), par le fondement de sa valeur (substance — confiance d'usage, d'efficacité et de solidarité — spéculation et prévision sur le pouvoir d'achat), par sa position dans les processus fonctionnels (flux ou stocks) ou par son cadre d'analyse (microcosmique ou macrocosmique), les conclusions, variables, mettent en jeu des concepts différents de l'ensemble de l'objet économique dont à l'évidence la monnaie ne peut être dissociée. Elles n'offrent malheureusement pas le minimum de corrélation nécessaire pour synthétiser tous les facteurs et effets monétaires qui, malgré les perspectives variées de l'analyse et les transformations historiques, sont les reflets d'une réalité unique.

Or, cette variabilité, cette fugacité, cette insaisissabilité, ces conclusions incompatibles s'accordent parfaitement avec la conception d'une monnaie-signe dont les combinaisons forment un langage économique spécifique. Car c'est précisément un caractère essentiel du signe de perdre son autonomie de signification en se prêtant aux relations fonctionnelles qui ne sont pas les siennes. Mais c'est aussi une propriété des langages de permettre les jeux de mots, c'est-à-dire l'intrusion d'une signification étrangère aux phénomènes, purement formelle. A cet égard, la monnaie a particulièrement souffert des interférences et confusions entre structure exprimée par le signe et structure propre de ce dernier. Les économistes n'ont pas toujours pris la précaution de distinguer la part de l'une ou de l'autre de ces structures dans les combinaisons monétaires. Qui plus est, l'avantage que les encaisses ont pris sur les flux, dans les théories monétaires contemporaines, a généralement contribué à renforcer, dans l'analyse, les structures du support des encaisses aux dépens de celles que la monnaie exprime lorsqu'elle épouse les modulations de forces réelles.

L'incertitude et la pluralité des définitions monétaires, la multiplicité des points de vue non coordonnés conduisent à formuler une autre appréciation sur la manière dont le problème monétaire a été abordé. Toutes ces vues fragmentaires, dont les bords ne se recoupent pas et ne peuvent pas s'ajuster, témoignent que la monnaie n'est jamais saisie dans son ensemble. Elle est toujours située et posée par référence à un point, à un secteur limité du champ économique. Vision analogue à celle de l'univers entrevu par un observateur qui, se trouvant sur la terre, ramènerait à l'échelle de son horizon ce qu'il voit, ce qu'il sait, et ce qu'il imagine. Car c'est par rapport au sujet que la monnaie est apparue comme un étalon de valeur, une marchandise, un signe, un instrument de réserve, une créance, une dette, un pouvoir d'achat, une valeur de gage. Suivant qu'on se place à tel endroit du champ, à tel moment du processus, l'optique change, le schéma d'analyse ainsi que les conclusions se renouvellent, éventuellement s'inversent et s'opposent.

Pour notre part, nous voudrions rompre avec cet éternel retour au modèle individuel et aux relations inter-sujets, nonobstant par ailleurs le réalisme certain de ces méthodes et l'utilité de leur emploi pour des niveaux appropriés de l'analyse. Car la validité des faits partiels ne garantit nullement celle des ensembles reconstruits grâce à l'extrapolation de ces faits. Nous préférons appréhender la monnaie comme le ferait un observateur qui ne serait pas lui-même dans le champ, en évitant par conséquent de nous placer dans l'angle de vision des sujets économiques. Nous renoncerons donc à découvrir la monnaie à travers les services qu'elle rend aux sujets qui la manient.

Les approches fondées sur la nature ou la fonction sont suspectes d'un parti pris individuel et subjectif. Elles ont d'ailleurs conduit à des théories aussi peu satisfaisantes sur le plan intellectuel que peu efficaces sur le plan opérationnel. Notre approche passera délibérément par la structure d'ensemble de la monnaie indépendamment de ses espèces : elle recherchera toutes les relations couvertes, au-dedans ou au-dehors du concept, élaborant ainsi un objet abstrait tel qu'il pourrait être perçu en une vision globale par un observateur situé hors du champ économique, et par conséquent à l'extérieur du domaine monétaire. La structure définie comme *expression de liaisons fonctionnelles* et *système significatif* dépasse la dualité nature-fonction. Elle réalise leur jonction et leur fusion en donnant directement une forme conceptuelle semblable aux fonctions monétaires, quels que soient les matériaux qui les supportent.

LE SENS DE LA MONNAIE-SIGNE MOYENS ET CONDITIONS D'EXERCICE DE LA FONCTION REPRÉSENTATIVE

La monnaie-signe se présente dans le champ économique sous la forme de catégories significatives résultant de la combinaison de flux de signes dotés de pouvoir d'achat, associant des unités numériques à des supports spécifiques et exprimant en les homogénéisant les forces réelles modulées par les sujets. Ces flux jouent alternativement en sens inverse, annulant ainsi l'effet de leur position première. Par leur état résiduel à un moment donné, flux et reflux déterminent une masse de signes en circulation dont la répartition traduit des rapports de force et de comportement variables et dont le volume total est toujours représentatif de la valeur globale incorporée dans les objets du champ économique non consommés mais toujours soumis à l'échange. Le volume du dispositif en circulation, nécessaire à la représentation des structures réelles s'adapte constamment à celles-ci par différentes voies, parmi lesquelles il faut tout de suite noter la modification de ces structures réelles elles-mêmes.

Avant d'expliciter cette définition et d'en tirer des conséquences, il est bon d'essayer de différencier avec précision les catégories d'objets et de forces, qui, sous la dépendance étroite des sujets, s'associent dans le champ économique, et peuvent être saisis en différents états : en forme de stocks, c'est-à-dire d'objets proprement dits s'ils sont en position stable ; en trajectoire de flux, s'ils sont engagés dans un processus de formation ou de dissipation de formes économiques, s'ils se déplacent ou sont déplacés, si leur usage ou leur propriété est transférée, si enfin on prend en considération le flot abstrait des services qu'ils rendent à leur détenteur. Les catégories d'objets et de forces que les sujets modèlent et meuvent dans le champ économique, sous le nom d'actifs et de services, peuvent se ramener à deux grands groupes. Le groupe des catégories réelles qui se subdivise en biens (objets) et services (forces) ; elles sont naturellement hétérogènes dans leurs qualités. Le groupe des catégories représentatives qui se subdivise en monnaie et en obligations financières (créances, dettes) ; elles tendent à être qualitativement homogènes en fonction du temps.

LES CATÉGORIES DU CHAMP.

1) *Catégories réelles.*

Les actifs réels (ou biens), aux formes physiques spécifiques, hétérogènes entre eux mais susceptibles de dénombrement, sont normalement saisis en instantané sous la forme de stocks, groupements définis, délimités et stables. Mais ils sont en fait normalement assujettis à des mouvements. Les groupements peuvent être transférés en bloc ou par fraction d'un sujet à l'autre, ou plus généralement d'une position à une autre ; ils sont soumis alors à des forces de déplacement exogènes. Ils peuvent entrer et sortir du champ économique sous l'impulsion des sujets. Ils sont aussi directement mus dans leur consistance et dans leur forme par des forces externes ou internes de croissance et de décroissance. Sous l'effet de mouvements de formation et de déformation ou de désintégration, les groupements se nouent, se dénouent, naissent, s'amplifient, se réduisent et disparaissent. Ils se composent et se décomposent. Enfin les actifs peuvent être productifs de services d'usage pour les sujets. Les flux consécutifs à tous ces mouvements peuvent s'analyser en : flux de transferts d'objets entre sujets ; flux d'entrée ou de retrait d'objets ; flux de décomposition ou de composition ; flux d'usage (services rendus par les objets).

Des actifs réels et des services réels qu'ils rendent, il faut distinguer une autre catégorie réelle très importante, les services directement rendus par l'homme, ou plus généralement par le sujet économique : forces humaines ou sociales agissant dans le champ économique, émanant d'individus ou de groupes, satisfaisant directement un besoin économique ou s'incorporant à titre de composant dans les objets en formation dans le champ. Ces services sont de nature immatérielle, énergétique et se concrétisent par leurs effets. Ils ne sont pas naturellement dénombrables. Mais comme toutes les forces ils sont susceptibles de mesures physiques par référence au temps ou par dénombrement des objets matériels à la formation desquels ils participent. Spécifiant les services rendus par l'homme, le travail humain sous toutes ses manifestations (manuelles ou intellectuelles, physiques ou psychologiques) exprime la force brute qui émane de chaque homme et s'insère dans le champ économique en participant à la satisfaction des besoins. Il est même l'élément de base de toutes les autres catégories économiques réelles. Car toutes les prestations économiques qui font la substance réelle du champ sont issues du travail humain à tous les stades du processus. Pour échapper à la coloration particulière que le terme travail doit aux luttes sociales que les hommes ont dû mener pour lui rendre raison et lui donner enfin la première place, il vaudrait mieux employer l'expression d'*énergie humaine* et appliquer celle d'énergie sociale aux services rendus par les sujets composites (entreprises — collectivités) qui résultent de combinaisons d'énergie humaine et de services d'objets.

L'énergie humaine, comme toutes les catégories réelles, n'est pas homogène dans sa qualité ni dans son intensité. Ses manifestations peuvent être corporelles ou mentales. Suivant les effets, elle s'analyse en travaux d'invention ou de conception, de direction, d'organisation et d'exécution. L'énergie humaine est plus ou moins productive. Inversement son coût pour les sujets est plus ou moins élevé. Ces variations sont très sensibles aussi bien dans le temps que d'un sujet à l'autre. Toutefois, si l'énergie humaine est observée dans le cadre global, les variations individuelles se résorbent dans une qualité et une intensité moyennes permettant de limiter les mesures qualitatives et quantitatives à l'évolution dans le temps.

L'ensemble de ces catégories réelles a été remarquablement évoqué dans l'*Ordre social* par Jacques Rueff, qui s'est appuyé sur la théorie d'Irving Fischer relative au capital producteur de flux de services sous le nom de revenus. Pour J. Rueff, tous les objets du champ économique, leurs stocks et leurs flux s'analysent en termes de services, c'est-à-dire « d'influences recherchées par les hommes ». Les biens (ou capitaux) sont à la fois accumulateurs de services dans les processus de production et générateurs de services, qu'ils libèrent dans la consommation en se désintégrant. La richesse d'un pays est ainsi délimitée par la quantité de services accumulés à un moment donné dans les capitaux disponibles, à condition encore que ces services correspondent bien aux besoins. Cette richesse ne peut être accrue que par l'épargne. Mais le revenu que l'on en tire peut évidemment être augmenté dans une période donnée par une accélération des processus de désintégration (consommation), qui présente l'inconvénient de réduire la richesse par décapitalisation (périodes de guerre). J. Rueff homogénéise ainsi le champ réel autour de la notion de *service*, où il classe bien entendu le service rendu par le capital humain. Le service est en somme la fonction assumée, aux yeux et dans l'intérêt des hommes, par un objet ou une énergie économique, soit au sein d'une structure (service composant un bien) soit à l'extérieur d'une structure (service rendu par un bien). Un même service est, tour à tour ou à la fois, facteur composant et produit. Il est en amont produit d'un capital et en aval facteur constituant d'un autre capital, sauf s'il est consommé par les hommes, car pour J. Rueff, les services peuvent être des produits émanant des biens utilisés par l'homme mais non pas des composants du capital humain, puisque l'homme, n'étant pas doté de « valeur », ne peut être analysé lui-même en termes de services composants dont il serait la réunion comme les produits non humains du champ économique. Toutefois un service est toujours facteur composant et produit d'un même capital puisque celui-ci manifeste sa nature économique en dégageant les services qu'il a accumulés pour se constituer.

Analyse très significative, mais inachevée. Il faut en effet rechercher l'assise du champ économique dans une homogénéité réelle plus profonde et plus élémentaire. Car le service est encore de nature très hétérogène par son rythme naturel, l'intensité de ses flux ainsi que par le coût, le volume, la durée et la nature du capital dont il émane. Le degré d'homogénéité s'accroît si l'on recherche derrière tous les services et derrière tous les capitaux qui les accumulent et qui les génèrent un service plus élémentaire émanant d'un seul capital, l'homme. *Tous les services et tous les capitaux sont en effet à des degrés multiples des compositions du travail.* J. Rueff présente le capital comme un « comprimé de services » ; il est plutôt, comme le service lui-même, un bloc qui se résout en dernière analyse en *unités valorisées de travail.*

2) *Catégories nominales représentatives (financières-monétaires).*

Les catégories nominales, qui sont les plus importantes de l'objet économique, ont comme particularité commune d'être des valeurs représentatives d'autres catégories d'objets et de forces. Ainsi la monnaie est représentative des objets et des forces réelles (biens et services). Les obligations financières sont représentatives de la monnaie, en ce qu'elles sont des engagements de remettre une quantité fixe de monnaie à vue ou à terme. Les catégories nominales dédoublent indéfiniment, par nappes successives selon des degrés variables, toutes les parties de l'objet économique. Au fur et à mesure de sa croissance, l'objet économique développe donc une épaisseur feuilletée où, sur une même assise, se multiplient les plans structurels. D'un plan à l'autre la voie est ouverte à des liaisons multiples, sources de confusion et d'interprétation divergentes. Les catégories nominales sont comme des séries de miroirs déformants qui se réfléchissent. Dans son analyse du droit de créance, déjà évoquée en première partie, Jacques Rueff a parfaitement dégagé la déviation de valeur qui frappe fréquemment les catégories nominales du fait de leur nature représentative. Les créances se substituent au contenu d'un droit comme si elles étaient une richesse réelle. Mais la valeur réelle de ce droit, nonobstant son étiquette nominale, dépend en dernière analyse de la valeur de la chose sur laquelle porte la créance. Dans la mesure où celle-ci ne peut pas être honorée à l'échéance, en tout ou en partie, il s'agit d'une fausse créance ; le droit apparent du titulaire n'est qu'un faux droit.

a) *Les obligations ou actifs financiers.*

Les obligations sont des contrats immatériels. Cependant ceux-ci donnent lieu généralement à des formes concrètes, les titres, qui en portent témoignage. En tant qu'elles existent pour un montant certain, les obligations s'analysent en stocks; elles sont en général dotées de valeur. Mais leurs principales manifestations s'expriment en termes de flux. Les obligations trouvent souvent leur origine dans les flux monétaires et en sont toujours la source, selon des échéances, des débits et des rythmes variables.

A cet égard, les obligations jouent comme un accélérateur ou régulateur des mouvements monétaires. Elles permettent de placer sous tension le courant monétaire et de lui appliquer un contrôle plus précis à l'échelle collective. Elles assurent aussi la mobilisation permanente de la monnaie de façon à donner aux signes le maximum d'usage et d'utilité. Elles sont le matériau d'édification des structures qui permettent de projeter dans le temps les formes de l'objet. Elles préparent certaines déterminations de l'avenir. L'objet économique étaye sa croissance grâce à un réseau continu de liaisons financières, dont certains éléments peuvent être en quelque sorte préfabriqués, pour tous les niveaux de la progression dans le temps. Les obligations permettent de créer des pré-structures de cristallisation.

Du point de vue monétaire il est important de distinguer deux grandes catégories d'obligations : celles qui, portant sur de la monnaie préexistante, se bornent à modifier dans l'espace et dans le temps le courant monétaire, et celles qui, servant à créer de la monnaie, en sont représentatives au premier degré (inversement cette monnaie est représentative de la valeur des obligations). Une même somme de monnaie peut-être représentée par un nombre indéfini d'obligations dès lors que les échéances sont différentes.

b) *La monnaie.*

La monnaie comme les autres catégories peut être décrite comme stocks (encaisses) ou comme flux. Elle représente des structures réelles.

C'est là sa raison d'être. S'agissant de signes, neutres en tant que tels, ce n'est pas du côté des encaisses que l'on doit rechercher l'explication ou tout simplement la compréhension du phénomène monétaire. Tout au plus l'étude des stocks d'espèces permet-elle d'observer la structure propre des signes et de déterminer l'interférence de celle-ci sur la fonction monétaire, son action déformante sur les structures réelles, à l'occasion de la traduction monétaire des phénomènes réels. Alors que les objets réels sont d'abord des stocks dont les flux comptables servent à analyser dans le temps les mouvements internes et externes, les signes monétaires sont d'abord des flux représentatifs des réseaux, des filières économiques, des mouvements réels. Leurs stocks ne se déposent dans le champ économique que sous la forme de résidus d'actions compensées et de flux contraires, dont l'ajustement ou l'annulation n'est jamais immédiatement total et se réalise dans le temps.

Il faut bien distinguer la création, la vie et la résorption des supports monétaires, régies par des processus propres qui donnent aux signes leur structure spécifique, et la mobilisation des signes monétaires qui se moulent sur les structures réelles pour les exprimer. Au cœur du phénomène monétaire, cette mobilisation montre le signe dans sa fonction qui est de donner une existence économique aux structures réelles, tandis que la forme des structures monétaires spécifiques commande l'aptitude du système de signes à assurer cette fonction.

Les catégories d'éléments (réels, financiers et monétaires) entrent en combinaison, en coordination et en succession dans l'objet économique pour le former, le représenter et le projeter, le reproduire et le déformer, l'enraciner et le projeter, l'adapter et le détraquer.

Il convient d'aborder ce jeu structurel par son articulation essentielle, où la catégorie monétaire se distingue pour représenter dans l'espace les catégories réelles tandis que les catégories financières tendent à projeter les deux autres dans le temps. Mais par ce double mouvement de représentation dans le temps et dans l'espace, la monnaie est toujours l'apparence finale, celle qui, donnant l'information sur les résultats ou sur les prévisions, détermine les comportements, tandis que les catégories réelles forment la substance cachée, dont se nourrit la représentation. Les étages financiers se multiplient sur cette première couche de représentation, introduisant dans les relations de signification la souplesse interprétative de la substitution ainsi que l'ouverture constante du temps. Il faudra donc s'attacher d'abord à la représentation monétaire des structures réelles, en y rattachant les structures financières, qui les prolongent, les anticipent ou les consolident, le tout constituant les structures signifiées dont la monnaie doit rendre compte. Il s'agit de déterminer par quel processus la monnaie fait les structures de l'objet économique, et en informe les hommes. A travers cette représentation, la monnaie joue en effet son rôle d'information, de langage. Les formes économiques appliquées aux éléments réels et financiers n'existent et ne nous sont connues que par leur traduction monétaire.

L'étude du processus de représentation monétaire, soulève plusieurs problèmes : — La définition, la consistance et l'évolution des structures signifiées. — La manière dont le signe monétaire s'insère dans le champ en position signifiante et s'ajuste aux structures réelles (application de la monnaie signifiante à l'expression des structures à signifier). — Les structures monétaires et les conditions de leur adaptation à la fonction représentative, corrélativement les déformations que ces structures monétaires entraînent à l'égard des processus réels lorsque dans certains systèmes et notamment dans les systèmes contemporains cette adaptation est insuffisante. La prééminence des circuits réels a toujours été reconnue. Mais la question fondamentale est de savoir si le système monétaire qui règle le cycle d'existence des signes est apte à suivre l'évolution des structures réelles sans les dénaturer et sans compromettre l'action des forces sous-jacentes.

LES STRUCTURES SIGNIFIÉES

Les structures signifiées, c'est le cœur du problème économique. Pour les appréhender, il ne suffit pas d'observer ni de décrire ; derrière la diversité des apparences et sous la confusion des circonstances et des influences, il faut rechercher une structure essentielle qui donne l'ordre et la signification des autres. Pour ce faire, le raisonnement qui analyse, simplifie, élimine et construit, intervient assurément plus que l'histoire ou la technique qui transcrivent seulement les phénomènes.

N'étant pas immédiates, les articulations fondamentales de la structure profonde de l'objet économique prêtent à discussion. Il ne manque pas de doctrines pour en donner les vues les plus diverses. Mais les figurations les plus vigoureuses, les moins aventurées, les plus opératoires, les plus conformes aux situations et aux comportements réels se réduisent à deux grandes conceptions. La première traduit toute l'économie en termes et rapports de valeurs des choses selon le jugement des hommes, et s'efforce d'exprimer quantitativement la diversité foncière des qualités : les structures signifiées sont celles des *valeurs combinées*, comparées, choisies. La seconde cherche dans le travail une qualité unique et uniforme dont toute l'économie ne serait qu'une composition ; les structures signifiées sont celles du *travail cristallisé*. Ces deux thèses ne sont pas inconciliables. Dans leurs variantes doctrinales, elles présentent d'ailleurs de nombreux points communs. Ceux-ci peuvent être systématisés en une troisième conception, mettant en relation constante le travail, élément uniforme de base, et la valeur, facteur de différenciation et d'évolution : les structures signifiées seront alors celles du *travail valorisé*.

LA CONCEPTION DES STRUCTURES-VALEURS.

Le champ économique est considéré comme un complexe de valeurs dotées de qualités, diverses et hétérogènes, mais quantitativement agrégeables ; toute valeur est somme d'autres valeurs. Les valeurs des composantes se déterminent par rapport aux autres et par rapport à leurs groupements selon une échelle faite des choix des sujets économiques interprétant eux-mêmes les données naturelles. Mais les jugements de chaque sujet sont pondérés de manières diverses selon le type d'organisation économique et sociale qui correspond aux rapports de production et aux institutions du moment. Le pouvoir des sujets économiques de fixer les valeurs par leurs choix et leurs décisions varie suivant les fonctions assumées (simplement consommateur, ou entrepreneur) et l'importance des moyens (niveau des revenus — niveau des patrimoines — catégories socio-professionnelles). Les valeurs s'équilibrent normalement par leur propre conditionnement puisqu'elles sont relatives les unes aux autres, étant liées par un enchaînement de fonctions et de rapports réciproques et réversibles. Les états d'équilibre n'existent cependant qu'au terme des processus, et se présentent en forme d'objectifs, de tendances ou de normes. Entre-temps dans la vie économique réelle, les fluctuations, les frottements, les discordances, transitoires certes, mais voies de passage obligées de la réalisation de l'équilibre, sont capables de se perpétuer et de se cumuler, créant des situations permanentes de déséquilibre, de trouble ou de régression. Les points essentiels de cette conception sont les suivants :

1) Aucune valeur n'est privilégiée par rapport aux autres, l'homme lui-même étant juge et non partie. Ces valeurs relatives sont constamment remises en question par les choix humains, orientés selon le calcul économique, c'est-à-dire en fin de compte d'après le principe du moindre coût ou, plus universellement, de la moindre action, appliqué par chaque sujet économique à son domaine de décision et pour son intérêt propre. La monnaie elle-même est intégrée comme une valeur dont la relativité est seulement effacée parce que toutes les autres valeurs s'expriment en unités monétaires.

2) La valeur est saisie uniquement dans l'exercice de la fonction assumée par les biens et services. Elle est appréciée par les hommes relativement à cette fonction. C'est l'utilité d'un bien ou d'un service, compte tenu de sa quantité et du coût que les hommes doivent s'imposer pour obtenir la satisfaction recherchée (la désirabilité de Jacques Rueff). La valeur est prise comme un résultat ou une donnée de l'économie. Les lois et les conditions de sa formation sont refoulés dans le champ psychologique des influences et des motivations, systématique-

ment exclu de la formalisation économique. La valeur est donc intégrée dans ses états achevés et non dans son accession.

3) Les choix et décisions attributifs de valeur sont à la discrétion du calcul économique d'une multitude de sujets agissant pour leur compte personnel avec des effets variables suivant leurs pouvoirs, leurs moyens, leurs horizons, leurs coalitions. Toutefois l'entreprise étant la forme d'organisation-type du champ économique, les choix des entrepreneurs sont prédominants. L'État lui-même est souvent réduit à la fonction, au comportement et aux normes d'une entreprise, encore que par son statut spécial il introduise dans l'échange et la formation des valeurs des perturbations majeures difficiles à neutraliser, si on ne le place pas lui-même hors du jeu.

4) L'équilibre final des valeurs, s'emboîtant, se réfléchissant, et se déterminant les unes les autres, doit logiquement se réaliser toujours, à condition de respecter la mobilité des facteurs et des richesses ainsi que la loi de l'équivalence des prestations échangées. Ce qui suppose que certaines normes soient satisfaites en matière de structures économiques ou monétaires (institutions — règles de jeu) et de comportements des autorités. S'il en est ainsi, le bien pris comme valeur monétaire (métal ou créance) se trouve lui-même constamment porté au niveau de quantité nécessaire pour que ne varie pas le rapport de sa valeur à l'égard de celle de l'ensemble des autres biens, rapport qui détermine le niveau général des prix.

De façon explicite ou implicite, en totalité ou en partie, cette conception intègre les traditions classique, marginaliste, walrasienne, keynésienne et libérale, bref les tendances toujours largement dominantes de l'Occident. L'économie politique balbutiante l'a trouvée au XVIIIe siècle dans son berceau ; elle a jusqu'à présent surmonté, chaque fois en se raffermissant, les terribles erreurs humaines et sociales qui lui ont été imputées dans l'interprétation des faits et la conduite des nations. De nos jours, parce qu'elle cherche la pureté des formes et des fonctions, parce qu'elle démonte les mécanismes et dégage avec rigueur des principes que beaucoup se contentent de tenir pour implicites, l'œuvre de Jacques Rueff illustre, mieux que toute autre, cette théorie. L'analyse de J. Rueff présente l'avantage d'évoquer systématiquement les structures signifiées sous-jacentes aux structures monétaires qu'il a remarquablement dissociées des premières.

a) configuration du champ économique en termes de valeurs.

J. Rueff considère que la valeur des richesses est faite des services qui y sont incorporés au fur et à mesure de leur production, compte tenu de leurs cycles et filières de production. Le revenu de l'entrepreneur, fondé sur les services d'initiateur et d'organisateur qu'il rend à la production, ajuste la valeur du produit à la somme des valeurs des services composants. L'entrepreneur prend ainsi à son compte « la différence entre la valeur du produit au terme du processus de production et la valeur, au même moment, des capitaux et services qui y ont été incorporés ». Les services incorporés sont toujours actualisés à leur valeur de remplacement. C'est précisément grâce à cette introduction des plus ou moins-values affectant les services incorporés depuis leur acquisition et résultant de l'actualisation que l'ajustement peut être réalisé par le seul revenu de l'entrepreneur. Les revenus distribués en rémunération des services incorporés sont de leur côté égaux à la valeur du produit à l'instant final à condition de compléter ces revenus par les variations de valeurs subies par ces services depuis leur acquisition, variations qui affectent non pas les revenus mais le financement de la production (ou les capitaux propres : le fonds de roulement, ou les capitaux empruntés : les crédits) toujours élevé au niveau des valeurs de remplacement. De même l'excédent des revenus acquis (corrigé des plus ou moins-values affectant le financement de la production) sur les dépenses de consommation définitive (consommation de jouissance) a pour contrepartie l'augmentation des richesses économiques.

Ces trois égalités peuvent être faussées chaque fois que la production est déficitaire, c'est-à-dire chaque fois que le total des services incorporés vaut plus que le produit final et que dans ces conditions le service spécifique de l'entrepreneur (initiation et organisation) qui fait habituellement l'ajustement est négatif. Les égalités ne sont pas alors vérifiées à concurrence du montant du déficit. Si cependant comme c'est souvent l'usage, les droits patrimoniaux ne sont pas immédiatement ajustés en diminution dans les comptabilités par imputation du déficit au capital propre, ou, à défaut, aux droits des tiers, les égalités subsistent pour une valeur apparente inchangée, mais au prix de la création de faux droits puisqu'elles continuent d'attribuer des droits (des revenus ou des plus-values) en contrepartie de non-valeurs.

Cette présentation des structures générales du champ économique est rigoureuse. Elle ne pourrait prêter à discussion que sur les points suivants : 1) attribution d'un revenu d'initiation et d'organisation de l'entrepreneur, en sus des revenus éventuels de son travail et de son capital : car il paraît difficile de délimiter en termes réels ce qui revient d'une part à l'organisation et à l'initiation, d'autre part au travail. 2) insuffisance du rattachement de la variation des moyens de financement de la production (fonds de roulement et crédits) aux patrimoines et revenus des entrepreneurs et capitalistes ; car si les plus-values liées au calcul des valeurs de remplacement sont des pouvoirs d'achat affectés au financement de la production et donc indisponibles pour d'autres usages, il n'en reste pas moins que le fruit de cette augmentation des capitaux revient sous des formes diverses à leurs propriétaires, soit par la majoration ultérieure des revenus, soit par les profits monétaires réalisés lors des cessions du capital ou du titre qui le représente ; il semble donc qu'il y ait par cette voie appropriation de revenus, sans que le bénéficiaire ait rendu les services correspondants.

b) la valeur des richesses désirées.

Les hommes étant eux-mêmes exclus du domaine de la valeur depuis l'abolition de l'esclavage, la valeur vient aux choses comme le résultat de comportements découlant de l'analyse à la marge. Considérant qu'à une époque où la production utilise de plus en plus de capitaux intermédiaires, les coûts des richesses ne doivent pas être ramenés uniquement à des compositions de travail, J. Rueff estime que ces coûts peuvent être homogénéisés en termes de désirabilité, qui est l'aptitude d'un produit à être préféré à un autre, l'inégale désirabilité des richesses aux yeux de chacun étant le ressort essentiel des échanges. Mais J. Rueff s'est attaché à la désirabilité de la dernière unité d'une richesse, de la dernière parcelle qu'un sujet possède en plus ou en moins. Car ce sont les désirabilités marginales que compare un sujet lorsqu'il se propose d'échanger un bien contre un autre. Dans les échanges pratiques, les hommes passent par l'intermédiaire d'un même bien qui joue le rôle de monnaie. Le sujet consent à vendre tant que la valeur en bien-monnaie qu'il obtiendra en échange de la dernière parcelle du bien cédé ne lui paraîtra pas moins désirable que cette parcelle de bien. Le sujet consent à acheter tant que la dernière parcelle du bien ne lui paraîtra pas moins désirable que la quantité de monnaie qu'il devra céder pour l'acquérir.

Cette désirabilité est fonction, en profondeur, des motivations et des spécifications du sujet dans son comportement et dans ses actifs. Mais ces relations sont négligées comme liées au temps, surtout à des considérations particulières à chaque sujet. En revanche, à tout moment la désirabilité est censée se modifier en fonction de la quantité du bien et de son prix, lesquels sont eux-mêmes interdépendants. Toutes les autres conditions relatives aux jugements de choix étant réputées inchangées, la désirabilité de chaque bien est étudiée en fonction de ces deux variables, spécifiques du bien, indépendantes de chaque offreur et de chaque demandeur pris individuellement : le nombre d'unités de biens (sa quantité) et le nombre d'unités de la richesse intermédiaire servant de monnaie, auquel chaque unité de bien est jugée équivalente par l'ensemble des sujets (son prix). Dans l'hypothèse où les prix sont libres, lorsque plusieurs sujets sont en cause sur un marché, l'échange d'un même produit se fera à un prix tel que l'offre soit égale à la demande, c'est-à-dire qu'à ce prix, la quantité de biens que les sujets désirent céder contre de la monnaie jugée plus désirable (fonction du prix) sera égale à la quantité de monnaie que d'autres sujets jugent moins désirable que les biens offerts. Pour un article donné la variation des prix sur un marché ne prend fin que lorsque offre et demande sont égales, « c'est-à-dire lorsque, dans l'ensemble des patrimoines qui constituent la collectivité envisagée, la quantité des richesses de l'espèce considérée dont la désirabilité marginale est inférieure à celle de la monnaie, et qui comme telles sont offertes, est égale à la quantité des mêmes richesses dont la désirabilité marginale est supérieure à celle de la monnaie, et qui comme telles sont demandées ». Ainsi s'établit pour chaque bien un prix d'équilibre du marché qui permet de satisfaire tous les agents économiques qui désirent, à ce prix, obtenir le bien ou le céder.

Les mécanismes de formation des prix décrits par J. Rueff introduisent une référence normative aux prix libres, à une demande et une offre atomiques et homogènes, à un comportement rationnel fondé sur le calcul économique à la marge. Chaque fois que les sociétés s'écartent de ces normes, et dans la mesure où elles s'en écartent, des faux droits sont créés, notamment lorsque l'échange s'effectue à des prix différents de celui qui résulte du jeu des mécanismes équilibrant les marchés. Tel est le cas lorsque l'acheteur se trompe ou est trompé sur la nature ou la qualité de la marchandise, ou lorsque acheteurs et vendeurs acceptent de payer des prix supérieurs ou de recevoir des prix inférieurs aux prix d'équilibre, ou encore lorsque les prix sont maintenus par des décisions autoritaires à des niveaux différents des prix d'équilibre. Ces considérations conduisent l'auteur à souhaiter un alignement des comportements et des institutions sur sa vision idéale de l'économie naturelle et à rechercher, toujours et avant tout, la vérité des prix. Il n'y a rien à redire à cela, sauf que J. Rueff, eu égard à cette norme, est obligé de fustiger, sous le nom de civilisations à faux droits, la plupart des situations économiques contemporaines où les prix lui apparaissent systématiquement déformés. Toutes les actions des hommes et des gouvernements tendent en effet, sauf en certaines périodes où une sorte de réaction se produit, à introduire dans les prix, pour des raisons impérieuses et légitimes, des éléments de rigidité qui empêchent notamment les mécanismes de l'offre et de la demande de jouer.

c) le maintien de l'équilibre.

La désirabilité va au-delà de l'expression d'un critère de choix ou de la détermination des prix de chaque richesse. Elle permet à J. Rueff de concevoir une hiérarchie naturelle des prix, dont les prix de marché ne sauraient s'éloigner durablement. Cette hiérarchie naturelle des prix des biens est celle de leurs coûts de production marginaux. La coût de production marginal est entendu comme « le sacrifice de désirabilité qu'exige pour toutes les productions du marché la dernière unité produite ». Il s'agit de sacrifices en biens servant de monnaie, sacrifices qu'exige la production de la dernière unité (1). Ces abandons de désirabilité sont susceptibles d'être mesurés par une même unité qui sera par exemple la désirabilité marginale que présente la monnaie pour le producteur considéré, compte tenu de l'encaisse qu'il détient. La production se fera tant que le coût en désirabilité n'excédera pas la désirabilité de la rémunération tirée de la vente. Si les rapports de prix des biens produits s'écartent du rapport de leurs coûts marginaux, ils y seront ramenés par la modification des quantités produites. Si en effet le prix d'un bien s'élève sur le marché au-delà du prix correspondant à sa place dans l'échelle des coûts de production marginaux, il sera plus avantageux de produire ce bien pour se procurer les autres par voie d'échange que de produire ceux-ci directement. En conséquence la quantité de ce bien aura tendance à croître et le poids de l'offre fera baisser son prix. Si inversement le prix du bien s'abaisse en deçà de sa place dans l'échelle des coûts de production marginaux, il sera plus avantageux de produire les autres biens et de se procurer le premier par voie d'échange. En conséquence la quantité produite de ce bien diminue, faisant croître son prix (2). La hiérarchie des coûts de production marginaux commande ainsi celle des prix naturels des produits, que J. Rueff appelle « points de production », prix pour lesquels les quantités produites sont égales aux quantités demandées. Ces « points de production » auxquels les prix se ramènent derrière les oscillations du marché ne dépendent que de « la nature des choses » (conditions techniques) et de « la nature des hommes » (goûts — désirs d'acquisition).

---

(1) Production nécessaire pour que la demande totale au prix du marché soit satisfaite. Le coût de production marginal implique donc l'égalité des quantités produite et demandée.

(2) La demande est affectée du mouvement rigoureusement inverse, les comportements de désirabilité du producteur et de l'acheteur étant symétriques et opposés.

J. Rueff admet cependant que le retour aux prix définis par la hiérarchie des points de production rencontre des obstacles du fait de la « viscosité de l'économie » qui s'accroît avec son degré d'organisation. En effet le jeu du mécanisme d'adaptation et de retour à l'équilibre suppose un déplacement du travail et du capital vers les productions dont les prix effectifs sont supérieurs aux points de production. Cette mobilité est difficile à assurer. Lorsqu'il s'agit des hommes, les adaptations sont douloureuses; lorsqu'il s'agit des capitaux, les transferts sont onéreux. Pourtant tout en constatant que les délais seront plus longs et que les écarts de prix seront plus grands, J. Rueff considère que de toute façon l'adaptation se fera dans le sens voulu, même si avec l'accélération contemporaine des changements et des mutations le besoin d'adaptation excède la souplesse minimum dont toute l'économie est naturellement dotée. Cette interprétation de la mobilité comme facteur du retour à l'équilibre est assurément inévitable dans le contexte du problème posé par J. Rueff, où l'objectif est de laisser s'imposer les vraies valeurs fixées selon le « cumul » des décisions des hommes agissant individuellement. Tout l'univers économique tourne autour de ces points de valeur uniquement régis par leurs coûts et les désirs des hommes. L'homme ne participant pas lui-même de ces points de valeur, la logique conduit paradoxalement à le subordonner, en tant qu'il est fournisseur de services de travail, à la sauvegarde de la hiérarchie naturelle de la valeur des choses. S'il est vrai que la mobilité des facteurs et notamment des hommes est nécessaire pour aménager le monde et réaliser l'adaptation de la production à des besoins que l'évolution même des sociétés modifie constamment, cette mobilité ne saurait être conçue principalement comme le moyen de retrouver la hiérarchie naturelle des prix. En fait cette mobilité des hommes (et des capitaux) est plus importante que la hiérarchie des prix. Si l'on veut l'assurer dans des conditions supportables et efficaces, il faut renverser le raisonnement de J. Rueff, changer le moyen en objectif intermédiaire, imposer le cas échéant les déformations de prix permettant de rendre la mobilité tolérable, voire recherchée activement par ceux qui aujourd'hui la subissent douloureusement; notamment il faudrait fixer des prix et des parts de salaires préférentiels, donc créer des faux droits au sens de J. Rueff, pour susciter un besoin de mobilité aussi intense que possible.

d) les structures financières et monétaires.

J. Rueff étend la même analyse aux structures financières et monétaires. Il les traite sur le même plan que les structures réelles puisque les objets qui constituent les unes et les autres sont des richesses dotées de valeurs, s'échangeant entre elles. Qu'elles soient réelles, financières ou monétaires, ces richesses ont toutes un prix. Le taux de l'intérêt est le prix du loyer de l'argent, donc des prêts. Le prix de la monnaie est le prix de la richesse utilisée comme monnaie (or ou créance). Comme les autres prix le taux de l'intérêt se fixe dans une hiérarchie stable de « points de production » qui dépendent de la désirabilité de chaque catégorie de prêts, donc là encore de la nature des choses (conditions techniques de production pour la désirabilité de la demande d'emprunt, dominée par les besoins des entrepreneurs) et de la nature des hommes (dispositions psychologiques des prêteurs et des emprunteurs).

Les créances tirent leur valeur des richesses détenues par les débiteurs. Représentation immuable d'une valeur monétaire déterminée, la créance peut perdre, derrière son apparence nominale, une partie de la valeur réelle qui la gage, si le patrimoine du débiteur s'appauvrit en fait sous le tableau fallacieux des chiffres comptables ; elle devient fausse créance. Cela est indubitable, mais dans l'ensemble, les créances sont moins représentatives des richesses réelles détenues à l'instant dans les patrimoines du débiteur que de la monnaie qui doit être remise au créancier à l'échéance. Là en effet apparaît le danger : faire de la créance une représentation des actifs du débiteur et faire de la monnaie une créance sur un actif doté de valeur ; cette figuration masque la nature profondément représentative de la monnaie qui au premier degré, de première main en quelque sorte, est pourtant par elle-même le décalque des structures réelles, les créances n'étant que des transferts réversibles de monnaie. Ce n'est pas du tout la même chose de considérer la monnaie comme la représentation de structures réelles, les créances étant alors représentatives de la monnaie ou de tenir les créances pour la représentation de valeurs réelles et de découper dans ces créances un domaine monétaire. En adoptant cette deuxième voie on s'oblige à maintenir entre la monnaie et les structures réelles un intermédiaire, la créance qui, comme J. Rueff le souligne, trahit constamment et clandestinement la représentation. Il est dommage que l'auteur qui a su remarquablement montrer les processus de représentation, de substitution et de déformation des valeurs ait, conformément à la doctrine libérale, classé la monnaie dans le même plan d'analyse que les structures réelles ou financières, s'interdisant ainsi de faire apparaître le processus de représentation par lequel la monnaie signifie les structures réelles, les structures financières n'étant qu'un second processus annexe, de représentation, par lequel la monnaie projette et relie dans le temps la signification.

e) le rôle de l'État.

L'État, dont la fonction macroscopique est généralement méconnue par les doctrines libérales, est défini par J. Rueff comme un entrepreneur producteur de services publics, combinant à cet effet les services des fonctionnaires et ceux des capitaux acquis sur les marchés. L'État vend ses services au coût de production (valeur de remplacement) ou du moins devrait le faire — car il lui arrive très souvent de les vendre à un prix inférieur. En effet selon J. Rueff, l'impôt représente le prix des services publics. Nonobstant l'apparition nécessaire de déficits provisoires de caisse, liés aux délais de règlement et aux écarts d'ajustement entre les dépenses et les recettes, il doit couvrir l'intégralité de la valeur de remplacement des services utilisés pour produire les services publics. En raison de l'inaliénabilité et de l'insaisissabilité du domaine public, l'État ne peut régler ses créanciers (fournisseurs et salariés) qu'avec le produit de la vente des services publics, c'est-à-dire l'impôt. En dehors des bons destinés à couvrir les déficits de caisse courts et provisoires, l'emprunt n'est justifié que dans la mesure où il pourra être remboursé par une augmentation des revenus des services publics, c'est-à-dire des impôts : Donc rejet de principe des emprunts destinés à financer ou des non-valeurs ou l'acquisition de richesses consommées avant l'échéance du remboursement. Pratiquement l'emprunt ne devrait financer que des investissements rentables ou servir de relais très provisoire à l'impôt.

Pour J. Rueff tout achat, tout paiement de service par l'État est un prélèvement réel sur l'économie du pays, prélèvement qui de toute façon doit être couvert : — soit par l'impôt, c'est le contribuable qui en supporte la charge ; — soit par l'emprunt, c'est le prêteur qui provisoirement en assume la charge financière (en finançant le prélèvement) avant que le contribuable ne prenne le relais si l'emprunt n'est pas indéfiniment renouvelé ; — soit par la dévaluation, c'est alors le fournisseur et le prêteur qui subissent le prélèvement à concurrence du montant de cette dévaluation. Une fois effectué le prélèvement des services acquis par l'État, il faut supprimer chez les autres agents les moyens de paiement qui leur auraient permis d'acquérir ces services ou leur équivalent si l'État ne l'avait fait avant eux. Mais précisément les procédés de répartition de la charge des prélèvements réels de l'État (impôts — emprunts — dévaluations) sont peu satisfaisants. J. Rueff dénonce légitimement le dernier. Le second n'est que provisoire mais l'État a toujours le moyen de le faire durer et de déformer les droits des prêteurs jusqu'à leur faire subir insidieusement la charge définitive du prélèvement. Le premier lui-même n'est guère plus satisfaisant dans les conditions actuelles. Certes le procédé de l'impôt est globalement clair et franc puisque le contribuable sait ainsi ce que l'État (ou les services rendus par celui-ci) lui coûte ou du moins pourrait-il le calculer. Mais l'impôt frappe diversement, d'une façon qui n'est guère équitable, les différentes catégories de contribuables. La fiscalité atteint les hommes dans leurs patrimoines et les blesse inégalement, compte tenu de l'existence de structures fiscales que l'État préfère pour leur rentabilité, et de la pression politique ou sociale de certaines catégories professionnelles ou de certaines classes. Il est dommage là encore que J. Rueff ne soit pas allé jusqu'au bout de ce qu'impliquent les prélèvements réels de l'État, derrière la « fantasmagorie de la technique financière ». En effet le meilleur procédé, le plus franc, le plus clair, le plus équitable et le plus neutre, serait celui qui permettrait à l'État de prélever directement ce dont il a besoin, en utilisant des moyens de paiement qui lui seraient donnés avant que ne se forment les revenus des personnes. Ainsi dans le revenu global, l'État prélèverait d'abord la part qu'il serait collectivement convenu de lui allouer ; puis le reste serait distribué selon les processus habituels de la répartition (participation à la production ou redistribution, l'État étant exclu puisque déjà servi). Mais pour qu'un tel système soit applicable, il faudra évidemment redessiner conceptuellement la structure du champ économique de façon que les prélèvements de l'État (ou plutôt les moyens de règlement lui permettant d'opérer ces prélèvements) puissent s'imputer là où se forme le produit avant toute répartition et distribution de revenus des facteurs, dans des conditions permettant de réduire globalement l'ensemble des pouvoirs d'achat du montant des prélèvements publics.

LA CONCEPTION DES STRUCTURES-TRAVAIL.

La conception des structures-travail, que les classiques anglais différenciaient encore mal de celle des structures-valeurs, a pris son essor dans la théorie marxiste de l'économie capitaliste. Dans sa formulation actuelle la plus générale elle prend le contrepied des positions précédentes.

1) Lorsque toutes les valeurs sont relatives et constamment mouvantes les unes par rapport aux autres, aucune ne peut être considérée de façon naturelle comme l'élément général que toutes impliqueraient. Il faut bien cependant ériger artificiellement l'une d'entre elles en facteur commun pour servir d'étalon de mesure des valeurs. Or,

comme il s'agit, par nature, d'une valeur relative, les variations propres de la valeur choisie comme étalon entraînent nécessairement des déformations dans l'expression des autres valeurs. Pour éviter ces déformations il faut imaginer des mécanismes de rééquilibre réputés maintenir par rétroaction la stabilité de la valeur de référence (la valeur-étalon) en fonction de ses variations par rapport aux autres valeurs : rôle du système des prix qui augmente la production du bien-étalon et fait baisser sa valeur, lorsque sa valeur relative s'accroît par rapport à celle des autres biens. On évite ces inconvénients en considérant que toutes les valeurs ne sont pas relatives, en reconnaissant l'une d'entre elles comme une valeur absolue. C'est la valeur-travail servant de commune mesure à toutes les valeurs, parce que le travail est la substance sociale de toutes les marchandises. Rappelons que pour Marx la quantité de travail (le temps de travail simple, éventuellement affecté de coefficients de complexité), socialement nécessaire à l'époque considérée pour produire les marchandises, faisait la valeur de celles-ci. La force de travail, que l'ouvrier loue à son patron, avait elle-même une valeur (le salaire) « déterminée par la valeur (travail) des objets de première nécessité qu'il faut pour produire, développer, conserver et perpétuer la force de travail ».

2) Dans les états achevés et dans l'exercice des fonctions des biens désirés (les services rendus par les objets dotés de valeurs), les conditions de formation des valeurs et leur cheminement échappent à l'analyse. Dès lors, impossible d'appréhender, de prévoir, d'améliorer les mécanismes par lesquels les valeurs se constituent. Le système économique ne peut pas être maîtrisé, puisque seuls apparaissent les résultats (les valeurs relatives dans leur état final), à l'exclusion de leurs lois de réalisation qui permettraient de rechercher une meilleure adaptation et un ajustement plus précis des circuits et des filières canalisant la formation des valeurs. Or, chaque valeur résulte d'une genèse. Celle-ci, de valeur composante en valeur composante (les coûts), devrait conduire, si on refaisait en sens inverse le chemin parcouru, à des éléments insécables ou réputés insécables. Le niveau de détail dans l'analyse devrait être tel que la totalité du système économique devienne compréhensible jusqu'au degré utile pour le comportement des hommes et des sociétés et puisse se transcrire sur des bases homogènes dans un langage commun qui ne déforme pas ce qu'il exprime. Comme il en est de toute structure, il n'y a pas de raison pour que, d'analyse en analyse, on ne découvre pas, sous toutes les valeurs, des éléments homogènes dont elles ne seraient chacune que la combinaison selon des degrés divers de complexité et de délais. La définition de toutes les valeurs en termes d'unités physiques de travail, conduit à cet élément homogène qui fait de tout le champ

économique un seul bloc de construction. La formation des valeurs peut être suivie par des emboîtements et des empilements de groupements d'unités de travail de telle façon qu'au terme du cycle de production le produit final comporte un nombre donné de ces unités.

3) Dans la conception précédente (structures-valeurs) le « cumul » des calculs économiques opérés par chaque sujet pris individuellement n'intègre pas toutes les valeurs et risque de déformer leur hiérarchie naturelle. Car tout l'essentiel n'est pas nécessairement valorisé, le « cumul » des décisions individuelles de caractère économique ne suffisant pas à déterminer ce qui est essentiel. De plus, les résultats des décisions individuelles sont très influencés par la répartition des pouvoirs et des informations entre les sujets ainsi que par la situation et l'importance des biens ou de l'argent dont chacun est doté. Le calcul économique de chaque sujet est en effet très différent suivant ses objectifs, ses informations, ses moyens. Les corrections apportées à ces déformations par les macro-sujets sont insuffisantes parce que la plupart du temps ceux-ci se mettent en conflit avec les comportements des individus. En revanche dans la conception des structures-travail, le calcul économique se subordonne à la constitution préalable d'une valeur objective des choses (le travail), qui à priori détermine et différencie toutes les valeurs relatives. Les résultats, le tableau des valeurs, ne peuvent être influencés que dans des limites restreintes par les décisions des sujets. La répartition des horizons, des objectifs, de l'information, des pouvoirs et des moyens pèse peu sur la détermination et le classement des valeurs, dès lors que les prix effectifs de marché se fixent autour de la valeur-travail : le prix naturel qui couvre « les frais de production », c'est-à-dire le temps de travail nécessaire à la production, qu'il soit cristallisé dans le capital utilisé (matières premières—instruments) ou apporté immédiatement dans le dernier temps de la production (salaires). L'entrepreneur, qui comme facteur d'organisation et de progrès prédominait dans l'économie fondée sur l'équilibre des valeurs fixées par le choix des sujets, devient « l'industriel capitaliste », exploiteur de l'ouvrier, tout en ayant d'ailleurs le comportement naturel de sa fonction, puisqu'il paye la valeur de la force de travail à son prix normal en valeur-travail (la valeur des marchandises nécessaires à l'entretien de la force de travail). Mais ce faisant il ne paye pas tout le travail émanant de cette force. Il prélève ainsi sans cause, sous le nom de profit ou plus-value, aux dépens du travailleur, une partie de la valeur produite par le travail. Dès lors que l'entrepreneur n'est pas un générateur de valeur, mais une sorte de pillard de la valeur-travail, un parasite qui se nourrit du travail de l'ouvrier, il ne saurait être question d'assimiler l'État à un entrepreneur. Dans la conception marxiste

l'État ne peut être que le moyen de rétablir les droits de chacun sur le travail qu'il a produit ou sur son équivalent exact. Si l'État lui-même effectue des prélèvements, ce ne peut être par le jeu de la valeur des services qu'il rend mais par un acte d'autorité destiné directement à couvrir le coût même de sa fonction.

4) La conception précédente généralisait le concept de valeur, remettait constamment en question les valeurs exprimées sous forme de prix, abandonnées au jugement parcellaire et variable des hommes. Tout phénomène y était doté d'une valeur propre, autonome, du moment qu'il était objet d'échange (matériel ou immatériel, réel, financier ou monétaire). De plus l'équilibre était mouvant et fragile, car largement et irrégulièrement oscillant autour de son point de gravité. Comme l'écrit Marx de la société bourgeoise : « c'est l'ensemble des mouvements de ce désordre qui est son ordre même ». Or lorsque le travail est adopté comme unité et dimension de la valeur des produits, cette valeur est déterminée, stable et unique pour chaque type de bien ou service (sauf modification du travail moyen socialement nécessaire) mais elle ne peut être établie directement que pour les biens et services qui exigent du travail. Dans ces conditions la valeur des objets représentatifs (créances, monnaie de papier) ne pourra que s'identifier au travail incorporé dans les biens et services, dont ces objets sont la représentation. Ces valeurs représentatives sont donc, elles aussi, bien déterminées par le travail qu'elles réfléchissent. Dès lors la logique veut que l'organisation et le fonctionnement de l'économie se subordonnent au respect de la règle de la valeur-travail, et que les prix des biens et leur représentation monétaire ou financière soient ajustés constamment à cette valeur au cours de l'exécution des processus de répartition.

On a reproché à Marx d'avoir trop orienté sa vision sur l'envers de l'analyse des valeurs d'état, c'est-à-dire d'avoir pris le contrepied de la première vision qui exalte les valeurs relatives et le calcul économique. Sans doute était-il bon qu'il présente la deuxième face du système économique, celle qui fait sa profondeur et donne sa genèse. Mais les structures signifiées doivent être conçues en intégrant les deux faces, les deux bouts du champ économique : l'origine (l'élément homogène) et le point d'arrivée (la valeur relative). Elles doivent respecter leur interaction fondamentale qui unit les résultats du calcul économique (le profit) et la valeur de base de l'élément homogène (le travail).

Décidément la théorie marxiste de la valeur-travail n'est pas intellectuellement satisfaisante, malgré ses nombreux côtés séduisants. Elle valorise chaque marchandise ou plutôt chaque branche industrielle (notion de valeurs moyennes), par la quantité des heures de travail nécessaires à la production intéressée. Le prix, expression monétaire de la valeur, qui dans l'instant dépend de l'offre et de la demande, ne peut en période s'écarter durablement de sa position en heures de travail exprimée par son prix naturel, conversion des heures de travail en unités monétaires, prix-or ou prix-argent (dont les niveaux respectifs dépendent de la quantité d'heures de travail nécessaire pour extraire ces métaux, et de la quantité d'or ou d'argent attribuée à l'unité monétaire). Les rapports de prix sont donc des rapports d'heures de travail. Mais ce qui précisément est discutable c'est que la valeur et le prix de chaque marchandise (ou de chaque branche) s'ordonnent autour du travail nécessaire pour la produire tout au long de son processus de production. Travail dont sont constitués les frais de production : système combiné de travail ancien (matière première + amortissement des instruments) et de travail immédiat. Or, aux frais de production ainsi conçus par les marxistes s'ajoute en réalité toujours une couche de valeur supplémentaire qui affecte aussi bien les composantes intermédiaires que le produit final. Le niveau de cette couche, son importance, diffère suivant le degré d'intérêt que le produit présente pour ceux qui désirent l'acheter et suivant le nombre de ceux-ci. On l'appelle communément profit. Les parts de profit s'accolent aux parts de travail dans chaque catégorie de biens ou services, qu'ils soient produits finals ou composants d'un produit. Marx ne croyait pas que les coûts en travail soient grossis de ces profits. Car il estimait que les écarts par rapport au prix naturel se compensaient dans le temps selon des délais variables qui dépendaient de la marchandise. Il ne voyait donc pas dans ces écarts l'existence de profits, dès lors qu'ils avaient nécessairement d'après lui leur contre-partie dans des déficits. L'ensemble des entrepreneurs ne pourraient jamais en effet dans ces conditions réaliser des profits en fin de compte. Marx, rejetant l'existence du profit s'ajoutant au travail, avait dû le concevoir en déduction de celui-ci sous la forme de la plus-value, les patrons ne payant pas aux ouvriers la totalité de la valeur-travail que représentait leur production.

La théorie marxiste s'appuie en définitive sur l'affirmation qu'il n'y a pas de profit réel en plus du travail. C'est cette affirmation contestable qui à notre avis sape la portée du raisonnement de l'illustre économiste, en vérité enfermé par le dogmatisme étroit d'une valeur-travail exclusive. Il existe bel et bien en effet un profit global réel qui s'ajoute constamment au travail fourni et qui provient de l'augmentation de valeur (au sens de la qualité reconnue par le jugement des hommes ou de l'aptitude à satisfaire les besoins et non au sens de la valeur-travail) des produits du travail combinés entre eux. Il est naturel que la valeur des produits diversement composés de combinaisons, complexes et échelonnées, de biens et services soit supérieure au simple total de la valeur des services de travail les composant. Ce profit qui ressort de la différence entre la valeur des produits finis et celle de leurs composants est aussi en relation directe en termes réels avec l'augmentation des coûts en travail non consommés inclus dans les produits qui s'accumulent au cours des processus de production. Matière du revenu de l'entreprise, il se forme, ou se préforme par anticipation, en avance ou en retard, au fur et à mesure de l'accession du produit au stade final de sa consommation. Par rapport à sa valeur moyenne qui se fixe très près du niveau de l'augmentation du travail non consommé, il peut être, dans chaque entreprise en particulier, majoré ou minoré par des phénomènes monétaires (qui jouent également au plan global) et par tous les facteurs qui influencent de façon spécifique les prix de vente des produits au-delà de leurs coûts. Formé dans l'entreprise et attaché à elle, il se répartit ensuite selon les droits détenus ou acquis par les personnes physiques. Le profit n'est donc pas prélevé sur le travail. Il s'y ajoute bien qu'il se mesure par du travail non consommé. A chaque période il tend à représenter l'accroissement de la masse d'unités de travail non consommées. Il est une représentation quasi complète des surplus de production.

Même si les travailleurs sont payés à la juste valeur de leur travail (au sens de la valeur jugée par les sujets) telle qu'elle s'établit au moment où ils le fournissent, le résultat des échanges fera apparaître que les produits rassemblés et combinés de ce travail ont une valeur supérieure au travail intégré. On ne connaîtra bien entendu cette valeur finale qu'au jour de la dernière vente du produit en vue de sa consommation. Lorsque le travailleur donne son travail, il ne peut être payé que pour ce que vaut le travail au moment où il le fournit. En fait à chaque étape de la production d'un même produit, lors des transactions inter-entreprises, un profit apparaît ; il anticipe sur la valeur définitive du produit qui s'établira lors de sa consommation. Il pose de toute façon un problème de distribution. Aucune éthique ne doit exclure l'entrepreneur ou l'entreprise de sa répartition, d'autant que les biens (travail non consommé), qui sur le plan global fondent ce profit, doivent rester à la disposition des entreprises. Mais aucune raison d'efficacité, de rentabilité ou de productivité ne doit non plus exclure les travailleurs de la possession d'une part légitime de ce profit au prorata de leur contribution à la réalisation des biens sur lesquels il est apparu.

Nous reverrons dans les pages qui suivent de façon plus approfondie le dessin des structures réelles intervenant dans la formation de la valeur. Pour l'instant, notons simplement que la valeur de chaque bien ou service est une combinaison de travail et de profit et que sur le plan global le profit s'établit près du niveau de l'augmentation des richesses en termes de travail non consommé. Il est faux de dire que le profit est inclus dans les coûts en travail concurremment avec le salaire et que le profit croît lorsque le salaire décroît et inversement.

LA CONCEPTION DE LA STRUCTURE-TRAVAIL VALORISÉ

S'agissant des structures signifiées, il convient, dans la description des mécanismes qui suit, de *faire abstraction de la monnaie* en tant qu'elle est une structure spécifique distincte des structures signifiées. Toutefois pour éviter confusions et malentendus, précisons d'ores et déjà que la monnaie s'insère dans l'objet économique par le moyen de la catégorie des pouvoirs d'achat dont elle épouse la fonction. Dans la réalité ces pouvoirs d'achat n'ont pas en fait d'autre existence concrète que celle que leur donne la monnaie. Dès lors la tentation sera grande de croire que la monnaie est réintroduite dans les schémas qui vont être décrits. Pourtant ce ne sera pas de la monnaie signifiante à part entière mais un compartiment signifié, abstraitement distingué du champ économique, bien que dans la réalité quotidienne il prenne la figure de la monnaie. Celle-ci tire en effet de sa nature de signe l'ambiguïté d'avoir une structure propre et d'en exprimer un autre selon un degré d'adhérence tel que les éléments et de l'une et de l'autre se trouvent confondus.

Autre avertissement : on ne pourra éviter une forte dose d'abstraction, aux lignes insolites, s'appuyant sur des catégories qui à première vue paraîtront arbitraires. Mais l'interprétation structurelle de la réalité économique conduit précisément à des découpes, à des clivages et à des associations dont la réalité immédiate ne rend pas compte. Il est donc inévitable de passer par la grille de processus souvent peu conformes aux dispositifs familiers. Trois grands types de processus animent les structures de l'objet économique : production, valorisation, répartition.

I. LES PROCESSUS DE PRODUCTION.

1. Le circuit production-consommation : divergence et convergence des éléments réels et des pouvoirs d'achat.

Lorsqu'un élément réel nouveau est introduit dans le champ économique par l'entremise nécessaire d'un sujet, c'est-à-dire lorsque un sujet apporte à la communauté un bien ou un service apparaissant pour la première fois comme une valeur économique désirée par d'autres que lui-même dans cette communauté, ce sujet se dessaisit de l'élément réel, mais détient un crédit à sa place. Avec Pierre Dieterlen, nous pouvons écrire « au commencement était le crédit », en entendant par ce mot un droit psychologique abstrait sur une prestation réelle et non pas sur de la monnaie, un crédit réel et non pas un crédit financier. Chaque sujet, fournisseur d'une prestation réelle dont la forme la plus élémentaire est le travail, se sait titulaire d'un crédit réel sur une prestation équivalente, ou *pouvoir d'achat*. Le terme de « pouvoir d'achat », plus expressif et moins équivoque, doit être préféré à celui de « crédit réel », trop proche de la créance et du crédit financier qui sont des phénomènes tout à fait différents. Ce *dédoublement de l'élément réel en pouvoir d'achat* s'applique à l'ensemble des éléments réels nouveaux introduits dans le champ par l'ensemble des sujets pendant une période ; les sujets fournisseurs de travail, ou de biens et services, disposent, en contrepartie, d'un ensemble de pouvoirs d'achats dont le volume et la qualité sont globalement égaux au volume et à la qualité des éléments réels, appréciés lors de leur entrée dans le champ. La prestation fournie est consommable ou transférable d'un sujet à l'autre. Le pouvoir d'achat à son tour peut s'éteindre après avoir été satisfait chez son titulaire initial ou être transféré. Au cours des transferts, prestations réelles et pouvoirs d'achat s'agrègent chacun de leur côté, dans leurs ordres respectifs, en groupements variés : biens réels d'une part, disponibilités des sujets d'autre part.

La logique adoptée veut que le pouvoir d'achat transférable et né d'une prestation, elle-même transférable, ne s'éteigne qu'au moment où cette prestation est consommée, quels que soient les sujets qui, de transferts en transferts, sont alors titulaires de l'un et de l'autre. Lorsque les sujets prélèvent dans le champ économique pour leur usage personnel les éléments réels, généralement sous des formes et selon des combinaisons différentes de celles que ces éléments présentaient lors de leur introduction dans ce champ, ils font disparaître, jusqu'à concurrence du volume et de la qualité des éléments acquis par eux, les pouvoirs d'achat dont ils étaient détenteurs du fait de leurs propres apports réels. De même que les pouvoirs d'achat étaient nés du dédoublement des apports réels, ils *s'amortissent dans les prélèvements réels*, à hauteur de la fraction des apports réels antérieurement introduits dans le champ et incorporés dans les biens et services réputés consommés. Si prestations réelles et pouvoirs d'achat sont analysés selon *un même système numérique*, ils peuvent se découper, en unités semblables, au sein de leurs ensembles respectifs dans une même communauté nationale, de façon que, générés par dédoublement, ils puissent s'absorber dans un même nombre lorsque, réassociés, ils disparaissent du champ économique. Ce système numérique rend les *deux ensembles fongibles*, en sorte que les éléments qui se confondent lors de la consommation sont simplement l'équivalent des éléments des deux ordres qui sont nés ensemble.

Avant d'être appliqués à des biens réels, les pouvoirs d'achat s'assemblent et se composent dans des réservoirs de disponibilités commandés chacun par un agent économique. D'un réservoir à l'autre ces pouvoirs d'achat peuvent circuler sans mettre en cause les prestations réelles ; ils se conservent intacts. De plus, lorsque les pouvoirs d'achat et les prestations réelles s'échangent mutuellement d'un agent à l'autre, deux cas peuvent se présenter : — Ou bien la prestation réelle disparaît par consommation ; et le pouvoir d'achat s'éteint pour un nombre équivalent ; *la dimension globale est modifiée* — Ou bien la prestation réelle se conserve dans le champ en vue d'entrer dans un autre échange de nature économique ; dans ce cas le pouvoir d'achat doit subsister, il se transfère simplement à celui qui a cédé la prestation réelle : il y a seulement changement des positions respectives de la prestation réelle et du pouvoir d'achat ; *la dimension globale est inchangée*. Les groupements de prestations réelles et de pouvoirs d'achat qui s'échangent ainsi sont complètement différents des groupements qui ont donné naissance à chacune de ces catégories, parce que les deux ensembles ont suivi chacun une vie propre, bien que nés par duplication. Quand les hommes, agissant comme consommateurs mais utilisant les pouvoirs d'achat qu'ils tiennent de l'exécution de leur fonction productive, recherchent par l'échange les prestations réelles qui leur sont nécessaires, ils consacrent à l'achat de groupements de celles-ci des groupements de pouvoirs d'achat, qui dans le cas le plus général accusent *un écart quantitatif* par rapport aux premiers dans le système numérique commun où prestations réelles et pouvoirs d'achat ont été analysés au moment de leur dissociation originelle. Ils témoignent ainsi de la *valeur différentielle* acquise par les productions de l'homme, source des profits.

2. Profits et surplus.

Les éléments réels nouveaux, abstraction faite des biens importés, se ramènent à des apports d'énergie humaine (travail) ou sociale (travail collectif) émanant des sujets de la communauté. Ces apports, lorsqu'ils ne sont pas consommés en l'état de service direct, s'agglomèrent en biens dont la formation et par suite les processus productifs préalables à leur disponibilité comme biens de consommation exigent des délais variables. La durée globale d'existence des pouvoirs d'achat dépend donc de ces délais. Elle dépend aussi de l'empressement que les sujets économiques mettent à acquérir biens et services réels offerts à la consommation (durable ou immédiate). Biens et services (pris chacun en particulier) ne sont pas consommés pour une qualité ni pour une valeur égales à la somme des qualités ou des valeurs de chacun des éléments dont ils sont les combinaisons. Ce changement *qualitatif* des éléments réels associés est tout à fait normal, puisque les combinaisons productives visent précisément à offrir des biens d'une valeur plus grande, plus conforme aux besoins et désirs des hommes que les éléments composants. Dans le cas contraire, l'effort de production serait inutile : les hommes préféreraient consommer directement les éléments bruts.

La constatation de la valeur des combinaisons productives par rapport à la valeur d'origine des éléments incorporés s'effectue par le moyen des unités de pouvoirs d'achat. Celles-ci se créent dans la même proportion globale que les éléments réels apparaissant dans le champ économique ; il suffit, pour qu'il en soit ainsi, que les pouvoirs d'achat soient décomptés en nombre d'unités proportionnel au volume et à la qualité des éléments réels appréciés au moment de leur introduction dans le champ. Chaque sujet, détenteur d'unités de pouvoirs d'achat en contrepartie de ses apports réels, peut, pour sa consommation, les répartir à son gré en proportion de la valeur que, selon son échelle de préférence, il donne aux biens offerts. Des disparités variables s'établissent donc entre la *valeur d'origine* des éléments réels introduits dans le champ et leur *valeur de consommation* lorsqu'ils en sortent sous la forme de combinaisons plus appropriées aux besoins humains et sociaux. L'écart quantitatif entre les groupements de prestations réelles et les pouvoirs d'achat que l'échange leur affecte est tel que le nombre d'unités de pouvoirs d'achat appliqués aux prestations réelles est normalement supérieur à celui des unités d'éléments réels originels combinés dans les biens de consommation acquis. Cet excédent de pouvoirs d'achat est le *profit*, qui en l'espèce est égal à la *plus-value* : différence entre la valeur acquise par le produit et celle qui résulte du simple total de la valeur d'origine des éléments réels dont ce produit est fait. Théoriquement les deux concepts de profit (excédent de pouvoirs d'achats) et de plus-value (différence de valeur) ne se confondent pas. Dans certaines hypothèses leurs valeurs respectives peuvent même différer. Cependant en pratique celles-ci se recouvrent. A titre de simplification, dans cet ouvrage, le terme de profit est à plusieurs reprises appliqué indifféremment aux deux concepts. Ce profit n'existe pas seulement dans l'échange bilatéral pour un produit donné, mais aussi à l'échelle globale pour l'ensemble de la production.

Globalement, compte tenu de la durée croissante des processus productifs (délais et détours de production) et à supposer constante la valeur exprimée par l'unité de pouvoir d'achat, l'ensemble des pouvoirs d'achat utilisés pour les prélèvements de biens et services réels consommables tend à être supérieur aux unités correspondantes de valeur d'origine des éléments inclus dans les biens et services consommés. Une part des éléments réels introduits dans le champ se trouve en effet, par un processus de capitalisation ou d'accumulation, incorporé dans des combinaisons productives réelles qui ne sont pas consommés dans la période d'entrée des éléments (équipement). Cette consommation sera répartie au cours des périodes ultérieures dans des conditions telles qu'il y aura toujours un *excédent* (croissant avec le progrès technique et l'allongement des détours de production) *des éléments réels produits sur les éléments consommés dans une même période.*

Dans une période, les sujets dans leur ensemble acquièrent donc pour les consommer moins d'éléments réels exprimés en valeur d'origine qu'ils ne donnent eux-mêmes d'unités nouvelles de ces éléments réels pour produire des combinaisons de biens et de services. Puisque les sujets sont détenteurs d'une quantité de pouvoirs d'achat équivalente à la valeur des éléments réels qu'ils ont ainsi cédés, le total des éléments réels inclus dans les biens et services consommés dans la période est, en valeur d'origine, inférieur au total des pouvoirs d'achat disponibles pour les acquérir. Dans ces conditions une différence globale ne peut que s'établir entre d'une part la *valeur de sortie* des éléments composant les biens et services consommés, appréciés en combinaisons nouvelles, et d'autre part leur *valeur d'entrée* dans le champ selon les formes qu'ils revêtaient alors. Cette différence, le *profit global*, est exprimé par la quantité de pouvoirs d'achat qui excède la valeur d'origine des éléments réels, inclus dans les biens et services consommés, cette valeur étant décomptée dans la même unité que celle des pouvoirs d'achat. Le profit est donc un *excédent de pouvoirs d'achat.*

La logique du dispositif veut d'ailleurs que les pouvoirs d'achat présents dans le champ économique soient toujours égaux aux éléments réels non consommés, le *surplus*. Dans les échanges en effet, l'application des pouvoirs d'achat à l'acquisition des biens de consommation élimine une partie de ces pouvoirs d'achat, à concurrence des éléments réels consommés, mais laisse subsister les pouvoirs d'achat correspondants au profit. Si ne disparaissent du champ que les pouvoirs d'achat afférents et équivalents aux éléments réels consommés, il est évident que les pouvoirs d'achat restants (profits — pouvoirs d'achat ouverts en contrepartie du travail et non encore appliqués aux biens de consommation) représentent toujours les éléments réels non consommés, c'est-à-dire le surplus. Le profit global n'est pas égal au surplus. Il lui est inférieur du montant des pouvoirs d'achat qui n'ont jamais été appliqués aux biens de consommation.

Parallèlement au processus de production qui fait circuler séparément prestation réelle et pouvoir d'achat nés d'un même ensemble, se développe ainsi un processus associé de *réduction de pouvoirs d'achat* et de *consommation d'éléments réels*. C'est la somme de tous les pouvoirs d'achat résiduels, résultant du « cumul » des opérations de ce processus de réduction-consommation qui constitue le profit global. Mais à ce stade de l'analyse quelques précisions sont nécessaires sur la formation du profit global et son écart par rapport au surplus.

En fait dans une période, le profit additionnel peut être inférieur ou supérieur au surplus additionnel. Car l'égalité ne pourrait s'établir que si tous les pouvoirs d'achat nés dans une période et correspondant aux apports d'éléments réels de la période étaient appliqués aux biens de consommation sortant du champ dans la période, ce qui n'est pratiquement jamais le cas et une distorsion s'observe toujours entre le profit et le surplus additionnels. Une partie des pouvoirs d'achat créés dans la période peut par exemple n'être pas appliquée dans la période aux biens de consommation. Si cette rétention n'est pas compensée par l'application de pouvoirs d'achat reportés, afférents aux périodes antérieures, le profit est inférieur au surplus. Inversement, du fait des reports de pouvoirs d'achat on peut dans une période utiliser, pour l'acquisition des biens de consommation, plus de pouvoirs d'achat qu'il en a été créé dans la période. En ce cas le profit de la période est supérieur au surplus additionnel.

En longue période, profit cumulé et surplus tendent à s'ajuster, encore qu'il faille s'attendre à ce que le profit reste inférieur au surplus. En effet, les sujets s'appliquent naturellement à conserver par devers eux une réserve de pouvoirs d'achat. Par rapport aux flux de pouvoirs d'achat, cette réserve s'accroît d'ailleurs en importance relative avec le développement quantitatif et qualitatif des échanges, avec la complexité de l'organisation économique. En forçant un peu sur le sens d'un terme habituellement pris dans une acception plus restrictive, donnons-lui le nom de *thésaurisation globale* (réserve d'abstention ou de différé de consommation, pouvoirs d'achat en attente). Dès lors, au sein de l'ensemble constitué par les pouvoirs d'achat correspondant aux éléments réels introduits dans le champ économique, ceux d'entre eux qui sont appliqués aux biens de consommation tendent à se contracter par rapport à ceux qui sont en attente d'emploi. Toutefois, les éléments réels consommés diminuant eux-mêmes du fait d'une capitalisation accrue, le profit n'est pas réduit par cette évolution. Mieux : au sein de la masse des pouvoirs d'achat, toujours égale au surplus réel et constituée par le groupement des réserves de thésaurisation et des profits, ces derniers peuvent augmenter leur part relative si les éléments réels consommés diminuent plus que n'augmentent les pouvoirs d'achat thésaurisés.

La structure même des deux notions de profit et de surplus montre d'une façon plus générale l'origine de la distorsion, égale au montant de la thésaurisation :

Surplus cumulé : différence entre d'une part la valeur d'entrée des éléments réels introduits depuis l'origine dans le champ (Ve) et d'autre part la valeur d'entrée des éléments réels inclus dans les biens et services consommés depuis l'origine (Vo). Le surplus cumulé est donc égal à la valeur d'entrée des éléments non consommés.

$$S = Ve - Vo$$

Profit cumulé : différence entre d'une part le montant des pouvoirs d'achat appliqués aux biens et services consommés depuis l'origine et décomptés à la valeur de consommation (Vc), donc de sortie du champ, et d'autre part la valeur d'entrée des éléments réels inclus dans ces biens et services (Vo).

$$P = Vc - Vo$$

Les équations du profit et du surplus ayant un terme commun (Vo = les éléments réels inclus, à leur valeur d'entrée, dans les biens consommés) les écarts quantitatifs ne dépendent que de l'autre terme (d'une part Ve = valeur d'entrée des éléments réels introduits, d'autre part Vc = valeur de sortie, c'est-à-dire de consommation, des compositions d'éléments réels en forme de biens et services = pouvoirs d'achat appliqués à cette valeur des biens de consommation). Le surplus réel prend en compte toutes les valeurs d'entrée des éléments réels introduits dans le champ depuis l'origine (Ve) tandis que le profit ne se décompte qu'à partir du montant des pouvoirs d'achat appliqués depuis l'origine aux biens et services consommés (Vc). Or, $Ve > Vc$, la différence entre Ve et Vc étant égale aux pouvoirs d'achat qui n'ont jamais été appliqués aux biens et services consommés (thésaurisation = TH).

Pour rapprocher le profit global cumulé du surplus réel cumulé, il faudrait que soient appliqués à l'acquisition des biens et services consommés tous les pouvoirs d'achat dans le champ, c'est-à-dire non seulement les réserves de thésaurisation mais aussi les pouvoirs d'achat fondés sur le profit. Jusqu'à concurrence de l'application des réserves de thésaurisation aux biens et services de consommation, le profit croîtrait et rejoindrait le surplus. Dans la mesure où on utiliserait en outre des éléments de pouvoirs d'achat représentatifs de profit pour l'acquisition des biens et services de consommation, tous les autres pouvoirs d'achat ayant déjà été appliqués à ces biens, on assisterait à une évolution parallèle du surplus et du profit. En effet, le profit serait alors réduit du montant correspondant aux éléments réels incorporés dans les biens et services consommés, le surplus étant par définition diminué du même montant. Ainsi le profit cumulé ne peut jamais être supérieur au surplus cumulé. L'épuisement des réserves de thésaurisation globale alignerait le profit sur le surplus. Si de surcroît les pouvoirs d'achat provenant du profit cumulé étaient dirigés sur les biens de consommation, le profit cumulé se réduirait de la même valeur que le surplus. *La limite maximale du profit global est donnée par le surplus global.* Mais le maintien de réserves d'abstention ou de différé de consommation étant nécessaire pour que s'exerce un pouvoir de choix sur des biens et services de plus en plus variés, il n'y a évidemment aucune chance de voir se résorber l'écart entre le surplus (éléments réels) et le profit (pouvoirs d'achat), même si l'allongement des détours de production faisait croître les profits encore plus rapidement que les pouvoirs d'achat thésaurisés. D'ailleurs, comme il sera indiqué plus loin, les pouvoirs d'achat thésaurisés proviennent de la valeur des heures de travail, elle-même indexée sur le profit. Par conséquent toute augmentation de celui-ci rétroagit en revalorisant les réserves de thésaurisation, dont les pouvoirs d'achat se renouvellent constamment.

3. *Entreprises et profits intermédiaires* (*ou anticipés*).

Entre les sujets et les groupes de sujets qui jalonnent le processus de formation des biens de consommation, les réserves, profits et surplus se répartissent suivant des mécanismes qui seront précisés dans une autre partie de cette étude. Mais dès maintenant il faut souligner le rôle des entreprises, car leur intervention infléchit quelque peu, dans le processus de production, la formation du profit global jusque dans son volume apparent. En utilisant les pouvoirs d'achat fondés sur leur propre profit les entrepreneurs investissent constamment, c'est-à-dire transfèrent à d'autres entreprises leurs disponibilités en pouvoirs d'achat, en échange de combinaisons d'éléments réels, sans qu'il y ait consommation c'est-à-dire génération de profit supplémentaire global ; dans une telle opération les pouvoirs d'achat se conservent dans leur totalité. Ces échanges assurent néanmoins une distribution du profit global entre les entreprises et participent ainsi à la formation d'une *structure secondaire des pouvoirs d'achat.* Le jeu de plusieurs entreprises tout au long du processus de production d'un même produit complique en effet les phénomènes décrits précédemment. Dans l'intervalle les entreprises *anticipent la plus-value* et se répartissent le profit correspondant. L'existence de telles phases intermédiaires ne modifie pas sensiblement le sens du processus global qui les enveloppe et les régularise. Toutefois la constatation du profit s'opérant par entreprise, le montant de la plus-value, que chacune a anticipée, se trouve incorporé en fait dans la valeur du surplus réel géré par les autres entreprises qui furent ses clientes. Dès lors il est plus exact de dire que le surplus est égal aux éléments réels non consommés, décomptés non à leur coût en travail mais à leur *valeur acquise* au stade du processus de production qu'ils ont atteint. Cette valeur est faite du travail originel majoré de la plus-value anticipée sur le produit de ce travail, en la forme que revêt ce produit lorsqu'il est apprécié dans son plus récent échange intermédiaire. Dans ces conditions, la relation entre le surplus (éléments réels) et le profit (pouvoirs d'achat) est la suivante :

Éléments réels — *Pouvoirs d'achat ou crédits réels*

Surplus (S) = Profits + Pouvoirs d'achat du travail de la dernière période (Thn) et des périodes antérieures (TH), non encore appliqués à l'acquisition de biens ou services (finals ou intermédiaires)

(PI + PF) (Thn + TH)

Coût en travail + Montant de la plus-value anticipée par les entreprises intermédiaires, au stade de production atteint

(TN) (PI)

Le profit se compose du *profit intermédiaire* fait par les entreprises sur leurs ventes à d'autres entreprises au titre de la plus-value anticipée (PI) et du *profit final* fait par les entreprises sur leurs ventes à la consommation (PF), chacun de ces profits étant déterminé par rapport au seul coût en travail incorporé dans la valeur des produits vendus.

TN + PI = PI + PF + TH + Thn, soit TN = PF + TH + Thn

* Pour une période donnée chacune de ces catégories se définit par le montant de sa variation.

Le coût en travail (TN) des produits non consommés engagés dans le processus de production est donc égal au profit final (PF) fait par les entreprises sur leurs ventes à la consommation, majoré du pouvoir d'achat primaire (lié au travail) qui n'a pas encore été appliqué à l'acquisition de biens et services, pouvoir d'achat en attente ou dont la fonction est provisoirement suspendue ou différée et que l'on a appelé la thésaurisation (TH + Thn). Sous réserve des mouvements de celle-ci, le profit réalisé sur les biens de consommation tend à représenter le coût en travail non consommé dans le processus de production.

Toutefois ce profit final est difficile à déterminer de manière concrète. Il n'est pas une catégorie directement donnée par le dispositif comptable traditionnel. En effet le profit apparent sur biens de consommation(PAc) est minoré des profits intermédiaires (PIc) qui se trouvent incorporés dans le coût des biens cédés aux consommateurs. Or ces profits intermédiaires inclus dans les coûts des biens consommés ne sont pas aisément distingués des coûts en travail qui leur sont associés, en raison de la complexité des itinéraires et des combinaisons qui jalonnent le processus de production. Il faut recourir à des processus globaux d'imputation pour déterminer ce qui dans l'ensemble du profit global est seul représentatif du travail non consommé et ce qui n'est qu'un profit intermédiaire (PI), anticipant, au stade de production atteint, sur la plus-value finale (PF). A cet effet on pourra admettre par exemple que le travail et le profit intermédiaire sont consommés (ou ne le sont pas) dans une période, au prorata de leur participation respective au coût de la production.

Le profit (pouvoir d'achat) comme le surplus (élément réel) se localisent et se manifestent également dans l'entreprise. Mais au niveau de chaque entreprise, il n'y a aucun lien entre les deux ; les surplus retenus par une entreprise ne correspondent pas aux profits qu'elle réalise. Observons cependant que l'ensemble des entreprises, et par conséquent des propriétaires, a le privilège de posséder à la fois le surplus et sa représentation, le profit, c'est-à-dire à peu près deux fois la même valeur. La position de surplus comporte des contraintes de production, qui en limitent ou du moins en disciplinent le droit d'usage sans toutefois exclure le droit de cession onéreuse en l'état de capital. La position de profit est pour sa part juridiquement plus disponible, puisque le pouvoir d'achat est un pouvoir général d'acquérir des éléments réels quelconques.

L'entreprise n'est cependant qu'un relais. Le processus économique va en réalité de l'homme qui produit à l'homme qui, en la consommant, juge de la valeur de la production. C'est un processus planétaire par lequel l'ordre progresse dans l'univers. Ce que l'humanité produit acquiert de plus en plus de valeur. Ce progrès de l'organisation s'exprime dans la croissance de son surplus et de son profit. En effet en s'allongeant dans le temps, en se diversifiant qualitativement et en plongeant dans les économies étrangères, le détour productif permet une complexité plus grande et des rouages de plus en plus précis, délicats et efficaces, eu égard à l'exercice de toutes les fonctions qu'impose la montée de l'ordre. Au sein de l'homme lui-même se produisent des processus biologiques et psychologiques qui relaient les processus économiques extérieurs et assurent la continuité des progrès du monde matériel et de ceux du monde intérieur à l'homme (intellectuel et spirituel). Mais les progrès réels et conjugués des deux champs, externe et interne, de l'homme, s'expriment dans le jugement permanent que les hommes formulent lors de la consommation de leurs propres produits. Le processus circulaire s'élargit, se diversifie, s'approfondit, se complique et s'étend à la mesure du profit et du surplus croissants. L'augmentation de valeur s'établit et se mesure par la croissance du profit. Pour s'exprimer réellement et se consolider, cette plus-value doit être incorporée dans le champ économique par un acte délibéré. Il ne suffit pas en effet de laisser subsister les pouvoirs d'achat concrétisant le profit à mesure qu'il s'élabore parallèlement à la croissance du surplus, les autres pouvoirs d'achat, qui représentent la valeur d'origine (ou acquise au cours des échanges intermédiaires) des éléments réels consommés, étant résorbés. Pour uniformiser la montée de la valeur dans le champ et aligner le coût du travail sur la hausse de valeur des produits que ce travail a réalisés mais aussi qu'il consomme pour se reproduire, il faut en outre, valoriser, à la mesure du profit, les nouveaux éléments qui entrent dans le champ. Ainsi s'établit un processus de valorisation qui demande une étude particulière.

II. LE PROCESSUS DE VALORISATION.

Dans le processus de production, selon l'interprétation que nous venons d'en donner, la notion de valeur d'origine ou d'entrée des éléments réels demeure toujours associée à ceux-ci jusqu'à ce qu'ils disparaissent par la consommation. Mais ces éléments réels sont alors combinés dans de nouvelles formes dont la valeur est supérieure au total des valeurs d'origine des composants. Cette valeur de consommation entretient des rapports avec la valeur d'origine dont il convient de préciser le sens : les deux valeurs sont liées par une chaîne d'ajustement réciproque continue.

Comment reconnaître et consolider cette valeur nouvelle, cette plus-value, source des profits ? Quels pouvoirs d'achat la représentent ? La catégorie de pouvoirs d'achat appelée profit n'a jamais pour contrepartie, dans le processus de production, que des éléments réels non consommés, appréciés à leur valeur d'origine. Si en revanche ce profit était décrit comme représentatif de la plus-value, serait-il encore possible d'affirmer qu'il est la contrepartie, en pouvoirs d'achat, des éléments réels non consommés présents dans le champ ? Des suppléments de pouvoirs d'achat semblent donc nécessaires pour consolider la plus-value, l'incorporer au champ économique. Ils ne seraient pas une surcharge inutile, quoique les biens de consommation sur lesquels la plus-value est apparue ne soient plus présents dans le champ économique. Pour une foule de raisons au contraire, l'introduction de pouvoirs d'achat complémentaires, représentatifs de la plus-value acquise, commande le bon fonctionnement de l'objet économique.

1) Les éléments réels entrent dans des combinaisons génératrices de plus-value par rapport à leurs composants, bien avant le stade final de la consommation. Ces combinaisons, sous l'aspect de formes réelles (matières premières, produits finis ou demi-finis, services d'entreprises), donnent lieu à des échanges inter-entreprises. Une première constatation de la plus-value acquise à ce stade doit pouvoir s'opérer, même si cette plus-value partielle, anticipant sur les valeurs de consommation, peut être remise en cause dans un sens ou dans l'autre par le jugement des consommateurs finals. Pour que ces groupements formateurs des futurs biens de consommation puissent circuler sans difficulté sur l'itinéraire productif et pour que cette circulation ne nécessite pas un prélèvement de pouvoirs d'achat compromettant l'apparition de la marge finale, il faut que le total des pouvoirs d'achat disponibles dans le champ soit supérieur à la valeur d'entrée des éléments réels, à concurrence du montant nécessaire à l'apparition progressive de la plus-value au fur et à mesure où les combinaisons productives la génèrent.

2) Pour faire apparaître une plus-value par différence entre deux termes, il faut que ceux-ci soient décomptés selon des valeurs différentes. On ne peut pas obtenir de plus-value globale si les deux termes, en l'occurrence d'une part les éléments réels et d'autre part les pouvoirs

d'achat, sont égaux. Tout au plus à l'intérieur du système pourrait-on constater alors des plus-values partielles compensées par des moins-values de secteurs. Pour qu'une véritable plus-value puisse se dégager, il faut maintenir une couche nominale de pouvoirs d'achat en excès par rapport à la valeur des éléments réels, telle que les variations de plus-value puissent s'y découper sans entamer la valeur d'entrée des éléments réels, sauf bien entendu en cas de dévalorisation réelle et manifeste de ces éléments réels, s'ils ont par exemple été incorporés dans des combinaisons impropres aux besoins humains ou sociaux.

Toutefois s'agissant de justifier un surhaussement des pouvoirs d'achat, la portée de ces deux premiers arguments pourrait être discutée. Car la condition de l'écart nécessaire entre l'ensemble des pouvoirs d'achat appliqués à l'échange dans une période et les éléments réels échangés dans la même période paraît être normalement assurée dans son principe par le processus de production lui-même. D'une part en effet, tous les éléments réels ne sont pas consommés ni même échangés dans la période, alors que les pouvoirs d'achat peuvent être appliqués intégralement aux échanges et même plusieurs fois successivement dans le cas des échanges intermédiaires qui, selon la logique du système, ne les font pas disparaître. D'autre part, tout se passe comme si le profit anticipé se conservait en pouvoirs d'achat, exactement comme le profit final, puisque le processus de production les associe dans la montée de la plus-value. Pourtant ces écarts ne se consolident pas d'eux-mêmes. Car au surhaussement du profit correspond un surhaussement égal de la valeur du surplus, c'est-à-dire des éléments réels. Dès lors la couche d'apport annuelle de pouvoirs d'achat nouveaux du fait des éléments réels introduits (le travail) perdrait constamment de son importance relative et la formation de plus-value, qui fait la dénivellation de valeur des produits consommés par rapport à leurs coûts, se trouverait compromise d'abord, annulée ensuite, par une insuffisance de pouvoirs d'achat appliqués aux échanges, eu égard à la valeur acquise des produits échangés. Évolution confirmée par les autres points de l'argumentation.

3) Pour respecter l'équilibre d'équivalence qui préside aux échanges ininterrompus, il faut que toute cession de biens réels par des sujets leur laisse en contrepartie la totalité du pouvoir d'achat correspondant à la valeur acquise par ce bien. Or le processus de production ne laisse à la disposition des sujets qu'un total de pouvoirs d'achat égal aux éléments réels non consommés. C'est dire que la plus-value réalisée n'est pas représentée dans l'ensemble des pouvoirs d'achat. Dès lors l'équivalence des actes d'échange ne pourrait se maintenir que par une élimination d'éléments réels à concurrence du montant de la plus-value.

4) Entre les éléments réels de base introduits dans le champ et les combinaisons finales de consommation, le processus de production fait naître un délai parfois considérable, croissant dans l'ensemble du fait de la division du travail et des progrès techniques. C'est ce délai qui fait apparaître le profit. Car la distorsion croissante entre les éléments réels qui entrent et ceux qui sortent permet dans une période de reporter sur les éléments réels consommés (inférieurs aux éléments introduits dans la période) les pouvoirs d'achat issus des éléments réels non consommés. Mais le cycle production-consommation ne se distend ainsi sur un temps de bouclage de longueur croissante que si on l'envisage sous l'aspect des biens réels en formation. C'est en effet le processus intrinsèque et technique de production de chaque bien ou service consommable qui subit un allongement des délais. En revanche, pour les sujets, le cycle production-consommation ne cesse pas de revêtir un caractère immédiat. Pour consommer au moins l'équivalent de ce qu'il a fourni, le sujet ne peut pas se permettre d'attendre les fruits directs de sa contribution productive, au terme d'un long processus. Par conséquent, pour juger du cycle production-consommation, selon l'optique qui doit être celle de l'ensemble des sujets, il faut écarter le processus vertical de production des biens et aborder le champ horizontalement comme s'il n'avait pas de profondeur. Dans cette comparaison structurelle, où le temps s'analyse simplement en périodes d'opérations compensées, se borner à maintenir la stricte équivalence des éléments réels dans le champ et des pouvoirs d'achat donnant pouvoir sur ces éléments, contraindrait les sujets à ne pas récupérer l'équivalent de ce qu'ils ont fourni. Même en cédant tous les pouvoirs d'achat dont ils disposent, ils ne pourraient jamais en effet consommer qu'une fraction d'éléments réels très inférieure en quantité et en qualité aux éléments réels qu'ils ont apportés au cours de la même période ; par le jeu de la plus-value des combinaisons productives ils auraient à donner pour obtenir la jouissance de chacune de celles-ci des pouvoirs d'achat supérieurs au total des éléments réels composants, lesquels sont par hypothèse décomptés selon la même échelle de valeur que les pouvoirs d'achat perçus dans la période où ils ont été produits.

5) Lorsqu'on prend en considération l'évolution du processus productif dans le long terme, il faut s'attendre à un blocage de la croissance, si les nouveaux éléments réels introduits dans le champ gardent globalement le même niveau de valeur, quel que soit le perfectionnement des combinaisons productives, leur degré d'organisation. Le champ économique ne serait pas sensibilisé à la progression qualitative des structures réelles. Les progrès de la plus-value ne pourraient pas s'exprimer sauf bien entendu par le moyen de la réduc-

tion des éléments réels consommés, qui libérerait ainsi le surcroît de pouvoirs d'achat nécessaire à la formation de la plus-value (pouvoirs d'achat passant dans la catégorie du profit). Or du point de vue des producteurs de base, les hommes, il serait paradoxal que la progression qualitative se fonde sur une réduction quantitative de leurs droits. Car ce qu'ils gagneraient d'un côté, ils le perdraient de l'autre. Le même phénomène de la plus-value s'analyse selon deux itinéraires inverses : un progrès qualitatif et une régression quantitative. Ou bien un même élément réel acquiert une valeur plus grande ou bien la même valeur est représentée par moins d'éléments réels. Il ne serait guère justifié que pour obtenir l'avantage de biens de consommation dotés de plus-value (qualité), les hommes ne puissent pas, sur l'ensemble de leur consommation d'une période, récupérer la totalité de l'équivalent des éléments réels qu'ils ont fournis pendant cette période (quantité). Ils seraient frustrés d'une partie de leur apport. Cette frustration s'accroîtrait avec la croissance de la plus-value. Finalement le bénéfice réel de l'opération leur échapperait. Personne d'autre, pas même les sujets intermédiaires producteurs (entreprises), n'en seraient bénéficiaires. Les consommateurs ne seraient pas en mesure d'absorber tout le flot des éléments réels, toujours retardé dans son écoulement. L'écart se creusant entre les débouchés de consommation et les apports réels, supposés constants au début, induirait rapidement d'abord un arrêt de la progression de la plus-value, puis une régression de celle-ci. Finalement les éléments réels et les pouvoirs d'achat régresseraient ensemble, le tout se manifestant par la baisse des indices économiques : profit — prix — emploi — activité. La croissance se bloquerait et le système se détériorerait en profondeur. C'est d'ailleurs ce que les plus grands économistes, de Marx à Keynes, ont dénoncé vigoureusement dans leurs systèmes respectifs d'analyse, en mettant plutôt l'accent sur les effets de la réduction des profits. Car en l'absence de revalorisation des nouveaux apports de travail en termes de pouvoirs d'achat, le taux du profit rapporté à la valeur réelle existant dans le champ serait affecté d'un mouvement régressif continu à mesure de la croissance des éléments réels chargés de plus-value anticipée, en supposant à la fois la constance des apports réels d'une période à l'autre et le maintien d'un même taux de consommation. Il n'est pas besoin de souligner combien la réduction du taux du profit est un indice fâcheux qui va à contresens de la croissance, en brise l'élan, et précipite l'objet économique dans un processus de décontraction des réseaux, de ruine des structures les plus délicates. En fait, si dans la réalité, les pouvoirs d'achat n'avaient jamais pu excéder les éléments réels, la croissance n'aurait pas pu véritablement s'amorcer. Les divers modes de représentation des pouvoirs d'achat adoptés par les hommes ont généralement conduit, sauf dans certaines périodes, à un excédent global de pouvoirs d'achat sur les éléments réels disponibles pour l'échange ; ainsi ont pu se former une plus-value et un profit suffisants pour entretenir la croissance.

6) La disparition apparente des biens et services, lors de leur consommation par les hommes qui jugent ainsi de leur valeur, n'est en réalité qu'une intégration de ces biens dans un processus productif plus large où le sujet humain intervient lui-même comme un bien-relais de production, permettant d'accéder à une meilleure organisation de l'ensemble de l'objet économique. En se consommant chez l'homme, le bien que ce dernier a produit ne fait que se transformer comme dans tout le processus productif. Les biens et services consommés entrent comme composante de l'énergie humaine, facteur de formation des éléments réels. Le cercle se referme sur l'homme en engendrant du même coup une orbite plus large. A l'échelle globale, le processus productif n'est pas interrompu par la consommation humaine. Le cycle production-consommation n'est qu'un découpage, un rouage interne de détermination de stades, de paliers de valeur, au sein d'un mouvement ininterrompu qui voit les éléments réels se combiner selon des structures toujours plus complexes, plus denses et plus efficaces. En définitive, les biens et services consommés ne disparaissent donc pas de l'objet économique. Ils s'incorporent dans un ensemble plus élaboré où l'énergie humaine, alimentée par la consommation, sécrète un produit de valeur croissante. Par conséquent il n'y a pas lieu de rejeter la valorisation des apports d'éléments réels c'est-à-dire de travail, en fonction du profit constaté sur les biens consommés, sous le prétexte que ces biens, ayant fondé la plus-value, ont disparu du champ dans la forme qu'ils revêtaient. Cette plus-value conserve en effet son assise réelle, les hommes l'ayant incorporée, avec les biens et services consommés, dans les processus de formation de l'énergie humaine génératrice de nouveaux éléments réels. Pour ne pas interrompre le progrès général, il est nécessaire que les pouvoirs d'achat se proportionnent à cette plus-value définitivement intégrée dans l'ordre réel des choses.

La revalorisation continue des apports réels (travail) repose sur une idée de base : l'ensemble des sujets producteurs doit disposer, dans une période, des pouvoirs d'achat correspondant à l'apport de travail de la période, majoré de la plus-value résultant des combinaisons productives appréciées au moment de leur consommation. Au fur et à mesure que le jeu du cycle production-consommation, assorti des choix et du jugement des hommes, développe au sein de l'objet économique une structure toujours plus complexe et une qualité croissante d'organisation et de fonction, le champ économique dans son entier doit être sensibilisé à l'augmentation continue de la valeur. Les éléments directement issus du travail, introduits à la période $n + 1$, valent plus que le même nombre d'éléments semblables introduits à la période n. C'est précisément le profit mesuré à la sortie qui permet de déterminer la plus-value dont les prochaines valeurs d'entrée doivent être majorées. L'homme dans son essence, et non dans ses catégories particulières, est au premier stade le bénéficiaire en même temps que le juge de la valorisation. C'est une question d'équilibre du système plus que de justice. *L'homme est le relais technique par où la valeur qu'il érige et qu'il révèle au niveau de la matière doit s'homogénéiser en flux continu et s'incorporer totalement à l'ordre naturel.*

Quel est le mode d'insertion, dans le champ, des pouvoirs d'achat complémentaires destinés à représenter la plus-value que les hommes ont fait apparaître en décidant librement de consommer les biens pour une valeur supérieure à la somme de leurs composants ?

Bien entendu, il ne saurait être question de distribuer aux travailleurs de base le profit, catégorie de pouvoirs d'achat gagée sur des éléments réels non consommés et non revalorisés (appréciés à leur valeur d'entrée ou à la valeur provisoirement acquise au cours du processus de production), en le prélevant chez ceux des producteurs qui l'ont capté. Une telle opération s'analyserait en un simple transfert, sans introduction des pouvoirs d'achat supplémentaires indispensables pour l'équilibre et la croissance. Mais les sujets productifs, parmi lesquels l'entreprise se place au premier rang, ne peuvent être retenus ensemble comme bénéficiaires directs de l'introduction des nouveaux pouvoirs d'achat représentatifs de la plus-value, à proportion de leurs contributions productives. D'une façon générale, il ne faut jamais perdre de vue que les sujets intermédiaires et collectifs, comme les entreprises, mettent seulement en jeu des valeurs déjà introduites dans le champ par les sujets individuels de base. L'action de l'entreprise, sujet de composition, se borne à replacer dans de nouvelles structures aussi bien les éléments réels que les pouvoirs d'achat. Au niveau de l'objet économique global, c'est toujours commettre une sorte de double emploi que de prendre un élément structurel à la fois dans les formes qu'il revêt à l'égard des sujets de base et dans celles qu'il prend chez les sujets intermédiaires. Mais ceux-ci ne pourraient-ils pas recueillir seuls la charge d'introduire dans le champ les pouvoirs d'achat additionnels ? Il leur incomberait alors de répartir ce complément. Cela reviendrait presque à doubler en leur faveur la mise de pouvoirs d'achat que le profit a déjà, par captage, placée entre leurs mains. Une grave source de confusion serait instituée. Les entreprises seraient tentées d'associer, dans leur répartition, les pouvoirs d'achat obtenus par le jeu de la formation du profit et ceux qui viennent, en addition, représenter la plus-value réalisée sur les biens consommés. Autrement dit, l'entreprise répercuterait, selon un critère unique de distribution, deux catégories différentes de pouvoirs d'achat, qui devraient plutôt suivre deux filières différentes pour se mettre en place. Le moins qu'on puisse dire est que cette méthode aggraverait encore le déséquilibre au détriment des sujets de base. Il semble d'ailleurs qu'un tel phénomène se manifeste dans les systèmes actuels de formation et d'insertion des pouvoirs d'achat. Pour les évaluer et les introduire, ces systèmes utilisent en effet, pour une grande part, la voie des sujets intermédiaires, qui sont dès lors responsables de la distribution des pouvoirs d'achat aux sujets de base, et infléchissent la répartition d'après les motivations spécifiques qui existent à leur niveau.

Finalement, le mode d'insertion le plus conforme à la signification du processus de valorisation est aussi le plus direct : *celui qui impute, sans rétroactivité, sur l'unité d'élément réel dès son entrée dans le champ, la plus-value constatée à la sortie sur l'unité des éléments réels combinés dans les biens de consommation.* Ainsi la valeur apparue à la pointe structurelle de l'organisation est incorporée selon un circuit ininterrompu dans l'assise-mère où les nappes de structures trouvent leur origine. Dans cette optique la valorisation des pouvoirs d'achat s'effectuerait comme suit.

Puisque les éléments réels, abstraction faite des biens importés, se réduisent en formes et combinaisons d'énergie humaine, l'unité d'éléments réels peut s'exprimer en unités de cette énergie. Celle-ci se manifeste d'abord dans le champ par des caractères physiques qui définissent son volume ; c'est le *temps de travail analysé en heures d'activité*, il dépend de la population active et des horaires de travail. L'importance quantitative des éléments réels se mesure donc en temps de travail horaire consacré à leur réalisation, à leur mise en état de disponibilité pour l'échange. Mais ce temps de travail n'exprime évidemment pas la valeur d'entrée des éléments réels. Il peut d'ailleurs ne pas être lui-même le temps effectif d'activité mais seulement le temps théorique, le temps idéal qui correspond à la capacité de travail d'une communauté, compte tenu de sa population active et de ses horaires légaux ou usuels de travail. Il sera donc valorisé en fonction du profit effectif.

La valeur d'une unité d'élément réel entrée au cours d'une période *n* sous forme d'heures de travail est égale à la valeur de sortie de cette même unité sous forme de biens de consommation au cours de la période *n-1*. Ce postulat se fonde sur l'idée que l'énergie humaine prise comme unité d'élément réel est le résultat des biens et services consommés pour la produire et peut prendre sa valeur dans celle qu'ont acquise les unités d'énergie humaine incluses dans ces biens et services, le jugement de l'homme intervenant au moment de la consommation pour déterminer le degré atteint par la progression de la valeur. Pour cet ajustement de valeur, il n'est pas possible d'associer consommation de biens et production d'énergie humaine de la même période. Car la plus-value ne se dégage dans le champ réel qu'au terme des combinaisons productives d'unités d'énergie humaine. Cette valorisation ne peut être transmise rétroactivement aux éléments d'énergie humaine inclus dans les biens consommés. Elle doit seulement émerger au niveau de l'énergie nouvelle nourrie par les biens et services valorisés suivant les options prises par les consommateurs.

On pourrait cependant contester l'équivalence : valeur d'entrée (période *n*) et valeur de sortie (période *n-1*), en observant que le processus d'élaboration de l'énergie humaine subit, comme celui des biens réels, un détour de production et que les biens et services consommés sont intégrés selon des degrés et des délais variables dans l'énergie produite. Beaucoup de consommations spécifiques de l'homme ont sur la quantité et la qualité de son énergie des effets étalés ou différés dans le temps. Elles constituent en réalité des investissements qui s'incorporent dans les coûts des flux d'énergie, selon des dosages dont les courbes revêtent des formes multiples. D'autre part, pour un individu, la courbe de consommation suit manifestement un tracé très différent de sa courbe de production. De telles distorsions rendraient extrêmement complexe l'évaluation du degré de valorisation réelle des unités d'énergie, en fonction de la consommation absorbée par les hommes. Globalement pourtant, les variations individuelles se compensent en se superposant dans une même période. Le champ réunit à tout moment des individus qui occupent toutes les positions des courbes de production et de consommation. En outre la prise en considération d'investissements au niveau du fonctionnement et du comportement biologique, physique, manuel ou intellectuel de l'homme, ferait naître globalement une distorsion quantitative croissante entre les éléments d'énergie produits et les éléments consommés. On serait tenté de l'interpréter comme le signe d'un progrès qualitatif, et de constater en conséquence la formation, au sein du complexe biologique humain, d'une autre plus-value dont les éléments de détermination nous échapperaient. Se produisant dans le champ biologique, elle n'est pas appréciable en termes économiques, c'est-à-dire qu'elle n'est pas directement accessible à la conscience humaine ou sociale. Elle ferait d'ailleurs double emploi avec la plus-value constatée sur les biens réels du champ économique. Le jeu du circuit continu production-consommation la répercute finalement sur cette plus-value réelle, puisque la qualité, l'efficacité de l'énergie humaine se reflètent dans la qualité et la quantité des biens produits. Le jugement des hommes intervient pour l'extérioriser à la fin de chaque cycle réel de production-consommation, dans la même forme que toutes les plus-values dues au concours et à l'apport spécifique de chacun des complexes productifs présents dans le champ économique. Celui-ci est sensible à tous les progrès de productivité qui se manifestent selon des indices spécifiques de consommation sur les plans physique (machine) ou biologique (corps humain). Il amplifie l'information partielle émanant de ces plans, car il la transcrit systématiquement dans un langage qui aussitôt retentit à la totalité de sa surface. La valeur représentée inonde le champ comme une marée montante. Partout à la fois, en même temps, même si elle tire ses progrès de très fortes dissymétries et de l'inégalité des forces. Le taux de valorisation dégagé dans le champ économique inclut par conséquent les plus-values qui se manifestent dans le champ biologique.

La valeur d'entrée des éléments réels (énergie humaine) introduits dans le champ au cours d'une période *n* sera obtenue en multipliant le temps physique exprimant le volume (mesure quantitative) de ces éléments (déjà valorisé selon les coefficients résultant de la progression de la valeur au cours des périodes antérieures) par un nouveau *coefficient de valorisation* calculé suivant le rapport ci-après, constaté à l'issue de la période $n - 1$:

$$\frac{\text{pouvoirs d'achats appliqués aux biens de consommation}}{\text{valeur d'entrée des éléments réels inclus dans ces biens}}$$

Ainsi l'heure d'activité, dont le nombre fait le volume des éléments réels, sera progressivement valorisée de période en période (l'année) par un coefficient variable dépendant de la plus-value d'organisation constatée dans le champ économique à la suite des jugements formulés dans les consciences humaines. Il est légitime de considérer que la valeur du travail augmente à la mesure de la réduction du travail nécessaire à sa propre reproduction, ou, ce qui revient au même, à la mesure de l'augmentation du travail non consommé, laquelle s'appréhende en gros par le profit. Parallèlement les pouvoirs d'achat, toujours égaux aux éléments réels en place ou introduits dans le champ, suivent cette progression de la valeur.

En admettant à titre d'hypothèse le maintien en volume du flux d'éléments réels entrant nouvellement dans le champ, ceux-ci seront évalués pour le montant de la valeur d'entrée, acquise à l'ouverture de la période antérieure, majorée de la plus-value sur biens de consommation réalisée au cours de cette période. Cette plus-value correspond, en termes de pouvoirs d'achat, au profit final. Dès lors le champ économique s'enrichira d'un montant supplémentaire de pouvoirs d'achat proportionnel à cette plus-value, indépendamment des pouvoirs d'achat directement maintenus au titre des profits.

Les éléments réels, assise de la production, qui doivent être revalorisés périodiquement d'après la plus-value constatée sont les *heures de travail* décomptées à la base en termes physiques et homogènes, quelle que soit leur productivité (celle-ci étant variable suivant le sujet et la nature du travail). Ainsi le champ économique comporte-t-il, à tout moment, des éléments réels combinés, dont les coûts élémentaires ont été valorisés à des taux variables suivant la période au cours de laquelle ils ont été introduits.

La plus-value intégrée au processus de valorisation ne doit pas comprendre celle que les entreprises anticipent. Seule la plus-value finale constatée sur les biens de consommation (écart entre le travail incorporé et la valeur de cession au consommateur) mesure le véritable progrès de la valeur absorbée pour la reproduction des prestations réelles de travail (ou d'énergie humaine). En revanche à cette plus-value finale ne conviendrait-il pas d'ajouter, pour exprimer le progrès de la valeur du travail, la croissance nette de la part non définitivement consommée des biens durables d'équipement acquis par les ménages et les administrations, cette part étant évaluée au seul coût en travail incorporé, sans les plus-values nécessairement incluses dans la valeur d'acquisition des biens en cause ? Par ailleurs, le travail national non consommé, inclus dans les flux d'exportation, devrait entrer dans le calcul de la plus-value prise en compte pour la valorisation du travail. Le calcul du coefficient de valorisation se ferait donc sur un mode composite quoique global.

Appliquée à l'ensemble des temps d'activité, la valorisation donne une valeur horaire moyenne qui ne peut avoir qu'une signification statistique. Dans la pratique se pose le problème des qualités différentes des heures productives. Ce problème sera résolu par des distorsions introduites dans la répartition de la valeur globale entre les sujets. Plusieurs catégories d'heures d'activité pourront être éventuellement définies, l'heure d'activité étant elle-même divisée en compartiments assujettis à des règles de répartition différentes. L'institution de plusieurs niveaux de distribution, permettra de tenir compte des différences entre sujets (qualités — compétence — âge — efficacité — fonction) et des facteurs sociaux dont la mise en œuvre exige des solutions collectives (besoins de la famille et de l'État, sécurité sociale...).

Grâce aux processus de production et de valorisation, la dimension externe des pouvoirs d'achat, leur enveloppe, se moule exactement sur le volume réel du travail introduit dans le champ, à des échelles de valeur différentes et croissantes tenant compte du progrès de l'ordre économique. Mais aussitôt apparus, ces pouvoirs d'achat suivent dans leur dessin interne une évolution totalement étrangère à celle des éléments réels ; des processus spécifiques de répartitions interviennent, liés à des considérations productives ou sociales. Les pouvoirs d'achat sont alors dissociés suivant des structures appropriées, extrêmement mobiles d'ailleurs puisque ces pouvoirs d'achat peuvent se transférer avec la plus grande rapidité et selon les compositions les plus diverses d'un sujet à l'autre, grâce surtout au mécanisme des prêts.

III. LES PROCESSUS DE RÉPARTITIONS.

Les répartitions portent directement sur des pouvoirs d'achat mais elles ont pour objet principal, quoique indirect, de distribuer aux hommes, pour satisfaire leurs besoins, les biens et services, c'est-à-dire les éléments réels engagés dans les processus de production, de transfert et de valorisation, au cours desquels sont nés les pouvoirs d'achat qui les ont dédoublés. Les répartitions montrent comment chaque sujet accède à la possession d'une certaine quantité de pouvoirs d'achat. Mais elles sont, en profondeur, la voie intermédiaire et nécessaire que les hommes doivent emprunter pour obtenir les satisfactions réelles.

La répartition est opposée souvent au processus de production-consommation. Dans la séquence qui enchaîne indéfiniment la production et la consommation, elle constitue en effet l'étape intermédiaire qui opère le passage des structures du produit offert à celles de sa demande. C'est bien là une des fonctions de la répartition. Cependant le concept est plus large et il participe notamment lui-même de la production, en ce sens que certains mécanismes de répartition parmi les plus importants font partie intégrante du processus de production. De plus le rythme, la figure et l'efficacité de ce dernier sont largement déterminés par le tableau d'ensemble des résultats cumulés et associés des processus de répartition de toutes catégories. Ces processus découpent, appuient, propulsent, orientent et articulent celui de la production dont ils constituent en quelque sorte la structure composante interne. C'est dire que le contour, le volume, le mouvement et la qualité du couple production-consommation sont le résultat des liaisons internes de la répartition. Toutefois, l'étude de la production et celle de la répartition relèvent de démarches de pensée différentes. Le processus de production est *synthétique*. Il regroupe tous les actes élémentaires dans un même dessin et dans une seule poussée, amalgamant des forces différenciées, alors que les systèmes de répartition sont multiples même s'ils s'entrecroisent et s'annexent au processus de production ou de valorisation. A l'égard de la répartition notre tâche sera essentiellement *analytique*. Il faut démêler des systèmes distincts et autonomes, établir une nomenclature des répartitions, en bref faire de la taxonomie. Cette approche est fondamentale. Le phénomène de la répartition recèle en effet une structure de feuilletage, où les strates sont enchevêtrées. Impossible d'accéder au tréfonds des mécanismes de l'économie, si la répartition est interprétée comme un phénomène plat, alors qu'elle dispose plusieurs séries d'étages autour des processus de production et de consommation, où se loge le cœur de l'objet économique.

Pour obtenir la répartition dans sa plus grande dimension, il ne faut pas se borner à observer l'appropriation des éléments nouveaux (pouvoirs d'achat ou éléments réels). En effet la répartition embrasse toujours en fait des éléments déjà appropriés et elle met en jeu dans les même processus aussi bien des éléments nouveaux que des éléments anciens, généralement étroitement associés entre eux. Tout le champ économique, tous les pouvoirs d'achat en place sont remaniés constamment par les phénomènes de répartition. Les mécanismes de répartition étant nombreux, il existe des structures de regroupement autour de quelques points de vue : qualité ou intention du sujet ; relation entretenue avec le processus de production ; forme et durée du processus de répartition lui-même ; ordre de succession des processus (cf. tableau page 298).

Critère majeur de distinction retenu dans le tableau, la *réversibilité* doit être appréciée seulement en termes de pouvoir d'achat par rapport à un même sujet. Il y a réversibilité lorsque la personne même qui cède des pouvoirs d'achat est appelée à recevoir en retour, par le jeu même du processus, des pouvoirs d'achat en relation directe avec l'acte de cession initial. Ce peut être aussi la même personne qui d'abord reçoit, puis cède ultérieurement les pouvoirs d'achat dans des conditions fixées d'avance. Mais le fait qu'à une cession de pouvoirs d'achat soit associée simplement une contrepartie en biens et services, directe ou indirecte (ce qui est le cas général des cessions de pouvoirs d'achat, à l'exception des dons ou inversement des spoliations) ne suffit pas pour satisfaire au critère de réversibilité. On a distingué, de ce point de vue : les processus irréversibles (le don, l'échange, les impôts) ; les processus à réversibilité imparfaite (l'assurance) ; les processus réversibles (les constitutions de créances et les emprunts).

Il est également très important de distinguer des autres les répar-

TABLEAU DES PROCESSUS DE RÉPARTITIONS

I. Processus irréversibles	A. *Individuel et volontaire.*	1) Unilatéral. 2) Bilatéral.	Don. Échange.	*Associé au processus de production.* Rémunération des services productifs rendus par : les individus les entreprises	*Non associé au processus de production.* Cession de biens et services hors du circuit productif.
	B. *Collectif.* *a*) Avec contrainte. Adhésion obligatoire.	1) Générale.	Prélèvement fiscal (impôts).	Cf. Tableau des impôts.	
		2) Sectorielle.	– Taxes parafiscales. – Charges sociales.	– Cotisations professionnelles. – Cotisation patronale S. S., A. F. et caisse de retraite.	
			– Participation obligatoire des bénéficiaires au financement de services collectifs ou individuels.	– Cotisation S. S. du salarié.	
	b) Sans contrainte. Adhésion facultative		– Participation facultative à des systèmes de gestion d'intérêts collectifs (asso-	Syndicats et associations professionnelles.	Syndicats ouvriers et associations non professionnelles.

bilité imparfaite				production et les biens capitaux engagés.	production.
III. Processus réversibles	A. Constitution de créances.	1) Système de la capitalisation. 2) Système de la répartition.	Retraites et paiement de capital différé.		Cotisations payées par les futurs bénéficiaires de rentes ou de versements de capital.
	B. Emprunts.	1) En dehors des institutions financières.		Obligations. Actions.	Emprunts privés.
		2) Aux institutions financières.	*a*) Répartition réversible de pouvoirs d'achats existants. *b*) Répartition réversible de pouvoirs d'achat créés en même temps.	Crédits bancaires à l'État ou à l'économie.	Crédits au public pour la consommation.
		3) Entre institutions financières.			

titions qui épousent les formes du processus de production, et même s'identifient à des coupes inter-sujets de ce processus. En effet la répartition donne la structure interne de la production en général et de chaque produit en particulier, simultanément en termes de facteurs (sources du produit) et en termes de transferts (distribution des pouvoirs d'achat qui le représentent à ses stades successifs de formation). En outre la décision humaine qui est à l'origine du processus de répartition se trouve, lorsque celui-ci est associé à la production, portée *au second degré*. Car le pouvoir de décision est délégué aux entrepreneurs qui ainsi répartissent des pouvoirs d'achat pour le compte d'autres sujets (salariés et fournisseurs), à leur profit ou à leur détriment. La médiation de l'entrepreneur entretient un risque permanent de déviation, d'iniquité et de rigidité abusive lorsque des moules et des grilles nationales, uniformes et intangibles, ne sont pas directement appliquées à certaines répartitions fondamentales et que des règles impérieuses ou des garanties formelles ne guident pas les répartitions dictées par l'entreprise. Les autres systèmes de répartition, où la décision est également portée au deuxième degré, ont alors souvent pour objet de corriger des distributions primaires que l'organisme social juge mal venues.

A. Processus irréversibles.

L'opération de répartition n'est pas réversible, lorsqu'elle ne comporte pas elle-même la voie de retour des pouvoirs d'achat. Tels sont le don, l'échange, la contrainte.

1° *Le don* est une forme marginale qui d'ailleurs n'est souvent qu'un échange informel. Économiquement parlant, il appelle peu de commentaires, en raison de sa faible importance quantitative. Toutefois les actes sans contrepartie directe, accomplis par les organismes publics sous forme d'assistance, de subvention intérieure ou d'aide extérieure, constituent bien souvent une manifestation politique, par laquelle les États tentent de corriger les erreurs d'organisation et les troubles de fonctionnement ou d'influencer les comportements soit de leurs sujets soit des étrangers en faveur de leurs desseins. Bien plus que d'un mode raffiné d'intervention publique, il s'agit d'ordres prescrits de la manière la plus persuasive. A cette douce contrainte s'apparentent, comme dons implicites, les réductions d'impôts : allégements globaux ou différentiels décidés par la puissance publique en vue de réaliser certains objectifs. Le don est sans doute la forme la moins douloureuse que puissent prendre l'autorité et la contrainte.

2° *L'échange* est le procédé élémentaire de répartition le plus courant. Il porte sur des biens ou services cédés contre des pouvoirs d'achat. Un acte d'échange peut être ponctuel (la vente) ou durable (le louage). En ce dernier cas, la cession consiste en un prêt de biens dont les services sont rémunérés périodiquement par les pouvoirs d'achat que le locataire verse au loueur.

L'association fréquente de l'échange au processus de production masque sa participation essentielle aux plus importants des mécanismes de répartition. En effet ces derniers se calquent précisément, au point de s'y confondre, sur la structure du produit. Ce regroupement des opérations d'échange dans la figure conjointe de la production et de la répartition dégage un principe de classement des différents processus de répartition ; ceux-ci peuvent dès lors être significativement ordonnés selon le rang qu'ils occupent par rapport au processus de production lui-même et aux étapes qui le constituent. *Au premier rang*, le processus de base répartit les pouvoirs d'achat entre les travailleurs sous l'égide de l'entrepreneur et selon les lois de l'entreprise, et en même temps en incorpore la valeur dans le produit. Cette répartition et cette incorporation simultanées s'effectuent, si la comptabilité est bien faite, au prorata du temps passé par chaque travailleur pour chaque produit, compte tenu de la valeur attribuée à l'apport de chacun ; cette valeur peut être qualitativement homogène quel que soit le fournisseur ou varier suivant la qualité de l'apport ou du fournisseur. Mais ce qui est distribué ainsi est délimité au total par la capacité de travail existant dans la communauté. *Au dernier rang*, l'achat de consommation annihile, sous l'égide des sujets de toutes catégories et selon la loi des consommateurs finals, les pouvoirs d'achat correspondant au travail incorporé dans les produits consommés et répartit entre les sujets intermédiaires (les entreprises), sous le nom de profit dégagé par les plus-values de production, les pouvoirs d'achat correspondant aux biens non consommés. Ce processus terminal se décontracte lui-même en deux phases logiquement successives et de formes légèrement différentes mais qui dans la réalité s'interpénètrent globalement sans ordre apparent. D'une part, et normalement en première étape, les échanges intermédiaires entre les entreprises. Aucun pouvoir d'achat ne doit disparaître, tant que le produit ne se consomme pas lui-même de façon définitive. Les pouvoirs d'achat tendent alors à se redistribuer sous l'empire du calcul économique des entreprises en s'échangeant contre le produit en cours d'élaboration. Un profit intermédiaire qui anticipe le profit final s'associe à cette redistribution en épousant la plus-value constatée contradictoirement lors des opérations d'échange. D'autre part, des achats pour consommation définitive sous l'empire des jugements des individus consommateurs. Seuls ces échanges finals effacent les pouvoirs d'achat, ne conservant à la disposition des entreprises que les pouvoirs d'achat représentatifs de la plus-value définitive sur le produit consommé (profit final). Les entreprises placées au terme des processus de production prennent ainsi le risque d'une anticipation trop forte du profit au cours des phases antérieures : excédant le profit final, cette anticipation les mettrait en perte.

A l'égard de ces processus fondamentaux de distribution qui s'ordonnent sur ceux de production, les autres mécanismes de répartition, qu'ils soient ou non fondés sur l'échange, prennent des *rangs intermédiaires*. Ils intéressent d'ailleurs surtout les catégories que nous étudierons par la suite. Car ceux qui, en dehors du processus de production-consommation, revêtent la forme de l'échange pur et simple sont bien délimités. Les transferts à titre onéreux de capitaux productifs réels entre les entreprises (ventes et achats d'entreprises en termes réels : fonds de commerce etc.) s'intègrent de manière échelonnée dans le processus de production et dans celui de la répartition qui lui est associée ; ces transferts opèrent, en bloc et avec des effets prolongés sur plusieurs années de gestion, des trains de modifications affectant à la fois des structures de produits et des structures d'achats. Un peu en marge de l'économie, l'échange non-productif, portant sur des prestations réelles non-capitalisées, constitue le domaine des cessions occasionnelles souvent hors commerce, affectant des biens considérés comme déjà consommés. Moins négligeables, les échanges financiers, actes de transfert de capitaux financiers représentant des capitaux réels, modifient la distribution des pouvoirs d'achat dans les entreprises et surtout chez les consommateurs. C'est principalement le marché boursier qui sert de grille de transfert des pouvoirs d'achat entre les sujets dont les décisions sont commandées par l'évolution spéculative de la valeur des titres financiers (actions et obligations).

3° *La contrainte : le prélèvement fiscal.* — Le prélèvement forcé de pouvoirs d'achat modifie les données de la distribution réalisée par la production. Il relève d'une responsabilité très spécifique, celle de l'État qui seul peut légitimement se conférer à lui-même, ou conférer à des organismes autonomes, le privilège de la contrainte. Ce prélèvement, l'impôt et les taxes assimilées, doit être associé au cycle complet des flux financiers brassés dans le budget. Celui-ci s'analyse en un processus de répartition à double incidence. La distribution des pouvoirs d'achat se trouve en effet modifiée deux fois par le même processus budgétaire : en amont par le prélèvement et en aval par l'emploi des pouvoirs d'achat (don ou échange). Le problème de l'impôt et des dépenses publiques fait à lui tout seul la matière d'une discipline ni plus simple ni plus concluante que l'économie. En renonçant aux thèmes traditionnels de la science financière, nous évoquerons seulement quelques idées qui sont certainement à la base du rôle et du comportement économiques de l'État, derrière les méandres, les détours et les travestis du langage budgétaire.

Côté emplois, l'État intervient essentiellement sous deux figures : — producteur de services, pour lesquels il consomme du travail, des biens et des services, — opérateur de transferts.

a) *L'État producteur ou consommateur*. Dans les masses nationales réelles l'État prélève du travail (fonction publique), des biens et services de consommation et des biens d'équipement qu'il combine pour produire des services satisfaisant des besoins collectifs ou individuels, ou transfère purement et simplement les biens et services à ceux qui en ont besoin. Il n'est pas douteux que l'État est foncièrement un producteur de services réels répondant à d'impérieux besoins collectifs ou individuels, même si aucun processus ne permet de faire directement apparaître la valeur de ces services. Ces derniers ne sont généralement pas vendus ; ils ne sont pas offerts à un choix déclaratif de valeur, en termes du système des prix, comme les biens et services offerts par les entreprises. D'ailleurs lorsqu'ils sont exceptionnellement vendus, ou lorsque la masse fiscale est interprétée comme le prix d'une vente globale des services rendus par l'État, ces services ne peuvent jamais être décomptés que pour leurs coûts. Seules sont donc chiffrées les valeurs des composants. Mais le total de ces valeurs (les coûts) n'a pas de signification du point de vue de la valeur du service fourni par l'État, service qui est la combinaison du travail des fonctionnaires, des biens et des services acquis sur le marché, et d'une organisation propre à l'administration. La plus-value qui se forme par la combinaison et fait la différence entre la valeur du tout (le service rendu par l'État) et celles des composants (les coûts des éléments combinés) n'est pas traduite par le processus des finances publiques.

En réalité, si elle n'apparaît pas lorsque l'État fournit la prestation ou fait payer l'impôt, la valeur des prestations réelles de l'État se trouve reportée dans celle des autres prestations rendues par le système productif. Car l'efficacité sociale des services rendus par l'État s'exprime directement dans les qualités et les quantités produites par l'ensemble du pays, en sorte que la quantité des heures de travail non consommées (et donc le profit) croît normalement, entre autres causes, du fait des concours en tous genres apportés par l'État, même si ces concours présentent un caractère diffus, non identifiable ou non directement imputable. Le processus de valorisation intègre donc sans la spécifier la croissance des valeurs imputables à l'action de l'État.

A défaut de pouvoir sensibiliser directement l'intervention publique au progrès de la valeur, la production réelle des biens et services par l'État n'est saisie que sous l'angle de ses composantes. On exprime en termes monétaires la valeur des heures et services acquis pour être consommés en vue de cette production réelle. Dès lors, monétairement parlant, on doit retenir le concept de consommation publique (mais intermédiaire et non finale) plutôt que celui de production pour définir le comportement économique général de l'État. Il est inutile de s'attacher à une production dont on ne peut mesurer la valeur. En revanche le produit de l'État se trouvera valorisé chez d'autres sujets (les entrepreneurs) qui sont eux traités en vrais producteurs par le système, puisque c'est précisément chez eux que la valeur s'établit grâce aux processus d'échange.

b) *L'État opérateur de transferts.* — Dans les opérations de transferts *lato sensu*, l'État distribue directement des pouvoirs d'achat suivant des objectifs divers. De nos jours les transferts représentent plus de la moitié des dépenses publiques, témoignant ainsi du souci croissant de l'État de modifier, par ses interventions financières, les revenus de ses sujets, tantôt pour réduire les inégalités ou panser les misères, tantôt pour honorer des privilèges, payer des dettes politiques et accroître l'injustice sociale. Au fur et à mesure de l'augmentation des transferts, les budgets s'alourdissent et avec eux la charge de les financer ; celle-ci peut devenir écrasante, car même dissimulé dans la forme anonyme de l'inflation, le poids des prélèvements publics pèse forcément sur les moyens de ceux qui ne sont pas bénéficiaires des transferts. Si actuellement les dépenses publiques représentent jusqu'à 39 % du produit national, les prélèvements réels (travail, biens et services) ne s'élèvent eux qu'à 13 %, le reste étant le prix des transferts. Aussi la résistance s'affermit-elle à la fois contre l'extension de redistributions entachées d'arbitraire, de gaspillages ou de faveurs politiques et contre un excès de prélèvements publics sous quelque forme que ce soit (des impôts à la création monétaire génératrice d'inflation).

Côté ressources, le meilleur principe de regroupement pour classer les impôts (91 % des recettes de l'État) semble être celui qui les distingue d'après la position fonctionnelle où se trouvent les pouvoirs d'achat ponctionnés par l'État. Cette position fonctionnelle est appréciée par référence au système productif et au comportement économique des personnes physiques qui en définitive commandent l'essentiel des formes, des mouvements et du volume de l'objet économique. D'où deux grands groupes :

1° les pouvoirs d'achat ponctionnés sont seulement engagés dans le processus de production ; ils ne sont pas encore entrés dans le patrimoine d'une personne physique.

2° les pouvoirs d'achat ponctionnés se situent dans le patrimoine d'une personne physique. En ce cas la position peut encore être différenciée selon trois catégories : *a*) les pouvoirs d'achat entrent dans le patrimoine (le revenu) ; *b*) les pouvoirs d'achat sont dans le patrimoine (la jouissance des biens) ; *c*) les pouvoirs d'achat sortent du patrimoine (la dépense) (cf. tableau page 306).

La diversité des processus fiscaux a toujours été recherchée par l'autorité publique qui s'efforce sans doute, en différenciant au maximum les charges fiscales, de diviser l'adversaire, c'est-à-dire le contribuable, de dissimuler certains processus et de diminuer au total le poids apparent du prélèvement, mais aussi de trouver les assiettes qui augmentent le rendement de l'impôt. Pragmatique, imposé par les nécessités politiques et les structures économiques, le comportement fiscal des États ne trouve généralement pas grâce auprès des spécialistes préoccupés d'équité, de simplicité, de clarté et guidés par l'esprit de système. À quelque exception près, les réformateurs souhaitent la réduction du nombre des impôts, voire l'institution d'un impôt unique.

L'exception du système de Higgins mérite une mention particulière. Elle vise à diversifier les impôts de telle sorte que toujours quelqu'un ait intérêt à déclarer le plus exactement possible chacun d'eux, toute fausse déclaration au titre d'un impôt se retournant contre l'intéressé au titre d'un autre impôt. Higgins recommande ainsi un système fiscal ingénieux qui comprendrait les impôts ci-après, suivis de leurs taux : impôt sur le revenu des personnes physiques (20 %), impôt sur les revenus des sociétés (20 %), taxe générale sur les ventes ou le chiffre d'affaire (2 %), taxes sur les avoirs (4 à 8 % sur le numéraire, 3 à 5 % sur les obligations, 2 à 3 % sur les actions, 1 à 2 % sur les actifs productifs, 2 % sur le stock normal), impôt sur les excédents de stock (40 %), taxe sur la dépense (6 à 20 %).

Pourtant les tentatives de rationalisation les plus intéressantes visent à articuler l'ensemble du système fiscal autour d'un seul principe simple duquel toute la technique et l'incidence du prélèvement se déduiraient de façon claire sans gêner outre mesure les comportements et l'activité économique et sans susciter de situation inique : fraudes, privilèges, pression fiscale excessive. Mais il faut atteindre alors une assiette imposable générale qui mette en cause sans discrimination tout le champ économique. En raison des avantages et des inconvénients spécifiques de chaque impôt qui pèse de façon inégale sur les sujets, il est peu vraisemblable qu'un consensus puisse se former sur le thème d'un impôt unique, à une exception près peut-être : le système qui exclurait les individus, leurs patrimoines, leurs revenus et leurs dépenses de l'assiette fiscale, en sorte que *la charge de l'impôt pèserait sur la collectivité mais non pas sur les personnes.*

Plusieurs systèmes généraux très différents sont concevables et

TABLEAU DES CATÉGORIES D'IMPÔTS

Position du prélèvement	Types d'impôts	Fiscalité française
A. Ponction sur les pouvoirs d'achat simplement engagés dans la production.	– Impôts sur le travail.	– Taxe/salaires.
	– Impôts sur les coûts d'entreprise.	– Patentes.
	– Impôts sur les échanges intermédiaires.	
	– Impôts sur la plus-value.	– Impôt sur les bénéfices des sociétés.
	– Impôts sur le capital productif.	
	– En bref tout impôt sur les facteurs ou les résultats de la production avant répartition aux personnes physiques.	
B. Ponction sur les pouvoirs d'achat répartis dans les patrimoines des personnes physiques.		
1° Pouvoirs d'achat entrant dans le patrimoine.	– Impôt sur le revenu des personnes physiques.	– I. R. P. P.
	– Impôt sur les entrées gratuites de capitaux (dons, successions).	– Impôt sur les successions.
2° Pouvoirs d'achat existant dans le patrimoine	– Impôt sur la jouissance des biens (services des biens durables).	– Contributions mobilière et foncière.
	– Impôt sur les créances.	
	– Impôt sur les avoirs réels financiers ou monétaires (impôt sur le capital).	
	– Impôt sur les opérations juridiques.	– Timbre-Enregistrement.
3° Pouvoirs d'achat sortant du patrimoine.	– Impôt sur la dépense.	
	– Impôt sur les règlements financiers.	
	– Impôt sur les mutations.	– Impôt sur les mutations.
	– Impôt sur la consommation.	– T. V. A.

ont d'ailleurs été effectivement proposés qui prendraient comme assiette d'imposition l'une des composantes majeures de l'objet économique. Notre propos n'est pas d'examiner ici les différents types d'impôts, lesquels résultent de situations de fait mais de relever les grands systèmes généraux imaginés par des doctrinaires ou élaborés par des commissions de réforme. Ces systèmes peuvent reposer chacun sur l'un ou sur l'autre des concepts fondamentaux suivants : — le produit (la consommation) ; — les mouvements de fonds (les pouvoirs d'achat) ; — le sujet (le pouvoir économique ou la capacité de jouissance) ; — la richesse répartie (le capital) ; — la production (l'énergie ou le travail).

Les systèmes fondés sur la taxation du produit saisissent sa valeur de consommation, sa valeur élaborée au fur et à mesure de sa formation, par le concept de *valeur ajoutée*, applicable à la consommation intermédiaire et à la consommation finale (l'impôt déjà payé sur les consommations intermédiaires étant à chaque étape déduit de l'impôt calculé sur la valeur de cession du produit). Les taux d'imposition peuvent être différenciés suivant les produits. La taxe à la valeur ajoutée est un système fiscal compliqué qui a acquis en Europe droit de cité et qui passe volontiers pour le moins gênant des impôts rentables, tant pour le consommateur contribuable qui le supporte sous une forme diffuse et voilée, que pour l'État qui peut aisément en manier les taux sans rencontrer de résistances insurmontables ; ceci grâce au fait que le redevable de la taxe (le producteur) n'est pas celui qui en supporte la charge (le consommateur). C'est sans doute l'entreprise qui subit les inconvénients les plus notoires de la T. V. A., particulièrement lourde dans ses modalités comptables.

Le procédé consistant à asseoir les impôts sur les seuls pouvoirs d'achat (avoirs monétaires) pris comme tels (soit à l'entrée, soit à la sortie, soit pour leurs soldes) et auxquels serait appliqué un taux uniforme, n'a jamais séduit sérieusement personne, car il est trop simple et trop brutal. Sans doute a-t-il le tort d'être trop homogène et de ne porter en lui-même aucune signification au point de vue des forces économiques réelles. Il peut être interprété comme le *tribut* à payer du fait de l'existence d'un système social de pouvoirs d'achat autorisant l'activité économique. Le prélèvement fiscal se proportionnerait alors à la circulation des pouvoirs d'achat ou au contraire à leur détention suivant que l'on a le souci de freiner ou d'accélérer les transactions. Sans doute l'action qui vise l'accélération des transactions peut-elle trouver une meilleure justification économique que celle qui voudrait les freiner : les dépôts monétaires seraient alors taxés suivant les soldes moyens. Un tel procédé a pu tenter ceux qui voulaient limiter la thésaurisation.

Le concept de *sujet* est sans doute celui qui a permis aux spécialistes, stylistes de la réforme fiscale, d'élaborer les solutions les plus élégantes, généralement présentées comme l'image idéale des systèmes fiscaux futurs pour les nations développées. Le sujet humain est considéré comme la source de la richesse en même temps que sa destination directe. Il est donc naturel qu'en centrant le prélèvement fiscal sur le comportement et les avoirs des sujets on puisse espérer satisfaire aux objectifs les plus ajustés, les plus délicats que les États modernes impartissent à la fiscalité, notamment la redistribution des revenus, le nivellement des patrimoines, l'action conjoncturelle, l'orientation de la production, en bref la maîtrise des forces économiques. Les fiscalistes estiment que la référence au sujet autorise une technique très nuancée conciliant une haute productivité de l'impôt et la sélectivité nécessaire pour satisfaire les nombreux objectifs qui seraient contradictoires pour une technique globale. Enfin progressivité et personnalisation qui rendent l'impôt plus juste peuvent être combinées autour des divers critères caractérisant le sujet. Le choix de l'assiette permet de distinguer les deux grandes solutions qui ont été le plus récemment proposées. Elles se fondent sur les deux types de comportements fondamentaux des sujets à la fois producteurs et consommateurs : — le revenu qui se réfère à la *capacité productive* de sujet ou la dépense qui permet d'atteindre sa *capacité de jouissance*.

L'impôt sur le revenu intégral et à travers lui sur le « bien-être » des individus se présente volontiers comme la solution unique et idéale dont les économies développées de l'an 2000 seraient les heureuses bénéficiaires. Son dernier avatar qui, sans doute en raison de l'ampleur des études, des discussions et de la qualité des auteurs, en constitue la formulation la plus élaborée et la moins contestable se présente sous la forme d'un rapport paru en 1966 et dû à une commission (K. Carter) instituée en 1962 en vue de réformer le système fiscal canadien. Cette commission propose un contribuable unique, la famille. Compte tenu de diverses déductions liées aux différences dans la composition des familles ou à des charges indispensables à la survie de l'homme, l'impôt serait appliqué au *pouvoir économique de la famille*, mesuré par le total de sa consommation et de la variation de son patrimoine (y compris les gains en capital qui échappent souvent à l'imposition des revenus). Ce total correspond au revenu intégral.

Mais qu'une commission gouvernementale ait mis au point dans le détail un système fiscal, du reste compliqué bien qu'il soit fondé sur des principes simples (imposition progressive du pouvoir économique), ne donne pas à la proposition Carter une plus grande probabilité de réalisation que les autres propositions fondées sur l'institution de systèmes généraux uniques. Car lorsqu'un système prétend redistribuer la charge fiscale aux dépens du pouvoir économique, c'est-à-dire par prélèvement sur les plus riches des sujets, il ne faut rien moins qu'une révolution pour qu'il soit possible de le mettre en pratique. D'ailleurs un impôt progressif de ce genre est revendiqué par les partis de gauche comme l'instrument de l'uniformisation des conditions sociales.

L'impôt sur la dépense frappe la capacité de jouissance et *exonère l'épargne qui se capitalise.* Préconisé en France dans son principe par Maurice Lauré, il a fait l'objet d'une formalisation complète chez un économiste anglais Kaldor et même d'une illustration dans la législation fiscale de l'Inde. Ce système ne taxe que les dépenses de consommation d'un contribuable, mais il saisit la totalité de ces dépenses, qu'elles soient financées par le revenu ou par la liquidation du capital. Comme celle du revenu, l'imposition de la dépense de consommation d'une famille se prête à la personnalisation et à la progressivité. Par rapport au précédent qui frappait le revenu intégral, l'impôt sur la dépense de Kaldor a l'avantage de favoriser la formation du capital productif, ce qui l'approprie particulièrement aux pays sous-développés.

L'impôt sur les avoirs accumulés par les sujets tente les réformateurs sociaux. Plus encore que l'impôt sur le revenu, il implique redistribution des pouvoirs d'achat en vue de niveler les moyens matériels des individus et de combattre une inégalité que les solidarités familiales accentuent et pérennisent. De tout temps *l'impôt sur le capital* a eu ses partisans et ses détracteurs. En France l'opposition de la majorité des contribuables a toujours empêché l'imposition systématique du capital. Quelle que soit l'importance de son patrimoine, le contribuable est en effet très sensible à un impôt qui prétend le frapper sur des avoirs auxquels il est attaché par des liens qui ne sont généralement pas économiques. Il est moins impressionné par la taxation du revenu, qui s'attaque à des pouvoirs d'achat anonymes entrant dans son patrimoine ; cette taxation intervient avant qu'il n'ait eu le temps de s'approprier psychologiquement et effectivement le revenu, en l'intégrant profondément à sa personne en termes financiers et surtout en termes réels. Ainsi paradoxalement l'impôt sur le capital n'est que mollement défendu par les partis de gauche. Il a, par contre, reçu la caution de certaines personnalités libérales. C'est que le moyen de redistribution qu'il représente peut être orienté plus sûrement vers des objectifs économiques que vers des objectifs sociaux ; et l'efficacité paraît de nos jours plus facile à obtenir que la justice. Mentionnons à cet égard la proposition de Maurice Allais qui sans en faire un impôt unique voudrait un impôt sur le capital dont le taux uniforme serait égal à la moitié du taux normal de l'intérêt. Il se substituerait aux impôts sur le revenu, considérés comme « malthusiens » parce qu'ils pénalisent l'initiative, le progrès économique et d'une façon générale frappent les revenus légitimement gagnés d'autant plus lourdement que les taux sont progressifs. Seraient taxés uniquement les biens réels, quel que soit le détenteur. La valeur imposable serait déterminée d'après les déclarations des contribuables, déclarations non contrôlées et acceptées sans discussion ; pour éviter les sous-évaluations systématiques, il y aurait possibilité pour l'administration des domaines et pour les tiers d'ouvrir des surenchères de 40 à 50 % de la valeur déclarée, obligeant le contribuable soit à vendre soit à modifier sa déclaration et à payer une amende. L'objectif poursuivi par M. Allais est d'exonérer d'impôt tous les revenus légitimes (du travail, du progrès économique et technique, du risque) mais en revanche de confisquer au profit de la collectivité l'essentiel des rentes (foncières, de monopole, de protection douanière et d'intérêt pur) dues à des situations acquises non légitimes, car ne correspondant pas à des services rendus. L'impôt sur le capital est la tentation secrète des héritiers du saint-simonisme qui voudraient mobiliser constamment le capital physique pour le faire servir efficacement aux fins productives exaltées par les ingénieurs économistes.

La formation du produit avant appropriation des revenus est une modalité d'assiette qui n'a été défendue qu'assez rarement parce que les impôts fondés sur les coûts des produits avant constatation et répartition de la valeur ne peuvent pas servir d'instrument d'orientation ou de contrainte en vue de réaliser soit des objectifs sociaux (nivellement des fortunes ou des revenus) soit des objectifs économiques (taxation de l'improductivité). Cette espèce d'impôts n'en demeure pas moins très discriminatoire dans ses effets, même si ceux-ci ne sont pas voulus, dès lors que les composants du produit (matières premières — énergie — travail) ne peuvent être ramenés à un facteur commun. C'est pourquoi sans doute le caractère indolore d'un tel impôt, perçu nécessairement à la source, n'a pas suffi à le rendre populaire. Comme tous les impôts assis sur une forme de production, il attribue d'ailleurs le rôle de collecteur d'impôt à des agents économiques (en l'occurrence les entreprises) qui n'aiment guère accomplir ce genre de service. Parmi les composants du produit, le travail est le facteur essentiel. Mais jamais il n'a été sérieusement envisagé de le prendre comme assiette fiscale privilégiée. Car en l'état actuel de l'analyse économique, déformée par le jeu des valeurs intermédiaires, le fisc ne pourrait saisir que le travail direct puisque les économistes se refusent à spectrographier l'objet économique en termes de travail. Dès lors, bien sûr, l'imposition du travail apparaîtrait comme la pire discrimination et serait condamnée par l'éthique la plus naturelle. En revanche l'impôt sur un facteur général mais purement matériel comme l'énergie a pu jouir d'une certaine notoriété en France, à cause de la personnalité et des moyens de publicité de son promoteur, l'homme d'affaires Schueller (l'Oréal). Une seule taxe proportionnelle sur les prix du charbon, des produits pétroliers et de l'électricité remplacerait tous les impôts d'État et serait payée à la mine pour le premier, à l'importation pour les seconds, au compteur pour la troisième. On a reproché à *l'impôt sur l'énergie* la faiblesse de la dimension de son assiette. Car l'énergie matérielle ne représente qu'une part relativement réduite de la production, part assez inégalement répartie, ce qui rend cet impôt spécifiquement et aveuglément discriminatoire.

En fait la structure des impôts se règle dans tous les États moins d'après l'élégance de théories purement fiscales que sur les objectifs assignés aux finances publiques. Budget et impôts peuvent en effet servir à plusieurs fins : financer les besoins de consommation de l'État pour la production des services que les individus attendent de lui ; redistribuer systématiquement et directement le pouvoir d'achat des individus en fonction de critères divers ; orienter et inciter la production : soutenir les secteurs défaillants, doper des secteurs sélectionnés ; discriminer les consommations par des taxes différentielles soit pour modifier les choix des sujets (lutte contre les consommations nocives ou coûteuses pour la collectivité), soit pour compenser les inégalités de revenus ; régulariser la conjoncture en injectant en dépenses publiques moins de pouvoirs d'achat que les ressources publiques n'en prélèvent ; adapter les activités, les comportements et les principales grandeurs économiques (revenus — investissements — consommations) aux objectifs et à l'équilibre général du Plan. Ces divers buts, pour avoir été effectivement impartis aux finances publiques, sont de valeur inégale et relèvent de conceptions opposées du rôle de l'État. Derrière cette diversité se profilent les deux grands compartiments naturels des dépenses publiques par où les objectifs ci-dessus peuvent être canalisés : d'une part les prélèvements de travail, de biens et de services dans les masses nationales ; d'autre part les transferts.

Du point de vue de l'opportunité de l'assiette choisie, il est bien évident que si l'objectif poursuivi intègre telle ou telle modification des structures de patrimoine, de revenu ou de consommation, l'assiette de l'impôt doit être la structure même que l'on veut modifier, étant entendu que cette modification peut être obtenue par une taxation, par des subventions, ou par les deux à la fois, suivant les cas d'espèce. Pourtant il est préférable d'adopter le point de vue des libéraux pour qui les processus de répartition par le canal du budget de l'État devraient, dans la mesure du possible, se limiter à assurer le financement des charges propres de l'État, liées à la fourniture des services publics, et à taxer les consommations malsaines pour l'homme. Les autres objectifs correspondent à une thérapeutique que l'État est dans l'obligation d'infliger au corps social lorsqu'il faut remédier à des situations anormales, plus blessantes pour les hommes que l'intervention publique. Si l'équilibre et le dynamisme de l'économie étaient traités préventivement de façon à résulter automatiquement des mécanismes mêmes de la production, les interventions correctrices de l'État perdraient leur raison d'être. Lorsque le malade a recouvré sa santé et entretient celle-ci par des régimes *ad hoc*, le médecin n'est plus requis de prescrire des traitements de choc. Le maintien d'une action de l'État est cependant justifié pour surveiller le bon fonctionnement du régime naturel, pour donner et surveiller l'orientation, pour assurer les adaptations, éventuellement pousser les évolutions. Mais mieux vaudrait que l'État utilise la voie des dépenses publiques que celle de la taxation lorsqu'il veut prescrire ou suggérer des ordres. Il est vrai que les subventions nécessitent des prélèvements pour les financer; mais le moyen spécifique est alors la recette affectée, choisie dans son assiette et son montant en fonction de l'objectif. En tout cas les besoins de rééquilibre, de réajustement ou d'incitation par les voies budgétaire ou fiscale devraient être sensiblement réduits du fait de l'institution de mécanismes épousant des phénomènes naturels. Finalement pour l'essentiel l'impôt doit servir à couvrir les charges de l'État et quelques interventions.

Lorsque des effets spécifiques d'assiette ne sont pas recherchés, la collecte des ressources devrait s'opérer suivant des principes que nous n'hésitons pas à emprunter également aux thèses libérales. L'impôt ne doit pas être discriminatoire en frappant différemment les sujets de même catégorie. Il doit aussi être neutre, c'est-à-dire, ne pas modifier le comportement des agents économiques en pénalisant l'activité ou l'efficacité. Il ne doit pas non plus fausser les choix des sujets en modifiant l'échelle des prix. Enfin l'impôt doit être établi sur des principes simples et clairs, sans recours aux exceptions. Dès lors une solution s'impose. Tous ces principes seront respectés, de surcroît les coûts de collecte et les coûts psychologiques ou matériels à la charge des contribuables seront minimaux, si l'État prélève son tribut dans le processus de production lui-même avant que ne se forment les revenus attribués aux personnes physiques, le prélèvement étant fait au prorata des coûts exclusivement, jamais des valeurs finales. Le maximum d'avantages du système serait apporté par les modalités suivantes. L'impôt ne serait pas réellement un prélèvement de pouvoirs d'achat mais une simple *imputation comptable* nécessaire au calcul de la plus-value. Par émission directe, l'État disposerait, de première main, des pouvoirs d'achat strictement délimités par le total des imputations qui lui sont réservées sur la production.

En tant que processus de répartition irréversible à base de contrainte, certains prélèvements qui ne sont pas strictement fiscaux sont pourtant de la même forme que les impôts. Mais ils servent seulement à réaliser des redistributions de pouvoirs d'achat (transferts) dans des domaines particuliers et selon des critères spécifiques. D'ailleurs pour certains usages, notamment pour calculer la pression fiscale, ces charges sont regroupées avec la fiscalité proprement dite, ce qui fait apparaître des taux excessifs de prélèvement pour charges publiques. Citons : les charges sociales (cotisations patronales de sécurité sociale) qui, comme la taxe sur les salaires, s'imputent sur les pouvoirs d'achat engagés dans la production ; les cotisations des allocations familiales payées par les entreprises, qui sont également une charge de la production ; les taxes parafiscales qui chargent certaines activités pour couvrir des coûts spécifiques en relation avec ces activités.

Toujours dans le domaine des processus irréversibles, certains systèmes limités de répartition peuvent s'instituer, qui nécessitent une adhésion des individus groupés contractuellement ou par la loi en vue d'obtenir à leur profit des prestations selon des critères variables. Ces prestations sont financées en commun selon d'autres critères qui n'ont pas nécessairement de rapport avec les critères de redistribution. Deux grandes catégories de systèmes peuvent être distinguées. Adhésion *facultative* : cas du syndicat et de l'association où les frais sont couverts par des cotisations. Adhésion *obligatoire* : cas des bénéficiaires de systèmes de sécurité sociale qui participent au coût du système par des cotisations généralement d'un faible montant, le reste étant payé par l'État ou par les employeurs. Le système lui-même est alors en relation avec la fiscalité et avec les prélèvements imposés à la production (cotisations patronales cf. ci-dessus). Les cotisations de la sécurité sociale (parts patronales et salariales) sont classées généralement dans la catégorie des prélèvements obligatoires, ce qui porte le niveau de ceux-ci à près de 40 % du Produit National Brut.

B. Processus réversibles.

Il existe quelques processus à *réversibilité imparfaite*. En ce cas les pouvoirs d'achat versés par un sujet lui font retour mais seulement si certaines conditions sont remplies, dont le caractère spécifique est d'être aléatoires. Ainsi en est-il de tous les systèmes d'assurances fondés sur la réalisation aléatoire d'un risque. Les cotisations des adhérents au système (les primes) sont rassemblées par une institution financière spécialisée, pour couvrir des risques qui ne se réalisent effectivement que chez une faible partie des adhérents. L'incertitude sur l'échéance et sur l'importance des sinistres oblige les institutions d'assurances à conserver de fortes réserves de pouvoirs d'achat, ce qui les conduit à recourir elles-mêmes de façon massive à des processus parfaitement réversibles, pour garder la disponibilité de leurs pouvoirs d'achat, tout en les laissant à la disposition d'autrui.

Les processus *parfaitement réversibles* s'analysent en deux grands types également fondés sur un échange contractuel d'obligations entre deux agents : — les constitutions de créances réversibles en rentes et les emprunts réversibles en intérêts et amortissements financiers. La différence entre les deux porte sur le sens que prend le processus pour le contractant au profit duquel il se fait. Dans le premier cas, un agent verse des pouvoirs d'achat dans l'intention de retrouver des recettes à des échéances diverses, échelonnées ou unique, en vue de satisfaire ses besoins futurs. Dans le second, il recherche d'abord des pouvoirs d'achat de manière à satisfaire ses besoins immédiats. Il devra ensuite restituer ces pouvoirs d'achat (majorés d'un intérêt), soit par des versements, unique ou échelonnés, soit plus souvent par des annuités d'amortissements et d'intérêts. Ces deux processus se rejoignent quelquefois et même se confondent lorsque les comportements des cocontractants d'une même opération réversible obéissent respectivement à chacune des préoccupations ci-dessus. C'est le cas lorsque l'opération intéresse un emprunteur et un prêteur privés qui ont chacun la qualité ou de personne physique ou d'entreprise non financière. En revanche, la distinction s'affirme lorsque l'un des cocontractants est une institution financière, dont la mission est précisément d'assurer la contrepartie pour répondre à l'intention des sujets qui veulent ou bien constituer une créance réversible en rentes ou bien obtenir immédiatement des pouvoirs d'achat réversibles en intérêts et amortissements. Ainsi se créent des systèmes de répartition réversible à la disposition du public.

1) *Les constitutions de créances réversibles en rentes* trouvent leur application essentiellement dans les systèmes de retraite, qui se décomposent en deux grandes modalités de fonctionnement, par référence aux mécanismes utilisés par les institutions financières pour gérer le système : la capitalisation et la répartition. Dans la technique de capitalisation, l'institution financière place elle-même les pouvoirs d'achat déposés par les adhérents, les fait fructifier et restitue au déposant, selon un terme conditionnel et sous forme de versements échelonnés, le capital initial majoré d'une partie de son produit financier. Si l'institution financière utilise les mécanismes de la répartition, elle prend en considération le fait que les individus recourant à ses services sont d'abord déposants de pouvoirs d'achat et ne seront

bénéficiaires de reversements que plusieurs années plus tard. Mais chaque année l'ensemble de ses cocontractants se partage en une masse de déposants et en une masse de prestataires de rentes. L'institution peut donc affecter les pouvoirs d'achat déposés dans une année aux prestations qu'elle doit verser aux anciens déposants dont la créance est venue à l'échéance, du fait par exemple qu'ils ont atteint l'âge fixé. A l'inverse du procédé de capitalisation, la technique de la répartition, sauf d'éventuelles constitutions de réserves, ne permet pas à l'institution de prêter les pouvoirs d'achat déposés.

2) *Le processus d'emprunt ou d'endettement* est extrêmement important dans la répartition des pouvoirs d'achat. Car il permet d'assurer une infinité de combinaisons regroupant agents et pouvoirs d'achat. Ceux-ci peuvent ainsi être redistribués selon une meilleure utilité sociale en fonction des besoins exprimés par les sujets guidés par le calcul économique. Il s'ensuit en contrepartie une certaine prédétermination des répartitions futures, qui diminue la liberté des décisions d'emploi des pouvoirs d'achat. Le calcul économique devrait imposer normalement une limite à l'extension des emprunts. Cette limite se fixerait dans la zone optimale des comportements de chacun (à condition que l'information sur le futur soit suffisante) et se réglerait grâce au prix de l'opération pour les emprunteurs. Ce prix est donné par l'intérêt, prix du service rendu. Comme tous les prix il doit assurer l'égalité de l'offre et de la demande des biens échangés, en l'espèce les fonds prêtables.

Les processus d'emprunts ont une incidence très profonde sur les formes de l'objet économique. En superposant des couches successives de relations aux autres processus de répartition, ils brouillent les pistes et substituent à des éléments, réseaux et circuits fondés sur des valeurs réelles, des éléments, réseaux et circuits représentatifs qui masquent et déforment selon des degrés variables les processus réels. Ils s'analysent d'ailleurs en systèmes divers suivant leurs modalités : objectifs poursuivis — types d'institution financière — échéances — catégories de sujets emprunteurs. Mais la *summa divisio* des processus d'emprunts nous paraît être fondée sur la nature des cocontractants. Ou bien l'opération ne fait intervenir aucune institution financière, du moins comme cocontractant ; il s'agit alors soit de contrats individuels (emprunts directs ou par l'intermédiaire de notaires), soit de contrats collectifs et publics (émission d'obligations). Ou bien l'opération fait intervenir une institution financière ou l'État (Trésor), soit comme prêteur seulement, soit à la fois comme prêteur et comme emprunteur. Cette catégorie doit à notre avis s'analyser à son tour, principalement en deux compartiments : les opérations qui répartissent, avec réversibilité, des pouvoirs d'achat existants et celles qui créent des pouvoirs d'achat nouveaux dans le même temps où elles les répartissent selon des processus réversibles. C'est là un mécanisme extrêmement important dans nos structures économiques actuelles, celui que Maurice Allais appelle « prêter l'argent qu'on ne possède pas ». Grâce à lui se manifeste au plus haut degré le phénomène de génération des nuées qui entourent l'objet économique, où les forces réelles se réfractent, se réfléchissent en de multiples figurations. La fantasmagorie du crédit si souvent dénoncée comme un ballet de travestis et une vision de mirages y trouve assurément la source de son renouvellement et la clef de ses figures. Celles-ci sont aisément identifiables pour peu qu'on se donne la peine de les analyser dans leur propre système en démythifiant les fausses significations dont elles se parent. Ce sera le problème fondamental des structures monétaires.

C. Processus insidieux : l'inflation.

Les mouvements de pouvoirs d'achat qui ne sont pas strictement intégrés dans les processus irréversibles (dons — échanges — prélèvements) ou réversibles (emprunts et constitutions de créances) constituent eux-mêmes une autre espèce de processus de répartition, de caractère insidieux et subversif. Ce nouveau mécanisme est informel ; son dessin est flou, difficile à spécifier ; il se superpose aux autres processus, s'y incorporant selon des voies clandestines. Il y mêle ses eaux et y perd son identité. Car ce processus, connu seulement par certains signaux (hausse ou baisse générale des prix), diffuse ses effets pernicieusement et subrepticement, sous le couvert des répartitions formelles traditionnelles, qui s'en trouvent profondément viciées, moins dans leur apparence que dans leurs conséquences pour la distribution des forces et des biens réels.

Un mode clandestin de répartition se déclenche chaque fois que des pouvoirs d'achat sont introduits dans le champ ou au contraire en sont retirés sans qu'il y ait, en contrepartie, respectivement apparition d'éléments réels de même valeur ou consommation de ces éléments réels. De faux pouvoirs d'achat s'insèrent alors dans le champ économique (inflation) ou bien des trains de pouvoirs d'achat sont effacés qui laissent sans voie de dégagement des éléments réels non consommés (déflation). Les modes de répartition clandestins de l'inflation ou de la déflation empruntent l'itinéraire et la figure des processus habituels par lesquels les pouvoirs d'achat s'insèrent ou s'effacent.

Prenons le cas de l'inflation. Elle s'introduit soit par les voies de distribution associées à la production, soit par le système de répartition directement imputable à l'État (Budget). Dans la première éventualité, les faux pouvoirs d'achat sont distribués au cours du processus de production. Ils sont faux, puisqu'ils excèdent les valeurs réelles offertes ou présentes dans le champ, évaluées globalement. Mais rien ne les distingue des vrais aux yeux des détenteurs. La distribution de ces pouvoirs d'achat excédentaires et les distorsions consécutives des valeurs et des revenus ressortissent des choix et des responsabilités : — en première ligne, des banquiers qui mettent les pouvoirs d'achat à la disposition des entrepreneurs ; — plus profondément, des entrepreneurs eux-mêmes qui répartissent les pouvoirs d'achat entre les salariés et les entreprises intermédiaires. C'est donc le jugement des entrepreneurs, premiers bénéficiaires de l'excès de pouvoirs d'achat, qui détermine la manière dont l'excédent se propage et se diffuse, modifiant le dispositif de la répartition liée au processus de production. Dans l'autre éventualité, aux effets normaux des répartitions résultant des prélèvements fiscaux des dépenses publiques ou des emprunts du Trésor, l'État peut associer une action redistributive supplémentaire et involontaire lorsque, utilisant la voie de la création monétaire, il injecte dans l'économie plus de pouvoirs d'achat qu'il n'en prélève.

Par-delà les décisions des banques, des entrepreneurs et de l'État portant sur l'insertion de faux pouvoirs d'achat, l'effet perturbateur et redistributeur de cette addition sans cause se poursuit au cours de la propagation de ces faux titres, car les réseaux, les circuits et les pouvoirs ne sont pas tous également aptes à les absorber. Cette aptitude dépend des attributaires de la première distribution commandée par les banques, les entrepreneurs ou l'État, des besoins des bénéficiaires successifs, en bref de toute la structure du champ et des répartitions habituelles qui perpétuellement rebrassent les pouvoirs d'achat. Le grand principe de la répartition clandestine imputable à l'inflation est que les faux pouvoirs d'achat ne se répartissent pas dans le champ au prorata du montant des flux et des encaisses constitués par les vrais pouvoirs d'achat. La structure de distribution des pouvoirs d'achat excédentaires dépend du degré de liberté dont disposent les sujets pour reconditionner les flux et les encaisses existantes face aux hausses de prix inhérentes au phénomène de l'inflation. En effet les processus d'échange jouent un rôle important dans le mode de diffusion des faux pouvoirs d'achat. Ceux-ci, quelle que soit la cause de leur émission, majorent le volume de la demande de biens et services, de façon d'ailleurs inégale suivant les secteurs, tandis que l'offre réelle reste constante. Dès lors des majorations différenciées de prix s'établissent, qui au total déterminent, par le jeu de la propagation des échanges, une hausse générale (moyenne) des prix.

Or un certain nombre de processus demeurent prédéterminés en raison de leur réversibilité (emprunts). Si l'ajustement des engagements financiers à la hausse de prix n'est pas prévu dans les contrats de prêts, la propagation de la hausse des prix n'affecte pas le secteur financier, du moins au titre des contrats anciens. Il s'ensuit un décrochement des revenus fixes. Pour les créanciers, c'est là une forme de répartition régressive. De même les montants des contrats de travail, qui se présentent comme des contrats d'échange de longue durée, économiquement comparables, à certains égards, à des contrats de louage, ne sont pas automatiquement rajustés. D'ailleurs même pour les actes ponctuels de vente de biens et services, les hausses de coûts sont inégalement répercutés dans les prix de vente, du fait de la situation structurelle ou conjoncturelle de chaque produit et des positions respectives des parties à l'échange.

Ainsi sous l'apparence de flux de pouvoirs d'achat inchangés ou déterminés par les seules répartitions formellement visibles, l'inflation provoque des redistributions de caractère réel au détriment non seulement des rentiers et des créanciers en général dont les titres ne sont pas indexés sur la hausse des prix, mais aussi des travailleurs dont les salaires sont enfermés dans un cadre relativement rigide.

Les méfaits de l'inflation sont bien connus. Son procès a été conduit, la condamnation prononcée. Mais l'exécution est toujours reportée. Bien que l'inflation soit reconnue, sauf sans doute par ceux qui en profitent, comme la pire des modalités de redistribution, tout se passe comme s'il se dégageait constamment un consensus général pour y recourir, quitte à la vouer ensuite aux gémonies en politique ou à la brûler dans les livres savants. Il n'est peut-être pas à exclure que l'inflation soit dans les économies modernes une soupape de sûreté, une régulation naturelle imposée par la défaillance de l'organisation sociale. Notre économie est en effet toujours menacée d'asphyxie par la multiplication des processus réversibles (emprunts) au niveau des pouvoirs d'achat existants. De plus en raison du rôle que les crédits jouent dans leur émission, les pouvoirs d'achat sont souvent déjà commandés dès l'origine dans leur cycle d'existence par un processus réversible qui leur impose un itinéraire fixe de retour et un prélèvement annuel pour service rendu (l'intérêt). En conséquence la part de la libre décision dans l'organisation des flux de répartition, de même que celle du travail dans la distribution des pouvoirs d'achat sont de plus en plus comprimés par le dessin prédéterminé des circuits de créances et par les affectations privilégiées et prioritaires de caractère contractuel qui imposent le remboursement des prêts et le paiement d'intérêts. Les engagements financiers portent sur des pouvoirs d'achat, qui s'ils étaient libres feraient masse sur le travail, les achats intermédiaires et le profit, alors qu'ils doivent satisfaire d'abord les exigences des prêteurs dont les services rendus sont plus souvent formels que réels surtout dans le cas d'émission de faux pouvoirs d'achat. L'endettement paralyse progressivement l'activité économique, détourne une part croissante du produit vers les détenteurs du capital financier, décourage les entrepreneurs, confine les travailleurs dans un revenu immobile malgré l'augmentation de la production, enfin retarde l'alignement de la consommation sur l'expansion du produit. La seule issue possible, c'est alors à nouveau l'émission de faux pouvoirs d'achat qui noient les contraintes contractuelles par l'affaiblissement de la valeur réelle des pouvoirs d'achat engagés dans les réseaux de l'endettement. Une coalition spontanée et inconsciente réunit les travailleurs, leurs employeurs, ainsi que l'État débiteur, contre les prêteurs de fonds, banquiers ou non, publics ou privés, dans la volonté de chasser les charges mortelles de l'endettement par une croissance, fût-elle simplement nominale, de leurs revenus, croissance d'autant plus forte et rapide qu'elle a été comprimée depuis plusieurs années. Les banquiers eux-mêmes sont moins les victimes de cette offensive que les bénéficiaires, d'où leur complicité active ou passive. Pour un peu qu'ils perdent sur les créances anciennes, ils gagnent beaucoup sur les créances nouvelles, en particulier grâce à l'émission des faux pouvoirs d'achat qui augmenteront les revenus des agents et les avoirs bancaires. Les banquiers ont tout intérêt à émettre ces pouvoirs d'achat, lorsqu'on les leur demande, car ils en tirent leurs propres revenus. Ainsi s'établit contre la rigidité et l'improductivité des droits acquis un comportement d'acceptation de l'inflation, affiché ou non, au niveau des forces économiques qui dominent la production. Sur un tel terrain où fourmillent les complicités secrètes, les processus d'inflation peuvent alors se développer : inflation par les coûts, par la demande, par la contagion des hausses sectorielles de prix que les structures du capitalisme autorisent ou exigent pour signer le progrès et étayer les secteurs de pointe. Mais quel qu'en soit l'initiateur ou le groupe d'initiateurs associés — un agent (l'État, l'entrepreneur ou le salarié), un secteur (celui que la planification ou la loi du marché favorise), une décision de hausse fondée sur les progrès de la productivité ou sur la volonté de promouvoir une activité — le mouvement se propage et s'amplifie grâce à la convergence des intérêts et au souci des groupes sociaux, d'abord de n'être pas écrasés par des distorsions de revenus à leur détriment, ensuite d'obtenir eux-mêmes des distorsions en leur faveur. Sur le tout se greffe dans la conscience collective le sentiment diffus que l'inflation permet au corps social de respirer, de se libérer, de s'épurer de ses propres déchets de fonctionnement, de se débarrasser de ses eaux mortes (les circuits financiers improductifs) où les forces vives sont étouffées et parasitées par les processus d'endettement. C'est pourquoi des économistes contemporains peuvent considérer l'inflation comme la seule alternative au chômage et à la récession. Encore espèrent-ils pouvoir la limiter à sa forme « rampante », au-delà de laquelle sans doute elle deviendrait intolérable par la monstruosité des distorsions de revenus qu'elle provoquerait.

Devant la mauvaise organisation sociale qui caractérise le capitalisme moderne, il est sain que le pouvoir naturel, collectif et spontané du corps social conserve ses droits de décision. Le problème essentiel de l'ordre économique est précisément de capter ce pouvoir structurant naturel et de l'institutionnaliser en faisant en sorte que les décisions collectives, nécessaires à l'évolution de l'espèce humaine et au progrès de l'organisation universelle, n'écrasent pas les forces mal engagées.

S'agissant de l'ensemble des processus de répartition, réversibles et irréversibles, il faut souligner que malgré l'autonomie naturelle de chacun des systèmes de répartitions que nous nous sommes efforcé de démêler et de ranger par référence au processus fondamental de la production, il faudrait réassocier le tout dans une démarche synthétique unique commandant l'objet économique tout entier. A cet effet les processus de répartition devraient se subordonner à quelques principes simples.

Côté processus irréversibles, chaque fois qu'un type de répartition présente un degré de généralité tel qu'il affecte par nature sans spécification individuelle, l'âge, la maladie, le coût minimal de l'homme, le risque commun, les charges publiques, mieux vaudrait l'intégrer de façon systématique dans le processus de production : les pouvoirs d'achat nécessaires à l'objectif poursuivi seraient prélevés dès le premier rang de la répartition avant que les flux n'atteignent les patrimoines individuels. Les répartitions portant sur des valeurs collectives de tous ordres auraient ainsi un caractère prioritaire et seraient réglées sur une base nationale, les prélèvements chargeant la production selon son coût (essentiellement le travail) et non pas selon sa valeur. Bien sûr ces pouvoirs d'achat seraient dès lors soustraits d'avance des masses de la valeur ajoutée globale, et notamment parmi les composants de celle-ci, de la rémunération effective du travail. Mais ce prélèvement et cette répartition s'effectueraient de manière homogène conformément à l'égalité naturelle, biologique, sur laquelle reposent, à l'échelon de l'espèce, les unités humaines. Ce faisant, ils ne compromettraient plus les répartitions ultérieures portant sur les masses restantes de pouvoirs d'achat, où les critères de productivité, de profit, de sélection, de choix et d'orientation pourraient jouer à fond sans entrave.

Côté processus réversibles, la fantasmagorie du crédit peut être combattue et dissipée en limitant le domaine de la répartition réversible au seul brassage des pouvoirs d'achat déjà possédés, légitimement appropriés en rémunération de services rendus (travail ou profit) ou en contrepartie de biens cédés. Il faut voir là la simple application du principe libéral selon lequel il ne peut être payé à quiconque que ce qui lui est dû. Cette règle impose de ne remettre aux individus que des pouvoirs d'achat ayant une contrepartie tangible. Une telle position implique que soit banni tout processus d'émission de pouvoirs d'achat gagé sur le seul crédit.

Au terme de l'examen des structures signifiées formant en quelque sorte l'assise mère de l'objet économique, il apparaît qu'il y a deux structures fonctionnellement associées de manière intime : celle des éléments réels et celle des pouvoirs d'achat. Leurs dessins sont différents mais leurs dimensions sont les mêmes. Dotés d'un pouvoir de circulation et de manipulation à l'égard des éléments réels, les pouvoirs d'achat agissent en se combinant dans des formes particulières qui visent à adapter le mieux possible, dans un sens déterminé, le maniement des groupements réels par les sujets économiques. Le pouvoir d'achat saisi dans sa structure d'ensemble réalise l'une des formes de l'emprise, non pas de l'individu, mais d'une communauté sociale sur les ensembles physiques de matière inerte ou vivante. Par le pouvoir qu'elle en tire sur l'évolution de cette matière, la communauté est en mesure de préparer et d'organiser, au niveau d'une « conscience collective » distincte des consciences individuelles, selon un ordre qu'elle peut jusqu'à un certain point déterminer et contrôler, le cheminement progressif du monde matériel et du monde vivant associés.

Pouvoirs d'achat et éléments réels sont un premier dédoublement parmi la série des clivages horizontaux qui affectent l'objet économique comme s'il était fondamentalement constitué par une structure feuilletée, chaque feuillet ayant son propre dessin, sa signification et son plan de cohérence. Toutes les nappes figurent la reproduction de la même réalité sous des formes différentes qui se masquent mutuellement, dès lors qu'observation et réflexion ne peuvent être maintenues sur un seul plan d'analyse. Compte tenu de tous les processus étudiés au niveau des structures signifiées, l'objet économique présente dans la totalité de sa formulation une *structure ternaire*. La même substance se manifeste par des dédoublements successifs. Elle se multiplie selon trois ordres de phénomènes, en principe de niveaux différents, mais perpétuellement imbriqués, par suite de l'étendue de leurs relations réciproques et du nombre d'opérations qui mettent ces relations en jeu :

IV. LA STRUCTURE TERNAIRE DE L'OBJET SIGNIFIÉ.

— *L'ordre réel*, où les groupes physiques de forces (biens, services, travail), mesurés économiquement par les prix, suivent des circuits matériellement repérables hors du champ économique par leur support physique et jalonnés dans le champ par leurs prix successifs et ceux de leurs composants. Le bien est un « comprimé » tant de travail que de services. Gardant l'image du comprimé, nous dirons qu'il est fait d'un noyau d'heures de travail (pondérées par leur valeur d'origine), sur lequel repose une couche de plus-value variable suivant son utilité. L'addition du travail et de la plus-value délimite la valeur des services dont le bien est potentiellement l'enveloppe ; celui-ci est appelé à s'en décharger tout au long de son existence, suivant les besoins des usagers.

— *L'ordre nominal*, où les éléments (pouvoirs d'achat ou crédits réels) représentatifs des éléments réels émergent d'abord en duplication exacte de ceux-ci, puis se redistribuent et se regroupent par sujet selon des combinaisons différentes. Il est la contrepartie globalement équivalente de l'ordre précédent, mais les éléments sont disposés selon une autre grille d'analyse. Les circuits des éléments nominaux sont dessinés par les flux d'échange, de formation des revenus, de consommation et d'investissement. Quelle que soit l'origine ou la force des écarts tendanciels entre les dimensions de l'ordre nominal et celles de l'ordre réel, les deux ensembles se rajustent immédiatement dans la même enveloppe globale exprimée en termes économiques, c'est-à-dire monétaires.

— *L'ordre financier*, où les éléments nominaux font l'objet de cessions partielles entre les sujets. Les circuits sont définis par les transferts résultant de l'aller et retour des éléments nominaux. Cet ordre financier se rattache à l'ordre nominal en ce qu'il met en jeu des flux qui déplacent des éléments nominaux mais aussi à l'ordre réel parce que les éléments nominaux transférés fondent leurs mouvements sur l'existence de créances à support physique, susceptibles d'un classement objectif dans une série logique et dotées, derrière un nominal affiché, d'une valeur réelle et variable. Par certains caractères ces créances sont assimilables à des objets réels. De la sorte, l'ordre financier est un ordre mixte que l'on pourrait être tenté de réduire aux deux premiers. Cependant alors que l'ordre réel et l'ordre nominal sont le dédoublement d'une même forme originelle et qu'en conséquence leurs dimensions se recouvrent exactement, l'ordre financier n'a aucune mesure commune avec les deux autres. Il peut se doter d'une extension infinie par le jeu de transferts réciproques, indéfiniment prolongés dans le temps. En particulier, il n'est pas possible d'affirmer qu'en contrepartie des créances en circulation ou en réserve, il y ait dans le champ des éléments nominaux en surplus de ceux qui équilibrent les éléments réels. La correspondance réel-nominal est en effet un équilibre permanent de situation, vérifié à tout instant, tandis que la créance introduit un glissement temporel entre l'objet réel et sa représentation nominale. Au niveau de l'ordre financier une correspondance existe bien entre la créance considérée comme objet réel et les éléments nominaux (pouvoirs d'achat) qui lui donnent sa valeur affichée, en figurent l'exacte contrepartie dans l'échange, et se déplacent en sens inverse. Mais cette correspondance ne se réalise que dans le temps, grâce à l'élasticité indéfinie de cette quatrième dimension. C'est en se surimposant fictivement que les créances s'ajustent dans l'épaisseur du temps aux objets réels et éléments nominaux, qui, eux, s'égalisent en bloc à tout moment dans l'espace économique.

APPLICATION DE LA MONNAIE SIGNIFIANTE A LA REPRÉSENTATION DES STRUCTURES SIGNIFIÉES

Les structures à signifier ayant été décrites abstraitement, il convient de réintroduire dans le schéma d'analyse la monnaie qui les représente, en donne la mesure quantitative et la valeur qualitative, tout en ayant elle-même une structure propre distincte des structures représentées. Or, pour représenter le tout et formaliser ainsi l'objet économique, il suffit que la monnaie représente : d'une part, le *système numérique* unique dans lequel s'expriment à la fois le pouvoir d'achat et l'élément réel d'un bout à l'autre de leur passage dans l'objet économique ; d'autre part, *la catégorie des pouvoirs d'achat* auxquels la monnaie donne la forme matérielle nécessaire à leur existence collective ; sinon les pouvoirs d'achat ne seraient que des notions abstraites, individuelles, incommunicables, inopposables aux autres sujets. Par leurs liens fonctionnels permanents avec les structures économiques réelles, par leur propre vocation à les représenter entièrement, les pouvoirs d'achat peuvent s'incorporer toutes les dimensions quantitatives et qualitatives, globales, groupées ou isolées, du champ économique et de ses composants. *La monnaie devient apte à signifier toute l'économie réelle, du fait qu'elle matérialise les pouvoirs d'achat.*

Pour n'être pas, comme l'élément réel, un objet physique, le pouvoir d'achat n'en est pas moins une réalité dont les formes se concrétisent au niveau des consciences individuelles. Chaque sujet sait parfaitement représenter, à sa manière dans son champ de conscience, la contrepartie des éléments réels qu'il a cédés. Dans son langage interne et personnel, incommunicable, il sait associer ces contreparties aux éléments réels, d'après la période d'origine, les sources, les périodes d'utilisation ou les formes d'emplois. Mais pour que les formes spontanées de pouvoirs d'achat à la disposition d'un individu aient une portée sociale, il faut qu'elles s'intègrent dans un ensemble structurel capable d'entrer en relation globale avec l'ensemble des pouvoirs d'achat de telle manière que le tout puisse constituer la structure et le mécanisme de base de l'objet économique. Il faut qu'elles soient exprimées avec les mêmes unités signifiantes, autrement dit qu'elles se formulent, non pas dans un langage interne non transmissible, mais dans un système de signes dotés pour tous les sujets de la même signification. Qui dit système de signes, dit définition précise des éléments signifiants et fixation de règles d'usage communes, lesquelles, si elles sont appliquées, garantissent la conformité de la chose exprimée socialement et de la chose pensée individuellement par le sujet. Mais il ne suffit pas, comme dans le langage parlé ou écrit, que le sujet puisse faire connaître par des paroles ou par des mots, en utilisant les unités du système, quel est le montant du pouvoir d'achat dont il estime personnellement être titulaire du fait de ses prestations. Le langage du pouvoir d'achat n'est pas à la libre disposition de l'individu. Il n'est pas un langage humain comme la parole ou l'écriture. Il est un *langage social.* Il n'a pas pour objet d'extérioriser à l'usage des autres sujets, le champ de conscience d'un individu. Il rend compte non pas des formes de pensée individuelle mais de *formes de pensée collective.* Grâce au langage du pouvoir d'achat la représentation se hisse d'emblée à l'échelon des consciences de groupe, même si des parties de la chose exprimée se reflètent transitoirement, passent en permanence dans le champ des consciences individuelles ou doivent s'édifier par l'intermédiaire et l'association de formes élaborées dans les horizons individuels.

D'une part, ce langage exige un enregistrement formel et concret des signes sur un support physique permanent de telle façon que tous les sujets puissent matérialiser leurs pouvoirs d'achat et les faire circuler, les transmettant ainsi avec les droits de reprise qu'ils permettent d'exercer sur les biens réels. D'autre part, les signes eux-mêmes doivent appartenir à une structure globale déterminée dans le cadre collectif, de façon que chaque sujet ne puisse avoir sur le système qu'une action limitée, à la mesure de son horizon. Cette structure globale garantit que les signes exprimés matériellement dans les supports en circulation ont une signification collective que les prétentions individuelles ne peuvent pas modifier à leur gré. Les agissements individuels ont certes une répercussion sur le tout. Mais ils jouent par le « cumul » objectif de leurs micro-incidences et non par l'intention délibérée des sujets. Autrement dit, du fait de ces contraintes globales, lorsqu'ils passent de mains en mains, les signes conservent leur cohérence avec l'ensemble dont ils font partie et ne peuvent être soumis à des déformations issues de fantaisies individuelles. Les sujets se bornent à exprimer leurs particularités sans pouvoir dénaturer le système. Leur marge de liberté ne dépassera pas la micro-zone où la structure globale passe dans leur horizon. Ce système global d'expression des pouvoirs d'achat doit être orienté de façon que les actions individuelles puissent se disposer dans le sens le plus favorable au mouvement d'ensemble.

La monnaie intervient pour qualifier le système organisé du pouvoir d'achat et le représenter socialement. Mais il y a deux expressions monétaires différentes : la *monnaie abstraite comptable*, étiquette immatérielle des éléments réels valorisés. Elle détermine le prix : prix des éléments constituants, sous le nom de coût ; prix des ensembles réels circulant dans le champ, sous celui de valeur d'échange. Cette monnaie, plusieurs fois multipliée dans le champ de conscience ou répandue tel un signal sur les diverses formes de la structure de l'objet économique, n'est que le reflet de la *monnaie concrète*, d'où elle tire sa signification et sa mesure. *La monnaie concrète est le signe matérialisant le pouvoir d'achat*. Celui-ci n'existe pour nous que par et au travers de la monnaie. On doit donc les identifier l'un à l'autre. La monnaie concrète est formée par l'association d'un support réel et d'un système numérique, ajustée globalement à la mesure de la valeur existant dans le champ.

Les groupements de monnaie concrète déterminent les revenus en les limitant ; ceux-ci, flux de pouvoir d'achat, ont deux sources, définissant deux catégories principales. *a*) Les revenus primaires résultent de la fourniture par les sujets de base (individus) de l'énergie humaine (en temps de travail valorisé) formatrice des éléments réels. Le reliquat subsistant dans le champ après utilisation des pouvoirs d'achat à l'acquisition de biens et services de consommation, correspond à ce que nous avons appelé : thésaurisation globale ou revenus en attente ou réserve d'abstention et de différé de consommation. *b*) Les revenus intermédiaires groupent les pouvoirs d'achat mutés en profit par le processus de production décrit plus haut, transférant du consommateur au producteur la part de pouvoirs d'achat correspondant au surplus, c'est-à-dire aux éléments réels non consommés (sous réserve de la thésaurisation). Ce profit, nous le savons, se forme dans les entreprises avec la plus-value. Il permet de déterminer la valorisation globale des revenus primaires de la période suivante. Mais il ne saurait lui-même représenter cette valorisation dans le champ. La formation de la plus-value crée une nouvelle exigence et développe un besoin de revenus primaires additionnels pour mettre tout l'objet à la mesure des progrès de la valeur. En principe en tant que revenus intermédiaires de superposition correspondant, dès leur création, non pas à des éléments réels nouveaux, mais à des éléments anciens déjà en place dans le champ, les profits devraient servir eux-mêmes à la circulation des produits intermédiaires, car leur application à la consommation entraîne une régression à la fois du surplus et du profit. Toutefois par le jeu des transferts de pouvoirs d'achat, des profits peuvent être appliqués à des biens de consommation à condition d'être compensés par des prêts de pouvoirs d'achat aux entreprises (opération dénommée en l'occurrence épargne). Du fait qu'ils s'expriment par des signes uniformes, tous les revenus, primaires ou intermédiaires, sont absolument confondus dans leur apparence concrète. Aussi bien la fongibilité des pouvoirs d'achat est totale malgré des origines différentes (production — consommation — valorisation — répartition). Comment s'étonner que les processus économiques soient masqués, mélangés, voire constamment remis en cause par les mouvements de pouvoirs d'achat, susceptibles enfin de participer à tout moment à l'un quelconque d'entre eux, de passer constamment de l'un à l'autre, au gré des agents. Ayant perdu leur identité dans l'anonymat du signe monétaire concret, les pouvoirs d'achat suivent indifféremment qui les appelle ; ils interprètent sans restriction ni réserve toutes les combinaisons théoriques et pratiques de l'économie.

Signifiant les revenus, flux de pouvoirs d'achat dotés de mouvements coordonnés dans les fonctions économiques globales, la monnaie concrétise du même coup les stocks et réserves de pouvoirs d'achat sous la forme d'encaisses. Au niveau des agents économiques celles-ci figurent des soldes des flux dont les directions s'opposent, s'inversent, s'annulent dans l'entrecroisement de fonctions généralement circulaires et réversibles. Soldes des soldes de chaque catégorie, elles intègrent et noient les significations dans une masse compacte et homogène où s'égare l'analyse.

La monnaie devrait être fondamentalement stable pour représenter les différents types de pouvoirs d'achat en mouvement (flux) ou en précipité (encaisses). Consolidés par leurs fonctions (aptitude à réaliser des choix de consommation et des processus de distribution, véhicule des séquences de production), ces pouvoirs d'achat doivent être toujours disponibles avec un poids unitaire inchangé, pour n'importe quel échange. La conservation des valeurs d'origine à travers les échanges et les encaisses, ainsi que l'identité de la valeur unitaire, quels que soient le mode de formation et l'époque des pouvoirs d'achat, commandent le bon fonctionnement du système de représentation. Condition essentielle de la validité d'une monnaie : l'*unité* de signe doit garder une valeur invariable. Même si la plupart des monnaies n'ont jamais pu être stabilisées, les hommes ont cru à une invariance apparente par le jeu des définitions nominales et de l'illusion monétaire. Cela a suffi pour assurer la validité de l'une des fonctions de la monnaie les plus souvent citées : celle d'étalon de valeur, d'instrument de mesure de la valeur. Contrairement à certaines définitions courantes, ce n'est pas l'unité abstraite de compte (instrument de numération) mais l'instrument d'échange dans sa formulation complète (support + unité de compte) qui est l'étalon de valeur. Une mesure étalon doit être en effet une grandeur constante de référence, de même forme que les grandeurs à mesurer. Or dans le domaine économique, il s'agit de mesurer des valeurs réelles en état de variation permanente, aussi bien dans leurs niveaux absolus que dans leurs rapports relatifs. Pour que l'étalon de valeur puisse remplir correctement son rôle, il faut qu'il représente toujours une fraction de dimension constante de la valeur existant dans le champ économique. Cette exigence implique que l'unité de monnaie soit une division, d'intervalle constant, de l'ensemble monétaire, expression des pouvoirs d'achat, résultant eux-mêmes de la projection dans les consciences humaines de structures réelles remodelées immatériellement selon un dessin différent. Les unités monétaires doivent se multiplier à proportion de l'ampleur en volume et du développement en qualité des structures réelles. La division numérique ne gardera un poids constant que si l'ensemble monétaire auquel elle est indissolublement attachée suit lui-même la courbe progressive des valeurs réelles. Mais en outre, cette stabilité, en quelque sorte externe de la monnaie, doit être associée à sa stabilité interne. Autrement dit il ne faut pas que la même division numérique s'impute sur une quantité variable de supports. Sinon l'illusion monétaire serait directement attaquée de front et les hommes perdraient confiance dans l'aptitude fonctionnelle de la monnaie. Il ne s'agirait plus alors seulement d'un risque de déformation dans les mesures du champ économique, comme dans le cas d'instabilité externe. Le phénomène est plus grave : l'instabilité interne entraîne la faillite de la monnaie.

Dans le domaine physique, il est relativement aisé de trouver des supports stables susceptibles de recueillir un système numérique mesurant, à division constante, diverses catégories de dimensions qui caractérisent les formes réelles (longueur — poids, etc.). Mais en matière économique, toutes les formes se présentent sous l'aspect de groupements monétaires assujettis à des variations continues. Par sa nature même, le découpage catégoriel et fonctionnel des formes économiques est hautement instable. Dans ces conditions, le choix d'une forme économique comme unité monétaire n'a jamais pu satisfaire l'objectif de stabilité globale nécessaire à la mesure correcte de la valeur des formations réelles qu'à une condition: les instruments de mesure ont dû perdre leur propre stabilité interne. Aussi bien faut-il rappeler l'échec final de la définition de l'unité monétaire par un poids de métal. De la même manière il serait peu judicieux de définir l'unité monétaire par une unité physique d'une catégorie réelle quelconque (par exemple le temps de travail). La stabilité de la mesure devrait être complète : externe et interne, s'appliquer aussi bien à ce que la monnaie exprime (la fraction de pouvoir d'achat et par conséquent de l'élément réel représenté) qu'à l'apparence qu'elle revêt. Or, dans les systèmes monétaires fondés sur la valeur économique d'un support particulier on ne peut concilier les deux stabilités. Cette contradiction devrait faire rejeter définitivement l'identification de l'unité monétaire et de l'unité d'un bien pris dans le champ réel.

L'idée vient alors de choisir comme étalon de valeur une fraction, maintenue constante, de la valeur intégrée dans le champ économique. Mais cette valeur est incorporée dans une masse de biens de natures diverses, hétérogènes, non fongibles. Pour la mesurer, il faut la dissocier de ces formes et la structurer dans un système propre : à cet effet prendre d'elle un moulage dans un matériau homogène, en faire un duplicatum dimensionnel, autrement dit prévoir un dispositif qui la reproduise, la projette sur un écran, sur un support divisible selon une numération d'écart constant ; la numération s'étendra selon les mêmes écarts de graduation au fur et à mesure de la croissance de la valeur. Si ces conditions d'imprégnation directe de la valeur globale du champ sur un matériau parfaitement plastique pouvaient être réalisées, l'unité de numération s'identifierait à la division numérique constante de l'étalon de valeur. En tout cas l'instrument d'échange ne sera adapté à sa fonction que lorsqu'il réunira selon ce degré de fusion un système de numération à intervalles constants et un support susceptible d'être créé ou supprimé à volonté, dans la proportion exacte de la valeur existant dans le champ.

Par-delà la représentation directe de la catégorie des pouvoirs d'achat et par leur intermédiaire s'effectue la traduction monétaire permanente de tout l'objet économique, c'est-à-dire l'accession de ce dernier à une forme, à un contenu et à une valeur exprimés dans le langage monétaire. Dans sa totalité cet objet s'établit à tout moment à la dimension et à la mesure de la monnaie qui concrétise le compartiment des pouvoirs d'achat. Le moyen de l'intégration du monétaire et du réel passe nécessairement par des circuits de pouvoirs d'achat qui s'identifient à la monnaie. L'équivalence s'établit constamment entre ces circuits de pouvoirs d'achats signifiés par le langage des signes monétaires et les circuits d'éléments et formations réels qui leur correspondent structurellement. En particulier, les stocks monétaires se proportionnent en valeur aux stocks réels et réciproquement.

Il est intéressant de rechercher par quelles voies se réalise cette équivalence constante. Pour fixer le phénomène on supposera l'éventualité de deux situations différentes qui pourraient entraîner une distorsion, à partir d'une situation d'équilibre et de concordance : soit un mouvement affectant les circuits réels, soit un mouvement affectant le nombre de signes et par conséquent les circuits nominaux de pouvoirs d'achat. Mais quelle qu'en soit l'origine, la distorsion peut revêtir deux sens opposés : ou bien les signes des circuits nominaux devancent les circuits réels, ou bien les circuits réels sont en avance sur les circuits nominaux. L'ajustement nécessaire s'effectue par trois voies dans l'hypothèse habituelle où la quatrième possibilité, celle de l'introduction ou d'un retrait proportionnel de signes, n'est pas permise par le système : les mouvements de la vitesse de circulation des signes, entraînant un mouvement en hausse ou en baisse des circuits nominaux et un mouvement inverse des encaisses; les mouvements d'activité réelle ; les mouvements de prix qui s'opèrent lorsque l'élasticité des structures signifiées et signifiantes n'est plus suffisante pour absorber la distorsion entre les signes et les circuits réels. L'importance du phénomène à l'égard de l'évolution de la conjoncture économique justifie un examen attentif de ses modalités.

L'alignement et le parallélisme du circuit réel et du circuit nominal sont une contrainte structurelle déterminée par le jeu même des processus fondamentaux étudiés sous le concept de structures signifiées. En effet la même valeur du produit réel et du capital productif s'analyse à la fois en groupements réels (biens et services) et en pouvoirs d'achat (revenus du travail, profits cumulés et réserves). Les deux structures, réelle et nominale, ne peuvent donc qu'évoluer parallèlement en valeur. Elle ne sont que deux mises en forme différentes d'une même entité selon des catégories systématisées. Mais si nous faisons intervenir une troisième structure, celle de la *quantité* des éléments réels, une possibilité d'écarts non réductibles s'impose à l'analyse spectrale de l'objet économique pour en pondérer les éléments. Cette nouvelle dimension crée une sorte de relief interne infiniment différencié au sein des nappes de la valeur pour en mesurer le degré en fonction du produit, du lieu et du moment. Il en résulte un indice spécifique qui est donné par le rapport :

$$\frac{\text{valeur d'un ensemble d'éléments réels ou de produits}}{\text{nombre d'éléments réels ou de produits.}},$$ c'est le prix unitaire de l'élément réel ou du produit.

Le prix qualifie essentiellement la valeur sociale de chaque bien et service dans le langage monétaire. Il varie en hausse : si pour une quantité inchangée, la valeur d'un produit s'accroît, soit que le coût de ses composants augmente, soit que sa qualité intrinsèque s'améliore, soit que pour une qualité inchangée les hommes l'apprécient davantage relativement aux autres produits ; si pour une valeur inchangée, la quantité diminue du fait de la régression de la productivité, c'est-à-dire d'une moindre production pour des facteurs inchangés. Il varie en baisse : si pour une quantité inchangée, la valeur d'un produit s'amenuise, soit que son coût se contracte, soit que sa qualité intrinsèque se détériore, soit qu'à qualité inchangée les hommes l'apprécient moins relativement aux autres biens ; si pour une valeur inchangée, la quantité augmente du fait des progrès de la productivité. Pour que le prix soit stable, il faut évidemment que la valeur d'une production varie comme le nombre d'unités de cette production.

A ce stade de l'analyse, il convient d'introduire une opinion sur l'intérêt et l'opportunité de la stabilité du prix. Le système des prix, langage de la valeur des biens et services aux yeux des hommes, donne à ceux-ci les données et les signes des calculs, élémentaires ou compliqués, qui déterminent leurs comportements économiques. Les prix ne devraient varier qu'en fonction des forces et formes réelles dont ils expriment le niveau et la variation, faute de quoi ce langage serait infidèle. Le prix doit être commandé seulement par la quantité et la qualité du bien ou service auquel les hommes appliquent le jugement de l'utilité personnelle ou sociale. Il ne devrait subir dans sa formation aucune interférence des facteurs propres au système de signes utilisé pour exprimer cette quantité et cette qualité. En raison de cette fonction informative, la stabilité des prix n'a de sens qu'au niveau global. En effet les variations de prix, lorsqu'elles s'expriment dans un système général stable, sont significatives. Pour que le système fonctionne convenablement, il faut précisément que le prix d'un même produit augmente ou diminue en fonction du coût de ses composantes, de sa qualité intrinsèque, de la manière dont cette qualité est appréciée par les acheteurs et de la quantité produite. En revanche chaque fois que le niveau général des prix augmente ou diminue, une déformation s'est produite dans le système ; elle vicie l'information dont celui-ci est porteur. Comment le rapport :

$$\frac{\text{valeur globale}}{\text{quantité totale d'éléments réels dans le champ}}$$

peut-il rester stable ? Comment la valeur globale peut-elle varier comme la quantité d'éléments réels ?

Au niveau global, tout en ayant la même forme que le prix d'un produit, le rapport des valeurs aux quantités doit avoir un sens propre, distinct de la moyenne des prix des biens et services. Il ne serait pas rationnel en effet de s'appuyer sur un prix moyen qui serait déterminé par le « cumul » des prix particuliers, lesquels risqueraient naturellement d'inclure l'incidence de la variation générale du système des prix. Pour isoler la variation spécifique du système, il faut pouvoir la mesurer en dehors des variations des prix particuliers qui sont l'information que le système véhicule. De plus, il faut disposer, dans le cadre macro-économique directement défini en lui-même, d'une unité de quantité homogène applicable à l'ensemble des éléments réels. La solution résulte de l'analyse des structures signifiées précédemment donnée. Les éléments réels (dénominateur du rapport) sont réductibles à un élément insécable qui est l'unité de temps de travail. L'ensemble quantitatif des éléments réels est représenté par le total des unités de temps de travail incluses dans les biens non consommés, c'est-à-dire dans leurs coûts moins les profits anticipés. Les unités de temps de travail ont cependant été périodiquement revalorisées en fonction du profit global constaté dans le champ économique. Elles sont donc prises en compte à la valeur acquise correspondant, pour chacune, à la période de leur incorporation dans la production : ce qui pondère le nombre d'unités de temps de travail en fonction de la période où elles ont été introduites. Quant à la valeur (le numérateur), elle est donnée par l'ensemble des pouvoirs d'achat présents dans le champ, ensemble qui, selon le dispositif d'analyse adopté, correspond à la valeur acquise par les biens et services non consommés (y compris la plus-value intermédiaire). Le rapport du prix global se précise dès lors comme suit :

$$\frac{\text{valeur}}{\text{quantités}} = \frac{\text{pouvoirs d'achat}}{\text{nombre d'unités de temps de travail (à valeurs différenciées suivant la période d'entrée)}} = \frac{\text{revenus du travail de la période} + \text{profits cumulés} + \text{réserves}}{\text{coût en travail inclus dans les biens non consommés (production de la période} + \text{reports des périodes antérieures)}}$$

NOTA : Ce rapport est plus grand que 1 parce que les anticipations de profit figurent au numérateur mais non au dénominateur.

Objectera-t-on que les quantités du dénominateur ne sont pas des quantités physiques de biens et services, mais des quantités d'unités de temps de travail qui ne sont même pas pures quantités physiques puisque les heures de travail sont pondérées, c'est-à-dire diversement valorisées suivant la période où elles ont été incorporées dans les biens ? Cela est vrai. Il n'empêche qu'au niveau du produit le prix dont il faut assurer la stabilité n'est pas celui de l'unité de bien ou service, mais celui de l'unité de facteur commun, auquel toutes les composantes des biens et services se réduisent en définitive : l'heure de travail pondérée qualitativement dans le temps en fonction du progrès global de l'efficacité humaine.

Le rapport du prix global est stable à la condition que le coût en travail incorporé dans la production (dénominateur) varie parallèlement aux pouvoirs d'achat exprimant la valeur (numérateur), ce qui n'est possible que si le travail (en termes de coûts de production comme en termes de revenus) est valorisé chaque année à la mesure des profits définitifs. Dans l'hypothèse, qui correspond d'ailleurs à la situation de fait de l'économie contemporaine, où n'existe aucun système de régulation assurant *à priori* la variation parallèle des deux grandeurs du rapport, des distorsions doivent se produire. D'une part les signes qui déterminent la dimension des pouvoirs d'achat (le numérateur) peuvent, s'ils sont émis selon des voies autonomes, excéder le coût en travail du dénominateur ou lui être inférieurs, au-delà ou en deçà de l'écart résultant des profits anticipés. D'autre part le coût de l'unité de travail (dénominateur) peut varier plus ou moins vite que les profits définitifs inclus dans le numérateur, si la revalorisation périodique du travail n'est pas ajustée correctement à l'évolution du profit.

Mais cette divergence des deux termes du rapport par suite soit de l'excès ou de l'insuffisance de signes soit d'une évolution du coût du travail disjointe de celle du profit se déroule généralement selon trois phases possibles d'effets d'intensité croissante que l'on peut apprécier d'après des critères de sensibilité et d'élasticité par rapport à la phase centrale, celle où se déclenche un mouvement général de prix.

1) *Phase antérieure au déclenchement du mouvement général de prix.*

Le rapport $\frac{\text{valeur (pouvoirs d'achat)}}{\text{coût en travail}}$ n'est pas modifié, bien qu'il y ait mouvements divergents affectant ses deux termes. Car les composants du numérateur (revenus du travail, profits et réserves de pouvoirs d'achat) peuvent absorber l'écart naissant. Une hausse ou une baisse d'une catégorie est compensée par le mouvement inverse d'une autre catégorie. Ce sont surtout les réserves qui servent de contrepartie (thésaurisation ou déthésaurisation, mouvement de la vitesse de circulation de la monnaie). Mais profits et salaires peuvent également se compenser entre eux.

Ou bien l'écart apparu sur un terme du rapport est effacé par un écart analogue sur l'autre. Une hausse ou une baisse de pouvoirs d'achat affectant le numérateur peuvent entraîner au dénominateur un mouvement parallèle des coûts physiques en travail neutralisant la variation du numérateur. Par exemple en cas de hausse des pouvoirs d'achat, l'activité peut augmenter si toute la capacité de production n'était pas employée, notamment par réduction des marges de chômage. Si au contraire les pouvoirs d'achat se restreignent, l'activité peut se contracter par l'abandon, peu douloureux et sans conséquence grave, du travail en surplus, sorte de sur-travail qui affecte les franges de la population active et du temps d'activité. Il se forme alors un chômage marginal, catégoriel ou partiel, des agents qui peuvent renoncer, sans subir un préjudice grave, à un travail socialement peu efficace et présentant pour eux un caractère accessoire. Les travaux supplémentaires sont également réduits sans frapper cruellement les revenus familiaux.

Jusqu'à un certain point la souplesse et l'élasticité du système permettent donc d'absorber les écarts d'évolution des coûts, des revenus, des profits, des réserves et de la productivité, sans mouvement général des prix. C'est seulement au-delà, si l'écart s'accentue, que le système des prix peut être déformé.

2) *Phase de déclenchement du mouvement général des prix.*

Les phénomènes de hausse et de baisse sont dissymétriques. Dans cette phase la hausse demeure lente et faible. Il ne se produit pas de bouleversement majeur de l'objet économique. Les équilibres fondamentaux ne sont pas atteints. La progression générale des prix se confond avec un concert de hausses et de baisses sectorielles, dont elle est le résultat et qui proviennent de désajustements divers de l'offre et de la demande sur un fond général de poussée de revenus. Calculée artificiellement après coup, invisible dans sa croissance quotidienne, la hausse est insensiblement incorporée dans l'horizon économique des sujets où elle est masquée par les mouvements sectoriels. C'est le phénomène de l'inflation rampante, qui semble caractériser désormais les économies évoluées et que, faute peut-être de pouvoir la maîtriser, les économistes considèrent comme nécessaire à la croissance. L'existence permanente d'une hausse générale des prix comme résultat de mouvements affectant, dans les deux sens, les divers compartiments des marchés de biens et services fait précisément que cette phase intermédiaire de mouvement conjoncturel n'existe pas en termes de baisses de prix.

Au-delà des progrès de la productivité les baisses de prix impliquent des baisses de revenus. Aucun sujet ne supporte une baisse de son revenu nominal. Une faille juridique majeure de notre organisation veut que certains sujets privilégiés, les entrepreneurs, disposent du pouvoir exorbitant de résoudre cette difficulté en licenciant ceux-là même qui n'auraient pu admettre une réduction de leurs revenus, c'est-à-dire en les privant cruellement de la totalité de ces revenus. Paradoxalement il est donc plus aisé d'imposer une suppression totale de revenus qu'une diminution. Il est vrai que la diminution relèverait du droit contractuel alors que la suppression est un phénomène structurel. Cela suffit sans doute à expliquer l'inélasticité fondamentale des prix à la baisse. Aussi les mouvements divergents de pouvoirs d'achat et d'éléments réels, qui devraient, du fait du sens de leur écart, déclencher la baisse des prix après épuisement des réserves d'élasticité des encaisses, entraînent plutôt une diminution des quantités produites et offertes, ce qui crée une diminution d'activité et de revenus, au-delà cette fois de la suppression du seul travail marginal. Ainsi s'amorce tout de suite dans une conjoncture baissière la détérioration structurelle profonde qui caractérise la troisième phase.

3) *Phase des déséquilibres à enchaînement cumulatif.*

L'écart entre les circuits réels des produits et les circuits nominaux des pouvoirs d'achat devient tel que des processus cumulatifs se développent. *Côté hausses*, l'inflation classique qui peut devenir galopante succède à l'inflation rampante. Elle souffle un vent de folie sur les comportements économiques, détruit le système informatif des prix et de la monnaie, bouleverse tous les processus de répartition, remettant en cause le résultat des distributions d'éléments réels, tel que les dispositifs de répartition des pouvoirs d'achat devaient l'assurer. L'inflation conduit au bout du compte à une immense anarchie et à l'asphyxie de la production par la surexcitation et l'instabilité des comportements, l'imprévisibilité des évolutions, l'impossibilité des calculs, la fuite de l'information.

Côté baisses, le marasme et le chômage massif mortifient des pans entiers de l'objet économique, lorsque les pouvoirs d'achat ont trop décroché par rapport aux moyens et aux capacités réelles. Les processus d'échange s'arrêtent faute de contrepartie, le corps social devient exsangue, tandis que pouvoirs d'achat et activité se tarissent mutuellement. Il n'est pas de pire situation que ce chômage qui affaisse l'ordre économique dans l'inactivité et précipite l'homme dans la misère psychologique d'abord, physiologique ensuite, car son travail devient inutile que personne ne peut lui échanger parce que les mécanismes sont détruits et non plus seulement déformés. Toutes les inflations sont assurément préférables et l'instinct social le sait bien qui maintient le garde-fou de la hausse des prix plutôt que de côtoyer l'abîme de la récession.

Mais l'instinct de la société suffit-il pour régler le problème ? Pourquoi la technocratie préfère-t-elle friser l'excès de chômage pour maîtriser l'inflation ? Il n'est pas sûr que ce soit par impuissance intellectuelle à résoudre la question mais plutôt par une sorte de timidité à sortir des limites des données institutionnelles qui mettent nos théoriciens et nos praticiens, bien malgré eux, au service des droits acquis par les détenteurs du pouvoir économique issu des formes capitalistes de la production. Car ce pouvoir et les privilèges de répartition qui lui sont attachés seraient sans nul doute transférés et expropriés, si la technocratie avait choisi d'utiliser et de valoriser systématiquement le travail en fonction des besoins, au lieu et dans la spécialité où il désirerait se manifester sans contrainte. Il eût fallu vouloir adapter en priorité, par des institutions appropriées, la volonté de travail, qui est en chaque homme, aux désirs de chacun de vivre là où il lui plaît et comme il lui plaît ainsi qu'aux biens et services que réclament le plus vivement la société et les individus.

L'ajustement réciproque du réel et du nominal que les mouvements de prix et d'activité tendent à faire passer pour un phénomène déformant et destructeur est en réalité la loi profonde et toujours vigilante de la machine économique. Dans son intimité, l'ajustement permanent repose sur des connexions étroites entre circuits réels et nominaux. Selon la forme de connexion la plus généralement admise, éléments réels et signes monétaires sont unis par des processus circulaires qui se dédoublent, divergent puis convergent à nouveau. *L'objet économique est fait de processus permanents signifiant les structures réelles par les pouvoirs d'achat, ceux-ci à leur tour étant représentés par la monnaie.* Cette thèse se concerte tout naturellement avec la vision directe des flux économiques en termes d'échanges monétaires compensés et réversibles, car le mouvement circulaire permet de mieux comprendre comment signes monétaires et éléments réels concilient, associent en permanence leurs existences respectives. C'est un fait, aujourd'hui établi d'une manière comptable, que les signes monétaires *font cercle* dans des circuits financiers mais aussi dans des circuits de production-consommation. A l'occasion de la production ils sont lancés dans les circuits par les sujets intermédiaires, les entreprises, qui les distribuent aux sujets de base contre fourniture d'éléments réels. Mais ces entreprises doivent normalement récupérer les signes au moment de la livraison des produits à la consommation ; celles qui sont placées le plus en amont dans le processus de production reçoivent des signes après divers relais, au cours des échanges intermédiaires marquant les étapes de l'avance du produit vers sa consommation finale. La circularité des phénomènes d'émission de signes et de leurs prolongements dans le processus de production-consommation a été particulièrement mise en évidence dans l'œuvre de Bernard Schmitt. Toutefois, malgré une commune référence à des processus de signification, il n'y a pas équivalence entre les deux méthodes d'adaptation du signe aux circuits réels, fondées sur des coordinations circulaires, qui se résument ainsi : d'une part, le signe périodiquement chargé ou déchargé de sens, se survivant selon son propre cycle de vie dans un stock circulatoire — ainsi que B. Schmitt voit l'intervention monétaire dans le champ et comme les systèmes monétaires actuels incitent d'ailleurs à se représenter la structure d'une monnaie inadaptée à sa fonction économique. D'autre part, les signes naissant avec les éléments réels introduits dans le champ et disparaissant avec les éléments consommés, comme les systèmes monétaires devraient être conçus dans l'avenir.

LA STRUCTURE PROPRE DE LA MONNAIE SIGNIFIANTE

Cette monnaie qui s'identifie au pouvoir d'achat et rend compte de la totalité des forces et des formes de l'objet économique mérite à tous égards d'être qualifiée monnaie-signe. Avant tout, elle est le signe formel des pouvoirs d'achat. Sans elle, ceux-ci n'auraient aucune existence sociale. Pourtant la monnaie est conceptuellement distincte de ces pouvoirs d'achat qu'elle détermine et exprime. Aussi bien sa structure peut être très différente et en fait jusqu'à présent elle a été différente de celle des pouvoirs d'achat, en sorte que la concordance du signe et du signifié fait problème au niveau le plus intime et que l'infidélité de la représentation peut s'introduire au cœur même de la formation du concept représenté. Les thèmes, déjà plusieurs fois évoqués ci-dessus, de la forme intrinsèque des signes, des conditions de leur émission, de leur existence et de leur résorption, en tant que structure autonome, distincte de celle des ensembles réels qu'ils doivent représenter, affleurent constamment, dès qu'il est question de monnaie, car les signes ne sont pas issus d'une génération spontanée ; leur pérennité n'est pas assurée ; ils ont des courbes de vie et des conditions de validité qui leur sont particulières. Compte tenu du rôle qui leur est imparti et des liaisons réciproques qu'ils entretiennent avec les circuits réels, le problème fondamental du mécanisme des signes est d'assurer la conformité de leur volume aux besoins de la formation optimale des circuits réels. L'unité de signe doit parallèlement représenter une valeur constante puisque, constitué en stocks, le signe est appelé à conserver la valeur dans le temps, pour les sujets qui veulent différer l'emploi de leurs ressources. La structure monétaire propre se manifeste dans la forme des signes et dans leur processus fonctionnel.

a) *Intrinsèquement* les formes monétaires doivent répondre à une condition absolue de validité qui leur est propre : dans leur nature, leur apparence et leurs relations fonctionnelles intrinsèques, elles doivent être telles qu'elle puissent être acceptées par tous, en toute confiance, comme donnant effectivement pouvoir entre les mains de quiconque sur tous les biens qu'au cours de leur existence elles sont amenées à représenter dans le champ. Il faut que les formes monétaires soient transmissibles sans condition et sans suspicion. Différentes natures de supports circulants peuvent satisfaire à ces exigences. Mais toutes les solutions ne sont pas possibles. Car il faut que se réalise un consensus général. Aussi bien les possibilités ont émergé progressivement dans le champ, au cours d'une évolution lente et continue, comme si la confiance devait naître d'une accoutumance prolongée aux nouvelles formes. Pendant de longues périodes, il a fallu garantir la nouveauté et l'inconnu par la possibilité de recourir immédiatement aux formes anciennes et éprouvées. Ensuite le lien a pu n'être que conceptuel (définition légale). Ainsi grâce à leur convertibilité réciproque, les formes monétaires nouvelles prennent appui sur les anciennes et insensiblement s'imposent, non sans grande difficulté, dans l'ensemble du champ économique, où les sujets sont toujours naturellement réfractaires au renouvellement monétaire. Le support circulant, pièce essentielle de la structure intrinsèque de la monnaie, a revêtu successivement la forme de la marchandise dotée d'une valeur propre, conforme à la valeur relative, en termes réels, de cette marchandise par rapport aux autres, puis celle de la créance monétaire. La créance complète qui termine normalement son cycle par un règlement de fonds à échéance, s'est vite transformée en un engagement purement formel, sans échéance, que le débiteur n'honore jamais : car dans un premier temps, le créancier ne fait pratiquement pas valoir ses droits et, dans un second temps, la collectivité autorise ou même impose le non-remboursement. Directement issue de la précédente, la simple formule à caractères extérieurs spécifiques (papier filigrané — dessin typographique) strictement réglementée, garantie par l'État et le consensus général, a perdu pour le public son caractère de créance. Son pouvoir d'achat est à la fois autoritairement imposé et collectivement accepté. La ligne d'écriture, commandée par des ordres sur lettres, chèques ou factures, permet une centralisation commode de la circulation des signes monétaires. Sa signification et sa validité sont liées à la cohérence et à la sincérité d'un dispositif comptable tenu par des organismes spécialisés, auxquels les sujets accordent par expérience ou sous la pression de l'autorité le crédit nécessaire.

Depuis que le support n'est plus la marchandise, la monnaie s'est en outre le plus souvent réglée, en ce qui concerne son émission et sa durée de vie, sur le cycle des créances, même si elle-même n'est plus une véritable créance. Elle est en effet émise, dans la majorité des cas, contre constitution de créances de contrepartie soumises à des règles strictes d'échéance et de validité. C'est la partie consignée du support, celui-ci se dédoublant en effet en une forme circulante apparente (espèce monétaire) et en un appareil sous-jacent ancré dans les institutions bancaires. De la sorte, après avoir effectué dans le champ un service de durée variable, la plupart des signes reviennent nécessairement chez leur créateur, grâce au remboursement des créances qui les ont fait naître. Le phénomène créance, qualifié en l'espèce crédit (mais il s'agit du crédit financier et non du crédit réel), a dès lors profondément marqué le système monétaire. A la souplesse et à la richesse des combinaisons de créances nous devons les possibilités infinies d'adaptation monétaire dont l'homme dispose, bien qu'il ne soit pas toujours en mesure de les utiliser ; car il ne sait pas évaluer avec suffisamment de précision ses besoins monétaires.

Aujourd'hui, marchandise et créance monétaires proprement dites ayant pratiquement disparu comme monnaie, deux formes monétaires circulantes coexistent dans le champ et s'appuient réciproquement ; la formule de papier (le billet) et la ligne d'écriture (la monnaie scripturale). Elles conservent certains caractères de la créance monétaire parce qu'entre leurs détenteurs successifs et les organes émetteurs qui s'en reconnaissent responsables subsiste toujours une obligation à vue, qui est celle du remboursement de chaque forme de monnaie en espèces d'une autre forme (dépôts créditeurs transformés en billets et réciproquement). En assurant la cohérence et l'homogénéité des différentes catégories de la masse monétaire, les processus de *convertibilité* demeurent un des ressorts fondamentaux du système monétaire contemporain.

b) *Fonctionnellement*, le signe lui-même étant composé d'un indice chiffré et d'un support, la dimension et la structure du support interfèrent de toute manière avec la dimension et la structure des pouvoirs d'achat résultant des processus réels. De leur conjugaison naissent la dimension et la structure nominale de l'objet économique, les seules qui nous soient accessibles. Or les structures monétaires propres ont évolué, peuvent et doivent encore évoluer. Elles sont en effet plus ou moins adaptées à la double fonction de rendre compte des structures réelles sans les déformer et de leur permettre de fonctionner, d'évoluer de façon optimale, c'est-à-dire de tendre vers une efficacité croissante et vers la pleine utilisation de la capacité des éléments humains et matériels du champ.

Par rapport à son aptitude à assumer cette double fonction, la monnaie se classe en systèmes, structures monétaires qui règlent l'accès des signes dans le champ économique et par conséquent contrôlent l'accomplissement de leur fonction représentative, systèmes caractérisés d'après les moyens et les formes de leur régulation. Tour à tour la régulation du système, c'est-à-dire les contraintes de sa dimension et de son fonctionnement, repose essentiellement sur des objets (le passé), sur des sujets animant des circuits financiers (le présent), sur les circuits d'éléments réels ou signifiés (l'avenir). En faisant, dans un chapitre précédent, l'historique des systèmes d'émission et de régulation des signes monétaires, nous avons déjà évoqué la succession des lois structurelles propres aux supports, très souvent imbriquées dans l'évolution : la monnaie-marchandise, la monnaie-créance, la monnaie-circuit conventionnel. Pour reprendre une expression célèbre, la monnaie a été successivement frappée dans le métal puis dans le crédit (1) ; elle doit dans l'avenir être frappée dans la production.

1) *La régulation par objet privilégié :* « La monnaie frappée dans le métal ».

Le signe s'identifie à un objet privilégié : historiquement le métal précieux (l'or et l'argent, l'or ou l'argent). Par conséquent en dehors des mutations ou des dévaluations, la quantité de signes se proportionne au volume de production de ces métaux. On admet cependant que ce volume croît en gros comme l'activité générale, des mécanismes économiques naturels permettant au premier de s'ajuster à la seconde. De ce fait l'émission monétaire, fondée sur l'entrée du métal précieux, a pu dans l'ensemble satisfaire à la croissance des besoins, d'autant que le fonctionnement des mécanismes d'adaptation a été assoupli et régularisé grâce au pouvoir de multiplication monétaire des banques. Celles-ci ont été en mesure de créer des signes supplémentaires en représentation du métal, selon des proportions limitées

---

(1) Titre d'une brochure de A. Le Henaff, *La monnaie frappée dans le crédit*. Amédéo Gambini emploie également l'expression : les instituts d'émission « frappent des crédits » (Stuart Mill) comme autrefois on frappait des métaux.

par les comportements sociaux et des facteurs psychologiques. Le jeu de la convertibilité métallique des signes de complément a permis d'assurer le respect de ces proportions, en période normale.

Dans ce système, des automatismes déterminaient pour une grande part l'entrée des monnaies-or ou argent dans le champ économique national aussi bien que leur sortie. D'autres règles automatiques, intervenant cependant dans un cadre institutionnel consciemment élaboré, permettaient aux billets, monnaie complémentaire, de s'ajuster au mouvement du métal. En cas d'écart, d'erreur ou de volonté d'enfreindre la règle ou la norme, une réaction automatique brutale ramenait les signes de complément, s'ils avaient été exagérément développés, au niveau compatible avec le métal précieux détenu à usage de monnaie. Toutefois en raison du découpage national du champ économique, les autorités de chaque État disposaient d'une certaine marge d'inititatives ou de manœuvres. Le maniement du taux d'intérêt (taux d'escompte des banques centrales) leur permettait d'attirer le métal nécessaire et d'expulser le métal superflu ou tout au moins de préserver l'inertie de l'encaisse métallique nationale, gage de la stabilité des prix. La régulation par l'or et l'argent n'a pas en effet toujours été livrée au contrôle inconditionnel et à la loi aveugle des données et des facteurs qui régissent la structure des métaux précieux et déterminent leur valeur. Dans la mesure où les hommes ont connu les ressorts et les conséquences du système, ils se sont efforcés d'en faciliter le fonctionnement et d'en atténuer les rigueurs. Mais les soubresauts des crises, l'assainissement brutal des réseaux monétaires trop distendus étaient finalement la rançon du renoncement, d'ailleurs inconscient, des hommes, qui abandonnaient la responsabilité de l'émission et de la régulation monétaire à un mécanisme relativement étroit dont la marge de tolérance et d'adaptation restait très faible.

Nous ne nous étendrons pas sur le passé déjà évoqué dans d'autres chapitres de ce livre. Le système de la monnaie métallique associé ou non au billet a fait l'objet d'études abondantes. De plus des aménagements successifs du système ont progressivement libéré la monnaie interne de la contrainte métallique. Soulignons seulement que l'évolution s'est faite insensiblement d'un système fondé sur la toute puissance d'un objet privilégié (le métal) vers un système qui accorderait une part croissante à la décision des sujets dans la création monétaire. A mesure que les hommes ont pris conscience de la possibilité d'étendre largement la création des signes sans affecter gravement les mécanismes réels et même en les améliorant, sous réserve que certaines conditions soient respectées et au prix d'expériences douloureuses et dramatiques, ils ont forgé le système contemporain où la régulation monétaire est devenue le fait de certains sujets privilégiés agissant dans un cadre réglementaire ou conventionnel, précis, formel mais révisable.

2) *La régulation par sujets privilégiés et les circuits financiers :* « La monnaie frappée dans le crédit ». (Cf. Annexe : le système monétaire français contemporain.)

L'émission monétaire, son développement et son rythme, son accélération ou son ralentissement sont sous la dépendance étroite des décisions prises par certains sujets qui ont directement accès à la monnaie nouvelle, aux sources d'approvisionnement et aux voies de retrait des signes. On admet que ces sujets jugent eux-mêmes des besoins monétaires d'après des critères tels qu'il n'est guère douteux que leur comportement est le reflet de l'activité économique générale, donc du volume et de l'intensité des circuits réels. Le comportement de tous les sujets, privilégiés ou non, dessine d'ailleurs, en pointillé à la base du système, l'ébauche du stock de monnaie dont le volume, psychologiquement souhaité, est conforme au désir de chaque sujet de conserver par devers lui en permanence une réserve variable de signes groupés dans une encaisse liquide. Le « cumul » de leurs micro-décisions (encaisses désirées — dépenses) fait l'ultime régulation qui, compte tenu des flux d'émissions, fixe en fin de compte simultanément la quantité de monnaie, le niveau des prix, les valeurs relatives, bref la dimension et la structure du champ.

Par le système monétaire de notre temps l'homme en collectivité a acquis la possibilité théorique de multiplier à l'infini les signes monétaires, sans autre contrainte que celle de son jugement. A cet effet, il dispose d'un appareil, le système bancaire, qui selon des modalités codifiées émet des signes de durée variable, sous l'impulsion de forces définies par les pouvoirs de certains sujets. Ce système monétaire comporte certes toujours des objets. Mais ceux-ci, libérés des contraintes de la matière, sont entièrement sous la dépendance des sujets. Ils sont devenus indéfiniment extensibles et totalement plastiques aux actions humaines. L'homme a su utiliser la possibilité que lui donne le prêt monétaire de reproduire de façon illimitée la même valeur, sous la forme de titres de créance, en la projetant à différents niveaux du temps futur. Cette projection temporelle permet normalement d'éviter la redondance des valeurs, puisque la représentation monétaire des sommes portées par les créances est différée selon des échéances qui peuvent être échelonnées. Les créances monétaires sont très proches de la monnaie. On conçoit qu'elles puissent s'y substituer (créances devenues elles-mêmes monnaie) ou qu'elles puissent servir de gage à l'émission (créances acceptées en contrepartie de monnaie). Il suffit qu'un, ou mieux, plusieurs sujets s'engagent à payer une somme déterminée à une échéance fixée, pour que la contre-valeur de cette somme en monnaie nouvelle puisse être déversée dans le champ économique. Au terme convenu, elle sera récupérée. En définissant par avance les voies du retour, le système s'est donné la possibilité théorique de multiplier librement les signes sans risquer l'anarchie ou l'inflation. En tenant constamment les circuits monétaires sous la contrainte du reflux, les sujets responsables sont, toujours en théorie, en mesure de restreindre ou de développer les volumes, de raccourcir ou de rallonger les circuits. La monnaie dans le champ dure alors ce que durent les créances de contrepartie. Elle naît et meurt avec celles-ci. Elle se renouvelle donc d'autant mieux que le terme des créances est court. Mais dans la pratique, pour que ce système ait pu fonctionner de manière efficace, il aurait fallu réunir deux conditions, rarement satisfaites : *a*) les comportements des sujets ne doivent pas se contredire, ni sacrifier l'intérêt général aux intérêts particuliers. Il faut que les sujets responsables de l'émission ou de l'emploi monétaire aient conscience des problèmes nationaux et des solutions, qu'ils agissent avec cohérence par rapport à l'objectif poursuivi. *b*) la durée du crédit qui fonde l'émission ne doit pas être trop longue. Car l'allongement des échéances libère la monnaie des contraintes, des révisions et du contrôle que permet le reflux rapproché.

L'automatisme de la matière a ainsi cédé apparemment le devant de la scène au jeu des volontés plus ou moins informées, habiles ou efficaces. Mais ces volontés ne sont pas sans limite. Le calcul économique qui vise le meilleur profit les enferme dans un déterminisme profond. Dans ce domaine monétaire où les attitudes psychologiques ont tant d'importance et sont si sensibles au maintien d'une absolue confiance dans la valeur significative et dans la stabilité du signe, la coutume impose des lois plus solides et plus coercitives que les règles institutionnelles de l'homme. L'État, le plus privilégié des sujets privilégiés qui ont accès aux voies monétaires, intervient déjà pour rétablir partiellement, en fixant quelques règles de jeu, les commodités d'un automatisme qui, à dire vrai, est toujours le suprême recours quand il s'agit de concilier tant de volontés contradictoires, agressives et naturellement exclusives.

Le système monétaire contemporain, régi apparemment par la volonté des hommes et en profondeur par des rythmes financiers, est finalement très critiquable. La meilleur méthode pour montrer l'insuffisance de ce système et l'origine de ses échecs est sans doute de se référer au schéma général de l'objet économique, composé, selon notre analyse, des trois ordres : réel, nominal, financier. La monnaie, en donnant une forme concrète et stable aux éléments nominaux du deuxième ordre (les crédits réels ou pouvoirs d'achat), parvient à exprimer la totalité de l'objet économique dont les dimensions se trouvent dès lors déterminées par les niveaux, globaux ou sectoriels, où la monnaie représente l'ordre nominal. Or dans le système d'émission contemporain, la monnaie s'insère dans le champ principalement par les circuits financiers. Elle prend d'ailleurs ses formes concrètes et sa loi structurelle interne au domaine du crédit, donc dans l'ordre financier. Certes des conventions d'émission réglant l'entrée et la sortie des signes monétaires sur les mouvements de l'or et des devises étrangères s'ajoutent encore aux conventions relatives au crédit bancaire. Elles apportent une source autonome d'approvisionnement monétaire et un moyen automatique de régulation. Elles s'intègrent dans le courant principal de la monnaie frappée dans le crédit et en modifient le volume. C'est que, caractérisé par son automatisme, ce compartiment d'émission impose son flux et son reflux comme une contrainte extérieure ; les compartiments branchés sur les réseaux financiers intérieurs sont obligés de compenser les variations quantitatives de signes, résultant de l'évolution irrégulière des échanges extérieurs et de la balance des paiements. Toutefois sans méconnaître l'importance des phénomènes monétaires que l'existence de ces conventions spéciales d'émission entraîne encore de nos jours comme d'ailleurs celle des prêts à l'État ou de *l'open market* (mais qui pour leur part mettent en jeu des créances intérieures), il en sera fait abstraction ici, l'essentiel du système contemporain de l'émission se caractérisant malgré tout par le branchement de l'appareil sur les circuits financiers des créances intérieures. Il s'ensuit que les signes monétaires alignent dans l'ensemble leur courbe de vie sur celle des créances dont ils sont la contrepartie, que l'ajustement du réel et du nominal s'effectue à l'encontre du mouvement naturel d'équilibre, enfin que les sujets privilégiés qui dominent les circuits financiers déforment les résultats de la fonction représentative.

1° D'abord en effet *le signe monétaire n'a pas la même durée de vie que les éléments réels et nominaux qu'il doit représenter* puisqu'il demeure dans le champ tant que la créance de contrepartie détenue par la banque n'est pas arrivée à échéance. Lorsque cette créance est échue, le signe fait retour à l'organe émetteur, il s'annule par remboursement de la créance, sauf bien entendu s'il est reconduit ou renouvelé par la constitution d'une autre créance. Le rythme financier détermine le rythme monétaire. Dans les conditions actuelles, ce caractère semble être un avantage, car il introduit dans l'appareil monétaire la souplesse et l'élasticité qui favorisent l'action des agents responsables ou bénéficiaires de l'émission et permettent aux forces économiques réelles de s'y structurer. Mais la conjonction du monétaire et du financier met en évidence la distance énorme existant *a priori* entre le dessin économique réel et celui du système de signes qui doit le représenter. L'ajustement aux besoins de l'économie se fait au travers d'un va-et-vient temporel et spatial des signes, dont les règles de fonctionnement, juridiquement closes, introduisent globalement de fortes contraintes pour les organes émetteurs et l'État régulateur. Les banques surtout sont obligées de veiller à leur propre productivité et à la solvabilité de leurs créances, puisque le processus de l'émission est copié sur celui des prêts de monnaie. Armand Le Henaff donne à ce propos une définition très significative de la monnaie : « C'est l'enveloppe d'une créance sur un ensemble de débiteurs identifiés et solvables. » C'est dire combien les banques émettrices sont très attentives au sort de la créance et indifférentes à la fonction représentative des signes de contrepartie. Il peut en résulter des conséquences fâcheuses pour les structures de l'objet économique, représentées dans le langage monétaire. *a*) L'obligation de maintenir l'équilibre financier et les résultats bénéficiaires des organismes émetteurs, fortement engagés par les crédits faits à des secteurs devenus déficitaires, peut conduire à la survivance, à la consolidation et même à l'extension de créances fragiles et d'activités peu productives, aux dépens de la rationalité économique. *b*) Si les banquiers perdent leur sang-froid ou sont abandonnés à eux-mêmes, ils peuvent être tentés de ne pas renouveler leurs crédits quand la situation conjoncturelle leur fait craindre une baisse des affaires. Lorsque ce comportement et ces décisions prennent un caractère massif, ils entraînent des catastrophes. Témoin la crise de 1929 qui passe pour avoir été déclenchée par l'inquiétude des banquiers américains devant l'expansion de leurs crédits, et par leur décision consécutive de restreindre leurs facilités.

2° A la suite de la monétisation du crédit *l'ajustement du réel et du nominal s'effectue à l'envers*. C'est le nominal qui commande le réel. Le courant d'ajustement parcourt le champ dans l'ordre inverse de celui qu'on attendrait en toute logique. En effet la monnaie insérée par les circuits financiers modifie les éléments nominaux dont les flux agissent immédiatement sur les circuits et les éléments réels. Certes les organes régulateurs s'efforcent de faire découper dans le secteur financier une zone monétaire qui précisément soit d'avance à l'image du secteur réel (1), en sorte que celui-ci n'aurait pas à souffrir d'ondes d'ajustement du nominal vers le réel. Pour obtenir ce résultat, ils

---

(1) Créances gagées sur les transactions commerciales réalisées (lettres de change).

comptent sur les forces réelles sous-tendant le secteur financier : selon une opinion très répandue, sans se recouvrir exactement, les deux secteurs évolueraient dans le même sens et en proportion de l'importance des mouvements réels autonomes. Mais les difficultés sont insurmontables pour assurer la concordance. Il n'y a pas en effet de relation rigoureuse entre le financier et le réel, alors que ce dernier et le nominal sont liés intimement et à très court terme, sinon immédiatement. En outre il est très difficile à l'État, par son action propre, de porter ou de maintenir à la dimension du champ réel l'espace monétaire découpé dans les éléments financiers.

Certes la monnaie est présentée souvent comme gagée sur la production future au moyen de laquelle l'emprunteur remboursera à la banque sa créance monétaire. Ainsi pour A. Le Henaff, la monnaie se crée par les investissements effectués grâce aux crédits bancaires et s'anéantit grâce au supplément de production consécutif à ces investissements, qui permet normalement de rembourser les banques. Décrit de la sorte, le cycle de vie de la monnaie semble suivre fidèlement un circuit réel. Mais le parallélisme ne peut pas être rigoureux. Tous les investissements ne donnent pas lieu à création monétaire et de plus, en ce qui concerne le retour à la banque des signes prêtés, le tracé en est formel, déterminé à l'avance dans ses délais et dans son montant, alors que le supplément de production présente maints caractères aléatoires et occupe dans le temps une place non définie d'avance.

3° Quant aux forces elles-mêmes qui agissent dans l'ordre financier pour déterminer les formes prémonétaires, elles sont moins des forces réelles que *des anticipations de ces forces*. Elles sont de ce fait sujettes à de multiples déformations. L'expression finale de l'objet économique subit le contrecoup de l'alignement nécessaire de tout le système de représentation sur un rythme de vie des signes fondé sur des rythmes financiers qui ne sont que des supputations des rythmes réels. Or celles-ci émanent de sujets qui dans la structure de l'objet économique occupent une position telle qu'ils sont sensibilisés à certains de ces rythmes seulement. De plus, ces rythmes réels partiels qui, sous la pression et à l'initiative de ces agents bien placés, déclenchent et déterminent les processus de représentation monétaire ne sont pas les rythmes majeurs de la structure à représenter. En effet, l'articulation des circuits financiers temporels sur la structure spatiale de l'objet économique, du moins pour la partie de ces circuits qui sont à l'origine des principales filières de l'émission monétaire, se dispose uniquement sur des compartiments particuliers de cette structure. Il s'agit des circuits intermédiaires (entreprises) par lesquels certaines catégories d'agents mettent en œuvre, combinent, ajustent ou ordonnent des forces réelles dont les dimensions majeures se manifestent dans un autre circuit que l'on peut qualifier de principal (celui du travail sous toutes ses formes) et qui enveloppe tous les autres. Ce circuit principal fixe la capacité totale du champ ; les circuits intermédiaires ne peuvent viser qu'à l'exploitation totale de cette capacité dans des conditions optimales. Si cette exploitation peut et même doit, par ses résultats, améliorer en retour la capacité totale du champ, il paraît logique et pratiquement nécessaire pour le maintien de l'équilibre que l'augmentation de cette capacité soit constatée et imputée au circuit principal avant que la dimension des circuits intermédiaires n'en soit à son tour affectée. Or c'est ce qui justement ne se fait pas, car l'émission et la distribution monétaire initiale dépendent essentiellement, à travers les crédits bancaires, des plans et projets des agents qui animent les circuits intermédiaires : l'État et les entreprises sans parler des banques. Plus les entreprises d'ailleurs que l'État, qui hésite beaucoup à influer directement sur les rythmes de l'émission et ne tire lui-même de la monnaie que contraint absolument par les circonstances : pour éviter la banqueroute et la paralysie, catastrophes suprêmes. Ainsi, par le jeu du conditionnement monétaire, l'objet économique tout entier est pratiquement placé sous *la dépendance de l'horizon des entreprises*, sujets collectifs dont les intérêts ne peuvent évidemment pas coïncider avec ceux de la communauté dans son ensemble, et dont la vision se limite légitimement aux fonctions particulières assumées.

Le rôle prépondérant et directeur joué par les entreprises dans la production et dans l'amélioration de la productivité ne suffit pas pour justifier que l'émission des signes destinés à représenter toutes les forces réelles de la communauté dans le champ économique soit laissée à l'appréciation de ces sujets collectifs dont seulement une minorité de personnes déterminent le comportement, pour leur profit personnel comme le veut l'idéologie capitaliste. Ce n'est pas une question d'équité mais un problème d'efficacité de l'organisation et de progrès matériel de la communauté. L'entreprise appelle et distribue la monnaie selon son objectif du moment, suivant des calculs plus ou moins précis, et en s'appuyant sur des prévisions difficiles et même obligatoirement inexactes. Le calcul économique est surtout mené par référence au profit de ceux qui ont la maîtrise des flux confrontés au sein de l'entreprise, le pouvoir de distribuer les résultats et le droit de propriété sur les actifs. C'est dire qu'il y a dans l'optique des entreprises un grand nombre de forces élémentaires sacrifiées. La représentation globale de l'objet économique est faussée dès l'origine par les détournements, ou du moins les orientations, et les pouvoirs de générer les structures économiques que les chefs d'entreprise imposent ou exercent, grâce à leur droit exorbitant de « traire » la monnaie et de la distribuer à peu près entièrement, selon leurs plans, leurs prévisions et leurs jugements. Ce droit n'est heureusement pas un pilier de notre système juridique comme le droit de propriété. Il faudrait sans doute peu de chose pour que la nature de l'approvisionnement monétaire des entreprises soit radicalement changée et que l'émission générale destinée à la représentation de l'objet ne soit plus le privilège des entreprises.

Il n'est pas question naturellement de sacrifier ni de condamner les organes intermédiaires qui assurent les liaisons entre les hommes et la totalité sociale. Les administrations et les entreprises ne peuvent en effet que légitimement revendiquer une importance croissante. De plus les hommes attendent d'elles une efficacité accrue. Mais qui ne voit que cette importance et cette efficacité sont commandées par l'élargissement et l'épanouissement de l'assise de l'énergie humaine dont ces organes intermédiaires ne sont que des replis, au dessin de plus en plus délicat. Enrichir et étendre la nappe première, c'est la condition première pour renforcer, approfondir et multiplier les plissements qui affinent l'ordre social et spécialisent ses fonctions.

Finalement *l'émission monétaire, dans ses modalités actuelles, est le saint des saints du capitalisme.* Cet ensemble de rouages très complexes étroitement mêlés à des réseaux simples de transferts monétaires est très fortement protégé par des monceaux de traditions et de technicité. Toujours tenu à distance ou réservé, il n'est jamais considéré comme une pièce essentielle du capitalisme, alors que, né et développé avec lui, il est sans doute le secret de sa réussite, le cœur de son dynamisme et son ultime ligne de défense, apparemment infranchissable d'ailleurs. L'encaisse monétaire, dans sa forme actuelle, cache sa primauté, sa puissance et son conservatisme irréductible derrière l'apparence insignifiante d'un outil compliqué qui rebute l'effort, la recherche et la compréhension. Enfouie, comme un diamant brut, dans sa gangue de mystère, abritée des atteintes de l'opinion et de l'évolution des forces réelles par la confusion inextricable de ses attaches avec le milieu qu'elle commande, l'émission de « la monnaie frappée dans le crédit » est la vraie reine de la termitière capitaliste. Elle ne pourra jamais que poursuivre sa ponte suivant le programme qui est incorporé en elle.

3) *La régulation par les circuits réels ou signifiés* : « La monnaie frappée dans la production ».

Le mode de régulation monétaire par moulage direct sur les circuits réels ou signifiés, plus précisément sur la catégorie nominale des pouvoirs d'achat présente un caractère idéal. Car s'il existait, s'il pouvait être convenablement mis en œuvre, il y aurait toujours autant de signes qu'il est nécessaire, sans excès ni défaut, pour exprimer des circuits réels fonctionnant d'une manière optimale. Ainsi que nous pensons l'avoir montré lors de l'examen des structures signifiées, la catégorie nominale des pouvoirs d'achat s'articule en permanence sur l'évolution des biens et services réels, en épouse la dimension globale, mais en détermine la mesure numérique. Les formes réelles, reflétées par les catégories nominales, et les signes monétaires seraient donc ajustés de manière intime, élément par élément, signe par signe. Éléments nominaux et signes se formeraient en même temps et quitteraient le champ simultanément comme les éléments réels eux-mêmes. Il y aurait impossibilité absolue de distorsion entraînant la déformation des circuits réels (ou signifiés), du fait d'un excès ou d'une insuffisance de signes.

La monnaie serait créée au fur et à mesure de la production et pour une valeur de celle-ci définie socialement à partir d'une valeur horaire de l'énergie humaine, indexée sur la progression acquise (et non plus anticipée) de la valeur économique incorporée dans le champ et divisée en parts assujetties chacune à différents critères de distribution entre les sujets de la communauté. La monnaie se résorberait au fur et à mesure de la consommation des biens, mais seulement à concurrence de la valeur d'origine (ou acquise au cours du processus productif) des éléments réels composant les biens. Les signes maintenus dans le champ seraient ainsi ceux du profit (définitif ou anticipé).

Le fonctionnement optimal des circuits réels ou signifiés serait obtenu par une action directe sur ceux-ci. Cette action serait facilitée par le fait qu'il y aurait identification entre les structures signifiées et les structures monétaires, celles-ci constituant la maquette exacte de celles-là, puisque tous leurs mouvements seraient rigoureusement calqués. Des procédés de tension, d'incitation, de répartition appliqués directement au système monétaire permettraient d'utiliser à plein la capacité productive, de modifier la structure des forces dans le sens de la plus grande efficacité, de faire rendre librement à chacun (sujet ou objet) le maximum de rendement et, en fin de compte, de favoriser l'évolution des formes de l'objet économique vers une organisation matérielle toujours plus consciente de l'être collectif que doivent former à terme les ensembles humains. L'émission de signes se ferait alors sur la base du dessin des circuits ainsi remodelés et tendus vers la réalisation d'une œuvre sociale progressive.

Le souci de maintenir la stabilité et la constance significative de l'étalon de valeur conduit à tenir compte de l'augmentation de la valeur des éléments du champ. Le profit mesure cette augmentation mais les signes monétaires signifiant ce profit ne peuvent à eux seuls la représenter en totalité dans le champ. Il faut ajuster à cette progression les temps physiques de travail ou dépenses d'énergie humaine, support primaire de la production, en valorisant par un coefficient l'unité physique de temps et donc l'unité de signe (heure de travail). Cette valorisation se proportionnera à la plus-value globale définitivement constatée (et non pas anticipée).

Une fois en place ce système devra fonctionner selon des mécanismes automatiques. Certes l'évolution des systèmes monétaires s'est plutôt faite à l'opposé d'une ascension vers les automatismes. Après l'échec de l'étalon-or, ceux-ci ne semblent plus avoir une grande faveur dans la pensée économique. Des courants d'opinion subsistent cependant qui soulignent les avantages de l'automatisme par rapport au laxisme des émissions caractérisant l'époque contemporaine. Par exemple, Milton Friedman s'est persuadé qu'une loi constitutionnelle devrait définir une augmentation régulière de la masse monétaire conforme aux résultats de l'observation des phénomènes du passé et que cette fixité du taux de progression suffirait pour régulariser le rythme général de la croissance. Il a proposé le taux de 4 % par an, extrapolé de l'évolution séculaire de la production (augmentation de 3 % en moyenne) combinée avec celle de la vitesse de circulation de la monnaie (baisse de 1 % par an) (1). Ce regain d'intérêt pour une méthode d'ajustement automatique, qui, dans les formulations actuelles, se présente sous un aspect trop grossier pour être acceptable, ouvre cependant à nos yeux les voies de l'avenir.

Le mouvement dimensionnel du système monétaire devra donc coïncider avec celui des formations réelles dont il est l'unique représentation économique. Sinon l'ensemble du dispositif serait déformé. Aucun système monétaire n'a jamais pu réaliser une adaptation parfaite aux structures réelles, dès lors que les formes monétaires ont une origine indépendante de la création et de l'évolution du surplus réel. Mais le mécanisme qui alignera automatiquement la structure monétaire sur celle de la production-consommation sera-t-il suffisant? Il ne faut pas perdre de vue en effet que la quantité de formes monétaires est fonction non seulement des conditions propres à leur existence mais aussi du comportement des sujets à leur égard. Car les sujets déterminent eux-mêmes la quantité des signes qu'ils désirent conserver. D'où l'importance de la notion d'encaisse désirée (J. Rueff) qui rend compte de l'ajustement de tous les paramètres nominaux au volume de signes que les sujets désirent détenir. Cet ajustement se

(1) S. Guillaumont Jeanneney, *Cahiers de l'I. S. E. A.*, juillet 1966.

produit en toute hypothèse, que les encaisses effectives soient ou non réglées, par les conditions mêmes de l'émission, sur le volume désiré. En cas d'excès, les sujets en chassant la monnaie, élèvent le niveau nominal des prix, ce qui accroît les besoins d'encaisse ; l'équilibre se rétablit à un cran supérieur. En cas d'insuffisance, le mouvement est inverse. Les besoins d'encaisse diminuent avec la baisse des prix ou de l'activité. L'adaptation se réalise par un rapprochement des encaisses et des besoins. Mais cette adaptation de l'encaisse désirée et de l'encaisse effective est nécessairement assortie d'un ajustement de la monnaie et des formations réelles. Car si l'encaisse leur est supérieure, la valeur nominale des formations réelles s'alignera sur le niveau des encaisses ; de cette façon elle représentera toujours en proportion réelle la part des valeurs rémanentes (surplus) par rapport aux valeurs produites et aux valeurs consommées dans une période.

Dans le cas où le système monétaire permettrait d'ajuster directement la monnaie sur les formations réelles, que se passerait-il si cette monnaie adaptée aux circuits productifs ne correspondait pas aux besoins d'encaisse, si l'on admet que ces besoins peuvent évoluer de façon autonome en fonction des structures de comportement des sujets économiques ? Supposons que la monnaie représentative du surplus réel soit supérieure aux besoins spontanés d'encaisse exprimés par les sujets. Dans l'ensemble ces derniers chasseraient l'excédent de monnaie, les transactions s'accéléreraient, la consommation augmenterait, entraînant une réduction du surplus et par conséquent de la monnaie. Mais il est évident que, dès l'origine même de ses éléments, le surplus réel est étroitement commandé par le comportement des sujets. On peut ajouter que ce comportement détermine à la fois les formations réelles et les encaisses désirées suivant des rapports structurels complémentaires. Il n'y a donc pas à notre avis de possibilité d'écart entre les deux ensembles. En alignant la monnaie sur le surplus réel, ou plutôt sur les circuits qui le forment et le déforment, on ajuste automatiquement les signes aux besoins et aux désirs d'encaisse.

ANNEXE

Le système monétaire français contemporain.

L'analyse de l'actuelle monnaie française apporte une bonne illustration des déformations inévitables — en l'espèce, à caractère inflationniste — inhérentes à une structure de signes faite de processus financiers, dans le cas de « la monnaie frappée dans le crédit ».

Le système monétaire français contemporain repose, pour l'essentiel, sur trois types de mécanismes : l'échange international, la trésorerie publique les crédits bancaires.

Les caractéristiques de fonctionnement de ces processus font les conditions d'approvisionnement des encaisses en moyens de règlement, en pouvoirs d'achat et par conséquent déterminent les niveaux d'activité et de prix. La spécificité des voies d'insertion de la monnaie nouvellement émise dans chaque processus contribue à fixer les rapports de prix relatifs, à différencier le volume des encaisses particulières et finalement commande dans une large mesure les pouvoirs respectifs des agents économiques et la distribution des revenus.

1. — *L'échange international* (10 %) est à la source des émissions sur devises, celles-ci pouvant s'échanger contre de l'or et vice versa. Ce compartiment se caractérise par une forte dépendance à l'égard de facteurs extérieurs, puissants, incontrôlables, et de mouvements conjoncturels extrêmes, brutaux et inévitables. La monnaie intérieure est émise contre des devises résultant de transactions internationales, commerciales ou financières, ou encore apportées par les étrangers à la recherche de moyens de règlements locaux. L'appareil monétaire annule, en revanche, de la monnaie en circulation lorsqu'il remet, en échange de celle-ci, les devises désirées par les agents économiques pour leurs affaires, leurs spéculations ou leurs distractions. L'émission sur devises apporte une première couche de signes d'importance variable. Ils sont les seuls qui soient directement gagés sur une valeur monétaire formelle et incontestée : or, monnaies étrangères. Il ne fait aucun doute que de tels signes sont bien représentatifs d'un pouvoir d'achat préexistant, encore que cette représentation soit souvent faussée par une

mauvaise évaluation de l'or ou de la monnaie étrangère. L'écart peut aller jusqu'à enlever toute crédibilité à la justification de l'émission. Mais surtout en voulant se donner une représentation nominale de monnaies étrangères, on s'éloigne de la représentation réelle des biens et services, qui donne à la monnaie son sens profond. Qui plus est, par le truchement des devises de contrepartie, les signes sont, dans ce mode d'émission, créés par des services rendus à l'extérieur, et au contraire détruits par des services venant de l'extérieur. Il y a là un contresens d'émission par rapport aux *besoins monétaires, définis par les moyens nécessaires à la représentation des valeurs exactes de toutes les prestations, telles que ces valeurs s'établissent avant d'être représentées dans le matériau monétaire.* L'entrée d'un service justifierait plutôt une émission et sa sortie une annulation de signes. A tout le moins, les transactions internationales ne devraient pas modifier directement la monnaie intérieure dans sa dimension globale.

2. — *La trésorerie publique ou déficit de l'État* (*15*%). Le droit régalien permet à l'État de compléter ses ressources et de combler ses déficits de caisse par la création monétaire, soit en obligeant les banques à émettre de la monnaie à son profit (créances bancaires sur l'État), soit en s'instituant lui-même organisme émetteur de monnaie. Dans ce dernier cas, l'État finance une part de ses dépenses sans qu'il lui en coûte rien d'autre qu'un jeu d'écritures. Il s'agit, en l'espèce, des comptes créditeurs des particuliers et des entreprises ouverts dans les écritures des P. T. T. et du Trésor. Sans rien débourser, l'État opère ses paiements en faveur des titulaires de ces comptes par simple inscription d'un crédit. Cette monnaie est créée à l'insu du public. Mais à la différence des prêts de la Banque de France et des crédits bancaires dont il peut directement ordonner les flux à son profit, l'État n'est pas le maître de la création de monnaie dans ses écritures. C'est pourquoi l'émission est tolérée, ne pouvant être excessive. Malgré une apparence fragile — il s'agit de dépôts à vue — l'État ne court guère le risque de voir se tarir la progression de cette monnaie ; chaque augmentation du solde des dépôts est pour lui une ressource nouvelle nette, qu'il y ait eu création ou simplement transfert de revenus (par dépôt de billets ou virement de compte) ; et il est en mesure de rendre attrayant l'usage des moyens monétaires créés par lui, à son profit direct ou indirect. Mais ce qu'il faut souligner c'est que le volume des ressources du Trésor mises en circulation sous forme de monnaie nouvelle, qu'elles proviennent des banques ou directement des écritures publiques, dépend en fin de compte des besoins résiduels de l'État, une fois décomptées sur le plan budgétaire toutes les dépenses et toutes les ressources d'impôts ou d'emprunts — et non des besoins monétaires de la communauté.

Les deux premières sources de la monnaie, les transactions internationales et le déficit public, obéissent chacune à des facteurs spécifiques de fonctionnement en relation certes avec l'économie générale, mais pas toujours en harmonie avec elle. Quoiqu'il en soit, le jeu en partie autonome de ces compartiments peut accroître ou atténuer le besoin de monnaie. Le manque final qui en résulte doit être comblé par la principale source, celle du crédit bancaire à l'économie, l'ajustement aux valeurs réelles, c'est-à-dire aux besoins, ne pouvant cependant se faire exactement à cause du jeu des facteurs autonomes qui règlent toutes les espèces de monnaies selon des « lois internes », distinctes de celles de l'échange général des valeurs ; cela malgré toutes les régulations intervenant à plus ou moins bon escient, avec plus ou moins de retard. Aussi tout porte-t-il les banques et les autorités monétaires à distribuer de la monnaie en excès par la troisième source, les crédits à l'économie, plutôt que de voir s'instituer l'intolérable pénurie du temps des crises.

3. — *Les crédits bancaires à l'économie* (75 %). Les organismes bancaires fournissent ou retirent la monnaie par le moyen des crédits remboursables qu'ils accordent aux agents économiques. Ces crédits sont commandés par les règles et usages bancaires permettant de les octroyer et par la demande des agents, arrêtée selon leurs plans d'activité ou de production, compte tenu du coût de ces emprunts, des recettes attendues pour les rembourser le cas échéant, enfin des profits qui leur restent après paiement des charges. Le coût du crédit peut être modifié au niveau des règles de l'offre, où l'on peut être tenté de faire prévaloir des orientations générales, libérales, laxistes ou restrictives, et de créer des circuits sélectifs favorisant certaines activités par une modulation avantageuse des taux. Les hommes eux-mêmes qui dirigent les banques répartissent suivant les règles de l'art, mais aussi leurs humeurs et leurs idées, les signes qu'ils créent en les prêtant selon une certaine grille.

A leur tour, les agents bénéficiaires — essentiellement les entreprises bien cotées par leurs bénéfices, leurs relations, leur puissance — affectent les moyens de règlements, reçus sous forme de crédits bancaires, aux emplois qu'ils jugent aptes à leur procurer le meilleur profit. Ils les attribuent, en les associant à leurs autres ressources, en rémunération des divers facteurs composant leur production (travail, achats intermédiaires, frais, équipement) et même quelquefois pour assouvir leurs besoins et désirs personnels. Il dépend bien sûr des projets de chacun des maîtres des entreprises, de ses modes de faire, de penser et d'être, que les proportions relatives de la répartition se fassent d'une certaine manière, dans la limite de règles ou conditions générales plus ou moins rigides (conditions techniques des crédits, facilités de convertibilité des dépôts scripturaux en monnaie principale), souvent contractuelles, quelquefois publiques.

Par la voie de l'échange et des décisions des agents détenteurs de la monnaie émise, les différences et variations de pression qui s'exercent sur la demande des produits se répercutent sur tous les biens et services et sur tous les revenus, sans fin et selon des degrés divers. Les prix et les activités s'en trouvent profondément affectés.

La forme circulaire globale des échanges du processus production-consommation fait revenir aux entreprises sous la forme de leur chiffre d'affaires — avec une autre répartition bien sûr — les signes monétaires qu'elles ont distribués en payant toutes les composantes de leurs produits. Globalement il leur en reviendra d'autant plus qu'elles en auront donné beaucoup, leur profit croissant encore plus vite du fait de l'allongement des processus de production et de la croissance de la capitalisation des produits non consommés. Faut-il s'étonner qu'il y ait une tendance constante à l'expansion des crédits, toute l'économie enflant avec la monnaie!

Trois vices communs aux deux compartiments d'émission, déficit public (créances sur l'État) et crédit à l'économie, doivent être soulignés.

a) L'émission de monnaie n'est pas directement la contrepartie d'un service rendu. Elle n'est pas faite en paiement d'une prestation réalisée. D'un côté, l'État s'octroie un privilège régalien pour compléter ses ressources, les dépenses s'accroissant de ce fait dès le stade de la prévision budgétaire qui se trouve ainsi assortie d'une impasse financière. De l'autre, les banques distribuent de la monnaie pour financer des projets ou des opérations dont on escompte seulement les recettes futures. Dans les deux cas il s'agit en somme d'une « provision » constituée au profit de certains agents privilégiés, et qui sert à payer, mais à la diligence, au gré, et au choix de ces agents, de véritables prestations rendues par des tiers (travail — biens — services). Le niveau de la provision demandée et souvent obtenue dépend d'anticipations ou plutôt de la valeur des prestations déformée par les anticipations, la répartition de cette valeur et son enveloppe même étant étroitement liées aux décisions prises par les bénéficiaires de la « provision », et c'est là qu'apparaît le deuxième vice essentiel.

b) Les décisions des agents bénéficiaires directs de l'émission monétaire privilégient un certain mode de répartition, en fonction des services qui leur sont rendus. Mais qu'il y ait ou non calcul économique rationnel, l'évaluation du service rendu tient pour beaucoup à la décision subjective de l'agent répartiteur, en quantité et en prix, même si cet agent n'est pas absolument le maître ni de l'une ni de l'autre. Les bénéficiaires directs des émissions jouissent ainsi de facilités et de prérogatives qui au total leur assurent, sans grand risque dans l'ensemble, un comportement libéré des contraintes habituelles de ceux qui doivent gagner leur argent avant de le dépenser. La liberté croît avec l'augmentation des émissions. Les circuits de l'échange ordonnés sur le couple production-consommation ont un effet absolu de boomerang. Plus les revenus lancés grâce aux moyens monétaires sont élevés et plus le seront aussi le chiffre d'affaires des entreprises et le montant des impôts. Les entreprises et l'État recevront ainsi les recettes qui ont justifié le niveau élevé de leurs anticipations de dépenses et par là les émissions de monnaie.

c) Actuellement le fonctionnement du système financier d'émission donne aux banques un privilège exorbitant et un pouvoir réel, quoique occulte, celui de disposer du capital monétaire et de l'utiliser, en grande partie, à leur guise. Pour le montrer il faut rappeler les règles essentielles des mécanismes de la monnaie bancaire fondée sur le crédit. Depuis des siècles ils reposent sur un processus simple. Un organisme se déclare débiteur d'une personne, soit qu'il ait reçu d'elle des espèces monétaires déjà existantes, soit que par cette reconnaissance de dette il lui règle un service rendu, soit enfin qu'il lui consente un prêt ou un crédit sous cette forme. Cette déclaration de dette est matérialisée par un billet ou bien ouvre la possibilité de tirage sur un compte bancaire (chèque). Elle devient monnaie lorsqu'elle est acceptée elle-même comme moyen de règlement transmis d'un agent à un autre dans la chaîne ininterrompue des échanges. Mais pour être acceptée, il faut ou bien que son cours soit forcé ou bien qu'elle soit effectivement remboursable, c'est-à-dire convertible à vue et à tout moment en une espèce certaine de monnaie bénéficiant elle-même du cours forcé ou du crédit public. Entre cette monnaie que nous appelons première ou principale (en France monnaie centrale de la Banque de France) et toutes les autres (monnaie scripturale ou bancaire), il existe une relation quantitative stable dont l'évolution lente se poursuit, toujours dans le même sens, celui de l'augmentation des monnaies secondaires par rapport à la monnaie première jusqu'à une proportion idéale évaluée actuellement à 4 pour 1. Cette relation est commandée par les usages, les habitudes des détenteurs et utilisateurs de monnaie. Le comportement de ceux-ci peut dans une certaine mesure être orienté ou infléchi par la modification des conditions plus ou moins attrayantes qui leur sont faites par les banques dont ils utilisent la monnaie scripturale. Ne variant pas en courte période, la relation impose sa loi aux émissions. Lorsqu'elles tendent à devenir excessives les monnaies secondaires sont converties en monnaie première et entraînent des émissions complémentaires de celle-ci. Mais l'émetteur de monnaie première peut refuser ces émissions, obligeant les monnaies secondaires à régresser. Théoriquement, il peut aussi, en augmentant ou en réduisant sa propre monnaie, commander l'ensemble des émissions bancaires. Dans la pratique, d'une part il n'est pas libre de ses décisions, car il ne peut permettre que soient rompus les engagements déjà pris par les autres banques — sauf à entraîner des *krachs* financiers — ni forcer l'économie à accepter, à travers les crédits bancaires, un surcroît de monnaie qu'elle ne souhaiterait pas. D'autre part, l'organisme émetteur central n'est pas en mesure de déterminer quel est le meilleur taux de progression de la masse monétaire, ni d'en imposer un — quel qu'il soit — sans créer des contraintes insoutenables, fortement préjudiciables à l'équilibre et à la croissance économiques.

En ce qui concerne les émissions de monnaies secondaires qui représentent tout de même la plus grande partie des espèces en circulation, il y a de quoi trouver surprenantes les implications d'un tel système. Car, quoiqu'ils s'en défendent souvent, les banquiers créent bien de la monnaie *ex-nihilo*. Ils l'ont fait depuis qu'ils existent, recueillant des fonds, donnant en échange leur signature, dont la valeur, assise sur leur richesse, leur personnalité, leur crédit personnel, est acceptée en paiement dans les transactions. Les détenteurs de ce nouvel instrument de paiement le préfèrent, par commodité, à la monnaie traditionnelle, en quoi d'ailleurs il est à tout moment convertible à vue. Mais les banquiers, profitant au maximum de cet usage et de ce comportement, qu'ils font tout pour favoriser et pour capter, en arrivent, dans la limite des possibilités laissées par l'obligation de convertibilité, à vendre leurs signatures sans avoir de véritable couverture, en fait pas d'autre couverture que l'engagement de remboursement souscrit par ceux auxquels ils ont cédé leurs signatures comme moyens de règlement. Naguère les justifications du privilège de créer des instruments de paiement de toutes pièces, et d'en tirer des gains fabuleux, c'étaient la rareté de la monnaie traditionnelle (le métal), l'éminence du service rendu, l'habileté du banquier à distinguer et à développer les meilleures affaires, le risque couru, souvent sanctionné par la déconfiture, enfin la méconnaissance des méthodes de multiplication monétaire, qui rendait si précieuse l'aventure bancaire. Aussi, invention miraculeuse et inconsciente, progressant dangereusement en terrain inconnu, le crédit des banquiers valait-il cher, à son juste prix ; il apportait l'oxygène dans un système monétaire étroit et, s'il défaillait, c'était la catastrophe pour toute la clientèle prise au piège des nouveaux instruments. Ce fut pourtant une grande chance d'avoir ainsi pendant des siècles pu pallier la rareté des espèces métalliques en recourant à des signatures pour les remplacer et multiplier les moyens de règlement permettant l'essor de l'économie. Mais aujourd'hui la situation a bien changé, la monnaie n'est plus rare par nature, les moyens de la multiplier et de l'imposer sans limitation formelle, selon des conventions et des règlements appropriés, étant maintenant parfaitement connus. Aussi bien le risque du banquier, désormais couvert absolument par l'intérêt public, n'existe plus, ou si peu, et son rôle n'est plus vraiment mystérieux, sauf à entretenir volontairement le mystère. Mais l'apparence de la construction ancienne est restée intacte et les banquiers continuent de créer de la monnaie qui ne leur coûte rien de plus que les charges de leur propre organisation, obtenant d'autant plus de bénéfices qu'ils produisent plus de monnaie. C'est assurément un beau cadeau fait aux banquiers d'affaires que de les autoriser à recevoir des dépôts et par conséquent à renforcer leur capacité d'émettre de la monnaie, l'expansion des comptes chèques leur donnant les moyens d'augmenter l'utilisation directe de leur propre monnaie et différant ainsi l'échéance de convertibilité, normalement compensée d'ailleurs par les dépôts et virements en provenance d'autres banques. Pour quels emplois, pour quels services, pour quels milieux? Seules les banques le savent. Tant mieux, si c'est pour les affaires les plus rentables, les plus efficaces, les plus utiles. Tant pis, si c'est pour faire fructifier des relations de puissance. Est-il admissible de nos jours que quelques organismes puissent, sans règles ni contraintes bien précises autres que financières, redistribuer sans cesse toutes les monnaies accumulées, comme s'ils en étaient les propriétaires, jouissant du capital monétaire comme instrument de puissance et parant sans vergogne leur gestion des revenus exceptionnellement élevés que procure ce capital. Aussi bien les banquiers ne craignent pas l'inflation. C'est même le contraire qui est vrai, par la force des choses, puisque l'inflation c'est l'expansion de leurs affaires, sans grande peine, et cela même s'ils se défendent très légitimement d'être des facteurs déterminants et conscients de la hausse des prix. Les banquiers sont-ils en mesure de prouver qu'ils ne tirent pas les premiers un grand avantage d'une augmentation de la masse monétaire de 15 à 20 % l'an?

La facture de ces privilèges, de cette licence accordée aussi bien aux banquiers qu'aux entreprises de multiplier les signes et de les distribuer selon leurs jugements, dans un cadre réglementaire peu contraignant, ce sont les autres agents de la communauté qui la payent sous forme d'inflation.

Pour mettre fin à celle-ci, dans le système actuel, il n'a jamais été possible que d'imaginer trois types de solution :

— limiter arbitrairement la progression de la masse monétaire,

— fixer, et souvent bloquer, les prix et les salaires,

— réduire la demande par l'impôt, l'emprunt ou les restrictions de dépenses budgétaires.

Successivement recherchées et même appliquées pour éviter la déroute du système lorsque son inertie habituelle risquait d'être totalement brisée par l'emballement des mécanismes, ces mesures, toujours gravement mutilantes, sont assurément pires que la poursuite de l'inflation. Car si l'on ne veut pas se priver des mécanismes financiers pour émettre la monnaie, l'inflation, corrigée par des mesures sociales et des compensations sélectives, est encore le meilleur moyen d'activer la croissance, de stimuler les rendements, d'assurer la prospérité. En tout cas, le moindre mal et si l'on ne peut pas s'en accommoder, mieux vaudrait changer de système. Car pour ne pas bloquer l'émission ou les transactions, et ajuster l'une aux autres, il n'y a pas d'autres solutions que de calquer directement les flux d'entrée et de sortie de monnaie sur ceux des revenus et des produits, préalablement déterminés en dehors de l'éventuelle influence du système monétaire.

TROISIÈME PARTIE

OBJET ÉCONOMIQUE ET ÉCONOMIE CONCRÈTE

Dans l'analyse des questions économiques concrètes qui va suivre le lecteur rencontrera des positions qui le surprendront et même lui paraîtront à contrepied du réel, sinon du possible. Plus encore le spécialiste se sentira sans nul doute désorienté. Les affirmations et propositions suivantes ne s'harmonisent guère en effet avec les canons de la conduite économique :

— L'épargne ne saurait, sauf à bloquer la croissance, se faire au détriment de la consommation.
— Il faut déraciner le bien-être individuel de l'immobilité en encourageant l'homme à se déplacer par un surcroît d'avantages attachés à la mobilité, qui ne soient pas la seule compensation des frais et des désagréments.
— Dans la mesure où elle enchaîne l'homme actif à des murs et à un décor permanent, personnel et immuable, où elle le plaque sur un sol et dans des liens qui l'enveloppent de mille fils invisibles, absorbent sa personnalité et son dynamisme, l'accession à la propriété n'est peut-être pas la meilleure politique du logement.
— L'État peut avantageusement couvrir ses besoins et assurer ses missions en obtenant ses moyens financiers non plus par les procédés classiques de l'impôt et de l'emprunt mais par celui, jusqu'ici réputé malsain, de l'émission monétaire à son profit.
— La monnaie doit être émise au prorata des capacités de travail recensées dans le pays, sa régulation étant assurée par la consommation des biens et des services.
— La rémunération immédiate du travail, selon un niveau suffisant pour couvrir les coûts de l'activité humaine, est prioritaire et doit, en raison du caractère social du travail, être servie en tout état de cause aux personnes actives de la population, quels que soient leur position (activité effective, chômage ou maladie), la nature

de leurs activités, ou les résultats économiques et sociaux de celles-ci. Les différenciations de tous ordres, aussi indispensables d'ailleurs que la rémunération-plancher, se font à partir du complément de cette rémunération, suivant des critères appropriés à chaque système de différenciation (risques, coûts, personnes inactives, rendement, résultats).

— Le profit n'est pas condamné, bien au contraire. Par contre son mode d'appropriation est dénoncé.
— L'intérêt est le prix d'un service rendu. Mais à l'inverse du profit qui s'ajoute au travail pour déterminer la valeur globale, l'intérêt se dessine en dedans de la valeur et se prélève sur le profit ou sur le travail comme un pur phénomène de répartition.
— Les faiblesses de l'administration proviennent moins de ses vices propres que des défaillances de l'organisation sociale et des comportements habituels de l'homme dans tous les secteurs d'activité.
— Les biens et services importés ne sont que la forme, transformée et valorisée à des fins de consommation, du travail national inclus dans les biens et services exportés. Le circuit des relations extérieures est la simple rallonge du processus interne de production-consommation.
— La monnaie internationale ne pourra trouver son équilibre qu'en étant l'expression rigoureuse de la capacité d'échange des populations mondiales et non pas en se rattachant à l'or ou à une matière première quelconque, ni en se modelant sur des processus nationaux ou internationaux de crédit.

Seule une cohérence générale peut faire admettre chacune de ces propositions apparemment paradoxales. La logique du système dégagé dans les précédentes parties de ce livre fait l'unité de notre interprétation et la justifie. Que la réalité paraisse différente de la vision qu'en donne notre analyse ne nous a pas paru un motif suffisant pour renoncer à la poursuivre et à l'illustrer.

C'est en effet l'un des traits les plus merveilleux de la nature humaine que de se recouvrir toujours de sa propre comédie. Les hommes ne sont heureusement jamais ce qu'ils disent et ce qu'ils font. L'ordre social aussi se joue de lui-même en miroitant des figures qui paraissent en vain accomplir des fonctions décisives et des créations durables alors que le monde futur se forge par des voies détournées selon un dessin constamment refoulé. Car les hommes le stoppent de coupes instantanées qu'ils projettent et pétrifient pour asseoir leur confort, couler leur puissance, épandre leur influence, délimiter leur domaine. Dans ces conditions il n'est pas interdit de bousculer l'économie orthodoxe et instituée en explorant sa face cachée. Nul ne peut prévoir les institutions futures ; elles seront telles que l'inconscient collectif les dépose dans sa perpétuelle fuite en avant. Mais puisqu'il est toujours question de lois économiques à propos de la rareté, du profit, de l'argent et du capital, nous voudrions convaincre que ces lois, qui nous obligeraient à subir les contraintes socialement injustes d'une économie imparfaite, ne seraient peut-être pas aussi fatales si les institutions n'avaient pas pérennisé et protégé à l'excès des processus qui les portent en germe.

Telle est la justification de cette incursion dans des voies apparemment insolites. Il s'agit bien plus d'illustrer conventionnellement l'épaisseur cachée des phénomènes et de *développer en exemple les virtualités du monde économique actuel* que d'annoncer un futur. Car la raison est de toute façon impuissante à anticiper l'objet économique de demain, tant celui-ci se joue des dérisoires frontières et des fragiles réseaux de règles où elle prétend le réduire. Au demeurant il est bon que l'analyste se libère des catégories familières du langage quotidien ou de la science instituée, pour que soient explorées des issues possibles à des situations de plus en plus déraisonnables. L'imagination ne conduit pas nécessairement à l'utopie ou à la fantaisie. Car les schémas économiques sont vraiment multiformes ; la même réalité est susceptible d'une infinité de représentations suivant l'ordre d'analyse, le choix des hypothèses ou des bases de référence.

L'analyse est rendue encore plus complexe du fait de l'ampleur des phénomènes. La matière traitée est en effet si vaste, rapportée à l'échelle humaine, que les études entreprises, les apports de chacun à la prise de conscience des états et des mouvements économiques échappent difficilement au compartimentage, au cloisonnement et à la vision parcellaire. Or, dans un cadrage fragmentaire, les mécanismes et les organisations prennent une apparence, un ordre, un sens qu'ils n'ont pas lorsque le cadre d'analyse est plus large ou plus étroit. Ils s'intègrent chaque fois dans un système propre à l'enveloppe où ils sont inclus et qui les limite. Dans un ensemble plus grand ou plus petit, les niveaux, les hiérarchies, les relations, les fonctions, les mouvements se modifient et souvent s'inversent. Telle analyse, juste dans son cadre limité, est faussée lorsqu'elle est extrapolée dans une autre sphère. De telles études partielles ont permis l'accumulation d'un fonds de schémas d'analyses économiques de conceptions différentes et souvent d'effets contradictoires. C'est dans ce fonds incertain et mal coordonné que chacun puise des cadres et des formules d'exposition et de compréhension où il entend intégrer sa propre vision de l'économie. C'est dire la confusion qui s'instaure. Les schémas se remodèlent par leur affinité, par la logique de leur parenté formelle. Des interprétations s'affirment qui tirent tous leurs arguments de combinaisons arbitraires de formes résultant d'observations parcellaires. Tout peut être dit, démontré ou justifié à partir de l'arsenal des schémas économiques qui se sont élaborés dans des cadres d'analyse spécifique. Les doctrines et les politiques finissent dans ces conditions par manquer d'unité. Qui peut dire aujourd'hui si telle construction, telle intervention, tel combat, tel progrès, va dans un sens conforme à l'intention qui motive l'un ou l'autre? L'on en vient même à douter que l'opinion et l'action économiques trouvent un fondement et une finalité satisfaisants, tant sont floues, incertaines et équivoques les voies empruntées et les relations exprimées.

C'est pourquoi nous préférons adopter délibérément une vision globale à laquelle sera subordonnée toute la matière économique accessible à l'observation et à la compréhension. Il nous a paru essentiel de définir d'abord un point d'amarrage, un système de référence à partir desquels tout le reste se déterminera, se déduisant en chaînes successives. Il faut alors choisir un ordre des niveaux qui intègre les mécanismes, en les hiérarchisant selon un sens irréversible. Pour nous, il existe une *pyramide économique latente* dont les traits doivent être retrouvés et où s'emboîtent tous les faits économiques selon un schéma bien défini.

Quatre niveaux hiérarchisés d'éléments économiques doivent être distingués. A chaque niveau, de multiples combinaisons de ces éléments créent des formes économiques spécifiques : l'être social, l'être humain, les ressources réelles, la monnaie. Privilégier tel ou tel de ces niveaux aboutit à des visions totalement différentes. Les mélanger, en les mettant implicitement sur le même plan, conduit à des visions confuses. Or l'économie est fréquemment abordée par référence appuyée ou exclusive, soit au corps social, soit à l'homme, soit aux richesses réelles, soit à la monnaie. Il s'ensuit que les schémas, les jugements, les formes, les intentions adoptées sacrifient délibérément tous les autres niveaux et leurs composants à l'emprise et aux lois du niveau de référence. S'il faut faire un choix de classement, s'il faut orienter l'architecture et en ordonner les éléments, cela ne doit pas impliquer le sacrifice des niveaux inférieurs et des éléments qui les composent. Au contraire l'équilibre de l'ensemble et la solidité du niveau supérieur reposent sur le développement maximal de la capacité des autres. L'ordre social dont les lois dominent l'univers conscient et dont le progrès dessine les formes du futur, exige l'épanouissement de l'homme, la multiplication des richesses, l'abondance et la liberté monétaires. Sur le plan des formes, l'organisation sociale ne peut accroître son efficacité, améliorer ses résultats et trouver son énergie que dans la combinaison toujours plus savante des groupes humains se consacrant à la recherche et à la consommation de produits toujours plus élaborés, à la mise en place de circuits monétaires denses, précis et rapides, parfaitement maîtrisés et coordonnés. S'ils entrent dans un ordre qui les hiérarchisent et les subordonnent, les niveaux économiques n'en sont pas moins étroitement dépendants des couches inférieures, l'expansion de ces dernières commandant le développement des degrés supérieurs.

Mais l'ordre primordial, qui place en tête l'organisation sociale et en queue l'appareil monétaire, nous paraît essentiel pour situer les critères d'interprétation et les objectifs de politique économique, pour orienter les décisions à chaque niveau, pour classer moyens et objectifs. Dès lors tout devient clair ; l'observation du réel, son interprétation, sa formulation, comme les actions qui s'imposent pour accélérer son évolution peuvent s'exécuter sans rencontrer l'impasse qui bloque périodiquement les doctrines et les politiques au seuil de l'efficacité. Les grands thème séconomiques d'aujourd'hui et de toujours, le progrès, la croissance, le plein emploi, la consommation, l'investissement, l'épargne, le travail, le bénéfice, la fiscalité, prennent un contenu précis, et une place spécifique dans un ensemble structuré ; le sens de l'action à entreprendre sort de l'équivoque. Les choix s'épaulent et se déterminent mutuellement d'un concept à l'autre.

La *signification générale de l'objet économique* est remise en question, du fait du déplacement des lignes de clivage au sein du processus. L'enchaînement continu des opérations admet en effet des coupures diverses. Il s'ensuit des structures et des significations différentes. Le partage traditionnel centre l'analyse sur les objets et services produits et consommés par les hommes. *Or, on peut, et selon nous on doit, la centrer sur le travail produit et consommé par les hommes*. Il s'agit toujours du même processus, mais considéré selon deux découpes différentes, l'accent étant mis soit sur le bien ou le service, soit sur le travail qui lui est sous-jacent : ou bien les hommes produisent, grâce à leur travail, des biens et des services puis les consomment, ou bien les hommes produisent du travail en consommant des compositions de ce travail. Dans le premier cas, c'est plutôt l'optique consommation qui semble ordonner le mouvement et la structure de l'objet. Dans le deuxième, que nous retenons, *l'optique production*, c'est-à-dire celle du travail objectivement décompté en services homogènes, domine l'analyse. Dans un tel système, la production de base n'est plus celle du bien ou des services mais celle du travail de la communauté. La consommation s'analyse à son tour en du travail consommé. Les biens et les services ne sont que des compositions quantitatives et qualitatives du travail.

Le *progrès économique* se manifeste par le fait que la production d'une même quantité de travail exige d'une période à l'autre la consommation d'une quantité de travail de moins en moins élevée. Mais dans la suite du temps, le progrès économique ne peut être exprimé que par une pondération qualitative (la valeur) du travail physique produit par la communauté. Au fur et à mesure que diminue la quantité de travail qu'il faut consommer pour le reproduire, la valeur du travail produit augmente. Sans doute ne serait-il pas abusif de définir une certaine valeur objective du travail aussi bien par la part de ce travail nécessaire pour le reproduire que par son complément, c'est-à-dire la part de travail qui excède la part nécessaire à sa reproduction. En d'autres termes le progrès de la valeur du travail peut s'exprimer par deux voies équivalentes :

— soit la diminution du travail, pondéré par sa valeur d'origine, inclus dans le prix des produits consommés, c'est-à-dire l'augmentation de la plus-value d'une période à une autre. Pour une même valeur de consommation, une réduction relative du travail incorporé se traduit en effet par une augmentation du profit. Il faut alors comparer, dans deux périodes successives, la structure de la consommation en travail et en profit pour établir l'augmentation de valeur du travail.
— soit l'augmentation du travail pondéré non consommé. Sous réserve du travail non consommé et non productif qui peut être appréhendé dans les zones domestique et administrative ainsi qu'à l'étranger, cette augmentation est donnée pour l'essentiel par le profit final réalisé par les entreprises lors de la vente des biens et services de consommation, majoré ou diminué du mouvement des pouvoirs d'achat « thésaurisés » provenant du travail.

La production primaire, de caractère uniforme, n'est plus le bien ou le service mais le travail qui à son tour produira secondairement ces derniers ; les éléments de cette production sont homogènes ou du moins peuvent être conceptualisés en services homogènes.

La consommation en revanche, qui s'opère par l'intermédiaire des produits hétérogènes du travail, présente plus de diversité. A la consommation d'intérêt individuel, déclarative de la valeur et qui produit directement le travail à travers l'homme, s'opposent les consommations d'intérêt intermédiaire et d'intérêt général (consommations des entreprises et des administrations); celles-ci contribuent à la formation de la valeur, préparent et accompagnent l'œuvre du travail, le rendent plus efficace. Chacune de ces catégories peut se décomposer elle-même en consommation immédiate et en consommation différée ou étalée dans le temps ; cette dernière est une sorte d'investissement par rapport à la première. Cet approfondissement du concept de consommation a des répercussions sur la détermination du progrès de la valeur au sein de l'objet économique.

Abstraction faite de la monnaie et de l'anticipation du profit par les entreprises, le progrès qualitatif de la production des heures de travail est, ainsi qu'il vient d'être dit, défini par l'augmentation, par rapport à la période précédente, de l'écart entre le travail produit dans la période et le travail consommé dans la même période, que ce dernier provienne de la période ou de périodes antérieures. Nous avons vu comment un tel progrès du travail non consommé pouvait se chiffrer, essentiellement par l'augmentation du profit sur les biens acquis par les consommateurs. Un tel calcul ne saisit cependant que le travail non consommé engagé dans le processus de production. Or, tout travail incorporé dans des biens qui rendent des services est un élément constituant majeur du progrès économique, du progrès qualitatif, c'est-à-dire de l'augmentation de la valeur de l'heure de travail, même s'il n'est plus dans le circuit productif, quel que soit l'agent économique qui conserve provisoirement ou définitivement les biens non consommés. C'est le cas des biens durables des ménages et de l'équipement des administrations. Ils sont eux aussi des supports de travail non consommé et participent à ce titre du progrès de la valeur et de la croissance qualitative de la production exprimée en heures de travail. Sur ces bases, un double bénéfice se formera :

— Le bénéfice proprement dit, de caractère restreint, se saisit de façon sectorielle. Il se limite à l'accroissement du travail valorisé non consommé et du profit intermédiaire anticipé par les entreprises, qui entrent l'un et l'autre dans le coût des produits destinés à être vendus et qui s'accroissent d'une année à l'autre, sous forme de ce qu'on appelle traditionnellement l'investissement (exportations incluses). Il se répartit entre entreprises et s'anticipe au prorata de la valeur des produits de chacune d'entre elles. Il donne lieu au maintien en circulation d'une quantité équivalente de monnaie.

— Le bénéfice global exclut le profit intermédiaire anticipé mais comprend en plus l'augmentation des biens durables (des consommateurs) et des équipements administratifs, éventuellement aussi des biens à l'étranger, exclus du circuit productif exportation—importation. Il ne sert plus comme le précédent à délimiter le montant de la monnaie en circulation mais comme lui et mieux que lui à mesurer les progrès réalisés. La valorisation de l'heure de travail doit tenir compte de ce bénéfice global, même si aucun signe monétaire ne vient le signifier pour la part qui s'immobilise provisoirement dans les patrimoines des sujets non producteurs. Selon des modalités à définir, le bénéfice global peut servir de critère pour certaines répartitions de revenus. Le bénéfice imputable à l'État et à ses agents peut s'exprimer et se mesurer précisément grâce à lui.

A partir de cette réduction de l'objet économique aux combinaisons et aux compositions du travail, nous avons choisi dans une perspective de politique économique, d'illustrer de façon plus précise l'interprétation qu'il conviendrait de donner aux catégories et processus principaux de l'économie : consommation, plein-emploi, épargne et investissement, fiscalité, rémunération du travail, profit et intérêt, émission monétaire, effets d'environnement, administrations et dépenses publiques, monnaie internationale, productivité, processus financiers, inflation, comptabilité nationale.

Les solutions concrètes, proposées chemin faisant, n'ont évidemment qu'une valeur d'exemple. Comme toutes les propositions individuelles, elles n'ont aucune chance d'aboutir telles quelles. Mais elles apportent des versions nouvelles à la masse commune des matériaux que la société réclame, en nombre et en diversité, pour élaborer les tissus complexes de sa croissance. Nous souhaitons qu'elles puissent à leur tour entrer dans le faisceau des processus exploratoires qui, se combinant, se recouvrant, s'enchevêtrant, se substituant ou même se détruisant, jalonnent un avenir dont les options individuelles paraissent s'étendre indéfiniment.

Afin d'éviter tout malentendu, précisons que les mécanismes et méthodes qui seront préconisés visent seulement à l'amélioration des processus monétaires et économiques globaux. Ils ne préjugent en rien la représentation des sujets de la communauté dans l'organisation de la décision économique ni le mode d'insertion des pouvoirs dans les processus économiques. Ils sont valables également dans les systèmes de décisions aussi bien centralisés que décentralisés, dans des économies de pur marché comme sous un régime planifié. En particulier, la planification et plus simplement les prévisions sous toutes leurs formes ne sont évidemment pas incompatibles avec le nouveau mode d'allocation des ressources monétaires dont nous souhaitons la réalisation. Au contraire, elles paraissent nécessaires pour adapter ces ressources aux capacités et pour développer celles-ci. Cependant les choix globaux (taux de croissance — partage consommation/investissements) qui dominent la planification d'aujourd'hui n'auront plus de sens. Il leur sera substitué une détermination directe des valeurs en cause par le jeu même des processus qui font l'objet économique.

LA CONSOMMATION

Par référence au champ économique défini comme le lieu où se manifestent en termes monétaires les phénomènes de l'échange engagés dans le processus de production, la consommation est l'éviction hors de ce champ des éléments combinés par la production, c'est-à-dire des biens ou des services produits. Cette éviction se réalise sous plusieurs formes :

— Le bien (ou service) se dissout dans le champ biologique d'un individu humain par absorption matérielle, intellectuelle, psychologique.

— Sans disparaître matériellement, le bien s'enkyste provisoirement dans le champ individuel ou familial du sujet humain non productif (le consommateur). Il entre dans le champ fonctionnel de l'« économie domestique ». C'est le cas du bien durable, du bien d'équipement ménager, de l'automobile, du logement. Ce bien peut faire encore, occasionnellement ou fréquemment, l'objet d'échanges sur des marchés spéciaux. Il réintègre alors le champ économique où il participe, non pas directement du processus productif, mais des transferts de capitaux qui améliorent le financement de la production ;

— Le bien (ou service) devient possession d'un macro-sujet non productif : l'État, les collectivités publiques, l'administration en général. Il peut aussi bien se dissoudre immédiatement dans le champ « biologique » de ce macro-sujet par absorption dans son processus de fonctionnement ou s'enkyster provisoirement dans son champ fonctionnel sous forme de biens d'équipement. Il entre donc lui aussi dans un champ particulier d'« économie administrative » qui le place hors du champ économique.

— Le bien (ou service) disparaît au cours du processus de production sans pouvoir emprunter une des trois voies précédentes, ni se conserver dans la valeur des biens de production. Il se dissout dans le néant de l'inutilité économique.

Tous ces biens sont réputés consommés. En revanche, ne sont pas consommés les biens et services qui n'ont pas achevé leur processus de synthèse productive. Ils forment la production non consommée, le capital économique réel, ou encore l'investissement productif. Ils couvrent aussi bien le processus intérieur de la production que les itinéraires extérieurs, ceux-ci étant définis par les transformations successives, en forme de boucle, des éléments réels produits à l'intérieur : biens et services exportés, devises, droits patrimoniaux productifs à l'étranger, biens et services importés.

Cette analyse diffère de la distinction traditionnelle entre consommation et investissement. En effet actuellement d'une part, les exportations sont traitées tantôt comme une consommation tantôt comme un investissement ; dans la meilleure hypothèse, elles sont classées comme catégorie originale et dissociées des importations. Les exportations et les importations ne sont pourtant que deux phases du même processus circulaire de production-consommation. D'autre part, tant qu'un bien n'est pas matériellement sans valeur, et qu'il rend encore des services, quel qu'en soit le possesseur ou le bénéficiaire, il est habituellement considéré comme non consommé et classé dans des catégories d'investissements : logements, équipement des administrations, équipement public. Cette manière de voir n'est certes pas absurde. Elle est d'ailleurs en un sens la plus facile et la plus évidente, car tant qu'un bien dure et qu'il rend des services, il serait excessif de l'éliminer totalement de la catégorie des biens économiques, d'autant que s'il ne fait généralement plus l'objet de transactions il peut à tout moment être remis sur le marché de l'occasion. Toutefois, dans tous les cas les distinctions catégorielles ne peuvent être que conventionnelles : elles soulignent certains caractères et en négligent d'autres, tout aussi importants à d'autres points de vue. Le problème est de choisir ces caractères. A quelque niveau qu'on la prenne, la consommation n'a jamais un caractère définitif, pour peu que l'on s'élève à la conception du cycle complet et ininterrompu des processus de l'objet économique en marche, dans lequel pour des considérations évidentes d'analyse et d'exposition il faut découper un champ économique circonscrit. La consommation des sujets humains, autant que celle des macro-sujets improductifs, débouche à travers les champs biologiques, domestiques, administratifs sur des flux de production de valeur plus grande que les flux antérieurs de même nature. Selon une autre échelle de valeur que celle du sujet appréciant les services rendus par les biens, la consommation des ménages ou des administrations peut s'interpréter comme un investissement d'une nature extra-économique conduisant à une production renforcée et revalorisée.

S'il y a pourtant intérêt à dégager un concept de consommation, c'est justement pour marquer le moment, l'étape, où le sujet peut valablement prononcer un jugement sur l'état de progrès, le stade d'évolution atteint par les processus productifs ininterrompus dont la synthèse dessine un mode d'organisation planétaire. Ce jugement, donné sous la forme monétaire de la valeur, est important, car du résultat cumulé des microdécisions, par lesquelles il s'exprime, dépendront la direction et l'impulsion de ce processus. Dès lors le concept de champ économique peut être valablement défini d'une manière précise comme l'espace délimité à l'entrée par les forces productives (travail) émanant des sujets humains agissant isolément ou dans le cadre de groupements fonctionnels de caractère collectif, administratif ou productif, et à la sortie par les biens et services soumis pour la dernière fois au jugement monétaire des sujets humains avant de disparaître non pas nécessairement de la catégorie des biens utiles à la satisfaction des besoins de l'homme, du moins des biens normalement négociables, en cours de valorisation. La vie ultérieure des biens qui ne s'achètent plus, qui ne se transmettent plus selon les processus monétaires de l'échange, s'enfouit dans un tunnel, dans un sous-sol, où elle échappe à l'observation économique fondée sur l'observation monétaire. Le corps humain, les champs domestique et administratif, où ces biens s'écoulent comme l'eau dans le sable de la terre, sont le siège de formidables processus de transformation par lesquels les biens intégrés donnent naissance à des formes supérieures. Mais l'étude de ces transformations relève d'autres disciplines.

Pour sa part, l'économie ne néglige pas bien entendu ces mutations ni l'enrichissement qui en résulte. Mais elle les saisit et les mesure lorsque ces formes supérieures nées dans des champs extra-économiques viennent s'exprimer dans le champ économique par l'intermédiaire des sujets humains, isolés ou groupés, en qui nécessairement elles se rassemblent, qui les extériorisent, qui enfin les consomment après les avoir généralement combinées dans les entreprises selon de nouvelles formes, à leur tour supérieures. Autrement dit, les processus souterrains d'organisation, étrangers en eux-mêmes au phénomène économique, se révèlent dans le champ économique et s'y cumulent avec les processus d'organisation propres à ce champ pour fixer la valeur que les sujets constateront à la sortie. Par conséquent, les investissements administratifs, sociaux, publics, humains, intellectuels ou domestiques, impossibles à retracer en tant que tels dans le champ économique, n'en contribuent pas moins à former la valeur des biens et services en circulation dans ce champ ou produits par lui. Repérés et mesurés à la sortie du champ, les progrès de la valeur sont reportés sur les forces économiques qui y entrent. Ces progrès observés en un point fixe du cycle sont évidemment le résultat de transformations et de combinaisons réalisées en tous les points du cycle, y compris et peut-être surtout dans les passages très importants qui échappent à la formalisation monétaire et donc au balayage du champ économique.

Nous sommes ainsi conduits à mettre dans les termes consommation, production et investissement, un sens différent de l'interprétation habituelle, où ces catégories souffrent d'une assimilation avec le cycle réel des choses dans leur formation matérielle et leur utilisation par référence aux besoins humains. En effet, elles reproduisent alors les étapes d'une formation de richesses matérielles (production) suivie d'une disparition partielle (consommation) de celles-ci, le reliquat formant l'investissement. Le processus économique jalonné par les expressions traditionnelles recouvre donc assez précisément un cycle physique. Il s'ensuit une certaine ambiguïté, lorsqu'on souhaite s'enfermer dans une logique économique cohérente et opérationnelle.

Nous préférons voir dans l'investissement économique l'entrée dans le système d'informations fondé sur l'emploi du code et du réseau monétaires et dans la consommation la sortie hors de ce système. Le passage et la transformation des éléments et composés réels dans ce système s'expriment par les signes monétaires de la valorisation. La consommation sera la dernière étape de la valorisation des forces d'organisation au cours du cycle de production ouvert par leur émergence dans le champ. Toutes les valorisations antérieures accomplies au gré des échanges n'étaient que des anticipations et des approches successives de cette mesure ultime qui périodiquement fait le point des progrès de la montée d'un certain ordre. Comme la production, la consommation sous sa forme brute est donc un processus marqué par une série d'étapes et non pas un acte ponctuel ni un instant précis de mutation. L'affinement du concept permet de situer dans ce processus l'étape ou le point qui paraît le plus significatif pour le définir, pour délimiter avec précision, et autant que possible sans bavure, la catégorie d'analyse intéressée. Alors que les actes de consommation sont habituellement caractérisés par les phénomènes qui se manifestent à la fin du processus (jouissance par les sujets — désintégration corporelle) nous choisissons un stade antérieur, lié à l'étape décisive de la valorisation monétaire. Ce point de passage obligé, où la monnaie imprime sa marque ultime sur toutes choses, assure, au terme de la traversée du champ, l'homogénéité, la cohérence et une signification économique précise. Nous sommes déjà incontestablement dans la zone de consommation. Disons qu'il s'agit d'une primo-consommation contenant toute la substance et la forme du processus de consommation qui s'ensuivra.

LE PLEIN EMPLOI

Le plein emploi est aujourd'hui un objectif minimal. Cependant, même assuré en toute hypothèse dans la théorie économique comme une donnée structurelle, avec une marge irréductible de chômage payé, il n'apporte pas une solution satisfaisante aux problèmes de l'emploi. Car une fois garantie la rémunération des travailleurs, c'est moins le plein emploi qui est essentiel que le *meilleur emploi*, lorsqu'on se place dans la perspective du progrès de l'organisation sociale et non plus de la seule sauvegarde ou de la défense de l'individu.

De plus malgré les progrès de l'idéologie sociale, maints indices témoignent aujourd'hui qu'au nom de l'idéologie économique et de certaines théories libérales, les politiques économiques persistent à craindre le plein emploi. Elles souhaitent, dans la pratique, le maintien d'un chômage, certes relativement faible, mais sans avoir l'intention d'allouer aux victimes de ces « contraintes économiques » la rémunération qu'exigerait la solidarité sociale et nationale des hommes. Le chômage se manifeste encore comme un sous-produit inéluctable de la machine économique, si ce n'est même comme un signe, à certains égards, de son bon fonctionnement, alors que cette machine devrait être conçue et montée en posant l'absence de chômage comme une donnée de base, et non plus seulement comme un objectif aléatoire, illusoire, ou même quelquefois volontairement fallacieux quand, bien sûr, les circonstances et l'évidence n'obligent pas trop souvent à se fixer comme but, sincère cette fois, quelques centaines de milliers de chômeurs pour éviter d'en compter des millions.

L'acceptation avouée du chômage, non ou mal rémunéré, comme une sorte de déchet irréductible de la prospérité ou de la croissance, entache les régimes capitalistes libéraux. Cette carence y est présentée comme une loi naturelle alors qu'elle n'est que le fruit de l'imperfection de nos institutions. Si une part convenable des signes monétaires était d'abord consacrée à la couverture des coûts de l'homme et en premier lieu au financement du changement, du renouvellement et des mutations, chômage et inactivité se fondraient dans la dynamique de la croissance comme de simples phases des mouvements institutionnalisés d'une reconversion permanente, ou encore comme l'un des éléments du coût social des progrès de l'organisation, sans que les hommes, momentanément victimes des remises en cause et des remises en place, aient personnellement à en souffrir dans leur corps, dans leur moral et dans leurs responsabilités familiales.

Que pour des raisons diverses les maîtres de notre économie ne puissent pas ou ne veuillent pas reconnaître l'imperfection institutionnelle qui est à la base des inutiles déchirements humains entraînés, à travers le chômage, par les nécessaires mouvements sociaux, internes à la croissance! Soit! Mais qu'au moins la théorie n'ennoblisse pas abusivement l'impéritie des praticiens ou les privilèges de la fortune et du pouvoir en invoquant la rigueur des nécessités économiques ou l'auréole du déterminisme social, là où il n'y a que mauvaise adaptation de notre régime de distribution du produit social!

En corrélation avec l'objectif du meilleur emploi émerge l'impératif de la *mobilité professionnelle*. Sous l'empire du plein emploi, cette exigence, pourtant fondamentale, est masquée par la préoccupation d'assurer le travail et de garantir la rémunération dans un état stable des structures professionnelles, au sein d'un milieu humain idéalisé dans l'enracinement et l'immobilité. Le plein emploi engendre une conception statique du travail et une politique conjoncturelle. Le meilleur emploi doit conduire à une politique structurelle et à un travail dynamique, avec toute l'infrastructure institutionnelle et matérielle que nécessite la mobilité.

Des structures économiques conçues en fonction du mouvement commencent certes à se mettre en place : rénovation de l'enseignement — formation professionnelle continue — aide en tous genres aux déplacements, aux conversions, à la diffusion des connaissances, à l'essaimage industriel, à la rénovation des activités régionales ; soutien à la construction de logements. Mais est-ce suffisant ? Le phénomène de la mobilité est-il mis à sa vraie place, c'est-à-dire en tête des principes de l'organisation institutionnelle ? Assure-t-on en priorité le financement des charges que le mouvement implique ? Prime-t-on de façon nette, au-delà de la simple compensation des risques et des désagréments, les déplacements, les installations nouvelles, les changements d'activité, les mutations techniques, les tâches de recherche, le recyclage et plus encore le développement des polyvalences, la multiculture des aptitudes humaines ? Le prix à payer peut paraître lourd. Pourtant il n'y aura jamais assez de moyens pour désengluer et désenliser l'activité humaine. Les profits seront d'autant plus élevés que les coûts du mouvement auront été assumés avec éclat, du moins sans mesquinerie.

Notamment à l'égard du développement de l'infrastructure de logements, préalable certes nécessaire à l'organisation de la mobilité professionnelle, il n'est pas sûr qu'une erreur psychologique grave ne soit pas commise lorsque les pouvoirs publics encouragent l'accession à la propriété, l'amour de la pierre et un long endettement pouvant couvrir une double décennie. Car l'homme est alors enchaîné d'une façon générale et systématique à la terre, aux souvenirs, à des projets clos, à l'esthétique immuable des murs et d'un décor fortement personnalisé, aux charmes douillets de l'espace familier.

L'ÉPARGNE ET L'INVESTISSEMENT

Les appels angoissés à l'investissement et à l'épargne, leitmotiv des politiques gouvernementales de notre époque, laissent s'instaurer, quand ils ne l'occasionnent pas, un trouble profond et souvent dissimulé. Un examen attentif des circuits économiques montre que la valeur des produits consommables se charge globalement et immédiatement de celle des investissements qui leur sont consacrés. L'investissement ne saurait se faire aux dépens de la consommation, car dans la mesure où il est une consommation différée, il ne trouverait pas, à terme, son débouché, s'il devait être financé par une réduction de la capacité globale de consommation.

En réalité, dans l'équilibre des masses catégorielles globales qui s'ajustent au sein de l'objet économique, le financement des investissements additionnels ne peut se réaliser que par un appoint de ressources monétaires, n'amputant pas le pouvoir d'achat consacré à la consommation. Par-delà la création monétaire nette qui en définitive doit alimenter l'accroissement de la capacité productive et qui aujourd'hui ne présente plus théoriquement de difficultés quant à sa faculté de reproduction indéfinie, le problème financier essentiel est devenu celui du transfert des ressources à l'intérieur du secteur de la consommation et corrélativement à l'intérieur du secteur des investissements. Ce transfert implique certes des mouvements financiers de crédits pouvant se traduire pour certains par une épargne et pour d'autres par un investissement. Plus seront fortes l'extension et la mobilité des échanges financiers, plus sera grande la qualité de l'emploi des ressources. Mais ces échanges internes qui peuvent aussi affecter les deux secteurs entre eux, ne doivent pas fausser l'équilibre général selon lequel une croissance de l'investissement ne peut s'appuyer que sur une croissance de la consommation qui la précède ou tout au moins lui soit concomitante.

Aussi l'État recherche désormais des procédures nouvelles qui stimulent les processus de croissance sans compromettre la consommation ni léser certaines catégories d'agent. Il y a notamment dans les premiers textes et les premières études relatifs à la participation des travailleurs à l'enrichissement des entreprises une sorte de réponse logique et nécessaire aux besoins nouveaux de la croissance. Si en effet le financement des investissements au niveau global requiert moins une épargne des consommateurs qu'une addition de ressources monétaires nouvelles, l'autofinancement des sociétés a pu apparaître comme un moyen privilégié de préparer et d'introduire cette addition. Il s'agit en quelque sorte d'une plus-value des ressources financières disponibles, constatée au niveau des entreprises et dont l'affectation demeure limitée au financement des transactions inter-entreprises, c'est-à-dire à l'écoulement des ressources réelles dans le circuit de production. Sur le plan global, l'autofinancement offre l'avantage de ne pas apparaître comme un prélèvement de ressources aux dépens d'autres emplois. Bien qu'il corresponde à une plus-value réelle déjà réalisée et concrétisée par des investissements, il appelle de la part des banques une extension de l'émission monétaire, permettant l'ajustement des ressources monétaires et des biens réels en cours d'acheminement dans le processus de production. L'autofinancement a d'autres avantages. Il canalise, normalement sans frais, les ressources monétaires vers les entreprises les plus méritantes. Il laisse à chaque entreprise la disponibilité de ses propres conquêtes et tend donc à propulser automatiquement la croissance dans les secteurs les plus appréciés. Il réduit les circuits, donc les pertes. Même si pour d'autres raisons l'autofinancement tel qu'il est pratiqué aujourd'hui n'est peut-être pas pour l'avenir la formule la plus avantageuse (insuffisance de mobilité des capitaux), il s'est assuré la faveur des milieux économiques. Mais son extension rencontre un obstacle majeur. L'autofinancement est en effet une forme du profit. Or dans nos structures juridiques actuelles, le profit est approprié par une minorité. Encourager l'autofinancement revient donc à accroître les marges au bénéfice des propriétaires de l'entreprise et aux dépens d'autres catégories parmi lesquelles les consommateurs et les salariés. Il s'ensuit une certaine impopularité du profit conservé par les entreprises. Il n'y a pas lieu de s'étonner dans ces conditions que le remède au freinage psychologique de la croissance des profits non distribués ait été recherché dans une répartition plus équitable de la propriété des marges d'autofinancement et des avantages financiers qui en découlent. La mise au point d'une méthode de répartition satisfaisante, à la fois équitable et profitable à l'économie, se heurte cependant à de grosses difficultés et à des oppositions déclarées. Ce problème devrait dominer la recherche économique de ces prochaines années.

LA FISCALITÉ

La manière dont l'État se procure les ressources qui lui sont nécessaires pour faire face à ses missions a toujours posé des problèmes et ce n'est pas sans difficulté que les finances publiques trouvent leur équilibre. C'est pour vaincre ces obstacles que l'État a forgé peu à peu un système fiscal particulièrement embrouillé, obscur et qui fut toujours inéquitable pour les sujets. La diversification des impôts, de leur nature, de leur assiette et de leurs assujettis a permis d'assurer un certain équilibre fiscal que l'État s'efforce constamment d'ajuster en modifiant les modalités et les proportions relatives des composantes du système. Le financement que procure ce dernier est toutefois insuffisant puisque l'État doit recourir massivement à l'emprunt.

Complexe et souvent insupportable, le système appellerait une refonte complète. La connaissance et le perfectionnement des circuits financiers sur lesquels se greffent les prélèvements, fiscaux ou non, de l'État, devraient permettre une rationalisation et une simplification du système d'allocations des ressources destinées au secteur public. Plusieurs filières sont exploitables mais la plus grande partie devrait s'écarter de la voie des prélèvements directs ou indirects affectant chaque sujet en particulier, comme c'est le cas aujourd'hui des impôts sur le revenu et des taxes sur la consommation ou sur la dépense. De la sorte on éviterait de faire inutilement peser sur les agents individuels une pression fiscale, inégale et aveugle, puisqu'elle entraîne inévitablement des distorsions injustifiées et le plus souvent involontaires.

Instrument électif de l'organisation sociale croissante, l'État a le droit et la possibilité d'obtenir que les ressources dont il a besoin lui soient allouées directement, en quelque sorte à la naissance de l'ensemble d'où ces ressources sont extraites et avant qu'elles ne soient individuellement appropriées, en évitant leur transit dans les circuits monétaires de l'objet économique. Le détour par ces circuits (revenus ou dépenses) est inutile ; de surcroît, il a enraciné la conviction que l'État est, par ses prélèvements, le responsable de privations précises chez les contribuables. Le problème est de maintenir le prélèvement global nécessaire pour la couverture des besoins publics, sans que ce prélèvement pèse sur chacun en particulier, relativement au poids supporté par les autres. Pour qu'il en soit ainsi le prélèvement doit être antérieur à toutes les répartitions de revenus. C'est là une manière de supprimer les impôts tout en donnant à l'État des moyens accrus, ou en tout cas proportionnés exactement aux besoins exigés par les missions reconnues aux pouvoirs publics.

Vieux rêve mais qui demain sera réalité : les procédés fiscaux traditionnels (impôts sur le revenu et impôts sur la consommation) pourront subsister certes mais à une échelle beaucoup plus faible, pour des interventions étatiques spécifiques, voire sélectives, ayant le caractère d'une finition, d'un complément ou d'une correction. Dégagé du souci de la quête périodique auprès de sujets réticents, sinon hostiles, l'État pourra consacrer avantageusement un très léger réseau d'impôts à parfaire les détails de l'ordre économique ou social ; grâce à de faibles transferts fiscaux, il pourra effectuer les retouches qui s'imposeraient au niveau des revenus, ou qu'exige le devoir de défendre les hommes contre l'abus de certaines consommations (1).

Aussi au cours de cette étude est-il précisé que l'État doit pouvoir financer ses activités principalement par les deux voies suivantes, d'après la nature de la dépense :

1°) pour ses dépenses de consommation et d'investissements publics l'État prélèverait directement, à l'émission de monnaie, une part de la valeur de l'heure de travail. Naturellement ce prélèvement serait imputé en charges aux comptes des entreprises où ces heures de travail se manifestent, de façon que le profit soit correctement

(1) Ou encore qui permettraient de lutter contre les pollutions et, d'une manière générale, d'améliorer l'environnement (dissuasion et incitation).

calculé. Il suffirait que l'entreprise prenne en compte la totalité de la valeur des heures de travail de son personnel, quel que soit le bénéficiaire final des différentes parts de cette valeur.

2°) pour régler le coût de son propre personnel, dont l'activité exprimée en heures de travail valorisées doit être rapportée à la production de la communauté et financée directement par l'émission de monnaie (comme toutes les heures de travail), l'État ferait distribuer dans le champ économique, selon les mêmes processus de répartition qui partagent la valeur des heures de travail, les signes monétaires mesurant et exprimant cette valeur pour le travail de ses fonctionnaires. Il ferait imputer cette valeur en charges des entreprises, de façon ici encore que le profit soit correctement calculé.

Quoique ces prélèvements de l'État gardent certains caractères de l'impôt classique, il nous a paru possible d'abandonner ce terme pour qualifier les procédures ci-dessus, qui pourraient devenir le moyen normal de financement des dépenses de l'État. Car il s'agit seulement d'imputations comptables pour le calcul du profit, l'État recevant directement de l'appareil monétaire les sommes correspondantes. Dès lors les entreprises, non plus que les particuliers, n'auraient à effectuer des règlements à l'État. L'obligation de régler en monnaie effectivement prélevée dans les trésoreries disponibles des agents nous paraît en effet un caractère essentiel de l'impôt traditionnel.

Une des objections majeures qui pourraient être faite à un impôt indolore, c'est que, pour modérer son insatiable appétit, l'État aurait besoin que le patient hurle. Mais si l'on doit compter sur les freins instinctifs de la colère du contribuable, cela veut dire que l'institution est imparfaite. Il y a heureusement bien d'autres voies que la douleur primaire pour détecter le mal.

Le temps viendra assurément où le prélèvement de l'État, au vu et au su de tous, se limitera formellement au montant du revenu global que le système lui impartira avec le consensus général, sous le contrôle public et sans que le pouvoir étatique ait la possibilité d'enfreindre la limite, sauf à se renier et à se détruire. Il serait en effet beaucoup plus facile de faire comprendre au pays la signification et la portée d'un prélèvement global, direct, à la source, de X % sur une valeur donnée du revenu annuel disponible (exprimée en temps de travail valorisé de façon homogène), que de lui expliquer les incidences innombrables et imprévisibles de la multitude de points de succion monétaire que l'État dispose de nos jours sur les réseaux de production, de distribution, de consommation et d'échange, au niveau des sujets individuels, là où se forgent des myriades de décisions et où s'abritent une infinité de pouvoirs libres mais hétérogènes par leur poids et leur influence.

LE TRAVAIL ET SA RÉMUNÉRATION

La doctrine économique a longtemps débattu des éléments fondamentaux qui déterminent la réalité économique et d'abord la production, dont tout le reste découle. L'apparence a conduit les doctrines classiques à la conclusion d'une composition hétérogène. La théorie des facteurs irréductibles (travail, capital, terre) a dominé l'espace occidental de la pensée économique jusqu'à une date récente. Pourtant le besoin s'est toujours fait sentir d'introduire une plus grande homogénéité en rapportant le tout à un seul facteur. Après les intuitions anglaises, après les raisonnements marxistes, le travail a fini par s'imposer objectivement comme le facteur commun, auquel les autres pourraient être réduits.

Mais la validité d'une réduction de l'ensemble des éléments de l'économie au travail, à ses compositions et à ses dérivés, est subordonnée à une conception extensive de celui-ci. Si le travail est conçu comme se manifestant dans des heures productives définies restrictivement et sélectivement, suivant par exemple ce qu'affirma la théorie marxiste (les heures des ouvriers), il n'est plus possible de trouver une explication satisfaisante de la plus grande partie des phénomènes économiques. Pour échapper aux implications traditionnelles du mot travail, il faudrait employer le terme d'énergie humaine, plus apte, à notre sens, à qualifier les éléments fondamentaux qui se trouvent à la base de toute l'activité économique et finalement la déterminent entièrement par le jeu de leurs propres compositions. Le champ économique est fait de combinaisons, selon des types et des niveaux différents, d'un même élément, l'énergie humaine.

A la base, l'élément est la fraction horaire d'énergie humaine, l'heure d'activité humaine. Cet élément permet de déterminer par addition le volume physique global d'activité. Ce dernier pourrait être mesuré par le nombre d'heures de présence professionnelle assuré par la population active, ou plus exactement par les hommes et les femmes au travail, compte tenu des horaires réels de travail fixés collectivement pour l'ensemble de la main-d'œuvre, éventuellement majorés, en ce qui concerne la participation globale des travailleurs indépendants et de certains cadres supérieurs, d'un forfait couvrant les heures d'activité effectuées en surplus, ne serait-ce que pour les tâches de conception, de préparation et de relations qui s'expriment en temps d'indisponibilité intellectuelle ou physique. Mais il vaut mieux adopter comme volume physique le *travail potentiel* ou *normatif*. Quels que soient les horaires réels d'activité et la nature de celle-ci, chaque élément de population active serait alors systématiquement crédité du même nombre d'heures de travail pour déterminer la dimension globale du champ et en particulier le volume de l'émission monétaire. Au niveau des rémunérations individuelles les différenciations qualitatives par agent se feraient par une série de répartitions dont nous allons reparler. Quant à l'incidence des horaires et du travail effectifs au sein de cette enveloppe forfaitaire, elle se traduirait par des variations de productivité, lesquelles n'auraient pas d'effet direct (1) sur les conditions et données globales de l'économie (dimension monétaire de l'enveloppe) mais devraient entraîner des mouvements de prix unitaires au niveau des produits du travail recensé. Au surplus il n'est pas interdit que la rémunération des agents tienne compte de la productivité de leur travail et donc, notamment, de leur temps effectif d'activité par rapport à la norme. A cet effet une part de l'heure de travail serait redistribuée en fonction du profit.

Les unités horaires sont réputées rigoureusement semblables, quelles que soient la nature et l'efficacité du travail accompli. Il s'agit là bien entendu d'une hypothèse qui ne correspond pas à la réalité des phénomènes observables. Mais ce découpage homogène et uniforme de l'objet économique ne modifie pas la dimension de l'enveloppe globale ; il a simplement pour but de définir la base de référence, le premier plan élémentaire sur lequel viendront s'édifier les structures exprimant la qualité des phénomènes. Ces unités horaires se dédoublent d'une part en éléments incorporés dans les produits réels, d'autre part en signes monétaires qui représentent exactement la dimension des éléments réels. La qualité de l'ensemble et par conséquent des unités varie dans le temps et cette évolution s'exprime par le moyen d'un coefficient de valorisation globalement uniforme et lié à la croissance continue des œuvres de l'énergie humaine.

Ces unités horaires admettent une structure originelle comme un chromosome formé de gènes à partir desquels se développerait un objet de forme prédéterminée. Tout le réseau futur des échanges, l'extension de sa dimension ainsi que l'organisation et la qualité fonctionnelle de l'objet économique dépendent en quelque sorte de la structure microscopique de l'heure de travail. Chaque heure valorisée

---

(1) Si du moins on excepte bien entendu les conséquences des variations de la productivité sur la détermination du profit, qui à son tour modifiera la dimension de l'enveloppe monétaire future. Mais il s'agit là du mécanisme fondamental de l'objet économique, dont le résultat ne peut être préjugé lors de l'introduction des signes du travail.

est structurée en parts qui s'incorporent dans les circuits réels, économiques ou financiers, selon des règles différentes suivant le secteur. Ces parts s'intègrent dans des combinaisons variées, coordonnées entre elles et dont l'ensemble forme l'objet économique. Celles qui sont incorporées dans les produits réels dépendent des coefficients techniques de fabrication. Celles qui à travers les circuits économiques et financiers servent de fondement et de substance aux signes monétaires (pouvoirs d'achat) dépendent des phénomènes de répartition. Ainsi chaque heure de travail intégrée dans le circuit économique et financier (travail potentiel autant que travail effectif) comprend notamment :

— une part attribuée à l'agent qui en est l'origine ; dès lors le problème social du chômage et de la rémunération des sans-travail se trouve en quelque sorte réglé par priorité, à la source même de tous les processus économiques (rémunération-plancher) ;

— une part éventuellement divisée en sous-parts, attribuée indirectement à l'agent après transformation dans un circuit qui, après avoir cumulé des parts semblables, assure une répartition différente : compensation — péréquation — abondement — abattement, etc. Le centre de répartition peut être situé à des niveaux divers : l'atelier, l'entreprise, la profession, le secteur, la nation. Cette part est en quelque sorte redistribuée et revient aux agents, selon des critères appropriés au type de profession ou d'activité, en vue d'assurer par exemple de meilleurs résultats et surtout de reconstituer une hiérarchie des salaires, tenant compte des responsabilités, des risques et des difficultés, des connaissances, etc. L'efficacité de ces sous-répartitions et les possibilités de hiérarchisation des rémunérations dépendent du degré de concentration ou d'organisation des secteurs productifs ;

— une part à redistribuer au titre des charges sociales et notamment de la subsistance et de l'entretien de la population naturellement inactive (les plus jeunes, les plus âgés, les malades, les handicapés) ;

— une part attribuée à l'État pour la couverture de ses charges de consommation et d'équipement.

Il faut observer ici, comme nous l'avons déjà indiqué dans la rubrique consacrée à la fiscalité, que s'agissant de la couverture des charges du personnel de l'État, l'homogénéité du calcul de l'énergie humaine exige que celle-ci soit décomptée de la même manière quel que soit le secteur, administratif ou concurrentiel, où elle s'exerce : c'est-à-dire en heures de travail divisées en parts. Cependant cette énergie mise en œuvre dans le secteur administratif doit être finalement imputée en charges sur la production, car elle a contribué à la formation de la plus-value dans la mesure où une émission monétaire lui a été associée.

Le mode d'imputation pose le problème du choix entre trois critères de répartition : l'énergie humaine du secteur productif, la consommation intermédiaire, la plus-value elle-même. La répartition suivant le coût en énergie humaine (frais de personnel) est favorable à la productivité. Car elle augmente le coût de la main-d'œuvre et normalement pousse à la mobilité ainsi qu'à une orientation vers les secteurs les plus rentables donc les plus utiles socialement. Ce mode de répartition incite à l'équipement, à l'automatisation. Il risque cependant de peser excessivement sur l'emploi et de mettre la main-d'œuvre trop directement en cause dans l'augmentation des coûts sociaux. La répartition d'après les coûts de consommation intermédiaire favorise les circuits courts, la concentration. Elle ne pousse pas en revanche à économiser la main-d'œuvre. Enfin bien que largement répandue aujourd'hui sous le nom d'impôt sur les bénéfices, la répartition d'après les plus-values est la plus contestable, parce qu'elle écrête le profit déjà constaté et compromet la productivité en décourageant la rentabilité. La meilleure base d'imputation paraît être la consommation intermédiaire, de façon à ne pénaliser ni l'emploi, ni la rentabilité. De plus, il est logique que les services administratifs augmentent leurs moyens en personnel en fonction de l'allongement du circuit de production et qu'ils s'indexent ainsi sur les consommations intermédiaires du secteur productif tout en rendant ce détour plus onéreux pour accroître son efficacité.

Le sort de tous est lié à l'évolution favorable de deux facteurs fondamentaux : quantitativement le nombre des heures physiques d'activité, qualitativement le degré de valorisation de l'heure d'énergie humaine. La revalorisation permanente des flux d'éléments réels entrant dans le champ est en effet une voie principale de l'évolution progressive du processus de production et d'organisation. Or il n'est pas certain que la nécessité de la valorisation des heures de travail, éléments de base de la formation du champ économique réel, apparaisse clairement dans l'opinion ou dans les politiques gouvernementales.

Certes la revalorisation du pouvoir d'achat a été préconisée, et plus ou moins heureusement appliquée quelquefois, pour pallier les effets dépressifs du développement de la production. En France, depuis quelques années, les augmentations de salaires, longtemps arrachées avec retard par l'action syndicale au prix de luttes difficiles, semblent prendre un cours plus régulier et plus systématique. Les fonctionnaires notamment bénéficient d'une majoration annuelle du traitement de l'ordre de 4 à 5 %. On sait en outre que dans les entreprises, la masse salariale augmente chaque année d'un taux supérieur, 8 % environ. Depuis 1968, l'augmentation des salaires s'accélère par suite de la généralisation de l'inflation. Mais compte tenu des hausses de prix, la revalorisation réelle n'excède généralement pas 4 %. En très longue période (1906-1954) elle n'aurait même pas dépassé 1,3 % par an, d'après A. Sauvy et F. Léridon (cité par Jean Boissonnat : *Politique des revenus*). Les majorations salariales ont d'ailleurs été introduites bien souvent sous forme de mesures destinées à pallier les inconvénients de la hausse du coût de la vie pour les travailleurs.

Aujourd'hui, les économistes pensent généralement moins à prôner la hausse continue des salaires qu'à la contenir, dans la mesure où elle est précisément rendue responsable de la montée des prix. Aussi bien la hausse des rémunérations de base n'est admise que si son taux de progression n'excède pas celui de la productivité. On se rapproche dès lors d'une démarche plus positive, moins défensive à l'égard de la progression des salaires, puisque affirmer cette opinion devrait conduire en bonne logique à demander que tout progrès de la productivité s'absorbe dans une augmentation des revenus équitablement répartie. Cela va de soi, puisque la hausse de productivité signifie que le même temps de travail permet de produire davantage. Il faut donc que les travailleurs soient parallèlement en mesure de recueillir sous une forme ou sous une autre le supplément qu'ils ont produit. Il faut de toute évidence une augmentation des revenus. Sinon, le supplément de production par période de travail humain ne pourra s'écouler. Il s'ensuivra mévente, baisse des prix et du profit et finalement blocage de la croissance.

Ce raisonnement rappelle celui que nous avons utilisé pour fonder la valorisation (cf. IIème Partie page 288). Nous lui reprochons cependant l'imprécision de la notion de productivité. D'abord celle-ci est le plus souvent présentée comme exprimant un progrès quantitatif. Or il s'agit de suivre une évolution où le qualitatif, qui se combine toujours au quantitatif, prend normalement le pas sur ce dernier, le contourne et parfois l'oblige à régresser, du moins sectoriellement. Dans la pratique, le taux de progression de la productivité est par exemple donné à l'échelle globale par le taux d'augmentation de la production intérieure brute par heure de travail (il est en France de l'ordre de 5 % par an).

Ensuite, la politique limitant dans chaque entreprise la croissance des salaires suivant le taux global de productivité s'appuie sur une analyse qui prête à critique ou à erreur. Il faut faire une hypothèse sur la croissance future de la productivité. Or la mesure du taux d'accroissement de la productivité est incertaine. Elle varie suivant la formule employée (de 3 à 5 % pour une même situation économique). D'autre part, on ignore le rapport entre l'accroissement des deux taux (salaire et productivité) ; il semble que cette relation s'intègre dans un ensemble de liaisons où interviennent de multiples paramètres. Dès lors toute limitation globale de la progression salariale sur ces bases risque d'entraîner une prédétermination défavorable de la croissance. On espère en outre que d'une branche à l'autre des compensations de prix atténueront les conséquences des différences considérables qui s'observent entre les productivités sectorielles. Dans les entreprises où la croissance de productivité excédera le taux moyen, des baisses de prix devront intervenir qui compenseront les hausses que la progression des salaires au taux moyen déclenchera dans les entreprises à faible productivité. Mais la rigidité des prix à la baisse dans les entreprises les plus productives compromet la réalisation de cet équilibre de compensation. De plus il est difficile et même anti-économique d'imposer un plafonnement des progrès salariaux, compte tenu de l'état du marché de main-d'œuvre, des goulots d'étranglement qui se créent pour certaines catégories de haute qualification, et de la concurrence entre les entreprises.

Dans un article de la *revue économique* de mars 1966 (« réflexions sur une politique des revenus ») Hubert Brochier livre une série d'arguments contre la limitation des progrès salariaux en fonction des taux moyens d'accroissement de productivité. La mesure est inflationniste ; car elle tend à élever le coût du travail dans les industries où la productivité est la plus basse et la hausse habituelle des rémunérations inférieure à la moyenne (fonction publique, services publics). La réduction des hausses de salaires à la moyenne générale diminue les incitations à la mobilité de la main-d'œuvre, très favorable à la croissance, qui résultent de disparités de salaires dont bénéficient les secteurs-moteur où se manifeste une pénurie de main-d'œuvre. La limitation des hausses de salaires diminue l'effet stimulant de celles-ci sur les progrès techniques ; la cherté du travail oblige en effet les industries à haute productivité (comme l'électronique par exemple) à relayer la main-d'œuvre par la machine. En l'absence probable de baisse des prix, du fait de la rigidité de ceux-ci, les entreprises les plus productives dégageraient, les hausses de salaires étant limitées, une marge importante d'autofinancement : ce qui dans une optique de planification, compromet la cohérence des actions collectives en rendant les entreprises intéressées indépendantes des contraintes de financement que l'État voudrait introduire pour orienter la politique industrielle conformément au plan de développement.

Bien entendu, l'ajustement des hausses salariales sur la productivité de chaque secteur serait encore plus inacceptable pour H. Brochier, car cette méthode irait à l'encontre de la tendance à l'uniformisation des conditions ; elle créerait des disparités croissantes entre les salariés suivant leur secteur d'activité, et entretiendrait des germes de discorde, voire de violents conflits entre les groupes sociaux ; enfin elle favoriserait le maintien des entreprises les moins productives en leur permettant une rentabilité apparente, du fait que leurs coûts en travail croîtraient aussi moins vite.

Pour surmonter ces obstacles, des formules ont été présentées, combinant par secteur ou sous-secteur les progrès de la productivité nationale et de la productivité sectorielle, avec une assez large tolérance d'écart. Par exemple la formule hollandaise appliquée en 1959 :

— augmentation de la productivité nationale : 3 % (coefficient 1)
— augmentation de la productivité du secteur S : 5 % (coefficient 3)
— taux d'augmentation autorisé $\frac{5 \times 3 + 3 \times 1}{4} = 4{,}50$ % dans le secteur S

Parallèlement, les autorités hollandaises ont essayé de compenser les différences sectorielles de productivité, en écrêtant les effets de hausse des secteurs les plus productifs au profit des secteurs les moins productifs ; ce qui devait contraindre les premiers à baisser les prix et permettre aux seconds de les augmenter. Mais cette politique a dû être abandonnée en 1963, devant les protestations des patrons et des travailleurs contre l'ingérence de l'administration dans les contrats salariaux et aussi en raison des comportements réels qui surent efficacement s'évader des contraintes (salaires noirs, glissements catégoriels de qualification). Elle a été remplacée par la définition d'une relation plus indicative et moins précise entre les salaires et plusieurs catégories économiques (coût de facteurs, compétitivité internationale, niveau de l'emploi, productivité, niveau de l'épargne).

En France on s'oriente vers des solutions très nuancées. Le rapport Massé sur la politique des revenus estime qu' « entre les thèses extrêmes, le problème n'est pas de choisir, il est de doser ». « Une longue réflexion peut seule permettre de définir dans chaque cas la combinaison convenable d'une rémunération de base soumise à la parité d'évolution et d'un surplus susceptible de varier suivant les conditions particulières de chaque activité. » Dans l'article cité ci-dessus, H. Brochier fait de son côté une intéressante suggestion, en souhaitant que l'actuel mécanisme de contagion des hausses de salaires soit remplacé par un mécanisme de compensation. Il faudrait que par une procédure de concertation les salariés des entreprises les plus productives acceptent de transférer une part de leur capacité de hausse salariale à des secteurs moins productifs. Mais dans les conditions actuelles, toutes les solutions concevables, visant l'institution d'une forme quelconque de discipline organisée s'appliquant à la progression des salaires, rencontrent un obstacle majeur : la liberté dont jouiraient en fait les autres catégories de revenus dès lors que les modes de formation et de répartition de ces dernières échappent à l'action des pouvoirs publics. Or sans parler de l'injustice d'une mesure qui briderait une catégorie pour développer l'expansion des autres, la valorisation de l'énergie humaine est un phénomène global qui ne peut valablement avoir un sens et un rendement collectifs que si elle est appliquée et répartie dans le cadre d'un système englobant tous les revenus de l'homme.

Les positions du rapport Massé et de H. Brochier sont cependant très significatives en ce qu'elles dégagent les principes sur lesquels la politique des revenus devra plus tard se constituer, lorsque toutes les catégories de revenus auront pu être intégrées dans la même analyse : d'une part la distinction entre une rémunération de base variant de façon homogène et un complément très différencié dans ses variations par la diversité des taux et des critères, conduisant à personnaliser les revenus sur un substrat paritaire (rapport Massé) ; d'autre part, du point de vue du niveau et des évolutions des salaires, la compensation organisée entre les secteurs inégalement productifs (H. Brochier).

Ces directions sont les nôtres. Toutefois la concertation et la persuasion, avancées de tous côtés comme les voies de réalisation de ces solutions, ne peuvent que réserver beaucoup de déceptions, s'agissant de discipliner des revenus, domaine où s'enracine ce qu'il y a de plus irréductible et de plus néfaste dans l'égoïsme humain, et qui regorge de privilèges, armés de pouvoirs de tous ordres, empêchant des discussions libres et véritablement paritaires.

Nous préférerions, là encore comme dans tous les domaines essentiels de l'organisation, que le système de l'institution soit appliqué de préférence à celui des luttes ou des jeux dialogués, dont l'exercice devrait se limiter toujours plus étroitement au niveau inférieur d'une exécution strictement réglementée. Il faut créer un mécanisme générateur de décisions collectives automatiques ; mécanisme contraignant collectivement les hommes, s'incorporant aux cadres généraux de la société, respecté par tous, impliquant une règle de jeu permanente et claire, capable elle-même, en cas de besoin, d'une évolution disciplinée. A cet égard l'émission monétaire sur la base des heures de travail valorisées, et génétiquement structurées, assujetties au jeu combiné de plusieurs processus réglementés de répartition, répond aux préoccupations qui s'affirment de plus en plus à l'égard de la normalisation d'une progression des revenus socialement maîtrisée. Car elle assure une progression générale à base paritaire, indexée sur le profit global, ou si l'on préfère sur le surplus ou la plus-value (termes qui cernent de façon différente une réalité sensiblement équivalente). Mais elle tient compte aussi de différenciations en tous genres qui affectent les sujets dans leur être, leur avoir, leur conduite, leur comportement, leur responsabilité et leur action. Pour corriger conformément à l'équité les différenciations inutiles ou inefficaces ou humainement blessantes pour ne pas dire injustes, elle intègre de nombreux processus de compensation dont les effets peuvent être pesés et dosés de façon appropriée à leurs domaines respectifs.

LE PROFIT

L'entreprise détient la maîtrise, sous le nom de produits ou d'investissements, des heures d'activité cumulées non consommées. Au fur et à mesure de leur réalisation, les produits destinés à être consommés tôt ou tard, alors qu'ils approchent de l'étape finale de la consommation définitive, se chargent d'une plus-value correspondant à l'accroissement de leurs valeurs par rapport à la somme des valeurs de leurs composantes. Cette plus-value, d'abord anticipée puis définitive (après consommation), témoigne de l'intérêt de la combinaison et la justifie. Elle permet de mesurer la valeur de la production en général et de chaque produit en particulier ainsi que l'utilité et l'efficacité de chaque entreprise à l'égard du progrès de l'organisation des hommes et de la planète. Il est concevable qu'une part importante des rémunérations du travail de l'homme soit distribuée d'après le montant du profit constaté sur ce travail. Le profit intervient alors seulement comme terme de comparaison et critère de répartition.

Mais la plus-value est en elle-même objet de convoitise. Car elle s'ajoute aux parts horaires enregistrées, découpées, intégrées dans les combinaisons du travail stockées dans l'entreprise au cours du processus de production et s'associe aux mêmes circuits réels ou financiers que ceux empruntés par les heures non consommées, décomptées à leur valeur d'origine. Ainsi naît un problème d'appropriation. A qui sont dévolus et les signes qui la représentent et les biens réels dont elle est la contrepartie ?

Pourtant il ne s'agit pas tellement de l'appropriation des signes que la comptabilité dégage sous le nom de profits comme représentatifs de cette plus-value et dont nous savons que, cumulés d'une année sur l'autre, ils devraient être conservés normalement à leur place (à l'endroit où ils se sont formés) par le système d'émission, comme moyen de financement des investissements et de circulation des biens de production (ou consommation intermédiaire). Renouvelés tous les ans par l'appareil monétaire sous forme de crédits d'investissements ou plus généralement de crédits d'achats inter-entreprises, ces signes seraient, comme toute monnaie, des bons d'achats, assujettis cependant à des conditions d'emplois : l'entreprise seule en aurait le libre droit d'usage, y compris celui de les prêter avec intérêt mais sans avoir la possibilité de les donner purement et simplement, même à ses ayants-droit.

Il faut surtout approprier les biens réels (ou la part des biens réels) que ces signes représentent, ou qui sont acquis par leur intermédiaire. L'entreprise est certes le propriétaire de premier rang de ces biens. Elle peut notamment vendre ses biens d'équipement de la même manière qu'elle vend sa production normale. Mais l'entreprise n'étant qu'un organisme intermédiaire, faut-il faire reposer finalement sur des patrimoines individuels la propriété des biens réels qu'elle détient et de la plus-value dont ces biens sont issus ? Une fois assurée la rémunération des capitaux prêtés, on pourrait concevoir, en effet, de réserver la propriété de la plus-value, c'est-à-dire du capital, à l'entreprise. Ces biens reviendraient, en cas de liquidation de l'entreprise, à l'État, aux collectivités ou à d'autres entreprises de même nature, bref à des organismes intermédiaires, selon des modalités à déterminer. Toutefois on peut aussi penser qu'un intéressement des individus, dans un domaine autre que la rémunération du travail et de l'épargne, est susceptible d'accroître le rendement des entreprises. Ainsi serait consolidé et perpétué le fruit du travail individuel au-delà de la récompense immédiate qu'est la répartition d'une fraction du prix du travail suivant le critère du profit.

Or, en l'état actuel de l'organisation, la plus-value sous toutes ses formes (signes monétaires — titres financiers — éléments réels) est appropriée sur une base de privilèges dès le stade monétaire et se partage entre l'État et le capital juridique ou financier. Dans un petit nombre de cas, le travail en bénéficie par le moyen de formules d'intéressement. Cette répartition très dissymétrique résulte d'un rapport de forces, d'un accaparement *de jure* du profit résiduel par l'entrepreneur, et d'une évolution : l'État a accentué ses prélèvements et les cadres salariés ont conquis difficilement une portion congrue. Issue d'un équilibre de circonstances, la dévolution de la plus-value a pourtant reçu chaque fois le support d'une justification doctrinale. Selon les défenseurs de cet équilibre de fait, reconnu par l'usage et le droit, l'apport de chaque partie justifie dans l'ensemble la part de plus-value qui lui est attribuée par le système actuel. Pourtant cette répartition est critiquable et d'ailleurs presque unanimement critiquée. L'État mis à part, il n'est pas justifié que la plus-value soit appropriée de manière quasi exclusive par la minorité qui possède l'essentiel du capital productif privé.

Comme pour tous les phénomènes économiques, deux niveaux d'analyse doivent être distingués : le niveau réel et le niveau nominal (monétaire et financier). *Au niveau nominal*, il serait possible d'appliquer une formule de répartition de la plus-value, tenant compte des apports de chacun : État — Capital — Travail, étant entendu que la part de l'État n'aurait d'autre objet que de rémunérer les capitaux qu'il aurait prêtés. Cette formule serait négociée et comporterait une grande ouverture de possibilités. Mais les bénéficiaires ne devraient pas pouvoir disposer directement auprès de l'entreprise, sous forme monétaire, des ressources financières correspondantes. Ces ressources commandent en effet, *au niveau réel*, la réalisation d'un ensemble de biens capitaux, fixes ou circulants, dont les réseaux de production ne seraient pas impunément privés. Il y a également des équilibres sectoriels à maintenir ; tout mouvement de retrait affectant le financement de la production en cours devrait être compensé par des apports équivalents dans les points du circuit qui auraient perdu leurs moyens monétaires. Faute de quoi se créeraient des distorsions et des blocages. Aussi bien les droits financiers sur la plus-value ne devraient-ils pas plutôt être formalisés en titres de créances susceptibles d'être mobilisés sur un marché financier à définir? En toute hypothèse, il faut éviter aux entreprises l'obligation de rembourser une fraction des sommes investies dans la production, par exemple au bénéfice de titulaires de titres qui voudraient satisfaire des besoins de consommation. Si cependant, comme il est légitime, les détenteurs voulaient, pour une raison ou pour une autre, convertir, immédiatement ou non, leurs titres en disponibilités monétaires — et faute de cette liberté totale de mobilisation, l'avantage serait un leurre — ils devraient pouvoir le faire essentiellement par voie d'échange sur un marché spécialisé, la monnaie nécessaire étant fournie par l'épargne. Le résultat serait équivalent pour le bénéficiaire, à condition que la créance soit garantie, par un organisme adéquat, remboursable au moins à sa valeur. Mais les entreprises qui sont à l'origine de la plus-value garderaient ainsi pour leurs investissements les signes monétaires qui lui correspondent, les transactions financières et monétaires se déroulant seulement à l'étage du crédit sans affecter le processus de production. Naturellement, sous certaines conditions et avec l'accord des autorités financières, une entreprise pourrait, dans certaines circonstances, racheter ses propres titres, procédant ainsi à une distribution monétaire du capital. En revanche, dans tous les cas les titulaires de telles créances sur plus-value devraient recevoir périodiquement des entreprises le revenu des fonds engagés, au même titre que les prêteurs de fonds. Car il serait inconcevable que les parts de capital que sont les créances sur plus-value ne soient pas rémunérées.

C'est la condition nécessaire pour qu'elles aient une valeur. Il faut souhaiter même que la rémunération soit chaque année proportionnelle au profit de l'entreprise, à la manière d'un dividende. La responsabilité de cette rémunération incomberait naturellement à l'entreprise où se forme le profit. Donc rémunération des capitaux prêtés (intérêt) et rémunération des capitaux de la plus-value elle-même (dividende) entrent en concurrence avec l'appropriation des plus-values nouvelles capitalisées. Car le véritable profit, avant toute répartition, inclut les frais financiers. La distribution de l'intérêt et du dividende par les entreprises est d'ailleurs, tout bien pesé, une forme d'appropriation de la plus-value s'effectuant directement au stade monétaire.

Ainsi la plus-value constatée dans les entreprises sous forme de bénéfice doit servir en priorité à la rémunération des capitaux engagés dans la production : ce sont alors les pouvoirs d'achat (profits) qui sont distribués sous forme d'intérêts ou de dividendes. Le reliquat non distribué ferait l'objet de titres négociables représentant le capital productif additionnel, les ressources monétaires correspondantes demeurant engagées dans les cycles annuels du financement des investissements. La logique et l'équité voudraient que ces titres, rémunérés les années suivantes, soient répartis entre tous ceux qui ont concouru à la production, au prorata de leur contribution.

Sous réserve de ce qui a été dit plus haut en ce qui concerne la mobilisation des titres de créances, l'attribution de parts de capital ne pose pas de problème pour le financement de la production. En revanche, le règlement des intérêts ou des dividendes approprie la plus-value au stade monétaire et prive le circuit productif d'une fraction de ses moyens financiers aux endroits où s'est effectuée la distribution des signes réglés aux créanciers. Il faut donc que l'appareil bancaire soit en mesure sur le plan global de restituer ces moyens si la nécessité s'en fait sentir, afin de maintenir les investissements par secteur au meilleur niveau, conformément au témoignage du profit. C'est le problème de l'épargne dont la régulation doit être assurée non seulement dans le but de répondre au besoin des épargnants et des consommateurs mais aussi en fonction des investissements et de leur financement. Il revient à des organismes financiers d'assurer cette régulation et en particulier de maintenir l'équilibre du financement des secteurs productifs. De même qu'ils doivent rendre mobilisables les parts de capital, il leur faudra veiller à ce que les distributions monétaires de profit, qui trouvent leur cause dans la rémunération des capitaux ou dans une monétisation du capital lui-même, puissent être compensés, si besoin en est, par des apports financiers équivalents dans les secteurs qui auraient été ainsi affaiblis.

Le profit suscite l'un des thèmes de l'actualité les plus délicats, les plus controversés et les plus irritants. Car il s'agit d'y reconnaître une réalité mal représentée par le langage ou même par l'idée que l'opinion s'en fait. Le profit atteint en structure profonde et sous-jacente une dimension qui n'est pas recouverte par les concepts de même nom couramment utilisés. A l'image d'un iceberg, ils n'en saisissent que la partie immédiatement visible. Tout au long de sa formation continue le profit est dans une large mesure attribué, affecté, dévolu, soutiré avant qu'il ait pu être appréhendé et comptabilisé comme tel. Ce n'est pas seulement le cas de l'intérêt qui dans les entreprises s'y impute directement et qu'on peut aisément réincorporer, mais ce sont aussi tous les postes de charges des entreprises qui drainent à leur tour plus ou moins confusément une part du profit avant qu'il ne se constate.

La dimension totale du profit en tant qu'elle a comme limite supérieure le surplus réel d'une période ne peut être appréhendée qu'au niveau global macro-économique. Les entreprises le fractionnent et pour ainsi dire le consomment partiellement et subrepticement. Au moment de l'enregistrement comptable, un résidu subsiste que s'approprient l'entrepreneur et l'entreprise. De là d'ailleurs l'obstination mise à interpréter le profit, à travers ce résultat tronqué, comme fondé sur le risque et assumant l'aléa. Pour déterminer le vrai profit au niveau de la communauté, comme à celui de l'entreprise, il faudrait comptabiliser des coûts expurgés de tout profit estimé ou prélevé par anticipation. Sur le plan global : les coûts des biens et services (consommation intermédiaire) doivent être épurés du profit anticipé pour retrouver les véritables coûts en travail qui y sont incorporés. Sur le plan de l'entreprise : outre les charges d'intérêt, les impôts, les amortissements trop rapides, ou les consommations de stocks exagérément évaluées, c'est le travail salarial (avec ses charges sociales connexes) qui est annuellement majoré en cours d'exercice d'une part de profit chaque fois que le taux de hausse de la masse salariale résultant des mesures générales ou catégorielles excède le taux du profit constaté dans la période passée. La progression salariale mord ainsi sur le profit en formation. Mais ce prélèvement ne peut être apprécié par entreprise, car chez chacune en particulier la progression des salaires peut être inférieure ou supérieure au taux de profit de la période écoulée, sans que bien entendu on puisse, à partir de la situation d'une entreprise, apprécier ce qu'il en est de l'ensemble des autres. Seul un résultat de synthèse permet de décider si la progression salariale des entreprises déborde ou non sur le profit en formation. Encore faut-il observer qu'en raison du laxisme du système monétaire contemporain le profit n'est généralement pas amputé par la hausse excessive des salaires, puisque finalement celle-ci est financée par les crédits bancaires qui sont à la source de l'émission de monnaie ; la conséquence étant l'état d'inflation que nous connaissons. Qui plus est, au niveau de chaque entreprise, le surplus potentiel est affecté de mouvements de prix qui, n'étant pas toujours de caractère économique, peuvent empêcher le profit d'apparaître là où véritablement il se forme. Devant ces incertitudes de conception et de mesure, les débats contemporains sur le profit sont dominés par deux problèmes : celui de son mode de détermination et celui de son insuffisance.

Pour délimiter l'enveloppe du profit, il faut saisir son extension par référence à une ligne de départ stable qui ne peut être obtenue qu'en homogénéisant les coûts de la période sur une base préservée de toute contagion des progrès qualitatifs ou quantitatifs imputables à ladite période. Stabilité et homogénéité ont été recherchées, par exemple chez P. Massé et P. Bernard (*les dividendes du progrès*), dans le calcul en francs constants d'un surplus que l'entreprise gagne grâce à des combinaisons plus avantageuses de produits et de facteurs. Ce surplus dû à la créativité de l'entreprise est donné par la différence entre la variation de volume des produits et la variation du volume des facteurs. Il mesure « la performance » de l'organisation mais se trouve compliqué dans sa dévolution au niveau de chaque entreprise par les transferts concomitants de valeur (volume $\times$ prix) d'une entreprise à une autre ou au consommateur, à la suite des mouvements de prix. Les auteurs appréhendent le surplus par une même entité numérique comportant deux variantes structurelles, l'une signifiant son origine, l'autre sa destination : d'une part, en termes de variations des quantités pondérées par les prix, le surplus gagné ; d'autre part, en termes de variations de prix pondérés par les quantités, le surplus attribué.

Cette conception du surplus nous paraît assez ambiguë. Elle participe à la fois de la notion d'augmentation quantitative des éléments réels et de celle de plus-value ou de profit, sans cependant cerner ni l'une ni l'autre. Structurellement, l'analyse des auteurs dégage certes un nouveau mode de partage très intéressant de la production. Au lieu de distinguer ce qui se consomme et ce qui s'investit, ou se capitalise, ils partagent le produit entre un produit renouvelé et un produit additionnel, lequel à son tour se dissocie en production constante des facteurs et en production additionnelle de ceux-ci. C'est à ce *bonus* des facteurs conçu comme l'augmentation quantitative du produit imputable aux mêmes facteurs que P. Massé et P. Bernard ont donné le nom de surplus. Mais il nous semble que ce concept comporte une faiblesse essentielle. Tant globalement que sectoriellement il y manque, pour mesurer le progrès de l'économie et pour apprécier sa qualité, l'incidence de l'évolution des prix. Or, la plus-value est indissociable des éléments qualitatifs. En pondérant la variation des quantités par le système des prix en vigueur à l'ouverture de la période, on s'interdit d'exprimer entièrement la valeur du surplus. Car en même temps que les quantités produites par les facteurs augmentent, leur pondération change du fait de l'évolution du système des prix, et par conséquent la valeur du surplus n'est pas celle qui résulte de la pondération initiale. C'est arbitrairement que les surplus de P. Massé et P. Bernard dissocient autour d'une même enveloppe numérique, du côté pile la seule évolution des quantités, du côté face la seule évolution des prix, comme si pile mesurait seul le surplus et si face le distribuait.

Pour mieux situer ce surplus, nous croyons utile de rappeler les concepts qui ont été dégagés ici même, dans la première partie de cet ouvrage. Le surplus réel (cumulé ou différentiel) est le produit non consommé, exprimé par les heures de travail valorisées (suivant le coefficient atteint par la valeur à l'époque où ce travail s'est intégré dans le produit) qui ont permis de le réaliser ; le surplus réel s'accroît ainsi chaque année d'un supplément de travail non consommé engagé dans la production. La plus-value est la valeur constatée par le jugement du consommateur, acquise par le produit en plus de celle que le travail (exprimé en heures valorisées) y a incorporé au cours de sa formation. Le profit est la concrétisation de cette plus-value en pouvoirs d'achats monétaires, qui sont en même temps les supports de sa distribution aux agents économiques. Les trois grandeurs (profit, plus-value, surplus) sont en relation d'équivalence par la fermeture du circuit production-consommation et par la représentation monétaire, les pouvoirs d'achat assurant par leur mouvement circulaire l'égalité de la plus-value des produits consommés et de la valeur d'origine du surplus réel non consommé (à la thésaurisation près).

Le véritable gain ou fruit périodique de l'objet économique, pris à la fois au sens de surplus réel, de plus-value et de profit, doit à notre sens intégrer étroitement l'évolution des quantités et des prix. Il doit se déterminer, non sur la base statique, horizontale en quelque sorte, d'une artificielle disjonction entre le volume (quantité) et les prix (qualité), mais sur la base évolutive, verticale, dynamique de la disjonction naturelle entre le travail incorporé et la valeur finale : qualité et quantité y sont intimement associées ; elles sont homogénéisées intégralement dans la valeur des heures de travail et hautement différenciées en revanche par nature de produits lors des jugements des consommateurs finals. Les sources du triplet surplus/plus-value/profit sont doubles : la *productivité* (le nombre d'heures de travail produites excède de plus en plus celui des heures consommées) et le *progrès de la valeur* (les heures consommées sont décomptées pour une valeur d'autant moins élevée qu'elles ont été produites dans un temps plus ancien), alors que le surplus de P. Massé et P. Bernard ne paraît reposer que sur le progrès de la productivité, c'est-à-dire non pas sur la croissance en valeur elle-même mais sur l'augmentation de son rythme quantitatif. Encore faut-il souligner que cette productivité n'est que celle des facteurs de production, réunis, combinés dans les entreprises et se mesure en quantité de biens et services produits. En revanche, à l'origine du surplus réel que nous avons nous-mêmes défini, se trouve la productivité des heures de travail humain, mesurée en heures de travail produites. Alors que la première productivité n'atteint qu'une partie des cycles d'organisation, la deuxième boucle tout le circuit, embrasse non seulement la production des entreprises mais aussi les résultats de toutes les autres formes d'organisation humaines ou sociales, du corps de l'homme à l'administration des États.

Plus encore que la difficulté de sa mesure, l'insuffisance du profit est devenue une des litanies de notre époque. Pourtant, comment s'étonner de cette insuffisance, si l'on admet que le profit est en grande partie détourné dès son apparition, et que la comptabilité dégage, seulement en fin de période, un profit résiduel ? Dans ses reflets politiques, l'insuffisance du profit apparent est toujours apprécié par rapport à l'une des destinations possibles des ressources qu'il représente, soit l'autofinancement, soit les distributions aux capitalistes, soit l'accroissement des pouvoirs de l'entreprise, soit l'effort de recherche, soit la participation des travailleurs aux bénéfices. Le profit se dissimule en se répartissant par anticipation et clandestinement chaque fois qu'il peut le faire. L'insuffisance du profit ne provient donc certainement pas de la faiblesse congénitale d'une économie, elle est le résultat d'une convergence des complicités. Ceux qui ont le plus contribué à la contraction apparente du profit sont assurément ceux-là mêmes qui dénoncent le plus vivement la maigreur du résidu. Il est vrai que lorsqu'il est intéressé — comme il se doit en ce domaine — le comportement des responsables de l'entreprise et du capital est au fond logique dans son apparente contradiction : d'abord réduire le profit apparent avant qu'il ne se déclare, puis au niveau de son résidu s'efforcer non seulement de combattre les vélléités de prélèvement supplémentaire des autres parties (État — salariés) mais aussi de récupérer sur les premières fuites les flux du profit qui n'ont pas mené aux maîtres de l'entreprise et du capital.

Remarque importante.

Par lui-même le système de la monnaie frappée dans la production n'implique pas que le profit soit corseté par une discipline rigide, prédestinant ses bénéficiaires et ses emplois. En effet, une conception sauvage de l'attribution et de l'affectation du profit, analogue à celle qui résulte des mœurs économiques actuelles, ne serait pas incompatible avec les conditions de la formation et de la représentation du profit exposées dans le présent ouvrage. Dans cette hypothèse, les pouvoirs d'achat maintenus en représentation du profit seraient laissés sous le pouvoir discrétionnaire des maîtres de l'entreprise, qui pourraient les répartir à leur gré. Les détenteurs leur donneraient, sans restriction d'aucune sorte, n'importe quelle destination dans toute la gamme des emplois possibles de la monnaie. Les pouvoirs d'achat fondés sur le profit seraient ainsi orientés selon l'intérêt exclusif de ceux dont ils sont devenus la propriété, exactement comme s'ils étaient issus du travail directement. Les deux origines du pouvoir d'achat, le travail et le profit, se confondant absolument dans les signes de la monnaie, c'est le calcul économique qui déterminerait le partage des fonds entre la consommation, l'épargne financière, l'investissement productif direct et la thésaurisation, compte tenu de l'horizon et de l'assise sociale de ceux qui les détiennent. Hormis le fait que la monnaie ne pourrait excéder les limites de la capacité de travail et de la production en cours, les errements actuels ne seraient pas sensiblement modifiés. Il est vrai que dans le système encore en vigueur, l'État prélève par l'impôt une part considérable des profits apparents.

Mais comment justifier de nos jours que soit attribué au seul propriétaire juridique de l'entreprise (ou à ses ayants-droit) un profit qui trouve sa source dans l'action conjointe de tous les agents de la production? L'iniquité devient éclatante depuis la diminution du nombre d'entrepreneurs individuels dont le droit aux profits réalisés sur leurs activités personnelles, donc sur leur travail direct, pouvait difficilement être mis en cause. En effet, la concentration des moyens de production au sein de grandes entreprises permet désormais à la minorité d'hommes d'affaires, de techniciens et de financiers qui les dirigent de se partager légalement avec l'État l'essentiel du profit constaté sur l'ensemble d'un produit collectif. Comment dans ces conditions ne pas souhaiter que s'instituent dans la dévolution du profit des règles conformes au rôle de chacun dans la production!

Mais discipliner l'appropriation du profit sans toucher à ses emplois risquerait d'entraîner de graves perturbations dans l'orientation des pouvoirs d'achat ; elles seraient préjudiciables au fonctionnement de l'objet économique, du fait des modifications survenues dans la structure de la demande de produits, les nouveaux bénéficiaires du profit, moins enclins à l'épargne, ayant d'autres besoins à satisfaire que les patrons des firmes. Celles-ci risqueraient d'être disloquées par la défection brutale de leurs moyens de financement, si les détenteurs préféraient utiliser les profits selon leur fantaisie plutôt que les laisser dans les affaires qui les ont produits. En compensation, le financement de la consommation intermédiaire et de l'investissement des entreprises pourrait certes être assuré par des emprunts négociés. Mais alors les firmes seraient la proie du pouvoir financier de quelques hommes qui, agissant sous statut public ou privé, monopoliserait, par la force des choses, la distribution de tous les fonds en mal d'emploi.

D'autres formes d'attribution et d'affectation des profits sont d'ailleurs concevables, plus ou moins dirigistes, plus ou moins redistributives, plus ou moins efficaces pour stimuler l'activité et accroître la prospérité. Il n'y a pas en vérité de solution, idéale ou réaliste, qui puisse être conçue à priori en cette matière. Mais encore une fois aucune solution nouvelle ni le maintien des errements actuels dans le domaine du profit ne s'opposent à ce que la monnaie soit émise sur le travail, résorbée sur la consommation et maintenue sur le profit.

L'INTÉRÊT

Dans la notion d'intérêt culminent toutes les ambiguïtés que les enchaînements d'une représentativité multiple donnent à l'ordre financier, dernier niveau de la représentation des valeurs économiques. Aussi bien les relations entre les niveaux réel, monétaire et financier, s'enchevêtrant indéfiniment, l'intérêt parvient, grâce aux diverses conceptions des économistes, à traverser tous les plans de la représentation et à refléter, par ses définitions successives, les valeurs emboîtées, les tendances enfermées et les figures réfléchies dans les catégories financières.

L'intérêt est un prix, c'est-à-dire l'expression dans le langage de la monnaie de la valeur d'une prestation (biens ou service), en l'occurrence, le service financier. Comme tous les prix, il s'interprète comme la valeur qui équilibre l'offre et la demande de la prestation. Considéré strictement dans son ordre financier, il est le prix des emprunts, celui qui équilibre l'offre et la demande des fonds prêtables. Sous l'angle du seul ordre monétaire, il a pu passer pour le prix de l'usage de la monnaie, en tant qu'elle est un bien dont la valeur se déprécie seulement en fonction du temps. Mais par-delà les formes de leur représentation financière ou monétaire, les valeurs réelles affleurent aussi directement dans plusieurs conceptions de l'intérêt, longtemps dominantes dans les doctrines économiques. Prime accordée au prêteur pour prix de sa renonciation à la liquidité, l'intérêt keynésien est la figure économique d'un comportement de l'homme : la préférence pour la disponibilité immédiate des pouvoirs d'achat. Les classiques, pour qui l'intérêt est le prix des capitaux, ont recherché son fondement soit dans la productivité des capitaux réels dont le capital financier a payé la réalisation ; soit dans un prélèvement sur la valeur-travail à base réelle ; soit dans la préférence que les hommes ont pour les biens présents par rapport aux biens futurs, la monnaie permettant d'acquérir les uns ou les autres ; soit enfin dans la rémunération des sacrifices d'épargne, le taux de l'intérêt tendant à rejoindre celui de la productivité des capitaux réels financés par cette épargne.

Cet enchevêtrement du réel, du monétaire et du financier, à l'image d'ailleurs de la configuration traditionnelle d'un objet économique confondant ces trois ordres, ne clarifiait pas la notion d'intérêt, qui déjà par nature paraît être la plus contournée des catégories de l'économie, toutes les relations de l'objet économique s'entrecroisant à son niveau, du fait de la représentativité des structures financières. Mais réduit à l'essentiel de sa nature propre, l'intérêt est un phénomène de répartition associé aux arrangements de signes que, dans la zone nominale des pouvoirs d'achat, les hommes rebrassent sans cesse pour mieux se satisfaire : prix de la location de la monnaie, il est, une fois expurgé de ses prolongements dans le milieu économique et strictement maintenu dans l'ordre nominal, aussi aisé à saisir que le loyer des prêts de biens dans l'ordre réel.

Les signes monétaires en circulation peuvent s'engager dans un mode spécial de redistribution entre agents économiques : le prêt des signes monétaires. Cette redistribution qui forme l'étage financier de l'objet économique enveloppe toutes les autres répartitions et prolonge spécifiquement son effet dans le temps. Elle se caractérise par plusieurs incidences sur les circuits monétaires : 1) modification du circuit par transfert de signes d'un agent à l'autre, au moment de la constitution du prêt (du créancier au débiteur) ; 2) pendant la durée du prêt, modifications successives éventuelles par transfert théoriquement illimité du titre représentatif du prêt contre transfert de signes monétaires ; 3) modification par transfert de signes du débiteur au créancier lors du remboursement du prêt; 4) modification par transfert de signes du débiteur au créancier lors du règlement des intérêts annuels : l'intérêt ne peut en effet s'analyser en profondeur que comme un élément de cession contractuelle de monnaie intervenant dans le cadre d'une compensation globale sur toute la période de l'opération de prêt.

Le prêt de monnaie et tous les engagements monétaires ou financiers ne devraient modifier que la répartition des signes sans entraîner la croissance globale des réseaux monétaires. Cependant, les banques ayant pris l'habitude de prêter couramment une monnaie créée de toutes pièces pour servir précisément à ces prêts, l'émission monétaire s'est greffée sur les réseaux financiers de créances. Dès lors dans le cas des prêts consentis par les banques, mais seulement dans ce cas, le prêt de monnaie est associé à une extension de volume non seulement de l'étage financier, mais aussi de l'enveloppe nominale de la valeur qui, par suite de la nature de la monnaie, évolue en corrélation avec celle-ci. L'introduction de la monnaie dans l'objet économique par la voie des créances financières, facteur de confusion, devrait être progressivement abandonnée. Dans une optique prospective nous ne tiendrons donc pas compte des incidences de ce mode d'émission sur la fonction assurée par les prêts au sein de l'objet économique, bien que son importance actuelle soit à cet égard considérable. Car en dehors de toute extension des volumes, en modifiant seulement les résultats des répartitions liées au processus de production ou aux procédures sociales, les mouvements de créances, qui interfèrent sur toutes les distributions, agissent sur l'ensemble des circuits économiques dans le temps et dans l'espace, et affectent finalement les circuits réels commandés par toutes les structures économiques. Aussi peut-on parler d'une fonction économique des opérations de l'étage financier.

Au niveau global, le prêt des signes monétaires permet de les mobiliser conformément à leur destination normale et aux intentions les plus rationnelles ou les plus prometteuses. Il les affecte en effet à des emplois plus utiles ou plus efficaces que s'ils avaient été laissés dans la main de leur détenteur initial. Il tend les circuits financiers, accélère la vitesse de circulation des espèces et dessine des réseaux mieux adaptés aux besoins. Il contribue dans ces conditions à assurer une meilleure utilisation de la capacité productive : plein et meilleur emploi de l'énergie humaine et de ses combinaisons productives intermédiaires. Enfin, il accélère et oriente la consommation vers un renforcement de son rendement productif en énergie humaine.

Au niveau individuel, la pratique des prêts remédie aux à-coups de la gestion courante. Elle permet au consommateur de répartir ses dépenses dans le temps et ainsi de les régulariser, compte tenu du rythme prévisible de ses ressources et de ses besoins. En ce qui concerne les entreprises, le prêt joue également un rôle décisif pour l'ajustement de trésorerie. Il permet d'adapter le financement des investissements à des programmes d'ampleur irrégulière. Enfin, il assure aux entreprises les mieux placées un surcroît de ressources et leur donne ainsi les moyens d'utiliser au mieux leur position avantageuse. D'ailleurs dans l'entreprise, le financement de la production par l'emprunt présente un caractère essentiel. L'entreprise en tant que telle n'utilise jamais que des fonds empruntés : à ses propriétaires, à ses prêteurs de toutes catégories, aux organismes bancaires.

La notion d'intérêt s'apparente à celle du prix d'un service rendu. Un sujet cède à un autre des signes monétaires dotés d'un pouvoir d'achat indifférencié ; il a droit à une rémunération de contrepartie ; elle est plus élevée si les signes se déprécient avec le temps (inflation). En théorie, de grands écarts de taux peuvent se manifester car il s'agit chaque fois de contrats particuliers dépendant de la force et des désirs relatifs des parties. Cependant, il s'établit un cours moyen par catégorie, fonction du temps mais aussi du risque, enfin de la structure de répartition des disponibilités monétaires entre les titulaires initiaux. De cette structure dépend la quantité de monnaie susceptible d'être prêtée (les fonds prêtables). Une structure à tendance égalitaire tarit les fonds prêtables, donc fait croître les taux de l'intérêt. Une structure inégale augmente les fonds prêtables et tend donc à faire baisser les taux. Le problème est différent suivant que les groupes intermédiaires et notamment les entreprises sont ou ne sont pas en cause. Surtout il faut distinguer le point de vue du prêteur de celui de l'emprunteur. Autant pour l'un que pour l'autre, le transfert monétaire est un instrument ou un mode de gestion subordonné à une finalité de consommation ou de production. Le taux se forme à la charnière de leurs exigences contradictoires. Cependant la structure des marchés financiers peut imposer des taux directeurs formés par voie de macro-décision. D'ailleurs l'influence est décisive des intermédiaires financiers et du relais étatique qui se comportent eux-mêmes à la fois comme prêteurs et emprunteurs. Dès lors l'intérêt apparaît comme un phénomène structurel fixé par un dispositif permanent et rigide plutôt qu'un phénomène conjoncturel, régi par les lois du marché, le concours et le conflit aléatoires de micro-décisions.

Le prêteur direct individuel obéit à des motivations d'ordre financier. Peuvent s'y ajouter des préoccupations particulières de nature diverse. Celles-ci ont un caractère marginal et en général font infléchir les conclusions dans le sens d'une atténuation des avantages financiers pour le prêteur. Les motivations communes du prêteur sont le souci de ne pas perdre le capital et si possible de réaliser un gain. A cet égard le raisonnement courant est le suivant : ou bien consentir un prêt, ou bien garder sous forme de monnaie des valeurs dont par hypothèse on n'a pas l'emploi immédiat, avec la certitude d'un rapport nul et la probabilité, qui n'est pas toujours perçue, d'une perte en capital par dépréciation monétaire. Pour l'option prêt ou détention de monnaie et pour le choix entre divers modes de placements, de nombreuses considérations entrent en jeu : garantie de remboursement, durée de l'indisponibilité, possibilité de mobilisation ou de cession, frais entraînés par la récupération des fonds, supputation sur le rythme de dépréciation. Il est normal qu'il existe un seuil du taux de l'intérêt à partir duquel seulement les sacrifices consentis, les risques courus, les formalités nécessaires, les charges supportées, l'indisponibilité d'emploi, sont préférables à l'accumulation de liquidités monétaires immédiatement disponibles pour tout usage. Un point de vue rationnel voudrait que ce seuil soit celui qui conserve au capital son pouvoir d'achat réel en termes monétaires. A partir de ce seuil, les prétentions des prêteurs iront en croissant avec les degrés de risque, d'indisponibilité et de perte à la mobilisation ou à la cession. Au-delà d'un nouveau seuil plus élevé, le prêteur pourra trouver plus avantageux de sacrifier des emplois de consommation, d'équipement et de production pour bénéficier d'un gain qu'il n'aurait pas obtenu dans un emploi direct de production ou pour accroître ultérieurement ses moyens de consommation. Le consommateur a alors avantage à serrer de plus près ses projets de dépense, à revoir dans le sens d'un amenuisement le volume de sa consommation, dans le but de prêter de l'argent si le taux d'intérêt est plus élevé que le taux annuel de progression de ses ressources courantes (hausse annuelle de la rémunération de ses heures de travail). En effet, son capital financier devient en ce cas plus productif que son capital-travail. Il a donc intérêt à développer le premier pour se ménager dans l'avenir un total de ressources plus élevé. L'entreprise de son côté trouvera un bénéfice accru en réduisant sa production et en plaçant l'argent qu'elle retirera de son circuit productif, si le taux de rentabilité de ses investissements est inférieur au taux d'intérêt. Mais une telle situation ne peut se maintenir, pas plus chez le consommateur que chez l'entrepreneur, ni même s'instituer sur le plan global. Elle n'est pas viable et porte en elle les germes de sa propre négation. Dès lors les seuils dont le franchissement conduit les consommateurs et les producteurs à réduire, pour effectuer des prêts, les emplois directs de fonds sont des taux-limite.

Chez l'emprunteur, la préoccupation financière majeure résultant d'un contrat de prêt est la contrainte du remboursement de sa dette et du paiement de l'intérêt. Aussi bien s'efface-t-elle devant d'autres considérations, pour motiver son comportement. Celui-ci est en effet dominé par le problème de l'emploi des fonds. Le consommateur s'endette pour des besoins pressants qui lui sont suggérés par divers facteurs : effet d'imitation, procédés publicitaires, satisfaction de besoins indispensables, ambition. La contrainte financière s'analyse par ailleurs moins en termes de taux d'intérêt qu'en annuités associant intérêt et remboursement du prêt. Aussi bien le consommateur débiteur accepte-t-il d'aller jusqu'à la limite où ses engagements financiers deviennent absolument insupportables et consent-il parfois à des sacrifices extraordinaires dans ses propres consommations tout au long du service de l'emprunt. Le recours à l'endettement l'oblige d'une manière générale à réviser sur une longue période la répartition de ses consommations. Compte tenu de la dépréciation monétaire et de la progression de ses propres revenus, le consommateur peut aussi à d'autres égards payer des taux d'intérêt relativement élevés, sans avoir l'impression de s'imposer des restrictions d'emploi. Chez l'entrepreneur, la conduite de l'emprunteur doit être plus stricte; sa gestion financière est beaucoup plus rigide et plus rationnelle. On conçoit que la limite des sommes qu'une entreprise accepte de payer au titre de ses charges financières (intérêt et remboursement du capital) ne puisse excéder le montant des profits. Au niveau de chaque entreprise les taux de profit sont variables et la limite des charges financières supportables peut donc varier dans les mêmes proportions.

La plus grande partie des prêts passe par l'intermédiaire d'institutions spécialisées qui regroupent les fonds d'épargne, garantissent aux prêteurs la sécurité assortie d'une rémunération régulière, « péréquée » et affichée, redistribuent ces fonds selon des critères variables (rentabilité, soutien, transformation structurelle, orientation d'activité, recherche d'équilibre géographique et professionnel). L'État lui-même joue le rôle d'un intermédiaire, mû particulièrement par des préoccupations d'équilibre conjoncturel, d'évolution structurelle, d'orientation planifiée et de protection sociale. La fixation des taux dépend dès lors des exigences propres de la gestion des institutions financières. Pour que les intermédiaires financiers couvrent l'ensemble des frais de fonctionnement par leurs produits financiers, il faut une assez forte différence entre les taux des emprunts et ceux des prêts.

Toutefois les deux composantes des intérêts payés par les entreprises et perçus par les institutions financières devraient être bien distinguées : 1° Un prélèvement sur la plus-value du secteur productif, l'intérêt proprement dit, destiné à rémunérer le service rendu par le prêteur primaire dont la banque a reçu le dépôt. 2° Une véritable charge du secteur productif rémunérant les propres services de l'institution financière, et couvrant ainsi ses charges de fonctionnement : sa consommation intermédiaire de biens et services, le coût de sa main-d'œuvre. Pour éviter l'équivoque actuelle, les intermédiaires financiers devraient récupérer sous forme, non d'intérêts, mais de commissions ce qui constitue le prix de leurs interventions. Au total, selon le système de régulation monétaire adopté, l'institution financière imputerait, comme toute entreprise, en charge de fonctionnement, le coût des heures de travail de son personnel, par ailleurs associées aux heures de travail de toutes les personnes actives du pays pour déterminer le volume de l'émission monétaire. Le montant de sa participation à la formation de la plus-value globale se dégagerait par la seule différence entre ses commissions facturées et ses charges d'entreprise, les intérêts perçus auprès des entreprises et reversés aux prêteurs étant des transferts de plus-value.

Dans les entreprises non financières les dépenses et recettes financières, comptabilisées hors exploitation, viennent rectifier les résultats de la gestion au profit ou au détriment d'une autre entreprise (même si c'est un consommateur qui est bénéficiaire direct de l'intérêt : il s'ensuit alors une redistribution du revenu, qui peut transférer à une autre entreprise une part de plus-value grâce aux dépenses de ce consommateur). Lorsque les entreprises sont débitrices, les intérêts associés aux remboursements du principal des emprunts constituent, ainsi que l'emprunt lui-même d'ailleurs, des transferts de capital financier (1). La possibilité d'ajuster dans le temps les flux d'investissements par le moyen des transferts de cette nature permet une meilleure adaptation de l'objet économique au progrès de l'ordre social et notamment la promotion et le développement de nouvelles activités.

L'intérêt apparaît ainsi comme une notion complexe ; elle comporte plusieurs étages d'analyse conduisant à la définition de différents types d'intérêts suivant les agents participant aux transferts de cette catégorie de revenu. Dans tous les cas l'intérêt est le prix d'un service rendu, mais d'un *service purement nominal.* A l'inverse du prix des services réels, il ne saurait entrer ni dans l'objet économique ni dans le prix d'un bien comme une composante additionnelle de leurs valeurs respectives. Il est seulement un facteur de la répartition et du transfert d'une valeur d'un agent à un autre, comme le prêt lui-même et son remboursement. A l'aller comme au retour, il y a transfert d'une part de la valeur. La majoration que constitue l'intérêt s'associe au principal et se justifie aisément par la rémunération du service rendu à l'emprunteur.

(1) C'est-à-dire des profits (de l'année ou capitalisés).

L'ÉMISSION MONÉTAIRE

Dès lors que la monnaie serait reconnue comme simple signe, il devrait être facile d'aménager les circuits monétaires pour qu'ils épousent rigoureusement et directement les circuits réels. Pour cela nous recommanderons l'intégration de l'émission dans la formation même du produit réel, ainsi qu'un retrait monétaire concomitant à la consommation finale de celui-ci ; ceci à la place des émissions et des résorptions de signes moulées sur des circuits financiers. Ainsi les flux monétaires seraient dès l'origine, donc avant toute possibilité de distorsion, le reflet direct de l'activité économique. Au lieu d'une évolution irrégulière des flux monétaires, entraînant aussitôt l'alignement des flux réels, nous devons obtenir une création parallèle et simultanée des deux compartiments. L'initiative des mouvements doit appartenir aux seules structures signifiées, interprétées suivant leurs capacités et non pas seulement d'après leurs produits effectifs.

Ni la récompense des mérites des individus audacieux, dynamiques et décidés, ni la rémunération particulière, même extrêmement élevée, des responsables des entreprises ne sont en cause. Il est évident que l'ouverture de l'éventail des revenus n'est pas une caractéristique propre seulement à l'actuel système d'émission. Ce qui par contre nous paraît très critiquable, c'est que les sujets privilégiés par l'émission imposent leur philosophie, leurs préjugés, leurs mobiles, leurs desseins, leurs rythmes d'action, leurs hésitations et leurs erreurs aux arrangements monétaires qui donnent forme et dimension à l'objet économique. Car la structure de l'émission se reflète immédiatement dans toute l'étendue de l'espace économique. L'État est incapable d'insérer son ordre dans cette structure déjà formée, cohérente et dotée d'une grande cohésion. Il ne peut pas infléchir ou redresser les déviations originelles qui s'inscrivent de la manière à la fois la plus intime et la plus étendue dans tous les organes et toutes les fonctions de l'objet économique.

Sans vouloir toucher au reste de l'appareil monétaire et notamment aux circuits financiers qu'il comporte, nous recherchons seulement les moyens de modifier les conditions de l'émission, en libérant les circuits financiers de l'équivoque fâcheuse que les branchements de l'émission sur les mêmes tracés font peser sur eux. Nous insistons sur la nécessité de brancher les rythmes monétaires directement sur les rythmes réels et nominaux qui s'accordent naturellement et constamment tous deux, les seconds (pouvoirs d'achat) devant être normalement déterminés par les premiers et non l'inverse. En conséquence, les propositions suivantes peuvent être énoncées :

— La monnaie serait émise à la mesure exacte des éléments réels introduits dans le champ économique, appréciés objectivement d'après la valeur de l'heure de travail et le nombre d'heures offertes par la population active. Elle serait allouée aux diverses parties prenantes (personnes physiques, organismes intermédiaires, État, à raison de leur participation à la production ou de leurs droits sociaux. Cette répartition serait assortie de redistributions partielles de la valeur de l'heure de travail, tenant compte des structures sociales, de l'inégalité des contributions productives, des résultats acquis ou escomptés, de l'intérêt particulier attaché à certaines tâches, du coût humain de certains travaux, de la productivité de l'individu, de l'entreprise, du secteur et de la communauté dans son ensemble ainsi que du niveau des dépenses publiques.

— La monnaie émise dans ces conditions ne pourrait jamais excéder les limites fixées par les capacités réelles de la communauté appréciées en termes d'heures physiques valorisées. Elle subsisterait dans le champ jusqu'à disparition des éléments réels équivalents, c'est-à-dire jusqu'à la consommation finale par laquelle ces éléments quittent le champ économique. Les signes correspondant au profit seraient conservés. Ainsi la dimension globale du système monétaire demeurerait rigoureusement déterminée par celle du champ réel.

— En plus des signes émis directement sur le travail introduit dans le champ ou conservés en représentation du profit réalisé sur la consommation définitive des produits, la monnaie en circulation comporterait cependant des signes supplémentaires représentant le profit anticipé par les entreprises intermédiaires sur des biens et services non encore définitivement consommés. Car l'émission doit se calquer sur le surplus réel, lequel inclut, en plus du coût en heures de travail, le profit que les échanges intermédiaires ont permis de constater sur le produit de ces heures de travail, même non définitivement consommé. A cet égard, la valeur acquise par le surplus réel s'impose à l'émission ; le profit régulièrement calculé par les entreprises intermédiaires ne peut être ignoré, même s'il n'est qu'une anticipation du profit final.

— L'annulation conjointe des éléments réels et des signes monétaires peut s'opérer de façon naturelle dans le système de la monnaie-formule, par exemple la monnaie scripturale, à condition de brancher le rythme de vie du signe sur le dispositif comptable des entreprises, puisque les charges de personnel s'imputent sur la valeur du produit et que les comptabilités capitalisent seulement les produits non consommés et les profits. Ceux-ci, soigneusement normalisés et strictement contrôlés, laissés en principe à l'entière disposition des entreprises, accroîtraient périodiquement les moyens de financement de celles-ci, par ailleurs assurées de conserver chaque année les crédits nécessaires au renouvellement de leurs investissements, sous déduction du montant d'éventuels déficits. Autrement dit, à chaque exercice, l'entreprise serait dotée des crédits annuels d'investissements antérieurement alloués, majorés des profits de l'exercice écoulé ou diminués des pertes. Pour assouplir le système d'allocations, ces crédits annuels d'investissements pourraient être redistribués par l'intermédiaire d'un organisme financier spécial, si les entreprises allocataires n'en avaient pas elles-mêmes l'usage direct. Comme tous les prêts de monnaie, cette cession financière serait évidemment rémunérée par l'organisme financier, à un taux raisonnable, éventuellement indexé sur le total du profit constaté dans le pays. Les entreprises, bénéficiant à ce titre de crédits d'investissements supplémentaires, paieraient à leur tour un intérêt à l'organisme intermédiaire, cet intérêt pouvant être fonction du taux du profit de l'entreprise emprunteuse.

— L'émission de signes sur la base des heures de travail, faite au bénéfice des salariés sous réserve de certains prélèvements, répartitions et redistributions, légalement définis, serait permanente (ou du moins à périodicité rapprochée) puisque le travail humain introduit constamment des éléments nouveaux dans le champ. L'anéantissement des signes par la consommation finale des éléments réels dont ils sont issus aurait également un caractère permanent. Par contre la constatation du profit des entreprises et l'octroi corrélatif de crédits supplémentaires d'investissement ne peuvent avoir qu'un caractère périodique, vraisemblablement annuel. Parallèlement, il conviendrait de réévaluer périodiquement la valeur théorique de l'heure de travail, en fonction des résultats généraux constatés au niveau de la communauté (profit global), pour tenir compte du progrès qualitatif de l'organisation économique et sociale, constaté sur les seuls biens consommés définitivement. Ce profit, différent de celui qui est pris en considération pour l'émission monétaire, ne comporte pas le profit anticipé par les entreprises intermédiaires. Un dispositif comptable approprié doit permettre de le déterminer.

— A l'intérieur de cette enveloppe monétaire rigoureusement déterminée par la capacité réelle de l'objet, fondée sur la quantité et la qualité des facteurs humains et sociaux, tous les échanges intermédiaires et notamment les prêts de capitaux pourraient s'effectuer dans les mêmes conditions que par le passé, suivant les lois du calcul économique, sur les itinéraires et dans les délais habituels (circuits financiers).

Ce système comporterait une *autorégulation* très poussée puisque toute accélération de la consommation finale accentuerait le mouvement d'élimination des signes et donc des pouvoirs d'achat ; au contraire, le ralentissement de cette consommation augmenterait leur quantité. En vérité, le nombre de signes s'alignerait toujours sur la valeur des éléments réels économiquement valables, occupant le champ. La masse monétaire s'adapterait donc automatiquement à l'évolution des circuits économiques.

Une telle réforme qui modifie seulement les conditions de l'émission en la branchant sur des circuits plus efficaces et plus réalistes devrait pouvoir se faire sans bouleversement majeur dans les structures sociales. Insistons cependant sur l'idée qu'elle repose sur une organisation et un fonctionnement adéquats de l'appareil bancaire.

Techniquement, l'émission de monnaie sur le montant des heures valorisées de travail n'offre pas de difficultés. Il suffit de distribuer les signes aux parties prenantes : directement aux individus actifs et à l'État, mais aussi indirectement aux actifs et inactifs par l'intermédiaire des organismes qui assurent les sous-répartitions d'après les critères divers de distribution dont sont assorties les différentes parts de la valeur de l'heure de travail. En ce qui concerne le financement des investissements, il suffit d'autoriser les entreprises à passer des commandes au prorata des crédits ouverts, les banques assurant les règlements dans la limite du montant de ces crédits.

La résorption des signes semble plus délicate. Il n'y a pourtant pas de problème majeur, là non plus. Le dispositif comptable des entreprises, conçu pour le calcul du profit, apporte une solution aisée, sous réserve d'une définition adéquate du résultat et de son mode de détermination ainsi que d'un contrôle rigoureux. La comptabilité d'entreprise, éventuellement doublée dans les banques, peut dégager sous le nom de profit (avec cumul des antérieurs) le montant des signes qui doivent subsister. Les autres disparaîtront car ils correspondent à des consommations. Le processus peut d'ailleurs être simplifié en résorbant immédiatement la totalité du montant des recettes des entreprises, en émettant systématiquement la monnaie sur toutes les heures de travail correspondant à l'effectif en activité et en renouvelant chaque année les crédits d'investissements destinés aux transactions inter-entreprises, majorés des profits et diminués des pertes de l'exercice. On peut aussi laisser à l'entière disposition des entreprises toutes leurs recettes, après déduction des charges (valeur entière de la capacité-heures de travail de leurs personnels, quote-part de la rémunération du personnel des administrations, éventuelles pertes comptables).

De tels processus devraient s'accompagner de stipulations juridiques qui les rendent inéluctables ou en tout cas en préservent l'intégrité et le résultat par l'institution de sanctions sévères à l'encontre des entreprises défaillantes. Ainsi la monnaie devrait faire obligatoirement retour au système d'émission lors de chaque opération de consommation (intermédiaire ou définitive) qui se manifeste à travers le chiffre d'affaires (c'est-à-dire les ventes) des entreprises. L'entreprise ne pourrait en aucune manière se considérer comme propriétaire des recettes monétaires afférentes à ses ventes, de même qu'elle ne s'approprie pas actuellement la recette des taxes de consommation (T. V. A.) perçues sur les clients pour le compte du fisc. Mais pour asseoir les droits du système étatique d'émission monétaire, il faudrait s'appuyer sur des engagements écrits et formels des débiteurs permanents que sont les entreprises. L'engagement naîtrait à l'émission de monnaie, lorsque les salariés de l'entreprise seraient rémunérés et ses investissements payés avec les signes émis. La banque ferait signer aux responsables de l'entreprise une reconnaissance de dette stipulant que le remboursement s'opérerait par une affectation totale et permanente de toutes les recettes de l'entreprise. Il serait cependant stipulé que le profit, calculé selon des méthodes normalisées, serait périodiquement ristourné à l'entreprise sous forme d'une majoration des crédits d'investissement annuellement renouvelés, les pertes venant en revanche en déduction.

L'existence de cette garantie sous forme d'un titre spécial de créance détenu par le système monétaire maintiendrait la continuité d'une propriété remarquable des systèmes actuels d'émission, qui se concrétisent par la formation d'*instruments financiers* en contrepartie des signes en circulation. Toutefois alors que dans le système contemporain les instruments financiers règlent par leur structure propre le rythme d'existence des signes et par là influencent la forme et la dynamique de tout l'objet économique, les instruments financiers que nous envisageons suivraient eux-mêmes des rythmes imposés par le processus naturel de production-consommation. Ainsi se trouveraient conciliés, autour de ce processus directeur, générateur de croissance (en quantité, en qualité et en organisation), le dessin et le mouvement des trois circuits réel, financier et monétaire, en quoi se décompose l'ordre fondamental de l'objet économique.

Cas particulier des services personnels.

Par nature, certains services, accomplis dans la sphère domestique, ou rendus *intuitu personae*, ou encore reposant sur des dons exceptionnels, ne peuvent que difficilement s'intégrer dans le minimum d'organisation collective que suppose le fonctionnement adéquat d'une émission monétaire fondée sur le travail et le profit. Il y a aussi les quelques personnes qui refuseront toujours de participer à des organismes coupables de porter atteinte à une indépendance qu'ils voudraient totale. Dès lors qu'ils sont appréciés et recherchés par des consommateurs décidés à les rémunérer, quelquefois à un prix très élevé, ces services sont, comme toute activité humaine, des produits directs du travail et à ce titre doivent être associés à l'ensemble des processus d'émission, de répartition et de renouvellement des signes monétaires. Toutefois, basées sur des moyens, des talents d'individus agissant seuls, sans le concours de salariés, de telles activités ne peuvent être traitées de la même manière que celles des entreprises. Le fait même qu'elles ne puissent être organisées dans des formes collectives impose l'adaptation du dispositif général à leur cas particulier.

La capacité en heures de travail des personnes susceptibles de fournir les services en cause, serait recensée, donnerait lieu à émission monétaire, assortie des répartitions dont la structure de l'heure de travail donne la clef. Mais il est impossible d'être sûr, avant qu'elle ne s'exécute, qu'une telle activité aura une valeur sociale suffisamment appréciée par les usagers pour excéder son coût en heures de travail. Aussi, le fournisseur du service serait-il autorisé simplement à conserver la fraction de ses recettes correspondant à la part de la valeur de l'heure de travail, que le système attribue en rémunération directe de l'énergie humaine. Le reste de cette valeur serait récupérée pour participer aux flux des répartitions secondaires auxquelles sont assujetties, sous l'égide de l'État ou d'organismes redistributeurs, les autres parts de l'heure de travail.

Contrairement à ce qui se passe pour la rémunération des travailleurs d'une entreprise, la monnaie émise sur l'énergie humaine émanant de fournisseurs individuels de services ne serait donc pas insérée directement par l'appareil monétaire. Mais des pouvoirs d'achat déjà en circulation, seraient, à concurrence du coût en heures de travail, conservés dans les encaisses, au lieu d'être résorbés lors de la consommation des services, qui en l'espèce est concomitante à leur production. *Le maintien des pouvoirs d'achat équivaudrait ainsi à une émission de monnaie.*

La différence entre la valeur des services et leur coût en heures de travail, partie importante des recettes des agents fournisseurs de services personnels, constitue le profit, plus-value réalisée sur le coût des heures de travail. Constaté sur le travail d'un seul homme, ce profit lui appartient sans contestation. On pourrait donc être tenté de le laisser disposer discrétionnairement de ces pouvoirs d'achat qu'il a bien gagnés et gagnés tout seul. Mais sauf dans le cas où le profit dans son ensemble est dévolu, comme aujourd'hui, aux seuls propriétaires des entreprises (et à l'État), une telle solution n'est ni équitable ni logique. Qu'un homme travaille seul ou dans le cadre d'une entreprise comportant plusieurs salariés, l'origine du profit et sa destination ne varient pas. Valeur sociale, il résulte dans tous les cas d'un mécanisme collectif : appréciation par les consommateurs de la plus-value acquise par une prestation au-delà de son coût en travail. Il trouve une affectation naturelle et globale dans le financement de la production en cours. D'ailleurs sa formation est étroitement dépendante de celle du surplus réel. La bonne règle veut que dans toutes les situations le profit vienne renforcer, en les consolidant ou en les finançant, les moyens et les phases de la production, soit qu'il reste là où il s'est formé, soit qu'il aille à des secteurs productifs où les besoins sont plus intenses.

Une fois utilisée la petite part nécessaire au financement des quelques moyens matériels éventuellement nécessaires à l'exercice de la profession intéressée, le profit constaté sur le travail des fournisseurs individuels de services doit donc rejoindre la masse des autres profits affectés aux productions les plus exigeantes en investissements. Mais le responsable de ce profit n'en perdrait pas pour autant la propriété. Comme nous l'indiquons dans les développements consacrés au profit, il doit être en mesure, en cédant sur un marché financier approprié le titre qui le représente, de mobiliser, à tout moment et pour n'importe quel usage, les profits qu'il aura dû placer dans d'autres productions.

Les modalités de cette appropriation et de cette mobilisation peuvent d'ailleurs être plus ou moins favorables aux fournisseurs de services. A cet égard il faut concilier la sauvegarde de l'intérêt social du profit et les droits incontestables que l'agent responsable s'est acquis sur le fruit de son travail personnel. A la limite, on pourrait soit lui en laisser, sans aucune condition, la jouissance entière, soit en diriger totalement l'emploi.

LES EFFETS D'ENVIRONNEMENT

Les effets d'environnement (avantages ou désavantages qu'un agent donne aux autres agents ou au milieu ainsi que ceux qu'il en reçoit) ont été conceptualisés sous le nom déplaisant d' « *économies* » ou « *déséconomies externes* », lorsque ces effets ne sont pas valorisés à l'intérieur de rapports d'échange qui en imputeraient, en termes monétaires, d'une part la charge à l'agent qui procure le désavantage ou reçoit l'avantage, d'autre part le bénéfice ou la compensation à celui qui reçoit le désavantage ou procure l'avantage. Le système d'information économique et monétaire ne traduirait donc pas du tout ou ne traduirait qu'imparfaitement la valeur relative de certains comportements, de certains actes. Il faudrait même craindre que l'expression globale des valeurs économiques ne soit faussée parce que certains effets nets ne seraient pris au compte de personne, soit en charge, soit en profit.

A vrai dire la notion habituelle d'effets d'environnement ne semble vouloir appréhender que les *effets détournés de l'échange*, c'est-à-dire ceux qui par leur nature et par leur imputation normale aux agents de l'échange auraient dû entrer dans le calcul économique relatif à cet échange. En fait l'effet oublié n'est pas entré dans l'horizon de l'échange au moment où les composantes de celui-ci en ont déterminé le prix, parce qu'il n'était pas connu des parties. Cette méconnaissance peut avoir des causes diverses. Mais le concept d'« économies externes » ne veut retenir que les seuls effets qui ont été méconnus des parties parce que les conditions mêmes de l'échange ne permettent pas de les prendre en considération. Généralement il s'agit soit des effets qui n'existent pas encore ou dont la manifestation est aléatoire, soit des effets qui intéressent d'autres agents ou l'ensemble de la communauté dans son présent mais peut-être plus encore dans son futur. Les effets simplement oubliés par l'une des parties ou les deux parties, parce que leur information est insuffisante ou parce qu'elles n'y ont pas pensé ne seraient pas à proprement parler des effets détournés de l'échange, car ils auraient dû et pu entrer dans le calcul. Ils n'ont pas été incorporés parce que le calcul a été mal fait : or c'est une des imperfections naturelles de l'échange que les calculs ne soient jamais bien faits absolument. Il y a aussi des effets d'environnement qui ne sont pas traduisibles en termes économiques, c'est-à-dire monétaires et qui relèvent d'autres systèmes d'information et de compensation, par exemple de la loi et du règlement. Mais de toute façon ce ne sont pas ces effets qu'il s'agit de couvrir par le concept d'« économies externes ». Restent donc seuls, pour entrer dans le concept, les effets d'environnement qui devraient être traduits par un système d'expression et d'imputation de la valeur, mais qui ne le sont pas ou le sont mal, non pas parce que les agents économiques calculent mal mais parce que la logique de l'échange ne permet pas d'intégrer correctement ces effets dans les calculs des sujets, soit que le système ne prenne pas en compte tout le phénomène, soit qu'il ne l'impute pas exactement selon ses causes et ses répercussions réelles.

Il faut bien dire que dans le système monétaire de la valeur, les phénomènes réels mal imputés sont innombrables et il est bien difficile de faire la part de ce qui est mal imputé par un vice du système ou par une mauvaise application. D'ailleurs nous savons que tout le système lui-même est vicieux lorsque les structures monétaires spécifiques viennent fausser la représentation. Devrait-on alors isoler les déformations qui subsisteraient après que la représentation eut été redressée ? Ce qui reviendrait à limiter les phénomènes « d'économies et de déséconomies externes », non pas aux phénomènes absolument inévaluables qui par définition sont hors du domaine économique et donc exclus du concept (politique et éthique), mais aux coûts et aux profits qui faute de moyen rationnel ne peuvent pas être imputés aux responsables, victimes ou bénéficiaires. Comme il faut bien qu'ils soient quand même imputés dès lors qu'ils existent, ces coûts et profits se répartissent selon des lois diverses relevant de mécanismes autres que l'imputation directe de l'avantage et du désavantage, soit qu'il y ait fausse imputation par substitution du responsable, du bénéficiaire ou de la victime, soit que la perte ou le profit se diffuse et se disperse suivant divers niveaux de généralité. Mais le détournement d'imputation ne peut être perçu que si auparavant le système a pu enregistrer la valeur de l'effet en termes d'augmentation nette ou de diminution nette à l'égard de l'avoir d'un ou plusieurs agents, ou même de leur ensemble.

S'il s'agit d'un phénomène qui s'analyse en transfert inadéquat d'une valeur déjà enregistrée, les redressements éventuels d'imputation relèvent de dispositions contractuelles et de mesures ou de comportements d'opportunité. En revanche s'il se présente des phénomènes nouveaux de croissance ou de décroissance nette de la valeur globale, l'imputation suppose un enregistrement parallèle du phénomène dans le système monétaire. Nous proposons précisément un système qui postule l'enregistrement systématique de toute valeur additionnelle nette, puisque tout l'objet économique serait conçu et monté pour que la progression de la valeur globale soit correctement calculée et mise en place, le dispositif de répartition s'efforçant de permettre les bonnes imputations en incitant à la croissance globale des valeurs. Dès lors tout ce qui par définition entre dans le calcul de la valeur, et par conséquent appartient au domaine des effets externes aussi bien qu'internes, est nécessairement enregistré dans le champ de la valeur globale. On a déjà dit par exemple que beaucoup de phénomènes (administration, investissements intellectuels ou sociaux), dont l'action souterraine sur les progrès et les mouvements de la valeur est considérable, seraient nécessairement et indirectement pris en charge par le calcul des résultats globaux et, avant toute répartition, systématiquement imputés à l'actif ou au passif de l'énergie humaine dans son ensemble.

Il reste que toutes les situations ne sont pas transcriptibles dans l'objet économique ; certaines ne le sont qu'imparfaitement. Échappent au langage de l'économie les événements et les actions que les hommes refusent d'inclure dans l'objet économique. Car si ce dernier est mû par un processus global d'organisation progressive des rapports sociaux et naturels, fait de choix individuels, en principe rationnels, dont la signification objective est intégrée par un langage social, nous savons qu'un tel ensemble de conduites est d'extension variable, dans le temps et l'espace, et même en tous lieux et temps, suivant l'idée que chacun s'en fait. Aux deux extrêmes : d'une part celui qui refuse d'intégrer sa vie, ses actes au système économique, en souhaitant que les autres hommes à leur tour substituent dans l'avenir d'autres types de conduite à celui de l'échange monétaire à base contractuelle, par exemple l'amour ou au contraire l'autorité ; d'autre part celui qui rapporte tout à la raison économique et projette dans tous les domaines de la pensée et de la *praxis*, les schèmes et les appareils de l'économie. Nous assistons d'ailleurs en ce moment à des tentatives persistantes pour imposer la mentalité « économiste » dans les processus de préparation des décisions et de préfiguration de l'avenir. Certaines techniques, plus ou moins formalisées outre-atlantique, prétendent pouvoir exprimer dans des systèmes numériques, en particulier dans celui de la monnaie, les avantages et désavantages que les hommes retirent individuellement ou collectivement de toutes les situations où ils se trouvent placés.

L'homme sera toujours tenté de réduire l'univers de la pensée et de l'action à tel type de comportement, à tel principe normatif. Si l'économique est sans doute aujourd'hui la figure la plus élaborée de la rationalité humaine appliquée à l'ordre du monde, d'autres valeurs lui sont irréductibles qui gardent leurs domaines, leurs moyens, leurs puissances, leurs sens et l'espérance de leur développement : telles sont l'affectivité et l'esthétique. Il n'est pas rare que les mêmes circonstances, les mêmes faits admettent d'être interprétés avec les déguisements de l'art, les grâces de l'amour ou les rigueurs de la raison. Les mentalités artistiques, mystiques et économiques traitent généralement les mêmes substances et les hommes arbitrent constamment entre elles sans jamais en renier aucune. Le pluralisme des valeurs baigne tous les actes des hommes en un subtil dosage. Mais le prix de certaines choses serait bien dérisoire, et le coût de beaucoup d'autres ou trop faible ou trop fort, si l'on prétendait les intégrer dans le système de la monnaie. Ce serait fausser grossièrement les décisions, égarer le genre humain que d'utiliser dans le calcul et la prévision économiques des paramètres aussi arbitrairement déterminés.

Il est donc beaucoup de valeurs qu'il serait sacrilège, criminel ou tout simplement absurde de réduire à la symbolique monétaire, même si l'opération était formellement possible. Telles sont, aux frontières mêmes de l'objet économique : les jouissances du bien-être individuel, les arrangements collectifs du genre de vie, les bilans des progrès des techniques et de l'industrie, les gains et les pertes de vies humaines ou de santé, l'action directe ou indirecte de l'homme sur la nature.

Pourtant, la plupart de ces valeurs, à jamais étrangères au langage de l'économie, affleurent l'objet économique et ont sur lui des incidences diverses que l'analyse ne doit omettre ni sous-estimer. Car elles entrent dans les motivations qui contribuent à former les prix, et commandent aussi le niveau des coûts en modifiant les volumes, les efficacités et les distributions du travail, des services ou des biens.

Avec toute la prudence qu'il convient de garder face aux tentatives et aux illusions de la prévision, il n'est certes pas interdit de faire jouer dans un sens ou dans l'autre, par anticipation, l'influence de l'évolution des facteurs non proprement économiques sur la formation des valeurs futures qui seront prises en compte dans le système économique exprimé par le langage monétaire. Mais ce sont là des jeux dont la vanité n'est pas sans danger. Nonobstant les spéculations sur le futur, qui amusent les hommes, seule compte en définitive la valeur de l'énergie humaine et de ses œuvres, que le jugement imprévisible des consommateurs détermine, juste à l'heure du présent, en termes monétaires.

Mais voici que soudain les phénomènes d'environnement prennent une nouvelle dimension, au tout premier plan de l'actualité économique. Consciente de l'augmentation rapide de la pollution dans les pays industrialisés, l'opinion réclame des mesures de sauvegarde de la nature, de la santé et de la vie. Les spécialistes se penchent sur une dégradation croissante dont la courbe conduit à la destruction des conditions biologiques et psychologiques de l'existence humaine ; ils constatent les coûts énormes qu'il faudra engager bientôt pour reconstituer l'environnement jugé nécessaire au développement de l'homme, ou même à sa survie. Les perspectives de l'avenir sont effrayantes, à s'en tenir évidemment aux données et analyses actuelles. En fait, les sociétés s'adapteront sans doute, comme toujours, saisissant l'occasion de nouveaux progrès, aujourd'hui imprévisibles.

Pourtant la confusion s'instaure dans les interprétations et remèdes proposés. Des voix autorisées affirment que pour redresser la situation, il faudrait arrêter la croissance, limiter les naissances même dans les pays industrialisés, réduire le bien-être matériel, et augmenter en contrepartie les facteurs d'amélioration du genre de vie. Retour aux conceptions les plus traditionnelles de l'état stationnaire, concluent certains.

Or, ce qui dans les concepts classiques paraissait une perspective floue et lointaine, devient un impératif immédiat, un objectif précis de la conduite sociale la plus évoluée. Cet arrêt du progrès de la production matérielle ne serait plus le résultat d'une évolution inéluctable, mais une réaction délibérée contre l'évolution en cours, qui frénétise la croissance au lieu de tendre spontanément à son alanguissement. C'est dire qu'il faut se méfier des héritages, des traditions, des filiations. D'ailleurs ce n'est plus pour contempler une économie immobile, mais pour laisser la place à la qualité, c'est-à-dire à un autre type, plus raffiné, de croissance que l'on voudrait faire stagner celle de la production.

Les récents recours, d'origine américaine ou hollandaise, soit à « l'utilité nationale brute », soit au « bonheur national brut », se substituant au produit national brut pour mesurer les progrès économiques des sociétés, montrent bien le souci de rechercher des concepts qui ne soient pas uniquement quantitatifs. Il ne faudrait cependant pas bâtir ces notions nouvelles sur l'arrêt de la croissance, comme si amélioration du milieu et production matérielle formaient un couple antithétique. Il convient plutôt de souligner leur complémentarité.

Il est trop évident en effet que la croissance matérielle ne doit pas être limitée, mais accrue, étendue, si c'est encore possible, devant tant de besoins encore insatisfaits et devenus essentiels pour ceux qui les éprouvent. Mais que le facteur qualité doive être incorporé dans les concepts d'analyses au même titre que la quantité, cela n'est pas moins évident. Encore faut-il rappeler que, sauf à devenir incompréhensible et inutilisable, l'économie ne peut valablement adopter que la qualité économique des phénomènes, c'est-à-dire leur valeur ; d'où l'intérêt de dégager des concepts et instruments où qualité et quantité s'associeraient suivant leur pondération naturelle pour mesurer les progrès de la valeur : par exemple, les heures de travail valorisées, auxquelles tous les biens sont réductibles.

En tout cas, il est bien aventureux d'affirmer, sur la foi de fragiles extrapolations, que la croissance quantitative des hommes et de leur production matérielle doit être limitée délibérément pour améliorer la qualité de vie, dont la plupart des composantes ne sont pas économiques. Beaucoup d'observations tendent au contraire à prouver que, malgré les nuisances, cette qualité s'améliore avec le progrès matériel même sauvage, car les avantages issus du développement de la production excèdent toujours largement les dégradations que l'action des hommes fait subir au milieu naturel, ces inconvénients étant eux mêmes combattus et atténués grâce aux moyens nouveaux qu'apportent les progrès de l'industrie humaine.

LE POIDS ET L'EFFICACITÉ DES ADMINISTRATIONS PUBLIQUES

A toutes époques, les citoyens se sont complus à brocarder l'improductivité de l'administration et se sont indignés du poids des prélèvements de l'État sur l'économie. Aujourd'hui, les récriminations deviennent plus vives, tandis que s'accroît la part des revenus et des prestations réelles qui passent par l'intermédiaire de l'administration. Seule, une analyse précise permet d'évaluer l'extension de cette emprise, d'en apprécier la portée, d'en peser les risques et d'en juger le bien-fondé.

En termes réels, les prélèvements de l'État et des administrations publiques portent sur les prestations (travail, biens et services) ; en termes financiers, ils s'appliquent aux portions de revenus détournées pour financer les activités administratives : d'une part, l'acquisition des prestations réelles, ristournées aux individus sous forme de services gratuits ou non ; d'autre part, les transferts. Les charges publiques peuvent donc se jauger par référence aux disponibilités d'un pays en travail, biens ou services réels, ou par rapport aux revenus résultant de la répartition primaire effectuée d'après le travail et la production. L'incidence n'apparaît pas identique dans les deux cas. La contrainte étatique pèse en effet beaucoup plus sur les revenus que sur les éléments réels parce qu'à la fonction productive qui combine des prestations réelles les administrations ajoutent une fonction redistributive. Celle-ci met en jeu 67 % des dépenses des administrations et plus de la moitié des dépenses de l'État ; elle redistribue des revenus sans toucher aux prestations réelles autrement qu'en modifiant les conditions de la demande (ou de l'offre).

En France, la pression fiscale ou parafiscale (total des prélèvements obligatoires y compris les cotisations sociales) est habituellement mesurée en pourcentage de la PIB (1) ; selon cette référence, elle s'élevait en 1970 à 37,5 % dont 20 % pour l'État seul. Les comparaisons internationales s'expriment en pourcentage du PNB (2).

---

(1) P. I. B. = Production intérieure brute (somme des valeurs ajoutées des activités de production).

(2) P. N. B. = Produit national brut aux prix du marché = P. I. B. + rémunération des salariés n'appartenant pas au secteur des activités de production (administrations, institutions financières, ménages) + revenus nets reçus du reste du monde.

Ainsi en 1967 les pressions fiscales et parafiscales réunies étaient évaluées à 37,2 % pour les Pays-Bas, 36,7 % pour la France, 35,1 % pour l'Allemagne, 32,8 % pour la Grande-Bretagne, 32,6 % pour la Belgique, 30,8 % pour l'Italie, 28,3 % pour les États-Unis.

Exprimés en termes réels, les prélèvements de l'État et des administrations publiques sont modérés : stables en ce qui concerne les biens et services (4 % de la PIB pour l'État seul, 7 % pour les administrations publiques) mais en croissance assez rapide pour ce qui est des effectifs employés (12 % de la population active intérieure travaille dans les administrations publiques). C'est au niveau des prélèvements bruts sur le revenu national (1) que le poids des charges publiques apparaît le plus lourd, parce que toutes les tâches administratives y sont alors incluses, y compris les transferts de revenus, qui consistent à prendre de l'argent aux uns pour le distribuer aux autres. La charge fiscale est voisine de 30 % du revenu national, celle de tous les prélèvements administratifs (impôts + cotisations sociales) de 45 %. Ces chiffres indiquent la part totale des revenus des agents prélevée par les administrations pour produire des services administratifs et procéder à des redistributions selon des critères sociaux ou familiaux.

A l'exception des cotisations sociales, du versement forfaitaire sur les salaires (pratiquement supprimé fin 1968) et de l'impôt sur les sociétés, les prélèvements de revenus sont effectués après que ces derniers ont été distribués ou du moins appropriés directement par des particuliers. C'est le cas bien sûr de l'impôt sur le revenu des personnes physiques (impôt direct par nature), mais aussi d'une partie des taxes indirectes, notamment sur la valeur ajoutée, car elles sont perçues à l'occasion de la dépense de consommation. Nous avons dit plus haut combien il nous paraissait préférable de distraire systématiquement à la base, avant la formation des revenus, la part de pouvoirs d'achat que la communauté juge souhaitable de confier aux administrations pour produire ses services ou procéder à des redistributions, plutôt que de prélever les moyens de financement de l'administration sur les revenus attribués ou appropriés. Au vrai, c'est toujours le travail humain de production des biens et services livrés au jugement du marché qui supportera la charge de la dépense publique, directement sur son coût ou indirectement sur ses fruits. Quel que soit

(1) Revenu national = produit national net au coût des facteurs = P. N. B. moins amortissements et impôts indirects nets des subventions d'exploitation. C'est la somme des revenus versés aux agents économiques résidents.

le système apparent des impositions ou des cotisations, les prélèvements obligatoires reposent nécessairement ou sur le travail ou sur le profit, car ces deux catégories résument tous les apports nouveaux d'une période. Le premier est un apport primaire renouvelable par période, le second un apport dérivé résultant de la formation d'un surplus périodique, grâce aux sursis de consommation dont le travail est affecté à des degrés divers ; ce surplus correspond pour l'essentiel à la plus-value acquise par le travail consommé. La détermination de cette unique assiette fiscale, bipolaire et sous-jacente, est aujourd'hui masquée par la diversité des modes de prélèvement et des critères de répartition de la charge de chaque type d'impôt. Son empreinte est d'ailleurs affaiblie par les confusions et les imbrications du profit et du travail dans les catégories de revenus qui supportent les prélèvements. Lorsque les prélèvements sont faits après distribution des revenus (IRPP, taxes sur le chiffre d'affaires), ils affectent le travail ou le profit suivant l'origine soit des revenus assujettis à l'impôt, soit des sommes consacrées aux dépenses taxées. Lorsque les prélèvements sont faits avant distribution ou affectation des revenus de la production, ils peuvent indifféremment être réputés à la charge du travail (versement forfaitaire sur les salaires et cotisations sociales) ou du profit (impôt sur les sociétés). Mais objectivement il n'est pas possible de déterminer si les sommes en cause seraient allées soit au profit soit au travail, si elles n'avaient pas été détournées par les administrations. Il est donc raisonnable de faire masse du travail et du profit pour juger du poids des prélèvements administratifs. La notion de revenu national rend compte de façon assez précise de cette masse de travail et de profit dont sont issus tous les pouvoirs d'achat créés dans l'année.

Si le travail et le profit étaient identifiés avec exactitude dans la formation et les distributions des pouvoirs d'achat, les prélèvements fiscaux et sociaux pourraient être correctement imputés, suivant leur destination, sur l'élément de la production qui doit logiquement leur servir d'assise. Les rémunérations des fonctionnaires, qui sont des charges de travail, sont imputables sur le profit, les transferts sociaux et achats de biens et services sur le travail. En ce qui concerne les achats de biens et services, les administrations interviennent sur les marchés en concurrence avec les autres agents, sans jamais y offrir elles-mêmes de produits. Les biens et services acquis par l'administration sont définitivement sortis des circuits de production. Tout se passe comme s'ils étaient consommés par elle. Dès lors ils peuvent être considérés comme détournés de la consommation que les revenus du travail sont normalement destinés à satisfaire. Il est donc justifié de les financer par des prélèvements sur ces revenus.

Par contre s'agissant du paiement des fonctionnaires, l'administration apparaît sur le marché de l'emploi comme le concurrent direct non plus de consommateurs, fournisseurs de travail, mais des entreprises utilisatrices de travail. Le financement par prélèvement sur le travail serait d'autant moins justifié qu'il s'agit aussi d'un travail dont la valeur doit s'ajouter à celle du travail du reste de la communauté et non pas s'en déduire. Il faut donc recourir au financement par le profit pour payer les fonctionnaires. Au demeurant l'imputation sur le profit sera un bon verrou à l'égard de la tendance des administrations à augmenter exagérément leur personnel. D'ailleurs et surtout l'existence d'une émission monétaire liée directement à la rémunération du travail (d'entreprise ou d'administration) obligera à imputer le coût des heures de travail des salariés des administrations aux charges d'entreprises, en plus des heures de travail du propre personnel de celles-ci. Il faut observer cependant que si la rémunération des agents publics est globalement imputable sur le profit (en ce sens que l'imputation comptable aux coûts réduit le montant des profits des entreprises), cette charge pourrait être répartie entre les entreprises, non pas au prorata du profit de chacune, ni même du travail, mais d'après la consommation intermédiaire, de façon à ne pénaliser ni les résultats bénéficiaires ni l'utilisation de la main-d'œuvre. Ainsi pour chaque entreprise le profit serait d'autant plus affecté que cette consommation intermédiaire serait lourde.

Par sa simplicité et sa clarté le mode de fixation des parts de l'État et des redistributions sociales ou familiales en fractions d'heures de travail est propre à appeler l'attention constante des citoyens sur le poids des dépenses administratives ou des redistributions ; mieux sans doute qu'aujourd'hui, où les hommes ne semblent prendre conscience, claire et active, que des impôts et cotisations qu'ils acquittent personnellement sous cette qualification. Échappent en général à leur vigilance les nombreuses taxes qui se dissimulent dans le prix des biens et services. L'étalage objectif de la hausse des taux de prélèvement devrait suffire à contenir la poussée des dépenses publiques, avant que celles-ci n'étouffent ou n'épuisent les revenus de la production.

Sans doute une telle polarisation de l'attention des citoyens et des instances politiques sur le niveau du taux des prélèvements conduirait-elle à s'attacher, avec plus de soin et de constance qu'on ne le fait actuellement, aux grandes composantes de l'activité administrative, la fonction productive et la fonction redistributive, et à étudier les moyens de les dégraisser de leurs coûts et de leurs flux inutiles. Le tableau suivant fixe l'importance relative de ces deux fonctions.

EN POURCENTAGE DES DÉPENSES TOTALES

État				Ensemble des administrations publiques			
Fonction productive			*Fonction redistributive*	*Fonction productive*			*Fonction redistributive*
Salaires bruts (1)	Biens et services (2)	Total		Salaires bruts (1)	Biens et services (2)	Total	
25 %	18 %	43 %	57 %	17 %	16 %	33 %	67 %

Depuis quinze ans la part des salaires bruts a progressé de 17 à 25 % des dépenses de l'État, de 15 à 17 % des dépenses de l'ensemble des administrations publiques ; celle des biens et services est restée stable autour de 18 % pour l'État, de 16 % pour l'ensemble des administrations publiques. L'importance relative de la fonction redistributive diminuait dans le même temps de 65 à 57 % du budget de l'État et de 70 à 67 % de ceux de l'ensemble des administrations publiques.

La fonction productive.

Atteignant moins de la moitié des dépenses de l'État et à peine le tiers de celles de toutes les administrations publiques, les charges afférentes à la fonction productive qui combine travail, biens et services pour fournir des services administratifs généralement gratuits, représentent pour l'État et les administrations publiques respectivement 9 et 14 % de la PIB. Est-ce excessif ou insuffisant ? L'administration a-t-elle une productivité comparable à celle des autres activités ?

---

(1) Les salaires bruts ne comprennent pas les prestations sociales ni les cotisations des employeurs au titre de la sécurité sociale, qui sont incluses dans les dépenses de la fonction redistributive (ces charges sociales représentent environ 11 à 12 % des dépenses totales de l'État).

(2) Les intérêts ne sont pas inclus dans les biens et services. Rattachés aux dépenses de la fonction redistributive, ils représentent environ 4 à 5 % des dépenses totales de l'État.

Il est malaisé d'en juger, car la valeur des services administratifs n'est pas révélée par des prix librement formés sur les marchés. Ni profit ni perte ne viennent encourager ou dissuader l'administration dans les tâches entreprises. Les coûts de ses services ne rendent pas compte de leurs valeurs pour la communauté, puisqu'il leur manque précisément l'expression de la différence entre la somme des valeurs de leurs composants et la valeur de l'ensemble nouveau qu'ils constituent. A défaut des valeurs relatives des services qu'elle rend, l'activité administrative dans son ensemble ne peut-elle pas être mesurée par une part dénombrable de la valeur globale de la production ? Dans la mesure où États et administrations participent étroitement à l'organisation et au fonctionnement de tous les rouages des sociétés humaines, il n'est pas téméraire de juger de la productivité administrative par celle de toutes les autres activités et en premier lieu de la production des entreprises. Mais comment formuler des normes, fixer des limites ? Ce sont les rythmes des progrès de la production, du niveau et genre de vie qui mesurent l'efficacité de l'administration, ce n'est pas la proportion des coûts administratifs dans le produit national ; suivant les modes de gestion et les comportements, l'importance de ces coûts peut en effet être très différente pour un même résultat économique d'ensemble ; un même taux de dépenses publiques est souvent associé à plusieurs rythmes de progrès. Il n'est donc pas possible de calculer à priori une relation optimale entre dépenses administratives et produit national. L'information internationale fournit par contre des indicateurs précieux. Il faut rapprocher les rapports administration/production observés dans les pays étrangers des résultats que ceux-ci obtiennent dans la course au progrès. La compétition internationale peut ainsi révéler les meilleures combinaisons administratives.

Comme dans la plupart des affaires économiques, plutôt que de fixer des normes, il vaut mieux monter des rouages efficaces, placer là où il faut les hommes idoines, récompenser les bons résultats, pénaliser erreurs et fautes. C'est par une stratégie de cet ordre que, sans limite à priori, le rendement des administrations pourrait s'améliorer. De même que les performances biologiques des hommes sont illimitées comme en témoigne la succession des records sportifs, de même la perfectibilité des rouages administratifs mesurée par la croissance de l'ensemble de la production en quantité et en valeur n'a pas de bornes. Mais il n'est pas possible à priori de décider d'un rythme de progrès. Aussi serait-ce un leurre que de prescrire la réduction systématique des dépenses publiques. Les entreprises rencontrent elles-mêmes un problème du même ordre. Car elles ont leur administration propre, source de frais généraux qui peuvent grever excessivement la production. Elles ne peuvent pas trop alléger leurs services administratifs, sans risquer de compromettre leurs résultats. Il n'est pas facile d'établir le bon rapport entre ce que l'analyse micro-économique appelle les productifs et les improductifs. L'optimum serait un nombre d'improductifs tel que la valeur créée par les productifs, diminuée du coût des improductifs, soit maximale. Il est raisonnable de se fixer pour objectif l'accroissement constant de l'efficacité des improductifs, en termes de résultats obtenus par l'ensemble productifs-improductifs. Simples dispositions de bon sens qu'il serait déjà bien beau de mettre en œuvre.

Au-delà de l'analogie existant entre l'administration des entreprises et celle des États dans leurs rapports avec leurs domaines respectifs (firmes et nations), l'administration publique a le privilège et la responsabilité d'englober les entreprises ; elle est donc en définitive dépendante de l'efficacité de ces dernières, tout autant que celles-ci pâtissent ou bénéficient de son efficacité. L'administration d'une communauté n'a pas que des objectifs économiques ; elle ne participe pas que des règles et pratiques de gestion inhérentes au système de l'économie, qui dominent la vie de l'entreprise. Sa finalité sociale l'oblige à intervenir et à prendre à sa charge de nouvelles dépenses, si l'industrie, le commerce ou l'agriculture ne parviennent pas, chacun dans leur environnement, à assurer équilibre et progrès social. L'administration doit donc très souvent se substituer à d'autres organes ; elle doit absorber ce que ceux-ci rejettent. La graisse administrative n'est alors que le produit du mauvais fonctionnement des entreprises, le reflet d'un engorgement plus pernicieux des rouages économiques au niveau des affaires privées. Les structures administratives ne peuvent dans ces conditions être utilement améliorées si leur réforme est étudiée indépendamment de celle des structures productives. L'administration doit être mise en cause dans ses relations avec la communauté autant sinon plus que dans ses rapports internes.

Malgré son ampleur, une telle tâche n'est plus jugée matériellement impossible, depuis que l'informatique permet une collecte systématique et ordonnée des relations multiples qui donnent la position de chaque acte administratif dans tous les systèmes d'analyse concevables. Pour l'instant, l'administration emprunte cette voie assez maladroitement. Si aujourd'hui des expériences, lourdes, onéreuses, incomplètes, chargées de préjugés et d'erreurs, discréditent certaines méthodes qualifiées abusivement de rationnelles et jettent un doute sur l'aptitude de l'administration à s'amender, il est vraisemblable que les événements contraindront les hommes à relier leurs activités administratives aux résultats généraux de leur production et de leur consommation.

Une analyse plus précise des services rendus par l'administration rendra plus sensible la compénétration des activités publiques et privées, leur dépendance mutuelle, leur appartenance à un même système, malgré l'opposition qui subsiste dans leurs caractéristiques respectives. Les activités publiques de production de services se partagent en trois groupes qui se situent entre la production proprement dite et la distribution par voie de transferts.

1) Le domaine du financement par les prix ou les coûts des services administratifs englobe à la fois ceux qui sont rendus collectivement pour satisfaire des besoins individuels ne mettant pas en jeu de façon essentielle l'intérêt collectif (infrastructure de transports et communications, recherche appliquée, infrastructure agricole) et ceux qui sont rendus individuellement (fonctionnement des services publics, eau, gaz, électricité, transports).

2) Le domaine normal de l'impôt couvre le financement des services rendus collectivement pour satisfaire soit des besoins collectifs (police, justice, défense nationale, affaires extérieures, recherche scientifique, protection de la nature), soit des besoins individuels jugés prioritaires et essentiels pour l'intérêt général (éducation nationale, formation professionnelle, santé publique et hygiène, information, urbanisme, équipement sportif, protection sociale, éducation des handicapés). Le financement par l'impôt étend à l'échelle globale le financement par les coûts, puisque c'est le coût de l'ensemble des services qui est couvert par l'impôt, ou par l'emprunt relayé ultérieurement par des ressources fiscales.

3) Le domaine des incitations positives (bonifications, subventions d'encouragement) ou négatives (taxes de dissuasion affectant des activités ou des types d'échange précis) est fait de services rendus qui prennent déjà, du point de vue économique, le caractère arbitraire du transfert.

La référence aux coûts plutôt qu'aux prix oppose l'activité administrative à l'activité productive normale, bien que de façon marginale les administrations puissent aussi recourir au financement par les prix. Au sens le plus habituel, les prix expriment les valeurs des services indépendamment de celles de leurs composants. Si le prix ne peut s'établir spontanément selon la loi du marché, il sera fixé de façon à satisfaire le maximum de besoins avec les ressources disponibles pour produire le bien considéré. Le prix normal d'un produit est le plus haut prix ou la combinaison des plus hauts prix permettant d'écouler toute la production qui peut être obtenue à un coût inférieur. Les prix normaux donnent également le profit maximal. Le recours au prix assorti de la recherche du maximum de profit permet de rentabiliser au mieux le travail et le capital consacrés à la production des services tarifés. Par comparaison avec les profits obtenus dans d'autres activités, il est possible de juger de l'intérêt relatif d'une production. Ainsi, à la condition évidente d'être vrais, les prix orientent la production en fonction du rendement du capital et du travail, en donnant les critères d'une meilleure distribution des moyens de production selon l'utilité sociale des biens et services produits.

Mais appliquée de bonne foi et avec rigueur, cette logique des prix est sans merci. Elle conduit à l'élimination ou à la réduction de services dont l'exploitation laisserait une perte, un profit nul ou insuffisant. Cette sélection par la loi des prix et des profits n'est pas tolérable dans tous les cas. Car orientés directement par des raisons, intérêts et passions individuels ou familiaux, les jugements économiques cumulés des micro-unités consommatrices ou productrices, ne sont pas toujours, en courte période, suffisants pour assurer la satisfaction de tous les besoins d'une communauté : surtout, ceux qui ne peuvent être couverts que collectivement, ceux qui, très intenses, sont jugés essentiels et nécessaires à tous malgré le coût élevé des services qu'ils exigent, ceux enfin qui demandent des investissements onéreux avant d'être satisfaits dans des conditions rentables. Les services correspondant à de tels besoins ne pourraient être produits selon la loi des prix et du marché. S'il est malgré tout indispensable de les produire, les consommateurs ne les paieront pas à leurs prix. Ils pourront être fournis ou gratuitement, ou à leurs coûts, ou encore selon un tarif arbitraire. En fait globalement ils ne sont jamais obtenus, ni délivrés gratuitement. Car ils sont toujours financés par prélèvement sur le travail humain et ses produits, quel que soit le moyen de ce prélèvement (impôt ou taxe, emprunt, émission monétaire). Tôt ou tard, directement ou indirectement, le coût des services administratifs pèse sur la production. Simplement au sein de cet ensemble de services administratifs, nécessairement produits et payés à leurs coûts par la communauté, des macro-jugements et macro-décisions interviennent pour distribuer, en fonction d'une politique donnée, chaque catégorie de services selon des tarifs nuls ou généralement inférieurs à leurs coûts spécifiques. L'essentiel du coût est payé par le contribuable et non par le consommateur.

Le domaine des services rendus globalement à leurs coûts est entièrement distinct du point de vue économique de celui des biens et services offerts à leurs prix avec profit. Ces deux domaines sont absolument irréductibles l'un à l'autre. Mais celui des coûts n'est pas pour autant la chasse gardée de l'arbitraire, du gaspillage et de l'incurie, bien que l'appréciation des efficacités y soit très difficile. C'est moins la raison trébuchante des fonctionnaires que le « cumul » des micro-jugements politiques (opinion publique — élections) qui donne la loi générale des choix administratifs. Dans le détail, les systèmes appliqués de gestion administrative s'épuisent en vain à mettre au point les coûts et résultats des services et des programmes d'action pour les comparer entre eux relativement à leur efficacité. Les principes de la méthode sont pourtant très simples en théorie, car il s'agit d'utiliser les ressources de l'administration, selon une hiérarchie rationnelle des besoins, au moindre coût pour un même résultat. Mais leur application se heurte à l'impossibilité, dans le seul milieu administratif, de poser des choix véritablement rationnels et de se mettre d'accord sur les priorités, ainsi qu'aux incertitudes subsistant dans l'évaluation des coûts, quelle que soit la méthode employée pour les atteindre.

L'opposition entre la gestion publique dominée par les choix politiques et celle des entreprises privées inspirée par les principes de l'économie ne doit pas masquer le fond commun sur lequel repose les deux gestions : le travail, ni leur contribution commune et étroite à la formation du profit. D'une part en effet le travail de la communauté se partage entre le secteur administratif et celui des entreprises. D'autre part, bien que se constatant dans le seul secteur des entreprises, le profit laissé par les biens et services consommés, dépend de l'aptitude du travail des deux secteurs à produire des plus-values. Car le secteur administratif engendre lui aussi une plus-value (ou une moins-value) intrinsèque. Les services rendus par l'administration peuvent valoir plus ou moins que la somme de leurs composants. S'ils sont toujours acquis pour leurs coûts, globalement ou unitairement, leurs valeurs véritables ne sont jamais connues. Mais plus-value ou moins-value, pour être également inconnues, n'en existent pas moins toutes deux. Comment s'interprète le phénomène? Si les services administratifs valent plus que leurs composants, les hommes bénéficient matériellement de cette plus-value, mais en quelque sorte ils ne la payent pas directement, ce qui permet l'apparition d'une plus-value plus forte sur les biens et services du secteur des entreprises puisque les consommateurs peuvent reporter sur les marchés les moyens financiers qu'ils auraient normalement consacrés aux services administratifs. Si en revanche les services administratifs valent moins que la somme de leurs composants (le coût auquel ils sont nécessairement payés), tout se passe comme si les biens et services du secteur des en reprises étaient amputés d'une partie de la plus-value (à concurrence de la moins-value des services administratifs) qui se serait normalement formée si les services administratifs n'avaient pas donné lieu à moins-value. Il faut également observer qu'une éventuelle plus-value imputable aux services administratifs peut être absorbée et au-delà par des moins-values dans le secteur des entreprises, si cette plus-value est associée à un transfert, au bénéfice de ce secteur, d'emplois qui y seraient moins productifs que dans l'administration, puisque alors le coût général de la production augmenterait.

Ainsi les deux secteurs, également producteurs de services, se partagent la même capacité de production, le même ensemble de capital et de travail. Le profit constaté, mesuré dans le secteur des entreprises est commandé par l'efficacité des facteurs utilisés dans les deux secteurs. Plus le rendement du capital et du travail dans l'administration sera grand et plus le profit tendra à s'élever. Il n'est donc pas abusif de lier étroitement le profit global à l'action administrative. Une certaine ligne de conduite devrait s'en déduire en ce qui concerne le traitement du travail des fonctionnaires. Une part de la rémunération des agents de l'État devrait être indexée sur le profit global, de sorte que solidairement l'administration ait effectivement intérêt à réduire ses coûts en travail ainsi que ceux de l'entreprise, relativement à la valeur des produits obtenus.

La fonction redistributive.

La réduction des coûts de production des services administratifs n'aura jamais d'effets aussi spectaculaires que celle des charges de la fonction redistributive qui représente plus de la moitié des dépenses de l'État, les deux tiers de celle de l'ensemble des administrations. Ces dépenses de transferts n'ont pas toujours revêtu une telle importance. Les dépenses de sécurité sociale ne se sont développées qu'après la seconde guerre mondiale ; celles des interventions de l'État sont passées de 19,4 % du budget en 1954 à 29,5 % en 1969. Si la part des dépenses de l'État par rapport au revenu national a doublé de 1913 à nos jours (26 % contre 13 %), la cause principale en est la progression des dépenses de redistribution.

La fonction redistributive s'analyse en quelques grands postes. Le système de sécurité sociale mobilise 35,6 % des dépenses des administrations. Au niveau de l'État, les transferts de revenus intéressent principalement l'action sociale (prestations sociales agricoles, assistance et solidarité, prévoyance sociale), les subventions économiques, l'éducation et la culture.

Le nombre de milliards mis en jeu par les redistributions en dehors de tout service rendu a pu laisser penser qu'une compression de ces dépenses pourrait d'autant mieux se réaliser que certains de ces transferts ont un effet réputé anti-économique : tel est le cas des « subventions économiques » qui entretiennent des activités non rentables, satisfont des intérêts particuliers malsains, perpétuent des privilèges, et de certaines dépenses sociales qui ne bénéficient pas toujours à ceux qui en ont le plus besoin.

Pourtant, dans le régime économique actuel organisé systématiquement suivant la pression des intérêts, il est pratiquement impossible de modifier sensiblement la structure des aides publiques, sauf à déséquilibrer le pays politiquement et socialement. Les intentions de réforme ne peuvent en la matière dépasser pour l'essentiel le stade verbal. L'application de mesures de redressement se borne à des modifications marginales au gré des intérêts les plus forts, ou à des aménagements dans la répartition des charges entre les administrations publiques. Ainsi depuis 1956 la part relative des dépenses de transfert a diminué de 12 % au budget de l'État, mais augmenté de 8 % dans les comptes des autres administrations.

Sur le plan des principes, il ne serait pas d'ailleurs satisfaisant de prescrire la réduction systématique des transferts pour atténuer des dépenses publiques jugées pléthoriques. Voulus par les hommes, imposés par les circonstances, ces transferts trouvent leur justification, hors de l'administration, dans des carences de l'organisation et du fonctionnement des autres secteurs. Ces défaillances qu'il faut pallier pour des motifs impérieux sont moins l'effet de détériorations accidentelles des rouages de la société que le résultat des difficultés permanentes de l'ordre social à suivre la poussée des besoins en évolution. Si le système économique n'assure pas lui-même les voies de son adaptation, l'État et l'administration sont chargés d'y suppléer, fût-ce dans le désordre et le gaspillage, en assurant protection, garantie, réparation, en égalisant les rythmes de progrès, en prévenant ou guérissant les blessures sociales, en finançant la solidarité. Tant que l'homme ne sera pas plus efficacement protégé et garanti par les institutions, les administrations devront secourir les nombreuses victimes d'une mécanique sans tendresse et soutenir des activités peu rentables pour éviter le pire.

LA MONNAIE INTERNATIONALE

Paradoxalement le domaine monétaire international est pour l'intelligence des mécanismes d'accès plus facile que celui de la monnaie interne. Celle-ci est engagée dans les circuits complexes de production-consommation, où les coûts du travail sont brouillés par les valeurs subjectives. Par contre la relation monétaire internationale délimite un terrain commode pour une analyse du langage monétaire, puisqu'elle se borne à représenter l'échange des biens et services, réels ou financiers, entre les nations, sans se préoccuper des processus de production et de consommation, autrement plus élaborés que ceux du simple échange des produits ou des signes monétaires eux-mêmes. Comme celle de la monnaie interne, l'analyse des relations monétaires internationales est cependant dominée par la dissociation entre des structures signifiées et des structures signifiantes. Celles-ci sont, toutes deux, propres à l'échange international. N'ayant pas encore été traitées dans les parties théorique et historique de ce livre, elles seront évoquées, sous ces deux aspects également, pour justifier les propositions concrètes qui vont être exposées.

A) *Les structures signifiées.*

Les relations internationales ne saisissent que des masses d'échanges ponctuels de produits, à des degrés divers de leur élaboration. Mais le développement de l'échange international est l'une des conditions essentielles de la formation des produits et de leur consommation à l'intérieur des économies nationales. Il convient donc de l'optimiser de façon à s'approcher de l'utilisation maximale des capacités de production et de consommation des économies nationales. A cet effet le processus de l'échange international doit se réaliser sans blocage ni déformation, dans la liberté de choix des co-échangistes, le progrès s'effectuant dans l'équilibre. Conditions de l'équilibre et du progrès : il faut que chaque composante élémentaire des processus de l'échange international, en l'espèce chaque acte particulier d'échange, s'opère dans sa plénitude et dans son cycle complet. La plénitude est atteinte lorsque l'acte est libre et sain, réalisé avec le maximum d'informations chez les co-échangistes et le plus grand éventail de choix, en ce qui concerne aussi bien les produits échangés que les partenaires contractants. Quant à la fermeture du cycle de l'acte d'échange, elle n'est assurée qu'au moment où chacun des co-échangistes a bien reçu des prestations réelles ou financières jugées équivalentes (ou réputées telles) à celles qu'il a fournies. Le développement des échanges et des produits implique que s'accroisse la durée des cycles d'échanges. Car l'augmentation des délais de sortie des produits achevés et de fermeture des échanges compensés multiplie les chances de prestations plus efficaces, de résultats plus bénéfiques. L'étirement de l'échange donne aux *pouvoirs d'achat en suspens*, représentatifs de prestations non compensées, une extension de plus en plus large et une importance majeure pour le maintien ou la réalisation de l'équilibre. Parallèlement les co-échangistes prennent conscience de la nécessité de détenir des réserves suffisantes de ces pouvoirs d'achat, pour que les processus puissent être menés à leur terme. *Le pouvoir d'achat en suspens doit être stable et multilatéral.* Autrement dit, il ne doit pas perdre de sa valeur dans le temps et il doit pouvoir être utilisé pour régler des prestations réelles ou financières librement dans tous les pays. Il faut comprendre que les nationaux d'un pays qui fournissent à des étrangers plus de prestations qu'ils n'en ont reçues d'eux doivent disposer d'un pouvoir d'achat international dont l'équivalence en valeur réelle ne devrait pas se déprécier et dont, à tout moment et à leur convenance, ils trouveraient l'emploi dans n'importe quel pays.

Conceptuellement ce pouvoir d'achat international ne se confond pas avec celui qui se développe dans les échanges internes. La formation de l'un est entièrement distincte de celle de l'autre, en ce sens que le premier dépend des seuls processus particuliers de l'échange international dont la structure forme un ensemble séparé, délimité, par rapport à la structure de l'échange interne qui détermine le second. Les deux catégories de pouvoirs d'achat sont cependant en relations étroites de coordination. Le pouvoir d'achat international s'exerce normalement en se substituant à un pouvoir d'achat intérieur. Cela veut dire que pour passer d'une sphère d'échange nationale à une autre sphère nationale il faut utiliser la médiation d'un pouvoir d'achat international. L'existence de celui-ci se situe rigoureusement hors des sphères économiques nationales. Il ne serait guère fondé de créer un pouvoir d'achat international par suppression d'un pouvoir d'achat national ni inversement de décider que tout pouvoir d'achat international est par lui-même un pouvoir d'achat national.

Les échanges internationaux prolongent les échanges internes. Ils allongent le processus cyclique de production-consommation dont la structure générale développe et commande tous les actes ponctuels de l'échange économique. Les prestations en tous genres, réelles ou financières, fournies à l'étranger (nous dirons exportées) poursuivent dans les économies extérieures une existence multiforme. Pour les ressortissants nationaux ces prestations deviennent devises ou capital réel ou financier ; ces éléments réels ou financiers exportés, ou leurs équivalents puisqu'ils sont matériellement transformés par leur conversion en composants des économies étrangères, sont cependant appelés à être consommés tôt ou tard par les ressortissants du pays d'où ils proviennent, ou par leurs ayants-droit, sous la forme équivalente de prestations réelles ou financières en tous genres fournis par l'étranger (nous dirons importées). Le franchissement des « frontières », aller et retour, entre l'économie nationale et les économies étrangères modifie les structures dans lesquelles les éléments réels ou leurs équivalents sont incorporés. Mais ceux-ci ne disparaissent du champ économique que lorsque ces structures nouvelles ou leurs équivalents sont consommés par les ayants-droit des producteurs des éléments réels initiaux. Jusqu'à ce moment, les pouvoirs d'achat représentatifs des éléments réels incorporés dans les prestations exportées sont conservés dans le champ économique national, en représentation des droits acquis sur des éléments équivalents des économies étrangères. Le simple retour des prestations équivalentes sous forme d'importations ne justifie pas la suppression des pouvoirs d'achat internes tant qu'il n'y a pas eu consommation ; car la circulation des éléments réels se poursuit sur le circuit de production. Mais en surplus de cette représentation interne, les mouvements, hors des limites économiques du pays producteur, des prestations exportées non compensées par des prestations importées justifient, si du moins l'échange international dépasse les relations bilatérales, l'existence au *deuxième degré* d'une représentation internationale destinée à créer les moyens de l'échange entre pays tiers. Telle est la portée du pouvoir d'achat international, indifférencié et multilatéral, distinct du pouvoir d'achat interne quoiqu'il prenne appui sur une même base réelle. Il ouvre aux pays producteurs, exportateurs, un droit de reprise sur des prestations réelles ou financières équivalentes, hors du territoire national, dans n'importe quel autre pays.

L'équivalence élémentaire de chaque acte d'échange ne suffit pas pour asseoir l'équilibre global de l'échange international. En effet l'une des conditions de la croissance des valeurs produites est que l'équivalence entre les prestations échangées s'institue toujours au niveau le plus élevé permis par le développement des relations d'échange, atteint à un stade donné de l'évolution des sociétés humaines. L'équivalence s'établit non pas immédiatement mais dans un temps de plus en plus long, non pas sur chaque acte élémentaire mais sur des groupes d'actes de plus en plus composites, c'est-à-dire faits d'échanges élémentaires nombreux, associés de manière de plus en plus complexe. Dans le processus d'accession des opérations d'échange à cette équivalence composite, les relais sont constitués par des opérations de compensation ou de solidarité destinées à ajuster et à renforcer la valeur des équivalences élargies. Le crédit et, de plus en plus, l'assistance sont les voies habituelles de cette solidarité conduisant à une équivalence supérieure.

Le système des signes monétaires va précisément signifier, exprimer l'échange international en se substituant aux pouvoirs d'achat en suspens et en réserve issus abstraitement des transactions ou plutôt en les concrétisant, car sans ce système les pouvoirs d'achat multilatéraux n'existeraient pas et les processus d'organisation ne pourraient pas se manifester ; comme l'échange interne, l'échange international trouve ses formes pratiques dans un système de représentation monétaire. Bien que conceptuellement distincts, les signes monétaires concrets se confondent pratiquement avec les pouvoirs d'achat qu'ils représentent. Or ces systèmes de signes ont une structure propre, variable, de laquelle dépend en définitive la structure signifiée. Il est donc d'une extrême importance d'étudier la monnaie en tant qu'elle est aussi la structure signifiante des pouvoirs d'achat internationaux. Ce qu'il faut craindre surtout, c'est qu'à l'occasion de leur représentation par les systèmes de signes, les pouvoirs d'achat internationaux, en s'immobilisant dans des encaisses spéciales, ne stérilisent des pouvoirs d'achat internes avec lesquels l'usage des mêmes signes monétaires les ferait systématiquement confondre. A l'inverse, en s'exerçant dans les économies nationales, ces pouvoirs d'achat internationaux, matérialisés par des signes monétaires de même nature que la monnaie interne, pourraient ne pas se substituer aux pouvoirs d'achat nationaux mais s'ajouter à eux, créant une correspondance fictive et redondante avec les éléments réels internes. Dans les deux cas ce fonctionnement défectueux du système de signes troublerait profondément le cours naturel de l'économie, amputant le langage monétaire d'une partie de ses moyens ou au contraire l'entraînant dans une inflation de signes.

B) *Les structures signifiantes.*

Les conditions générales de validité des systèmes de signes sont liées à leur fonction représentative : crédibilité et confiance — maintien de l'équilibre général grâce à une stricte adaptation aux besoins — aptitude à favoriser la croissance et le développement — régulation directe par les processus représentés. Elles s'imposent à la monnaie internationale, de même qu'elles commandent les systèmes monétaires internes, analysés dans la deuxième partie de ce livre.

En plus, l'échange international exige du système de signes qui doit le représenter, deux conditions spécifiques : *a*) Assurer ou en tout cas ne pas compromettre la réalisation de l'équilibre des échanges extérieurs de chaque pays. Bien sûr il ne s'agit pas d'imposer cet équilibre année par année, mais de le réaliser seulement sur une durée variable appropriée aux conditions particulières de chaque pays. En effet, un pays ne peut pas impunément demeurer indéfiniment ou trop longuement débiteur ou créancier des autres. *b*) Ne pas troubler l'équilibre monétaire intérieur. Les mouvements de pouvoirs d'achat internationaux, signifiés et concrétisés par les signes monétaires de portée internationale, ne doivent pas créer des processus inflationnistes ou déflationnistes au sein des mécanismes de monnaie interne.

Grossièrement, le système monétaire international a évolué depuis la simple affectation internationale de la monnaie nationale jusqu'à la création de processus internationaux particuliers. Ainsi se dégage peu à peu la voie de l'institution d'une *monnaie internationale spécifique*, distincte des monnaies nationales, sur les débris de l'étalon-or et du *Gold Exchange Standard*. Cette monnaie internationale, qu'il faudrait créer par une réforme délibérée selon l'équité et la raison, et non pas selon la force, devrait favoriser le progrès des échanges mondiaux ainsi que le développement de toutes les nations.

1) *Les systèmes condamnés* (étalon-or — Gold Exchange Standard).

a) *L'étalon-or.*

A la base de l'évolution, les systèmes de signes monétaires sont indifférenciés puisqu'un même système exprime simultanément les transactions internes et externes, réalisant leur équilibre connexe selon le même processus. Les monnaies nationales sont alors pour ainsi dire internationales par nature, puisque le métal précieux, l'or de préférence, dont les signes sont faits ou dont ils sont la représentation rigoureuse (billets convertibles), règle uniformément les émissions. Ainsi les monnaies nationales sont-elles homogènes et compatibles. La régulation économique se fait alors suivant un processus maintes fois décrit qui réalise simultanément les équilibres internes et externes grâce à des transferts internationaux de métal monétaire. Le déséquilibre externe d'une économie, conséquence du déséquilibre interne, engendre en effet un mouvement compensateur de métal monétaire qui modifie la circulation monétaire interne, et corrélativement l'activité et les prix, dans le sens du rétablissement de l'équilibre au-dedans et au-dehors. Dans ce système indifférencié nul ne peut dire qui de l'économie interne, de l'économie internationale ou de la monnaie est au service des autres. Monnaies nationales et équilibres intérieurs et extérieurs sont naturellement conjoints. A ce régime étaient nécessairement associées, comme conditions de son bon fonctionnement : les parités de change fixes liées aux définitions métalliques légales ainsi que l'interdépendance des transactions et activités externes et internes.

Ce système cohérent et automatique, qui prévalut sans catastrophe aux heures de gloire du capitalisme, jusqu'à la première guerre mondiale, est resté, sous le nom de régime de l'étalon-or, la référence, absolue ou relative, des doctrines et des institutions monétaires du XXe siècle. Mais, norme ou séquelle, le régime de l'étalon-or n'est plus approprié à la situation économique et monétaire. Les modalités actuelles de l'émission monétaire, qui introduisent l'incohérence et le désordre dans les économies internes et externes, empêchent le fonctionnement correct des systèmes monétaires institués, tout en rendant impossible le retour au régime d'antan de l'étalon-or. Elles annoncent en revanche un régime de monnaie internationale spécifique, coordonnée consciemment, opportunément et efficacement, aux monnaies nationales.

Pour saisir les changements responsables du divorce, il faudrait refaire toute l'histoire des formes et processus économiques. Mais dans l'ordre monétaire l'essentiel est de reconnaître que les monnaies nationales ont perdu leur caractère naturellement international et une partie de leur automaticité, du moment qu'elles sont réglées, de plus en plus conventionnellement, par des processus financiers internes (émission sur créances de contrepartie), à la mesure et à la merci des richesses, des comportements, des usages, des institutions, des règlements et des décisions propres à chaque communauté : les relations monétaires et financières internationales jouent certes encore un rôle dans les mécanismes internes mais le compartiment des émissions qu'elles y découpent n'est pas automatiquement ni rigoureusement compensé par les autres. Surtout, elles sont sujettes à une agitation permanente et à des tempêtes brutales. Dès lors il ne faut pas attendre des mouvements monétaires internationaux qu'ils régularisent les économies internes. Au contraire ils ne peuvent que déséquilibrer celles-ci en perturbant les politiques de façon imprévisible, en empêchant les autorités nationales de maîtriser les activités de leurs pays, d'appliquer leurs projets et de réussir leurs plans.

Lorsqu'une évolution s'engage et avant qu'elle n'atteigne un certain seuil, deux tendances naturelles, et d'ailleurs saines, se manifestent et s'opposent tout en refusant également de rompre avec le passé : Tantôt, chez les nostalgiques, une réaction en vue de retrouver la cohérence primitive et de reconstituer les processus originels dans leur pureté ; on poursuit le redressement des structures affaiblies ou déformées. Tantôt, chez les réalistes, la résignation qui consiste à concilier le présent et le passé en organisant un « ersatz » du système antérieur à partir des nouvelles données. Cette deuxième tendance a prévalu. L'or, de portée naturellement cosmopolite, est définitivement dissocié des monnaies fiduciaires ou scripturales, hétérogènes entre elles et porteuses de tous les particularismes nationaux. Mais fidèles à la conception traditionnelle, les organisateurs de l'économie mondiale contemporaine, à défaut de pouvoir restaurer le régime étalon-or pour les monnaies nationales, se sont attachés à réassocier artificiellement l'or et les monnaies nationales pour le fonctionnement du système monétaire international. Cependant cette fois la relation entre les monnaies et l'or est partielle, complexe, équivoque, contestable et néfaste.

b) *Le Gold Exchange Standard.*

Une monnaie nationale, tels la livre hier ou le dollar aujourd'hui, s'impose avec la puissance politique et économique du pays émetteur. Elle se dit convertible en or, prétend valoir l'or et même plus que celui-ci. Le système traditionnel de régulation des monnaies internes et des économies nationales par le jeu d'un étalon international tente de se reconstituer tant bien que mal autour de cette monnaie dominante. Les caractères fondamentaux du régime ancien subsistent : fixité des taux de change avec, à défaut d'or, constitution corrélative de fortes réserves de change pour assurer la parité en toutes circonstances ; remise en ordre, parfois sévère, des économies internes pour maintenir à tout prix le taux de change. La monnaie dominante se substitue à l'or comme réserve internationale et contrepartie des émissions internes.

L'avantage décisif de ce système, le *Gold Exchange Standard*, est qu'il sauvegarde l'ordre monétaire, qu'il se présente comme une sorte de rénovation interne du système traditionnel dont il ne détruit pas les processus familiers et ne conteste pas la logique. Aussi conserve-t-il des défenseurs convaincus parmi les spécialistes les plus compétents, et surtout a-t-il prévalu dans les faits.

Mais son procès est constant au nom du passé et au nom de l'avenir. Son fonctionnement devient en fait de plus en plus précaire ; sa logique est contestable. Sa nature bâtarde, ses caractères empiriques et évolutifs le condamnent à terme. Les arguments de l'accusation sont bien connus en France où économistes, politiciens, et même hommes d'État se sont placés au premier rang de l'offensive menée depuis quelques années contre le *Gold Exchange Standard*. Énonçons seulement les principaux points de la critique. Le pays dont la monnaie est adoptée comme réserve de change et comme contrepartie des émissions internes bénéficie en termes réels d'un avantage, du fait que les autres pays acceptent une simple créance monétaire en règlement définitif des prestations réelles ou financières qu'ils lui fournissent. Malgré cet avantage exorbitant, le pays à monnaie dominante supporte lui-même un inconvénient majeur qui s'accroît avec le temps. La multiplication de sa monnaie dans des mains étrangères, bien au-delà de la couverture-or, met en danger la parité et la convertibilité-or sur lesquelles reposent le fonctionnement du système et l'avantage même dont bénéficie la monnaie dominante. Le pays à monnaie de réserve est ainsi enchaîné dans les politiques difficiles et sans issue de défense de la parité et de la convertibilité-or. Pour ne pas sacrifier sa propre prospérité il est contraint de suspendre en fait cette convertibilité, en utilisant des moyens divers, plus ou moins légitimes et justifiés.

Dès lors le système monétaire international s'enferme dans une situation de plus en plus périlleuse où s'accumulent insidieusement les conditions d'une rupture soudaine et désastreuse, pour peu que certaines passions nationales se déchaînent ou que, à force de déformation, toutes les solutions concevables ne soient plus que des impasses. La décision d'août 1971 du Président des États-Unis rendant le dollar officiellement inconvertible est la suite logique de cette évolution et la constatation de l'échec du *Gold Exchange Standard*, comme d'ailleurs la dévaluation de cette monnaie officialisée quatre mois plus tard.

Il faut ajouter que le *Gold Exchange Standard* ne donne pas une expression correcte des phénomènes économiques dont le système monétaire doit assurer la représentation. La confiance dans la valeur de l'unité de monnaie de réserve est défaillante malgré la puissance économique du pays qui l'émet. L'ajustement aux besoins des transactions internationales ne peut pas être réalisé ; car la demande que ces besoins induisent est fortement perturbée par les conditions de l'offre de la monnaie servant de réserve (qui dépend de la politique du pays émetteur et du comportement de ses ressortissants) et par les facteurs généraux de l'économie des pays qui utilisent cette monnaie comme contrepartie de l'émission de monnaie interne. L'équilibre des balances du pays émetteur de la monnaie de réserve s'avère naturellement impossible, puisqu'il conduirait à priver le monde du signe monétaire international en lequel les autres pays placent leurs réserves croissantes de pouvoirs d'achat externes. Les processus cumulatifs d'inflation et de récession se propagent dans tous les pays du monde par l'intermédiaire des mouvements de devises qui servent de contrepartie aux émissions de monnaie nationale. Les équilibres internes dépendent beaucoup d'un équilibre international, lui-même à la merci de certains équilibres nationaux dominants, dès lors que les systèmes monétaires nationaux sont encore étroitement imbriqués par leurs actifs de contrepartie.

2) *Regards sur les systèmes de signes internationaux spécifiques.*

Toutefois, le système contemporain de la monnaie internationale comporte déjà des processus spécifiquement internationaux, libérés en principe des contingences nationales. Tel est le cas des procédures de droits de tirages, normaux ou spéciaux, du Fonds Monétaire International, grâce auxquelles les signes internationaux sont en quelque sorte émis et délivrés, sous forme de devises, aux pays membres à proportion grosso modo des réserves, de la puissance économique et du volume des transactions internationales des bénéficiaires (système des *quotas*). Malheureusement la persistance du *Gold Exchange*

Standard a plus ou moins dénaturé ces processus monétaires internationaux en les détournant de leur objet pour consolider le système en vigueur, fondé sur la prépondérance du dollar.

Mais si l'organisation internationale reste encore au service d'un système monétaire largement calqué sur le modèle du régime de l'étalon-or, survivance d'une époque où toute monnaie nationale métallique était naturellement internationale, il est aisé de percevoir ou concevoir les formes et processus originaux qui fonderont un système international spécifique, auquel les systèmes monétaires nationaux devront se coordonner, sans s'y asservir. Il arrivera bien un moment où le réseau d'organisation internationale sera assez dense, les anciennes structures monétaires suffisamment éloignées de leur point d'origine, le désordre monétaire assez aigu, pour que les hommes ne cherchent plus à revenir en arrière, à perpétuer ou à copier le modèle ancien. Délivrés du poids d'un trop lointain passé, les projets pourront alors s'engager délibérément dans la voie d'un ordre monétaire international sain, libre et paritaire. A l'heure où cet ordre hésite encore à se formuler et à s'implanter selon un système cohérent et approprié aux besoins, il conviendrait de pousser l'opinion des économistes et des politiciens de tous pays vers la recherche d'une technique monétaire internationale satisfaisante et vers la conscience que plus tôt la solution sera conçue, mise au point et appliquée, plus vite le monde trouvera dans l'équilibre la voie de son progrès général et de sa mutation sociale. Plusieurs systèmes monétaires internationaux spécifiques ont déjà été proposés :

— Celui de l'or d'abord, réservé au domaine international. Il se heurte, de manière circonstancielle et provisoire, à une sous-évaluation. Il serait facile, techniquement du moins, de mettre fin à celle-ci. Mais plus profondément et de manière permanente, l'or est porteur d'iniquité à cause de sa mauvaise répartition naturelle, à cause aussi de sa propre richesse qui masque ce qu'il doit représenter et qui crée sa tyrannie tant dénoncée. Cette richesse qu'il symbolise fait de l'or un mauvais principe de répartition et de référence. Il fait régner la loi frustre de l'échange simple à équivalence de valeur immédiate. L'or est étranger aux processus de compensation et de solidarité (crédit et assistance) qui situent une équivalence supérieure au niveau des groupes d'actes d'échange étendus dans le temps et dans l'espace ; ces processus sont pourtant devenus absolument nécessaires, au stade atteint par l'organisation des sociétés humaines, pour que l'évolution se poursuive.

— Des projets plus originaux de monnaie internationale ont vu le jour depuis la dernière guerre mondiale. La banque mondiale de Keynes et son *bancor*, relayés aujourd'hui par les projets des professeurs Triffin et Mossé, s'appuient sur l'émission de signes en contrepartie de créances internationales. D'autres plans tendent à perfectionner les méthodes du Fonds Monétaire International, en prévoyant une émission de monnaie internationale en contrepartie de monnaies nationales. On a essayé aussi de défendre le projet lourd, désuet, irréaliste, d'un étalon-marchandise complexe, dont la principale qualité eût été de favoriser (théoriquement) les pays sous-développés, contrairement aux autres systèmes qui, s'appuyant sur l'or et les processus financiers, consolident nécessairement les avoirs des nations riches, dont la solvabilité peut seule garantir les créances de contrepartie.

Cependant malgré l'accumulation des projets et l'originalité de certains d'entre eux, la recherche relative à une monnaie internationale acceptable est à peine entamée. Nous voudrions y contribuer en énonçant quelques principes d'orientation pour servir à l'élaboration ultérieure d'un système d'émission de signes internationaux spécifiques, qui soit à la mesure du degré d'organisation de la planète et satisfasse aux besoins de tous les pays. Sans mettre fin au rôle international de l'or et à l'usage de devises sélectionnées comme réserve de change, un signe international spécifique pourrait progressivement s'imposer comme la composante essentielle d'un système monétaire réglant les échanges mondiaux autour des principes suivants :

1° Le système des signes monétaires internationaux doit être disjoint des systèmes nationaux. Les signes des systèmes respectifs ne doivent pas se servir mutuellement de contrepartie automatique d'émission, ce qui n'empêche pas qu'ils se coordonnent de façon que l'émission des uns ne trouble pas la circulation ou l'émission des autres.

2° Quand il s'exerce dans l'économie d'un pays, le pouvoir d'achat international représenté par des signes spécifiques doit se substituer à un pouvoir d'achat de même valeur déjà représenté par des signes de monnaie nationale et non pas s'ajouter à lui. Il ne faut donc pas que la contrepartie de l'entrée d'un pouvoir d'achat international (sous une forme quelconque) dans un pays soit une émission de monnaie nationale et la contrepartie de sa sortie une annulation de signes nationaux. Il suffit que, pour pouvoir exercer à l'intérieur d'une économie les droits attachés au pouvoir d'achat, des transferts de monnaie nationale soient opérés au bénéfice des signes internationaux par prélèvement sur les stocks monétaires existants (monnaie intérieure déjà émise).

3° L'émission des signes doit être verrouillée à la dimension des grandeurs à représenter et le volume limité d'après celui des éléments et processus réels ou financiers qui doivent être signifiés. C'est la structure des pouvoirs d'achat internationaux, résultant des processus d'échange et de compensation conformes au niveau atteint par l'organisation des sociétés humaines, qui doit commander celle des signes appelés à la représenter, non l'inverse.

4° Les taux de change doivent être flexibles à l'initiative des autorités monétaires nationales, en fonction de l'évolution respective des économies nationales. La fixité du taux de change est liée au régime de l'étalon-or. Elle participe au processus de régulation par lequel ce régime assure son équilibre ainsi que ceux des économies internes et des échanges extérieurs. L'obligation de respecter les parités entraîne celle de discipliner les économies nationales. Mais en outre cette fixité répond au souci légitime d'assurer la stabilité des transactions et la validité des prévisions. Avec un régime de monnaie internationale qui romprait les liens systématiques et automatiques entre les monnaies nationales, le rôle régulateur de la fixité deviendrait caduc, tandis que la stabilité des transactions et la validité des prévisions seraient plus solidement obtenues qu'elles ne le sont aujourd'hui, grâce au signe international lui-même, qui s'instituerait nécessairement comme étalon monétaire supérieur et monnaie de référence pour les contrats internationaux. Les monnaies nationales s'y référeraient selon des positions variables, au gré des politiques menées par chaque pays.

5° L'émission et la circulation monétaires internationales devraient être automatiques selon les rythmes des transactions et surtout la capacité des pays à participer aux transactions mondiales. Elles ne devraient pas varier suivant des décisions circonstancielles soumises à l'arbitraire des hommes, des gouvernements, des institutions collectives ou internationales. Même bien intentionné, l'arbitraire n'a pas sa place au niveau des règles de fonctionnement du langage monétaire ; sinon la monnaie ne serait plus, dans sa structure propre, le mode et le support d'une signification intelligible et d'une représentation fidèle de l'activité économique. Elle serait le moyen de réaliser des objectifs ou de mettre en œuvre une stratégie, c'est-à-dire l'instrument asservi à la réalisation d'un dessein conscient des hommes et par là soumis à l'erreur, à la duplicité et à la malignité. On doit notamment exclure tous les procédés qui subordonneraient chaque opération d'émission à l'étude préalable d'un dossier et à une autorisation supposant un choix humain d'opportunité. Seul le critère de régularité par rapport à des règles et conventions simples préalablement fixées doit déterminer la décision d'émission qui ne sera en l'occurrence qu'une application de la règle du jeu et une confirmation qu'elle a été respectée.

6° La monnaie internationale doit être émise et conservée par un appareil bancaire spécial. Elle ne doit jamais être détenue ni appropriée par des ressortissants particuliers des États participant au système.

L'appropriation des signes internationaux est réservée collectivement à chaque État. Les ressortissants ne peuvent être titulaires que de monnaies nationales ou étrangères (devises).

7° Les processus d'émission de signes internationaux doivent être complétés par des processus de prêts à long terme, institutionnalisés, en vue de favoriser la croissance des pays sous-développés dont la balance des paiements a naturellement tendance à devenir chroniquement déficitaire. Le prêt, aux pays déficitaires, des signe internationaux détenus par les pays excédentaires est une procédure normale de rééquilibre des échanges mondiaux. Il doit venir en complément de l'émission de signes. Celle-ci ne suffit pas à assurer l'équilibre, même si elle n'est pas dès l'origine déséquilibrée par sa référence à la richesse acquise (métal précieux ou créances). La tendance des pays riches à accumuler les excédents est en effet irrémédiable, même si les modalités d'émission sont favorables aux pays pauvres.

8° Bien que les signes internationaux soient appelés à représenter les prestations exportées (et assimilées) non compensées, le système doit tenir compte du fait que nécessairement celles-ci ont pour contrepartie équivalente des prestations importées (et assimilées) non compensées. On ne peut donc ajuster directement la création et la suppression des signes internationaux sur la formation et l'amortissement des excédents des balances. Même dissociés de la formation des excédents, les processus d'existence des signes, d'entrée et de sortie dans le champ de signification, doivent s'établir selon des rythmes qui ne troublent pas le processus de représentation par lequel le signe concrétise les échanges internationaux non compensés et, ce faisant, signifie socialement toutes les formes et tous les éléments de l'échange international.

Plusieurs systèmes structurels propres aux signes internationaux sont possibles. 1° Les signes rythment leur entrée et leur sortie sur leur convertibilité en une matière (ou plusieurs matières) dotée d'une valeur propre (cf. l'étalon-or et l'étalon-marchandises). 2° Les signes présents dans le champ de signification sont commandés par les processus d'engagement de crédits bancaires et de remboursement de ces crédits (à l'instar des procédés d'émission interne de monnaie nationale fondés sur la constitution de créances). 3° Les signes sont issus de l'affectation conventionnelle de monnaie nationale (ou étrangère) à la représentation des pouvoirs d'achat internationaux. 4° Les flux d'émission et de circulation épousent les rythmes profonds de la structure économique, desquels dépendent l'équilibre et la croissance.

Les trois premiers systèmes, dont deux ont été pratiqués ou le sont encore (or et monnaies nationales), présentent l'inconvénient d'avoir des structures très éloignées de celles qu'ils doivent représenter. Il n'y a aucune garantie que les évolutions respectives de ces structures soient naturellement parallèles. Aussi bien les écarts et les défaillances dans l'ajustement exigent des manœuvres humaines si délicates que les capacités des responsables sont constamment débordées. L'erreur, l'incertitude et l'instabilité atteignent une fréquence qui condamne ces systèmes. L'émission de signes sur des processus financiers, tels que des prêts d'investissement ou d'équilibre pratiqués par une banque mondiale en faveur des pays sous-développés ou non, serait la pire des solutions. L'exemple des systèmes financiers (créances bancaires) d'émission de monnaie interne est édifiant. Aucun remède efficace n'est en vue pour discipliner les processus financiers et réprimer l'inflation. Qui en effet peut croire au réalisme des propositions des professeurs Milton Friedman et Robert Triffin, qui prétendent pouvoir limiter de façon adéquate la circulation monétaire nationale ou internationale par la fixation d'un taux de croissance annuelle de la masse monétaire, taux qui serait arbitraire puisque choisi de façon conventionnelle ?

Reste le système accordé par construction aux processus réels de l'échange et à leur évolution. Quelles en seraient les modalités dans le domaine international ? Des signes monétaires spécifiques représentatifs de pouvoirs d'achat internationaux seraient émis au bénéfice de tous les pays au prorata de la population, considérée comme la meilleure expression de la capacité d'échange, sous le double aspect de la production et de la consommation. Portés par les flux de l'échange international, ces signes, dont le nombre ne pourrait croître qu'au rythme de la population mondiale, se répartiraient ensuite d'après les résultats des transactions internationales. Pour tenir compte des besoins de réserves de liquidités internationales, en fonction non seulement de la population mais surtout du capital, les pays développés excédentaires seraient autorisés à détenir, en plus de leurs dotations propres, un complément de signes acquis par l'échange (balances excédentaires), proportionnel au volume de leurs transactions internationales. Au-delà, les excédents devraient être obligatoirement réinvestis dans les pays sous-développés déficitaires.

Mais dans la réalité, nonobstant les principes et les normes, plusieurs systèmes de représentation se combineront toujours. Ceux qui s'actualiseront potentialiseront les autres sans les effacer complètement. L'institution d'un système de signes internationaux, si elle se réalise, ne mettra pas fin aux rôles internationaux de l'or et des monnaies nationales.

Celles-ci seront toujours nécessaires aux frontières de la monnaie internationale : elles sont la voie par laquelle le pouvoir d'achat international peut finalement s'exercer. Il faudra bien toujours coordonner les signes nationaux et les signes internationaux, sans se laisser déborder par des automatismes que certains pays pourraient détourner à leur profit. De plus les prêts internationaux, faits de relations bilatérales, pourront porter aussi bien sur de la monnaie nationale que sur de la monnaie spécifiquement internationale. L'or de son côté restera sans doute, pour chaque pays, comme pour chaque particulier (à moins d'interdiction formelle), une deuxième ligne de réserves, tant que le genre humain n'aura pas créé son unité totale d'organisation et restera divisé en nations souveraines. Car il faudra toujours prévoir la défaillance des conventions et des organisations internationales les plus fortes. Cela durera tant que les nations les plus dominantes où le nationalisme est le plus naturel et le plus aigu — il est si exclusif qu'il n'est même plus visible — ne seront pas disposées à abandonner leurs privilèges : ce qui n'est pas pour demain, si l'on considère le comportement quotidien des peuples géants de notre monde. Quel que soit le régime monétaire international, un pays sera bien avisé de conserver en or d'importantes réserves, pour faire face à des événements graves, lorsque le réseau fragile des relations contractuelles est déchiré et le droit bafoué par la force. A l'intérieur d'un État aussi, même lorsque le public est parfaitement accoutumé à la monnaie fiduciaire ou scripturale, l'or demeure le dernier refuge de la liquidité face aux erreurs de gestion des gouvernements et aux incertitudes de l'avenir.

Puissent cependant les gouvernements comprendre que, quelle que soit la combinaison de systèmes internationaux de signes monétaires qui prévaudra, l'organisation et le fonctionnement des systèmes intérieurs d'émission de monnaie nationale ne devraient plus dépendre organiquement des flux de pouvoirs d'achat étrangers, sauf à solidariser le monde dans l'anarchie, l'instabilité et le débordement monétaires !

Remarque importante.

Un autre système de régulation des signes, mieux ajusté aux mouvements des pouvoirs d'achat internationaux, et encore plus conforme à la structure de l'échange international, pourrait également être proposé. Mais il suppose une organisation bancaire mondiale autonome, très développée, qui sans doute ne pourra exister qu'à un stade ultérieur de la croissance des institutions internationales. Les signes monétaires internationaux seraient alors systématiquement émis au bénéfice des pays fournisseurs, en paiement de toutes les prestations fournies à des économies étrangères, quel que soit le client ou la nature de la prestation : bien, service réel (matériel ou immatériel), financier, ou même monétaire (cession de monnaie nationale à des étrangers). Ce paiement interviendrait par voie d'escompte d'un effet (billet ou traite) accepté par le pays bénéficiaire de la prestation fournie. Ce pays s'engagerait ainsi à rembourser la banque émettrice, dans un délai formel et strict, rigoureusement le même dans tous les cas. Ce délai permet d'assurer la représentation permanente des pouvoirs d'achat en suspens. Il doit être calculé de façon que la masse des signes monétaires internationaux tende à rester toujours égale aux excédents de pouvoirs d'achat des seuls pays dont la balance des comptes est effectivement excédentaire, indépendamment du délai de remboursement de la monnaie internationale. Pour ces pays, la valeur des excédents, prise comme référence de la masse monétaire internationale, est donnée par la différence entre les prestations qu'ils fournissent et celles qu'ils reçoivent. Le montant des prestations en cause est déterminé pour chaque période par le « cumul » des effets présentés à l'escompte de l'institution internationale. Le pays client et le pays fournisseur d'une opération donnant lieu à effet escompté sont considérés tous deux comme ayant reçu ou fourni la prestation à la même date ; conventionnellement cette date pourrait être celle de l'acceptation de l'effet.

L'émission des signes de la monnaie internationale serait donc effectuée à la dimension globale des pouvoirs d'achat internationaux conservés par les pays qui ont des excédents effectifs dans leurs balances. La maîtrise de l'espace monétaire ainsi défini se réaliserait grâce à l'insertion d'un délai entre les paiements faits par la banque mondiale aux pays qui fournissent des prestations et la récupération des mêmes sommes par la banque auprès des pays qui ont reçu lesdites prestations. La brièveté uniforme de ce délai, rendant la masse monétaire extrêmement plastique et constamment en voie d'effacement, doit lui permettre de se modeler très exactement sur les pouvoirs d'achat en suspens, dont le volume peut être assez rigoureusement déterminé.

Cette procédure réglant l'émission des signes monétaires internationaux n'exclut pas, bien entendu, que les nations partenaires des échanges mondiaux se consentent mutuellement des crédits à leur convenance pour l'échéance des règlements de leurs dettes. Mais ces crédits n'auraient d'effet qu'entre les contractants, et pour pouvoir disposer d'un pouvoir d'achat multilatéral effectif, les fournisseurs devraient, après acceptation de leurs clients, faire escompter leurs créances auprès de la banque internationale.

De même, les prêts de monnaie internationale détenue par les nations excédentaires pourraient toujours être consentis à d'autres pays. Toutefois la banque mondiale ne pourrait, elle, procéder à aucun prêt par émission de monnaie, sauf à recréer au niveau de la nouvelle monnaie internationale les conditions du système inflationniste dont souffrent actuellement les monnaies nationales émises sur des processus financiers.

LA PRODUCTIVITÉ ET LA « FONCTIONNALITÉ »

La productivité est une notion capitale, diffuse, mal saisie en raison des difficultés de sa mesure. Il a fallu se borner pratiquement à définir la productivité quantitative, qui est l'accroissement de production physique obtenu par rapport à une quantité constante de facteurs. Le concept ne permet pas d'atteindre les mouvements différentiels de qualité des produits, ni l'accroissement d'efficacité de l'énergie humaine, ni l'augmentation de la qualité sociale de la production issue de cette énergie. Aussi bien le terme de productivité est-il en fait destiné à exprimer l'aptitude des facteurs à augmenter les quantités de produits. Pondérer cette productivité d'après les prix constants des quantités additionnelles de chaque bien ou service, tels qu'ils s'établissent à l'ouverture de la période observée, ne suffit pas à donner la mesure de l'effort collectif et du progrès général de l'organisation. Les progrès de l'économie sont aussi bien sinon mieux signifiés par les variations de prix que par celles des quantités.

Nous devrions nous attacher plutôt à faire ressortir la « fonctionnalité » des facteurs, des organes, des combinaisons, c'est-à-dire leur aptitude à accomplir leur mission, l'appropriation des moyens aux objectifs. Pour aboutir à un résultat, il existe toujours une action, une forme, une combinaison meilleure, plus rapide dans le temps, plus étendue dans sa zone d'efficacité, plus profonde dans son influence. Parmi les différents ordres de classement des qualités diverses qui s'appliquent à une valeur économique, qu'il s'agisse d'un agent ou d'un objet, la « fonctionnalité » permet de synthétiser une hiérarchie ordonnant les qualités essentielles et définissant un classement des classements.

Pour atteindre une expression synthétique de la « fonctionnalité », il faut homogénéiser les valeurs à comparer, stabiliser les unités de mesure. On sait déjà depuis longtemps que la monnaie assure l'homogénéité du système des valeurs, permet les comparaisons multiples dans le temps et l'espace. Mais le vieux problème de l'étalon reste entier. Sa stabilité demeure une illusion.

L'objectif est de chiffrer une dimension sans que les fluctuations propres de l'instrument ne faussent les résultats de la mesure. Pour y parvenir il faut obliger l'instrument à fluctuer et à croître comme l'ensemble à mesurer, pris dans sa valeur moyenne, ou mieux suivant l'évolution des éléments de base dont cet ensemble n'est que la composition : dans le domaine économique, l'heure de travail valorisée. La croissance de l'instrument de mesure doit être la conséquence d'une croissance prédéterminée et antérieure de l'ensemble économique, non l'inverse. Une fois réalisées l'homogénéisation, la stabilisation et la synchronisation de l'instrument de mesure, toute application de celui-ci prend un sens économique certain à condition qu'aucune voie ne soit ouverte à son évolution autonome.

Une meilleure prise sur le réel économique serait obtenue si la sphère monétaire était reproduite exactement à la dimension de la sphère réelle, avec des mécanismes tels que la première épouse dans ses moindres détails les variations de la seconde, sans que celle-ci puisse être influencée par la discontinuité ou les débordements de certains mouvements qui agitent fréquemment la zone monétaire. En ce cas, toutes les contraintes réelles s'inscriraient aussitôt dans le tissu monétaire sans le déborder, ni le détruire. Elles ne pourraient plus se dérober en profitant du laxisme qui affecte les flux monétaires lorsque ces derniers sont livrés à eux-mêmes. Les valeurs différentielles, que les réseaux monétaires traduisent et signalent, deviendraient alors des indicateurs fidèles des relations et tensions réelles.

A l'intérieur des limites imposées par le champ réel, il va de soi que les flux monétaires doivent être aménagés de façon à rendre, toujours de mieux en mieux, les services qu'on attend d'eux. Les mécanismes de la sphère nominale peuvent en effet être toujours mieux adaptés à l'accélération de la marche en avant de l'ensemble réel et à l'efficacité de la production. Il s'agit alors de peser soigneusement les coordinations qui ajustent le nominal au réel, d'équilibrer les répartitions dans le sens le plus favorable à la croissance et au progrès, de stimuler les flux en vue d'un meilleur rendement quantitatif et qualitatif des sujets et objets réels en présence, enfin de débarrasser les réseaux des blocages, freinages, délais, parasites, écarts qui compromettent les résultats réels. Nous dirons qu'il faut accroître la « fonctionnalité » du système. Ceci peut s'obtenir de plusieurs manières : en accélérant les flux monétaires, en simplifiant les tracés des circuits, en primant les tracés et les organes dont les résultats sont les meilleurs, en pénalisant les autres. A cet égard la répartition d'une partie des rémunérations en fonction des résultats est un bon moyen de stimulation et d'orientation de l'énergie humaine. En ce qui concerne les circuits collectifs de production, il serait également possible d'encourager leur efficacité en n'amputant pas, au moyen de l'impôt, le profit réalisé.

Cependant la « fonctionnalité » trouve rapidement des limites dans la rigidité des facteurs humains. Impossible d'obtenir de tous les organismes une « fonctionnalité » maximale, car il faudrait chaque fois sacrifier les hommes qui ne seraient pas adaptés pour le mieux à leurs tâches. L'organisation ne doit pas être telle que pour atteindre la pleine capacité de son action et ses meilleurs résultats, elle laisse la liberté à tout organisme de licencier du personnel, de débaucher des agents d'une autre entreprise en les surpayant, de ne pas prendre sa part du coût des échecs et des insuffisances qui frappent les secteurs non compétitifs de la communauté. Un trait reste en effet essentiel : l'aptitude d'une communauté humaine résulte de la moyenne des capacités de ses membres. Si certains organismes ou catégories d'organismes parviennent à monopoliser les meilleures capacités, laissant les compétences et les dynamismes les plus faibles s'engluer dans certains secteurs accueillants (par exemple l'Administration), le résultat global n'en sera pas moins fâcheusement affecté alors même que les secteurs privilégiés accuseront des profits considérables. Les coûts expulsés devront finalement être supportés, qu'ils pèsent sur tous selon une répartition homogène et générale ou qu'ils affectent quelques uns plus lourdement.

Selon la tendance actuelle, le coût de la médiocrité est d'abord supporté par les médiocres. La solidarité de l'espèce humaine exigerait pourtant que les imputations de coûts dues aux inégalités individuelles soient faites de façon à ne pas pénaliser les moins pourvus, sans compromettre non plus le progrès de l'ensemble. Bien que beaucoup persistent à vouloir la rejeter, l'intention de solidarité est inscrite dans la prise en charge par l'État de certaines tâches fondamentales afférentes à un conditionnement humain plus efficace et plus équitable (formation permanente de tous — éducation et survie des handicapés) ; le coût de ces tâches est ensuite réparti par voie fiscale, notamment sur la production. Mais cette économie de la solidarité est insuffisamment développée. Le système actuel d'organisation tend à refouler hors des secteurs compétitifs les énergies les plus faibles, c'est-à-dire les hommes handicapés selon des degrés divers par des inégalités biologiques ou sociales. Il les pousse vers des activités dont l'État et d'une façon générale la collectivité prennent directement à charge l'improductivité. Ce système sépare les individus, les calibre suivant des qualités intrinsèques ou acquises. Extrêmement dur dans son principe, il s'apparente au processus de sélection naturelle. Il serait préférable d'envisager un système qui ne refoulerait pas les hommes mais les intégrerait dans le milieu professionnel, quelles que soient leurs qualités, et assumerait dans ce cadre chaque fois que cela est possible la charge directe du coût de la correction des inégalités.

Il ne s'agit pas bien sûr d'aller à l'encontre du principe de la mobilité ni de méconnaître ou d'affaiblir l'efficacité des organismes. Mais d'une part la mobilité doit être volontaire et ne pas s'instaurer contre l'homme ; elle ne peut que revêtir la figure de l'ascension et non celle d'un refuge ou d'une régression. D'autre part, l'efficacité ne serait jamais autant compromise que dans les systèmes actuels qui expulsent les hommes de leur travail moins en fonction de leurs défaillances que de l'inefficacité de leurs employeurs. Devant ces problèmes d'efficacité humaine la position la plus raisonnable est de partir d'une certaine égalité moyenne des hommes, d'une qualité tout venant et de juger l'organisation et les organismes précisément d'après leur aptitude à mettre tous les hommes en place de manière adéquate et à utiliser des capacités malheureusement inégales.

Techniquement la meilleure formule serait, comme nous l'avons suggéré, d'attacher à chaque heure de travail toutes les charges de l'homme et de la société selon des proportions à définir, puis de fixer différents processus de répartition suivant la nature de la charge en s'efforçant de faire que ces coûts puissent être couverts sans obliger les hommes à sortir du milieu qu'ils ont choisi. Dès lors dans le coût des entreprises entrant dans le calcul des résultats, seule la qualité moyenne des capacités serait décomptée par le biais des heures de travail au prorata des effectifs. Ce qui n'empêcherait pas tous les facteurs de différenciation d'être pris socialement en compte par les réseaux de répartitions secondaires spécifiquement montés à cet effet. Ainsi seraient conciliés le désir légitime de voir les résultats appréciés sur des bases communes, à partir d'une même ligne de départ, et la nécessité de couvrir tous les coûts et tous les efforts à proportion respectivement de leur poids et de leur efficacité réels.

CAPITAUX ET PROCESSUS FINANCIERS

Si l'émission monétaire n'était plus branchée sur des processus financiers, ceux-ci seraient débarrassés de la forme fictive des prêts portant sur un argent que personne ne possède et qui ne coûte rien à ce stade, ayant été créé de toutes pièces pour la circonstance. Ils n'en garderaient que plus la force de développement, la puissance de stimulation, qui font la vertu sociale du crédit. Car si la création monétaire s'est fixée en parasite sur l'étage financier de l'objet économique, ce n'est pas elle qui donne au crédit sa fécondité véritable. C'est parce qu'ils améliorent l'utilité de l'argent, et donc des biens et services réels acquis avec cet argent, que les prêts de monnaie sont indispensables : ils mobilisent constamment les signes monétaires sous la sanction du résultat, ravivent l'activité, multiplient les arbitrages favorables, conformes aux choix collectifs de l'espèce humaine. En revanche l'émission monétaire sur circuits financiers, aujourd'hui amalgamée avec les processus normaux du crédit, est le facteur des troubles et des désordres, des relâchements et des erreurs qui empoisonnent un étage financier constamment déformé par une prolifération anarchique. Les processus financiers véritables, générateurs d'un meilleur emploi et d'une meilleure répartition, sont ainsi noyés parmi des formes et circuits similaires mais artificiels, créés discrétionnairement par des conventions formelles en vue de l'émission de monnaie. Les choix financiers, normalement porteurs d'efficacité et de signification réelles, se trouvent déchargés de leur validité par l'effacement ou l'atténuation des contraintes et la déformation des termes et des poids en balance.

Dans la mesure où l'enveloppe monétaire serait définie par référence à la potentialité du travail et à la formation du profit qui découle de l'exercice effectif du travail apprécié selon ses résultats, les processus financiers se verraient du même coup limités dans leur ampleur, celle-ci ne pouvant excéder l'utilisation totale et immédiate des pouvoirs d'achat issus du travail et du profit. Mais pour sa part le remodelage interne de la structure de ces pouvoirs d'achat demeurerait illimité. Car les processus financiers ont précisément pour objet de remanier constamment les répartitions pour leur donner plus d'efficacité, tout en visant à atteindre l'emploi total et immédiat des pouvoirs d'achat. Rien ne vient mettre de bornes à cette capacité de remise en cause et de réadaptation. Jamais les meilleures combinaisons possibles ne pourront d'ailleurs être atteintes. Mais c'est toujours vers elles que portent les relations financières, à condition qu'il n'y ait plus d'échappatoire, comme la sortie vers la création monétaire, par où la contrainte de la rareté des ressources disponibles se transforme illusoirement en manne mirifique, brouillant toutes les cartes et renversant les valeurs.

En tout cas, nul désormais ne pourrait dire que les banquiers prêtent de l'argent créé uniquement par des jeux d'écritures, d'autant plus facilement qu'en se concertant et en élargissant leur clientèle de déposants ils ont de moins en moins à payer ne serait-ce qu'une partie du prix de cet argent. Fini aussi l'étonnant et mystérieux pouvoir d'une monnaie dominante comme le dollar, qui développe un effet d'amplification monétaire à plusieurs détentes à l'occasion de processus financiers internationaux et qui fait payer par les Européens eux-mêmes les investissements américains en Europe, achats d'entreprises inclus. Une fois condamnées les émissions monétaires intérieures sur processus financiers, les monnaies étrangères, prêtées ou acquises, ne pourront jamais servir qu'au cessionnaire et encore pour un usage exclusif dans le pays qui a émis cette monnaie. Si ce cessionnaire (emprunteur ou acquéreur de la monnaie étrangère) a besoin de la monnaie de son propre pays, il lui faudra s'adresser aux agents ou organismes demandeurs de monnaies étrangères, et en mesure d'offrir, en échange, de la monnaie intérieure, celle-ci étant déjà émise suivant les processus réels du travail et du profit. Aucun pays ne pourra désormais donner son argent tout en le gardant à sa discrétion, défiant ainsi toute raison. Il ne sera pas possible non plus aux entreprises ni aux financiers d'un pays d'acheter systématiquement les biens de l'étranger grâce à l'artifice d'une monnaie dominante.

Il ne faut pas croire cependant que les problèmes financiers deviendront inexistants. Le rôle des intermédiaires financiers croîtra même en importance véritable. Car il faudra donner aux agents économiques les voies et moyens d'adapter leur trésorerie, avec souplesse dans le temps et précision dans les volumes, conformément aux fluctuations de leurs besoins. Chacun devra être en mesure de prêter tout l'argent qu'il a en trop, obtenir restitution ou emprunter à sa convenance s'il en manque, le crédit coûtant d'autant plus cher que le prêteur devra immobiliser ses fonds plus longtemps. D'où la nécessité d'une gamme riche d'instruments financiers à échéances et taux diversifiés. Le dépôt obligatoire dans des banques de l'argent dormant ou en attente d'emploi demeurera cependant la technique la plus sûre pour obtenir la certitude que, toutes sortes de prêts, négociés volontairement, étant réalisés, l'argent est bien employé dans sa totalité. Car en dispensant des crédits dans la limite des dépôts inactifs, les banques réalisent l'ultime ajustement du disponible et des besoins.

Sur le plan international, les processus financiers seront appelés à prendre un poids d'autant plus grand que prévaudra sans partage la loi du calcul économique, orientant les capitaux selon leur meilleure destination, compte tenu des risques courus et des procédures nationales mises au point pour calculer, imputer, et partager les profits. La solidarité des coûts de l'argent de pays à pays n'en sera pas pour autant rompue. Bien au contraire. Mais les taux mondiaux ne pourront excéder les taux moyens du profit ou d'augmentation des surplus. Ainsi seulement pourra enfin s'instaurer un véritable marché financier arbitrant les flux internationaux de monnaie disponible d'après les perspectives de profit de chaque pays emprunteur. Les transferts de monnaies nationales d'agent national à agent étranger et vice versa s'effectueront bien entendu sans création ou résorption de ces monnaies. Étrangers et nationaux qui se mettent en relations financières devront en tout état de cause se partager les mêmes masses de signes monétaires intérieurs définis dans leurs pays respectifs d'après la dimension des facteurs réels de production.

Il est indispensable de préciser que les relations financières ont par nature un caractère bilatéral. Mais la monnaie qu'elles engagent, ayant un pouvoir multilatéral, leur donne une incidence sur l'ensemble de l'économie. S'agissant des transactions financières internationales, une distinction doit être faite en ce qui concerne le degré de généralisation des répercussions. Cela dépend de la monnaie prêtée. S'il s'agit d'une monnaie nationale l'incidence devrait être limitée par la bilatéralité des engagements financiers. C'est par une défectuosité du système monétaire contemporain que les signes monétaires nationaux engagés dans les contrats financiers internationaux ont un effet multilatéral, ce système s'efforçant d'internationaliser le pouvoir d'achat des monnaies intérieures par des processus de conversion directe. Précisément la convertibilité crée dans les dispositifs monétaires nationaux des hémorragies ou des raz de marée soudains, profonds, n'admettant pratiquement pas d'autres remèdes que la modification de la parité des monnaies attaquées dans un sens ou dans l'autre par la spéculation. Normalement le prêt international de monnaie nationale ne devrait entraîner d'engagements réciproques, immédiats ou différés, qu'entre les pays contractants. En revanche le prêt de la monnaie internationale (quand il y en aura une) détenue par chaque pays entraînerait sans restriction dans le système d'échange international les répercussions légitimes des processus financiers, transférant les pouvoirs d'achat multilatéraux vers leurs emplois les plus utiles, selon une optique mondiale.

L'INFLATION

A aucune époque, les économies n'ont pu échapper aux conséquences des grandes maladies endémiques qui les ont successivement frappées à travers le vecteur monétaire. La pathologie de l'objet économique exigerait des travaux approfondis pour préciser les diagnostics et préparer la thérapeutique des grands fléaux généralisés qui affectent son équilibre et menacent ses progrès. Avec plus ou moins de bonheur, économistes et praticiens se sont penchés sur ces maux, plus souvent réglés par la nature des choses que par la volonté ou le talent des hommes.

Dans un passé déjà lointain, tarissant les sources du progrès social et du développement technologique, une disette monétaire persistante a longtemps laissé exsangue le corps de l'économie. Puis les crises économiques, consécutives aux à-coups d'une régulation brutale soumise à la contrainte des stocks de métal précieux, ont imposé leur fatalité, sans qu'aucune médecine ait pu les prévenir, jusqu'au jour où le papier-monnaie, porté par les besoins et les lois économiques de la guerre, a complètement submergé l'or. Les famines monétaires ne sont plus qu'un mauvais souvenir. Mais voilà maintenant qu'un trop-plein de monnaie, incoercible, noie l'économie mondiale dans une inflation que les pouvoirs publics sont incapables d'arrêter et d'éponger.

Peut-être nous reprochera-t-on d'attribuer au vecteur monétaire les crises et l'inflation, alors que par des théories multiples et contradictoires les économistes ont su dégager tant de facteurs causals, plus souvent réels que monétaires, pour expliquer ces troubles majeurs de l'activité économique. A dire vrai, la monnaie n'étant que l'expression des forces et formes réelles, l'explication monétaire ne saurait rejeter les facteurs réels ; elle les coule simplement dans le moule de la monnaie qui les fait accéder à l'existence économique. Mais l'action des facteurs réels, matériels ou psychologiques est toujours commandée par les formes et les directions que le système des signes monétaires les oblige à prendre. Ainsi l'analyse des crises économiques montrerait que les prises de conscience, les décisions et comportements humains, les processus naturels ou technologiques, qui sont réputés donner le rythme de ces crises, n'auraient pu manifester leurs effets si l'inélasticité des flux monétaires, essentiellement causée par l'inertie du métal précieux, n'avait obligatoirement déclenché, après quelque temps d'une même tendance, le reflux brutal de réseaux trop tendus.

Même phénomène pour l'inflation. Impuissants à la réduire, les économistes se perdent dans la confusion des causes. Ils en arrivent à imputer à la psychologie, à la sociologie, à la politique même, des manifestations de hausses dont l'apparence monétaire est pourtant évidente. Il est certain que, les conditions monétaires étant ce qu'elles sont, beaucoup de facteurs non monétaires jouent nécessairement pour donner à la monnaie, expression des forces réelles, une forme plus ou moins enflée, plus ou moins dégraissée ; mais l'inflation est une maladie spécifique des systèmes monétaires contemporains, elle ne peut en être disjointe.

L'inflation est une vieille connaissance. Que le lecteur ne s'étonne pas de la voir traiter comme un problème fondamental de l'économie concrète, alors que nous l'avons étudiée déjà dans les parties historiques et théoriques du présent ouvrage. Elle restera probablement encore longtemps au tout premier plan des préoccupations gouvernementales, se généralisant même à l'économie mondiale, après avoir été jusqu'à ces dernières années l'apanage de certaines nations à certaines époques.

L'inflation est apparue avec la généralisation du papier-monnaie. Jusqu'alors, les vagues de hausses de prix n'avaient pas ce caractère précipité qui dans l'inflation fait souffler la tempête sur les structures économiques. Les hommes sont tout de même parvenus, sauf exception, à éviter la déroute des monnaies, où conduit normalement le processus. Limitée dans son ampleur et ses effets, l'inflation est alors entrée dans les mœurs. Non seulement les hommes s'y sont habitués, mais encore ils souhaitent qu'elle se poursuive, car pour la plupart ils ont pris des dispositions pour en neutraliser les conséquences défavorables, sinon pour en être les bénéficiaires. Le processus inflationniste se nourrit de lui-même. Une fois lancé, il ne pourrait être brisé que par le sacrifice des catégories sociales dont le revenu n'aurait pu encore être ajusté au rythme du progrès des autres, car l'inflation se développe elle-même par la formation d'écarts différentiels entre niveaux sectoriels de prix et de revenus, suivie d'alignements sur les plus élevés de ces niveaux.

Les théories de l'inflation, déjà évoquées dans le cours de ce livre, en distinguent plusieurs formes (galopante, rampante ou larvée ; par la demande ou par les coûts ; conjoncturelle ou structurelle) et en rapportent les causes à des facteurs privilégiés (tantôt l'État, tantôt la pénurie des temps de crises, tantôt la convergence de comportements, tantôt l'excès d'activité). Soit en alternance soit en conjonction, ces causes interviennent assurément avec une importance considérable dans la formation et la poursuite du processus inflationniste. Mais celui-ci ne peut naître que sous certaines conditions monétaires. Au demeurant il n'y avait pas d'inflation, mais disette ou crise, lorsque le système monétaire était différent. Dans les caractéristiques même de l'actuel système de monnaie se trouvent les sources du phénomène. Nous n'avons aucune réticence à considérer l'inflation comme intrinsèque à ce système. Elle est née avec lui. Avec lui elle disparaîtra.

Parce qu'il est fondé sur des processus circulaires de créances dont le rythme est commandé par les échéances de remboursement, le système contemporain de la monnaie n'est pas fermé sur le volume réel de la valeur dont il assure la représentation. Il est ouvert sur l'expansion des circuits financiers, extensibles par nature. Des agents économiques puisent à leur convenance les signes monétaires nécessaires à l'expression des revenus réels de tous les hommes. Certes l'accès direct aux sources monétaires n'est libre qu'une fois remplies des conditions formelles. Cette liberté est donc limitée à certaines opérations, à certains agents et parmi ceux-ci encore, à ceux auxquels le calcul économique donne l'assurance qu'à l'échéance ils seront en mesure de rembourser les signes empruntés, tout en gardant pour eux un supplément jugé satisfaisant. Mais il suffit que les prévisions des agents qui commandent les flux d'émission (banques et usagers) convergent sur une appréciation optimiste de l'évolution économique, pour que, aux erreurs de détail près, qui n'affectent qu'une minorité d'entreprises, le rythme nominal de croissance s'accélère, les niveaux de prix et de monnaie montent ensemble, se soutenant mutuellement. Alors se réalisent, et même au-delà, les prévisions les plus optimistes du calcul économique, grâce à l'enflure de l'instrument monétaire : celle-ci renforce les hausses, masque ou minore les baisses, donne un coup de pouce aux bonnes opérations, cache l'échec des mauvaises, pare le marasme des ailes du mouvement.

Il est vrai qu'à l'inverse le concours de prévisions pessimistes, survenant à la faveur de l'instabilité et de la confluence des comportements psychologiques, pourrait entraîner un relâchement des perspectives, créant récession et déflation. La théorie admet d'ailleurs fort bien l'alternance de la surchauffe et de la dépression. L'observation des conjonctures elle-même en reconnaît aisément les traces. Mais les deux phases sont devenues dissymétriques, car ni l'opinion ni les dirigeants ne veulent désormais de récessions, en raison des mutilations, de la mort économique et des pertes de travail qu'elles entraînent. La convergence des prévisions pessimistes, étouffée dans l'œuf par la révolte de l'opinion et les actes de gouvernement, ne peut donc dans la généralité des cas développer ses conséquences.

Pour limiter l'inflation, les gouvernements disposent cependant de moyens qui ne sont pas totalement inefficaces mais présentent le grave inconvénient de briser, de détériorer forces, agents et activités économiques : ou bien des prélèvements fiscaux massifs et des restrictions budgétaires drastiques agissant directement sur les comportements, ou bien des mesures monétaires qui rétrécissent, voire tarissent les sources d'approvisionnements en signes monétaires destinés à matérialiser les desseins économiques des hommes. L'interruption ou le freinage du processus inflationniste sont très peu populaires, même si l'hostilité n'est pas toujours avouée, car le combat contre l'inflation lèse nécessairement les catégories d'agents économiques restées provisoirement en retard dans la course frénétique à l'augmentation du niveau de vie. Les gouvernements peuvent de moins en moins agir par des mesures directement restrictives. Peut-être parviennent-ils encore à éviter le pire mais tout se passe comme si chaque fois il devenait moins efficace de prendre ces mesures, l'expérience obligeant les pouvoirs publics à éviter les dispositions impopulaires ou trop catégoriques, ou trop généralisées. De plus la solidarité des monnaies nationales branchées en grande partie sur les mêmes processus financiers internationaux paralyse l'action des gouvernements, les oblige à compter à la fois sur les conséquences monétaires intérieures des décisions étrangères et sur les répercussions de leurs propres décisions à l'égard des émissions de l'étranger.

Alors que faire ? Dans le système monétaire actuel, sans doute les mesures de défense qui demeurent possibles deviendront de plus en plus précaires et décevantes. Les rythmes inflationnistes ne peuvent que s'élever en se solidarisant dans le sort commun de toutes les monnaies organiquement imbriquées par leurs systèmes d'émissions.

Seul un changement de système monétaire permettra de reléguer définitivement l'inflation dans les tiroirs du passé. Un nouveau système monétaire n'est évidemment concevable que s'il apporte au moins autant de liberté que l'actuel, ce qui ne serait pas le cas de la distribution autoritaire de monnaie accompagnant certains régimes d'économie planifiée, ni de la limitation arbitraire de la progression des émissions de monnaie, plafonnée par exemple à un taux rigoureusement infranchissable. En revanche l'émission sur des bases réelles apporterait toute garantie de liberté et d'efficacité. L'adaptation des flux monétaires aux flux réels par une émission calquée sur les mouvements de ceux-ci, avant qu'ils n'aient pu être déformés par des processus monétaires, n'autorise aucune inflation, sans pour autant compromettre l'expression des vraies valeurs, ni empêcher la progression nécessaire des revenus nominaux ou les hausses des prix relatifs des produits dont la valeur augmente plus que la productivité.

Il serait aventureux de croire que les hommes condamneront l'inflation autrement que du bout des lèvres, exécuteront la sentence et rejetteront de plein gré le système de monnaie responsable. Pourtant celui-ci prendra fin parce que, même contre la volonté des hommes, les institutions sociales se transforment impérieusement d'elles-mêmes sous le poids, la pression et l'évolution du milieu, des techniques et des besoins. Le passé est garant que les formes et processus monétaires ne sont pas immuables mais suivent une ligne progressive d'adaptation à leur fonction de langage social. Malgré une complexité croissante, la représentation et l'efficacité des valeurs et forces économiques s'améliorent par une interprétation monétaire plus ajustée. Un certain état de connaissances, allié à des besoins multipliés, imposera tôt ou tard l'évidence et la nécessité d'un nouveau mode de formation et de gestion des signes monétaires, de façon à obtenir sans truchement fallacieux le dessin réel de l'économie.

A ce stade, et longtemps après, il se trouvera toujours des esprits chagrins, mais avertis, pour regretter le bon temps de l'inflation où erreurs, maladresses, abus parvenaient à se dissoudre dans la vague de surexcitation, où les responsabilités précises se perdaient dans l'ampleur et la généralité des phénomènes de hausse. L'inflation avait le mérite, diront ces mécontents, de noyer causes et effets dans une sorte de remise à zéro du système des valeurs économiques, qui obligeait tout un chacun à défendre son avenir sans récriminer longuement sur un passé confus. Devant l'incapacité native des hommes d'assumer les conséquences de leurs décisions et de leurs actes, l'inflation réalisait un grand nettoyage naturel, beaucoup moins sensible, coûteux et injuste que les crises d'antan, mais plus réaliste que les suggestions de la raison lorsqu'elle pousse inconsidérément à trancher dans le vif des litiges réels et à sanctionner les fautes de gestion. Le dieu monétaire vexé, manifestant sa désapprobation, voire sa colère! Que c'était facile pour échapper aux engagements, esquiver les impasses, brouiller les cartes! Lorsque la monnaie ne pourra plus insérer son propre jeu dans l'échange et les résultats réels, les sociétés humaines ne pourront plus ruser avec elles-mêmes. Les échéances pèseront avec toutes leurs conséquences explosives sur les comportements. Chacun devra récolter ce qu'il a semé. Plus possible de se dérober ou d'embellir l'objet économique d'une représentation déformée. Les responsables perdront la liberté de s'échapper. Autant de liberté gagnée par la communauté dans son ensemble! Nous serons en prise directe sur les effets crus de nos comportements. A l'érosion sournoise, pernicieuse, faite d'une complicité générale et aveugle, succédera, sous le signe de la peur, la menace constante de tremblements sociaux meurtriers pour les pays qui s'écarteraient trop des lois de la valeur, ou des règles de gestion économique et de justice sociale.

Plus positivement, l'inflation n'assure-t-elle pas le bien commun du peuple, lorsque les individus enfermés dans leur égoïsme naturel ne veulent ou ne peuvent consentir de sacrifices, lorsque l'organisation sociale n'est pas en mesure de répartir ouvertement des charges nécessaires. Alors n'est-il pas plus raisonnable de s'en remettre à l'arbitrage monétaire qui résout le problème d'une manière irrécusable, sans appel, sans brutalité et finalement au moindre coût social? La loi du hasard et les rapports naturels des forces et des pouvoirs en place se substituent aux hommes et aux institutions défaillantes pour répartir charges et sacrifices. Ainsi la reconstruction de l'économie française après la seconde guerre mondiale n'a pu se faire qu'avec le concours de l'inflation. Certaines mesures peu populaires, mais socialement justifiées ne sont encore réalisables que grâce à son truchement : une politique de défense, d'équipement collectif, de préparation de l'avenir.

Pourtant, dans la mesure où il tendrait à justifier le retour à des systèmes inflationnistes, un tel raisonnement ne serait pas plus fondé que celui qui place l'âge d'or de la monnaie dans les écus sonnants et trébuchants ou dans les contraintes de production du métal précieux.

Dans tous les domaines où se manifeste un progrès humain ou social, les motifs de regretter le passé ne manquent jamais. D'une manière générale les situations nouvelles ne voient pas disparaître les difficultés. Bien au contraire. Aux troubles surmontés, succèdent des périls bien plus angoissants, plus terribles encore lorsqu'ils se réalisent. Ainsi l'expansion de l'homme dans l'espace nous apporte-t-elle la promesse de catastrophes massives. Pourtant cette perspective ne le fera pas reculer et il se fera fort, à tort ou à raison, de savoir les éviter ou du moins les limiter. De même l'économie interprétée sur un mode plus direct durcira probablement les conflits mais forcera à les résoudre dans les termes réels où ils se posent, sauf à créer d'effroyables désordres. L'objet économique présentera toujours des défaillances et des risques de chutes, mais celles-ci étant plus graves, l'optimisme consiste à croire que les hommes sauront mieux s'en préserver.

LA COMPTABILITÉ NATIONALE

La comptabilité nationale décrit, globalement et par agents bénéficiaires, les flux de revenus issus de la valeur ajoutée chaque année à la production en cours, globalement et par produit ; elle analyse les redistributions de ces revenus entre les agents et montre comment ceux-ci financent également la production par leurs achats de consommation et d'équipement, ou par affectation de leur épargne. La cohérence du système est assurée par un dispositif comptable tel que chaque opération est à la fois ressource d'un agent et emploi d'un autre. Les déficits et les excédents finals des uns et des autres se compensent par des mouvements de monnaie ou de créances, analysés dans des comptes financiers.

Même si cette méthode impute correctement les emplois et les ressources de chacun, elle est en défaut sur trois points importants :

— La destination, en termes d'agents, des emplois de chacun n'est pas connue, non plus que l'origine de leurs ressources, en sorte que les flux ne sont pas véritablement déterminés, puisqu'il leur manque une dimension essentielle, celle qui établit la relation entre une origine et une destination.

— La transformation de la monnaie en revenus n'est pas analysée ni même évoquée. Or, précisément au moment de ce passage où s'entrelacent pour se fusionner les circuits financiers de l'émission monétaire et ceux de la production distributifs de revenus, la représentation du monde économique en termes de prix et de pouvoirs se désajuste, se distord, se déforme, se fausse.

— La valeur des produits et des revenus étant une combinaison de volumes (quantité) et de prix unitaires, il n'existe pas de procédés d'analyse satisfaisants pour reconnaître aux volumes et aux prix ce qui leur revient respectivement dans l'évolution des valeurs comptabilisées.

Au total la comptabilité nationale fonctionne comme une sorte de puzzle : par tous les moyens d'information dont disposent les services d'enquêtes statistiques, les ressources et les emplois de chaque groupe d'agents sont reconstitués. Les nombreuses lacunes de l'information sont comblées grâce à la contrainte logique du système comptable de la partie double et du tableau carré. Quand les intrapolations et les compensations financières ne suffisent plus, des lignes d'ajustement purement arithmétiques assurent l'équilibre final des comptes.

La multiplication, le développement des moyens d'investigation et d'information, l'accumulation de données sur des myriades de situations individuelles grâce aux techniques informatiques, ne suffiraient pas à faire de la comptabilité nationale une reproduction fidèle du réel, car le puzzle ne reconstituera jamais avec exactitude et précision que le passage des flux dans les comptes d'agents. Il manquera toujours, quoi qu'on fasse, dans le dispositif actuel de la comptabilité nationale, la maîtrise des flux dans leur dimension propre, qui va de leur source à leur extinction : flux de production qui, issus du travail, s'achèvent dans la consommation ; flux de monnaie refoulés et aspirés par l'appareil monétaire, suivant les conventions en vigueur, pour signifier les revenus (pouvoirs d'achat). Avec les mécanismes actuels où les circuits monétaires appartiennent conventionnellement aux processus financiers des créances, il faudrait distinguer trois flux et préciser leurs relations : flux des heures de travail incorporées dans le produit, ceux des pouvoirs d'achat mis en forme dans les revenus et enfin ceux des signes monétaires, dont l'existence n'est autonome qu'à leur source, juste avant qu'ils ne se confondent avec les flux des revenus qu'ils vont concrétiser en leur imposant leur temps propre de circulation.

Poser la comptabilité nationale en ces termes ferait apparaître l'évidence de la fusion et de la confusion des pouvoirs d'achat et de la monnaie. Il n'y aurait plus d'hésitation sur l'opportunité de rythmer avec précision l'existence des signes monétaires sur celle des pouvoirs d'achat, et corrélativement sur celle des heures de travail non consommées : le signe monétaire naissant avec l'heure de travail et disparaissant quand celle-ci se consomme avec les produits dont elle compose la substance.

CONCLUSIONS

L'économie devrait être vraie, efficace et juste. Elle ne l'est pas et de très loin. Aborder franchement son étude à travers le phénomène monétaire nous rapprocherait beaucoup de ces objectifs. Seule la monnaie donne forme et mesure aux forces élémentaires et compositions économiques. Il n'y a lieu cependant ni de la négliger ni de la surestimer. Simple instrument par elle-même, elle est toute l'économie par les phénomènes qu'elle représente, lorsqu'elle est considérée dans son ensemble et dans l'exercice de sa fonction. Elle est l'intermédiaire obligé où se nouent l'observation et la politique. Il faut la fracturer pour atteindre l'essence des choses économiques par une démarche abstraite. Mais le retour de l'analyse sur l'économie concrète oblige à réintroduire la monnaie, au premier rang, dans toutes les solutions théoriques, pour qu'elles soient crédibles et applicables. Sans doute cette optique délibérément monétaire change-t-elle la vision de l'économie. Ainsi, parmi les conditions de la connaissance, de la pratique et de la direction économiques, il n'en est pas qui soient plus fondamentales et plus oubliées que les trois suivantes :

1. La science économique doit franchir la *barrière monétaire.* Les règles de formation de la monnaie ne sont ni des lois, ni des contraintes naturelles mais des conventions. Il faut reculer au-delà du mur de la monnaie les limites du champ d'investigation systématique imparti à la recherche économique. La communauté est fondée à passer cette monnaie conventionnelle au crible de la critique scientifique et à la modifier profondément. N'étant plus appropriée à l'état économique actuel, consécutif à l'évolution de l'organisation des sociétés, la monnaie est devenue, dans les conditions coutumières ou réglementaires de son émission, la cause d'un trouble permanent de l'ordre social.

2. L'*automatisme des processus*, déclenché et orienté par le « cumul » objectif de décisions individuelles, est le seul palliatif des insuffisances

de la conscience, de la raison, de la vision et de l'action de chaque homme, enfermé qu'il est dans une subjectivité déformante, quelle que soit la puissance de son rang. Choisir la liberté créatrice des automatismes naturels contre les usurpations des stratégies, les erreurs des politiques, l'arbitraire des interventionnismes, l'ostracisme des doctrines, c'est dégager la voie des formes optimales, pleines et fécondes, appartenant à un ordre social authentique. Celui-ci trouverait en lui-même des ressources infinies et une impulsion profonde pour se dépasser perpétuellement dans une extension et une ascension sans limite prévisible. Une condition d'accès à cet automatisme de la nature sociale s'impose aussitôt : il faut préserver les institutions des formes secondes par lesquelles des hommes ont détourné à leur profit les avoirs et les pouvoirs des autres hommes et de la communauté. En économie, il faut atteindre ainsi, derrière les proliférations institutionnelles, la démarche naturelle par laquelle l'énergie humaine trouve le chemin optimal de son perfectionnement continu. Il faut traduire immédiatement cette démarche dans le langage monétaire à l'exclusion des interprétations diversement intéressées que les hommes ont multipliées. Cette démarche, c'est l'énergie humaine (le travail) se renouvelant elle-même par une consommation décroissante de sa propre substance. Complémentairement le progrès de l'efficacité de l'énergie humaine s'identifie à une capitalisation croissante et se mesure par la plus-value définitive, constatée sur l'ensemble du produit de la communauté. Une fois que les ressorts fondamentaux de la croissance et de l'ordre économiques auront été saisis et représentés directement, en termes monétaires rigoureusement asservis, les flux monétaires (les espèces), nominaux (les revenus), réels (les prestations de travail, biens et services) deviendront équivalents et parfaitement synchrones. Mais l'assurance d'obtenir durablement cette concordance, sans création fictive ou suppression arbitraire de parties de flux nominaux ou réels, dépend des règles de formation des signes de la monnaie. Il faut que la monnaie épouse conventionnellement, au lieu d'une structure de marchandise (or) ou de crédits financiers, le dispositif même, immédiat et direct, des processus fondamentaux du travail et du profit qui règlent les rythmes profonds de l'économie réelle.

3. La *répartition des richesses* a été historiquement infléchie par les pouvoirs des hommes au profit des avoirs accumulés par des individus ou des groupes d'individus. Il est légitime de se fixer comme objectif de redresser sinon le résultat passé, du moins le mode futur de cette répartition, en conformité avec les processus de production et de valorisation qui tissent les fils du travail et du profit selon des trames toujours plus affinées, plus serrées, plus fortes. Il serait vain de poursuivre une accélération de la formation de la plus-value, du

surplus et du profit, qui sont des œuvres sociales faites du concours fréquemment anonyme de tous les vivants et les morts associés, si l'on n'adoptait pas comme principe sacré la règle d'une répartition équitable de l'acquis de richesses nouvelles entre l'apport collectif commun et l'équation personnelle de chacun de ceux qui participent à l'ensemble productif. Car il faut non seulement tenir compte de l'origine indubitablement collective du travail mais aussi orienter l'intervention de chacun vers une croissance et une efficacité toujours plus grandes. Il appartient aux hommes de définir, en première urgence, des règles, des institutions et des opérations qui permettront de partager ainsi le profit, suivant des critères rationnels, entre tous les participants, mais en primant, dans une mesure à définir, les actions qui contribuent le plus à la formation de la plus-value. Le *principe de solidarité* doit ainsi se manifester en priorité dans les institutions de l'économie, car le mobile de l'intérêt personnel qui en fut longtemps, en ce domaine, le meilleur garant tend désormais à le contredire d'autant plus fortement que s'accroît la masse de richesses non consommées exigeant une mise en ordre de plus en plus complexe. Il ne faut pas espérer voir les hommes contribuer de leur plein gré à l'essor de l'économie, s'ils ne sont pas admis à bénéficier d'une part équitable des richesses additionnelles accumulées par la communauté. La société resterait bloquée dans son évolution, si l'on prétendait ne pas partager selon des critères universellement admissibles le surplus que cette évolution dégagerait.

Par delà ces impératifs de conduite que dicte, à son niveau, l'analyse structurale de l'objet économique, des implications plus larges rattachent celui-ci à la pensée environnante. Elles débouchent sur plusieurs remises en question. A travers la contestation monétaire, celle de la science économique s'achève dans un retour aux sources. Celle de la raison aboutit à contester l'homme. Celle du libéralisme fait renaître dans le structuralisme l'intention profonde des libéraux.

A) RESTRUCTURATION DE L'ORDRE ÉCONOMIQUE ET RESTAURATION DES VALEURS SOCIALES.

1. *Le tabou monétaire et les limites fictives d'une fausse science économique.*

Ce livre aura atteint son but si, en quelque moment, il a pu simplement éveiller chez le lecteur l'idée des perspectives immenses qui peuvent s'ouvrir aujourd'hui. Nous aimerions que soit prolongée, dans le domaine des sciences sociales, la hardiesse des hypothèses et des constructions qui ont permis aux sciences naturelles et physiques d'effectuer la fantastique percée de la technologie, par laquelle les hommes arracheront bientôt les clefs de l'univers matériel. Il faudrait complètement renouveler les concepts qui informent actuellement la vision que les hommes se donnent des règles et des processus de l'ordre social. Mais un tel renouvellement exige la critique forcenée des situations et des comportements qui, sous le couvert de la doctrine et sous la protection de l'État, aiment souvent se présenter comme des lois ou des contraintes naturelles. Elles ne sont pourtant que la manifestation de mystérieux tabous qui, comme toujours en l'espèce, cristallisent d'étonnants privilèges et prolongent des pouvoirs abusifs. Jusqu'à présent dans les théories économiques les lois ont déroulé leurs conséquences rigoureuses qu'il n'est pas raisonnable de contester. Mais qu'y a-t-il derrière ces lois ? Il faut les éprouver dans leur structure propre, elles qui prétendent commander les autres structures. Il faut s'assurer qu'elles sont compatibles avec d'autres lois qui, pour n'être pas du même domaine, leur sont corrélatives et même les transcendent. Il faut rechercher si elles ne masquent pas des usurpations. A ce compte, l'économie ne saurait se justifier seulement par des postulats ou des axiomes qui lui seraient spécifiques.

Nous venons d'attaquer le tabou principal, la monnaie, qui paraît être au cœur de toutes les impasses sociales actuelles. Non pas bien sûr qu'il suffise d'élucider les phénomènes monétaires et de démasquer l'artifice pour résoudre du même coup ces impasses ; derrière le signe monétaire, il y a une réalité plus humaine. Mais du moins pensons-nous qu'une fois franchie la barrière monétaire, un champ infini s'ouvrira à des recherches fructueuses.

La monnaie présente cette particularité d'être la traduction sociale en termes économiques d'un certain état de l'ordre de notre société. Cette traduction fait l'information de tous et modèle du même coup la réalité sociale selon une interprétation à jamais consolidée, qu'aucune force interne ne peut corriger. Or, les conditions de cette traduction sont commandées par des institutions que l'État couvre de son autorité et de sa protection mais qui sont gérées selon des forces et des pouvoirs hérités d'une ancienne organisation sociale. En se prolongeant, cet ordre économique et monétaire comprime la formidable poussée humaine qui a engendré à la base le progrès technologique et la libération politique de l'individu. Pour conquérir cette autre liberté plus fondamentale encore (parce que plus élémentaire et plus profonde) qu'est la liberté économique, il faut monétiser non plus la richesse acquise ou future (que ce soit l'or hier, ou le capital aujourd'hui) mais le travail présent et même le travail potentiel. Il ne s'agit pas de déposséder le capital de son acquis. Chacun tient trop à son maigre arpent et à l'arrondi de son petit magot. Mais brancher l'économie sur la monétisation du capital, sacrer celui-ci comme le centre reproducteur des richesses et le générateur du progrès économique, c'est donner à l'argent et aux détenteurs privés du capital les moyens de « faire des petits » à bon compte. A la différence du droit de propriété ou de la rémunération des prêts de monnaie, les modalités d'émission n'ont pas un caractère privé. On ne violerait ni le droit naturel ni les intérêts légitimes des individus et des familles en refusant à l'État le droit de perpétuer la position dominante du capital par un privilège social d'émission monétaire qui, nécessairement et malgré qu'il en ait, oblige ce capital à se subordonner toujours le travail. Pourquoi cette obstination à rapporter aux résultats ce qui revient aux facteurs? Alors que, sous toutes ses formes — des plus frustes comme l'énergie physique de l'homme aux plus nobles comme le pouvoir d'innover ou d'organiser, des plus individuelles et des plus immédiates comme le service intellectuel aux plus collectives comme les complexes de capitaux industriels —, le travail est universellement et sans contestation reconnu comme la source de toute œuvre humaine et sociale, comment se peut-il que les économistes aient refusé, à quelques rares exceptions près, de s'engager dans la seule voie qui aurait permis de transcrire équitablement dans les formes sociales la valeur pondérée de ce travail et de ses combinaisons?

Tant que par la monnaie le signe du pouvoir économique et de la richesse ne sera pas reconnu à l'énergie humaine socialement organisée, qui seule peut légitimement fonder le premier et reproduire la seconde, l'humanité ne pourra pas aller au bout de son éclosion et la chrysalide aveugle se débattra dans une enveloppe de sécrétions ternes et empoisonnées. Cette enveloppe, la civilisation industrielle et la société de consommation, passe pour le palais où s'expriment toutes les valeurs alors qu'elle n'est qu'une prison et cela à cause des « lois » d'un système monétaire que les hommes refusent absolument de mettre en question. Est-ce là *l'ultima ratio* de la « science économique »? Alors elle serait une science fausse et disparaîtrait bientôt pour laisser la place à une science sociale authentique, capable de surmonter des frontières où, voulant abriter ses fragiles conquêtes, l'homme a replié les armes de l'esprit.

2. *Le retour aux sources de l'économie.*

Une loi fondamentale de l'évolution veut que, dans un milieu donné, les forces créatrices de formes nouvelles, procédant par de longs tâtonnements où le temps ne compte pas, adaptent progressivement ces formes aux caractéristiques du milieu de façon à les rendre efficaces. Une pareille adaptation implique une organisation très élaborée et complexe, relevant de la précision qualitative : la spécialisation des organes et des fonctions. Mais le milieu se trouve lui-même bouleversé du fait de l'organisation nouvelle et de ses œuvres. Des caractéristiques inattendues émergent, qui font apparaître la nécessité d'une adaptation supérieure. En raison même de sa spécialisation, l'organisation en place se trouve totalement incapable de s'adapter à la nouvelle situation. Il faudra remonter au niveau plus fruste, d'où est partie l'organisation régnante, pour qu'y bourgeonne une nouvelle filière de formes qui, partant d'une forte indifférenciation, pourrait à son tour développer une organisation supérieure, beaucoup mieux adaptée aux caractéristiques du nouveau milieu et donc beaucoup plus efficace.

Ce retour aux sources est une nécessité universelle. Tant qu'il n'est pas opéré, l'évolution est dans l'impasse, lorsque les formes sont mal engagées ou se sont désajustées par rapport au milieu qu'elles ont transformé. Il faut d'ailleurs remonter assez haut pour retrouver des fils suffisamment purs, dégagés et solides pour supporter le poids et la durée d'un nouvel itinéraire plus complexe et plus efficace.

Ainsi en économie le retour à l'automatisme, ou sa recherche délibérée préconisée par les libéraux, exige que l'on s'attache à une autorégulation profonde se situant au niveau des éléments insécables auxquels l'activité économique se ramène à son degré ultime d'analyse ; au-delà apparaissent d'autres structures que celles de l'économie. Le travail est la substance de ces éléments premiers. L'exclure des processus auto-régulateurs comme l'exige l'opinion encore dominante, en reportant le centre des rétro-actions sur des prix, sur des incitations à produire des biens et services et sur des profits, équivaut à intégrer dans le jeu des blocs entiers de répartition et d'orientation, livrés aux fantaisies, aux erreurs et aux intérêts de sujets intermédiaires (les entreprises), ou plutôt des hommes qui contrôlent ces derniers.

B) DES LIMITES DE LA RAISON A LA TRANSFIGURATION DES IDÉAUX.

1. *La frontière de la raison humaine.*

Face à ceux de la matière et de la vie, les processus de l'économie (le « cumul » des décisions, des choix des consommateurs et des producteurs, le progrès du profit et du surplus, l'augmentation de l'efficacité des forces organisées, la croissance de la complexité des structures, la multiplication des formes qui rebrassent et remodèlent à des niveaux supérieurs les formes naturelles primitives) obligent à poser et percevoir l'humanité comme une frontière, une assise génératrice qui fait coupure profonde entre deux mondes :

— d'une part le monde qui se retire, celui du versant antérieur, fini, que l'homme peut connaître, approfondir, dominer, où il peut retrouver des lois objectives de comportement et des structures complètes d'organisation, où la science lui ouvre constamment de nouveaux domaines d'observation, de compréhension, de reproduction et de certitude. C'est le monde clos où les choses se reproduisent selon des processus mécaniques ou prédéterminés, avec des marges d'aléas ou de liberté spécifique que l'on peut mesurer et dont on peut recenser le degré de fréquence et d'amplitude. C'est le monde où la raison humaine peut retrouver son ordre familier, stable, immuable, immanent, où le futur s'inscrit intégralement dans le passé et le présent ;

— d'autre part, le monde qui s'avance, celui du versant postérieur qui ouvre sur l'inconnu, sur l'informel, sur l'indéfini et l'infini. C'est le monde où la raison n'a pas prise. Car elle ne peut projeter que les formes du passé ; elle ignore celles du futur. Non pas que celles-ci ne soient pas, une fois accomplies, conformes aux lois de la raison. Mais tant qu'elles ne sont pas accomplies, elles ont un degré de liberté considérable, du moins à l'échelle humaine dans la mesure où les variantes décisionnelles se développent à un très haut degré dans l'horizon des hommes. Il y aura toujours un abîme entre la voie humaine de la décision et la portée sociale de celle-ci. Seules les procédures de décision collective et les mouvements de masse, où s'effacent les équations personnelles, peuvent prendre en charge les évolutions sociales et la formation des figures nouvelles sorties de la zone génératrice du monde en marche. Les lois et les principes de rationalité sont étrangers à l'exploration de ce futur qui sera toujours indéterminé tant qu'il ne sera pas venu nous surprendre, en s'imprimant au fur et à mesure sur la bande du présent qui déroule son histoire. L'observation statistique ou comptable du passé n'apporte que des renseignements imprécis et fallacieux pour la connaissance de ce qui va être. Car les séries et les lois statistiques, les fonctions de comportement, significatives à l'échelle de l'homme achevé, ne le sont plus guère, une fois appliquées aux formations sociales dont la création et la remise en cause sont continues. Il y a certes probablement des lois auxquelles participent les formes inachevées de la société. Mais précisément ces lois ne sont pas décelables tant que le processus qu'elles commandent n'est pas bouclé ou n'est pas près de l'être. Or par nature ce processus ne peut pas être bouclé, car il est précisément sans fin. Tout ce que nous pouvons percevoir ce sont simplement des processus partiels dont les lois sont souvent inverses, en tout cas différentes de celles des processus auxquels ils s'intègrent et qui se dérobent à notre observation ou à notre entendement.

Pourtant, en économie nationale ou administrative, fleurissent des mythes comme la planification et la rationalisation des décisions. Ces thèmes sont valables sans doute comme instruments partiels, pour certaines décisions limitées, dans un espace restreint, à horizon bref et surtout à l'échelle micro-économique des individus et des entreprises. Mais ils ne correspondent guère à un comportement sensé au niveau de l'objet économique en totalité, qui par nature échappe à la maîtrise de l'homme dans son intention, dans son dessin et dans sa marche. C'est la politique qui doit régir la décision macro-économique : l'émotion collective en est souvent le facteur décisif. Aussi bien l'affectivité demeure-t-elle le recours ultime, imprescriptible et imprévisible de l'évolution des sociétés.

Cela ne signifie pas bien entendu que la macro-économie doive renoncer à vouloir un ordre spécifique, en n'ayant d'autre alternative que le laisser-faire ou l'arbitraire politique à tous les niveaux. Il faut plutôt libérer la décision humaine de la confusion et de l'incompétence, la laisser s'exprimer à son niveau naturel, là où elle peut avoir la maîtrise des données et des effets. Au-delà, l'individu se trouverait face à une situation qui ne serait à la mesure ni de son temps, ni de son espace, ni de son horizon, ni de ses capacités. La décision humaine rationnelle doit alors céder la place aux processus sociaux de choix s'exerçant dans les institutions (monnaie, marchés), qui définissent des règles collectives : les comportements humains sont pris en charge pour aboutir à un ordre commun et à des résultats publics qui font les décisions de l'espèce humaine et dont la raison inconsciente est irrécusable. Ces institutions sont cependant montées par les hommes, en partie sur des processus spontanés. Elles devraient être élaborées ou aménagées de façon à rétablir l'homme-individu dans son unité (producteur-consommateur), dans son égalité biologique et matérielle et dans sa mobilité.

2. *L'homme contesté.*

La mort de Dieu a tué un principe d'ordre qui rassemblait l'univers dans une cohérence et une cohésion fondamentales. L'homme désormais dialogue avec lui-même. Sa propre figure lui masque l'avenir et le sens de l'univers. Il s'est interposé dans la construction du monde. Obnubilé par sa personne, il lui sacrifie celle des autres. Quelle tragique méprise que de tout ramener, et soi-même et les autres, et la vie et la matière, et la pensée et le progrès, à cet objet insignifiant dont l'existence est si fragile et si courte ! Avec l'homme, source et finalité suprêmes, l'univers s'est comme replié sur lui-même. L'ensemble des choses s'est dissous dans un relatif, plus relatif encore que celui de l'homme illusoirement érigé en absolu. Poser l'homme abstrait comme unique décor de la scène du monde, c'est libérer à l'avant-scène les forces et pouvoirs concurrents qui animent l'homme concret, c'est livrer, perpétuellement, sans fin et sans espoir de succès ou même de répit, l'homme à un combat intérieur et la société à ses déchirements.

Et pourtant l'homme est fondamentalement sorti de l'ornière naturelle du besoin, de la contrainte et de l'indisponibilité, mais il ne sait pas ou ne veut pas le savoir ou ne veut pas que chacun puisse s'en rendre compte. Il ne sait pas en tout cas s'organiser pour recevoir les fruits de sa victoire. Par-delà son immense capacité, qu'il n'a pas su appliquer dans de bonnes conditions à son milieu, il se complaît dans la contradiction entre l'excessive disponibilité de ses moyens ou de ses idées et la dure réalité des privations, çà et là encourues, qu'il ne peut, malgré tout, surmonter dans bien des situations. Mais dans les milieux les plus repus, le vertigineux tour des besoins sans cesse accrus est inépuisable, toujours recommencé et jamais satisfait. Car les besoins sont des représentations innombrables et indéfiniment renouvelées.

Bouchant son propre horizon, l'homme se dresse comme un écran devant lui-même ; toute son énergie vient buter sur ce miroir, se disperser, s'enfouir dans une multitude de désirs et de besoins dont les facettes scintillantes dissimulent un vide insondable, se dissoudre dans un antagonisme, une incompréhension, une discussion tatillonne et médiocre, une querelle foisonnante et proliférante, sans objet et sans issue, s'exacerber dans des conquêtes stériles, des dominations bornées, des accaparements pernicieux et malsains, des écrasements réciproques. S'étant enfermé dans un espace limité et bordé de murs lisses, brillants et sans fenêtres, qui lui envoient sa propre image, l'homme tourne autour de lui-même comme un bourdon sans mission et sans espoir.

Cependant aujourd'hui il est peut-être en train de briser ce miroir et de retrouver, derrière l'obstacle, le champ d'une visée plus profonde et plus lointaine. Tombant de son piédestal factice, acceptera-t-il enfin d'être l'élément majeur, responsable et agissant d'une organisation immense ? L'annonce de Michel Foucault a-t-elle un sens et une échéance : « L'homme est une invention dont l'archéologie de notre pensée montre aisément la date récente. Et peut-être la fin prochaine... alors on peut parier que l'homme s'effacerait comme à la limite de la mer un visage de sable » ?

C'est surtout la jeunesse intuitive qui approche la réponse : parce quelle est irresponsable et indécemment disponible, elle a pressenti que le miroir allait s'effacer, qui déjà nous renvoie d'elle une image absurde et désespérante. Cette frénésie, ce désordre, cette caricature vivante, sont les prémices d'une conversion. Par sa jeunesse l'homme vide ses poubelles ; il piétine et renie sa prétention. Le masque arrive à la surface prêt à s'effondrer en lambeaux. Ces débris de l'homme, c'est sans nostalgie et sans regret que nous les voyons s'ouvrir, s'étaler, éclater comme un déchet enfin mûri qui sort de nous-même et va s'écouler très loin bientôt dans l'épaisseur du temps passé où la jeunesse d'aujourd'hui les déverse déjà à grands flots de dérision.

Quand l'homme, épuré, sera devenu transparent, l'espoir n'est peut-être pas vain que chacun puisse alors plonger jusqu'à l'infini, dans l'espace et le temps, un regard collectif armé d'un immense savoir.

C) DU LIBÉRALISME VICIÉ AU STRUCTURALISME SOCIAL.

1. *Le vice propre du libéralisme.*

Le libéralisme recèle un danger permanent de déviation des jugements et de détournement des valeurs. Il est en effet la doctrine favorite de personnalités elles-mêmes libérées des contraintes matérielles économiques qui accablent la majorité des hommes. L'horizon des libéraux est dès lors fermé par les avantages qu'ils peuvent percevoir comme le résultat futur, le fruit naturel du fonctionnement paisible des mécanismes et des institutions progressivement améliorés où ils jouissent déjà d'une situation privilégiée par rapport à la masse des moins favorisés. Celle-ci est pour sa part plus sensible aux inconvénients des mêmes mécanismes et des mêmes institutions, du fait même de sa position subordonnée où elle dispose d'un plus faible potentiel de liberté.

A partir d'un état donné de l'organisation que les tenants de cette doctrine sont à même de juger directement avantageuse et prometteuse, le libéralisme en actes consiste donc à vouloir maximiser ou optimiser les résultats, en écartant implicitement l'hypothèse d'une nouvelle organisation qui risquerait, en remettant en cause les mécanismes et les institutions ou en substituant les hommes et les pouvoirs, d'ébranler, d'éroder ou de supprimer les privilèges que les abus ne révèlent pas ou que la loi ni les mœurs ne condamnent. Avec la meilleure foi du monde, les libéraux affirment qu'en préservant les mécanismes et les institutions des interventions intempestives des réformateurs aussi bien que des révolutionnaires, ils empruntent la meilleure voie pour améliorer le sort de tous. Ainsi sont-ils conduits à stipuler pour le compte de la masse de ceux qui voient ces institutions et ces mécanismes sous un œil moins optimiste. Il est certain que le progrès général et tranquille rejaillit sur tous les membres de la société. Pourtant ce libéralisme ne peut qu'être opportuniste ; il gâche l'avenir, en cachant les solutions les plus riches.

La vision d'un même système d'organisation, d'un même ordre social, l'attachement à un même principe de répartition ou d'appropriation d'un produit social ou de dévolution d'un pouvoir social sont profondément différents suivant la place qu'occupe l'observateur dans le système d'organisation de la société. C'est pourquoi le libéralisme demeure entaché d'une grande ambiguïté, en raison des doutes qu'il est légitime d'avoir à l'égard de la rationalité du jugement des libéraux. Celle-ci ne peut être que relative du fait que les hommes appliquent nécessairement les mêmes codes logiques, les mêmes processus d'analyse combinatoire à un tableau des événements qui n'a ni le même relief, ni les mêmes couleurs pour tous ceux qui observent, font ces événements ou en sont faits. Aussi l'esprit libéral doit-il sortir des structures pour les observer, les comprendre, les stimuler.

2. *Le structuralisme social.*

Au début de cet ouvrage le structuralisme a été évoqué parmi les fondements de l'objet économique. Cette référence a pu surprendre. Il faut bien dire qu'à l'origine de cette étude il n'y avait guère l'intention de se rattacher en quelque manière aux mouvements structuralistes. Toutefois, dans le domaine économique aussi, on a dû constater une convergence : le jeu des représentations monétaires, la fantasmagorie du crédit, l'analyse structurelle, la constance de manifestations rebelles aux volontés de l'homme, aux prévisions les moins incomplètes et les mieux fondées ainsi qu'à l'information reçue ou donnée par les institutions, enfin l'immense cirque où les hommes se jouent la comédie de l'efficacité et du progrès en distribuant, selon des règles mystérieuses, des masques conventionnels qui enferment des valeurs bien peu conformes à leur représentation, tout cela conduit à poser l'approche économique elle-même en termes de concordance et de discordance des structures que l'homme a générées très inconsciemment d'abord, plus consciemment ensuite, pour organiser la vie sociale. A travers les problèmes de subsistance individuelle, l'homme a ainsi promu l'ordre naturel et ses figures changeantes. La monnaie, depuis longtemps reconnue comme un signe, faisait d'ailleurs de l'économie un terrain d'élection pour une étude structurelle fondée sur les relations impliquées par un système de signes.

Cette forme de structuralisme social se différencie du structuralisme traditionnel. Axé sur l'homme, ce dernier conserve sans doute, même dans le domaine économique, un terrain d'analyse, encore mal défriché certes, mais riche d'enseignements virtuels : reconnaître les structures mentales de l'homme au travers des doctrines et des théories économiques, c'est-à-dire des thèmes qui expriment la manière changeante dont les hommes ont conçu et se sont représenté l'organisation de l'échange ainsi que les mouvements de la croissance. Ce genre d'étude relève, comme des sociologues l'ont déjà fait pour Marx, d'une étude approfondie des textes économiques. Mais rechercher des structures mentales humaines à l'intérieur des formulations littéraires ne permettra jamais de trouver les clefs de la compréhension des structures modernes de l'économie ni surtout celles de la construction du futur.

Par-delà la vie humaine et ses comportements, le structuralisme social vise donc directement une nouvelle organisation de l'humanité, avec l'homme à son origine et à ses commandes. Mais n'étant ni à son échelle, ni à sa mesure, ni à son horizon conscient, cette organisation lui pose des problèmes spécifiques. Contrairement aux structures de la matière, de la vie ou de la pensée humaine, elle n'offre pas ces formes d'amont, immanentes et rigides qui toujours déterminent les voies du comportement humain, quelle que soit la représentation que s'en fait notre conscience. Il faut plutôt s'efforcer de déceler dans l'actualité les lignes du futur en veillant à l'exacte représentation des structures sociales, désormais plastiques, modelables par les pouvoirs humains et capables de s'auto-générer. Dans cette nouvelle organisation de l'humanité une convergence devrait se manifester autour d'un sens profond, capable de perpétuer, de renforcer ou de retrouver l'immanence des forces primaires : la plus grande efficacité doit être exigée des structures inférieures que l'organisation enferme et présuppose ; or, celle-ci se voile toujours de la production propre de ces structures, tentées sans cesse de se détourner sur des voies menant à des ordres différents, porteurs de moins de liberté et dotés d'une efficacité réduite. Claude Lévi-Strauss ne nous démentira sans doute pas qui a écrit : « Aux sciences exactes et naturelles, les sciences humaines ont emprunté la leçon qu'il faut commencer par récuser les apparences si l'on aspire à comprendre le monde ; tandis que les sciences sociales se prévalent de la leçon symétrique d'après laquelle on doit accepter le monde si l'on prétend le changer. » C'est au sein même du monde et du présent, par le redressement des relations naturelles, que se forge le meilleur avenir.

***

Ces contestations ne se perdent pas dans le sable du scepticisme. Certes, quand partout il faut arracher le masque de l'incertain, de l'équivoque et du fallacieux, quand le cerveau de l'homme se révèle inapte à concevoir tout d'une pièce une organisation sociale viable, quand on voit tant de desseins sociaux condamnés à l'échec, il y aurait de quoi jeter sur tous les projets et programmes une opinion désabusée.

Pourtant tout n'est pas que nuées. Tiendrait-il dans quelques poussières, le résidu des valeurs premières recèle pour l'homme une infinie puissance et lui impose une formidable pression. En ouvrant aux capacités de tous ordres le moyen de donner le maximum d'elles-mêmes, sans compromettre la pleine réalisation des autres, les hommes auront accompli tout le nécessaire. Le reste suivra. Quand nul ne sait rien des étapes et des formes de l'avenir, ni du pourquoi des choses, le mieux est de se donner comme objectif principal le triomphe des libertés pour tous. Celles-ci en effet commandent l'accès aux solutions les meilleures, offrant plus de réussite qu'une raison décidément peu sûre lorsque l'avenir de l'humain et du social est en jeu. Par les sciences de la nature et de la matière la raison dégage les lois des mécanismes réussis. Mais aux disciplines de l'esprit et aux tâtonnements de l'évolution la liberté donne leurs chances.

Toutefois, la liberté, vertu essentielle, ne suffit pas à l'homme. Pour lui elle n'est qu'un vide impossible. L'individu a surtout besoin de planter un décor riche et de se mettre dedans. Il n'exige pas la certitude que ce décor soit solide ou vrai. Pourvu que les figures créées ou acceptées aient assez d'éclat, d'esthétique, de séduction, d'émotion, de sérénité et de familiarité pour vaincre l'isolement en apportant la sécurité et la solidarité, peu importe qu'elles soient vraies ou éternelles, dès lors que, dans leur pluralité, elles le paraissent, le temps de la vie d'un individu.

Avec tous ses semblables conjointement, il lui reste maintenant à trouver des figures sociales de la même veine qui, transperçant celles de l'homme et de son entourage, puissent lui révéler un destin hors de son espèce : nouveaux mythes certes, mais réformés sans cesse grâce à un dialogue rigoureux avec la science.

ÉLÉMENTS DE BIBLIOGRAPHIE

Les thèmes du présent ouvrage ont fait l'objet en 1968 d'une communication personnelle à plusieurs personnalités, qualifiées en économie. J'éprouve une profonde gratitude pour M. Fernand Braudel qui m'a alors encouragé et conseillé, m'ayant fait l'honneur d'accueillir ce livre dans sa collection.

Les principaux points de la théorie présentée dans *Sens et formes de l'économie monétaire* ont été exposés en 1971 dans un article, « La monnaie en question : le langage monétaire », publié dans le cahier n° 11 d'*Épistémologie sociologique*, éd. Anthropos.

Les ouvrages suivants ont été consultés ou cités :

ALBERTINI (J.-M.) : *Les rouages de l'économie nationale*, les Éditions Ouvrières, 1961.

ALLAIS (M.) : « L'impôt sur le capital », *Droit social*, sept-oct. 1966.

Analyse des théories de la monnaie, éd. Domat-Montchrestien, 1951.

ARDANT (G.) : *Technique de l'État*, P. U. F., 1953.

ARDANT (G.) : *Théorie sociologique de l'impôt*.

AUSTRUY (J.) : *Le scandale du développement*, Marcel Rivière, 1965.

AYMARD (Ph.) : *La banque et l'État*, A. Colin, 1960.

BARRE (R.) : *Économie politique*, 2 tomes, coll. Thémis P. U. F., 1961 et 1964.

BARRÈRE (A.). *Théorie économique et impulsion keynésienne*, Dalloz, 1952.

BERGER (P.). *La monnaie et ses mécanismes*, Q. S. J., P. U. F., 1966.

BERLE (A. A.) : *Le capital américain et la conscience du roi*, Colin, 1967.

BIACABE (P.) : *Analyses contemporaines de l'inflation*, Sirey, 1962.

BIENAYMÉ (A.) : *Croissance et monnaie en plein emploi*, éd. Cujas, 1964.

BIET (B.) : *Théories contemporaines du profit*, éd. Genin, 1956.

BLOCH (M.) : *Esquisse d'une histoire monétaire de l'Europe*, « Cahier des Annales », A. Colin, 1954.

BLOCH-LAINÉ (F.) : *Pour une réforme de l'entreprise*, éd. du Seuil, 1963.

BLOCH-LAINÉ (F.) et VOGUË (P. de) : *Le trésor public et le mouvement général des fonds*, P. U. F., 1960.

BOUDON (R.) : *A quoi sert la notion de « structure »?* « Les essais », Gallimard, 1968.

BRUNHOFF (S. de) : *Capitalisme financier public*.

CHAÎNEAU (A.) : *Mécanismes et politiques monétaires*, coll. Sup., P. U. F. 1968.

CHAMPION (P.) : *Le crédit à moyen terme*, éd. de l'Épargne, 1963.

DAVID (A.) : *La cybernétique et l'humain*, « Idées », Gallimard, 1965.
DENIS (H.) : *La crise de la pensée économique*, Q. S. J., P. U. F., 1951.
DENIZET (J.) : *Monnaie et financement*, Dunod, 1967.
DIETERLEN (P.) : *Au-delà du capitalisme*, P. U. F., 1946.
DIVISIA (F.) : *Assise pour les études et techniques monétaires*, Dunod, 1965.
DUCROT (O.), TODOROV (T.), SPERBER (D.), SAFOUAN (M.), WAHL (F.) : *Qu'est-ce que le structuralisme ?* éd. du Seuil, 1968.
DUMONT (F.) : *La dialectique de l'objet économique*, éd. Anthropos, 1970.
FOSSAERT (R.) : *L'avenir du capitalisme*, éd. du Seuil.
FOULQUIÉ (P.) : *La dialectique*, Q. S. J., P. U. F., 1969.
FOURASTIÉ (J.) : *Le grand espoir du XXe siècle*, « Idées », Gallimard, 1963.
GALBRAITH (J. K.) : *L'ère de l'opulence*, Calmann-Lévy, 1964.
GAMBINO (A.) : *Le crédit dans l'économie moderne*, P. U. F., 1967.
GRANGER (G. G.) : *Méthodologie économique*, P. U. F., 1955.
GRIVET (P.) : *La mobilisation des crédits bancaires en France*, Librairie Générale de Droit et de Jurisprudence, 1962.
GUILLAUMONT-JEANNENEY (S.) : « Milton Friedman et la politique monétaire automatique », *Cahiers de l'I. S. E. A.*, juillet 1966.
HUANT (Docteur E.) : *Application de la cybernétique à l'étude des mécanismes économiques*, Entreprise Moderne d'Édition, 1965.
JAMES (E.) : *Problèmes monétaires d'aujourd'hui*, Sirey, 1963.
JESSUA (Cl.) : *Coûts sociaux et coûts privés*, P. U. F., 1968.
KEREVER (A.) : *L'inflation aujourd'hui*, les Éditions Ouvrières, 1963.
KEYNES (J. M.) : *Théorie générale de l'emploi, de l'intérêt et de la monnaie*, Payot, 1963.
LAGACHE (M.) : *La politique du crédit*, éd. de l'Épargne, 1963.
LECAILLON (J.) : *La politique des revenus, espoir ou illusion*, éd. Cujas, 1965.
LECERF (J.) : *L'or et les monnaies*, « Idées actuelles », Gallimard, 1969.
LEFEBVRE (H.) : *Le marxisme*, Q. S. J., P. U. F., 1965.
LE HÉNAFF (A.) : *La monnaie frappée dans le crédit*, éd. de l'Épargne, 1963.
LE HÉNAFF (A.) : *La rencontre entre les monnaies*, éd. de l'Épargne 1966.
LELART (M.) : *Les fondements actuels de la valeur de la monnaie*, Nouvelles Éditions Latines, 1964.
LELART (M.) : *L'émission de monnaie dans l'économie française*, Nouvelles Éditions Latines, 1966.
LÉVI-STRAUSS (Cl.), BARTHES (R.), GODELIER (M.) : « le structuralisme », *Alethéia*, mai 1966.
LHOMME (J). : *Pouvoir et sociétés économiques*, éd. Cujas, 1966.
MARCHAL (J.) : *Monnaie et crédit*, éd. Cujas, 1966.
MARCHAL (J.) et LECAILLON (J.) : *Les flux monétaires*, éd. Cujas, 1967.
MASSÉ (P.) : *Rapport sur la politique des revenus*, conférence des revenus, octobre 1963-janvier 1964.
MASSÉ (P.), BERNARD (P.) : *Les dividendes du progrès*, éd. du Seuil, 1969.
MATHIEU (H.) : *Physiologie de la monnaie*, P. U. F., 1946.
MAZIS (P. des) : *Le vocabulaire de l'économie politique*, Marcel Rivière, 1965.
MOCKERS (J. P.) : *Dynamique et structures*, Sirey, 1965.
MOSCOVICI (S.) : *Essai sur l'histoire humaine de la nature*, Flammarion, 1968.
MOSSÉ (R.) : *Les problèmes monétaires internationaux*, Payot, 1967.
Notion de structure et structure de la connaissance, Centre international de synthèse, XXe semaine de synthèse (18-27 avril 1956), Albin Michel, 1957.
PATINKIN (D.) : *L'effet d'encaisse réelle, une autre approche de la théorie quantitative*.
PERROUX (F.) : *Économie et société, contrainte, échange, don*, P. U. F., 1963.
PERROUX (F.) : *L'économie du XXe siècle*, P. U. F., 1964.

PIAGET (J.) : *Le structuralisme*, Q. S. J., P. U. F., 1968.
PIETTRE (A.) : *Histoire de la pensée économique et analyse des théories contemporaines*, Précis Dalloz, 1961.
PIETTRE (A.) : *Marx et marxisme*, P. U. F., 1962.
PIROU (G.) : *Économie libérale et économie dirigée*, 2 tomes, Société d'Édition d'Enseignement Supérieur, 1946-1947.
POSE (A.) : *La monnaie et ses institutions, histoire, théorie et technique*, P. U. F., 1942.
Réforme du système monétaire international, débat (A. Chalandon, J. Rueff, R. de Largentaye), Éditions France-Empire, 1967.
RIBOUD (J.) : *Libéralisme et financement, le cas particulier du crédit au logement*, éd. de l'Épargne, 1965.
RIEDMATTEN (L. de) : *La faillite de toutes les monnaies et dans tous les pays*, éd. de « l'Observateur », Versailles, 1947.
RIST (Ch.) : *Histoire des doctrines relatives au crédit et à la monnaie*, Sirey, 1951.
RUEFF (J.) : *L'âge de l'inflation*, Payot, 1963.
RUEFF (J.) : *Le lancinant problème des balances de paiements*, Payot, 1965.
RUEFF (J.) : *L'ordre social*, éd. M. Th. Génin, 1967.
SCHMITT (B.) : *Monnaie, salaires et profits*, P. U. F., 1966.
SCHUELLER (E.) : *L'impôt sur l'énergie*, éd. du Rond-point, 1952.
SEDILLOT (R.) : *Le Franc, histoire d'une monnaie des origines à nos jours*, Sirey, 1953.
TADDEÏ (D.) : *Plein emploi ou stabilité des prix*, éd. Cujas, 1968.
THIERS (A.) : *Quarante ans d'erreurs monétaires ou les quinze dévaluations du franc*, Nouvelles Éditions Latines, 1966.
TRIFFIN (R.) : *L'or et la crise du dollar*, theoria, P. U. F., 1962.
VIET (J.) : *Les méthodes structuralistes dans les sciences sociales*, Mouton, 1965.
VINOT (P.) : *Unité de la socio-économie*, S. A. B. R. I.
WOLFELSPERGER (A.) : *Les biens collectifs*, Coll. Sup., P. U. F., 1968.

TABLE DES MATIÈRES

PREMIÈRE PARTIE

L'OBJET ÉCONOMIQUE

DEUXIÈME PARTIE

LA MONNAIE

TROISIÈME PARTIE

OBJET ÉCONOMIQUE ET ÉCONOMIE CONCRÈTE

CONCLUSIONS

NOUVELLE BIBLIOTHÈQUE SCIENTIFIQUE

dirigée par FERNAND BRAUDEL
Professeur au collège de France

A. ALEXANDRE et J.-P. BARDE : LE TEMPS DU BRUIT.
FERDINAND ALQUIÉ : PHILOSOPHIE DU SURRÉALISME.
PIERRE AUGER : L'HOMME MICROSCOPIQUE.
ANDRÉ BARRE et ALBERT FLOCON : LA PERSPECTIVE CURVILIGNE.
ROGER BASTIDE : SOCIOLOGIE DES MALADIES MENTALES.
ROGER BASTIDE : LE RÊVE, LA TRANSE ET LA FOLIE.
ESTER BOSERUP : ÉVOLUTION AGRAIRE ET PRESSION DÉMOGRAPHIQUE.
FRANCK BOURDIER : PRÉHISTOIRE DE FRANCE.
CASAMAYOR : LA JUSTICE POUR TOUS.
JEAN CHATEAU : LE MALAISE DE LA PSYCHOLOGIE.
JEAN COHEN : STRUCTURE DU LANGAGE POÉTIQUE.
GEORGES DEVEREUX : ETHNOPSYCHANALYSE COMPLÉMENTARISTE.
TH. DOBZHANSKT : L'HOMME EN ÉVOLUTION.
PIERRE DOCKÈS : L'ESPACE DANS LA PENSÉE ÉCONOMIQUE (DU XVIe AU XVIIIe SIÈCLE).
GUY DURANDIN : LES FONDEMENTS DU MENSONGE.
ALBERT EINSTEIN : COMMENT JE VOIS LE MONDE.
ALBERT EINSTEIN et LÉOPOLD INFELD : L'ÉVOLUTION DES IDÉES EN PHYSIQUE.
ERIK H. ERIKSON : LUTHER AVANT LUTHER.
ERIK H. ERIKSON : ÉTHIQUE ET PSYCHANALYSE.
ERIK H. ERIKSON : ADOLESCENCE ET CRISE.
PIERRE FOUGEYROLLAS : MODERNISATION DES HOMMES.
VILMA FRITSCH : LA GAUCHE ET LA DROITE.
PIERRE GOUROU : LA TERRE ET L'HOMME EN EXTRÊME-ORIENT.
PAUL GUILLAUME : LA PSYCHOLOGIE DE LA FORME.
GEORGES GUSDORF : MYTHE ET MÉTAPHYSIQUE.
H. HÉCAEN et J. DUBOIS : LA NAISSANCE DE LA NEUROPSYCHOLOGIE DU LANGAGE (1825-1865).
A. HOFFER et H. OSMOND : COMMENT VIVRE AVEC LA SCHIZOPHRÉNIE.
GEORGES HUPPERT : L'IDÉE DE L'HISTOIRE PARFAITE.
VLADIMIR JANKÉLÉVITCH : L'IRONIE.
VLADIMIR JANKÉLÉVITCH : LA MORT.
J. KAUFMANN-ROCHARD : ORIGINES D'UNE BOURGEOISIE RUSSE.
C. KONCZEWSKI : LA PSYCHOLOGIE DYNAMIQUE ET LA PENSÉE VÉCUE.
RENÉ KONIG : SOCIOLOGIE.
THOMAS S. KUHN : LA STRUCTURE DES RÉVOLUTIONS SCIENTIFIQUES.
HENRI LABORIT : L'HOMME ET LA VILLE.
JEAN LAPLANCHE : VIE ET MORT EN PSYCHANALYSE.
PETER LASLETT : UN MONDE QUE NOUS AVONS PERDU.

Georges LEFEBVRE : naissance de l'historiographie moderne.
E. LE ROY LADURIE : histoire du climat depuis l'an mil.
E. Amado LÉVY-VALENSI : le temps dans la vie psychologique.
Maurice LOMBARD : l'islam dans sa première grandeur.
Konrad LORENZ : l'agression.
André MAREUIL : littérature et jeunesse d'aujourd'hui.
Pierre MIQUEL : la paix de versailles et l'opinion publique française.
Serge MOSCOVICI : essai sur l'histoire humaine de la nature.
F. NEWTON : une sociologie du jazz.
J.-Jacques NICOLLE : structure moléculaire et propriétés biologiques.
Pierre PIGANIOL et Louis VILLECOURT : pour une politique scientifique.
X. DE PLANHOL : les fondements géographiques de l'histoire de l'islam.
Henri POINCARÉ : dernières pensées.
Michael RIFFATERRE : essais de stylistique structurale.
Ignacy SACHS : la découverte du tiers monde.
Pierre-Maxime SCHUHL : l'imagination et le merveilleux.
Hugo STEINHAUS : mathématiques en instantanés.
Jean STOETZEL : la psychologie sociale.
M. A. TONNELAT : histoire du principe de relativité.
Jean-Paul VALABREGA : la relation thérapeutique.
Claude VEIL : handicap et société.
Jules VUILLEMIN : de la logique a la théologie.
Jules VUILLEMIN : la logique et le monde sensible.
Jean WAHL : l'expérience métaphysique.
Robert WALLIS : le temps, quatrième dimension de l'esprit.
H. WAKLON : de l'acte a la pensée.
Hermann WEYL : symétrie et mathématique moderne.
Sylvain WICKHAM : concentration et dimensions.
Wolfang WICKLER : les lois naturelles du mariage.

A paraître :

Vladimir JANKÉLÉVITCH : l'irréversible et la nostalgie.

ACHEVÉ D'IMPRIMER LE
4 JUILLET 1973 SUR LES
PRESSES DE L'IMPRIMERIE
BUSSIÈRE, SAINT-AMAND (CHER)

— N° d'édit. 7960. — N° d'imp. 304. —
Dépôt légal : 3e trimestre 1973.
Imprimé en France

SENS ET FORMES DE L'ÉCONOMIE MONÉTAIRE